MUDAR A CIDADE

APRESENTAÇÃO:
(sobre o objeto deste livro e as motivações do autor ao escrevê-lo)

Os "anos de formação" do autor, durante a sua graduação, foram marcados pelo contato intenso com variadas correntes críticas e humanísticas, dos marxismos ao existencialismo, ao anarquismo e, finalmente, ao pensamento castoriadiano. Entre as marcas duradouras, quiçá permanentes, desses "anos de formação" e da maior parte das influências então recebidas, estão tanto a afirmação da singularidade do Social (e do conhecimento sobre a sociedade) quanto a desmistificação anticientificista e antipositivista da próprias ciências sociais. E, no entanto, o autor nem por isso deixou de considerar-se um cientista (a bem da verdade, por falta de um rótulo melhor), ainda que um cientista apaixonado pela Filosofia e decidido a colaborar para integrar o mais possível investigação empírica e análise teórica, de um lado, com a reflexão filosófica, de outro.

Como cientista social, desde cedo tem o autor buscado, quase obsessivamente, manter-se vigilante perante as explicações muito simples (e, por isso mesmo, tão perigosamente sedutoras), desconfiando sempre do que se apresenta como uma fórmula curta a condensar grandes soluções e a, implicitamente, desdenhar controvérsias. Para ele, "[a] tarefa do cientista não é, em última análise, propriamente simplificar o real, mas sim torná-lo *inteligível*, operando com imagens e modelos suficientemente poderosos e não subestimando as dificuldades de se definirem os constructos, a fim de que nossa representação da realidade não seja drasticamente empobrecida e distorcida" (SOUZA, 1997b:47). A realidade, muito especialmente a social, é complexa, e a essa complexidade deve-se fazer justiça, em nome do rigor.

Assim é que duas imagens opostas, com as quais o autor constantemente tem sido arrostado, têm sido fonte de grande desconforto intelectual: uma a afirmar, peremptoriamente, que o grande problema (desta ou daquela cidade e do Brasil como um todo) é a "falta de planejamento", ou o planejamento inadequado e mal-feito; e a outra a sugerir, normalmente sem maiores retoques e nuanças, que o planejamento urbano é um instrumento do Estado (capitalista) que serve à reprodução do *status quo* (capitalista). A primeira visão se encontra muito entranhada no senso comum e é disseminada pelas interpretações tecnocráticas dos problemas e conflitos urbanos, para as quais o desenvolvimento da cidade é uma questão de competência técnica (e, concede-se, probidade administrativa e "espírito público"). A segunda imagem encontra acolhida em ambientes mais críticos, onde os problemas e conflitos urbanos são encarados como um desafio primordialmente *político*. E, no entanto, ambas as imagens são simplistas: a primeira, por seu *reducionismo* de raiz ideológica, restringindo largamente as causas da problemática social vivenciada nas cidades brasileiras (e não só brasileiras, claro) a fatores de ordem técnica e moral, apontando para soluções perfeitamente encontráveis dentro da ordem social vigente e isentando esta de qualquer responsabilidade intrínseca; a segunda, por sua *generalização excessiva*, de sabor quase que panfletário, em que uma percepção correta (o comprometimento do *mainstream* do planejamento e da gestão das cidades com os interesses essenciais das classes dominantes, e não com um vago "bem comum") é oferecida embrulhada de modo simplista, dando a entender que todas as propostas ou intervenções de planejamento e gestão, independentemente da conjuntura política, são, pelo menos no essencial e em última análise, iguais em seu conteúdo conservador.

O presente livro trabalha com a convicção de que ser *radical* (ir à raiz dos problemas) é necessário, mas não é algo incompatível com uma postura *pragmática*, e vice-versa. Dito de outra maneira: enxergar e valorizar grandes questões e desafios, que iluminam e justificam projetos de longo prazo, não é incompatível com a valorização de pequenas (ou quotidianas) questões e pequenos (ou quotidianos) desafios, os quais dão sentido *agora* e atualizam criticamente o nave-

Do Autor:

O DESAFIO METROPOLITANO
Um Estudo sobre a Problemática Sócio-espacial
nas Metrópoles Brasileiras
PRÊMIO JABUTI – 2001
Ciências Sociais

ABC DO DESENVOLVIMENTO URBANO

Marcelo Lopes de Souza

MUDAR A CIDADE

UMA INTRODUÇÃO CRÍTICA AO PLANEJAMENTO E À GESTÃO URBANOS

4ª EDIÇÃO

BERTRAND BRASIL

Capa: Leonardo Carvalho

2006
Impresso no Brasil
Printed in Brazil

CIP-BRASIL. CATALOGAÇÃO-NA-FONTE
SINDICATO NACIONAL DOS EDITORES DE LIVROS, RJ.

S716m
4ª ed.

Souza, Marcelo Lopes de
Mudar a cidade: uma introdução crítica ao planejamento e à gestão urbanos / Marcelo Lopes de Souza. – 4ª ed. – Rio de Janeiro; Bertrand Brasil, 2006.
560p

Inclui bibliografia
ISBN 85-286-0856-5

1. Sociologia urbana. 2. Planejamento urbano. 3. Cidades e vilas. I. Título.

01-1907

CDD – 307.76
CDU – 316.334.56

EDITORA BERTRAND BRASIL LTDA.
Rua Argentina, 171 – 1º andar – São Cristóvão
20921-380 – Rio de Janeiro – RJ
Tel.: (0XX21) 2585-2070 – Fax: (0XX21) 2585-2087

SUMÁRIO

gar de longo curso. *Desde que as duas coisas sempre sejam bem articuladas*, deve-se frisar. O presente livro nasce, sobretudo, da insistência do autor em contribuir para demonstrar que essas exigências de radicalidade crítica e pragmatismo realista, brandidas como armas nas mãos de tribos inimigas e inconciliáveis – técnica/ciência *versus* política, "reformas" *versus* "revolução", "planejamento" *versus* "liberdade" – podem e devem ser integradas. Não apenas retoricamente (o que já seria algo!), mas *conceitual, teórica* e *metodologicamente*.

O livro nasce, também, de um espanto – e é isso, principalmente, que o trai como uma obra assumidamente engajada, escrita de um ponto de vista particular (embora sempre buscando, como convém à ciência, ouvir os diferentes lados e retratá-los com a maior honestidade intelectual possível), e não como um manual que tenta dissimular a visão do autor em nome de uma mítica "neutralidade". A razão do espanto consiste no seguinte: os teóricos críticos do planejamento urbano (ou seja, aqueles que, embora críticos perante o *status quo*, não rejeitam *in totum* a idéia de que vale a pena ocupar-se com o planejamento mesmo nos marcos de uma sociedade capitalista) têm, até agora, concentrado seus esforços *em mudar a cabeça dos próprios planejadores* (sua abordagem, seus métodos, sua postura ética) – como se, a despeito do compromisso com a "participação popular" e o *empowerment* dos cidadãos comuns, o papel dos planejadores como *condottieri* intelectuais permanecesse, de algum modo, válido – e em *apelar para que o Estado mantenha uma capacidade de planejamento e intervenção e se transforme em um agente de promoção de justiça social* – como se não fosse concebível uma alternativa à própria idéia de "Estado" e como se as intervenções estatais progressistas, pilotadas por forças políticas de esquerda, fossem um *non plus ultra* em matéria de opção anticonservadora. E, não obstante, a verdadeira revolução copernicana está não aí, mas em uma certa "desprofissionalização" do planejamento e da gestão, de maneira que todos os cidadãos possam deles participar, e não apenas mudar a cabeça "dos que pensam" e mudar "aqueles que dirigem" (a partir do Estado). Por limitação ideológica (elementos autoritários e hierárquicos e resquícios tecnocráticos, apresentados sob formas diferentes de acordo com a corrente), mas também devido a um certo corporativismo renitente, os planejadores profissionais, inclusive a grande maioria dos *radical* ou *insurgent planners*, para usar duas expressões em voga entre os colegas anglo-saxões, têm grandes dificuldades para superar definitivamente o "estadocentrismo" e radicalizar seu enfoque da tão invocada "participação popular".

É convicção do autor que ser radical demanda o questionamento e o enfrentamento dessas limitações. E, todavia, isso não elimina, necessariamente, a necessidade da construção e do cultivo de algum tipo de saber técnico-científico sobre o planejamento e a gestão das cidades. A luta pela democratização desse saber não deve ser confundida com um obscurantista desdém pelo saber em si, um desdém banalizador, redutor da condução dos negócios coletivos à improvisação e aos arranjos arbitrários. A rigor, nem mesmo a presença de técnicos/pesquisadores capazes de ajudar a orientar quanto aos meios mais adequados para a consecução de determinados fins acordados coletivamente precisa ou deve ser repudiada. O que se nega, frontalmente, é que esses técnicos/pesquisadores, e não os cidadãos, devam se arrogar o privilégio de definirem o conteúdo dos fins, das metas (ainda que se não lhes retire o direito, inclusive o direito cidadão, de opinar também sobre isso!). O intelectual ou técnico que se ocupa da reflexão sobre instrumentos e problemas de planejamento e gestão urbanos, se não deve ser visto como um "médico", que trata o outro como um simples *paciente*, tampouco deve ser confundido com uma espécie de "secretária" que meramente datilografa aquilo que lhe é ditado, sem possibilidade de exercer maior criatividade e uma postura crítica. Sua função seria, mais adequadamente, a de um *consultor popular*, capaz de aconselhar, sobre a base de seu treinamento profissional para coletar, manusear e integrar dados volumosos e de natureza variada e para refletir combinando diversas escalas espaciais e temporais, uma coletividade formada, tanto quanto possível (ao menos é essa a meta), por cidadãos livres. Cidadãos livres que, para serem de fato livres, não podem alienar seu direito de serem os agentes responsáveis pela deliberação e aprovação dos conteúdos essenciais do planejamento e da gestão de seus espaços e de suas vidas.

O fato de essa desentronização construtiva (ou seja, nem iconoclasta, nem antiintelectual) do papel dos planejadores e do planejamento não ser levada às últimas consequências pelas diversas vertentes da teoria crítica do planejamento – as quais, como já se disse, igualmente não conseguem se desvencilhar de um certo "estadocentrismo", ou pelo menos de uma certa "estadofilia", inclusive ou sobretudo no caso dos mais influenciados pelo marxismo – é, de algum modo, espantoso e desapontador; a tentativa de, em meio a outras tantas análises aqui contidas, colaborar para levar esse pensamento às últimas conseqüências, retomando esforços anteriores (SOUZA, 2000b; 2000d), é o resultado prático da percepção dessa lacuna. Essa tarefa será abraçada, de modo mais direto, no Capítulo 2 da Parte I e, especialmente, no Capítulo 10 da Parte II. Muitas outras coisas precisarão, porém, ser vistas e discutidas, antes e depois. Para começar, cabe desdobrar o argumento em defesa de um planejamento crítico com mais vagar e maior rigor, o que será feito na Introdução.

• • • • •

Mudar a cidade se justifica também por outras razões, além daquelas expostas nos parágrafos precedentes.

A crescente magnitude dos problemas urbanos no Brasil, país semiperiférico onde cerca de 80% da população vivem em entidades geográficas consideradas urbanas (cidades e vilas), reclama uma presença cada mais ativa dos pesquisadores (pesquisa aplicada socialmente útil); por outro lado, o fracasso do planejamento convencional em proporcionar melhores condições de vida, sob o ângulo da justiça social, não significa que o planejamento deva ser negligenciado, mas sim que alternativas estratégicas precisam ser apresentadas. O autor acalenta a esperança de que o presente livro, juntamente com o anterior (*O desafio metropolitano*. Rio de Janeiro, Bertrand Brasil, 2000), poderá estimular os leitores a acreditarem que é possível e necessário contribuir para "mudar a cidade", para não deixar que o amanhã reproduza, às vezes até amplificadamente, as misérias do presente. Em uma época de "conformismo generalizado", para usar a expressão do filósofo Cornelius CASTORIADIS (1990a), em que cada vez mais a juventude incorpora os hábitos de comportamento hedonistas, individualistas e consumistas que, em última instância, lhe são sugeridos pela dinâmica do capitalismo, é especialmente nos leitores mais jovens, que são os portadores do futuro, que se deve tentar despertar um pensamento inconformista e socialmente responsável.

Uma outra justificativa é a escassez de livros-texto de cunho mais geral em português. O principal livro-texto mais abrangente disponível no Brasil, o *Curso de planejamento municipal integrado* de Célson Ferrari (FERRARI, 1979), em que pesem as suas muitas qualidades, representa o "estado da arte" anterior aos anos 80 – ou seja, anterior ao surgimento, no nosso país, de importantes debates teóricos e experiências práticas de planejamento e gestão urbanos participativos. Outras obras, normalmente traduções, como MAUSBACH (1981) e LACAZE (1993), são, assim como o livro de Ferrari, especificamente obras de Urbanismo (que é uma modalidade de planejamento urbano, e não um sinônimo deste), portanto endereçadas basicamente a estudantes de arquitetura, e não aos estudantes das ciências humanas e sociais. A dificuldade com que se tem defrontado o próprio autor ao selecionar bibliografia adequada aos seus cursos foi um estímulo essencial para escrever este livro. A necessidade de oferecer uma reflexão sobre as experiências não-convencionais acumuladas no Brasil ao longo dos últimos dez ou quinze anos, ao lado da urgência de estimular a familiarização de geógrafos, sociólogos etc. com o planejamento e a gestão urbanos, complementam, portanto, o elenco de razões que motivaram o autor a escrever esta obra.

O ponto de vista do autor desta obra baseia-se no tripé: perspectiva *crítica*; abordagem de *ciência social* (e não "urbanística" ou puramente técnica: o planejamento e a gestão são vistos, aqui, através de uma ótica de *ciência social aplicada*, para a qual devem contribuir as mais diversas ciências sociais, sem negligenciar os aportes técnicos do conhecimento arquitetônico); perspectiva *universalista mas, ao mesmo tempo, filtrada por um olhar assumidamente brasileiro*. Este terceiro elemento merece um comentário adicional. Não apenas porque a maioria dos exemplos é brasileira mas, também, porque sublinham-se as especificidades, vantagens e incompletude das abordagens brasileiras. O livro é o livro de um autor brasileiro, escrito para um público brasileiro, mas que, ademais, deseja mostrar que, ao menos no campo do planejamento e da gestão urbanos, o Brasil, por paradoxal que isso possa soar em princípio, não tem só a aprender, mas também muito para ensinar; daí o interesse em cotejar as experiências brasileiras constantemente com experiências de outros países, explicitando-se as ligações entre os debates europeus e norte-americanos, de um lado, e as discussões brasileiras, de outro.

O público-alvo do presente livro são estudantes de graduação dos últimos períodos cujos cursos tenham vinculação com problemas, planejamento e gestão urbanos: em geral, estudantes das diversas ciências sociais (especialmente Geografia e Sociologia, mas também Antropologia, Economia e Ciência Política) e de Arquitetura/Urbanismo. Os estudantes e profissionais que se ocupam com Direito Urbanístico igualmente deverão encontrar proveito na leitura desta obra. Ademais, em virtude de seu cunho crítico e de sua busca de um compromisso entre clareza e profundidade, em larga medida este livro não se resume a condensar e apresentar didaticamente conhecimentos já estabelecidos ou, pelo menos, já lançados para o debate. Por isso, é de se esperar que *Mudar a cidade* deve ser de interesse também para estudantes de pós-graduação, assim como para pesquisadores, planejadores e gestores urbanos que buscam novos caminhos e também refletir sobre os caminhos já trilhados e suas armadilhas. Ao contrário do que é usual em obras do mesmo gênero (manuais), o autor não se furtou a abordar temas controvertidos e a avançar apreciações e análises sobre assuntos novos ou a partir de uma perspectiva nova. Para se ser ainda mais exato, não se busca, com este livro, ajudar a disseminar conhecimentos consagrados, apesar de instrumentos usuais não estarem ausentes de suas páginas (às vezes até mesmo para serem criticados, conquanto às vezes para serem revalorizados, desde que isso seja compatível com o espírito que preside os esforços do autor), e grande parte da discussão sobre instrumentos de planejamento é devotada à apresentação de ferramentas pouco ou mesmo muito pouco empregadas (o que tem a ver muito menos com quaisquer defeitos intrínsecos que com o seu potencial de causar incômodos às elites urbanas que protagonizam e/ou se beneficiam com fenômenos como especulação imobiliária desenfreada, destruição dos patrimônios ambiental e histórico-arquitetônico e segregação residencial). Mais ainda: no que tange a vários dos temas aqui enfocados, o edifício intelectual que se ergueu é, ainda, uma obra inacabada, e não se tem a menor intenção de induzir o leitor a pensar coisa diferente. Se, mesmo assim, o autor decidiu convidar outros a habitarem esse edifício, inclusive as suas partes de aspecto menos arrematado, isso é porque se quer investir em uma cumplicidade entre o autor e seu público leitor, dado ser o avanço, na ciência, e mais ainda na pesquisa social aplicada, uma tarefa coletiva, e não solitária. Especialmente certas partes do edifício não poderiam ser tidas, nunca, por concluídas, porquanto dizem respeito a assuntos que envolvem sérias e recorrentes controvérsias epistemológicas, teóricas e metodológicas nas ciências sociais e na Filosofia, como a relação entre objetividade e (inter)subjetividade e o *status* do conhecimento teórico dos eruditos perante o saber prático dos agentes sociais e o seu senso comum. Algumas partes do edifício serão por demais familiares aos pós-graduandos, pesquisadores e planejadores, mesmo que o estilo ou a interpretação nem sempre o sejam; a esses, pede o autor tolerância para compreenderem que a obra foi escrita para recobrir um espectro muito variado de temas e ser acessível, igualmente, para estudantes de graduação. Por outro lado, outras tantas partes do edifício serão, provavelmente, de difícil acesso para o estudante de graduação médio; a esse pede-se paciência para ver nessa dificuldade um estímulo para prosseguir em sua jornada de formação profissional, perseverando na busca de um conhecimento cada vez mais profundo. Oxalá essa amplitude temática do texto seja percebida como uma virtude, e não como uma fraqueza: a possibilidade de oferecer a cada grupo, dentro de um espectro variado de leitores, algo de útil.

• • • • •

O presente livro está estruturado em quatro partes, cada uma subdividida em numerosos capítulos e subcapítulos. A **Parte I** persegue uma contextualização epistemológica, conceitual, teórica e metodológica do planejamento e da gestão das cidades; a **Parte II** apresenta as principais correntes do planejamento urbano no Brasil e no exterior, destacando as suas características mais importantes, os traços comuns e as controvérsias; a **Parte III** é devotada a uma exposição dos instrumentos à disposição para o planejamento e a gestão, tendo sido destacados aqueles mais capazes de servirem aos objetivos de promoção de uma maior justiça social e uma melhor qualidade de vida para o maior número possível de indivíduos; finalmente, a **Parte IV** traz para o leitor relatos, análises e histórias referentes a algumas experiências selecionadas, cujas virtudes e cujos fracassos servem para ilustrar assuntos tratados anteriormente ou, de toda maneira, como estímulos à meditação. Como recurso didático, alguns *boxes* foram introduzidos ao longo do texto, sempre que um assunto foi tido por suficientemente interessante para ser exposto ou explicado para o leitor, mas cuja abordagem, no próprio corpo do texto, quebraria a fluência deste, sendo uma nota de rodapé, de sua parte, um espaço excessivamente modesto para dar conta do recado.

AGRADECIMENTOS

Mudar a cidade é fruto não só de meus projetos de pesquisa, de minhas meditações inconformistas e de minhas experiências como consultor do começo dos anos 90 para cá, mas também de minha atividade como professor universitário. Meus alunos de graduação e pós-graduação na Universidade Federal do Rio de Janeiro têm, respectivamente, nas disciplinas *Planejamento Urbano para Geógrafos* e *Desenvolvimento Urbano e Planejamento Urbano Crítico*, ambas criadas por mim, servido de cobaias para minhas idéias. Não estou seguro se para eles isso tem sido, sobretudo, um privilégio ou um sacrifício. Seja como for, pelo sim, pelo não, para aqueles que, com suas críticas e ativa participação em aula, me estimularam a pensar ou repensar coisas, vão os meus primeiros agradecimentos.

Meus assistentes de pesquisa no Núcleo de Pesquisas sobre Desenvolvimento Sócio-Espacial/NuPeD merecem, também, agradecimentos especiais. Refiro-me, aqui, sobretudo a João Vicente Marques Lagüens e Alvaro Augusto Malaguti, atualmente meus mestrandos no Departamento de Geografia da UFRJ. Além de serem, desde o tempo em que comigo colaboravam na qualidade de estudantes de graduação, generosos "provadores" de minhas idéias, têm eles pacientemente suportado a minha disciplina quase prussiana (o que é um desafio nada desprezível) e colaborado com a realização do *Curso de Capacitação em Gestão Urbana Participativa*, oferecido pelo NuPeD para técnicos de prefeituras e líderes da sociedade civil. Esse curso tem representado, desde 2000, uma oportunidade formidável não só para transmitir os nossos conhecimentos, mas igualmente para aprender muitas coisas e conhecer mais e mais a realidade brasileira.

De todos aqueles que, como entrevistados ou de outra forma, colaboraram com os projetos de pesquisa do autor, especialmente com o projeto *A "geograficidade" dos orçamentos participativos. "Espacial" versus "setorial" em processos orçamentários municipais com participação popular*, sinto-me grande devedor. A ajuda de meus supracitados assistentes de pesquisa (João e Álvaro) foi, em particular, importante. A estes devo acrescentar os nomes de Erika Tambke e Carolina Moutinho Duque de Pinho, que colaboraram durante uma fase inicial da pesquisa, assim como o de Ricardo Voivodic.

Demóstenes de Moraes, meu orientando de Doutorado, facilitou enormemente o meu trabalho de campo em Recife, em julho de 2001. Na qualidade de Diretor de Integração Urbanística da Prefeitura de Recife, abriu-me portas e colaborou decisivamente para que eu, em pouco tempo, conseguisse reunir considerável conjunto de dados e informações. Por isso, e também pelo fato de que ele e sua companheira, Lívia Miranda, generosamente me hospedaram em sua casa durante a minha estadia, o meu sincero agradecimento.

Por fim, diversas agências de fomento à pesquisa deram sua quota de contribuição, mediante o financiamento de projetos de investigação ou estadias de pesquisa no exterior, para que uma boa parte do material e das idéias contidos neste livro viesse a existir. O Conselho Nacional de Desenvolvimento Científico e Tecnológico (CNPq) apoiou financeiramente o projeto *A "geograficidade" dos orçamentos participativos. "Espacial" versus "setorial" em processos orçamentários municipais com participação popular* (2000-2002), além de ter apoiado projetos anteriores que, de algum modo, também contribuíram para a feitura da presente obra; a Fundação de Amparo à Pesquisa do Estado do Rio de Janeiro (FAPERJ) colaborou, em 2000, por meio do financiamento da compra de equipamentos; a Fundação CAPES custeou inteiramente uma estadia de seis meses do autor como pesquisador-visitante junto ao Departamento de Geografia do Royal Holloway College da Universidade de Londres, em 1999, e parcialmente uma estadia de três meses junto ao

Instituto de Geografia da Universidade de Tübingen, na Alemanha, entre dezembro de 2000 e março de 2001 – estadias essas durante as quais muito material relevante sobre teoria e experiências de planejamento urbano pôde ser coletado. O Serviço Alemão de Intercâmbio Acadêmico (DAAD) participou do financiamento da estadia em Tübingen.

• • • • •

Este livro é dedicado à pequena Larissa, que nasceu um pouco depois de ele começar a ser escrito. Sei que ele não compensará as minhas ausências e, por isso, essa dedicatória vale, também, como um pedido de desculpas.

INTRODUÇÃO: da crítica do planejamento urbano a um planejamento urbano crítico

O planejamento urbano tem sido alvo de várias críticas e objeções, sobretudo nos últimos trinta anos. Entre os seus críticos podem ser encontrados tanto intelectuais de esquerda quanto políticos conservadores. Uma vez que tanto o estilo quanto, especialmente, as motivações das críticas são muito diferentes em um e em outro caso, é conveniente separar claramente os dois grupos. Comece-se com a crítica de esquerda, via de regra movida por intelectuais de corte marxista.

No começo dos anos 70, a publicação de duas obras seminais marcou o início de uma poderosa influência do pensamento marxista no vasto campo dos estudos urbanos: em 1972, *A questão urbana*, de Manuel CASTELLS (1983a); um ano depois, *A justiça social e a cidade*, de David HARVEY (1980). Conquanto ambos os livros já houvessem sido precedidos por algumas importantes obras do filósofo Henri Lefebvre, notadamente *O direito à cidade* (LEFEBVRE, 1991; 1. ed. francesa 1968), *O pensamento marxista e a cidade* (LEFEBVRE, 1978; 1. ed. francesa 1972) e *A revolução urbana* (LEFEBVRE, 1983; 1. ed. francesa 1970) – cujas idéias, mesmo sofrendo algumas objeções da parte de Harvey e, especialmente, de Castells, muito viriam a influenciar a renovação crítica da pesquisa urbana –, Castells e Harvey foram pioneiros entre sociólogos e geógrafos urbanos, respectivamente.

Castells e Harvey, na esteira de vigorosas e pertinentes críticas endereçadas ao pensamento conservador nos estudos urbanos (especialmente à Escola de Chicago, que floresceu nas décadas de 20 e 30), promoveram uma espécie de "desnaturalização" da análise da produção do espaço urbano. Ambos historicizaram os problemas sociais manifestados na cidade, encarando o espaço urbano como um produto social e os "problemas urbanos" como problemas relacionados com a dinâmica das relações de produção e a estrutura de poder na sociedade capitalista. Contrapunham-se, assim, tanto ao idealismo da Sociologia culturalista quanto ao darwinismo social dos sociólogos urbanos da Escola de Chicago – os quais reduziam os conflitos sociais a uma competição entre indivíduos, em analogia com as idéias biológico-evolucionistas de "luta pela vida" e "sobrevivência do mais forte", subestimando a existência dos condicionamentos impostos pelas contradições de classe e recusando uma interpretação dos conflitos também enquanto lutas de classe. Na esteira da séria consideração das classes e das contradições e conflitos de classe, Castells e Harvey, assim como os demais autores marxistas, rechaçaram a redução dos indivíduos a meros consumidores, tal como operada no âmbito da Economia Urbana neoclássica, para a qual a sociedade nada mais seria que um agregado de indivíduos-consumidores. Tudo isso pode ser visto como um esforço de *desideologização* do estudo da cidade – no sentido de desnudar os limites e as armadilhas da ideologia capitalista, tal como impregnada na Sociologia e na Geografia urbana clássicas –, o qual era, finalmente, complementado por uma *politização* dos estudos urbanos, com o exame dos novos movimentos sociais, de suas reivindicações, de sua dinâmica e de seu relacionamerno com o Estado e os partidos políticos.

No que diz respeito ao planejamento urbano, a leitura dos diversos autores marxistas, a despeito das várias divergências que estes mantinham entre si a propósito de diversos temas,[1] era unificada na denúncia do planejamento como um instrumento a serviço da manutenção do *status quo* capitalista. Entre os numerosíssimos exemplos desse tipo de crítica, a seguinte passagem, extraída de um texto de David Harvey, é lapidar, por sintetizar bem o espírito dos estudiosos marxistas do urbano nos anos 70 e 80:

---

1 Ver, para uma boa panorâmica a respeito dessas divergências, GOTTDIENER (1993).

> (...) the planner's task is to contribute to the processes of social reproduction and that in so doing the planner is equipped with powers vis-à-vis the production, maintenance, and management of the built environment which permit him or her to intervene in order to stabilize, to create the conditions for "balanced growth," to contain civil strife and factional struggles by repression, cooptation, or integration. (HARVEY, 1985:175-176)

Um pouco adiante, mesmo conferindo mais sutileza à sua invectiva, Harvey, no fundo, reafirma o mesmo padrão de condenação:

> This does not necessarily mean that the planner is a mere defender of the status quo. The dynamics of accumulation and of societal growth are such as to create endemic tensions between the built environment as is and as it should be, while the evils that stem from the abuse of spatial monopoly can quickly become widespread and dangerous for social reproduction. Part of the planner's task is to spot both present and future dangers and to head off, if possible, an incipient crisis of the built environment. In fact, the whole tradition of planning is progressive in the sense that the planner's commitment to the ideology of social harmony – unless it is perverted or corrupted in some way – always puts the planner in the role of "righter of wrongs," "corrector of imbalances," and "defender of the public interest." The limits of this progressive stance are clearly set, however, by the fact that the definitions of the public interest, of imbalance, and of equity are set according to the requirements for the reproduction of the social order, which is, whether we like it or not, a distinctively capitalistic social order. (...) The planner's knowledge of the world cannot be separated from this necessary ideological commitment. (HARVEY, 1985:177)

Portanto, o planejamento (ou, poder-se-ia dizer de modo mais geral, o intervencionismo e o regulacionismo estatais em estilo keynesiano) teria por missão criar as condições para uma sobrevivência do sistema a longo prazo – mesmo que, para isso, fosse necessário, algumas vezes, ir contra os interesses *imediatos* de alguns capitalistas ou mesmo de frações inteiras da classe capitalista. Foi nesse sentido que FEAGIN (1990) utilizou, para qualificar os planejadores, a expressão "capitalistas coletivos" (*collective capitalists*).

O fato de a posição dos críticos marxistas se achar enfraquecida hoje em dia, na esteira da crise do pensamento marxista em todo o mundo (a qual se arrasta há décadas, tendo sido enormemente agravada pelo avanço do triunfalismo conservador após os acontecimentos subseqüentes à queda do Muro de Berlim, em 1989) não isenta os cientistas sociais críticos de uma análise séria de seu conteúdo. Isso não apenas devido à grande influência do pensamento marxista sobre as ciências sociais mas, também, porque o colapso do sistema soviético e a crise do marxismo, por si sós, não autorizam, ao contrário do que muitos passaram a fazer crer, a inferência de que o pensamento marxista é inteiramente falho e desprovido de capacidade explicativa, independentemente do autor e do assunto sobre o qual se esteja falando.

De toda maneira, e a despeito de sua relevância, é necessário salientar que as críticas marxistas ao planejamento encerram uma *falácia* – ou seja, um argumento que, à primeira vista, parece correto, podendo ser até mesmo bastante persuasivo, mas que, examinado judiciosamente, revela inconsistência lógica. A falácia em questão é a chamada *falácia de acidente*, assaz traiçoeira, em que uma generalização abusiva é cometida.[2] De fato, é preciso admitir que a crítica marxista contra o planejamento urbano usualmente conduzido nos marcos de uma sociedade capitalista é, em si mesma, importante e reveladora. No entanto, por que dever-se-ia presumir que *toda* atividade de planejamento precisa enquadrar-se nos moldes descritos e condenados por essa crítica? Não se trata, aqui, apenas de aventar a hipótese de uma eventual sociedade pós-revolucionária e pós-capitalista, na qual, com a mais absoluta certeza, também existiria *algum*

---

[2] Para H. W. Joseph (*apud* COPI, 1981:83), "(...) não existe falácia mais insidiosa do que tratar um enunciado que, em muitos aspectos, não é enganador, como se fosse sempre verdadeiro e sem restrições".

tipo de planejamento. Trata-se, antes, partindo-se da premissa de que as sociedades capitalistas são contraditórias e não monolíticas (negar isso equivaleria a abdicar do pensamento dialético e mesmo a negar a possibilidade de uma mudança substancial a partir do interior da própria sociedade), de indagar: por que dever-se-ia excluir, *a priori*, a possibilidade de um planejamento que, mesmo operando nos marcos de uma sociedade injusta, contribua, material e político-pedagogicamente, para a superação da injustiça social? Afinal, nem mesmo o aparelho de Estado, como salientaram já teóricos marxistas mais sutis, é um monolito ou, como queria Lênin, um simples braço repressivo da classe dominante; como bem resumiu POULANTZAS (1985), ele é, na realidade, a "condensação de uma relação de forças". Embora a lógica da ação do Estado, em uma sociedade capitalista, *tenda* a ser a da reprodução da ordem vigente, isso não precisa ser sempre uma verdade; aquilo que é verdade "no atacado", ou estruturalmente, não é, necessariamente, sempre verdade "no varejo", ou conjunturalmente. Contradições e conflitos, se bem explorados, podem conduzir a situações bem diferentes de um simples reforço da dominação, perpetuamente renovado, por parte do Estado.

Diante da argumentação dos "marxistas urbanos", reveladora sob muitos aspectos mas, em última análise, abusivamente generalizante, o autor se vê tentado a qualificar essa retórica falaciosa de "infantil", inspirado na famosa crítica de Lênin ao "esquerdismo". Ao criticar o purismo e o romantismo de certos agitadores revolucionários, Lênin qualificou de "doença infantil" o comportamento dos que, tola e ingenuamente, não se dispunham a utilizar todos os meios de luta, inclusive "*todas* as formas legais" (LÊNIN, 1981:113; grifo de Lênin). Como ficará cada vez mais perceptível para o leitor no decorrer da leitura deste livro, o autor não é leninista, nem sequer marxista. Mas é delicioso imaginar o que diria Lênin sobre o "esquerdismo" de muitos "marxistas urbanos", e qual seria a resposta destes (os quais, talvez, não teriam pruridos em se permitir dar aulas de marxismo revolucionário ao líder da Revolução Russa).

•••••

Quanto às críticas conservadoras contra o planejamento, elas começaram a avolumar-se na esteira tanto de uma certa frustração com os resultados da intervenção estatal em geral – nem sempre capaz de cumprir a promessa implícita, de espírito keynesiano, de evitar as crises e, por assim dizer, salvar o capitalismo de si próprio – quanto de um enfraquecimento das *bases materiais* do planejamento típico dos *welfare states* dos países capitalistas centrais: o crescimento econômico e a capacidade de investimento e regulação do Estado. O mais tardar em meados dos anos 70, após o primeiro choque do petróleo (1973) e em meio ao avanço da crise do sistema capitalista mundial, os alicerces econômicos que por décadas haviam sustentado um planejamento influente em países como o Reino Unido, a França e a Alemanha, estavam já visivelmente abalados (BRINDLEY *et al.*, 1989:3). Os primeiros sinais de esgotamento das estratégias keynesianas de sustentação do crescimento econômico e dos modelos de "desenvolvimento" baseados em elevados gastos sociais por parte do Estado estimularam o assanhamento dos (neo)liberais; avolumam-se, então, os clamores por um "Estado mínimo" e por maior confiança no "mercado livre". Com a ascensão ao poder de dois representantes da nova direita na virada dos anos 70 para os anos 80, Margareth Thatcher na Inglaterra e Ronald Reagan nos EUA, o neoliberalismo ganhou um impulso decisivo. Os anos 80 testemunharam não apenas o começo do processo de acuamento do pensamento de esquerda, que atingiria o seu clímax logo após a derrocada do "socialismo real" na virada para os anos 90, mas também o desgaste e o descrédito acelerados do keynesianismo e da social-democracia em sua versão clássica, sustentáculos dos Estados de bem-estar.

Sem dúvida, nem mesmo o thatcherismo, com sua fúria desregulamentadora e privatista, tentou simplesmente abolir o planejamento (vide, a respeito, BRINDLEY *et al.*, 1989; DAVIES, 1998). Contudo, a hegemonia ideológica do neoliberalismo e a crise do *welfare state* representam um enfraquecimento (e não apenas uma transformação), tanto efetivo quanto ideológico, do planejamento, até então estreitamente associado a um Estado intervencionista. A "flexibilidade" das novas modalidades de planejamento e gestão – simbolizada pela ascensão da perspectiva de governança local (*local governance*) em detrimento dos esquemas mais estatistas de governo local (*local government*) – não deve, ao contrário do que fazem autores como IMRIE e RACO (1999), ter seu significado negativo subestimado.

O enfraquecimento do planejamento se faz acompanhar pela popularização do termo *gestão* (nos países de língua inglesa, *management*), o que é muito sintomático: como a gestão significa, a rigor, a administração dos recursos e problemas *aqui e agora*, operando, portanto, no curto e no médio prazos, o hiperprivilegiamento da idéia de gestão em detrimento de um planejamento consistente representa o triunfo do imediatismo e da miopia dos ideólogos ultraconservadores do "mercado livre". Em outras palavras, ele representa a substituição de um "planejamento forte", típico da era fordista, por um "planejamento fraco" (muita gestão e pouco planejamento), o que combina bem com a era do pós-fordismo, da desregulamentação e do "Estado mínimo" ("*Post-Fordist City Politics*" é, aliás, o sugestivo título de um trabalho sobre as novas condições do planejamento [MAYER, 2000]). Note-se, de toda maneira, que isso não quer dizer que a gestão, em si, precisa estar sempre associada a uma perspectiva imediatista, o que seria uma rematada tolice. É evidente que a administração de curto e médio prazo dos recursos e problemas é tão essencial quanto a visão de longo alcance e a reflexão de longo prazo – não é por acaso que o subtítulo deste livro não menciona apenas o planejamento, mas também a gestão.

Para usar a terminologia sistematicamente apresentada em BRINDLEY *et al.* (1989), o *planejamento regulatório* (*regulative planning*) e o *planejamento pautado em investimentos públicos* (-*public-investiment planning*) começam, já nos anos 70, e em velocidade acelerada a partir da década seguinte, a ceder terreno em favor de formas mais "mercadófilas" de planejamento, mais próximas da lógica da gestão (e dos interesses imediatos do capital privado) que da de um planejamento de longo alcance: o *planejamento subordinado às tendências do mercado* (denominado, sinteticamente, de *trend planning* desde os anos 70), o *planejamento de facilitação* (*leverage planning*) e o *planejamento de administração privada* (*private-*

management planning). O planejamento subordinado às tendências do mercado limita-se, como o nome indica, a acompanhar as tendências sinalizadas pelo próprio mercado, abdicando, diversamente do que era o apanágio do planejamento regulatório, de tentar controlar e disciplinar aquele. O planejamento de facilitação representa um grau a mais na escala de mercadofilia: longe de apenas acompanhar e tentar mimetizar o mercado, aqui o planejamento serve para estimular a iniciativa privada, oferecendo-lhe numerosas vantagens e regalias, de isenções tributárias a terrenos e infra-estrutura subsidiados, de informações vitais à suspensão ou abolição de restrições de uso impostas por zoneamentos para determinadas áreas. Quanto ao planejamento de administração privada, ele deve seu nome ao fato de incorporar os próprios métodos e a experiência da iniciativa privada, enfatizando parcerias público/privado. No limite, trata-se de confiar largas fatias do planejamento e da administração de espaços públicos aos cuidados da iniciativa privada, tida como mais eficiente (onde, todavia, não se abre mão de generosos subsídios estatais...).

É uma ironia que, após e durante as ondas de ataques indiscriminados de muitos marxistas, precisamente os setores mais reacionários venham a, uma vez no poder, enfraquecer os sistemas de planejamento, na esteira das agressões contra o *welfare state*. A própria crítica marxista precisou ser atualizada, do que se incumbiu, por exemplo, HARVEY (1989), em sua análise da passagem de um estilo "gerencial", "administrativo" (*managerialist*) ou regulatório de governança urbana para um estilo "empresarialista" (*entrepeneurialist*), obcecado com o crescimento e a competitividade econômicos da cidade. O contexto de *welfare state*, em que o Estado intervencionista aparecia como um dos alvos preferenciais, cedeu lugar a uma conjuntura muito mais "darwiniana", em que o Estado tornou-se mais frágil, as contradições tornaram-se mais explícitas e direitos sociais vêm sendo erodidos. Se, antes, os planejadores eram criticados por contribuírem para a reprodução do *status quo*, comumente de maneira apenas *indireta* (e não plenamente consciente), por terem que ir, muitas vezes, contra os interesses imediatos de frações do capital, agora eles passam a dar suporte *direto* (e muito consciente) aos interesses capitalistas. À luz disso, o discurso "esquerdista" de condenação generalizada, se antes era equivocado, sob um ângulo pragmático, ao desprezar as várias possibilidades de engajamento propositivo *aqui e agora* em nome de uma concepção metafísica de revolução social, hoje não poderia ser considerado como outra coisa que não um discurso politicamente pernicioso. Na prática, hoje em dia, esse discurso soa como um convite ao imobilismo, precisamente em uma quadra da história em que torna-se uma prioridade imediata lutar para manter a capacidade de intervenção estatal promotora de minimização de privações e segregação, erodida que está essa capacidade pelo ultraconservadorismo de inspiração neoliberal. Isso não significa, porém, obviamente, que o horizonte último da análise e da *práxis*, sob o ângulo político-filosófico, necessariamente restringir-se-á a uma defesa de soluções keynesianas e social-democráticas. Além do mais, o fato de se lamentar o enfraquecimento do Estado não significa, necessariamente, "estadofilia", e muito menos "estadocentrismo"; contudo, ir *além do Estado* e, tanto no longo e longuíssimo prazos (por princípio) como no curto e no médio prazos (por necessidade, muitas vezes), ir *contra o Estado* e fazer a *crítica do Estado e do que ele representa*, não quer dizer que se deva ignorá-lo e que se deva esquecer que a margem de manobra propiciada pela intervenção estatal, na nossa sociedade, é apreciável (já que muita coisa depende de leis, de autorizações, de recursos vultosos etc.), desde que a correlação de forças permita que a ação do Estado não seja simplesmente reacionária.[3]

•••••

[3] A possibilidade mesma de que a ação estatal, em uma sociedade capitalista, possa ser, a um só tempo, relevante e não-reacionária, tem sido descartada pelos "antiplanejadores" marxistas, devido a uma espécie de essencialismo (ou mitificação e hipostasiamento do significado da "revolução"). É reconfortante ver que ninguém menos que David Harvey, recentemente (HARVEY, 1999 e 2000:Cap. 12), tenha demonstrado um considerável amolecimento de sua resistência intelectual a esse respeito, conquanto ainda tenha algumas dificuldades para valorizar em toda a sua extensão um planejamento crítico como algo realmente capaz de contribuir, sim, para uma mudança sócio-espacial profunda, ainda que de modo complexo.

Retorne-se, pois, à questão do "infantilismo". Como superá-lo, sem permitir que o pragmatismo se transmute em cinismo, oportunismo ou acomodação dissimulada? Em outras palavras: como realizar com segurança o percurso que vai da *crítica do planejamento urbano* a um *planejamento urbano crítico*? O presente livro pretende ser uma contribuição para essa tarefa.

Antes de mais nada, sublinhe-se que a iconoclastia "esquerdista" é, em última análise, contraditória: em nome da ação revolucionária ela recusa genericamente o planejamento, que é uma componente de qualquer ação coletiva embasada programaticamente e voltada para a mudança social construtiva. Aliás, diga-se de passagem, mesmo no plano puramente individual não se vive sem algum tipo de planejamento. Modificando ligeiramente os comentários de CULLINGWORTH (1997:6), quatro são os elementos fundamentais de qualquer atividade de planejamento:

- *Pensamento orientado para o futuro.*
- *Escolha entre alternativas.*
- *Consideração de limites, restrições e potencialidades; consideração de prejuízos e benefícios.*
- *Possibilidade de diferentes cursos de ação, os quais dependem de condições e circunstâncias variáveis.*

Os quatro elementos supracitados estão presentes em ações tão quotidianas como, por exemplo, planejar o dia (o que fazer, quando, em que ordem, quanto tempo dispender com cada atividade etc.). É claro que, como se apressou em acrescentar o próprio Cullingworth, quando outras pessoas estão envolvidas – como ocorre com os processos de planejamento e gestão de que trata o presente livro – é necessário adicionar um quinto elemento fundamental: a *preocupação com a resolução de conflitos de interesse* (CULLINGWORTH [1997:6] fala em "modo de reconciliar diferenças entre os participantes"; entretanto, essa redação é mais restrita, sugerindo o velho ideal de busca da "harmonia" por meio do planejamento, a ser criticado no Subcapítulo 2.3. da Parte I).

Como FRIEDMANN (1987) mostrou, as mais diferentes correntes ideológicas sempre estiveram envolvidas com "planejamento". Inclusive, obviamente, o leninismo e, mais geralmente, o "socialismo autoritário" de inspiração marxista, em que um dos elementos mais típicos eram os sistemas de planificação centralizada! De fato, a grande tradição do *planning as social mobilization*, para usar as palavras de Friedmann, deita raízes em três distintas correntes de oposição ao *status quo* capitalista, a saber, o socialismo utópico, o anarquismo e o materialismo histórico (FRIEDMANN, 1987:225 e segs.). A maioria dos marxistas urbanos dos anos 70 e 80 provavelmente não se identificaria com o rótulo de *radical planners*, muito caro a Friedmann. É indubitável, porém, que não só a edificação do bloco soviético (rechaçado, devido ao totalitarismo, pela maior parte da esquerda universitária ocidental), mas também a organização de todos os movimentos revolucionários, da Revolução Russa a Cuba, não poderia ter prescindido de uma forte dose de competência planejadora.[4]

Sem dúvida, contudo, cabe buscar caminhos diferentes, verdadeiramente críticos, para a atividade de planejamento – críticos, inclusive, das falsas soluções representadas pelos pseudo-socialismos de corte autoritário. Assim, a clássica pergunta *que fazer?*, indagação que dá título a um livro-panfleto de LÊNIN (1986), precisa ser

---

[4] Sem identificar-se com os regimes "socialistas" autoritários e o seu estilo de planificação central, Friedmann, por outro lado, não deixa de fazer, ainda que *en passant*, um reparo ao academicismo de grande parte do marxismo de cátedra, academicismo esse que muito tem a ver com a negligência generalizante para com a temática do planejamento. Após lembrar algumas questões fundamentais sob o ângulo da *práxis* revolucionária em sua leitura marxista ("[...] [d]oes the proletariat have sufficient consciousness of itself as a revolutionary class and its historical mission? What is the role of militant cadres in the leadership of proletarian masses? What is the most advisable strategy for the struggles ahead? With what other social groups should revolutionary alliances be made? [...]" [FRIEDMANN, 1987:247]), o autor observa, em uma nota de rodapé, que os marxistas de academia "(...) had little reason to worry about the class consciousness of the proletariat, they were chiefly concerned with systematizing and expanding Marxist categories" (FRIEDMANN, 1987:247, nota 12). O Apêndice C do referido livro de Friedmann (de autoria de Marco Cenzatti) aborda com mais vagar o problema da incapacidade do "marxismo urbano" em ir além, em sua relação com o planejamento, da constatação do que este *normalmente é* em uma sociedade capitalista, deixando, assim, de compreender o planejamento também pelo que *ele pode ser*, inclusive como um possível terreno da luta de classes.

enfrentada de modo diferente da estratégia leninista, comprometida com um ideário heterônomo, isto é, não-democrático em um sentido profundo. Para Lênin, a revolução seria feita pelo proletariado industrial – um sujeito histórico privilegiado no pensamento marxista –, guiado pelo partido (único) da classe operária, o qual seria, por sua vez, guiado com férrea disciplina ("centralismo democrático") por líderes iluminados extraídos da classe média. No presente livro, em contraste, nega-se tanto o monopólio de uma classe do papel de "parteira da história", saudando-se, pelo contrário, as seminais contribuições de diferentes tipos de movimento social (organizados em torno de questões como etnicidade, gênero, ecologia etc.), quanto o monopólio de um partido do papel de condutor político. Repudia-se, por fim, a arrogância típica dos intelectuais vanguardistas, equivalentes revolucionários dos tecnocratas conservadores.

Seja como for, nada justifica não debruçar-se sobre as possibilidades de ação, refletindo sobre perspectivas, limitações e potencialidades. Sob um ângulo dialógico,[5] a missão do intelectual/pesquisador/planejador é a de chamar a atenção daqueles que, para ele, são, ao mesmo tempo, objeto de conhecimento e sujeitos históricos cuja autonomia precisa ser respeitada e estimulada, para as contradições entre objetivos, os problemas e as margens de manobra que o seu treinamento técnico-científico lhe permitam vislumbrar. Esse treinamento, significando uma capacidade de manusear e entender grandes volumes de dados de natureza díspar e uma capacidade de reflexão combinando diversas escalas temporais e espaciais, dentre outros

---

[5] O adjetivo *dialógico* é tomado de empréstimo a Paulo Freire, cuja obra possui, conforme o autor já escreveu anteriormente (SOUZA, 2000b), um alcance político-filosófico – sintetizado na e simbolizado pela sentença lapidar "ninguém liberta ninguém, ninguém se liberta sozinho; os homens se libertam em comunhão" – que ainda não parece ter sido devidamente apreciado. A defesa que Freire faz, em seu *Pedagogia do oprimido* (FREIRE, 1986), do ato de educar não apenas como dialético, mas sim como verdadeiramente dialógico, vale dizer, fundado no diálogo e infenso à autoritária concepção tradicional de educação, que ele sugestivamente chama de "bancária" (em que o professor "deposita" conteúdos na cabeça de seus alunos, os quais são, assim, reduzidos a um papel passivo), possui nítida relevância para a ação coletiva em geral, incluindo-se aí o planejamento urbano crítico e qualquer processo organizado de mudança social.

aspectos, é de um valor inestimável. Entretanto, o papel do intelectual e do cientista social é o de esclarecer quanto a determinados assuntos referentes à escolha e ao uso otimizado dos *meios* da mudança social; quanto aos *fins*, estes dizem respeito a valores e expectativas que, sob um ângulo radicalmente democrático, não podem ser definidos por uma instância técnica ou política separada do restante da sociedade. Os fins têm de ser estabelecidos pelos próprios envolvidos, cabendo aos intelectuais, no máximo, o papel de contribuir para a sua discussão crítica. Um planejamento crítico, portanto, como pesquisa científica aplicada que é, deve, por um lado, manter-se vigilante diante do senso comum, desafiando-o e buscando "ultrapassá-lo" ao interrogar o não-interrogado e duvidar de certezas não-questionadas; ao mesmo tempo, um planejamento crítico não-arrogante não pode simplesmente ignorar os "saberes locais" e os "mundos da vida" (*Lebenswelten*) dos homens e mulheres concretos, como se as aspirações e necessidades destes devessem ser definidas por outros que não eles mesmos.

Os seguintes desafios para uma perspectiva socialmente crítica do planejamento e da gestão urbanos, desafios esses a serem abraçados ao longo deste livro, merecem, com efeito, ser destacados:

• Valorização crítica simultânea das dimensões política e técnico-científica do planejamento e da gestão, sem superestimação do peso de nenhum dos dois pólos. Se, por um lado, o tecnocratismo é condenável não somente por seu autoritarismo, mas igualmente por pretender negar o fato de que planejar e gerir intervenções no espaço urbano são atividades eminentemente políticas, uma vez que o sentido e as finalidades da vida coletiva estão em jogo, por outro lado isso não deve desembocar na conclusão de que planejar e gerir prescindem de *téchne*, de conhecimentos apropriados (técnicos *stricto sensu*, científicos etc.), notadamente no que se refere à escolha dos meios mais adequados para a satisfação de determinadas necessidades.

• Exame bastante ponderado do arsenal de instrumentos de que hoje dispõem o planejamento e a gestão urbanos, avaliando em que medida muitos deles podem ser reciclados ou subvertidos com a finalidade de servirem a propósitos diferentes daqueles para os quais foram originalmente concebidos, propósitos esses, não raro, francamente conservadores.

• Uma crítica da *racionalidade instrumental* com base na reflexão habermasiana a propósito da razão e do agir *comunicativos* é necessária. A racionalidade instrumental (expressão clássica no âmbito da terminologia da Escola de Frankfurt) está voltada exclusivamente para a adequação dos meios a fins preestabelecidos. Os fins permanecem inquestionados, por ser a sua discussão uma discussão de valores, não considerada como pertinente a uma esfera racional em sentido estrito. Ademais, a racionalidade instrumental orienta aquilo que Habermas denomina de "*ação estratégica*" (*strategisches Handeln*), em que a linguagem não é utilizada para fins de entendimento, mas sim para fins de dominação e cooptação. Já a racionalidade (ou razão) comunicativa não se deixa aprisionar por uma análise acrítica da adequação entre meios e fins. Para Habermas é possível, no âmbito do que ele denomina *ação comunicativa* (*kommunikatives Handeln*) – que é o processo de oferecimento é crítica de razões para sustentar ou rejeitar proposições e argumentos específicos –, chegar a acordos voluntários em nome da cooperação. Habermas situa tanto a racionalidade quanto a ética em um contexto comunicacional, acreditando no "poder da conversação argumentativa em gerar consenso" (HABERMAS, 1981, vol. 1, p. 28). Para ele, a racionalidade instrumental (*kognitiv-instrumentelle Rationalität*), a qual lida com algo que poderia ser traduzido como "disponibilização instrumental" (*instrumentelle Verfügung*) e com a otimização dos meios, está muito longe de ser a única forma de racionalidade. A racionalidade comunicativa (*kommunikative Rationalität*), a qual precisamente pode florescer por meio da ação comunicativa e tornar-se o fundamento de um debate racional em torno dos fins da ação, não é uma modalidade menos importante de racionalidade. Enquanto a moldura prática da racionalidade instrumental é a "ação estratégica", orientada para a eficiência e, conforme dito, comumente agasalhando uma dimensão de dominação e manipulação, a racionalidade comunicativa é orientada para o entendimento por meio da comunicação (*kommunikative Verständigung*), em que deve prevalecer o melhor argumento. Por outro lado, se *téchne* é imprescindível ao planejamento e à gestão, como foi dito anteriormente, certamente a missão do planejador crítico é impensável como prescindindo inteiramente da razão instrumental. Pensar diferentemente não seria apenas irrealismo, mas, verdadeiramente, incorrer em um absurdo. A diferença reside, primeiramente, em que o planejador crítico não se limita a "otimizar meios" de maneira bitolada: ele deve envolver-se com questões de valor e pode e deve envolver-se, sem arrogância, nos debates sobre os fins, eventualmente chamando a atenção para possíveis contradições entre objetivos. A principal diferença, no entanto, é que ele reconhece o primado do agir e da razão comunicativos no que tange à decisão legítima sobre os fins – e, na presença de controvérsias ou alternativas igualmente válidas, também no que tange à escolha definitiva dos meios.

• Reflexão sobre o significado e o alcance de termos e expressões como "participação popular", hoje corriqueiros na retórica de diversas modalidades de planejamento urbano, mas cujos conteúdos raramente são examinados crítica e profundamente. Essa reflexão será feita, aqui (nos capítulos 10 e 12 da Parte II e, principalmente, no Capítulo 11 da Parte III), na esteira de uma apresentação e discussão da idéia castoriadiana de autonomia (vide Capítulo 2 da Parte I e Capítulo 10 da Parte II). A discussão sobre a autonomia será o contexto para o desafio referido no item anterior – a crítica da *racionalidade instrumental* com base na reflexão habermasiana a propósito da razão e do agir *comunicativos* –, sem o que o tratamento das possibilidades de florescimento da razão e do agir comunicativos corre o sério risco de subestimar as contradições e os conflitos sociais estruturais e de ficar mergulhada em um mundo de fantasia.

• Contextualização do planejamento nos marcos mais amplos da produção teórica do conjunto das ciências sociais, inclusive no que diz respeito às teorias do desenvolvimento. A reflexão teórica sobre o desenvolvimento está vinculada, acima de tudo, a escalas supralocais (internacional, nacional e regional), em torno das quais diversas ciências sociais têm, sobretudo a partir dos anos 50, oferecido contribuições. Os problemas das conceituações e das abordagens existentes, como os renitentes etnocentrismo, economicismo, teleologismo e a negligência para com o papel do espaço, examinados pelo autor alhures (SOUZA, 1997a), não excluem, portanto, a existência de uma densa e variada tradição de teorização. O desenvolvimento *urbano*, em contraste, tem largamente padecido de sua imersão em um ambiente de rarefação propriamente teórica. Não, é óbvio, que tenham faltado esforços de reflexão teórico-conceitual a propósito das cidades; na verdade, da segregação residencial à dinâmica do mercado imobiliário, passando pelos movimentos sociais urbanos, poucos objetos têm sido tão privilegiados pelas ciências sociais (especialmente Sociologia e Geografia) quanto as cidades. No entanto, a propósito das escalas supralocais, constituiu-se uma tradição de análise da mudança social em termos de desenvolvimento, dando origem a uma riqueza de conceituações concorrentes (desenvolvimento econômico *stricto sensu*, ecodesenvolvimento, "desenvolvimento humano"...), ao passo que a expressão desenvolvimento urbano, embora de uso corrente tanto na linguagem ordinária quanto na literatura científica, permanece basicamente na condição de uma *noção pré-teórica*, antes que um verdadeiro conceito científico (SOUZA, 1998). Uma das tarefas, por conseguinte, ao se lidar com o planejamento e a gestão urbanos como pesquisa social aplicada, é integrar a reflexão sobre aquilo que, sinteticamente, deve ser a finalidade do planejamento e da gestão – o *desenvolvimento urbano*, ou a *mudança social positiva da e na cidade* – com as reflexões a respeito do desenvolvimento social (ou sócio-espacial) em geral, beneficiando-se de idéias e inquietações que têm surgido a propósito da meditação sobre transformações ("modernização", redução de desigualdades etc.) em outras escalas de análise.

Vários dos desafios acima mencionados já vêm sendo enfrentados por outros autores, com graus variáveis de sucesso. É o caso da reflexão sobre as idéias de Habermas, o que tem sido objeto de trabalhos de alguns teóricos anglo-saxões do planejamento há vários anos. No entanto, embora se trate de uma perspectiva altamente promissora, as interpretações disponíveis padecem de algumas limitações. O mesmo se aplica aos desafios de "politização" do planejamento e de reciclagem de instrumentos. O primeiro desses objetivos tem sido enfrentado pela perspectiva do "planejamento estratégico", sendo que sua variante brasileira de esquerda, o "planejamento politizado" de que falaram RIBEIRO e CARDOSO (1990),[6] tem sido também responsável por uma reciclagem e recontextualização de alguns instrumentos de planejamento herdados do passado. No entanto, tanto as versões conservadoras do "planejamento estratégico" quanto o "planejamento politizado" brasileiro estão ainda longe de terem encontrado soluções plenamente satisfatórias. Os trabalhos dos teóricos anglo-saxões inspirados no pensamento habermasiano e o "planejamento politizado" serão objeto de escrutínio na Parte II.

---

[6] Essa interpretação do "planejamento politizado" como uma variante de esquerda do planejamento estratégico não foi feita pelos próprios Ribeiro e Cardoso, mas sim pelo autor deste livro (SOUZA, 1998), não sendo improvável que essa comparação cause estranheza tanto àqueles autores quanto a outros analistas. Há, entretanto, boas razões para a comparação. O rótulo "planejamento estratégico" remete a ambientes distintos: tanto ao ambiente do planejamento de atividades empresariais quanto ao do planejamento da atuação do Estado, inclusive sob a ótica militar, como mostra o exemplo brasileiro de Golbery do Couto e SILVA (1955); tanto à moda atual dos "planos estratégicos", como o do Rio de Janeiro (PREFEITURA DA CIDADE DO RIO DE JANEIRO *et al.*(1996a; 1996b), descendente de uma linhagem conservadora (uma panorâmica dessa linhagem pode ser encontrada em KAUFMAN e JACOBS, 1998), quanto à linha mais crítica de Carlos Matus (ver, por exemplo, MATUS, 1996), com seu "planejamento estratégico situacional", que ele começou a desenvolver quando ainda colaborava com o governo de Salvador Allende, no Chile. No entanto, todos têm algo em comum: a incorporação da dimensão política em sentido amplo. Tem sido usual, no debate recente em torno do planejamento e da gestão urbanos no Brasil, reduzir-se a idéia de planejamento estratégico à sua versão mais badalada e conservadora, ilustrada pelo Plano Estratégico do Rio de Janeiro – reducionismo esse que tem sido cometido tanto pelos conservadores quanto por seus críticos. Parece inegável, porém, que o "planejamento politizado" corresponde, sem assumir-se enquanto tal, à incorporação, por parte de planejadores de esquerda, de elementos da linha de abordagem de Carlos Matus. Voltar-se-á a este assunto no Capítulo 9 da Parte II.

PARTE I:

Contextualizando o planejamento e a gestão urbanos

1. Os conceitos de planejamento urbano e gestão urbana

1.1. Planejamento e gestão: conceitos rivais ou complementares?

O conceito de *gestão*, há bastante tempo estabelecido no ambiente profissional ligado à administração de empresas (*gestão empresarial*), vem adquirindo crescente popularidade em conexão com outros campos. No Brasil, desde a segunda metade da década de 80 se vem intensificando o uso de expressões como *gestão urbana*, *gestão territorial*, *gestão ambiental*, *gestão educacional*, *gestão de ciência e tecnologia* e outras tantas.

Na interpretação de alguns, a palavra gestão veio bem a calhar como um sucedâneo do termo *planejamento*. Largamente desacreditado e associado a práticas maléficas e autoritárias na esteira da "crise do planejamento (urbano e regional)" que, inicialmente em um plano ideológico, chegou ao Brasil nos anos 80 (sob influência das críticas de corte marxista iniciadas na Europa e nos EUA nos anos 70), a própria palavra *planejamento* deveria, para vários analistas, ser banida e, na melhor das hipóteses, substituída por outra. (Se bem que alguns intelectuais, conforme já foi exposto na Introdução, passaram a acalentar uma curiosa ojeriza pela idéia de intervenção *em si*.) No que concerne aos fundamentos materiais do exercício do planejamento em uma sociedade capitalista – um Estado bem organizado e com capacidade de intervenção e realização de investimentos –, a crise fiscal do Estado, o colapso do modelo de substituição de importações e do estilo desenvolvimentista pautado na *state-centred matrix*

(CAVAROZZI, 1992), tudo isso sob a égide ideológica do neoliberalismo, concorreram decisivamente, "pela direita", no Brasil da década de 90, para enfraquecer o sistema de planejamento e a própria legitimidade do exercício de planejar. Contra esse pano de fundo, o termo *gestão* traz, para alguns observadores, a conotação de um controle mais democrático, operando com base em acordos e consenso, em contraposição ao planejamento, que seria mais tecnocrático (MACHADO, 1995).

Não obstante, a pretendida (não por todos, felizmente) substituição de planejamento por gestão baseia-se em uma incompreensão da natureza dos termos envolvidos. Planejamento e gestão não são termos intercambiáveis, por possuírem *referenciais temporais distintos* e, por tabela, por se referirem a *diferentes tipos de atividades*. Até mesmo intuitivamente, planejar sempre remete ao *futuro*: planejar significa tentar prever a evolução de um fenômeno ou, para dizê-lo de modo menos comprometido com o pensamento convencional, *tentar simular os desdobramentos de um processo, com o objetivo de melhor precaver-se contra prováveis problemas ou, inversamente, com o fito de melhor tirar partido de prováveis benefícios*. De sua parte, gestão remete ao *presente*: gerir significa *administrar uma situação dentro dos marcos dos recursos presentemente disponíveis e tendo em vista as necessidades imediatas*. O planejamento é a preparação para a gestão futura, buscando-se evitar ou minimizar problemas e ampliar margens de manobra; e a gestão é a efetivação, ao menos em parte (pois o imprevisível e o indeterminado estão sempre presentes, o que torna a capacidade de improvisação e a flexibilidade sempre imprescindíveis), das condições que o planejamento feito no passado ajudou a construir. Longe de serem concorrentes ou intercambiáveis, planejamento e gestão são *distintos e complementares*.

Não menos que a própria gestão, ou seja, a administração dos recursos e das relações de poder *aqui* e *agora*, o planejamento – *algum tipo de planejamento* – é algo de que não se pode abdicar. Abrir mão disso equivaleria a saudar um caminhar errático, incompatível com a vida social organizada, independentemente do modelo e do grau de complexidade material da sociedade (pois até mesmo sociedades tribais e grupos de caçadores e coletores "planejam" sua vida e suas atividades). Como bem exprimiu Carlos Matus,

> [s]e planejar é sinônimo de conduzir conscientemente, não existirá então alternativa ao planejamento. Ou planejamos ou somos escravos da circunstância. Negar o planejamento é negar a possibilidade de escolher o futuro, é aceitá-lo seja ele qual for. (MATUS, 1996, tomo I, p. 14)

Um desafio que se coloca de imediato, ao se debruçar sobre a tarefa de planejar, é o de realizar um esforço de imaginação do futuro. Não deve haver sombra de dúvida quanto ao fato de que o planejamento necessita ser referenciado por uma reflexão prévia sobre os desdobramentos do quadro atual – ou seja, por um esforço de prognóstico. Não há ação, muito menos ação coletiva coordenada, que possa prescindir disso. Descurar indiferenciadamente a importância do planejamento, alegando, dentre outras coisas, que não se pode predizer o futuro, trai uma irresponsabilidade típica da atitude livresca e diletante, em que o comprometimento com a ação transformadora é, quando muito, puramente retórico. Entretanto, o linearismo ou cartesianismo que se aninha na definição de previsão como uma antecipação da evolução de um fenômeno precisa ser evitado, por sugerir a possibilidade de prever confiavelmente o curso até mesmo de processos complexos, como o são, em geral, os processos sociais. Na base das abordagens simplistas ainda hoje largamente empregadas está um viés organicista ou mecanicista, em que o analista presume ser possível transpor para a investigação de fenômenos sócio-históricos esquemas e métodos oriundos das ciências naturais.[7] A bem da

[7] Assim é que, por exemplo, o capítulo 6 do *Curso de planejamento municipal integrado* de Célson Ferrari, o qual encerra uma breve panorâmica das técnicas convencionais de prognose, contém a seguinte observação: "[é] importante notar que a cidade é um sistema dinâmico que trabalha como uma máquina. Assim como a Engenharia Mecânica elabora 'modelos' de suas máquinas, os planejadores, dotados desse conceito dinâmico de cidade, passaram a construir 'modelos' urbanos para simular situações hipotéticas e, principalmente, para, a partir dos 'modelos', fazer previsões a respeito de seu futuro desenvolvimento" (FERRARI, 1979:117).

verdade, a crítica das abordagens e técnicas de predição baseadas em projeções de curvas evolutivas e extrapolação de tendências vem sendo operada já há vários anos, com maior ou menor sofisticação, não apenas fora, mas também dentro do campo do planejamento, devido ao seu simplismo; por exemplo, por parte daqueles que se ocupam da construção e do aperfeiçoamento da técnica de *cenários*.[8] De fato, a construção de cenários não deve ser entendida como um mero aperfeiçoamento das técnicas tradicionais de previsão, mas sim como uma ruptura qualitativa, epistemológica, em relação a elas: construir cenários não significa (ou, pelo menos, não deveria significar), na verdade, tentar "prever" o futuro, em sentido forte, como se a história fosse passível de completa determinação ou, pelo menos, como se fosse razoável, em nome de um pretenso pragmatismo, ignorar a dimensão de contingência que sempre existe nos processos históricos. Construir cenários significa (ou deveria significar) apenas simular desdobramentos, sem a preocupação de quantificar probabilidades e sem se restringir a identificar um único desdobramento esperado, tido como a tendência mais plausível. Na verdade, a todo momento, mesmo no quotidiano, as pessoas planejam as suas atividades com a ajuda de simulações: "se o trânsito de estiver bom, vou chegar no trabalho e fazer primeiro isso, depois aquilo, depois aquilo outro, antes de entrar em sala para dar minha aula; se o trânsito estiver ruim e eu perder tempo, irei direto para a aula, e farei, depois, isso e aquilo, deixando aquilo outro, provavelmente, para amanhã...". Tratase, portanto, de uma abordagem realista do desafio de realização de prognósticos, com a condição de não se ceder à tentação racionalista de formalizar excessivamente a simulação, dando-se a impressão de que três ou cinco ou seis cenários esgotam as possibilidades quanto ao futuro. Fazer isso equivaleria a esvaziar a abordagem de sua flexibilidade radical, de sua abertura para o imprevisível, transformando-a

[8] A literatura sobre cenários disponível em português é muito escassa. SCHWARTZ (1995) pode servir de introdução, mas seu nível é, essencialmente, de divulgação científica; a prosa é agradável, mas o leitor não encontrará muitos detalhes. Por outro lado, tanto em inglês quanto em alemão há uma grande quantidade de trabalhos de alto nível sobre o assunto (por exemplo, STRÄTER [1988]; STIENS [1998]).

numa mera extensão da idéia convencional de projeção. Para um complemento dessa discussão remete-se o leitor ao ***box 1***.

Box 1

Prognóstico e cenários

O epistemólogo Mario BUNGE (1989:625-6) estabeleceu claras diferenças entre *expectativa* (uma atitude automática de antecipação, presente em todos os animais superiores), *conjectura* (um intento consciente, embora despido de fundamentação racional, de representar o que é, foi ou será), *profecia* (uma conjectura em larga escala com relação ao futuro), *prognose* (uma conjectura informada, mas prisioneira de dados empíricos imediatos e do senso comum) e *predição* (uma previsão baseada em teorias e dados científicos). Claro está, por conseguinte, que, para Bunge apenas a predição é científica. No entanto, Bunge, com sua formação de físico, incorpora, como tantos outros filósofos da ciência, a propósito desse como também de outros assuntos, um preconceito de teor positivista, ao generalizar para toda a atividade científica os cânones próprios e aceitáveis para as ciências naturais.

O tipo de predição preconizado por Bunge é, na verdade, excessivamente formal, funcionando como uma camisa-de-força no caso das ciências sociais. Em contraste, Carlos MATUS (1996:28 e segs.), mesmo sendo desnecessariamente condescendente com a predição, ou seja, com o enfoque formalista em matéria de reflexão sistemática sobre o futuro, está suficientemente atento para as peculiaridades da sociedade como objeto. Matus consegue, com a sua abordagem das "quatro trincheiras" (parte fundamental de sua concepção do planejamento estratégico situacional), em que ele incorpora a técnica dos cenários e vai mesmo um pouco além, ultrapassar o linearismo.

As quatro "trincheiras" de Matus são, a bem da verdade, quatro estágios:

- Primeira trincheira: capacidade de *predição*. Embora concedendo-lhe alguma importância, Matus reconhece que esta trincheira – na qual o que é feito é estabelecer uma única imagem ou um único fio evolutivo para o futuro, extrapolando uma tendência – é a mais vulnerável de todas.
- Segunda trincheira: capacidade de *previsão*. Matus associa o termo previsão a uma simulação flexível, que basicamente corresponde à construção de cenários alternativos.

• Terceira trincheira: capacidade de reação veloz ante a surpresa. Uma vez que nem mesmo a técnica flexível dos cenários pode dar conta plenamente do inesperado, faz-se mister desenvolver mecanismos que permitam um mínimo de agilidade por parte do agente tomador de decisões envolvido diante de surpresas, especialmente do tipo negativo (catástrofes, acidentes etc.).

• Quarta trincheira: aprender com os erros. Como mesmo a terceira trincheira, por mais bem construída que seja, não é infalível, ainda resta (ao menos como consolo...) uma quarta possibilidade, diante de problemas que não conseguimos debelar ou de erros cometidos: extrair lições úteis para o futuro e tentar aprender com os próprios erros.

Como se vê, Matus utiliza o termo *previsão* em um sentido positivo, associando-o à aplicação da técnica dos cenários. Neste livro, diversamente, como o leitor notou, o termo previsão (assim como predição) possui uma conotação negativa, de vez que, em muitos trabalhos, esse rótulo é empregado para recobrir projeções formalistas, no estilo extrapolação de tendências. O termo mais abrangente é, no presente livro, *prognóstico*, o qual, portanto, não possui necessariamente o caráter pré-científico atribuído por Bunge. Tanto previsões (ou predições) quanto cenários são tipos de prognóstico; o primeiro, segundo a terminologia aqui adotada, correspondendo a um tipo muito formal de prognóstico, inadequado para lidar com fenômenos sociais, e o segundo correspondendo a um prognóstico flexível, adequado para as necessidades de cientistas sociais. De resto, com a exceção da "primeira trincheira" de Matus (que deve ser, por conseguinte, recusada como imprópria), as outras três "trincheiras" equivalem a uma imaginativa concepção do esforço de se lidar com o futuro no planejamento, útil e válida para o domínio das ciências sociais aplicadas. Tendo em mente as ressalvas e ponderações anteriores, a sucessão de "trincheiras" poderia ser reescrita como se segue, mais de acordo com o espírito do presente livro:

• Primeira trincheira: *capacidade de prognóstico, correspondendo à habilidade de construir diversos cenários alternativos de forma elegante, consistente e realista.* Isso exige tanto uma grande capacidade de selecionar e analisar dados e informações empíricos adequados quanto sólidos conhecimentos teóricos. Juntos, esses dois predicados representam a chave para interpretações inteligentes da dinâmica sócio-espacial, condição *sine qua non* para refletir consistentemente sobre a evolução do quadro atual. É evidente que, além disso tudo, uma forte dose de imaginação é requerida. Vale registrar que os cenários não devem ser nem muito numerosos, o que torna o conjunto pesado e pouco manuseável, nem tão poucos, resvalando para o simplismo (por exemplo, deve-se evitar delinear apenas dois cenários, um "otimista" e outro "realista", o que deixa de lado justamente as situações intermediárias que freqüentemente são as mais prováveis).

• Segunda trincheira: *capacidade de reação veloz ante a surpresa, preparando-se para se organizar eficazmente para dar respostas mesmo diante de eventos traumáticos improváveis ou imprevisíveis.* Esse é o tipo de preparação que contribui não para antecipar o futuro, mas para evitar que se instale o pânico ou a total descoordenação dos agentes pegos de surpresa por um evento inesperado, de grande e rápido impacto (especialmente negativo).

• Terceira trincheira: *capacidade de extrair lições do passado.*

O desafio, então, é o de planejar de modo não-racionalista e flexível, entendendo-se que a história é uma mistura complexa de determinação e indeterminação, de regras e de contingência, de níveis de condicionamento estrutural e de graus de liberdade para a ação individual, em que o esperável é, freqüentemente, sabotado pelo inesperado – o que torna qualquer planejamento algo, ao mesmo tempo, necessário e arriscado. A história é, para usar os termos do filósofo Cornelius CASTORIADIS (1975), um processo de *autocriação* da sociedade, ou seja, onde uma verdadeira criação *ex nihilo* de *significações imaginárias sociais*[9] tem constantemente lugar, indo além de uma simples "auto-organização" no sentido das ciências naturais.

[9] Os conceitos de "imaginário" e "significações imaginárias sociais" desempenham um papel central na obra de Castoriadis. As significações imaginárias sociais (ou o imaginário) não admitem nem ser reduzidas ao conceito marxista de *ideologia* (no sentido usual de "falsa consciência") nem propriamente ser empregado como sinônimo do amplo conceito antropológico de *cultura* (que inclui, também, a chamada cultura material: utensílios, habitações etc.); tampouco podem elas ser vistas como representando meramente "imaginação" (no sentido de irrealidade). Significações imaginárias sociais são muito reais em sua efetividade. Elas correspondem aos valores societais nucleares (crenças, mitos, visões de mundo...) que fornecem um "sentido" para o mundo de cada sociedade particular e modelam a psiquê dos indivíduos. Essa expressão reaparecerá outras vezes no decorrer deste livro.

Esse processo de autocriação do Social na e pela história inclui, decerto, também a dimensão espacial, isto é, os vínculos múltiplos e complexos entre as relações sociais (produtoras de espaço) e a espacialidade (que condiciona, de maneiras variadas, as relações sociais) – vide SOUZA (1997b). À luz disso, a cidade, produto dos processos sócio-espaciais que refletem a interação entre várias escalas geográficas, deve aparecer não como uma massa passivamente modelável ou como uma máquina perfeitamente controlável pelo Estado (tecnicamente instruído por planejadores racionalistas e tecnocráticos), mas como um fenômeno gerado pela interação complexa, jamais plenamente previsível ou manipulável, de uma miríade de agentes modeladores do espaço, interesses, significações e fatores estruturais, sendo o Estado apenas um dos condicionantes em jogo (ainda que seja um condicionante crucial nas modernas sociedades capitalistas). A autocriação da realidade social (sócio-espacial), evidentemente, não é sinônimo de "pura espontaneidade"; o poder da vontade e a ação premeditada (não só por parte do Estado, mas também de grupos específicos diretamente, ou mesmo, em um outro contexto político-social hipotético, dos cidadãos autogeridos) nunca estão ausentes. Uma visão mais abrangente e flexível do papel do planejamento , que faça justiça à complexidade dos quadros de ação sócio-espaciais concretos, deve desembocar em uma perspectiva que relativize o próprio dualismo, tão usual quanto simplista, entre o "espontâneo" e o "planejado" nos processos de produção do espaço social: espontâneo e planejado interagem o tempo todo de maneira nada simples; aquilo que parece, à primeira vista, totalmente espontâneo, se revela, olhando mais detidamente, fruto de uma pletora de ações dispersas, muitíssimas delas deliberadas e não poucas formalmente programadas, que criam uma sinergia.

Pode-se ainda dizer que não basta uma concepção de planejamento ser politizada e arejada, como a de Carlos Matus, a qual, ademais disso, como filha do Iluminismo, se mostra comprometida com um ideal de emancipação humana – compromisso esse encarnado pela frase "o planejamento é (...) uma ferramenta das lutas permanentes que o homem trava desde o início da humanidade para conquistar graus crescentes de liberdade" (MATUS, 1996, tomo I, p. 15). Afinal, mesmo uma tal concepção apresenta problemas, sob o ângulo da necessidade de desmistificar e democratizar radicalmente o planejamento, se não se percebem as limitações das várias instituições às quais normalmente se atribui um papel especial no contexto do planejamento em sociedades capitalistas, a começar pelo Estado e a democracia representativa. A autocriação da sociedade e, nesse contexto, a produção do espaço urbano, deve, o mais possível (esse é o coração do assumido *background* político-filosófico deste livro), se dar como um processo no qual tomam parte indivíduos livres e lúcidos, o que depreende um olhar crítico sobre a tutela dos indivíduos por algo como um aparelho de Estado e sobre as usuais intransparência e dimensão autoritária das relações de poder (e do planejamento e da gestão da cidade) nas sociedades capitalistas (ver SOUZA [2000b], assim como discussões subseqüentes neste livro, para um aprofundamento desse ponto).

Seja como for, em uma época em que a capacidade regulatória e de investimento do Estado se acha, muito particularmente no que tange aos Estados superendividados da periferia e da semiperiferia capitalistas, bastante reduzida, adotar modelos menos centralizadores e rígidos de planejamento não é apenas uma opção ideológica: é uma necessidade econômica e política. Descentralização e flexibilidade, certamente, não precisam traduzir-se por "mercadofilia", no estilo preconizado pelos ultraconservadores (lembrar dos modelos batizados entre os anglo-saxões de *trend planning*, *leverage planning* e *private-management planning*, mencionados na Introdução). A democratização cada vez maior da ação coordenadora do Estado, abrindo-se para incorporar elementos de democracia participativa tanto na gestão como no planejamento, é uma alternativa à submissão acrítica ao mercado – submissão essa que é fonte de crescente esgarçamento do tecido social – e aos "fascismos societais" discutidos por Boaventura de Sousa SANTOS (1999).

De todo modo, é preciso reiterar que, ainda que retirada de seu antigo pedestal e conduzida de modo democrático e não-rígido, a atividade de planejamento jamais se confundirá inteiramente com a de gestão. Mesmo percebendo que, na prática (e não apenas terminologicamente), o planejamento vem perdendo espaço diante do imediatismo e do privatismo característicos da ação do Estado pós-desenvolvimentista no Brasil, seria tolice imaginar que o planejamento desapareceu ou está em vias de desaparecer e que, agora, "tudo é gestão". Nesse sentido, é lamentável e, ao mesmo tempo, sintomático de uma postura fraca e defensiva que John Friedmann, em um texto destinado a defender a idéia de planejamento, adaptando-a para fazer face ao que ele denominou de "o desafio do pós-modernismo", tenha acabado aproximando excessivamente a sua concepção de um planejamento renovado com o espírito próprio da gestão, confundindo ambas as coisas, ao afirmar que "(...) a ênfase (...) deveria ser posta nos processos que operam no tempo atual ou em tempo real, porque os planejadores somente podem esperar ser eficazes no presente efêmero e ainda não decidido" (FRIEDMANN, 1992:86). No fundo, pretender defender o planejamento (algum tipo de planejamento ou o planejamento *tout court*) abrindo mão de uma orientação para o futuro ou, pelo menos, minimizando a importância disso em favor de um centramento no tempo presente, é incorrer em uma *contradição*.

A idéia, acalentada por alguns, de que o termo planejamento merece ser substituído pela palavra gestão pelo fato de o primeiro possuir uma imagem comprometida com práticas conservadoras, é absurda também por outra razão: gestão é administração do presente com a ajuda da vontade e da criatividade e, também, em face dos condicionamentos herdados do passado; e, como lembra FRIEDMANN (1987:33), "[a]dministration refers to the management of program routines and is therefore concerned chiefly with activities of system maintenance and with those elements of system change that are on the verge of being institutionalized", enquanto que o planejamento "is concerned mainly with informing processes of system change". Sem dúvida, tampouco faria o menor sentido sugerir que toda gestão é "conservadora" ou "reacionária", enquanto que o planejamento seria "progressista", de vez que as idéias de "rotina" e "manutenção do sistema" nada nos informam sobre que rotinas e que sistema (ou que elementos de qual sistema) se pretende manter, assim como, por outro lado, as mudanças promovidas pelo planejamento bem podem ser efetivadas com o objetivo de consolidar e estabilizar uma ordem social injusta. O que cabe observar, de toda maneira, é que a presunção de que a palavra gestão possuiria uma natureza intrínseca capaz de fazê-la aparecer como uma alternativa mais moderna e mais progressista para o termo planejamento carece tanto de base lingüística quanto de fundamentação lógica, em que pese a (frágil) justificativa do fundo ideológico. Deve-se notar, *en passant*, que muito daquilo que atualmente se abriga sob rótulos como *city management* ou *urban management*, no tocante a experiências de países como a Inglaterra e os EUA, são, precisamente, exemplos de um enfoque "empresarialista"[10] – logo, francamente conservador. No Brasil, o termo gestão parece ser ainda um pouco mais plástico e menos comprometido com algum viés que seu equivalente inglês, embora seja bastante evidente que a sua popularização, em um momento em que, na esteira do empresarialismo, cada vez mais o Estado abre mão de seu papel regulatório, substituindo largamente o planejamento por um imediatismo mercadófilo, é sintomática de uma tendência perigosa: a de aplicação da lógica "gerencial" privada para o espaço urbano, esvaziando a dimensão política ou subsumindo-a perante uma racionalidade empresarial. Seria esse o tecnocratismo "pós-moderno", para muitos tão charmoso?

1.2. Urbanismo, *urban design* e planejamento urbano

Em países com uma larga tradição e uma cultura de planejamento consolidada, o planejamento urbano é, de fato, um campo que congrega os mais diferentes profissionais. Nele colaboram não apenas arquitetos, mas também cientistas sociais de diferentes formações,

[10] Conforme já se adiantou na Introdução, pode-se traduzir por "empresarialismo" ou "empreendedorismo" o termo *entrepreneurialism*, empregado por HARVEY (1989) para qualificar o novo estilo de governança urbana que emerge ainda nos anos 70 e se afirma na década seguinte, caracterizado por uma submissão acrítica aos interesses do mercado e por uma obsessão pela competição interurbana para atrair investimentos.

destacando-se os geógrafos, sem contar a colaboração prestada por especialistas em Direito Urbano[11]. No Brasil, porém, ainda é comum as pessoas imaginarem que planejadores urbanos são sempre arquitetos. É sintomático, por exemplo, que o livro *Maniére de penser l'urbanisme*, de Charles-Édouard Jeanneret, mais conhecido como Le Corbusier, principal figura do urbanismo modernista, tenha sido publicado no Brasil sob o título *Planejamento urbano* (cf. LE CORBUSIER, 1984). Este é um duplo equívoco, pois não apenas os arquitetos (ou, mais particularmente, arquitetos-urbanistas) constituem tão-somente um dos vários grupos de profissionais potencialmente ligados ao planejamento urbano, mas, além disso, devido à sua formação, praticam uma modalidade específica de planejamento urbano. Urbanismo e planejamento urbano não são, portanto, sinônimos, nem o primeiro esgota o segundo. Infelizmente, mesmo planejadores comprometidos com um pensamento socialmente crítico, quando arquitetos, costumam, no Brasil, confundir as duas coisas.[12]

Diversamente do planejamento urbano em geral, o Urbanismo pertence, de fato e de direito, essencialmente, à tradição do saber arquitetônico. Le Corbusier exprimiu contundentemente o ponto de vista mais comum dos arquitetos sobre o assunto:

> O urbanista nada mais é que o arquiteto. O primeiro organiza os espaços arquiteturais, fixa o lugar e a destinação dos continentes construídos, liga todas as coisas no tempo e no espaço por meio de uma rede de circulações. E o outro, o arquiteto, ainda que interessado numa simples habitação e, nesta habitação, numa mera cozinha, também constrói continentes, cria espaços, decide sobre circulações. No plano do ato criativo, são um só o arquiteto e o urbanista. (LE CORBUSIER, 1984:14)

---

[11] A expressão *Direito Urbano* é preferível a *Direito Urbanístico*, uma vez que, como já se disse, o Urbanismo é tão-somente um subconjunto dentro do campo do planejamento urbano, subconjunto esse ligado a uma área de atuação profissional em particular. A título de analogia, note-se que ninguém fala de "Direito Agronômico", mas sim de *Direito Agrário*.

[12] É o caso, por exemplo, de MARICATO (2000), em diversas passagens.

O arquiteto-urbanista, devido à sua formação, que lhe oferece vários conhecimentos técnicos bastante específicos, desenvolve uma perspectiva, um olhar distinto daquele do cientista social. Dentre outras diferenças, uma que salta aos olhos é aquela referente à importância da dimensão estética: enquanto o cientista social tenderá, ao lidar com o espaço urbano, a mobilizar o seu conhecimento a propósito das relações e dos processos sociais (dimensões econômica, política e cultural) e dos condicionamentos espaciais para extrair proposições a respeito de caminhos válidos de mudança social, o arquiteto, legitimamente, poderá derramar luz sobre aspectos funcionais e estéticos. De um modo geral, assuntos concernentes ao traçado e à forma de logradouros públicos e conjuntos espaciais intra-urbanos em geral (volumetria, relacionamentos funcional e estético de um objeto geográfico com o seu entorno etc.), bem como ao mobiliário urbano, são principalmente da alçada dos arquitetos; são eles que possuem a formação acadêmica e o treinamento profissional apropriados: uma sensibilidade estética aguçada e cultivada e uma bagagem técnica acerca da funcionalidade dos traçados e objetos geográficos. Isso não significa que os planejadores que não sejam arquitetos não precisem cultivar a sensibilidade estética ou aprender a raciocinar considerando a funcionalidade dos objetos geográficos ou formas espaciais. Tampouco está o autor a sugerir que o olhar arquitetônico possa ou deva simplesmente ignorar conhecimentos oriundos das ciências sociais, de ordem social-psicológica, política, econômica, histórica etc. Mas o fato, o qual não se pode ignorar, é que as formações e as sensibilidades dos arquitetos (cuja identidade aproxima-os, em parte, das engenharias e, parcialmente, das artes plásticas) e dos cientistas humanos e sociais são e permanecerão diferentes – o que não quer dizer que sejam incompatíveis.

Nas últimas três décadas, arquitetos de matiz "pós-moderno" ou, pelo menos, não-modernistas, descontentes com o fato de que o rótulo Urbanismo associou-se excessivamente ao movimento modernista, e arrostados com o desgaste ideológico da expressão planejamento urbano junto a alguns círculos intelectuais, passaram a adotar outra expressão, *urban design*, para a qual a expressão portuguesa Desenho

Urbano não constitui um equivalente perfeito (ver DEL RIO, 1997). Deveras, as tentativas dos *urban designers* de articular temas como traçado urbano e percepção ambiental, abrindo-se para as contribuições de algumas das ciências sociais (notadamente Antropologia, Geografia e Psicologia Social), constituem esforço simpático e louvável, o qual vem frutificando desde os trabalhos pioneiros de Kevin Lynch (LYNCH, 1980; ver, também, sua obra-prima: LYNCH, 1994) e Amos Rapoport (RAPOPORT, 1978). Sem embargo, sobre a disputa terminológica entre Urbanismo e Desenho Urbano, o autor deste livro deixa esta qüerela, de bom grado, aos arquitetos. O que interessa, aqui, é ressaltar que, independentemente das diferenças entre ambos, o *urban design* não é menos específico que o Urbanismo, e não mais que este pode aspirar a ser sinônimo de planejamento urbano *tout court*.

Planejamento urbano (o qual deve, aliás, ser sempre pensado junto com a gestão, seu complemento indissociável), sugere, por conseguinte, um contexto mais amplo que aquele representado pelas expressões Urbanismo e Desenho Urbano. O planejamento urbano *inclui* o Urbanismo (ou o Desenho Urbano, como preferirem); o último é um *subconjunto* do primeiro. No ambiente intelectual alemão essa distinção fica bem caracterizada, pois *Städtebau* (Urbanismo) quase sempre é entendido como correspondendo a algo mais restrito que *Stadtplanung* (planejamento urbano).[13] No mundo anglo-saxão, onde o termo *urbanism*, com o sentido de um campo de saber, não conquistou direito de cidadania (quando muito, o termo é empregado para se referir a um modo de vida: *Urbanism as a way of life* é, a propósito, o título de um texto clássico de Sociologia Urbana), as expressões *urban planning* e *town planning* apresentam-se, de todo modo, bastante abrangentes, compreendendo subcampos específicos como a *landscape architecture*, o *site planning*, o *urban design* e o

[13] Nas palavras de KORDA (1999:37), "o planejamento urbano [*Stadtplanung*] se ocupa, acima de tudo, com o direcionamento da evolução espacial e com o uso das superfícies de uma cidade, ao passo que a missão do Urbanismo [*Städtebau*] é, antes, a aplicação do planejamento e a modelagem formal do espaço urbano por intermédio da atividade construtiva".

campo das *public policies* voltadas para o meio citadino. Já no ambiente intelectual francês, que nos inspirou o termo Urbanismo, é freqüente o termo *urbanisme* ser tomado como sinônimo de planejamento urbano (*aménagement de la ville, planification urbaine*), embora isso nem sempre ocorra. O importante, seja lá como for, é não confundir as duas coisas, tomando a parte (o Urbanismo) pelo todo (o campo interdisciplinar do planejamento urbano).

Considerando-se, todavia, que diferença não significa, necessariamente, rivalidade, e muito menos antagonismo, o aprendizado mútuo entre cientistas sociais e arquitetos precisa ser aprofundado. Arquitetos preocupados com planejamento urbano devem beber nas fontes das ciências sociais, por exemplo buscando treinamento complementar em cursos de pós-graduação em Geografia, Sociologia e Antropologia (caminho seguido pelo brilhante Carlos Nelson Ferreira dos Santos nos anos 70, um pioneiro em diversos sentidos, e por muitos outros jovens arquitetos desde então, como alguns dos orientandos de pós-graduação do autor deste livro). Eles devem familiarizar-se, ainda que em nível introdutório, com os componentes mais importantes e representativos do arsenal conceitual, das discussões teóricas e dos procedimentos metodológicos das ciências sociais. De sua parte, os cientistas sociais envolvidos com pesquisa urbana precisam superar sua usual ignorância em matéria de Arquitetura. A consciência da necessidade de maior intimidade com a dimensão estética e de funcionalidade dos objetos geográficos deve disseminar-se entre eles, os quais precisam incorporar conhecimentos, básicos que sejam, que vão desde estilos arquitetônicos até a história do Urbanismo, passando por análise morfológica e visual. Seja como for, é importante conceder que cientistas sociais e arquitetos têm direito às suas especificidades: o planejamento urbano praticado por cientistas sociais forçosamente será distinto daquele praticado por arquitetos, pois os treinamentos, os olhares e as ênfases não são os mesmos.

2. Planejamento e gestão urbanos como ferramentas de promoção do desenvolvimento sócio-espacial

2.1. Desenvolvimento sócio-espacial

Antes de se passar à discussão sobre o desenvolvimento em conexão especificamente com o ambiente urbano, cabe situar o tratamento conceitual, inicialmente, em um plano mais abstrato: o do desenvolvimento sócio-espacial em geral.

As discussões sobre "desenvolvimento" têm se apresentado como extremamente viciadas: vícios como *economicismo*, *etnocentrismo*, *teleologismo* (etapismo, historicismo) e *conservadorismo* têm flagelado, em combinações e com pesos variáveis, quase toda a literatura teórica sobre o tema, que despontou após a Segunda Guerra Mundial. O usual, no tocante ao assunto, ainda é tomar "desenvolvimento" como sinônimo de *desenvolvimento econômico*, e mesmo a maioria das tentativas de amenizar o economicismo (inclusive da parte de um ou outro economista) não consegue ultrapassar o seguinte ponto: no limite, a *modernização* da sociedade, em sentido capitalista e ocidental, é o que se entende por desenvolvimento. Considerações sobre problemas ecológicos e sociais, via de regra, não têm servido para outra coisa que meramente relativizar ou suavizar o primado da ideologia modernizadora capitalista, sem destroná-la e mesmo sem tentar questioná-la radicalmente.

Para o autor do presente livro, diversamente, o desenvolvimento é entendido como uma *mudança social positiva*. O conteúdo dessa mudança, todavia, é tido como não devendo ser definido *a priori*, à revelia dos desejos e expectativas dos grupos sociais concretos, com seus valores culturais próprios e suas particularidades histórico-geográficas. Desenvolvimento é mudança, decerto: uma mudança para melhor. Um "desenvolvimento" que traga efeitos colaterais sérios não é legítimo e, portanto, não merece ser chamado como tal.

Colaborar para a superação teórica do economicismo, do etnocentrismo, do teleologismo e do conservadorismo é algo que tem sido tentado pelo autor com a ajuda do conceito castoriadiano de *autonomia* (ver, sobretudo: SOUZA, 1996a; 1997a; 1997b; 1998; 2000b). É melhor, porém, antes de se passar diretamente à exposição do conceito de autonomia, abordar alguns outros conceitos e idéias cuja relação com a questão da autonomia ficará evidente em seguida.

Em termos muito singelos e puramente introdutórios, pode-se dizer que se está diante de um autêntico processo de desenvolvimento sócio-espacial quando se constata uma *melhoria da qualidade de vida* e um *aumento da justiça social*. A mudança social positiva, no caso, precisa contemplar não apenas as relações sociais mas, igualmente, a espacialidade. A importância do espaço (que é palco, fonte de recursos, recurso em si [localizações], arena, referencial simbólico/identitário e condicionador; que é substrato material, lugar[14] e território[15]), na sua multidimensionalidade, tem sido comumente negli-

[14] A referência, aqui, é à idéia de *lugar* enquanto um espaço vivido e dotado de significado, uma realidade intersubjetivamente construída com base na experiência concreta de indivíduos e grupos. Nesta acepção, mais específica, *lugar* não é, simplesmente, sinônimo de local ou um espaço qualquer, delimitado segundo critérios puramente "objetivos" (consulte-se, a respeito, RELPH, 1976; TUAN, 1983).

[15] À semelhança do termo *lugar*, também a palavra *território* tem, mais ou menos recentemente, sido objeto de uma certa depuração/especificação conceitual. Assim é que, embora ainda seja muitas vezes empregado, tanto no discurso do senso comum quanto mesmo em textos científicos, como sendo um mero sinônimo de espaço, cada vez mais pode ser observado um esforço para entender o território como um "*espaço definido e delimitado por e a partir de relações de poder*" (SOUZA, 1995a:78; grifo no original) ou, mais precisamente ainda, como "*relações de poder espacialmente delimitadas e operando* (...) *sobre um substrato referencial*" (SOUZA, 1995a:97; grifo no original). Esta última definição, mais rigorosa e parcialmente inspirada em SACK (1986), aponta, adicionalmente, para a característica do território como sendo não a materialidade do espaço ou substrato espacial em si, mas sim uma espécie de "campo de força" articulado com uma porção específica do substrato material (apropriada ou controlada por um grupo social). Ou seja, o território, em si mesmo, no fundo, sequer é "físico" ou tangível.

genciada pela literatura *standard* sobre teoria do desenvolvimento. Essa negligência para com a dimensão espacial da sociedade, discutida pelo autor alhures (SOUZA, 1996a; 1997a; 1997b), pode ser acrescentada ao economicismo, ao etnocentrismo e ao teleologismo como um dos vícios propriamente epistemológicos que têm dominado o ambiente teórico há décadas. É para enfatizar a necessidade de se evitar essa negligência que o autor tem usado a expressão desenvolvimento sócio-*espacial*, em vez de, simplesmente, desenvolvimento social.

No que tange à melhoria da qualidade de vida, ela corresponde à crescente satisfação das necessidades – tanto básicas quanto não-básicas, tanto materiais quanto imateriais – de uma parcela cada vez maior da população. Quanto ao aumento da justiça social, trata-se de uma discussão mais complexa, pois esbarra na multiplicidade de possibilidades de entendimento da idéia de *justiça social*. Essas possibilidades de entendimento são, às vezes, complementares, às vezes conflitantes entre si. Para simplificar, pode-se assumir como ponto de partida o aforismo aristotélico segundo o qual ser justo é "tratar os iguais igualmente e os desiguais desigualmente" (cf. HELLER, 1998:16). Uma vez que, por ser formal, esta referência não encerra uma exposição do conteúdo da justiça, mas apenas um *critério de identificação* extremamente abstrato do que é (ou não é) justo, tudo dependerá de como se entenderão igualdade e desigualdade: igualdade *em relação a quê?* Desigualdade *em relação a quê?* Dois exemplos interligados podem ajudar a concretizar a compreensão deste conceito formal: os indivíduos devem ter o seu acesso a equipamentos culturais urbanos garantido, não só por lei, mas também materialmente (condições efetivas de acesso), independentemente da sua etnia e de sua condição de portadores ou não de deficiência física (por exemplo, paraplegia). Sob o ângulo da etnia, parte-se da premissa da *igualdade dos indivíduos enquanto seres humanos merecedores de tratamento igualmente digno e respeitoso*. No caso dos portadores de paraplegia, a única forma de lhes garantir o acesso a vários equipamentos culturais é reconhecendo a sua *desigualdade específica* – ao mesmo tempo em que se lhes reconhece a *igualdade essen-*

cial enquanto seres humanos merecedores de tratamento igualmente digno e respeitoso – e provendo meios de acesso diferenciados (rampas, corrimões especiais, banheiros apropriados etc.) em face dos outros indivíduos.[16]

Amartya SEN (1997) oferece uma reflexão consistente acerca da questão da exigência de igualdade, no contexto da qual ele examina criticamente o pensamento político-filosófico e ético de autores anglo-saxões, como John Rawls. SEN procura ir além da literatura por ele radiografada ao insistir sobre um problema de fundo: o caráter simplificador e homogeneizador do tratamento-padrão a propósito da "igualdade de oportunidades", em que tudo se passa como se se assumisse tacitamente que os indivíduos possuem, no fundo, as mesmas necessidades. Ao denunciar que pouco ou pouquíssimo espaço normalmente é deixado para a questão das diferenças entre os seres humanos, Sen abre caminho, também, para uma interpretação do problema da desigualdade e da exigência de igualdade que leve a sério a diversidade de leituras subjetivas e necessidades individuais. A despeito de sua formação de economista, ele salienta o fato de que a igualdade não deve ser interpretada estreitamente, como igualdade econômica somente, mas em termos amplos, o que inclui a igualdade do ponto de vista da liberdade. Sem embargo, para alguém familiarizado com o pensamento autonomista de Cornelius Castoriadis, que é a pedra angular da abordagem do autor deste livro a respeito do que ele tem chamado de desenvolvimento sócio-espacial, a reflexão de Sen não acrescenta nada de verdadeiramente essencial, ao contrário: ela situa-se aquém do rigor, da profundidade e da elegância permitidos por um enfoque pautado no princípio de defesa da autonomia

16 Como se sabe, Aristóteles justificava a instituição da escravidão; é certo, por isso, que a sua interpretação acerca da desigualdade carecia de uma genuína dimensão *universalista*. É essa dimensão que permite que o respeito às desigualdades derivadas da "loteria natural" (deficiências físicas hereditárias, congênitas ou causadas por acidentes) ou referentes a distintas identidades legítimas possam conviver com uma formulação da igualdade tão abrangente quanto a que reside na fórmula "igualdade dos indivíduos enquanto seres humanos merecedores de tratamento igualmente digno e respeitoso". Essa ressalva, todavia, em nada impede que o aforismo aristotélico seja recontextualizado, de modo a torná-lo compatível com uma dimensão universalista.

indivual e coletiva, tal como definidas mais adiante (e, com mais exatidão, no Subcapítulo 10.1. da Parte II), o qual é capaz de conciliar poderosamente o *respeito à alteridade* com a *exigência de igualdade*.

Deve-se dizer que o objetivo de aumento da justiça social calibra e contextualiza o objetivo de melhoria da qualidade de vida. Por exemplo, ao estabelecer que a satisfação das necessidades básicas dos grupos menos privilegiados terá prioridade sobre a satisfação das necessidades não-básicas dos grupos mais privilegiados. Nenhum dos dois objetivos é, em última análise, mais importante que o outro. Ambos são imprescindíveis.

Sob o ângulo operacional, falta, ainda, definir as bases para uma *parametrização* do desenvolvimento sócio-espacial. É aqui que o conceito de *autonomia* revela a sua importância. Da tarefa de parametrizar o desenvolvimento sócio-espacial com o auxílio da idéia de autonomia o autor já se desincumbiu em um artigo publicado anteriormente (SOUZA, 2000b), e o que se segue retoma, com ligeiras modificações e correções, aquilo que se expôs naquela ocasião. Para uma discussão mais completa da idéia de autonomia, pondo-a no contexto de uma rápida apreciação da obra do filósofo Cornelius Castoriadis, remete-se o leitor, como já se assinalou, ao Subcapítulo 10.1. da Parte II.

Autonomia individual e coletiva são como os dois lados da mesma moeda. A autonomia individual, que é a capacidade de cada indivíduo de estabelecer metas para si próprio com lucidez, persegui-las com a máxima liberdade possível e refletir criticamente sobre a sua situação e sobre as informações de que dispõe, pressupõe não apenas condições favoráveis, sob o ângulo psicológico e intelectual, mas também instituições sociais que garantam uma igualdade efetiva de oportunidades para todos os indivíduos (o que inclui as condições materiais e o acesso a informações confiáveis). E a autonomia coletiva, de sua parte, depreende não somente instituições sociais que garantam a justiça, a liberdade e a possibilidade do pensamento crítico (o que implica a ausência de opressão "de fora para dentro" – de uma sociedade sobre outra –, de "cima para baixo" – de uma classe ou grupo social sobre outro – e de mitos ou mecanismos ideológicos que transferem a responsabilidade pelos destinos humanos da ação humana para um plano metafísico – no estilo "vontade de Deus", "direito divino dos reis" etc.), mas também a constante formação de indivíduos lúcidos e críticos, dispostos a encarnar e defender essas instituições. A autonomia individual, que anda de mãos dadas com o princípio de defesa da alteridade legítima ("direito à diferença", em que se incluem percepções distintas das próprias necessidades, e desde que perseguir a satisfação dessas necessidades não fira as liberdades básicas de outrem), e a autonomia coletiva, em que a exigência de justiça social e, por conseguinte, de igualdade efetiva de oportunidades, pode ser convenientemente posta, não são idéias antitéticas mas, como se frisou no início do parágrafo, interdependentes. A pretensa oposição entre a liberdade individual e a igualdade em um plano coletivo é, precisamente, uma deformação ideológica a ser combatida.

Ambas as facetas da autonomia, a individual e a coletiva, possuem tanto um valor *instrumental* quanto um valor *substantivo* ou *intrínseco*. O valor instrumental da autonomia diz respeito à importância da liberdade para se fazerem coisas ou proteger-se de ações nocivas de outrem, enquanto que o valor intrínseco refere-se à fruição da liberdade efetiva como um bem em si mesmo, base da auto-estima do ser humano. É preciso chamar a atenção, aqui, a exemplo do que o autor já fizera em outras ocasiões (como em SOUZA, 1996a), para o fato de que esse entendimento do valor intrínseco da autonomia não tem alcance transcultural. Autonomia, na acepção aqui discutida, constitui uma significação social imaginária fortemente enraizada no solo histórico-cultural ocidental. Isso, por um lado, estabelece um certo tipo de limite para uma estratégia autonomista, já que não seria, de um ponto de vista de respeito não-etnocêntrico e de aceitação da autodeterminação das culturas, justo desejar eliminar universos culturais como, por exemplo, sociedades tribais, pelo simples fato de não serem autônomas no sentido aqui discutido; por outro lado, a ocidentalização do mundo já avançou tanto que, ainda que de maneira sobretudo indireta algumas vezes (como defesa da própria alteridade legítima), o referencial da autonomia acaba tendo um alcance verdadeiramente planetário (ver SOUZA, 1997a).

Uma vez que o caminho democraticamente mais legítimo para se alcançarem mais justiça social e uma melhor qualidade de vida é quando os próprios indivíduos e grupos específicos definem os conteúdos concretos e estabelecem as prioridades com relação a isso, podem-se considerar justiça social e qualidade de vida como subordinados à autonomia individual e coletiva enquanto princípio e parâmetro. Daí as duas faces da autonomia, a individual e a coletiva, deverem ser entendidas como *parâmetros subordinadores* (ou, na verdade, compreendendo ambas como simples manifestações escalarmente distintas do mesmo fenômeno, pode-se falar de um único parâmetro subordinador). Mais justiça social e uma melhor qualidade de vida são, de um ponto de vista operacional, parâmetros subordinados àquele que é o parâmetro essencial do desenvolvimento sócio-espacial, que é a autonomia.

Esclareça-se que, ao se postular tanto a qualidade de vida quanto a justiça social como devendo ser subordinadas à autonomia, não se está, com isso, querendo dizer que ambas são igualmente instâncias desta. Conforme já se ressalvou em artigo anterior (SOUZA, 2000b), justiça social e qualidade de vida situam-se em planos diferentes no que diz respeito à sua relação com o princípio de autonomia: se a justiça social pode ser vista como derivada da própria autonomia, ou como uma instância dela, o mesmo já não acontece com a qualidade de vida, uma vez que a liberdade em que se acha eventualmente embebido um processo decisório não é, por si só, garantia alguma de que as decisões serão acertadas e se traduzirão em melhor qualidade de vida. O que pode, entretanto, ser afirmado – e é isso que justifica uma certa subordinação também da qualidade de vida ao princípio de autonomia – é que, sem autonomia individual, dificilmente muitos dos fatores que garantem uma boa qualidade de vida podem ser concretizados; e, na presença de uma significativa heteronomia no plano coletivo, será freqüente a manipulação imbecilizante dos sentimentos de satisfação individual, como ocorre nas sociedades de consumo contemporâneas. Importa, de qualquer maneira, reafirmar que, se tanto a justiça social quanto a melhoria da qualidade de vida são objetivos imprescindíveis, nenhuma das duas metas é, ao frigir dos ovos, propriamente mais importante que a outra.

A pergunta inicial que se deve formular, diante da tarefa de avaliar os impactos de uma intervenção realizada ou em curso ou de estimar os prováveis efeitos da implementação de uma estratégia de desenvolvimento, é, portanto, a seguinte: *como e em que extensão a intervenção ou estratégia em questão contribuiu, tem contribuído ou contribuiria para maiores autonomia individual e coletiva?* As demais indagações, tais como *de que modo e em que extensão a intervenção ou estratégia em questão contribuiu, tem contribuído ou contribuiria para maior justiça social?* e *como e em que extensão a intervenção ou estratégia em questão contribuiu, tem contribuído ou contribuiria para uma melhor qualidade de vida?* devem ser vistas como estreitamente associadas à primeira, e não pode, de maneira alguma, haver contradição entre elas (voltar-se-á a esse ponto mais adiante).

No entanto, conquanto justiça social e qualidade de vida sejam parâmetros substantivos, eles são constructos extremamente abstratos; de fato, eles devem ser encarados como *parâmetros subordinados gerais*, os quais necessitam ser complementados por *parâmetros subordinados particulares*. Acresce que, uma vez que justiça social e qualidade de vida acham-se vinculadas a diferentes esferas (a justiça social está relacionada com a *esfera pública*, ao passo que a qualidade de vida remete, inicialmente, à *esfera privada*[17]), é preciso identificar duas classes de parâmetros subordinados particulares. Exemplos de parâmetros subordinados particulares associados à justiça social podem ser o nível de segregação residencial, o grau de desigualdade sócio-econômica e o grau de oportunidade para participação cidadã direta em processos decisórios relevantes. Exemplos de parâmetros subordinados particulares associados à qualidade de vida são aqueles relativos à satisfação individual no que se refere à educação, à saúde e à moradia.

---

[17] A despeito do fato de que, evidentemente, as preferências e possibilidades dos indivíduos são influenciadas e condicionadas por processos e instituições ao nível da sociedade.

Dando um passo adiante, podem e devem ser produzidas *adaptações singularizantes dos parâmetros particulares*. Elas constituem uma especificação, conforme as circunstâncias temporais e espaciais, dos parâmetros subordinados particulares. A forma como o comportamento de um determinado parâmetro subordinado particular poderá ser avaliado exige uma concretude maior que aquela possível ao nível dos parâmetros particulares – há de se fazer justiça àquilo que cada situação, no âmbito de uma dada sociedade ou cultura, em relação a um certo grupo ou conjunto de grupos sociais, em um determinado espaço e em um dado momento histórico, possui de único. Para que isso se dê, uma característica muito especial dessas adaptações singularizantes deve estar presente: *elas são realizadas pelos próprios indivíduos/cidadãos envolvidos no planejamento ou na gestão em um determinado espaço e tempo, e não pelo pesquisador ou planejador profissional*. Examine-se isso com calma.

As adaptações singularizantes são ajustamentos dos parâmetros particulares em face da singularidade de cada situação concreta. Assim, salubridade, no tocante à habitação, pode ser um indicador muito útil para a avaliação da qualidade de vida; contudo, para fins de delineamento de uma intervenção urbanizadora conjugada com regularização fundiária e oferta de moradias em uma favela específica de uma dada cidade, é mais que conveniente ajustar o conteúdo e a operacionalização de um indicador, mediante escalas de avaliação e classificações *ad hoc*. A finalidade disso é obter o máximo possível de realismo, ajeitando o figurino da intervenção, ou mesmo os contornos da simples análise que deve anteceder qualquer intervenção, sob medida de acordo com as reais necessidades, a cultura e os sentimentos dos beneficiários, sem que, por outro lado, se perca de vista ou se esqueça a referência teórico-conceitual e metodológica mais geral. Levar em consideração o que é único significa, de certo modo, submeter radicalmente a teoria à realidade e à *práxis* humana, mas não equivale a aposentar a teorização. Ocorre que, de preferência, ou de uma perspectiva antitecnocrática, os beneficiários não hão de ser, mesmo no exemplo dado acima, obviamente situado em uma sociedade heterônoma, meros recebedores passivos de benefícios materiais, mas sim os agentes controladores do próprio processo. Se assim é, a experiência prática quotidiana e o "saber local" dos cidadãos deverão ter livre expressão e ser incorporados à análise e ao desenho da intervenção planejadora. Ao mesmo tempo, idealmente, o raciocínio prático do senso comum, que tem livre curso nas situações ordinárias de ação, deveria interagir, dialogicamente, com o tipo de conhecimento teoricamente lastreado dos pesquisadores e planejadores profissionais. É nesse sentido que as adaptações singularizantes de parâmetros particulares seriam desconstruções/reconstruções, feitas em cada situação concreta, pelos cidadãos e conjuntamente com os pesquisadores e planejadores profissionais, dos parâmetros particulares, propostos por esses pesquisadores e planejadores com base na combinação de seus esforços prévios de investigação empírica e reflexão teórica (ou seja, reflexão sobre a dialética entre o particular e o geral acerca dos fenômenos observados, isso sobre os fundamentos de um raciocínio multiescalar e multidimensional). Não se postula, por conseguinte, nem um primado da teoria e do "discurso competente"[18], nem uma rejeição da teorização e um primado acrítico do senso comum. A *práxis* planejadora ou gestora, e antes dela já a própria atividade de pesquisa, deveria, idealmente, encarnar a fusão criativa do saber dos atores sociais com os balizamentos técnico-científicos trazidos, na qualidade de consultores populares, pelos profissionais de planejamento e gestão.

Tanto os parâmetros particulares quanto as suas adaptações sin-

[18] A expressão "discurso competente", que o autor retira de Marilena CHAUÍ (1982), refere-se à reivindicação corporativista, por parte de grupos específicos de "especialistas", de legitimidade exclusiva para se pronunciarem e serem ouvidos a respeito de determinados temas. Ao negar às pessoas "comuns", isto é, aos não-especialistas em uma dada matéria, o direito de participarem ativamente da produção daquele saber e, muito particularmente, de participarem das decisões que envolvem a aplicação daquele saber, mesmo quando essa aplicação afeta as vidas e os interesses de muitos (coisa que, notoriamente, ocorre com o planejamento urbano), o "discurso competente" mostra-se como uma ideologia tecnocrática e, em última instância, autoritária. Objetar essa postura, por outro lado, não é o mesmo que *desqualificar* o saber técnico (ou científico), evidentemente; o que se faz mister é *recontextualizar* esse saber, para o que o autor já avançou alguns comentários na Apresentação (balizamentos complementares podem ser achados em vários outros pontos deste livro).

gularizantes são relativos às circunstâncias, mas as segundas, por serem fundamentalmente concretas, variarão, é lógico, potencialmente, infinitamente mais que os primeiros. Foi preconizado, no parágrafo precedente, que as adaptações singularizantes deverão ter seu conteúdo definido pelos próprios indivíduos, sobre os fundamentos da autonomia como princípio; não caberá ao analista especificar as adaptações singularizantes válidas para a avaliação de uma situação ou o desenho de uma intervenção concreta sem levar em conta, ainda que criticamente, a vontade dos indivíduos e grupos envolvidos. Ocorre que os próprios parâmetros particulares não devem ser um puro produto de gabinete, pois também o seu conteúdo deve ser preenchido, incorporando as percepções e os sentimentos dos atores sociais. Caso contrário, será o analista que estará impondo, em um certo nível de detalhe, vale dizer, que vá além dos parâmetros gerais, aquilo em que consiste o desenvolvimento sócio-espacial, e não as pessoas que devem ser as protagonistas da mudança social. Essa incorporação até pode, em um contexto não-ideal, ser tentada por meio de *inquéritos*; em circunstâncias políticas mais favoráveis, os resultados de *esquemas de participação popular na definição e implementação de estratégias de desenvolvimento*, em que os participantes manifestam livremente as suas preferências e deliberam de acordo com elas, poderão complementar ou mesmo substituir, com vantagem e muito maior legitimidade, os inquéritos. Por outro lado, a recusa de uma construção puramente apriorística dos indicadores de desenvolvimento sócio-espacial não elimina que o pesquisador ou planejador profissional possa refletir sobre os parâmetros particulares e sugerir escalas de avaliação, classificações etc., desde que isso seja feito a título de aproximação e desde que ele se disponha a abrir-se para a intersubjetividade dos atores sociais (em situações de pesquisa) e, mais ainda, a encarar essas construções intelectuais como sugestões aproximativas a serem submetidas ao crivo dos agentes (em situações de planejamento e gestão).

Cabe, agora, salientar que, embora não se descure, aqui, a preocupação com a viabilidade e a eficiência econômicas, a eficiência, que já havia sido mencionada como um objetivo meramente instrumental do planejamento e da gestão urbanos, não deve nunca ser considerada um fim em si mesma. Ela deve ser encarada simplesmente como um *meio* a serviço da melhoria da justiça social e da qualidade de vida – e somente no caso de realmente contribuir para esses *fins* é que a eficiência econômica poderá ser, a partir de uma perspectiva autonomista, considerada como moralmente legítima. (O urbanista Kevin Lynch, em seu admirável livro *Good City Form*, entende por eficiência outra coisa; nao uma estrita eficiência econômica, mas um "balancing criterion: it relates the level of achievement in some performance to a loss in some other" [LYNCH, 1994: 221]. Um *efficient settlement* no sentido de Lynch é um assentamento onde pode ser alcançado um equilíbrio entre suas cinco *dimensions of performance* [*vitality*, *sense*, *fit*, *access*, and *control*]. Embora eficiência, nesse sentido, possa ser entendida como algo mais que um simples meio, já que um equilíbrio entre as cinco dimensões de performance de Lynch é uma meta substantiva não limitada a algo puramente instrumental como o crescimento econômico, eficiência, no sentido do grande urbanista norte-americano, é, de um ponto de vista lógico, nada mais que uma *meta intermediária* em comparação com o parâmetro geral qualidade de vida.)

Uma pergunta crucial, já colocada anteriormente (SOUZA, 2000b), é a seguinte: é possível falar de desenvolvimento sócio-espacial quando houver ganhos relativos aos parâmetros subordinados sem que haja avanços quanto aos parâmetros subordinadores (por exemplo, menos poluição ou menos pobreza sem maior liberdade)? Considerando-se o desempenho de alguns parâmetros particulares e adaptações singularizantes específicos, sim, é possível; no entanto, com muitas reservas, pois se trata de um ganho não defensável quando se alargam os horizontes analíticos (longo prazo e grande escala). Melhorias materiais com tutela significam uma *infantilização* dos dominados/dirigidos. Considerando uma situação-limite, escravos podem ser, materialmente, melhor ou pior tratados... Daí não ser razoável postular que haja um desenvolvimento sócio-espacial pleno ou autêntico se o melhor desempenho de alguns parâmetros subordinados, notadamente os relativos à qualidade de vida, não se fizer acompanhar por melhorias do desempenho de outros parâmetros subordinados, referentes à justiça social, e, no limite, por melhorias no desempenho do parâmetro subordinador (autonomia). Por isso, é essencial que o pesquisador mantenha o seu senso crítico, conquanto sempre se distanciando da arrogância do "discurso competente": ele tem a responsabilidade de, sempre que julgar imprescindível, alertar para a ilusão e as armadilhas de melhorias em alguns parâmetros em detrimento de outros.

Outro ponto da maior importância é que, também entre os dois parâmetros subordinados gerais, não deve ser buscada uma relação hierárquica. Entre justiça social e qualidade de vida deve ser enxergada uma relação de *complementariedade essencial*: qualquer um dos dois, se tomado isoladamente e sem o outro, é insuficiente para servir de base para avaliações e estratégias de desenvolvimento sócio-espacial; cada um dos dois calibra e complementa o outro. Sem a consideração da exigência de justiça social, falar em qualidade de vida cada vez melhor para um número cada vez maior de pessoas pode, perfeitamente, mascarar a permanência ou mesmo o aumento de desigualdades gritantes de acesso aos recursos e meios de satisfação de necessidades, ainda que o patamar geral se eleve para a maioria ou mesmo para todos. Por outro lado, maior justiça social, no sentido de um acesso igualitário a processos e instâncias de decisão, desdobrando-se tanto em uma distribuição mais equânime dos recursos quanto no aumento da margem de manobra para o exercício de um agir comunicativo (no sentido habermasiano mencionado na Introdução), só se revestirá de apelo prático se encontrar rebatimento em uma melhoria da qualidade de vida (eliminação de fatores de sofrimento, desconforto, opressão e discriminação negativa).

Deixando para focalizar no próximo subcapítulo o problema da mensuração de parâmetros, que é um importante complemento desta discussão conceitual, deve-se dizer, por fim, que a parametrização aqui delineada deve ser empregada tanto em diagnósticos quanto em propostas de intervenção. Aliás, as propostas de intervenção, para serem compatíveis com uma abordagem científica, precisam, como será visto com mais vagar no próximo capítulo, ser derivadas dos diagnósticos.

2.2. Desenvolvimento urbano

Discussões sobre planejamento e gestão urbanos, de um lado, e sobre teoria e estratégias de desenvolvimento, por outro, têm se dado, via de regra, como se elas pudessem ser separadas (uma das raras exceções, embora parcial e relativa, é John Friedmann [ver FRIEDMANN, 1987], que deu contribuições teóricas importantes nos dois campos, embora sua reflexão sobre o planejamento seja mais geral e não especificamente sobre o urbano, uma vez que ele sempre esteve mais ligado à escala regional). No entanto, se a finalidade última do planejamento e da gestão é a superação de problemas, especialmente fatores de injustiça social, e a melhoria da qualidade de vida, ambos deveriam ser vistos como pertencendo ao amplo domínio das estratégias de desenvolvimento, ao lado de estratégias de desenvolvimento regional, nacional etc. Planejamento e gestão urbanos, vistos por essa ótica de ciência social, nada mais são que estratégias de desenvolvimento urbano, alimentadas por pesquisa social básica, tanto teórica quanto empírica (ou seja, diagnósticos). Notadamente a partir de uma perspectiva científica do planejamento e da gestão urbanos, discussões conceituais e teóricas que têm sido travadas no âmbito da teorização sobre o desenvolvimento são fundamentais. Quando se trata de formular políticas públicas e estratégias de mudança social, torna-se imprescindível mobilizar os conhecimentos aportados pelas várias ciências sociais, inclusive sobre a temática do desenvolvimento em escalas supralocais.

Vale a pena ressaltar, *en passant*, que, a partir do momento em que se assume que a finalidade do planejamento e da gestão urbanos é contribuir para a mudança social positiva, e que o planejamento é uma estratégia de desenvolvimento sócio-espacial, a modificação de um hábito mental freqüentemente bastante arraigado se impõe: não é razoável cultivar um campo como "teoria do planejamento" que não seja como um subconjunto de uma reflexão teórica sobre a sociedade e, mais especificamente, sobre a mudança social. Neste livro, como em outros trabalhos do autor, a teorização sobre o desenvolvimento sócio-espacial, em geral e mais particularmente urbano, contextualiza a ocupação com o espírito, os agentes e os instrumentos do planejamento. Se, até algumas décadas atrás, o principal vício mental a ser combatido residia principalmente em que arquitetos-urbanistas acreditavam demais poder alavancar o progresso e a harmonia sociais com base em intervenções no espaço físico, mentalidade essa que se encontra hoje em dia *démodée*, atualmente uma outra deformação, alimentada por planejadores de formações e origens profissionais variadas, permanece impavidamente desafiadora: a de se fazer teoria do planejamento sem a preocupação de contextualização no debate teórico mais amplo sobre a mudança social. Isso tem sido a norma, e essa norma tem uma explicação: usualmente, a motivação implícita é a questão epistemológica *em que condições é possível um conhecimento que contribua para o melhor funcionamento do sistema social atual?*; se o horizonte tácito é esse, não se cogita de uma *superação* do sistema e, em vez disso, aceitam-se os seus marcos operatórios (capitalismo e democracia representativa) como premissas. Em que pese alguns autores serem mais "progressistas" que outros, o juízo de valor implícito e hegemônico é, a rigor, conservador. No fundo, seja sob uma ótica de "reengenharia institucional", seja de modo mais heterodoxo e simpático, não se pensa propriamente a sociedade, mas sim o ambiente institucional do planejamento, no máximo abrindo-se para uma certa reflexão teórica sobre o Estado e a administração pública. Algumas vezes, os interesses mais estreitos, não raro corporativistas, dos planejadores urbanos os levam mesmo a reivindicar para o planejamento o *status* de uma disciplina (como fazem, por exemplo, CAMPBELL e FAINSTEIN, 1998), em vez de uma aplicação dos conhecimentos oriundos das *design professions* (como deve ocorrer com as modalidades Urbanismo e *urban design*) ou de uma forma de pesquisa social aplicada (como se faz neste livro, escrito por um cientista social). Esse tipo de posição, que soa como uma aberração epistemológica (embora ela nada mais seja que o prolongamento de algumas aberrações mais tradicionais, como as fronteiras artificiais entre as diversas ciências sociais), reforça e realimenta a distorção institucional que é a existência, em alguns países, de cursos de graduação para a formação de planejadores, problema focalizado no Capítulo 5 a seguir.

Para se conceber um genuíno desenvolvimento sócio-espacial na e da cidade, faz-se mister livrar-se do fardo do senso comum quanto ao significado da expressão "desenvolvimento urbano". Conforme foi já discutido em trabalho anterior (SOUZA, 1998), "desenvolvimento urbano" é uma expressão que, muitas vezes, recobre simplesmente, no discurso do dia-a-dia de políticos, administradores e do público em geral, a expansão e a complexificação do tecido urbano, seja transformando em ambientes construídos ambientes outrora intocados ou pouco modificados pelo homem, seja, também, destruindo ambientes construídos deteriorados ou simplesmente antigos para que dêem lugar a construções mais novas. O que ninguém se pergunta é sobre a sensatez de qualificar antecipadamente de "desenvolvimento urbano" processos cujas positividade e conveniência, sob o ângulo social mais amplo (o que inclui considerações ecológicas), são muito comumente duvidosas. O que acontece é que a linguagem ordinária é modelada por uma ideologia modernizante que é a versão urbana da ideologia do "desenvolvimento" capitalista em geral: desenvolver é dominar a natureza, fazer crescer, "modernizar". Nos países de língua inglesa, esse comprometimento da linguagem ordinária com a ideologia capitalista modernizante é levado ao paroxismo, de vez que não apenas "desenvolver um solo" significa nele construir coisas, desnaturalizá-lo, mas as próprias construções são chamadas de "desenvolvimentos" (*developments*). Embora esse tipo de emprego possa soar um pouco estranho a ouvidos lusófonos, ele nada mais é, no fundo, que uma versão ampliada da distorção fundamental, igualmente presente no senso comum no Brasil.

Como entender, então, alternativa e criticamente o desenvolvimento urbano? Para sistematizar, pode-se assumir que o desenvolvimento urbano, o qual é o *objetivo fundamental* do planejamento e da gestão urbanos, deixa-se definir com a ajuda de dois *objetivos derivados*: a *melhoria da qualidade de vida* e o *aumento da justiça social*. Tem-se, aqui, nada mais que uma especificação, para o ambiente urbano, do quadro conceitual construído em um nível de maior abstração no subcapítulo anterior.

À luz da preocupação com o planejamento e a gestão urbanos,

ambos os objetivos, aumento da justiça social e melhoria da qualidade de vida, podem ser compreendidos como objetivos *intrinsecamente relevantes*, pois claramente dizem respeito a *fins* e não somente a *meios*. O mesmo se aplica, evidentemente, ao objetivo fundamental do planejamento e da gestão urbanos, que é o próprio desenvolvimento urbano. Em comparação com os objetivos intrinsecamente relevantes, metas como *eficiência econômica*, *avanço técnico e tecnológico* e outras não devem ser vistas como fins em si mesmos, de um ponto de vista social abrangente e crítico; a rigor, trata-se, aqui, em última instância, de meios a serviço de objetivos mais elevados. Esses objetivos merecem ser entendidos, portanto como simples *objetivos instrumentais*, por mais importantes que sejam.

No que tange à operacionalização, a parametrização do desenvolvimento urbano será uma simples especificação do que já se estabeleceu para o desenvolvimento sócio-espacial em geral. O que cabe fazer, agora, é complementar ligeiramente o que se escreveu no subcapítulo precedente.

A autonomia é tratada como o parâmetro subordinador, ao passo que justiça social e qualidade de vida são considerados parâmetros subordinados. Assim, ao mesmo tempo em que se pode entender o desenvolvimento urbano como o objetivo fundamental e intrinsecamente relevante do planejamento e da gestão urbanos, mais justiça social e uma melhor qualidade de vida, que são os dois grandes objetivos intrinsecamente relevantes derivados daquele objetivo fundamental, são, de um ponto de vista operacional, parâmetros subordinados ao parâmetro essencial do desenvolvimento urbano – a autonomia individual e coletiva.

Conforme já se grifou no subcapítulo precedente, justiça social e qualidade de vida são constructos muito abstratos, que precisam ser tratados como parâmetros subordinados gerais, a serem complementados por parâmetros subordinados particulares e, em um nível de máxima concretude, por adaptações singularizantes dos parâmetros particulares.

Os exemplos de parâmetros subordinados particulares associados à justiça social sugeridos no Subcapítulo 2.1. possuem, em parte, um alcance bastante geral (como o grau de desigualdade socioeconômica, o grau de oportunidade para participação cidadã direta em processos decisórios relevantes e outros), embora o nível de segregação residencial tenha sido diretamente inspirado pelo ambiente urbano.

Os parâmetros subordinados particulares associados à qualidade de vida, que são aqueles relativos à satisfação individual no que se refere à de saúde, à educação etc., demandam, em princípio, apenas aplicação específica ao meio citadino para serem considerados parâmetros de desenvolvimento urbano. As particularidades do meio urbano em matéria de densidade populacional, freqüência de interações, formas espaciais e diversidade e complexidade das relações sociais, no entanto, sugerem a conveniência de uma reflexão voltada especificamente para o ambiente citadino. Diversos estudos, com matizes diversos a refletirem condicionamentos disciplinares e ideológicos particulares, têm sido oferecidos a propósito do tema da qualidade de vida urbana. Rainer MADERTHANER (1995), a partir de uma perspectiva comparativamente mais integradora que o usual (o que parece ser comum na chamada Psicologia Ambiental), oferece uma reflexão de amplitude e plasticidade apreciáveis, em que são identificados dez conjuntos de necessidades (*Bedürfnisse*), cada um encerrando diversos aspectos específicos (*Einzelaspekte*). Cada uma das diferentes necessidades deve ser satisfeita em um ou vários "domínios de uso e fruição" (tradução livre de *Nutzungsbereiche*): habitação, trabalho, circulação, diversão, consumo e eliminação de lixo/resíduos (correspondendo a uma adaptação crítica das famosas "funções básicas" consagradas pelo Urbanismo modernista). Um quadro sinótico, extraído por Maderthaner de um trabalho anterior seu em co-autoria, é especialmente útil como um ponto de referência e como um balizamento para os estudos e debates em torno da definição de parâmetros de qualidade de vida; a figura 1 o reproduz, ligeiramente adaptado e simplificado.

Fig. 1

Necessidades	Aspectos particulares	Possíveis conseqüências da não-satisfação
1. Regeneração	Insolação, luz do dia, aeração, proteção contra barulho, espaços para atividades corporais, locais para a prática de esportes e brincadeiras	Esgotamento físico e psíquico, vulnerabilidade face a doenças, insônia, estresse, depressão
2. Privacidade 3. Segurança	Proteção da esfera privada, proteção contra roubos e assaltos	Raiva, medo, estresse, agressão, isolamento, atritos com vizinhos, fraca topofilia
4. Funcionalidade 5. Ordem	Necessidade de espaço, conforto, senso de orientação	Raiva, desperdício de tempo e dinheiro, desorientação, insatisfação com a moradia e a vida, fraca topofilia
6. Comunicação 7. Apropriação 8. Participação	Conversas, ajuda dos vizinhos, participação e engajamento	Preconceitos e conflitos sociais, insatisfação com a moradia, vandalismo, segregação
9. Estética 10. Criatividade	Aspectos dos prédios e fachadas, arruamento, presença de praças e parques	Fraca topofilia, insatisfação com a moradia, mudança de local, vandalismo

A consideração do conteúdo do quadro acima pode, com efeito, orientar a construção de indicadores (parâmetros subordinados particulares); por exemplo: nível de densidade residencial, nível de poluição atmosférica...

Quanto às adaptações singularizantes, o essencial já foi dito no subcapítulo precedente, mas vale a pena repetir: tanto os parâmetros particulares quanto, sobretudo, as adaptações singularizantes, não deverão ser especificados à revelia dos sentimentos, dos valores e das expectativas dos cidadãos. Assim como é possível para o pesquisador, em um nível de elevada abstração, refletir sobre as necessidades básicas de uma coletividade a partir de seus conhecimentos empíricos acumulados sobre o modo de vida e os problemas de sua sociedade, conquanto não seja eticamente admissível que ele pretenda definir as necessidades concretas de tal ou qual grupo em lugar dos próprios interessados, da mesma forma o analista, não obstante ele poder e dever avançar uma reflexão aproximativa sobre os parâmetros do desenvolvimento, não deve pretender especificar pormenorizadamente o conteúdo dos parâmetros válidos para cada situação concreta. Uma vez que a cada escala se pode associar um certo grau de singularidade, ou seja, de "unicidade" (qualidade do que é único e não se repete), as adaptações singularizantes não se referem somente a um nível microlocal, nem se distingüem dos parâmetros particulares pela escala geográfica que abrangem. Os parâmetros subordinados particulares são desdobramentos dos parâmetros gerais, com o fito de torná-los operacionais, o mesmo se aplicando às singularizações em relação aos parâmetros particulares dos quais são adaptações; só que, neste caso, o detalhamento não se detém em um nível de especificação ainda relativamente abstrato como aquele que reside em parâmetros particulares como *grau de desigualdade socioeconômica* e *grau de oportunidade para participação cidadã direta em processos decisórios relevantes*, ou ainda *nível de densidade residencial* e *nível de poluição atmosférica* – todos passíveis de serem imaginados e esboçados pelos próprios pesquisadores, ainda que venham a ser submetidos, de algum modo e em algum momento, ao crivo do debate público. As adaptações singularizantes e as escalas de avaliação montadas com base nelas, diversamente, devem refletir os valores e as percepções das coletividades envolvidas na deliberação de intervenções sócio-espaciais, valores e percepções esses que conterão e refletirão, ainda que em distintas escalas (do bairro "x" até uma dada cidade como um todo), singularidades. O momento de discussão aberta e pública de elementos para a construção de adaptações singularizantes é, aliás, também o momento em que o conteúdo dos próprios parâmetros particulares que a elas estão ligados como suportes lógicos em um plano mais abstrato – conteúdo esse hipoteticamente proposto, inicialmente, por um pesquisador ou especialista em planejamento – poderá ser objeto de modificação e retificação.

Meditar criticamente sobre as condições mais gerais da mudança social positiva, chegando a uma discussão lúcida e iluminadora sobre aquilo que se está chamado dc parâmetro subordinador e parâmetros subordinados gerais (e, em parte, também os particulares), faz parte do que se pode e deve esperar do cientista e intelectual. De outra parte, os parâmetros particulares (em última análise) e, sobretudo, as adaptações singularizantes desses parâmetros, correspondentes a cada situação concreta específica (por exemplo, considerando a natureza dos fatores e elementos envolvidos na segregação sócio-espacial em um lugar e em um momento histórico específicos), não deverão, insista-se mais uma vez, ser especificados *a priori* de modo fechado pelo analista. Defini-los não deve ser uma tarefa solitária, conquanto haja uma diferença essencial entre uma situação de pesquisa e uma situação de intervenção planejadora: no momento do diagnóstico e da análise, o cientista, mesmo imbuído de uma recusa do objetivismo e do cientificismo, tem o direito à última palavra sobre as formulações que são, ao fim e ao cabo, de sua responsabilidade pessoal; em contraste com isso, no caso de propostas de intervenção quem deve deter a última palavra são os próprios envolvidos, vale dizer, os cidadãos cuja autonomia deve ser estimulada e respeitada, devendo o cientista contentar-se com o papel de um interlocutor que propõe (e, eventualmente, alerta para contradições e riscos embutidos nas propostas feitas por outros, sejam eles pesquisadores ou não), mas jamais o de um consultor tecnocrático que sonha, no estilo de Maquiavel, com um Príncipe que execute as suas idéias, impondo-as de cima para baixo (SOUZA, 2000b: 89). Portanto, muito mais nitidamente que em um ambiente de pesquisa, em uma situação de planejamento ou gestão, em que se cogita de delinear e preparar a própria ação, lidar com os parâmetros e seu conteúdo é uma tarefa coletiva, na qual o cientista ou intelectual pode, no máximo, propor balizamentos e desempenhar o papel de prestador de esclarecimentos técnicos e de auxiliar na coordenação de debates e enquetes populares, embora reservando-se o direito, como cidadão, de emitir pontos de vista eventualmente discordantes em relação à opinião da maioria. Afinal, se, na qualidade de *expert*, o cientista não deverá receber privilégios especiais e muito menos o poder de decidir o que será feito do destino de seus concidadãos, na qualidade de cidadão ele precisa ter a sua liberdade preservada para se pronunciar tão crítica e livremente quanto qualquer outro indivíduo. Até que ponto o *expert* poderá, mesmo informal e sutilmente, induzir a formação dos juízos alheios e a forma de deliberação de seus concidadãos, é um problema insolúvel aprioristicamente: somente com o amadurecimento crítico-político da coletividade e sobre a base de uma postura eticamente consistente por parte dos intelectuais/cientistas é possível minimizar o risco de manipulação da vontade coletiva, risco esse, contudo, que – diga-se claramente – jamais será inteiramente eliminado.

Aborde-se, agora, o problema da mensuração. É possível e desejável construir escalas para medir os parâmetros? Sim, é tanto possível quanto desejável, ou mesmo necessário, construir escalas de avaliação. Essas serão, entretanto, o mais das vezes simples escalas ordinais, em que se estabelece que uma dada categoria representa uma quantidade ou intensidade maior de alguma coisa em comparação com as categorias inferiores, mas sem que seja possível especificar o quanto, exatamente, uma intensidade ou quantidade é maior que outra. Isso deriva do fato de que, a não ser parcial e indiretamente (o que às vezes pode ser irrelevante e mesmo induzir a equívocos), fenômenos como *poder* e *segregação*, que são constructos complexos, não admitem quantificação em um sentido estrito. Seja como for, escalas poderão ser construídas, evidentemente, de diferentes maneiras. Eventualmente, artifícios quantitativos de compatibilização e apoio à decisão poderão ser tentados, como a atribuição de pesos e notas pelos próprios informantes no contexto de enquetes populares ou mecanismos participativos diretos, com o fito de orientar a implementação de políticas públicas e estratégias de desenvolvimento: a população, uma vez tendo sido definidos os parâmetros de desenvolvimento (por exemplo, segregação residencial) e outros elementos de balizamento (como a quantidade de pessoas a serem atendidas em uma dada subárea), poderá detalhar, auxiliada pelos técnicos, indicadores a partir dos parâmetros (como, por exemplo, grau de carência de infra-estrutura), especificando, em seguida, categorias dentro de cada parâmetro (por exemplo, graus ou faixas de carência); a média ponderada dos pesos atribuídos aos indicadores e das notas das categorias serviria para orientar tomadas de decisão no que tange à distribuição dos recursos disponíveis. (Algo dessa natureza é feito no âmbito de experiências de orçamento participativo, como será examinado no Subcapítulo 11.2. da Parte III.)

A mensuração, portanto, seja com base em escalas ordinais (mensuração *latissimo sensu*), seja, mais raramente, com base em escalas mais poderosas, dar-se-á no plano dos parâmetros subordinados particulares ou das adaptações singularizantes. Esses parâmetros darão lugar a indicadores, elaborados para fazerem face a objetivos bem determinados. Não se trata, de todo modo, de uma construção apriorística de indicadores pretensamente universais (como renda *per capita*, Índice de Desenvolvimento Humano e outros tantos); a construção de indicadores deverá, bem ao contrário, se dar tão próxima quanto possível da realidade dos contextos valorativos dos grupos sociais específicos envolvidos.[19]

[19] Trabalhos empíricos anteriores do autor, envolvendo o diagnóstico de problemas e o exame de processos sob o ângulo do desenvolvimento sócio-espacial em cidades brasileiras (como a análise dos impactos desordenadores/reordenadores do tráfico de drogas contida, por exemplo, em SOUZA [1996b] e SOUZA [2000a]), não chegaram a incorporar uma parametrização sistemática, embora tenham envolvido trabalhos de campo e, nesse contexto, o contato com os valores e as expectativas daqueles diretamente atingidos pelos processos sob análise.

3. Planejamento e gestão urbanos: nem “neutros”, nem necessariamente conservadores!

Vale a pena complementar algumas considerações já tecidas na Introdução a respeito do pretenso caráter conservador do planejamento.

É óbvio que propostas específicas e experiências concretas de planejamento e gestão urbanos jamais são “neutras”. A sociedade não é uma massa homogênea e indiferenciada, e sociedades capitalistas, mais especificamente, se apresentam divididas em classes (que se diferenciam em função do lugar que ocupam na esfera da produção), cujas relações são, em parte, contraditórias e de antagonismo estrutural. Além do mais, grupos sociais diversos, que se formam e entram ou não em atrito entre si devido a questões muito variadas, como modo de vida, etnia etc., complementam o panorama complexo e cheio de linhas de tensão e conflitos latentes e manifestos que caracteriza as sociedades capitalistas contemporâneas. Diante disso, intervenções de planejamento e mecanismos de gestão, sejam protagonizados pelo Estado ou por agentes da sociedade civil, precisam ser entendidos à luz de uma teia de relações em que a existência de conflitos de interesse e de ganhadores e perdedores, dominantes e dominados, é um ingrediente sempre presente. Como poderiam o planejamento e a gestão ser “neutros”, em se tratando de uma sociedade marcada por desigualdades estruturais?

Diga-se, claramente e sem subterfúgios: não há conhecimento, e muito particularmente no caso do conhecimento elaborado sobre a sociedade, que não seja expressão de práticas sociais. Não se quer dizer, com isso, que todo conhecimento sobre a sociedade seja produto de experiências pessoais de quem o produz, mas sim que não há saber sobre o social que não seja sócio-histórico-geograficamente situado. "Tudo o que existe é natural, inclusive o sobrenatural", sugeriu o poeta gaúcho Mário Quintana. Propõe-se, agora, uma inversão: para a sociedade, tudo o que existe é "sobrenatural" (no sentido de *estar além do natural*), inclusive o natural, porquanto, para a sociedade, a realidade, inclusive a natureza, é constantemente "(re)construída" intersubjetivamente, ao ser apropriada simbolicamente, dotada de significados e constituir parte integrante dos projetos humanos. E ainda mais: os indivíduos, aos pesquisarem, refletirem, teorizarem e elaborarem propostas de intervenção sobre a realidade social, não o fazem simplesmente imersos em um magma de significações imaginárias sociais, mas também inseridos em instituições e tendo as suas práticas referidas a, dependentes de e mediadas por instituições, instituições essas forjadas e animadas por interesses e sobre a base de valores específicos. Se o próprio conhecimento teórico, se as próprias análise e interpretação não podem se colocar "a salvo" de valores e valorações, como esperar isso de saberes diretamente comprometidos com a ação, como os princípios e técnicas de planejamento e gestão? Esses saberes, cujo contexto motivacional é, evidentemente, uma tentativa de intervir eficazmente sobre o real, seja para conservá-lo, reformá-lo ou subvertê-lo radicalmente, de acordo com determinados valores e conforme a certos interesses, devem, para serem coerentes, realimentar de modo eficaz as práticas sociais que os chamam à vida. Seu comprometimento com valores, que é seu apanágio, não constitui demérito, ao inverso do que declaram as epistemologias positivistas: aí reside, pelo contrário, a sua grandeza, desde que tomadas algumas precauções mencionadas no próximo capítulo, sem as quais o conhecimento degenera em reles apologia vulgar ou sermão encomendado.

O fato de jamais serem "neutros" com respeito a valores não apenas não quer dizer, porém, que planejamento e gestão urbanos não são passíveis de serem tratados cientificamente, como também não quer dizer que eles possuam, enquanto tais, sempre o mesmo conteúdo valorativo – notadamente conservador, como ainda insistem alguns. A exemplo da ciência em geral, e à semelhança das mais variadas formas de saber humano, planejamento e gestão urbanos são virtualidades, cujo conteúdo pode ser definido de modos distintos e mesmo antagônicos.

Gerir, e mesmo planejar, não significa atentar contra a liberdade e a espontaneidade; ambos podem ser heterônomos (situação usual – e compreensível! – em uma sociedade heterônoma) ou autônomos. Tome-se um exemplo de contraste, aliás bastante simples: a educação. Autores críticos têm apontado a funcionalidade da educação para o sistema capitalista, enquanto veículo de introjeção, na criança e no jovem, de conhecimentos, valores e idéias necessários à reprodução do *status quo* (para o filósofo marxista estruturalista Louis ALTHUSSER [1987], as escolas comporiam o universo dos "aparelhos ideológicos de Estado", por contribuírem decisivamente para a transmissão de ideologias – o que nos remete também a Marx, para o qual, em qualquer sociedade, em última instância, a ideologia dominante seria a ideologia da classe dominante). Pois bem: ainda que se aceite isso como *tendência* geral (por assim dizer, parte da "lógica" do sistema), seria absurdo sucumbir a um funcionalismo grosseiro e negar a possibilidade de "subversões" e alternativas, como o método Paulo Freire de alfabetização popular emancipatória e conscientizadora. Muito menos seria sensato sugerir, em sã consciência, que a educação *em si* é conservadora, muito embora a educação (como, de resto, tudo o mais) em uma sociedade capitalista tenda a ser modelada e ajustada em conformidade com o imaginário e os imperativos capitalistas. Pois bem: com o planejamento (e mais ainda com a gestão), que é uma atividade imprescindível, acontece o mesmo; a discussão sobre se o planejamento é intrinsecamente conservador ou não é, a bem da verdade, desprovida de sentido: *o planejamento* (como a educação, os tribunais etc.) *é aquilo que se faz dele*. Em uma realidade profundamente contraditória como a de qualquer sociedade capitalista, não há porque pensar que a prática de planejamento possa manter-se imune a essas contradições e ser sempre expressão das mesmíssimas práticas, dos mesmíssimos interesses e da mesmíssima ideologia. Estranho destino o daqueles que, pretendendo-se inspirados em uma Filosofia da *práxis* e da contradição como o marxismo (ela mesma, aliás, contraditória), agem como se o próprio Estado, em vez de ser uma condensação de uma relação de forças contraditórias, fosse, sempre, apenas uma instância petrificada que viabiliza, em caráter exclusivo e sem fissuras ou atritos, as demandas das classes dominantes.

Sublinhe-se, adicionalmente, que o planejamento e a gestão urbanos não precisam (nem devem) ser praticados apenas pelo aparelho de Estado. ONGs e outras organizações da sociedade civil precisam se instrumentar e intervir mais e mais propositivamente, eventualmente implementando suas idéias *sem o Estado*, amiúde *apesar do Estado* e, quem sabe, *contra o Estado*, de planos diretores alternativos até experiências de gestão de cooperativas habitacionais. Justiça seja, a propósito, feita: em um certo sentido, a sociedade civil tem, há muito, praticado planejamento e gestão de seus espaços de vida, ainda que esporadicamente e o mais das vezes precariamente e enfrentando toda a sorte de obstáculos. Os pobres urbanos, particularmente, não esperaram que algum teórico os exortasse a produzirem suas organizações menos ou mais autônomas, a resistir a despejos e a criar, via de regra sem qualquer ajuda, seus espaços de vida, de maneira comumente mais solidária e (pasmem!?...) mais organizada em comparação com as elites e classes médias.

O preconceito segundo o qual o Estado, e só o Estado, faz planejamento e pratica gestão, se deve não somente ao fato óbvio de que o Estado monopoliza uma grande parte dos recursos necessários à realização de intervenções e da gestão (do monopólio do estabelecimento e execução das leis ao monopólio da "violência legítima"), mas também à própria imagem ideológica do Estado, o qual justifica todas as suas ações em nome do "interesse público". No entanto, como admitiu um planejador, "yet there are very many 'publics'" (CULLINGWORTH, 1997:10)... O que seria "trabalhar em prol do interesse público"? Significará isso trabalhar ignorando as clivagens sociais e as contradições estruturais de uma sociedade capitalista? O objetivo do planejamento, nos marcos de uma ética comunicativa crítica, não é o "equilíbrio" (idéia sempre artificial e ideológica em uma sociedade de classes) e a conciliação de interesses a todo custo, mas a promoção de maior justiça social (e de melhor qualidade de vida nos marcos da justiça social), sobre a base da explicitação dos conflitos latentes e do estímulo ao diálogo racional, buscando evitar, com isso, o recurso à violência.

Uma ética comunicativa *crítica* não significa que o horizonte político-filosófico do planejamento resume-se, necessariamente, a uma administração de conflitos no âmbito do *status quo*, contribuindo para driblar soluções radicais e adiando rupturas traumáticas (como parece ser o caso do "planejamento comunicativo/colaborativo, atualmente na moda em países de língua inglesa, e que é objeto de exame no Capítulo 7 da Parte II). Na verdade, uma perspectiva comprometida com a mudança social e, ao mesmo tempo, com uma ética enfatizadora da exploração dos recursos do diálogo racional, ver-se-á sempre confrontada com dois tipos de limite: por um lado, com os limites da argumentação racional perante a resistência e as reações, até mesmo violentas em casos extremos, de interesses contrários ao avanço de processos promotores de justiça social; por outro lado, se o limite anteriormente mencionado parece sugerir a inevitabilidade de rupturas traumáticas em certas circunstâncias – durante as quais os planejadores críticos, como cientistas e intelectuais, não poderão furtar-se a explicitar suas posições, a despeito de todos os riscos –, não é menos importante reconhecer que o papel precípuo do homem de idéias, enquanto tal, e ainda que se trate de um intelectual engajado, diversamente do mero ativista, é o de promover a *reflexão* e a ação *refletida*, minimamente controlando (*o que não quer dizer ignorando ou negando*) as suas próprias paixões e os seus preconceitos.

Contribuições a respeito da politização crítica do planejamento podem ser encontradas, como já se assinalou na Introdução, no "planejamento politizado" de RIBEIRO e CARDOSO (1990) (o qual é, conforme já foi dito na nota 6, uma versão um pouco mais à esquerda da perspectiva matusiana do "planejamento estratégico") e no "*communicative planning*" anglo-saxão. Essas duas abordagens serão retomadas com detalhes, ao lado de outras, na Parte II, onde se acha, também, uma apresentação do enfoque autonomista defendido pelo autor deste livro.

4. Planejamento e gestão urbanos: perspectiva científica... mas não cientificista

Falar em "perspectiva científica" a propósito do planejamento e da gestão urbanos, que é aquela a ser esposada pelos cientistas sociais que a eles se dedicarem, nada tem a ver, aqui, com pedantismo racionalista ou ardor positivista. Como já se grifou no capítulo anterior, não se pretende sugerir qualquer neutralidade axiológica da atividade científica (muito especialmente em se tratando de ciências sociais e, ainda mais claramente, quando se tratar de pesquisa aplicada!); nem, tampouco, é o caso de negar a dimensão política do planejamento e da gestão como formas de intervenção que são. Reconhece-se, com o epistemólogo Hilton Japiassu, que,

> nas ciências humanas, sempre há a intervenção explícita ou implícita de valorizações particulares. O desenvolvimento e a elaboração das idéias, no domínio humano, apresentam sempre um caráter de intervenção imediata, e não apenas técnica ou metodológica. Portanto, nesse domínio, por mais honestas, escrupulosas e críticas que sejam, as pesquisas guardam sempre o caráter de um desafio ao mesmo tempo teórico e prático: teórico, quanto à máxima adequação possível ao objeto estudado; prático, quanto à possibilidade de transformar ou de impedir a mudança da sociedade; ou de transformar alguns comportamentos, em detrimento de outros. (JAPIASSU, 1981:85-86)

É por isso que – e aqui acompanha-se Japiassu mais uma vez – as ciências humanas (ou sociais) devem ser entendidas como sendo, no fundo, "praxeologias": "[n]um sentido bastante lato, o termo *praxeologia* pode ser entendido como o conjunto dos equipamentos técnico-metodológicos fornecidos sobretudo pelas ciências humanas, tendo em vista *intervir* e *transformar* os horizontes do *agir humano* e de seus comportamentos sociais" (JAPIASSU, 1981:85).[20] E, se assim é, o planejamento e a gestão, e na verdade toda forma de pesquisa aplicada, é simplesmente uma modalidade mais explicitamente aplicada do saber no campo das ciências humano-sociais, as quais, de resto, jamais são ou poderiam ser "neutras". Dito de outra forma, é no terreno da pesquisa aplicada, notadamente do planejamento, que a natureza "praxeológica" das ciências sociais se mostra mais evidente.

Ao enfatizar a dimensão de compromisso com a *práxis* não se deve, entretanto, negligenciar a dimensão do *logos*, sem o que as ciências sociais, que parecem sempre caminhar sobre o fio de uma navalha, descambam para o discurso ideológico ou apologético vulgar. Ou seja, transmutam-se em tentativas sofisticadas e pretensamente objetivas de legitimação de interesses específicos e de posições definidas previamente, em vez de se abrirem para a discussão e para a revisão de valores com base em um processo de crítica e autocrítica sistemáticas, processo esse fundado no pensamento lógico, na honestidade intelectual, na dúvida permanente e na relativização do conteúdo de verdade imputado ao conhecimento gerado. Pondera-se, por conseguinte, e sem qualquer arrogância cientificista, que uma perspectiva científica deve assentar-se sobre duas premissas: 1) a *pesquisa básica como preparação para a elaboração de propostas de intervenção* e 2) a *não-subordinação vulgar da pesquisa aplicada a diretrizes políticas estabelecidas previamente, em detrimento da autenticidade da busca pela verdade.*

Sobre a primeira premissa, é preciso aceitar que um diagnóstico criterioso, vale dizer, uma precisa identificação dos problemas e de

[20] O termo praxeologia já havia sido empregado anteriormente – embora com o sentido mais restrito de um tipo específico de pesquisa ou mesmo de teoria interdisciplinar, preocupada com a efetividade da ação – pelo psicólogo e epistemólogo Jean PIAGET (1972:246 e segs.).

suas causas, deve atuar como farol para as recomendações de intervenção. Quando se deseja conhecer uma realidade, deseja-se conhecer *aquilo que a explica*: do que ela se compõe, que forças a mantêm, como chegou ela a ser o que é etc. O pesquisador pode ter os seus valores em relação a essa realidade, coisa inevitável e intensa em se tratando de uma realidade social (o pesquisador pode ou não identificar-se e simpatizar com o que vê). Entretanto, isso não precisa ser *completamente evidente*, ainda que nunca seja muito difícil descobrir os valores que estão por trás de uma análise ou mesmo de uma tipologia, classificação ou simples descrição. Por outro lado, ao estudar formas de se *superar* essa realidade (ou, pelo menos, certos aspectos dela percebidos como problemáticos pelo analista e pelos próprios atores sociais envolvidos), a dimensão valorativa é inteiramente óbvia: está-se *contra* essa realidade (ou contra algumas de suas características) e *a favor* de outra, considerada melhor (mais justa, mais eficiente etc.). Não obstante, para se enfrentar um problema é preciso conhecê-lo, assim como todo o contexto no qual ele se inscreve (seus pontos fracos, seus aspectos válidos, as possíveis contradições). A pesquisa básica é, por conseguinte, o alimento indispensável da pesquisa aplicada.

A pesquisa básica, no que concerne ao desenvolvimento sócio-espacial, compreende tanto a reflexão teórica, conceitual e metodológica sobre a natureza da dinâmica sócio-espacial e as formas de se obter conhecimento sobre ela, quanto o trabalho empírico. Análises e diagnósticos empíricos tanto podem dizer respeito à investigação de processos gerais (orientada por questões do tipo: quais são as necessidades dos indivíduos e grupos de um dado local em um dado momento? É possível constatar um avanço ou um declínio, quanto à satisfação dessas necessidades, ao longo de determinado período de tempo? Quais os fatores que têm contribuído para isso? Qual é o conteúdo da justiça social, nesse contexto histórico-geográfico específico?) quanto à avaliação *ex-post* de experiências de planejamento e gestão (orientada por questões do tipo: os esquemas de planejamento ou gestão utilizados em dado local ao longo de um dado período de tempo têm contribuído para uma melhor qualidade de vida e para maior justiça social?). A pesquisa aplicada, de sua parte, abrange não apenas o delineamento prático de propostas de intervenção (estratégias da sociedade civil, políticas públicas, instrumentos de planejamento) mas, também, a reflexão teórica sobre estratégias de intervenção (exame do potencial de instrumentos e modelos, de seu significado ético e político etc.).

A abordagem urbanística típica é, de um ponto de vista científico, *apriorística* ou, quando muito, *semi-apriorística*. No caso dos enfoques francamente apriorísticos, hoje em dia bastante desmoralizados, a observação do real e a coleta de dados e informações servem meramente para contextualizar uma proposta de intervenção baseada em um modelo normativo da "boa forma urbana", pautado em idéias-força como "ordem", "funcionalidade", "eficiência" etc. No caso dos enfoques semi-apriorísticos, a observação do real, a coleta de dados, a obtenção de informações e a formulação de conjecturas sobre o porvir – em suma, diagnósticos e prognósticos – fundamentam um ajuste dos princípios e balizamentos normativos, os quais são relativamente permeáveis ao mundo real; sem embargo, as "pesquisas" em que se baseiam os enfoques semi-apriorísticos não preenchem os requisitos de uma investigação científica rigorosa. Em contraste com os enfoques apriorísticos e semi-apriorísticos, um tratamento científico deve ser *reconstrutivista*. A despeito da fundamentação teórica (teorias científicas a respeito do que existe no mundo real e a respeito das possibilidades e dos caminhos de mudança social) e dos balizamentos metateóricos (em que se incluem não apenas posicionamentos epistemológicos mas, também, doutrinas político-filosóficas e éticas[21]) que preexistem à e contextualizam a análise empírica,

[21] Para os epistemólogos envolvidos, principalmente, com as ciências da natureza, o adjetivo "metateórico" refere-se, ora a grandes matrizes da Filosofia da Ciência, perante as quais teorias são comparadas entre si e examinadas à luz de questões epistemológicas gerais (racionalismo crítico, positivismo lógico etc. como "metateorias"), ora a um tipo de esforço de construção de teorias muito abrangentes ("metateorias" como "superteorias" integradoras de teorias particulares). Em ambos os casos o conceito de teoria é tomado de modo bastante estreito. Para as ciências sociais, nem esse entendimento restritivo do que seja uma teoria, nem essa visão do que sejam balizamentos metateóricos são adequados. À luz dos padrões ditados pelas

estabelece-se, aqui, uma dialética entre teoria e empiria; a proposta de intervenção é resultado da interação entre ambos, sendo a fundamentação teórica (e, eventualmente, mesmo a metateórica) não apenas ligeiramente ajustada, mas *reconstruída* no decurso de uma análise sistemática e crítica do mundo real.

Pioneiro da valorização do saber e dos sentimentos do cidadão comum no planejamento urbano, o escocês Patrick Geddes foi também, no começo do século XX, um pioneiro da abordagem científica do planejamento, com sua insistência no esquema "*Survey-Analysis-Plan*". Geddes, no entanto, ao contrário dos urbanistas "de régua e compasso", para usar uma expressão sua (cf. CHOAY, 1979:39), tinha preparo científico; por menos que ele tenha exercido sua formação original de biólogo, esta, e mais o interesse que devotou à Geografia clássica (sobretudo francesa), certamente explicam seu olhar infenso a apriorismos de gabinete. Infelizmente, porém, ainda que muitos urbanistas posteriores tenham se apresentado como descendentes de Geddes e alegado professar uma abordagem científica, o enfoque quase nunca foi ou vai além do semi-apriorismo. ENNIS (1997:1939) oferece, a propósito do planejamento tradicional e de seus principais expoentes, uma incisiva síntese:

---

ciências naturais, pouquíssimas construções intelectuais das ciências sociais seriam teorias; a maioria, inclusive as mais fecundas, corresponderiam meramente a metateorias de um tipo bastante vago, seja por serem extremamente abrangentes e abstratas (p.ex. a Teoria da Estruturação giddensiana), seja por se acharem muito fortemente "contaminadas" por valores (como a Teoria da Alienação do marxismo). Assumir isso, contudo, seria incorporar erros cientificistas como a neutralidade axiológica, a homologia estrutural entre sociedade e natureza e a necessidade de separação estanque entre ciências e Filosofia. Diversamente, aqui, propõe-se que o adjetivo "metateórico" refira-se, nas ciências da sociedade, ao conjunto de balizamentos não somente epistemológicos, mas também político-filosóficos e éticos que, ao mesmo tempo em que são nutridos por e sintetizam ou combinam reflexões teóricas e estudos empíricos específicos, motivam, influenciam e orientam as pesquisas e reflexões subseqüentes. As "metateorias" das ciências sociais não devem ser entendidas como "superteorias" substantivas integradoras, mas sim como grandes matrizes de referência que, não raro, são verdadeiros híbridos epistemológicos e político-filosóficos (como o materialismo histórico ou o pensamento autonomista castoriadiano). Quanto às teorias propriamente ditas, podem ir desde teorias substantivas particulares bem delimitadas e empiricamente lastreadas até programas ou esboços teóricos e "macroteorias" procedurais.

> [w]hat these thinkers [Ebenezer Howard, F. L. Wright e Le Corbusier] worked towards was a once-and-for-all solution. The long-term goal of planning and planners was to reach the end-state defined in their texts – whether it be Garden City, Radiant City or Beautiful City. It could be argued that the belief that planning could create (...) 'urban utopias' has informed the actions of planners for most of this century.

Françoise Choay, que em seu importante *O Urbanismo* (CHOAY, 1979) já contestara o estatuto de cientificidade do Urbanismo, retomou essa crítica em livro posterior (*A regra e o modelo*), denunciando que, enquanto abrigo de visões normativas, o discurso urbanístico, a despeito de tentar emular o discurso científico, não se constituiria em ciência:

> A despeito de suas pretensões, o discurso do Urbanismo continua normativo e só em caráter mediato compete a uma prática científica qualquer: seu recurso lícito e justificado às ciências da natureza e do 'homem' se subordina a escolhas éticas e políticas, a finalidades que não pertencem somente à ordem do saber. (CHOAY, 1985:2)

E, bem ao final do livro, entre outras passagens igualmente fortes:

> Todos os autores de teorias urbanísticas, com exceção de Sitte, se valem, como Cerdà, de um discurso científico. Mas, na quase totalidade dos casos, limitam-se a afirmar de maneira encantatória e sem prova a cientificidade do Urbanismo em geral, e de suas próprias propostas em particular, e a produzir somente os indícios lingüísticos do que seria um discurso científico. Não é, pois, de surpreender que esses textos miméticos não contenham qualquer autocrítica, não sejam objeto de qualquer questionamento epistemológico. (CHOAY, 1985:291)

Vale a pena reproduzir também o ponto de vista de Klaus Brendle (1997) – ele próprio sendo, como Choay, um urbanista – sobre a diferença entre os "olhares" científico e arquitetônico-urbanístico:

> O devir social e as formas espaciais condicionam-se reciprocamente; no entanto, a pesquisa e o ensino do Urbanismo e do uso/vivência da cidade [*Stadtbenutzung*] desenvolveram-se separadamente. De uma parte, as ciências do homem descobriram relativamente tarde o 'ambiente construído' enquanto um componente importante dos processos sociais.[22] De outra parte, a Arquitetura e o planejamento urbano[23] acreditaram poder, ancorando-se em uma determinada imagem (comumente idealizada) do que seja o ser humano, superar com seus próprios meios a maioria dos problemas da cidade.
>
> Não apenas a unidade 'cidade' se acha dividida entre os aspectos sociais e o ambiente construído, mas as próprias perspectivas e métodos das ciências sociais e das disciplinas arquitetônicas se diferenciam: os das primeiras vincularam-se a teorias científicas e métodos empíricos, desenvolvendo, com a ajuda de palavras precisas, uma competência descritiva e de análise causal sobre os problemas urbanos *existentes*. Os das últimas articulam-se à tradição dos procedimentos dos ofícios manuais, das engenharias e das artes plásticas dos mais variados tipos, desenvolvendo um conhecimento, expresso sob a forma de desenhos, acerca da transformação e do prognóstico voltado para as modificações *futuras* da cidade; ou seja, referem-se a uma estreita melhoria arquitetônico-urbanística. (BRENDLE, 1997:120-1)

O autor deste livro sente-se a cavaleiro, portanto, para reafirmar seu comentário, feito em trabalho anterior (SOUZA, 1998), segundo

---

[22] Quanto a isso, é dever de justiça admitir que a tradição geográfica constitui uma exceção, ainda que a Geografia Urbana, como ramo especializado, só tenha alcançado maior expressão na segunda metade do século XX.

[23] Brendle cometeu, aqui, um lapso ao escrever planejamento urbano (*Stadtplanung*), quando o que tinha em mente era, na verdade, especificamente, a modalidade do Urbanismo (*Städtebau*), como facilmente se depreende do restante de seu texto.

o qual o Urbanismo, enquanto tal, não legou propriamente "teorias", termo que só faz pleno sentido no domínio propriamente científico. Afinal, ninguém menos que a própria Choay, cuja obra é internacionalmente respeitada pelos arquitetos-urbanistas, enfatiza a mesma coisa,[24] e as palavras de Brendle não são menos dignas de nota. É importante deixar claro, contudo, que não faz sentido criticar o Urbanismo pelo fato, em si mesmo, de não ser ele uma ciência. Trata-se, meramente, de estabelecer as diferenças entre uma abordagem científica e uma não-científica (técnico-artístico-normativa), conquanto se possa e se deva, seguindo o exemplo de Choay, denunciar as tentativas em que uma abordagem do segundo tipo insiste em se fazer passar por uma do primeiro. A crítica que se pode e deve fazer às abordagens urbanísticas é, por conseguinte, a de que, com muita freqüência, tentaram e tentam se passar por aquilo que não são. Sob um ângulo científico, é lógico que um enfoque apriorístico ou semi-apriorístico que tenha a pretensão de ser a única orientação global para uma intervenção sobre o urbano merece sofrer objeção. *No entanto* – grife-se isso com vigor –, *nem todo conhecimento no planejamento urbano é ou poderia ser exclusivamente científico*, e tampouco deve-se considerar o conhecimento científico como sendo superior a todos os outros, por exemplo, o saber artístico. A dimensão estética e vários tipos de conhecimento técnico, que são contribuições imprescindíveis e próprias dos arquitetos-urbanistas ao planejamento urbano, não vêem sua relevância diminuir um milímetro ao serem identificados com os domínios das artes e da técnica/tecno-

---

[24] No que diz respeito ao estatuto epistemológico das "teorias" urbanísticas, Choay, referindo-se especificamente ao trabalho pioneiro do engenheiro catalão Ildefonso Cerdà (*Teoría general de la urbanización*), fundador do Urbanismo como um campo próprio em meados do século passado (a *palavra* Urbanismo parece ter sido introduzida mais tarde, no começo do século XX, pelo arquiteto francês Alfred Agache [cf. STUCKENBRUCK, 1996:93]), faz reparos cujo alcance é, no fundo, bastante geral: "A Teoría não satisfaz uma série de exigências atualmente características de uma teoria científica: a capacidade explicativa, a capacidade de previsão, a transitividade e sobretudo a refutabilidade" (CHOAY, 1979:276). Mesmo levando-se em conta que as teorias nas ciências sociais são mais flexíveis e menos formalizadas que nas ciências naturais, os enfoques tipicamente legados pelo Urbanismo dificilmente podem ser classificados como teorias científicas, conforme ponderação feita pelo autor já em trabalho anterior (SOUZA, 1998:7-8).

logia! E nunca é demais encarecer o fato de que objeções ao apriorismo, válidas quando se trata de julgar avaliações passíveis e merecedoras de um tratamento científico, não se aplicam a domínios como o da estética. Isso para não dizer a coisa mais essencial de todas, que é a de que o planejamento e a gestão das cidades são e devem ser reconhecidos como questões acima de tudo *políticas*, em sentido amplo e nobre, e não como questões sobretudo "técnicas" ou "científicas". A presente objeção, portanto, não vem acompanhada de uma proposta para se desmerecer *in totum* o legado intelectual do Urbanismo e tampouco para se purgar o campo intelectual do planejamento urbano de seus componentes extracientíficos – muito longe disso! O tratamento técnico-estético oferecido pelo arquiteto-urbanista, evidentemente, não há de se submeter a uma lógica "científica" – postular isso seria uma aberração, um contrasenso. Apenas deseja-se salientar a debilidade de visões normativas que, sem que seus autores tenham tido consciência de seus limites e de suas insuficiências de base, se pretenderam rigorosas e mesmo científicas quando, na verdade, não se fundamentam em muito mais do que as impressões e os valores dos que as conceberam, revelando uma leitura superficial da realidade ou mesmo um divórcio para com esta, malgrado o apuro técnico e estético com que foram apresentadas. A necessidade de cooperação e a relação de complementariedade entre cientistas sociais e arquitetos-urbanistas, no que concerne ao planejamento e à gestão urbanos, defendidas no Subcapítulo 1.2., ficam, pois, reafirmadas.

Quanto à segunda premissa formulada alguns parágrafos atrás (*não-subordinação vulgar da pesquisa aplicada a diretrizes políticas estabelecidas previamente, em detrimento da autenticidade da busca pela verdade*), o autor admite que a dimensão política (os interesses em jogo, as linhas de tensão) não deve, sem dúvida, ser escamoteada. Contudo, se o planejamento for reduzido a um mero instrumento político para impressionar contendores em um debate e for privado de sua potencial consistência como derivação de uma análise crítica da realidade, ele será simples pesquisa aplicada grosseiramente manipulada (um exemplo eloqüente é fornecido em GRANT, 1994:60), assim como também o pode ser a própria pesquisa básica.

Rejeitar a presunção de neutralidade axiológica sobre a qual insistem os positivistas e rechaçar o apoliticismo ingênuo e arrogante é uma coisa; outra, bem diferente, é confundir a prática científica, mesmo a aplicada, com um *discurso ideológico* vulgar, em que soluções preconcebidas são impostas à realidade, ou degradá-la a um *balcão de idéias compradas*, em que a busca pela verdade simplesmente desaparece, pois a exposição de idéias passa a se subordinar inteira e acriticamente às demandas dos "clientes". Não irá mais se tratar, neste segundo caso, nem mesmo de razão comunicativa, pois a reflexão crítica sobre os confrontos de subjetividades sócio-histórico-geograficamente situadas estará, ela própria, ausente; tratar-se-á, meramente, de encomendas de discursos legitimatórios apriorísticos, usados como adorno durante contendas, normalmente com o fito de impressionar os cidadãos comuns, mais fracos. No caso de um discurso ideológico, como exemplifica o racionalismo tão típico do Urbanismo modernista, o qual, como o Urbanismo em geral, está longe de ser uma ciência, muito menos aqui se trata de razão comunicativa; o que se tem é uma razão instrumental de forte vocação tecnocrática. Desgraçadamente, na prática, grande parte do trabalho dos planejadores urbanos se assemelha mais ao trabalho de respaldadores de posições *a priori* (sejam elas as da iniciativa privada ou de governos), enfeitando com um discurso técnico-"científico" decisões políticas previamente tomadas, que a um esforço para traduzir conhecimentos científicos em propostas de intervenção.

O ofício do pesquisador aplicado que se dedica ao fornecimento de subsídios para o planejamento e à gestão e ao desenho de estratégias de desenvolvimento não é, sob o ângulo das exigências éticas, diferente do trabalho daquele outro que se dedica à pesquisa fundamental: também ele deverá observar, analisar, julgar e escolher sem poder despir-se inteiramente do filtro dos próprios valores. Admita-se: se todo conhecimento é expressão, de algum modo, das práticas sociais que o condicionam, mesmo um conhecimento que se pretenda científico carregará uma dimensão ideológica. Tomando o cuidado de evitar o simplismo tradicional de reduzir a ideologia à "falsa consciência" para esgrimir esse termo contra a produção intelectual dos adversários, como se a verdade pudesse, em se tratando de algo tão complexo quanto a sociedade, ser monopolizada por alguém em caráter absoluto, então uma dimensão ideológica, como expressão de práticas e interesses variáveis, há de estar presente em todo conhecimento. (No que concerne ao saber sobre a sociedade, não há "verdade unívoca" no sentido das ciências naturais, tão-somente uma exigência de rigor e desprendimento que permite ver como "busca pela verdade" a tentativa idônea de elucidação dos fenômenos, em contraste com o simples esforço de convencimento acerca da validade de certas idéias preconcebidas, que é típico da propaganda ideológica.) A oposição entre ciência social e ideologia refere-se a duas situações extremas, sendo que, na prática, a ciência se esforça por distingüir-se *em processo* do mero discurso ideológico e do senso comum, em meio a uma luta perene para manter o senso (auto)crítico, a vigilância perante preconceitos e o rigor analítico. O cientista deverá, portanto, para ser intelectualmente honesto e para afirmar-se enquanto tal, manter-se vigilante e crítico em face de seus valores, evitando tomar impressões por resultados consolidados, duvidando das próprias certezas provisórias, insistindo em examinar um problema a partir de diferentes ângulos (o que significa, normalmente, levar em conta as perspectivas conflitantes dos diferentes grupos de atores sociais envolvidos), expondo-se de muito bom grado ao teste do exame empírico pormenorizado e extraindo humildemente as lições do teste supremo, o da história – em suma, recusando-se a ser *deliberadamente tendencioso*, o que é a suprema virtude do cientista social, a qual o distingue do intelectual panfletário. Assuma-se, destarte, que o critério basilar de distinção entre um discurso científico sério e um discurso ideológico vulgar não é o de "neutralidade axiológica", mas sim um critério ético e, portanto, em si mesmo extracientífico: a *honestidade intelectual*. Não "imparcialidade" ou "isenção", mas, simplesmente, isso: honestidade. A honestidade que, se não impede vieses, mantém-se vigilante com relação a vieses e a preconceitos; a honestidade que, em vez de clamar pela escamoteação dos valores subjacentes à análise, como se fosse possível e desejável isolá-los e exorcizá-los, cobra a explicitação e a reflexão crítica constante sobre esses mesmos valores.

É bem verdade que, para o autor deste livro, como já deve ter ficado inteiramente claro para o leitor, a "cientificidade" não é, por si só, garantia de legitimidade ética de uma proposta de intervenção. Por mais embasadas numa análise rigorosa da realidade que sejam as propostas de intervenção (o que inclui levar em conta as aspirações e opiniões dos atores sociais por meio de enquetes, ou a partir da observação de suas livres manifestações em instâncias participativas de gestão urbana), qualquer proposta, para ser inteiramente legítima, necessita ser submetida a escrutínio e deliberação por parte daqueles que sofrerão os efeitos de sua implementação. No entanto, se os próprios rigor e honestidade científicos não são fáceis de serem compatibilizados com os processos decisórios no dia-a-dia das administrações públicas em sociedades heterônomas, carentes de transparência e *accountability* democrática, muito menos o é aquilo que representa um passo além: a ciência não somente a serviço do planejamento e da gestão urbanos, mas a serviço de um planejamento e uma gestão urbanos *radicalmente democráticos*. Pode-se aqui, aliás, arriscar uma hipótese: se a prática política em um contexto heterônomo costuma converter os planejadores, sejam funcionários do Estado ou a serviço do capital privado, em sofistas dedicados a impressionar o público com seus planos, suas maquetes e suas projeções, um contexto administrativo um pouco mais autônomo, que garanta um mínimo de transparência e *accountability*, pode justamente assegurar que os planejadores terão mais liberdade, também eles, para não se deixarem degradar ao papel de técnicos dispostos a defender acriticamente os interesses dos poderosos.

5. Planejamento e gestão urbanos e interdisciplinaridade

Muito se clama por *interdisciplinaridade* na pesquisa científica contemporânea, mas o que mais se vê, na melhor das hipóteses, é *pluridisciplinaridade* (justaposição de conhecimentos disciplinares diversos, agrupados de modo a evidenciar as relações entre eles; cooperação sem coordenação) ou, mesmo, uma mera *multidisciplinaridade* (conhecimentos disciplinares diversos veiculados sem que haja uma cooperação entre os especialistas). A verdadeira interdisciplinaridade pressupõe uma cooperação intensa e coordenada, sobre a base de uma finalidade (e de uma problemática) comum.[25]

Quanto ao planejamento e à gestão urbanos, eles são, como já se encareceu, ciência social aplicada e, como tal, devem ser interdisciplinares por excelência. Mais ainda que a análise, ou diagnóstico – vale dizer, a pesquisa empírica básica –, a pesquisa social aplicada, com a qual se busca explicitamente contribuir para a superação de fenômenos tidos como problemáticos e negativos, demanda intensa e coordenada cooperação entre saberes disciplinares variados. A necessidade de diálogo, de aprendizado mútuo e de superação de fronteiras artificiais fica ainda mais evidente quando se trata de pensar para além da problemática, buscando refletir também sobre as soluções – ou, como já brincou alguém, sobre a "solucionática".

Nenhuma das disciplinas sustentadas pela divisão do trabalho acadêmico em vigor, de cunho positivista, e a qual se baseia em um

---

[25] Ver, sobre os conceitos de multidisciplinaridade, pluridisciplinaridade e interdisciplinaridade, a rica análise de JAPIASSU (1976).

esquartejamento da realidade social concreta em partes ("estruturas", "subsistemas" etc.) pretendidamente autônomas (economia, política, cultura, espaço, história), consegue dar conta dos processos e fatores que explicam a transformação das relações sociais e a produção do espaço social, sobretudo no caso de um ambiente complexo como o urbano. Todas as ciências sociais, mais a Arquitetura, devem prestar sua colaboração. No caso *sui generis* da Geografia, sua ambigüidade enquanto única ciência social que, nos marcos dessa divisão do trabalho acadêmico, desde o começo e de modo inarredável, incorpora também um pólo epistemológico de ciência natural (ou, mais precisamente, "ambiental", no sentido restrito da expressão meio ambiente), pode ser um trunfo, e não um fardo, como costuma ser sentida por muitos geógrafos urbanos.

Por outro lado, em alguns países, como a Alemanha e o Reino Unido, a seriedade com a qual o planejamento é encarado acabou redundando em um exagero: cursos específicos voltados para a formação de planejadores urbanos (e regionais) – *Raumplaner* na Alemanha, *town planner* no Reino Unido –, profissionais esses que dividem espaço e mercado com os arquitetos, geógrafos etc. envolvidos com planejamento. Esse caminho não parece ao autor deste livro uma boa solução para a tarefa de se prepararem planejadores de alto nível. Dada a grande complexidade do campo do planejamento urbano (e regional), dependente de conhecimentos de ordem econômica, política, cultural, legal e ambiental, das duas uma: ou o planejador permanece restrito ao chamado "planejamento físico-territorial", negligenciando o contexto social mais amplo de seus planos de ordenamento espacial e tendendo a incorrer em fetichismo espacial, ou, na hipótese de ele reconhecer plenamente as limitações do "planejamento físico-territorial", lançar-se-á o planejador em uma busca megalomaníaca por todos os conhecimentos necessários à prática intelectualmente consistente do planejamento – o que inclui, além de boa parte das ciências sociais, igualmente contribuições da Arquitetura, do Direito e mesmo de algumas ciências naturais.

A melhor saída para a superação do obstáculo representado pela artificialidade das fronteiras disciplinares – notadamente no caso das disciplinas humano-sociais – não reside na tentativa de formação de uma espécie de "superprofissional", cuja solidez científica e cujo preparo humanístico tenderiam a ser inversamente proporcionais à sua arrogância. Aqui, como em outros domínios, o aparentemente mais fácil nem sempre é o melhor. O modo mais razoável de se minimizarem os efeitos do condicionamento imposto pelo fracionamento disciplinar parece residir, com efeito, não na tentativa de transformação de um saber generalista por vocação em um privilégio de pretensos especialistas, mas na complementação da formação dos profissionais (arquitetos e cientistas sociais) envolvidos, ao mesmo tempo em que se lhes incute uma visão crítica a propósito da divisão do trabalho acadêmico em vigor e se lhes desperta a consciência para a relevância do diálogo interdisciplinar. Sobre esses alicerces, a um só tempo arrojados (porque críticos) e modestos (porque realistas), será possível conseguir, no campo da pesquisa aplicada, aquilo que também no domínio da pesquisa básica em ciências sociais é altamente desejável: um avançar rumo à ultrapassagem do fracionamento disciplinar legitimado pela epistemologia positivista; um avançar rumo a uma prática teórica *transdisciplinar* (visão agasalhada por PIAGET [*apud* JAPIASSU, 1976:75-76]) ou, mesmo, *adisciplinar* (termo sugestivo utilizado por QUAINI [1979:51] para caracterizar o materialismo histórico, mas que bem pode ser empregado para além do pensamento marxista, como o autor deste livro já o fizera em SOUZA [1988b:39]).

6. As escalas do planejamento e da gestão das cidades

Não seria conveniente encerrar esta Parte I, dedicada a uma contextualização ético-política, epistemológica e conceitual do planejamento e da gestão urbanos, sem focalizar um assunto que, embora fundamental, não tem recebido a devida atenção: os *critérios de identificação de escalas de análise de situações e planejamento de intervenções.*

É costume os pesquisadores e planejadores contentarem-se com quatro referenciais espaço-escalares para designarem realidades e proporem intervenções: *local*, *regional*, *nacional* e *internacional*. Entretanto, embora essas palavras assumam, para os profissionais, o *status* de termos técnicos, portanto supostamente revestindo *conceitos*, são elas tomadas normalmente sem que se pergunte acerca da consistência de seu conteúdo. Na verdade, não muitas vezes foram elas objeto de tal interpelação, especialmente no ambiente intelectual da pesquisa aplicada e da prática de planejamento, pelo que seria tentador dizer que o seu uso, tão sem rigor, freqüentemente se atém muito mais a uma espécie de "senso comum acadêmico" (vocábulos empregados de maneira irrefletida ou pouco refletida) que a uma matriz conceitual. Sem se importarem muito com essa questão, numerosos são aqueles usuários desses termos que sequer se apercebem das insuficiências e mesmo contradições da forma como se utilizam das palavras. De fato, não apenas termos como "local" e "regional" são usados de modo diferente e incongruente por diferentes usuários mas, na realidade, até mesmo na fala de um único usuário as acepções podem variar caoticamente. Isso, se não impede a comunicação, pelo menos dificulta a construção de um discurso teoricamente consistente e minimamente preciso.

Um dos não muito freqüentes esforços de clarificação do problema conceitual, teórico e metodológico das escalas, esforço esse pioneiro, é a análise de Yves LACOSTE (1988; 1 ed. francesa: 1976) das *ordens de grandeza dos conjuntos espaciais* e dos *níveis de análise* da realidade. Apesar de não estar interessado especificamente no planejamento e na gestão urbanos, e sim em oferecer uma contribuição para a renovação do campo disciplinar da Geografia, Lacoste trouxe elementos úteis para a presente reflexão. Inspirado em uma terminologia análoga desenvolvida pelo geomorfólogo Jean Tricart, Lacoste propôs um quadro terminológico contendo sete ordens de grandeza de recortes ou, como ele prefere, conjuntos espaciais, indo de conjuntos cujas dimensões máximas se medem em *dezenas de milhares de quilômetros*, como zonas climáticas, o chamado "Terceiro Mundo" e o grupo dos países pertencentes à OTAN (*sétima ordem de grandeza*), até realidades cujas dimensões são medidas em metros (*primeira ordem de grandeza*).

A terminologia lacostiana não se impôs – o que, pode-se supor, tem pelo menos parcialmente a ver com o fato de que a maioria dos usuários não está disposta a trocar termos imediatamente inteligíveis, como "local" e "regional", por mais vagos que sejam, por expressões abstratas como "terceira ordem de grandeza" e "quinta ordem de grandeza". Além do mais, a classificação lacostiana é inarredavelmente formalista, implicando uma certa rigidez. Ao preocupar-se com classes de quantidades para expressar magnitudes métricas em vez de, em primeiro lugar, com os próprios processos, ela deixa na sombra não apenas a vivência individual e coletiva das realidades sócio-espaciais (e, para os próprios *atores*, palavras como "local" e "-região" são termos-chave, insubstituíveis por expressões de uma metalinguagem científica hipotética como "terceira ordem de grandeza" e "quinta ordem de grandeza"), mas também o fato de que, dependendo das circunstâncias, relações ou processos análogos dirão respeito a grandezas físicas (tamanhos) diferentes (por exemplo, "regiões" em Portugal comparadas às "macrorregiões" do Brasil).

No entanto, o quarteto simplista local/regional/nacional/internacional, cuja força vem de sua fácil comunicabilidade, embora seja ele flexível – e, mais que isso, vago –, não está imune, ele próprio, a formalismos. Por exemplo: o nível "local" é identificado, muitas vezes, simplesmente com um recorte político-administrativo, como o município, embora seja tomado, algumas vezes, como correspondendo a um objeto geográfico mais específico, como uma cidade, ou seja, a sede de um município. Outros problemas associados ao quarteto simplista local/regional/nacional/internacional são a facilidade com que ele se presta a usos ideológicos (por exemplo, ao tomar-se o "nacional" como sendo sinônimo da escala dos recortes formais dos países, isto é, de supostos Estados-nações independentes, não atentando-se para as reivindicações de "nações" territorializadas mas desprovidas de Estados, como tantos grupos étnicos em vários países, que lutam por maior autonomia ou mesmo independência), além de sua incorrigível vaguidão (por exemplo: "internacional" pode dizer respeito tanto a relações envolvendo dois países quanto a processos globais, envolvendo o mundo inteiro). Na realidade, as escalas não são, como bem salientou HARVEY (2000:75), nem imutáveis, nem "naturais", sendo, isso sim, produtos de mudanças tecnológicas, modos de organização humana e da luta política. Isso significa que não apenas a natureza da interação entre as escalas, mas o peso de cada uma delas e mesmo a abrangência física de algo como "escala local" ou "escala nacional" não está fixado de uma vez por todas, sendo, pelo contrário, parte do processo de criação histórica.

Uma abordagem alternativa, não formalista, deve ser antes *relacional* que interessada em fixar, de modo absoluto, classes de magnitude métrica, como propôs Lacoste. Ou seja: deve pôr em primeiro plano a forma e a natureza das relações sociais e suas interações espaciais, cuja percepção poderá variar bastante de acordo com o contexto (volte-se ao exemplo já dado anteriormente: "regiões" em Portugal e certas "regiões" no Brasil dirão respeito a recortes de tamanhos muitíssimos diferentes). Isso não quer dizer, porém, que limites formais, sob o ângulo político-administrativo e legal, não tenham relevância analítica ou sejam desprovidos de efetividade; na verdade, ao condicionarem processos tão diversos quanto o pagamento diferenciado de tributos e a necessidade de adaptação a legislações diferentes, limites e fronteiras formais deixam de ser "meramente" formais ou convencionais para se fazerem fortemente reais.

A classificação, certamente que sujeita a aperfeiçoamentos, é a seguinte:

1) Escala (ou nível) ***local***. Trata-se da escala por execelência do planejamento e da gestão das cidades. A escala local refere-se a recortes espaciais que, em graus variáveis de acordo com o seu tamanho, expressam a possibilidade de uma vivência pessoal intensa do espaço e a formação de identidades sócio-espaciais sobre a base dessa vivência. É, também, a essa escala que se vinculam os níveis mais inferiores da administração estatal (municípios e, eventualmente, suas subdivisões político-administrativas ou, também, organismos metropolitanos), representando uma situação de maior proximidade *física* com a sede do poder estatal ("Estado local") – o que, aliás, é às vezes um pouco enganoso, já que a distância *política* pode ser imensa. Além disso, é na escala local que a participação política direta se mostra mais viável, notadamente no que concerne à possibilidade de interações em situação de copresença (face a face). Três variantes distintas devem ser distinguidas:

1A) Escala (ou nível) ***microlocal***. Corresponde a recortes territoriais de tamanhos diversos (ou *subníveis da escala microlocal*), todos tendo em comum o fato de que se referem a espaços passíveis de serem experienciados intensa e diretamente no quotidiano (coisa que nem sempre ocorre, devido à massificação e à atomização típicas das grandes cidades contemporâneas, tudo isso agravado pela violência urbana e por sentimentos de falta de segurança pública, o que tende a levar a um certo insulamento do indivíduo em sua própria casa). Esses recortes são, em ordem crescente de tamanho, o *quarteirão*, o *subbairro*, o *bairro* e o *setor geográfico*[26] (a *unidade habita-*

[26] Ver, para uma discussão teórico-conceitual do recorte espacial *bairro* e de alguns outros a ele associados, SOUZA (1989).

cional, isto é, a moradia, conquanto diga respeito, essencialmente, à esfera privada, deve ser, em diversas circunstâncias, considerada como uma escala relevante também para a análise de processos e políticas de natureza e alcance coletivos: por exemplo, por ser objeto de políticas habitacionais e, também, no momento de se compatibilizarem preferências individuais/privadas com a regulação coletiva/pública do espaço). Os diversos subníveis da escala microlocal são de cristalina importância para o planejamento e a gestão, especialmente quando se deseja propiciar uma genuína participação popular direta; afinal, é nessa escala que os indivíduos, em processos participativos, poderão constituir instâncias primárias de tomada de decisão (plenárias, assembléias etc.), e é também nessa escala que eles poderão monitorar mais eficientemente a implementação de decisões que influenciam sua qualidade de vida no quotidiano.

1B) Escala (ou nível) *mesolocal*. Corresponde ao que se poderia chamar de "nível local *stricto senso*": a *cidade* ou, também, o recorte associado ao Estado local, o *município*. Ao menos em cidades grandes e mesmo médias, não é possível, aqui, ter uma vivência quotidiana da cidade como um todo, no sentido de uma experiência pessoal e direta, como aquela que se tem ou pode ter com o bairro. A seletividade dos compromissos, das rotinas e dos deslocamentos diários, além do custo de deslocamento (tempo e dinheiro) e a complexidade e magnitude do recorte espacial impedem que se possa formar a propósito da urbe uma visão de conjunto tão densa e forte quanto aquela que se forma a respeito da própria moradia, do quarteirão e até mesmo do bairro e do setor geográfico. Não obstante, em um sentido importante a vivência do nível mesolocal é relativamente forte: as notícias, os comentários e as impressões, as críticas e os sentimentos de satisfação ou insatisfação com o espaço onde se vive, não apenas os veiculados pela imprensa escrita, falada e televisionada (para a qual o nível local sempre é um ambiente privilegiado) mas também aqueles que "entram pelos poros" na rua, no táxi, nos transportes coletivos e nos lugares públicos em geral, definem uma "ambiência" envolvente e criadora de sentimentos de lugar. Ademais disso, o nível mesolocal, ao corresponder a um nível de governo (no caso de o recorte ser o município), define, igualmente, um espaço de referência para mobilizações, reivindicações e a prática política.

1C) Escala (ou nível) *macrolocal*. Equivale a uma espécie de "nível local ampliado" e corresponde à situação típica das metrópoles (e, formalmente, "regiões metropolitanas" ou áreas metropolitanas), em que diversas unidades mesolocais (cidades, municípios) se integram de modo denso, formando uma espécie de "minissistema urbano". Esse "minissistema urbano" é costurado por fluxos como o *commuting* de trabalhadores e, eventualmente (e desejavelmente), a integração de certos serviços públicos de interesse comum. Embora a possibilidade de se formar uma visão de conjunto seja ainda mais difícil que no caso do nível mesolocal, uma certa imagem de relativa unidade, derivada da proximidade e de problemas comuns, assim como dos próprios fluxos de integração (que incluem, além dos deslocamentos residência/trabalho/residência entre municípios distintos, também fluxos integradores ligados a coisas tão diversas como redes criminosas e deslocamentos em busca de lazer), está sempre presente.

2) Escala (ou nível) *regional*. Poucos conceitos foram tão debatidos, especialmente pelos geógrafos de formação (mas, também, por economistas e outros), quanto o conceito de região. Refletindo uma longa tradição de debate e os resultados de numerosas contribuições, uma região é, neste livro, não um recorte espacial "qualquer", definido apenas em função de particularidades objetivas (como tipo de paisagem, economia predominante etc.), mas, em primeiro lugar, um espaço vivido, um *lugar*. Para os propósitos do planejamento e da gestão das cidades, a importância da região tem a ver não apenas com o fato de que ela constitui a moldura imediata do nível local, onde se dão processos importantes (por exemplo, um certo estágio de drenagem da renda fundiária extraída no campo, a ser posteriormente acumulada na cidade) e onde se podem constatar algumas peculiaridades no que concerne à rede urbana, mas, também, com o fato de que ela muitas vezes coincide com um território político-administrativo formal e com um nível de governo (estados, províncias etc.), o que pode condicionar de várias maneiras a implementação de políticas públicas intraurbanas e a margem de manobra local.

Assim como no caso da escala local, variantes podem ser distinguidas; no entanto, diversamente da situação anterior, parece ser contraproducente querer formalizar e fixar o número delas, dada a grande diversidade de situações. Compreendendo, por convenção, como uma região um espaço vivido (embora não direta e intensamente como um recorte de nível local) e sentido/percebido, prenhe de densidade cultural, imagética, simbólica e histórica, situado entre o nível local e a escala do país, é possível coexistirem dois, três e até mais níveis regionais, um pouco como subconjuntos de um conjunto maior. Assim, um nível regional de forte densidade (como a Campanha Gaúcha ou o Triângulo Mineiro) pode desdobrar-se em sub-regiões (que atuariam como "microrregiões") e, ao mesmo tempo, estar inserido em um conjunto regional maior (em uma "macrorregião") ou, até, em mais de um conjunto regional maior (como o Rio Grande do Sul – exemplo, aliás, de que um recorte territorial formal bem pode assumir um caráter regional, no sentido de estar associado a uma identidade forte – e o Sul do Brasil, no caso da Campanha Gaúcha). Uma vez que os níveis regionais podem ser, de acordo com a situação, três, quatro, dois ou apenas um, é preferível, por isso, reservar os qualificativos "microrregional", "(meso)regional" e "macrorregional" apenas para os casos em que o seu uso não esbarre em incongruências, o que ocorreria quando se estivesse diante de mais de três níveis.

3) Escala (ou nível) ***nacional***. A escala nacional é tomada, aqui, no sentido de *escala do país*, ou seja, do território ocupado por um Estado formalmente soberano. Embora o viés ideológico pareça subsistir no nome, basta, para evitá-lo, que se tenha em mente que não se está a fazer referência a qualquer recorte passível de identificação com algum tipo de "nação". Assim, tanto espaços como a Suábia e a Baviera, na Alemanha, de um lado, e o chamado País Basco e a

Catalunha, na Espanha, de outro (ou mesmo o território Yanomâmi, no Brasil), podem ser encarados como regiões, mas não no mesmo sentido: enquanto na Suábia e na Baviera, apesar da subsistência de dialetos próprios, a identidade regional não propicia qualquer regionalismo agressivo e tampouco sentimentos "nacionalistas", no País Basco e na Catalunha, que dispõem inclusive de línguas próprias (e não somente de dialetos), região (do ponto de vista do Estado espanhol) e nação (do ponto de vista de muitos bascos e catalões), regionalismo e nacionalismo mesclam-se de modo complexo. Em casos como esses, pode-se dizer que se está diante de "*regiões-nações*".

A importância da escala nacional (no sentido de escala do país) para o planejamento e a gestão das cidades é múltipla. Essa escala está vinculada, via de regra, e por efeito de condicionamento das filtragens e da seletividade de relacionamentos e processos derivadas de uma longa e forte territorialização, a especificidades no que tange às influências que modelaram e modelam a rede urbana e cada cidade individual: influências culturais, econômicas e políticas (por exemplo, formatos administrativos e institucionais). Além de ser um nível essencial para ser considerado no momento de se investigarem a realidade existente e a sua evolução (base de qualquer planejamento e gestão que almeje estribar-se em uma perspectiva científica), ele é, também, um nível que exerce poderosos condicionamentos sobre a vida local, tanto indiretamente (decisões e processos que afetam a evolução de problemas como desemprego, criminalidade violenta etc.) quanto diretamente (reformas tributárias, por exemplo).

4) Escala (ou nível) *internacional*. Aquilo que, normalmente sem rigor, é denominado de escala internacional, merece ser desdobrado em duas variantes bastante diferentes:

4A) Escala (ou nível) de *grupos de países*. Consiste em um agregado de dois ou mais países, correspondendo a um bloco político (como a OTAN), ou econômico (como o MERCOSUL), ou econômico e político (como a União Européia), ou ainda obedecendo a critérios de ordem histórico-cultural (como a América Latina). Não é, via de regra, uma escala muito relevante para o planejamento ou a gestão, embora seja um nível importante para a observação e a análise de certas semelhanças entre processos de urbanização e a manifestação de fenômenos. Uma exceção é a *Carta Européia de Ordenamento Espacial*, de 1983, documento que representa uma tentativa de integrar e compatibilizar os esforços de planejamento da organização espacial entre os países que compõem a União Européia.

4B) Escala (ou nível) ***global***. Abrange o mundo inteiro e diz respeito, sobretudo, a fenômenos de ordem econômica no âmbito do sistema mundial capitalista (globalização econômico-financeira), embora possa vincular-se, igualmente, à área de abrangência de uma entidade virtualmente mundial como a ONU. A relevância dessa escala é dupla: por um lado, por ser a escala na qual a dinâmica do sistema mundial capitalista, a qual interfere nas dinâmicas nacionais e subnacionais, se realiza (isto, é claro, é uma simplificação cômoda, pois a dinâmica econômica global, em que pesem a existência de fenômenos de "emergência" e a ocorrência de sinergias, envolve uma interação "dialética" entre todas as escalas); por outro lado, devido ao fato de que entidades e organismos mundiais, notadamente a ONU, exercem um certo efeito de orientação sobre a política urbana em muitos países (discussão de problemas e diretrizes no contexto das conferências mundiais *Habitat I* [Vancouver, 1976] e *Habitat II* [Istambul, 1996], eleição das assim chamadas *best practices* etc.).

Para concluir este capítulo, a figura 2 apresenta, de modo condensado, uma correspondência entre *diferentes tipos de planos ou atividades de planejamento ou gestão* (indicados estão meramente alguns exemplos, longe de qualquer pretensão de fornecer uma lista exaustiva de aplicações e possibilidades), suas *escalas geográficas* e as *escalas cartográficas* de trabalho mais usuais.

Seja dita, entretanto, ainda uma última coisa, que não foi mencionada anteriormente neste capítulo e nem foi explicitada na figura 2: além da articulação de escalas, e em conexão com ela, a realidade dos fenômenos complexos que hoje são observados, constituindo-se como fenômenos multiescalares, exige uma análise integrada de diferentes lógicas e tipos espaciais. Há, por um lado, os *espaços euclidianos, contínuos* (territórios contínuos, áreas de abrangência de planos e programas etc.), que são aqueles que os urbanistas e, mais amplamente, os planejadores e gestores de um modo geral, estão acostumados a enxergar e a conceber. Por outro lado, há as *redes*, com a sua lógica da descontinuidade. Do tráfico de drogas às articulações empresariais de ponta, os fenômenos que podemos observar são, cada vez mais freqüentemente, fenômenos que tendem a se estruturar e viabilizar enquanto redes complexas, menos ou mais descentralizadas em matéria de relações de poder e, às vezes, combinando uma enorme desconcentração de atividades com uma grande centralização de comando. O quadro, tão familiar, de um urbanista concebendo, em sua prancheta ou no computador, uma remodelação de um espaço contínuo, a partir de uma visão quase que puramente monoescalar, não pode ser outra coisa que não anacrônica. As redes demandam, de imediato, um pensamento *multiescalar*. E mais: não há dicotomia entre redes e espaços contínuos, euclidianos, pois não só os segundos não desaparecem como, ainda por cima, tendem a estar associados às primeiras. É uma questão de escala: cada "nó" de uma rede pode ser um espaço contínuo (um território de uma quadrilha de traficantes de drogas, por exemplo), ao passo que a rede, por seu turno, possuindo uma área de abrangência, "territorializa", ainda que descontinuamente e em disputa com outras redes, uma dada extensão (caso de cada um dos "comandos" do tráfico de drogas no Rio de Janeiro, conforme examinado em SOUZA [1996b]). O que importa destacar é que planejadores e gestores profissionais, bem como os cidadãos bem informados e que devem se integrar ou participar de processos decisórios, devem aceitar que a competência para se pensarem o desenvolvimento sócio-espacial e as intervenções no espaço passa, hoje em dia, por muito mais que uma habilidade para conceber reestruturações do substrato espacial tomando por base um recorte espacial único e bem delimitado. É preciso ir além do espaço "físico" (ambiente natural ou construído), sem nunca esquecê-lo ou subestimá-lo; é preciso pensar multiescalarmente; é preciso integrar a lógica da continuidade e a lógica da descontinuidade no espaço.

Fig. 2

Escala geográfica	Plano/atividade de planejamento ou gestão	Escala(s) cartográfica(s) mais usual(is)
Internacional (global, grupos de países)	Planejamento econômico (menos ou mais espacializado) realizado por grandes empresas transnacionais e entidades supranacionais como a União Européia; a vinculação com o planejamento urbano costuma ser muito tênue ou inexistente	Escalas muito e muitíssimo pequenas (de 1:5.000.000 a escalas de planisfério)
Nacional	O Brasil, em parte devido às suas dimensões e complexidade, em parte devido à pouca "cultura de planejamento", não possui tradição de planejamento nessa escala, onde se trata de estimular e orientar o desenvolvimento do país considerando as diversas regiões em conjunto; em contraste com isso, a Alemanha apresenta grande tradição de planejamento espacial nessa escala	Escalas pequenas e muito pequenas (no caso do Brasil, menores que 1:5.000.000, para fins de representação sinótica, e, para fins de trabalho, 1:1.000.000 e 1:500.000, ou mesmo bem maiores, para detalhamentos)
Regional	Planos de desenvolvimento regional realizados por agências de desenvolvimento	Escalas pequenas, médias e grandes, dependendo do tamanho do recorte considerado (variará, via de regra, de 1:000.000 até a escala usual de carta topográfica, 1:50.000)
Macrolocal	Planos de desenvolvimento e macrozoneamentos de regiões metropolitanas	Escalas grandes (1:200.000, para representação geral, e 1:50.000, para trabalho e representação de detalhes)
Mesolocal	Planos diretores municipais; planos específicos (transportes etc.) referentes a uma única cidade; divisões municipais para fins de gestão orçamentária participativa	Escalas grandes e muito grandes (dependendo do tamanho da cidade ou município, de 1:200.000 a 1.20.000 para representação geral, e de 1:50.000 a 1:10.000 para trabalho e representação de detalhes)
Microlocal	Projetos de Estruturação Urbana (PEUs), como aqueles implementados no Rio de Janeiro; esses projetos (melhor seria dizer: *planos*) detalham o plano diretor para cada setor geográfico	Escalas muito e muitíssimo grandes (dependendo do tamanho da cidade ou do município, de 1:50.000 a 1:5.000 para representação geral, e de 1:10.000 a 1:2.500 para trabalho e representação de detalhes)

PARTE II:

Abordagens concorrentes

1. Breve nota metodológica em torno da construção de uma tipologia das abordagens de planejamento e gestão urbanos

Os primeiros problemas que se apresentam, no momento de expor e discutir sistematicamente as principais abordagens do planejamento urbano, são o da *seleção* e o da *classificação/tipologização*. O que incluir, o que deixar de fora? E como classificar os diferentes enfoques?

Sobre a seleção, razões de ordem prática levaram o autor a começar com o Urbanismo modernista, deixando de lado as correntes culturalista e naturalista, assim como aqueles que CHOAY (1979) chamou de pré-urbanistas. Para o exame da natureza e da contribuição das abordagens anteriores ao Urbanismo modernista remete-se ao leitor à própria CHOAY (1979 e 1985) e a HALL (1996).

Mas, o problema da seleção não se esgota aí. Um olhar mais convencional e, principalmente, tecnocrático, provavelmente restringiria a seleção às idéias (conceitos, abordagens, estratégias) produzidas pelos planejadores urbanos profissionais, isto é, por aqueles indivíduos de nível superior, de formação diversificada (arquitetos-urbanistas, geógrafos etc.), que, seja no interior do mundo acadêmico propriamente dito, seja a serviço do aparelho de Estado ou em empresas de consultoria, colaboram para desenvolver e/ou aplicar conhecimentos passíveis de serem entendidos como relacionados com o planejamento das cidades. Na melhor das hipóteses, um tal olhar daria atenção, ainda que a contragosto, aos enfoques mais críticos e menos convencionais (*advocacy planning*, *radical planning*, *insurgent planning* etc.), sem contar, evidentemente, a obra de pioneiros, "precursores" e luminares que, como Ebenezer Howard e Patrick Geddes, influenciaram decisivamente a produção das idéias no campo do planejamento, apesar de não terem sido "profissionais" (Howard) ou de terem tido uma formação bastante heterodoxa (Geddes era biólogo de formação). Em contrapartida, as idéias e as práticas existentes fora dos ambientes profissionais tenderiam a ser encaradas como indignas de maiores atenções ou, em todo caso, indignas de figurarem numa panorâmica da evolução das abordagens sobre o assunto, não sendo, por conseguinte, focalizadas. Tal procedimento é incompatível com o espírito deste livro, onde se procura, justamente, desmistificar o planejamento e a gestão, tirando-os de seu pedestal e questionando os privilégios exagerados e o autoritarismo que giram em torno do "discurso competente" a propósito desse campo. Por isso é que, não obstante esta Parte II do livro se ocupar, predominantemente, com as idéias e estratégias elaboradas dentro dos ambientes profissionais, não somente também as idéias e propostas mais "marginais" e críticas produzidas nesses ambientes serão devidamente consideradas, como também as práticas e propostas oriundas dos ativistas e militantes de movimentos sociais serão apreciadas em um capítulo próprio (Capítulo 11). Lidar com essa produção e essas práticas exteriores aos ambientes profissionais não é, de toda maneira, tarefa trivial no interior de uma panorâmica das abordagens do planejamento e da gestão urbanos, uma vez que se está diante de uma memória intelectual (memória das lutas e das idéias, táticas e estratégias associadas) dispersa e, normalmente, não-formalizada.

A classificação/tipologização é ainda mais problemática que a seleção. Vários pares de oposição podem ser utilizados, e de fato encontram emprego neste livro: planejamento (e gestão), não-participativo *versus* participativo, regulatório *versus* pós-regulatório etc. Tais pares de oposição, porém, além de exigirem cautela e rigor (definindo-se claramente os conceitos, por exemplo, ao esclarecer o que se entende por "convencional" e por "alternativo"), a fim de se evitar o seu uso como simples chavões imprecisos e sectários, não dão conta da riqueza de características das diferentes abordagens. Faz-se mister o estabelecimento de uma tipologia abrangente, que incorpore diferentes aspectos dos fenômenos sob análise e na qual se evite incorrer em uma simplificação excessiva e induzir a uma leitura reducionista.

Em trabalho anterior (SOUZA, 1998), ao enfatizar o grau e a natureza da adesão das principais leituras do desenvolvimento urbano – as quais se vinculam a estratégias de intervenção (modalidades de planejamento e gestão) particulares – à idéia de desenvolvimento urbano como modernização da cidade, o autor privilegiou a oposição entre o *convencional* e o *não-convencional*. Convencionais seriam as modalidades de planejamento e gestão que não apresentassem nenhum nível significativo de crítica em relação à referida interpretação do desenvolvimento urbano como modernização da cidade (caso não só do Urbanismo modernista mas de quase todas as vertentes urbanísticas e, mais amplamente, do planejamento urbano ao longo da maior parte do século XX); não-convencionais seriam os enfoques que, em graus e de maneiras diferentes, afastaram-se dessa ortodoxia, seja em nome de considerações de ordem ecológica, seja em nome de considerações afeitas à busca de uma maior justiça social nas cidades. Não foi, nesse trabalho anterior, tentado o estabelecimento formal de uma tipologia. No presente livro, em contraste, o autor decidiu abraçar essa tarefa.

Ocorre que construir uma tipologia é uma tarefa nada fácil. Que sejam examinadas, a seguir, as razões disso.

A tipologia a ser construída aqui é do tipo *a posteriori*, e não *a priori*; portanto, as variáveis, ou seja, os critérios para a identificação de tipos, não foram propostos previamente, mas sim definidos após um minucioso exame da realidade. Nesse caso, uma realidade muito heterogênea é um formidável obstáculo, pois, se um número muito grande de tipos não é facilmente manuseável, um número excessivamente pequeno tenderá a subestimar as dissensões e a diversidade. À luz disso, o fato de que o número de correntes e subcorrentes que propõem caminhos para o planejamento e a gestão é, atualmente, bem grande, dificulta bastante a tipologização. A "fragmentação do planejamento" mencionada por BRINDLEY *et al.* (1989), bastante evidente a partir dos anos 80, é hoje em dia ainda maior do que estes autores sugeriram.

Ademais, não se desejou destacar uma ou algumas poucas características, superenfatizando uma, duas ou três variáveis que, supostamente, dariam conta da diversidade de posicionamentos e perspectivas existente. O mesmo raciocínio a propósito do perigo de se trabalhar com um número excessivamente pequeno de tipos se aplica a um número excessivamente pequeno de critérios, especialmente se estes forem dicotômicos. BRINDLEY *et al.* (1989), por exemplo, em sua tipologia de seis tipos, consideram apenas dois critérios de classificação ou duas variáveis, representativas de clivagens econômicas e ideológicas: a *atitude perante o processo de mercado*, com duas categorias, e a *natureza dos problemas urbanos*, com três categorias. À luz da complexidade atual dos debates, problema este que responde pela grande diversidade de correntes interpretativas, um tal esquema, conquanto útil, deve ser percebido como insuficiente. Foram adotados, no presente livro, oito critérios: 1) *Idéia-força central*, que se refere ao objetivo mais essencial perseguido, o qual contribui decisivamente para definir o espírito da abordagem e funciona como um "farol" para os seus praticantes; 2) *filiação estética* (variável importante no caso de modalidades de planejamento mais arquiteturais e mais envolvidas com questões de traçado e estilo, notadamente o Urbanismo e o *urban design*, mas sem poder discriminador em se tratando de outras abordagens de planejamento e gestão, que tendem a não focalizar questões estéticas); 3) *escopo*, que é o critério que informa se o estilo de planejamento é estritamente "físico-territorial" (como sói acontecer com as correntes do Urbanismo e do *urban design*) ou, pelo contrário, "social abrangente", em que a espacialidade é uma entre várias dimensões; 4) *grau de interdisciplinaridade*; 5) *permeabilidade em face da realidade*, ou seja, o grau em que o normativo deriva de uma análise profunda e sistemática prévia da realidade empírica; 6) *grau de abertura para com a participação popular*; 7) *atitude em face do mercado*; 8) *referencial político-filosófico*. O conteúdo e o alcance de cada critério ficarão bem claros ao longo da própria exposição dos capítulos 2 a 10 a seguir, com o Capítulo 12 encerrando uma síntese de todo o assunto da Parte II.

Uma terceira dificuldade deriva do fato de que os contrastes entre as correntes muitas vezes não são tão marcados quanto se poderia pensar. Em alguns casos as fronteiras são fluidas e elementos típicos de uma vertente estão presentes, ainda que de maneira distinta, também em outras.

Por fim, uma quarta dificuldade referiu-se ao problema de onde colocar a contribuição originária dos ambientes de ativismo e militância, exteriores ao campo profissional do planejamento. Sem dúvida, teria sido possível, em tese, diferenciar as idéias e as práticas relativas a esses ambientes no mínimo tanto quanto o que foi feito para os ambientes profissionais. É certo, no entanto, que isso iria acabar levando o autor longe demais, ao exigir uma atenção pormenorizada para com as matrizes do pensamento político que, de forma menos ou mais evidente, influenciaram ou têm influenciado os ativismos e movimentos sociais urbanos. Sem contar que, por ser uma produção intelectual dispersa e, via de regra, não-formalizada, representada por uma miríade de experiências prenhes de peculiaridades nacionais, regionais e locais, qualquer esforço tipológico ou classificatório apresentar-se-á, de antemão, infinitamente mais temerário. Assim, o autor preferiu deixar o conteúdo do Capítulo 11 de fora da tipologia proposta, para não misturar coisas inteiramente diversas, por sua natureza, no mesmo saco. Ao mesmo tempo, o Capítulo 11 tentará articular um pouco, no seu interior, os dois campos, ao considerar a questão das reações de ativistas e militantes às intervenções levadas a efeito pelo Estado e respaldadas por idéias e propostas originárias de vertentes variadas do campo profissional.

Diante de todas essas dificuldades, é fácil verificar que lograr estabelecer uma tipologia ao mesmo tempo rica, elegante e coerente é um desafio e tanto. A apresentação que se segue tentou ser cronológica, sendo o Capítulo 11 o único que foge ao esquema cronológico de apresentação. No entanto, não existe algo como uma evolução linear do pensamento a respeito das estratégias de intervenção no urbano. Sem abrir mão de explicitar e sublinhar as diferenças e as rupturas entre enfoques, as semelhanças e os "retrocessos" serão também grifados. Ao final desta Parte II, diversos pares de oposição e contraste, úteis mas de jeito nenhum suficientes vistos isoladamente, e os quais foram utilizados ao longo das análises, serão retomados no Capítulo 12, que corresponde a uma síntese das análises anteriores.

2. "Planejamento físico-territorial" clássico

Aquilo que os anglo-saxões denominam "*blueprint planning*" corresponde, no Brasil, ao chamado "planejamento físico-territorial" em sua versão convencional. Ele consiste na concepção do planejamento como a atividade de elaboração de planos de ordenamento espacial para a "cidade ideal". Tipicamente, trata-se de planos nos quais se projeta a imagem desejada em um futuro menos ou mais remoto – no estilo "a cidade 'x' daqui a vinte anos" –, funcionando o plano como um conjunto de diretrizes a serem seguidas e metas a serem perseguidas (quanto aos usos da terra, ao traçado urbanístico, ao controle da expansão e do adensamento urbanos, à provisão de áreas verdes e ao sistema de circulação). Trata-se de uma redução menos ou mais acentuada do planejamento urbano a um planejamento da organização espacial, preocupado essencialmente com o traçado urbanístico, com as densidades de ocupação e com o uso do solo (TAYLOR, 1998).[27]

O "planejamento físico-territorial" convencional era e é, ao mesmo tempo, marcadamente regulatório. A expressão *planejamento regulatório*, colhida em BRINDLEY *et al.* (1989), foi já empregada na Introdução, mas seu conteúdo não foi examinado diretamente; cabem aqui, portanto, algumas considerações a respeito. Os referidos autores, preocupados sobretudo com o caso inglês, apresentam o pla-

[27] Cumpre chamar a atenção para o fato de que a própria expressão "físico-territorial" tem sido empregada, nesse contexto, de um modo equivocado. Ela toma a palavra território por sinônimo de espaço, quando na verdade o território, como recorte essencialmente político que é, é tão-somente um tipo de espaço social, ou, dito de maneira ainda mais precisa, uma das facetas da idéia de espaço social (vide nota 13).

nejamento regulatório (*regulative planning*) como sendo o Estado fazendo pleno uso de seus poderes de controle e disciplinamento da expansão urbana e do uso da terra, poderes esses assegurados no *Town and Country Planning Act* de 1947, pedra angular do moderno sistema britânico de planejamento (BRINDLEY *et al.*, 1989:27). Na verdade, o planejamento regulatório clássico, estilo de planejamento "central na ideologia da profissão de planejamento", como salientam BRINDLEY *et al.* (1989:14), reinou, durante muitas décadas, absoluto como a modalidade de planejamento urbano em todos os lugares onde este era praticado. E, em que pese ele vir sendo crescentemente desafiado tanto pela direita quanto pela esquerda, seu legado e sua presença continuam a ser extremamente importantes.

A rigor, o planejamento regulatório clássico compreende duas modalidades bastante diferentes de planejamento, tratadas neste livro em capítulos separados: além do "planejamento físico territorial", mais antigo, também o planejamento sistêmico, que surge nos anos 60 e será objeto do Capítulo 3. O apogeu do planejamento regulatório se situa entre o fim da Segunda Guerra Mundial e os anos 70, mas seria um equívoco ignorar que suas bases intelectuais vinham sendo preparadas desde muito antes dos anos 40: a institucionalização do Urbanismo como profissão, no começo do século XX (a *Societé Française d'Urbanistes*, primeira organização profissional da área, foi fundada em 1912 [STUCKENBRUCK, 1996:93]) e a ascensão das idéias modernistas no Urbanismo, tendo Tony Garnier (ainda antes dos anos 20) e, logo em seguida, Le Corbusier, como pioneiros, foram passos decisivos. Foi somente após a guerra de 1939-45, no entanto, que grandes sistemas nacionais de planejamento começaram a se estabelecer. No Reino Unido, como já foi dito, com o *Town and Country Planning Act* de 1947 (sobre o caso inglês ver, por exemplo, DAVIES [1998]); na França, com o *Code de l'Urbanisme et de l'Habitat*, da década de 50 (sobre o caso francês, assim como sobre o sueco, cujo sistema foi instituído em 1947, e outros exemplos europeus, NEWMAN e THORNLEY [1996] representam uma excelente leitura introdutória); e na Alemanha, a partir da décade de 50 (sobre o caso alemão, uma boa fonte é MÜLLER-IBOLD [1996], sendo que, para a grande maioria que não lê alemão, algumas informações podem ser encontradas em NEWMAN e THORNLEY [1996]). Quanto aos Estados Unidos, dificilmente se pode dizer, dada a extremada descentralização em função de sua organização federativa, que lá haja um "sistema" de planejamento, como admitiu CULLINGWORTH (1993:1; ver, também, 1997). A partir da década de 70 o ataque ao planejamento regulatório, tanto pelos marxistas quanto pela "New Right" começa a encontrar expressiva ressonância. Embora esses ataques tenham sido precedidos por importantes críticas "humanistas" ao Urbanismo modernista por parte de autores como JACOBS (1994; primeira edição: 1961) e GANS (1965) ainda no começo dos anos 60, assim como pela emergência de um estilo de planejamento urbano popular/progressista como era o "planejamento advocatício" (*advocacy planning*), também na década de 60, geralmente não era a base institucional do planejamento regulatório (Estado forte, capaz de regular e intervir maciçamente) e muito menos o sistema capitalista que estavam sendo questionados. Destarte, os anos 50 e 60 podem ser vistos como os anos "gloriosos" do planejamento regulatório.

Embora o "*blueprint planning*" clássico, principal esteio do planejamento urbano regulatório clássico, tenha florescido institucionalmente sobretudo depois da Segunda Guerra Mundial, enquanto o ideário do Urbanismo modernista despontara já mesmo antes dos anos 20, este último pode ser considerado, sob certos aspectos pelo menos, a encarnação mais acabada do primeiro. O Urbanismo modernista, cujo expoente-mor foi Le Corbusier, representa, ao mesmo tempo, o ápice do apriorismo em planejamento urbano. Muitas análises – e, especialmente nos últimos trinta anos, muitas críticas – têm sido endereçadas ao Urbanismo modernista. Não seria o caso de tentar fazer um exame exaustivo aqui; o melhor é remeter o leitor a trabalhos como os de CHOAY (1979) e HOLSTON (1993). No entanto, uma introdução ao assunto é imprescindível.

O modernismo foi o resultado de uma tentativa de melhor adaptar as cidades à era industrial e, por tabela, às necessidades do capitalismo. Mais do que isso: ele buscava mimetizar plenamente a racionalidade da produção industrial, transpondo para a produção do espaço urbano categorias próprias ao universo da produção industrial. As seguintes passagens de Le Corbusier, o grande profeta do Movimento Moderno em Arquitetura, são emblemáticas:

> É preciso criar o estado de espírito da série.
> O estado de espírito de construir casas em série.
> O estado de espírito de residir em casas em série.
> O estado de espírito de conceber casas em série.
> (LE CORBUSIER, 1998:XXXII)

> Os loteamentos urbanos e suburbanos serão vastos e ortogonais e não mais desesperadamente disformes; permitirão o emprego do elemento de série e a industrialização da construção. (...) A fatal evolução social terá transformado as relações entre locatários e proprietários, terá modificado as concepções da habitação e as cidades serão ordenadas em lugar de serem caóticas. (LE CORBUSIER, 1998:166)

O ápice dessa mentalidade foi, sem dúvida, a sempre citada comparação, feita por Le Corbusier, da casa a uma "máquina de morar" (cf. LE CORBUSIER, 1998:65), ou a um "instrumento":

> [A casa] (...) será um instrumento, da mesma forma que o é o automóvel. (LE CORBUSIER, 1998:166)

A metáfora da máquina, na realidade, seria aplicada, no limite, a toda a cidade, a qual também deveria "funcionar" como uma máquina. Não é à toa que, ao lado da preocupação com a *higiene*, a obsessão com a *ordem*, bases da *harmonia social*, seja um dos pilares do projeto de modernização das cidades preconizado pelos modernistas:

> Onde reina a ordem nasce o bem-estar. (LE CORBUSIER, 1998:32)

> Um traçado regulador é uma garantia contra o arbítrio. (...) O traçado regulador é uma satisfação de ordem espiritual que conduz à busca de relações engenhosas e de relações harmoniosas. (LE CORBUSIER, 1998:47)

> Trata-se de arrancar uma sociedade de seus pardieiros, de procurar o bem dos homens, de realizar as condições materiais que correspondam, naturalmente, às suas ocupações. Instrumental a ser forjado pela forma, pelo volume e disposição de unidades perfeitamente eficientes, cada uma colocada a serviço das funções que ocupam ou deveriam ocupar o tempo quotidiano; unidades de habitação compreendendo a morada e seus prolongamentos; unidade de trabalho: oficinas, manufaturas, escritórios; unidades de cultura do espírito e do corpo; unidades agrárias, as únicas capazes de reunir os fatores materiais e espirituais de um renascimento camponês; enfim, ligando todos os elementos e lhes emprestando vida, as unidades de circulação, horizontais, destinadas a pedestres e automóveis, verticais. (LE CORBUSIER, 1984:62)

A estética corbusiana caracterizava-se pelo despojamento e pelo primado da função. "A forma segue a função", para lembrar a célebre fórmula de Sullivan, tornou-se uma espécie de credo, e Le Corbusier chegava ao ponto de idolatrar, em seu estilo peculiar, os engenheiros em detrimento dos próprios arquitetos (pré-modernos), por serem os primeiros os grandes representantes e artífices da Era Industrial:

> Os engenheiros são viris e saudáveis, úteis e ativos, morais e alegres. Os arquitetos são desencantados e desocupados, faladores ou lúgubres. (LE CORBUSIER, 1998:6)

> Operando com o cálculo, os engenheiros usam formas geométricas, que satisfazem nossos olhos pela geometria e nosso espírito pela matemática; suas obras estão no caminho da grande arte. (LE CORBUSIER, 1998:11)

A idéia-força central do Urbanismo modernista, ladeada e complementada por outras idéias-força como *ordem* e *racionalidade*, é a idéia de *modernização da cidade*. O Urbanismo modernista está mergulhado inteiramente no imaginário capitalista, daí derivando uma visão de desenvolvimento urbano que o autor deste livro, em trabalho anterior (SOUZA, 1998), havia denominado "fáustica", devido ao mito de Fausto, o anti-herói que, ávido por poder, estabelece um pacto com as forças do Mal, representadas por Mefistófeles. Em seus brilhantes comentários sobre a versão mais célebre desse mito, a de Goethe, Marshall Berman notou que "[t]he vital force that animates Goethe's Faust, that marks it off from its predecessors, and that generates much of its richness and dynamism, is an impulse that I will call the desire for development (...) Goethe's Faust is the first, and still the best, tragedy of development." Para Goethe, assim argumenta Berman, a modernização do mundo material é "(...) a sublime spiritual achievement; Goethe's Faust, in his activity as 'the developer' who puts the world on its new path, is an archetypal modern hero." (BERMAN, 1983:39-40, 66) Na realidade, o modelo fáustico de desenvolvimento "(...) aims less for immediate profits than for long-range development of productive forces, which it believes will produce the best results for everyone in the end. (...) It will create a historically new synthesis of private and public power, symbolized by the union of Mephistopheles, the private freebooter and predator who executes much of the dirty work, and Faust, the public planner who conceives and directs the work as a whole." (BERMAN, 1983:74)

A lembrança do mito de Fausto é mais que apropriada: Le Corbusier representou o clímax do "fetichismo espacial" no Urbanismo, pretendendo mudar a sociedade a partir de transformações espaciais – modernização como epítome de ordem e higiene, racionalidade e harmonia.[28] Para tanto, ele entendia ser o Estado o executor ideal de

---

[28] "A arquitetura preside os destinos da cidade. Ela ordena a estrutura da moradia, célula essencial do tecido urbano, cuja salubridade, alegria, harmonia são subordinadas às suas decisões. (...) A arquitetura é responsável pelo bem-estar e beleza da cidade. É ela que se encarrega de sua criação ou melhoria, e é ela que está incumbida da escolha e da distribuição dos diferentes elementos cuja proporção feliz constituirá

seus ideais, capaz de incentivar e coordenar a iniciativa privada. Fausto e Mefistófeles unidos em prol de um objetivo que, no fundo, transcendia o próprio *modo de produção* capitalista, articulando-se, mais amplamente, ao *modelo civilizatório* capitalista, inclusive o "socialismo real" fortemente impregnado pelo imaginário capitalista. O próprio Le Corbusier, como se sabe, tanto serviu ao regime de Vichy, após a derrota da França pelos nazistas em 1940, quanto ao stalinismo (tendo projetos executados na antiga União Soviética), assim como às "oligarquias liberais" de diferentes países.

É óbvio que não seria correto tachar o Urbanismo modernista simplesmente de conservador; em um certo sentido, ele era, isso sim, iconoclasta (desprezo pelas tradições e particularidades culturais, históricas e ambientais locais, regionais e nacionais, usual desdém pelo legado arquitetônico do passado), e pouco tinha de "conservador"! No entanto, sob o ângulo político, embora o modernismo tenha revelado preocupações "sociais", como com a produção em massa de habitações higiênicas para a classe operária e o acesso dos pobres urbanos a moradias dignas (vide, por exemplo, LE CORBUSIER [1993]), a perspectiva era a de um disciplinamento e uma melhoria das condições de vida da classe trabalhadora nos marcos do capitalismo, e não uma superação deste. Le Corbusier, o qual, de resto, é um exemplo lapidar (e extremo) de arrogância, de autoritarismo tecnocrático e de etnocentrismo (HALL [1996], por exemplo, não o poupa de críticas muito severas), foi também um exemplo do quanto a "mudança" preconizada por meio de cirurgias urbanas e remodelações de traçado visavam à manutenção do *status quo*:

> O equilíbrio da sociedade é uma questão de construção. Concluímos com esse dilema defensável: arquitetura ou revolução. (LE CORBUSIER, 1998:168)

uma obra harmoniosa e duradoura. A arquitetura é a chave de tudo." (LE CORBUSIER, 1993, tese 92)

Significativamente, as últimas palavras do mesmo livro (*Por uma arquitetura*) são:

> Arquitetura ou revolução.
> Podemos evitar a revolução.

Por tudo isso, também, o Urbanismo modernista era, tipicamente, plenamente apriorístico. No caso de Le Corbusier, o grau de permeabilidade para com a realidade para a qual ele imaginava seus projetos era nulo ou próximo de zero. Sua concepção de uma cidade ideal, simbolizada pelo modelo da *ville radieuse*, orgulhosamente a-histórica e transcultural, representava, no fundo, a busca de pasteurização ocidentalizante em escala global; o chamado "estilo internacional", em que o mesmo tipo de prédio pode ser encontrado em países e regiões os mais diversos, ignorando peculiaridades culturais e mesmo ambientais, é um exemplo cabal disso. A rigor, portanto, a arrogância a-histórica e aparentemente transcultural enraiza-se na história do Ocidente e de sua expansão econômica e cultural, traduzindo-se como um etnocentrismo que, em nome de um universalismo racionalista extremado, nega a história e a cultura do Outro (o não-Ocidente), explícita ou implicitamente vistas como manifestações de atraso, de algo pré-moderno a ser erradicado.

O *blueprint planning*, porém, não se limitou ao Urbanismo modernista, que dele foi apenas um subconjunto. Com toda a influência do ideário do Movimento Moderno (especialmente a partir da divulgação do famoso documento conhecido como a Carta de Atenas[29]), que contribuiu decisivamente para difundir os zoneamentos de uso da terra pautados na separação funcional (ver, sobre isso, o Subcapítulo 4.1. da Parte III), coração dos *master plans* (planos diretores) convencionais, o fato é que nem tudo girou em torno do apriorismo extremado de arquitetos-urbanistas como Le Corbusier. Muito do que se fez e, sobretudo, continua a se fazer em matéria de *blueprint*

---

[29] A história desse documento, do qual existem várias versões, é rocambolesca (cf. GOLD, 1998). A versão mais difundida é a do próprio LE CORBUSIER (1993).

planning – de vez que ele não morreu e, em muitos lugares, continua a ser a modalidade exclusiva ou dominante de planejamento urbano – era do tipo semi-apriorístico, já definido anteriormente (Capítulo 4 da Parte I). O *blueprint planning* é, com efeito, compatível com ideais estéticos diferentes do modernismo e não precisa ser tão impositivo ou autoritário quanto sugerido pelo radicalismo corbusiano. Na verdade, aquilo que do Urbanismo modernista sobreviveu e resiste até hoje na prática de planejamento nos mais diferentes países não é tanto a sua estética, mas sim o espírito funcionalista de zoneamento do uso do solo. Além do mais, a idéia-força central do Urbanismo modernista, a *modernização da cidade*, é, ao mesmo tempo, embora de modo não tão evidente ou ruidoso, a idéia-força central do "planejamento físico-territorial" clássico em geral, o mesmo aplicando-se às demais idéias-força como *ordem* e *racionalidade*.

3. Revendo (mas não rompendo com) a ortodoxia regulatória: o planejamento sistêmico e o "enfoque racional"

Nos anos 60 o *blueprint planning* começou a ser, como já foi dito, alvo de várias críticas. Um tipo de crítica que ganha corpo no final da década era essencialmente epistemológico e metodológico, situando-se, no mais, perfeitamente no interior do ambiente do planejamento regulatório: tratava-se da crítica "sistêmica".

A idéia-força central, mais implícita que explícita, continuava a ser, aqui, a da modernização da cidade; todavia, a abordagem sistêmica (*systems planning*), e mais ainda uma variante a ela estreitamente associada, o enfoque "racional" (*rational process view*), sublinharão a *racionalidade* dessa abordagem como elemento distintivo em face do "planejamento físico-territorial". Não que a preocupação com a racionalidade estivesse ausente do "planejamento físico-territorial" clássico; entretanto, a maneira como essa preocupação passa a ser veiculada conhece uma virada nos anos 60/70. Em ambos os casos trata-se de uma racionalidade instrumental, já apresentada na Introdução deste livro como sendo aquela que se volta exclusivamente para a adequação dos meios a fins preestabelecidos, permanecendo estes últimos inquestionados.

Mesmo sendo expressão de um enfoque positivista da ciência, o *systems planning* era bem menos apriorístico que o *blueprint planning*. Ele representa uma influência significativa do espírito geddesiano, a propósito do que deve-se registrar que, como reconheceu TAYLOR (1998:62), as idéias de Geddes, "(...) apart from his strictures on the need to undertake surveys prior to planning (...)", "(...) remained marginal to the mainstream of town planning thought throughout the first half of the twentieth century, which continued to be dominated by architectural ideas (...)". E mesmo o esquema geddesiano do "*Survey-Analysis-Plan*", poder-se-ia aduzir, foi muito mais incensado que compreendido...

Não obstante, o *systems planning* permaneceu, no longo prazo, marginal ele próprio. Ao partir do pressuposto de que a realidade se acha estruturada sob a forma de múltiplos sistemas, a abordagem sistêmica busca uma entrada no debate científico mais amplo que, naquela época e já antes, sob a influência da chamada Teoria Geral dos Sistemas, empolgava diversas disciplinas, influenciando não somente o planejamento urbano mas o planejamento em geral (ver FRIEDMANN, 1987, Cap. 4). Entre estas disciplinas estava a Geografia, não sendo casual, como mostrou TAYLOR (1998:65), que os geógrafos tenham sido aqueles que mais aproveitaram a abertura interdisciplinar do planejamento urbano suscitada pela introdução do enfoque sistêmico. No entanto, da mesma maneira que as discussões atuais em torno das potencialidades aplicativas da Teoria do Caos ou da Geometria dos fractais nos estudos urbanos e no planejamento das cidades, o enfoque sistêmico dos anos 60 e 70 representava um enorme desafio para profissionais que, na sua maioria (mesmo entre os geógrafos), não dispunham da formação científica ou, pelo menos, da formação matemática necessária (TAYLOR, 1998:64). A ênfase do *systems planning* sobre a necessidade de saber como as cidades e regiões "funcionam", ênfase essa que representou uma extraordinária chance para a "cientificização" do planejamento (ainda que sobre alicerces positivistas, é evidente), requeria, portanto, uma formação profissional e uma predisposição que não eram (como até hoje não são) dominantes entre os vários tipos de profissionais que lidam com planejamento e gestão urbanos. Admirado e citado, o enfoque sistêmico, por conseguinte, não chegou nunca a destronar propriamente o *blueprint planning*, que permaneceu sendo o porto seguro no quotidiano da grande maioria dos profissionais, sobretudo daqueles com formação em Arquitetura. Na prática, o que freqüentemente iria acontecer é que o *blueprint planning* começou a absorver elementos do enfoque sistêmico, tendo o seu vocabulário e o seu instrumental enriquecidos e sofisticados sem que a essência fosse muito modificada. Com efeito, decorridas mais de três décadas desde a sua aparição, pouca coisa, além de um certo vocabulário e de uma certa consciência do planejamento como devendo ser concebido como um processo constante, ficou do *systems planning*. Institucionalmente, as influências do *systems planning* podem ser sentidas, por exemplo, no *Town and Country Planning Act* de 1968, na Grã-Bretanha (TAYLOR, 1998:63). No Brasil, em que pese o fato de que muitos dos planos elaborados ao longo do século XX não foram implementados, ou só o foram parcial e tardiamente, o enfoque sistêmico também deixou suas marcas, a começar pelo Plano Doxiadis, no Rio de Janeiro (1965), representativo de uma transição do planejamento físico-territorial clássico para uma abordagem de tipo sistêmico.[30]

Quanto ao enfoque racional, ele esteve, via de regra, umbilicalmente ligado ao *systems planning*, sendo fruto do mesmo caldo de cultura histórico-científico, conquanto, como bem encareceu TAYLOR (1998:74, nota 1), trate-se de algo logicamente distinto. Enquanto o enfoque sistêmico é basicamente *substantivo*, partindo de uma compreensão da realidade como estruturada em sistemas, o enfoque dito racional é *procedural*; ou seja, o debate não gira em torno da natureza da realidade, das prioridades do planejamento ou dos problemas concretos a serem superados (isto é, do *objeto*), mas sim exclusivamente em torno dos procedimentos (vale dizer, do *método*).

Assim como o *systems planning*, também o *rational process view* vincula-se a uma visão do planejamento como um processo. O mais importante debate interno a propósito do enfoque racional foi aquele em que se defrontaram, de um lado, os adeptos de um enfoque mais abrangente (*comprehensive approach*) e, de outro, os que

---

[30] O plano Doxiadis (CEDUG e DOXIADIS ASSOCIATES, 1965) não chegou a ser um exemplo de *systems planning*, mas tampouco é um plano físico-territorial no velho estilo. Complexo, ele reúne um *comprehensive land-use plan* sofisticado, mesclado com um *social planning*. Ao mesmo tempo que as técnicas e a linguagem empregadas deixam transparecer algumas influências sistêmico-cibernéticas típicas do momento, a preocupação em ser mais que um simples plano físico-territorial também fica evidente: "[p]lanning cannot be confined to the drawing board" (p. 183).

defendiam que o planejamento deveria ser uma sucessão de subprocessos (*disjointed incremental approach*), descartando uma preocupação com uma visão de totalidade como irrealista. Posteriormente, o *mixed scanning* de Etzioni veio representar uma espécie de solução intermediária entre a megalomania tecnocrática da *comprehensiveness* e a excessiva fragmentação imposta pelo incrementalismo (vide TAYLOR, 1998). Seja como for, todas essas discussões permaneceram tendo como terreno comum a racionalidade instrumental.

4. As perspectivas "mercadófilas": os ataques conservadores contra o planejamento regulatório

Nada do que será lido neste capítulo e nos próximos deve sugerir que o planejamento regulatório desapareceu. Entretanto, seu enfraquecimento vem dando origem a uma pluralidade de correntes e estratégias. As causas e a natureza do enfraquecimento do planejamento regulatório foram já focalizadas na Introdução. Dados os objetivos deste livro, não há necessidade de descer a maiores detalhes aqui. Pode-se passar, por conseguinte, diretamente ao exame das abordagens que vêm ganhando terreno às suas custas, a começar pelo que se está chamando de perspectivas "mercadófilas".

O planejamento "mercadófilo" compreende três subtipos, já apresentados sumariamente na Introdução deste livro: acompanhando a terminologia contida em BRINDLEY *et al.* (1989), *trend planning*, *leverage planning* e *private-management planning*. Todos três rompem com o espírito regulatório ainda francamente hegemônico nos anos 70, na medida em que deixam de tentar "domesticar" ou "disciplinar" o capital para, pelo contrário, melhor ajustarem-se aos seus interesses, inclusive imediatos. Frases como "[é] preciso tornar acessível para todos, por meio de uma legislação implacável, uma certa qualidade de bem-estar, independente de qualquer questão de dinheiro" e "[o] sentimento de responsabilidade administrativa e o da solidariedade social são derrotados diariamente pela força viva e sem cessar renovada do interesse privado. (...) Nessa luta, infelizmente desigual, o interesse privado triunfa o mais das vezes, assegurando o sucesso dos mais fortes em detrimento dos fracos", extraídas da versão corbusiana da Carta de Atenas (LE CORBUSIER, 1993, teses 15 e 73, respectivamente), expressam uma mentalidade distante daquela que preside as perspectivas mercadófilas, conforme o autor já havia indicado anteriormente (SOUZA, 2000b, nota 5). Esse novo espírito é, em suma, o espírito do "empresarialismo", termo igualmente já visto na Introdução. O "empresarialismo" reflete, de certo modo, a assimilação, maior ou menor conforme o país e a cidade, das tendências contemporâneas de desregulamentação e diminuição da presença do Estado também no terreno do planejamento e da gestão urbanos, amiúde sugeridas pela fórmula "parcerias público-privado" (*private-public partnership*). E, pelo menos nas situações mais nitidamente empresarialistas, "the public-private partnership means that the public takes the risks and the private takes the benefits" (HARVEY, 2000:141).

O enfoque chamado de "estratégico" tem, muitas vezes, andado associado à perspectiva "mercadófila" neoconservadora, mas seria incorreto, por diversas razões, tomar o primeiro como sendo idêntico ao segundo. Conforme já se chamou a atenção na Introdução (nota 6), o rótulo "planejamento estratégico" tem, ao longo das últimas décadas, recoberto coisas distintas. Não só no Brasil, por conta de experiências bastante badaladas como o *Plano Estratégico da Cidade do Rio de Janeiro* (vide ***box 2***), mas na verdade no mundo inteiro, a hegemonia tem sido a de uma tentativa de transposição do *corporate strategic planning*, surgido no meio empresarial, para o planejamento urbano e regional no setor público (vide KAUFMAN e JACOBS, 1998). Tanto por suas origens quanto pelas motivações e pela tentativa de mimetismo, essa versão do planejamento estratégico, embora comporte várias subversões, caracteriza-se pelo conservadorismo empresarialista. Todavia, mesmo deixando de lado coisas como a tradição militar de uso do rótulo planejamento estratégico (representada, no Brasil, por exemplo, por Golbery do Couto e SILVA [1955]), pode-se ver que a linha do "planejamento estratégico situacional" de Carlos Matus (vide, por exemplo, MATUS [1996]), que ele começou a desenvolver quando era colaborador do governo de Salvador Allende, mostra uma distância em relação ao ambiente conservador. No Brasil, a proposta de um "planejamento politizado", inspirada no ideário da reforma urbana, apresenta, como se observou na Introdução (nota 6), nítida proximidade com a linha de Matus, conquanto essa vinculação não tenha sido explicitada. A experiência de administração petista em Porto Alegre, a partir de 1989, por outro lado, mostra, de maneira assumida, o quanto as idéias de Matus podem polinizar e ser empregadas com proveito em um ambiente politicamente crítico (ver ABERS, 1997; FEDOZZI, 1997). O que essas versões tão díspares do planejamento estratégico possuem em comum é a explicitação da dimensão *política* do planejamento (identificação dos grupos de interesse envolvidos, análise de conjuntura etc.), com o fito de tentar costurar alianças e/ou de promover uma visualização mais clara das ameaças, das potencialidades e dos obstáculos presentes. No ambiente empresarialista, isso é feito de modo acrítico perante o *status quo* capitalista, e as alianças são condicionadas por um viés que é o peso enorme dos interesses empresariais na definição da agenda (o mais das vezes, na verdade, muito pouco resta em matéria de discurso sobre o "interesse público", no estilo do velho planejamento regulatório; quando muito, o fino véu ideológico caracteriza-se por buscar convencer que o favorecimento dos interesses empresariais, gerando crescimento econômico e melhorando a posição de uma dada cidade em meio à competição interurbana, traz benefícios coletivos como a geração de empregos e a maior circulação de riquezas). Nesse contexto, o *planejamento*, com um mínimo de sentido público e expresso por meio de um conjunto de normas e regras de alcance geral relativas ao uso do solo e à organização espacial, é eclipsado, negligenciado e, não raro, acuado pela enorme ênfase que passa a ser posta em *projetos urbanísticos*, sejam de embelezamento, "revitalização" ou de outro tipo – ênfase essa que é muito conveniente para o capital imobiliário. Em um ambiente mais crítico, diversamente, a preocupação em embutir um cálculo político no planejamento e na gestão se dá na base de outra correlação de forças.

Esteticamente, parece que o planejamento mercadófilo, por não ser, necessariamente, estritamente "físico-territorial", nem ser praticado apenas por arquitetos-urbanistas, é potencialmente aberto a várias influências, desde que valorizadas pelo mercado. Na prática, a influência dominante, exatamente por essa razão, tem sido o chamado "pós-modernismo" (ver, sobre o pós-modernismo em arquitetura, GHIRARDO [1996]).

No que diz respeito ao *escopo*, as perspectivas mercadófilas tendem a não ser estritamente físico-territoriais, e sim "abrangentes", ainda que o motivo condutor e o espírito sejam essencialmente econômicos. O *grau de interdisciplinaridade* é relativamente grande, talvez comparável àquele típico do *systems planning*, certamente superior ao do *blueprint planning* clássico. Não obstante, as perspectivas mercadófilas tendem a ser, na melhor das hipóteses, semi-apriorísticas; afinal, o que está em jogo não é a realização de intervenções lastreadas em uma análise profunda da realidade social e espacial (demandas, necessidades etc.), mas a captação e decodificação de sinais emitidos pelo mercado ou, simplesmente, o atendimento de demandas específicas, razoavelmente predefinidas, relativas aos interesses do capital imobiliário e outros segmentos dominantes. Diante disso, é lógico que o *grau de abertura para com a participação popular* restringir-se-á, na melhor das hipóteses, aos tipos de pseudoparticipação, às vezes não chegando sequer a isso. O *referencial político-filosófico* é conservador, conquanto francamente não-estatista; corresponde, em linhas gerais, ao ideário neoliberal, mundialmente hegemônico desde os anos 80, quando os EUA de Reagan e a Inglaterra de Thatcher atuaram como centros irradiadores da nova tendência. Exemplos brasileiros têm se multiplicado a partir dos anos 90 (vide ***box 2***).

Box 2

Planejamento urbano empresarialista no Brasil: o exemplo do Plano Estratégico da Cidade do Rio de Janeiro

No Brasil, as perspectivas mercadófilas têm se aninhado, a partir da década de 90, no discurso dos "planos estratégicos". O mais conhecido exemplo é o do Rio de Janeiro, elaborado durante a administração do prefeito Cesar Maia pela Prefeitura em parceria com numerosas entidades da sociedade civil (PREFEITURA DA CIDADE DO RIO DE JANEIRO *et al.*, 1996a; 1996b).

É claro que, sobretudo em um país (semi)periférico, onde as grandes cidades são palcos de brutais contrastes sociais, objetivos "sociais" não poderiam deixar de estar presentes, quando menos por razões de cálculo eleitoral; de mais a mais, a hegemonia de uma perspectiva mercadófila não significa que o Estado tenha perdido inteiramente a sua capacidade de investimento ou o seu poder normatizador. No Rio de Janeiro, políticas públicas compensatórias como o Programa Favela-Bairro de urbanização de favelas, cuja implementação começou em 1994 (antes da elaboração do próprio Plano Estratégico, portanto), podem ser tomadas para ilustrar o argumento. Sem embargo, o espírito geral do plano é indiscutivelmente mercadófilo; o documento constitui-se em uma peça de *city marketing*, destinada a vender uma imagem favorável do município. Tenta-se criar a sensação de um firme consenso existente na sociedade, expresso na sustentação do plano e colaboração para a sua elaboração por parte de entidades da sociedade civil, com destaque para o setor empresarial. A decisão de preparar o plano foi selada com a assinatura de um acordo de cooperação em dezembro de 1993 entre a Prefeitura, a Associação Comercial do Rio de Janeiro/ACRJ e a Federação das Indústrias do Rio de Janeiro/FIRJAN. Ademais, é sintomático que, dos 305 membros do Conselho da Cidade, cuja função seria a de supervisionar a implementação do plano e o qual reúne instituições e algumas personalidades individuais, a esmagadora maioria seja formada por empresas e órgão da administração municipal (PREFEITURA DA CIDADE DO RIO DE JANEIRO *et al.*, 1996a, Anexo 2); com exceção de algumas poucas entidades (FAMERJ, FAFERJ e uma ou outra ONG), a sociedade civil organizada não vinculada ao setor empresarial acha-se ausente. Linhas de tensão e conflitos são escamoteados em favor de uma imagem de unidade.

O plano estrutura-se em 1 objetivo central, 7 estratégias, 21 objetivos, 61 ações e 159 projetos. O "objetivo central" é, para dizer o mínimo, bastante vago:

Tornar o Rio de Janeiro uma metrópole com crescente qualidade de vida, socialmente integrada, respeitosa da coisa pública e que confirme a sua vocação para a cultura e a alegria de viver. Uma metrópole empreendedora e competitiva, com capacidade para ser um centro de pensamento, de geração de negócios para o país e sua conexão privilegiada com o exterior. (PREFEITURA DA CIDADE DO RIO DE JANEIRO *et al.*, 1996a:25)

Quanto às estratégias (correspondendo às *metas* da linguagem usual do planejamento), também elas padecem de mal semelhante. O primeiro dos documentos do "plano estratégico" (PREFEITURA DA CIDADE DO RIO DE JANEIRO *et al.*, 1996a), com simpáticas fotografias coloridas e diversos mapas (alguns vagos e imprecisos, como o de "centralidades"), encerra uma contradição flagrante: "estratégias" cujos nomes soam agradavelmente aos ouvidos, como "Rio participativo", "Rio acolhedor" e "O carioca do século XXI" não se desdobram em táticas coerentes. O detalhe fica por conta do desdobramento em objetivos (vagos, para variar) e projetos de cuja consistência muitas vezes se pode duvidar. A estratégia "Rio participativo" engloba iniciativas referidas superficialmente ("canais de comunicação com a administração municipal", "cursos de cidadania" etc.), ao mesmo tempo em que se passa ao largo de questões cruciais como a participação popular na elaboração do orçamento municipal. Afora isso, o elevado grau de vaguidão perpassa todo o documento: um programa específico como o Favela-Bairro, incorporado dentro da estratégia "Rio integrado", faz menção a "geração de empregos" em favelas sem detalhar como se pretende, realisticamente, cumprir esse objetivo.

O segundo dos documentos do "plano estratégico" (PREFEITURA DA CIDADE DO RIO DE JANEIRO *et al.*, 1996b), embora de estilo um pouco diferente (as fotografias coloridas dão lugar a tabelas e gráficos, que procuram traduzir as realizações e obras em andamento), não é substancialmente diferente do primeiro, apresentando deficiências semelhantes em matéria de vaguidão e falta de detalhamento. Sintomaticamente, ambos os documentos giram em torno da apresentação de intenções e de iniciativas sem que, por outro lado, sejam apresentados instrumentos legais e de planejamento capazes de auxiliar no combate a problemas como especulação imobiliária, superadensamento etc. Alguns desses instrumentos, cabe observar, estão previstos pelo plano diretor aprovado pela Câmara Municipal em 1992 (vide CÂMARA MUNICIPAL DO RIO DE JANEIRO [1992]); no entanto, na sua imensa maioria não foram regulamentados pela administração que patrocinou a elaboração do Plano Estratégico. No Plano Estratégico o Plano Diretor só foi mencionado de passagem, ao lado de planos diretores mais antigos, notadamente o

Agache, o Doxiadis e o PUB-Rio, tendo sido cometido até mesmo o erro crasso de datá-lo como sendo ele do "final da década de 80" (PREFEITURA DA CIDADE DO RIO DE JANEIRO *et al.*, 1996a:19), quando a lei do Plano Diretor é, na realidade, de 4 de junho de 1992 ...

5. O *New Urbanism*

O *New Urbanism* surgiu nos Estados Unidos no final da década de 80. Buscando inspirar-se em padrões utilizados antes da Segunda Guerra Mundial, o *New Urbanism* "procura reintegrar os componentes da vida moderna – habitação, local de trabalho, fazer compras e recreação – em bairros de uso misto, compactos, adaptados aos pedestres, unidos por sistema de tráfego", tudo isso sem esquecer o espaço mais amplo da cidade. O *New Urbanism* procura ser uma alternativa aos *suburbs*, forma de assentamento de baixa densidade típica do entorno das grandes cidades americanas, usualmente elitizada, que congrega de conjuntos de escritórios a moradias unifamiliares, complexos de apartamentos e *shopping centers* – "tudo isso dependendo, para ser acessível, do automóvel privado" (CONGRESS OF NEW URBANISM, 1999a).

Esteticamente, filia-se ao "pós-modernismo" (cf. GHIRARDO, 1996). Opõe-se tanto ao modernismo quanto aos descendentes intelectuais de Frank Lloyd Wright (Urbanismo "naturalista"), amantes de baixíssimas densidades demográficas. No que tange à atitude em face do mercado, diferencia-se dos típicos *trend planning*, *leverage planning* e *private-management planning* por não ser tão mercadófilo; na verdade, busca exercer um papel ativo, "pedagógico", ao engajar-se em um esforço de persuasão junto aos empreendedores imobiliários a respeito das vantagens do modelo "neotradicionalista" por ele preconizado (CONGRESS OF NEW URBANISM, 1999a), além de sublinhar valores e prioridades não exclusiva ou inteiramente derivados de uma tentativa de tradução das necessidades do capital (cf.

CONGRESS OF NEW URBANISM [1999a]; CONGRESS OF NEW URBANISM [1999b]; PLATER-ZYBERK [1999]). Sem embargo, no que toca ao referencial político-filosófico, o *New Urbanism* não deixa de ser, em última análise, conservador. Além de não colocar a questão da superabilidade (ou desejabilidade de superação) da sociedade e da cidade capitalistas, seu nível de comprometimento com os interesses dominantes, se não chega a representar uma franca mercadofilia, com certeza não está muito distante disso: a máxima "a forma segue o dinheiro" ("form follows finance"), paródia da conhecida máxima dos modernistas, exemplifica o pragmatismo capitalistófilo da orientação do *Congress of New Urbanism*, entidade nuclear do movimento (CONGRESS OF NEW URBANISM, 1999c). Sua idéia-força central é, na verdade, um esforço de compatibilização do desenvolvimento urbano, em seu sentido capitalista, com certos valores "comunitários" e com uma certa "escala humana"; enfim, quase uma espécie de síntese entre a tradição antimodernista tão bem simbolizada por Jane Jacobs (ver JACOBS, 1994) e o pragmatismo mercadófilo, a isso tudo acrescentando-se a estética pós-moderna. Não se abandona inteiramente, portanto, a modernização da cidade como valor básico subjacente, muito embora se abandone a estética modernista e se rompa com grande parte do ideário do Movimento Moderno.

No que se refere ao seu escopo, o *New Urbanism* é claramente voltado para um planejamento mais restrito, "físico-territorial", embora já não se trate do *blueprint planning* clássico. Por essa mesma razão é que, conquanto o *Congress of New Urbanism* encareça sua abertura interdisciplinar (CONGRESS OF NEW URBANISM, 1999c), ele é, no fundo, animado por um tipo particular de profissional de planejamento, o arquiteto-urbanista. A julgar pela *Charter of New Urbanism* (CONGRESS OF NEW URBANISM, 1999a), existe uma abertura para a participação popular; contudo, o estilo geral parece indicar que esta é, ao frigir dos ovos, bastante limitada.

6. Desenvolvimento urbano sustentável e planejamento ecológico: avanço, resistência e retrocesso

Desde que o documento "Nosso futuro comum", também conhecido como "Relatório Brundtland" (COMISSÃO MUNDIAL SOBRE MEIO AMBIENTE E DESENVOLVIMENTO, 1988), popularizou a expressão *desenvolvimento sustentável*, o debate em torno do "desenvolvimento", já dramaticamente empobrecido, sob o ângulo teórico, desde fins dos anos 70, passou a ser quase que monopolizado pelo discurso da "sustentabilidade".[31] Decorrido pouco tempo após a publicação do Relatório Brundtland, trabalhos reclamando um "desenvolvimento urbano sustentável", especificação do ideário geral da sustentabilidade para o meio citadino, começaram a surgir (por exemplo, STREN *et al.*, 1992). (O próprio Relatório Brundtland, diga-se de passagem, além de ter definido as linhas-mestras de um discurso-padrão sobre o "desenvolvimento sustentável" em geral, ocupa-se, em um capítulo [Capítulo 9 da Parte II], de problemas urbanos.)

Mas... de que sustentabilidade se trata? *O que* se deseja sustentar, *para quem* e *de que maneira*? Que visão de mundo suporta as reflexões e as terapias propostas sob a égide do "desenvolvimento urbano sustentável"? E quais são a consistência lógica e o significado ético e político dessas reflexões e dessas terapias?

Não menos que a matriz da qual deriva, o "desenvolvimento

[31] Pelo que consta, o uso da expressão com seu sentido atual foi introduzido em um documento intitulado "Estratégia de conservação mundial", apresentado em 1980 pela União Internacional para a Conservação da Natureza (cf. BARONI, 1992:15).

urbano sustentável" é tudo, menos um enfoque homogêneo, e muito menos uma teoria. É possível, no entanto, para além das várias divergências, divisar uma corrente majoritária, um *mainstream*. A coletânea "Sustainable Cities" (STREN *et al.*, 1992) foi um dos primeiros e até hoje é um dos mais representativos exemplares do *mainstream* em matéria de "desenvolvimento urbano sustentável". Embora constituída na maior parte por estudos de caso, a referida coletânea possui uma introdução "teórica", cuja densidade reflexiva é, no entanto, baixíssima, de um ponto de vista de ciência social. O empirismo ou a baixa densidade teórica é, aliás, uma característica típica da abordagem do "desenvolvimento urbano sustentável" em geral (outros exemplos: WHITE, 1994; ROSELAND, 1997).

A *idéia-força central*, no âmbito dessa corrente principal, é o binômio *modernização com sustentabilidade ecológica* das cidades. O primeiro termo do binômio (*modernização*), embora menos enfatizado que o segundo (*sustentabilidade*), não deixa de estar presente – aliás, a "sustentabilidade" almejada não atrita com a aceitação tácita do modelo civilizatório capitalista como contexto geral. Por um lado, buscam-se analisar diferentes tipos de problemas ambientais verificáveis no meio urbano de modo articulado, como as várias formas de poluição ambiental, a produção de lixo e rejeitos, as agressões à cobertura vegetal e aos mananciais; ao mesmo tempo, as necessidades materiais das populações urbanas e o problema da pobreza são examinados, dando-se especial atenção aos vínculos entre estes e os problemas ambientais em sentido restrito.

REES (1992) verifica ser uma característica da corrente majoritária do "desenvolvimento sustentável" uma crença inabalável no crescimento econômico como parte essencial da solução para os próprios problemas ambientais. O próprio Relatório Brundtland já havia reputado o crescimento econômico como um "imperativo estratégico", tanto nos países subdesenvolvidos quanto naqueles ditos desenvolvidos, para se fazer face ao desafio da pobreza no mundo (COMISSÃO MUNDIAL SOBRE MEIO AMBIENTE E DESENVOLVIMENTO, 1988: 52-56) – pobreza que, conforme é ressaltado pelo Relatório, é um importante fator de degradação ambiental em escala global. Essa "fixação no crescimento" (como bem salientou Rees) acarreta uma situação de tensão mais ou menos escamoteada e dissimulada entre dois objetivos mais ou menos contraditórios no interior do *mainstream*: o crescimento econômico e a proteção ambiental. No caso do "desenvolvimento urbano sustentável", mais especificamente, essa tensão está presente na idéia-força de *modernização com sustentabilidade ecológica* das cidades.

No entender do autor do presente livro as deficiências referidas nos parágrafos anteriores são evidências de que o "desenvolvimento sustentável" *não* é simplesmente o "ecodesenvolvimento" dos anos 70 rebatizado e atualizado, como poder-se-ia imaginar. O ecodesenvolvimento de um Maurice Strong ou de um Ignacy Sachs, por mais que encarnasse uma espécie de keynesianismo de esquerda ambíguo, não deixava de ser uma caixa de ressonância da conjuntura ideológica e política internacional do momento, marcada por um certo poder de pressão dos países do Terceiro Mundo e por uma atmosfera de contestação, tanto no plano das relações entre os países centrais e periféricos (temas como *self-reliance*, "nova ordem econômica internacional" etc.) quanto no plano interno aos países centrais (reflexos dos movimentos estudantis, ascensão do movimento ecológico, e por aí vai). Essa atmosfera de criatividade e uma certa ousadia, que impregnou o ecodesenvolvimento, foi tornando-se mais e mais rarefeita a partir da virada para os anos 80. A vertente do "desenvolvimento sustentável" constituiu, então, um sintoma do empobrecimento da discussão na esteira de um certo ajustamento perspectival à conjuntura ideológica na qual o paradigma neoliberal tornou-se hegemônico e o conformismo político, inclusive dos jovens, passou a dominar a cena. Se o empobrecimento já é por demais evidente quando se compara o "desenvolvimento sustentável" com o ecodesenvolvimento, é no contraste com a *ecologia política* francesa, também da década de 70 e influenciada pelo pensamentos marxista e libertário, que as suas insuficiências e o que ele representa em matéria de *retrocesso* tornam-se mais evidentes.

Com o que se disse antes, não se pretende sugerir, certamente, que a preocupação com uma *healthy city*, como dizem os sustentabilistas urbanos de língua inglesa, seja simplesmente supérflua. Postular isso seria absurdo e irresponsável, especialmente nos dias que correm, e uma das deficiências de quase todas as teorias e estratégias de desenvolvimento – tanto as mais conservadoras quanto as apoiadas no pensamento marxista – foi, justamente, a negligência maior ou menor para com os fatores e condicionantes ecológicos. Kevin LYNCH (1994) valorizou, com suas considerações sobre a "vitalidade" (*vitality*), uma outra de suas cinco "dimensões de performance", precisamente esse tema da "saúde ecológica do meio urbano". Fê-lo, todavia, no interior de uma abordagem rica e abrangente, que não elegeu a "saúde ecológica" como o *centro* das atenções. O "ecocentrismo" é, precisamente, ao lado da falta de questionamento substancial do modelo civilizatório capitalista, o cerne dos problemas do "desenvolvimento urbano sustentável".

Por fim, sinteticamente, pode-se dizer que a *filiação estética* não desempenha, no caso do "desenvolvimento urbano sustentável", qualquer papel, e que seu *escopo* não é restrito a um planejamento físico-territorial. O *grau de interdisciplinaridade* é apreciável, malgrado o fato de que o ecocentrismo vem abafar a contribuição específica das ciências sociais. A *permeabilidade em face da realidade* é restringida pelas lentes ecocêntricas, a despeito do fato de que a questão da imposição de modelos normativos apresenta-se bem mais atenuada do que, digamos, no Urbanismo modernista. O *grau de abertura para com a participação popular* tende, na prática, a ser insatisfatória, dada a ausência de discussões profundas sobre os limites da democracia representativa (é sintomático que a maioria dos trabalhos silencie a respeito do tema da participação popular); o modelo para o qual se orienta a maioria dos autores é tecnocrático. A *atitude em face do mercado* é marcada por um criticismo moderado (a exemplo do planejamento regulatório clássico), enquanto que o *referencial político-filosófico* é a social-democracia, ainda que em sua versão contemporânea adulterada ("Terceira Via").

7. "Planejamento comunicativo/colaborativo"

Planejamento urbano (e gestão urbana) concebido enquanto um "empreendimento comunicativo" é algo que tem sido discutido por teóricos de planejamento urbano anglo-saxões, com destaque para Patsy HEALEY (1995, 1996, 1997 e 1998) e Judith INNES (1995). A fonte de inspiração filosófica básica são as reflexões de Jürgen Habermas em torno da razão e do agir comunicativos.

Para Habermas é possível, dentro do contexto do agir comunicativo – o processo de oferecimento e crítica de razões para a aceitação ou rejeição de demandas particulares (*particular claims*) –, chegar-se a acordos voluntários em nome da cooperação. Habermas situa tanto a racionalidade quanto a ética em um contexto comunicacional, acreditando no "poder criador de consenso da conversação argumentativa" (HABERMAS, 1981, vol. 1, pág. 28). Para ele, conforme já se disse na Introdução, a racionalidade instrumental, que é aquela que lida com a disposição instrumental e a otimização dos *meios*, não é, de modo algum, a única modalidade de racionalidade. Uma não menos importante forma de racionalidade é a racionalidade comunicativa, a qual floresce por meio do agir comunicativo e pode ser o fundamento de uma discussão racional a propósito dos próprios *fins*. Segundo Habermas, enquanto o âmbito da racionalidade instrumental é a "ação estratégica", a qual é orientada para a busca da eficiência, usualmente contendo uma dimensão de dominação e manipulação, a racionalidade comunicativa é orientada para a busca do entendimento comunicacional.

No que concerne ao "*communicative planning*", sua típica fraqueza tem sido, como o autor já chamou a atenção em outras oportunidades (SOUZA [2000b] e, principalmente, SOUZA [2000d]), a falta de atenção para com o fato de que alguns conflitos de interesse (por exemplo, devido a contradições de classe objetivas) não podem ser superados pura ou totalmente com recurso à "comunicação". O compromisso com uma ética do discurso que evite ao máximo o recurso à violência física é algo crucial de um ponto de vista que recuse estratégias autoritárias em estilo leninista, mas de modo algum é uma panacéia. Seria irrealismo esperar que uma sociedade substancialmente mais justa poderia ser construída exclusivamente por meio do consenso e da persuasão. No entanto, a própria existência de profundas desigualdades torna a prática do agir comunicativo difícil. *O agir comunicativo, assim, pode colaborar para a realização de mais autonomia, mas, ao mesmo tempo, um certo grau de autonomia individual e coletiva é um pré-requisito para a ação comunicativa.*

Seria, contudo, injusto culpar Habermas pela fraqueza acima referida. Provavelmente mais que a maioria dos "planejadores comunicativos", ele está atento para o fato de que uma forma dialógica de racionalidade demanda *liberdade* e *eqüidade*. Consenso, em um sentido que não seja uma mera mistificação, só pode ser alcançado sobre os alicerces da livre participação de todos os participantes: não se pode esperar o consentimento dos participantes "a não ser que todos os envolvidos possam aceitar *livremente* as conseqüências e os efeitos colaterais que a observância *geral* de uma norma controvertida deve acarretar para a satisfação do interesse de *cada indivíduo*" (HABERMAS, 1990:93).

A despeito do fato de que a gestão urbana progressista *hic et nunc* – ou seja, nas sociedades de classe atualmente existentes – precisa ser um "governo para todos", o reconhecimento da desigualdade estrutural como uma característica das sociedades capitalistas deve conduzir, por parte de um governo comprometido com ideais de justiça social, a adotar a perspectiva dos desprivilegiados. Sem o estabelecimento, na conta de claras prioridades, da satisfação de necessidades dos desprivilegiados e da redução de desigualdades de oportunidades de acesso a meios de satisfação dessas necessidades, clamores em prol de um "planejamento colaborativo" (*collaborative planning*) sobre a base da comunicação (HEALEY, 1997, 1998) serão presas fáceis de intentos de instrumentalização conservadora. Ou bem o propósito da "colaboração" é a construção de canais de diálogo e a superação de preconceitos entre diferentes grupos de interesse nos marcos de um estilo de administração pública que encara a realização de uma maior justiça social como a mais alta prioridade, ou bem a "colaboração" não será nada mais que um sonho de harmonia. Um sonho que, além de irrealista, pode contribuir para a legitimação ideológica da visão capitalista de desenvolvimento urbano e para a estabilização de um estilo de governança que serve, acima de tudo, aos interesses dos grupos dominantes. Ao que parece, portanto, a corrente teórica do "planejamento comunicativo/colaborativo", embora tendo o mérito de trazer o pensamento de Habermas para a arena da discussão sobre o planejamento urbano, não tem sido capaz de fazê-lo de maneira suficientemente profunda. Na medida em que o pensamento habermasiano tem sido, comumente, até mesmo empobrecido e vulgarizado (ele próprio é, diga-se de passagem, indubitavelmente passível de críticas e reparos, mas também é dotado de enormes vitalidade e potencial crítico), pode-se, no limite, perguntar se a corrente teórica em tela não está a prestar, principalmente, um desserviço.

8. Planejamento rawlsiano: novos estímulos e velhas ambigüidades

Uma outra abordagem de algum modo digna de nota é a "teoria do planejamento rawlsiana" defendida por Shean McCONNEL (1995), a qual tem como fonte de inspiração a reflexão filosófica de RAWLS (1972), especificamente a sua concepção da "justiça enquanto *fairness*". McConnel insistiu que levar em conta as necessidades dos grupos sociais desprivilegiados deveria ser a primeira prioridade para os planejadores urbanos, de um ponto de vista ético; para tanto, buscou servir-se, como balizamento ético, da teoria da justiça do filósofo norte-americano John Rawls.

Rawls entende autonomia, em princípio, como liberdade pessoal: "(...) acting autonomously is acting from principles that we would consent to as free and equal rational human beings, and that we are to understand in this way" (RAWLS, 1972:516). Sua concepção de "justiça enquanto *fairness*" é, como ele próprio admitiu (p. 263), individualística. Por outro lado, seu enfoque não é, seguramente, tão radicalmente individualista quanto o de outros liberais, no que tange ao estabelecimento de salvaguardas para a autonomia individual (e, ao fim e ao cabo, para os direitos de propriedade dos grupos e classes dominantes) a expensas dos direitos de grupos desprivilegiados (os quais, de acordo com o país e a região, podem corresponder a uma minoria ou a uma franca maioria). Ele se opôs, por exemplo, ao utilitarismo, o qual busca a maximização do bem-estar total sem considerar apropriadamente o problema da desigualdade (por exemplo, o fato de que uma soma maior de vantagens pode ser alcançada tendo como custo a exploração e a opressão de grupos minoritários).

Rawls desafia tanto o princípio de utilidade (maximização da soma de expectativas), o qual admite compensação pelas perdas de alguns por meio dos ganhos de outros, quanto a noção liberal de igualdade, a qual permite que a distribuição da riqueza seja determinada pela distribuição natural dos talentos ("loteria natural"), o que é, evidentemente, moralmente arbitrário. Não obstante isso, seu criticismo do liberalismo clássico é fraco e limitado. Seu segundo princípio de justiça ("princípio da diferença")[32] é carente de imunização contra alguns tipos de heteronomia estrutural, como divisões de classe em uma sociedade capitalista: "[s]upposedly, given the rider in the second principle concerning open position, and the principle of liberty generally, the greater expectations allowed to entrepreneurs encourages them to do things which raise the long-term prospects of laboring class. ... Eventually the resulting material benefits spread throughout the system and to the least advantaged." (RAWLS, 1972:78) Como outros autores (por exemplo, DANIELS, 1975) já mostraram, a teoria de Rawls acaba justificando certas desigualdades socioeconômicas e pressupõe uma subestimação da extensão em que essas desigualdades sabotam o exercício da liberdade.

Por conseguinte, não obstante as vantagens, sob o ângulo da justiça social, de um enfoque rawlsiano em comparação com um utilitarista ou liberal clássico, também a ele faltam equilíbrio e ferrão crítico, uma vez que (a exemplo de outras abordagens liberais) não lida adequadamente com a problemática da autonomia coletiva. O resultado disto é que o seu potencial para "appraising existing institutions as well as the desires and aspirations which they generate" (RAWLS, 1972: 520) é bastante limitado de um ponto de vista autonomista. Uma perspectiva rawlsiana é apropriada para a tarefa nada ambiciosa de melhorar um pouco a qualidade de vida de grupos desprivilegiados nos marcos das sociedades capitalistas, mas uma tal perspec-

[32] "Social and economic inequalities are to be arranged so that they are both: (a) to the greatest benefit of the least advantaged ... and (b) attached to offices and positions open to all under conditions of fair equality of opportunity" (RAWLS, 1972:302).

tiva não desafia alguns dos obstáculos estruturais que impedem que seja alcançada uma muito maior autonomia individual, obstáculos esses vinculados à natureza intrínseca e inarredavelmente heterônoma da democracia representativa e do capitalismo. Castoriadis oferece uma reflexão muito mais profunda que a dos liberais sobre as condições sociais para a liberdade individual, pois ele compreendeu, muito melhor que eles, a interdependência entre autonomia individual e coletiva.

9. Da Reforma Urbana aos "novos planos diretores" e orçamentos participativos: a esquerda se (re)apropria do planejamento

9.1. A idéia de *reforma urbana*

Como se viu na Introdução, a mais comum reação do marxismo acadêmico ocidental ao planejamento urbano foi uma rejeição generalizante. Com isso, um movimento como o *advocacy planning* acabou recebendo menos atenção do que merecia. Seja lá como for, parece que o principal exemplo de apropriação do planejamento e da gestão urbanos pelo pensamento crítico se deu não no Primeiro Mundo (de onde tem sido importada a maioria das modas e idéias em planejamento e nas ciências sociais em geral), mas no Brasil, com o ideário da *reforma urbana*.

As origens da idéia de reforma urbana, com o significado progressista que passou a ter, em grande parte, mais tarde, parecem remontar aos anos 60. Muito embora a expressão reforma urbana seja bem mais antiga do que isso, ela conheceu, assim, uma captura por um ideário de esquerda tardiamente. Aquilo que, antes dos anos 60 e, principalmente, antes dos anos 80, era chamado de reforma urbana, deveria, mais apropriadamente, ser chamado de reforma *urbanística*. Ao contrário da bandeira da reforma agrária, tradicionalmente vinculada a movimentos contestatórios da ordem vigente, inclusive de natureza revolucionária, a expressão reforma urbana comumente recobriu, até a década de 80, intervenções estatais autoritárias de conteúdo antipopular, como a Reforma Passos, no Rio de Janeiro (1902-1906).

Tudo isso não deve fazer pensar que as discussões sobre reforma urbana tenham sido privilégio exclusivo dos brasileiros. Um texto de Pedro Pablo MORCILLO (1971), secretário de Administração Pública do governo da Colômbia, evidencia que, já bastante cedo, esse tipo de debate estava sendo travado em outros países da América Latina. É notável, aliás, que o texto de Morcillo, que apresenta dois cenários possíveis para a reforma urbana, a saber, a sua condução nos marcos de um "mercado socializado", em que a terra seria propriedade do Estado, e nos marcos de um "mercado dirigido", em que a propriedade privada seria respeitada, mas restringida – e, mesmo privilegiando o segundo caminho, como o farão os reformistas brasileiros, o segundo cenário é suficientemente adverso aos interesses especulativos –, tenha sido publicado no período mais duro do Regime Militar brasileiro, na Revista de Administração Municipal do IBAM. Seja como for, isso mostra que o debate brasileiro não se dava isolado e alheio ao que se passava em outros países. O que é relevante não é tentar determinar se o Brasil foi ou não, em termos absolutos, pioneiro nesse tipo de debate. Aparentemente, de todo modo, a síntese intelectual que se operou no Brasil dos anos 80 e 90, fruto da sinergia de décadas de acúmulo de importantes análises com a reflexão técnica sobre o planejamento e a experiência dos movimentos sociais, foi a mais importante ou, pelo menos, a que adquiriu maior visibilidade. Antes de chegar lá, porém, focalize-se um pouco da história mais remota da idéia de reforma urbana.

Já no governo do presidente João Goulart (1961-1964) havia sido elaborado um Projeto de Reforma Urbana, importante marco histórico no debate a respeito (CASTILHO, 2000:8). Um evento específico, que foi um encontro realizado no hotel Quitandinha, em Petrópolis (RJ), em 1963, pode ser assumido, segundo alguns autores, como outro marco importante da reciclagem ideológica da expressão. Conforme COELHO (1993) e GUIMARÃES (1997:63), nesse encontro, do qual participaram tanto políticos (como o deputado Rubens Paiva, posteriormente assassinado durante o regime militar) quanto técnicos e intelectuais, foi enfatizada, sobretudo, a questão da moradia. Contudo, embora a luta pela moradia fosse muito importante naquele momento, a repercussão do referido encontro não se comparou à visibilidade conferida à mobilização que, na mesma época, agitava o Brasil rural, na esteira da organização das ligas camponesas, clamando por reforma agrária. Daí a bandeira da reforma urbana ter permanecido, nos anos 60, quase desconhecida, ao menos em comparação com a reforma agrária. Esse momento, que vai dos anos 60 até o começo ou meados da década de 80, pode ser apelidado de "pré-história" da reforma urbana, porquanto, ainda que o núcleo da *idéia* já estivesse presente, com o seu conteúdo crítico de busca de maior justiça social no espaço urbano, um *ideário* mais amplo, que fosse bem além da questão da habitação e incluísse reflexões sobre instrumentos, só viria a se constituir duas décadas após o encontro de Petrópolis.

Com a urbanização do país (que passa de um terço dc população urbana em 1950 para dois terços em 1980) e o crescimento dos problemas e dos conflitos urbanos, o caldo de cultura favorável a uma maior visibilidade da bandeira da reforma urbana, em seu sentido emancipatório, foi-se formando. O problema, após o golpe militar de 1964 e até os anos 70, foi, por outro lado, a repressão política desencadeada pelo regime, especialmente após a decretação do AI-5, em 1968. A margem de manobra para reivindicações populares e movimentos sociais reduziu-se drasticamente, levando o nascente movimento em torno da reforma urbana a "hibernar" por cerca de duas décadas.

Em meados da década de 80, quando a abertura política iniciada ainda durante o governo do general Ernesto Geisel estava prestes a culminar, ao término do governo do general Figueiredo, com a eleição indireta do primeiro presidente civil desde o golpe, a perspectiva da elaboração de uma nova Constituição para o país serviu como um catalisador para a recomposição do campo da reforma urbana. Recomposição essa que se dava, então, em um plano qualitativamente superior: novas questões e perspectivas haviam sido acrescentadas e a questão da moradia, embora permanecesse fundamental, já não monopolizava tanto as atenções. A bandeira da reforma urbana tornara-se diversificada, acompanhando as mutações por que passara o

Brasil, o qual se apresentava, então, muito mais urbanizado e complexo que aquele de vinte anos antes. A mobilização em prol da reforma urbana, com isso, encorpou, desembocando na constituição do Movimento Nacional pela Reforma Urbana (MNRU).

Foi nesse momento, entre os meados e o fim da década de 80, que amadureceu a concepção progressista de reforma urbana. Essa concepção pode ser caracterizada como um *conjunto articulado de políticas públicas, de caráter redistributivista e universalista, voltado para o atendimento do seguinte objetivo primário: reduzir os níveis de injustiça social no meio urbano e promover uma maior democratização do planejamento e da gestão das cidades* (objetivos auxiliares ou complementares, como a coibição da especulação imobiliária, foram e são, também, muito enfatizados). Dessa forma, a reforma urbana diferencia-se, claramente, de simples intervenções urbanísticas, mais preocupadas com a funcionalidade, a estética e a "ordem" que com a justiça social (ou, fantasiosamente, imaginando que uma remodelação espacial trará, por si só, "harmonia social"), não obstante ela conter uma óbvia e essencial dimensão espacial.

Em matéria de desenvolvimento sócio-espacial, uma reforma urbana, apenas para efeito de comparação com sua irmã mais famosa, não deixa de ser, em grande medida, uma espécie de equivalente urbana da reforma agrária – com todas as limitações que ambas possam ter, por serem conduzidas dentro dos marcos gerais do modelo social capitalista (o que não impede que tais reformas possam vir a ter desdobramentos mais radicais, possibilidade essa que é rejeitada ou subestimada por muitos autores). É verdade que, conforme salientou o autor em livro anterior (SOUZA, 2000a: 286), a reforma agrária possui uma capacidade maior e mais direta de gerar renda para os seus beneficiários, por meio da redistribuição de patrimônio (terra) e devido ao fato simples de que, para o agricultor, o solo é um *meio de produção*, o que não ocorre com o trabalhador assalariado urbano. De toda maneira, não se deve negar que, como o autor já notara, programas específicos de geração de emprego e renda podem e devem ser acoplados a políticas de reforma urbana, principalmente quando se tratar da urbanização de favelas e loteamentos (SOUZA,

2000a:286, 325-326). Cooperativas e formas autogestionárias de organização dos trabalhadores podem, então, ser tentadas, ainda que sem ilusões e sem subestimar o fato de que será, amiúde, difícil vencer a barreira do imaginário capitalista introjetado nos pobres.[33]

Volte-se, agora, após essa pausa conceitual, ao relato histórico. O MNRU foi sendo engrossado, no decorrer da segunda metade da década, por diversos tipos de entidades: tanto organizações de ativistas de bairros quanto entidades profissionais (IAB, AGB etc.) e acadêmicas. Buscando aproveitar a oportunidade sinalizada pelo Congresso Nacional de elaboração e oferecimento, por parte da própria sociedade civil, de *emendas populares* a serem apresentadas à Assembléia Constituinte (desde que a emenda obtivesse o suporte de, pelo menos, trinta mil eleitores e três entidades), essa pletora de entidades que é o MNRU conseguiu elaborar uma *emenda popular da reforma urbana*, a qual foi subscrita por cerca de 130.000 eleitores. Lamentavelmente, porém, havia um detalhe desagradável: a obrigatoriedade era a de o Congresso *receber* a proposta, não de *incorporá-la integralmente*. Com efeito, ao longo dos debates e votações no Congresso, a emenda foi "emagrecendo" (por exemplo, foram suprimidas as proposições referentes aos transportes coletivos e serviços públicos e foram excluídos os terrenos públicos da aplicação do instrumento *usucapião* [cf. GUIMARÃES, 1997:74-5]).

Da emenda restou, somente, na nova Constituição finalmente promulgada em 1988, o conteúdo (diluído e modificado) presente nos artigos 182 e 183, transcritos abaixo.

> Art. 182 – A política de desenvolvimento urbano, executada pelo Poder Público Municipal, conforme diretrizes gerais fixadas em lei, tem por objetivo ordenar o pleno desenvolvimento das funções sociais da cidade e garantir o bem-estar de seus habitantes.

---

[33] C. N. F. dos SANTOS (1981) narra um interessante caso de "conservadorismo" favelado em meio a um processo de urbanização. Embora antigo, esse caso (o da favela de Brás de Pina) não perdeu sua força ilustrativa, sem contar que foi brilhantemente relatado e analisado por aquele autor.

§ 1.° – O Plano Diretor, aprovado pela Câmara Municipal, obrigatório para cidades com mais de vinte mil habitantes, é o instrumento básico da política de desenvolvimento e de expansão urbana.
§ 2.° – A propriedade urbana cumpre sua função social quando atende às exigências fundamentais de ordenação da cidade expressa no Plano Diretor.
§ 3.° – As desapropriações de imóveis urbanos serão feitas com prévia e justa indenização em dinheiro.
§ 4.° – É facultado ao Poder Público Municipal, mediante lei específica para áreas incluídas no Plano Diretor, exigir, nos termos da lei federal, do proprietário do solo urbano não edificado, subutilizado ou não utilizado, que promova seu adequado aproveitamento sob pena, sucessivamente, de:

I – Parcelamento ou edificação compulsórios;
II – Imposto sobre a propriedade predial e territorial urbana progressivo no tempo;
III – Desapropriação com pagamento mediante títulos da dívida pública de emissão previamente aprovada pelo Senado Federal, com prazo de resgate de até dez anos, em parcelas anuais, iguais e sucessivas, assegurados o valor real para indenização e os juros legais.

Art. 183 – Aquele que possuir, como sua, área urbana de até duzentos e cinqüenta metros quadrados, por cinco anos, ininterruptamente e sem oposição, utilizando-a para sua moradia ou de sua família, adquirir-lhe-á o domínio, desde que não seja proprietário de outro imóvel urbano ou rural.
§ 1.° – O título de domínio e a concessão de uso serão conferidos ao homem ou à mulher, ou a ambos, independente do estado civil.
§ 2.° – Esse direito não será reconhecido ao mesmo possuidor por mais de uma vez.
§ 3.° – Os imóveis públicos não serão adquiridos por usucapião. (CONSTITUIÇÃO DA REPÚBLICA FEDERATIVA DO BRASIL, 1988)

Com a transferência das responsabilidades para os planos diretores municipais e o esvaziamento de uma amarração da reforma urbana em nível nacional, o que ocorreu foi, mais que um simples revés tático, uma importante *derrota estratégica* (SOUZA, 1993a; 1998). A concentração dos esforços na elaboração de planos diretores progressistas, acompanhada de um certo truncamento de alguns debates relevantes, até hoje inconclusos (como aquele em torno da vaga – e limitada – fórmula "função social da propriedade"), bem como o pouco interesse para com a contextualização das propostas à luz de considerações profundas e abrangentes a propósito da dinâmica e da crise dos movimentos sociais, acabou redundando em um certo "legalismo" e em um certo tecnocratismo ("tecnocratismo de esquerda", como escreveu o autor em outro trabalho [SOUZA, 1998]). A importância de planos e garantias formais foi exagerada, em detrimento de uma análise social mais ampla. A participação popular, que deveria ser vista como o fator-chave para o impulsionamento de uma democratização do planejamento e da gestão, foi secundarizada, como se nota ao comparar a pouquíssima atenção dispensada aos conselhos de desenvolvimento urbano em comparação com instrumentos como o "solo criado" (vide, sobre este instrumento, o Subcapítulo 3.2. da Parte III), tanto nas discussões acadêmicas quanto nos planos diretores progressistas (o autor voltará a este assunto no Subcapítulo 10.3. da Parte III). Perda de criatividade, de ferrão crítico e mesmo de eficácia foram os corolários. No entanto, muitas potencialidades subsistem e vários ganhos têm também ocorrido, inclusive sob a forma de lições e um certo aprendizado técnico. Eles são objeto do próximo subcapítulo.

9.2. "Novos planos diretores" e orçamentos participativos

Os velhos planos diretores, isto é, os planos convencionais, estavam (e estão!) vinculados ao planejamento regulatório clássico, com forte influência, mais especificamente, do Urbanismo modernista (embora, recentemente, outras influências, inclusive tinturas do ideário da reforma urbana, como superficialíssimas menções à "função social da propriedade", tenham sido, aqui e acolá, incorporadas). Os "novos planos diretores", de sua parte, são aqueles elaborados menos ou mais claramente sob a égide do ideário da reforma urbana, no momento em que este ideário já passava por uma reconversão (com um propósito operacional, mas que teve também o efeito de enfraquecê-lo), metamorfoseando-se em "planejamento politizado", para usar a expressão de RIBEIRO e CARDOSO (1990).

O "planejamento politizado" é, como já se adiantou na nota 6 (Introdução), uma versão de esquerda do "planejamento estratégico". Conforme já foi observado nessa mesma nota de rodapé, o conceito de *planejamento estratégico* possui raízes antigas e múltiplas. Sua captura recente por uma perspectiva empresarialista, "mercadófila", como aquela do Plano Estratégico da Cidade do Rio de Janeiro, não deve impedir que se perceba que uma abordagem como a do "planejamento estratégico situacional" de Carlos MATUS (1996) admite ser utilizada por forças políticas de perfil substancialmente diverso daquelas administrações conservadoras que abraçam o planejamento empresarialista.[34] A rigor, se se considerar que a essência do planejamento estratégico, tal como apresentado por Matus, é a incorporação da dimensão política e a sensibilidade diante dos conflitos de interesse, o plano estratégico carioca aparece, no fundo, até mesmo como relativamente pouco "estratégico", por encarnar o estilo de uma peça de *marketing* urbano preocupada exclusivamente em construir um consenso (consenso esse apenas aparente, pois os conflitos são dissimulados e alguns agentes são privilegiados enquanto que outros são

---

[34] Autores críticos do planejamento empresarialista têm, muito freqüentemente, esquecido ou ignorado essa diversidade que se aninha por trás do rótulo "planejamento estratégico" (ver, por exemplo, VAINER, 2000), certamente influenciados pelo fato de que a versão mercadófila é hegemônica. O curioso é que, se se tiver em mente a essência das idéias de Matus, não só o "planejamento politizado" a que se referiam L. C. Ribeiro e A. L. Cardoso, mas também os "planos de ação" mencionados por MARICATO (2000) em trabalho recente e por ela apresentados como uma alternativa aos "planos diretores" (vistos por ela como conservadores – isso a despeito dos esforços de reconversão feitos ao longo dos anos 90!...), são compatíveis com o enfoque "politizador" matusiano.

deixados de lado). Isso não significa, entretanto, que o "planejamento politizado", enquanto algo semelhante a uma variante de esquerda do planejamento estratégico matusiano, seja isento de problemas ou imune a controvérsias. De fato, se a explicitação dos conflitos de interesse advogada por RIBEIRO e CARDOSO (1990) não for contextualizada por uma visão das contradições estruturais que estabelecem limites ao consenso, correr-se-á o risco de se subestimarem os obstáculos para se alcançar um governo urbano significativamente mais progressista. Embora o ideário da reforma urbana possua um potencial de crítica social que transcende o do planejamento comunicativo/colaborativo anglo-saxônico, o problema que se está agora indicando é semelhante àquele que já foi comentado a propósito do planejamento comunicativo/colaborativo. De fato, o momento pós-1988, com a tentativa de captura, pelo campo da esquerda, dos planos diretores como um meio de promoção da reforma urbana (lembrando que isso jamais tinha sido uma reivindicação do MNRU, mas sim uma situação que se instalou na esteira do esvaziamento da emenda popular na Constituinte e que obrigou as forças pró-reforma urbana a se reposicionarem), assistiu a uma predominância crescente de um certo "tecnocratismo de esquerda" (SOUZA, 1998), aninhado na perspectiva do "plano diretor como instrumento de reforma urbana", ou seja, a tendência a se superestimar a importância das leis e dos planos, a se subestimarem as contradições sociais e a se cultivar otimismo exagerado a respeito das possibilidades de estabelecimento pacífico de novos "pactos territoriais" e consensos. Ao que tudo indica, um caso de "auto-engano por parte de intelectuais acolhedores de uma matriz discursiva social-reformista e antitecnocrática, mas, ao mesmo tempo, envolvidos por dinâmicas que convidam a uma reafirmação de práticas e valores tecnocráticos", conforme o autor já havia apontado (SOUZA, 1998:21).

O "planejamento politizado" é uma espécie de equivalente (mas não *cópia*) brasileiro de vertentes críticas como aquilo que, nos países de língua inglesa, é designado pelas expressões *radical planning* e *insurgent planning*. Assim como "planejamento politizado" está muitíssimo longe de ser uma expressão consensual no Brasil (muitos planejadores identificados com o ideário da reforma urbana sequer se preocuparam com o problema de achar um novo rótulo),[35] *radical planning* e *insurgent planning* são usados, na maioria dos casos, como expressões intercambiáveis, apesar de algumas tentativas de estabelecer nuances, como a de SANDERCOCK (1999), que prefere reservar o rótulo "insurgente" para práticas e propostas não-vinculadas ao aparelho de Estado, ao passo que as práticas de planejamento conduzidas por administrações públicas de esquerda seriam identificadas com o adjetivo "radical". Uma tal distinção parece, todavia, excessiva. No Brasil, o "planejamento politizado" tem encarado a ação estatal como um meio privilegiado (ou, mesmo, quase exclusivo); a referência da corrente principal do "planejamento politizado", fortemente marcada pelo que o autor provocativamente chamou de "tecnocratismo de esquerda", tem sido o Estado, enquanto os ativismos e movimentos sociais urbanos têm recebido, comumente, uma atenção irrisória. Se, por um lado, a penetração das idéias desse "planejamento politizado" no ambiente da administração pública local parece ser maior, proporcionalmente, que a penetração do *radical planning* nos EUA ou no Reino Unido, devido à presença muito maior de prefeituras com um perfil de esquerda no Brasil (e isso em que pese o número dessas prefeituras ser uma pequena minoria no universo dos mais de cinco mil e quinhentos municípios brasileiros) e em função do fato de que, nos EUA e Reino Unido, perspectivas mais bem-comportadas como o "planejamento comunicativo/colaborativo" têm assumido um ar mais *fashion*, por outro lado, infelizmente, nota-se, no nosso país, uma menor diversidade de posições, já que

[35] O autor deste livro tem, de sua parte, preferido a expressão "planejamento urbano alternativo" (ou, ainda, "planejamento urbano crítico") para referir-se às idéias e práticas identificadas com o ideário da reforma urbana (SOUZA, 1993; 1998; 2000a). Mais amplamente, "planejamento urbano alternativo" (ou "crítico") pode ser visto como uma expressão-valise, necessariamente vaga, que abarcaria vertentes alternativas às abordagens conservadoras; assim, tanto o *mainstream* do "planejamento politizado" quanto outros enfoques, mais críticos e ousados que o referido *mainstream*, teriam suas semelhanças e afinidades, ou o seu denominador comum, reconhecidos. O enfoque autonomista advogado pelo autor (vide Capítulo 10 a seguir) é, assim, uma modalidade de "planejamento urbano alternativo", não obstante afastar-se e divergir, em vários pontos, do *mainstream* do "planejamento politizado".

poucos têm, no campo da esquerda, desafiado o *mainstream* do "planejamento politizado".

Coloque-se, agora, a pergunta crucial: qual é a margem de manobra para a implementação bem-sucedida de planos diretores progressistas? Embora a resposta a essa pergunta isso não admita formalização e generalizações fáceis, uma coisa é certa: essa margem é menor do que a maioria dos "planejadores politizados" imaginava, pelo menos até meados dos anos 90. O projeto de lei do Plano Diretor do município de São Paulo, elaborado durante a gestão da prefeita Luiza Erundina (1989-1992), à época integrante do Partido dos Trabalhadores, é um exemplo lapidar da importância e, também, das dificuldades da estratégia de valorização dos planos diretores como instrumentos de promoção da reforma urbana. Ele é, por um lado, um magnífico e pioneiro exemplo de incorporação do ideário da reforma urbana (com uma limitação significativa e sintomática: a negligência para com a normatização da participação popular no processo de planejamento); por outro lado, precisamente devido à sua ousadia, o projeto nunca foi aprovado pela Câmara Municipal. Sejam examinados alguns trechos selecionados da *Exposição de motivos* que antecede o plano propriamente dito:

> Com as regras atuais de uso e ocupação do solo, os investimentos imobiliários privados tendem a concentrar-se em certas zonas restritas da cidade, onde a infra-estrutura já é intensamente utilizada, obrigando o Poder Público a expandi-la continuamente. Outras áreas da cidade têm redes de infra-estrutura subutilizadas. Outras ainda carecem destes equipamentos, sendo ocupadas pelas camadas da população que não têm como pagar pelo acesso aos mesmos. Todos os contribuintes pagam o custo das inversões em infra-estrutura que não alcança a maioria. Além disso, o direito de construção é regido por um zoneamento que restringe a área a construir, privilegiando poucos proprietários detentores de direitos artificialmente escassos. Esta escassez de área que pode ser construída encarece a terra, tornando a habitação cara demais para a grande maioria da população. (DIÁRIO OFICIAL DO MUNICÍPIO DE SÃO PAULO, 1991:1)

> A intervenção proposta tem como intenção estabelecer um mecanismo que ao mesmo tempo racionalize o uso da infra-estrutura urbana, potencializando os investimentos já realizados, e distribua os ônus e benefícios decorrentes das obras e serviços da infra-estrutura urbana de forma a recuperar para a coletividade a valorização imobiliária resultante da ação do Poder Público. (DIÁRIO OFICIAL DO MUNICÍPIO DE SÃO PAULO, 1991:2)

Percebe-se claramente que o diagnóstico dos problemas, aliás ainda atualíssimo, reflete o conhecimento acumulado pelos estudos urbanos críticos nos anos 70 e 80 sobre os problemas urbanos no Brasil. Os instrumentos então previstos ("solo criado", consórcios imobiliários etc.), que serão tratados neste livro em diversos capítulos e subcapítulos da Parte III, vinham, alguns deles, sendo objeto de debate e reflexão há algum tempo; outros, já mesmo há bastante tempo (desde os anos 70, no caso do "solo criado"). O nível técnico da apresentação e articulação da proposta foi, no caso do projeto de lei de São Paulo, tão elevado, que outros planos diretores elaborados por administrações progressistas nele buscaram inspiração. E, no entanto, foi rechaçado pela Câmara Municipal. Outros reveses, como o de Angra dos Reis (apenas parcial, ao contrário do de São Paulo – o caso de Angra será examinado no Capítulo 2 da Parte IV), também vieram mostrar aquilo sobre o que o autor deste livro já advertira no começo da década (SOUZA, 1993a): que a implementação da reforma urbana por meio apenas de planos diretores é tarefa muito mais complicada do que o superotimismo da maior parte dos "planejadores politizados" fazia supor, e que, entre a elaboração da proposta e a sua execução consistente, se interpõe uma verdadeira *via crucis*, repleta de obstáculos de ordem sociopolítica, institucional e outras. (A propósito: algumas informações para contextualizar essa *via crucis* podem ser encontradas no ***box 4***, na Parte IV deste livro, no qual se expõe, em poucas linhas, o "sistema" brasileiro de planejamento urbano e aproveita-se para compará-lo com os de outros países.)

Quanto aos orçamentos participativos, esse é um assunto ao qual voltar-se-á, com vagar, no Subcapítulo 11.2. da Parte III. Deve-se registrar já agora, porém, que a reflexão e a prática em torno dos orçamentos participativos e a reflexão e a prática do "planejamento politizado" nem sempre anda(ra)m juntas... Os orçamentos participativos, naqueles municípios onde foram e têm sido praticados de maneira arrojada, praticamente nunca foram formatados e teorizados com a colaboração forte e direta dos "planejadores politizados" (tradicionalmente muito mais interessados em assuntos técnicos envolvendo instrumentos de planejamento). Isso, sem dúvida, é um sintoma do fato de que o "planejamento politizado" social-reformista dedicou ao tema da participação popular bem menos atenção do que é necessário.

Uma certa incorporação de elementos do ideário da Reforma Urbana por planos diretores municipais ocorreu ao longo da década de 90; quanto a isso não resta dúvida. A pergunta que fica é a seguinte: quão variável tem sido a consistência dessa incorporação? RIBEIRO (1995) sumariou os resultados de uma pesquisa na qual foram examinados os planos diretores e as leis orgânicas dos 50 municípios brasileiros mais populosos. Ainda que o trabalho deixe perceber que há disparidades entre as legislações no que toca à consistência da incorporação de preceitos e instrumentos, o tom da avaliação permanece, como o autor deste livro já havia apontado em artigo anterior (SOUZA, 2000:nota 10), excessivamente otimista. Uma análise mais exigente está ausente e o assunto não foi suficientemente explorado no material.[36] E, sem uma análise mais exigente, podemos ser levados a acreditar que o avanço *efetivo* tenha sido bem maior do que realmente é o caso.

O ideário da reforma urbana encontra-se, atualmente, em uma espécie de encruzilhada. Ele se ressente de diversos problemas, como a crise, em muitas cidades, desde fins dos anos 80, dos movimentos sociais urbanos que haviam dado um suporte decisivo ao Movimento Nacional pela Reforma Urbana. Nota-se, também, há bastante tempo,

[36] Uma apreciação um pouco mais cautelosa dos resultados da mesma pesquisa pode ser encontrada em CARDOSO (1997).

uma perda de fôlego por parte daqueles que mais se destacaram, no passado, na elaboração de "novos planos diretores" e na reflexão em torno dos chamados "novos instrumentos" – isso sem contar o problema do "tecnocratismo de esquerda". O VII Encontro do Fórum Nacional de Reforma Urbana, realizado no Rio de Janeiro em julho de 1998, debateu os desafios da reforma urbana, e é sintomático que, entre suas resoluções, conste a necessidade de "*recriação do discurso da reforma urbana*" (ANSUR, 2000:3; grifo no original). Que seja dito sem meias palavras: essa recriação deve se dar, para começar, a partir de um resgate do espírito original presente nos anos 80, mais distante de um "tecnocratismo de esquerda" do que passou a ser a regra nos anos 90, com o "planejamento politizado"; sobre esses fundamentos, o que é necessário é, simultaneamente, radicalizar a proposta (no sentido de aprofundar o diagnóstico estrutural e dotar a proposta de um horizonte de longo prazo menos ambíguo e problemático que o marxismo heterodoxo que a animava) e contextualizá-la à luz dos componentes principais da atual agenda de discussões, como a globalização, a insofismável *débâcle* do Estado desenvolvimentista e a ascensão do empresarialismo.

10. Planejamento e gestão urbanos críticos vistos a partir de uma perspectiva autonomista

A perspectiva autonomista advogada pelo autor há vários anos, no que tange ao desenvolvimento sócio-espacial em geral, incluído aí o desenvolvimento urbano (SOUZA, 1996a; 1997a; 1997b; 1998; 2000a; 2000b; 2000d), tem como fonte principal de inspiração o pensamento do filósofo greco-francês Cornelius Castoriadis. No entanto, admite também ser lida como um olhar alternativo e não-usual dentro do universo de (re)apropriação crítica do planejamento e da gestão urbanos como instrumentos de justiça social instaurados, no Brasil, pelo ideário da reforma urbana. No restante deste capítulo o autor retomará, com algumas modificações e retificações, boa parte das formulações e idéias contidas em um artigo por ele publicado anteriormente (SOUZA, 2000b).

10.1. A Filosofia Política de Cornelius Castoriadis e a idéia de *autonomia*

Antes de prosseguir com a explanação da perspectiva autonomista é conveniente apresentar aos leitores que não estão familiarizados com a obra filosófica de Cornelius Castoriadis os elementos fundamentais da mesma, ainda que de modo extremamente resumido. Caso contrário, muito do que se critica e propõe neste capítulo especificamente a respeito do planejamento e da gestão das cidades correria o risco de ser equivocada ou distorcidamente interpretado.

Cornelius Castoriadis nasceu em Istambul, em 1922, no seio de uma família grega. Após a eclosão de um violento conflito entre gregos e turcos, sua família é forçada a abandonar sua cidade natal, e é em Atenas que ele cresce e se educa. O fim da ocupação nazista e o término da Segunda Guerra Mundial não significaram o começo de uma era de tranqüilidade para a Grécia; o país mergulhou, após sua libertação, em uma sangrenta guerra civil, o que determinou a saída de Castoriadis rumo à França, ainda em 1945. Na França, país onde residiu até sua morte, em 1997, Castoriadis viria a desenvolver uma das mais fecundas obras filosóficas do século XX.

Formado em Direito, Economia e Filosofia, dono de uma imensa erudição que abrangeria ainda campos tão diversos quanto a Lingüística e a Psicanálise, Cornelius Castoriadis foi, inicialmente, porém, sobretudo um militante de esquerda, e não um acadêmico. Ligado ao trotskismo em meados dos anos 40, momento em que já iniciara uma crítica implacável ao totalitarismo stalinista, ele abandona o movimento trotskista em 1948, ano em que funda, ao lado de outros ex-militantes, a lendária revista e o grupo homônimo *Socialisme ou Barbarie*. No decorrer dos anos 50 e 60 Castoriadis se afasta mais e mais do próprio marxismo, até a ruptura definitiva em meados da década de 60. Suas idéias tiveram grande influência sobre o movimento estudantil de maio de 1968, mas somente com a publicação de sua principal obra, *A instituição imaginária da sociedade*, em 1975 (CASTORIADIS, 1975), é que ele passou a obter um reconhecimento mais amplo de seu trabalho por parte do mundo universitário.

Castoriadis via as democracias representativas ocidentais não como verdadeiras democracias, mas sim como "oligarquias liberais". Diante do *gap* estrutural entre uma minoria de poderosos (os dirigentes) e uma maioria de cidadãos ordinários (os dirigidos) e a alienação política destes últimos nos regimes "democrático"-representativos modernos, usar a palavra democracia para qualificá-los seria como que uma banalização e um enfraquecimento do sentido do verdadeiro regime democrático. Este deveria ser visto como incompatível com uma situação em que as esferas decisórias são em grande medida fechadas à participação do público e em que os políticos profissionais, apesar de eleitos "livremente" (ou melhor, tão livremente quanto é possível diante da usuais filtragem e mesmo manipulação de informações operadas pelos veículos de comunicação de massa e propaganda sob efeito da influência dos grupos mais poderosos), pouco prestam contas do que fazem com seus mandatos, os quais são, aliás, de revogabilidade extremamente difícil. Esse quadro, marcado por assimetrias de acesso a processos decisórios e a informações, guarda estreita conexão com desigualdades econômicas também estruturais, típicas do capitalismo (contradições de classe), sendo a manutenção da essência da ordem econômica e política vigente garantida pelo Estado por meio de seu monopólio legal da violência (vide, sobre a crítica castoriadiana da "democracia" representativa, entre outros trabalhos: CASTORIADIS, 1999).

À primeira vista, essas objeções não se diferenciam da já conhecida crítica marxista ao capitalismo e à sua "superestrutura" jurídico-política. No entanto, no entender de Castoriadis, o marxismo fracassou em construir uma alternativa radical à alienação e à opressão encarnadas pelo capitalismo e pela democracia representativa. Embora tendo elaborado uma crítica largamente válida das *relações de produção* capitalistas, Marx, Engels e os marxistas posteriores comumente negligenciaram a necessidade de uma crítica igualmente das tecnologias (e, acrescente-se, das espacialidades) herdadas do modo de produção capitalista. Para Marx, o desenvolvimento da humanidade necessariamente deveria incluir a utilização do legado tecnológico do capitalismo; o desafio se resumiria a fazer essa tecnologia, em si mesma reputada como positiva (Marx era, como homem do século XIX, fascinado pelo poder da ciência e acreditava de modo pouco cauteloso no "progresso" prometido pelo avanço tecnológico), deixar de ser gerida em proveito de poucos e não de todos – problema esse que a classe trabalhadora, guiada pelo Partido Comunista, iria, cedo ou tarde, se encarregar de resolver, ao promover a revolução que poria fim à exploração do trabalho pelo capital, encerrando o que ele chamava de a "pré-história da humanidade". Deve-se notar, além disso, que, mesmo a propósito das relações de produção capitalistas e da "superestrutura" que colabora para a sua manutenção (isto é, o Estado capitalista), a crítica marxista do capitalismo e da democracia representativa foi muito incompleta, sob um ângulo autonomista. As respostas à questão da organização da produção em uma sociedade "socialista" permaneceram repletas de deficiências e contradições, e doutrinas e estratégias como o "centralismo democrático" leninista e a idéia, prenhe de autoritarismo, de um "Estado socialista" estabelecido por meio de uma "ditadura do proletariado", revelaram precocemente a dimensão autoritária do marxismo mesmo antes da entrada em cena do stalinismo. Castoriadis mostrou, em vários trabalhos (CASTORIADIS, 1975; 1978; 1985), que esses problemas são sintomas, em certa medida, da presença insidiosa de significações imaginárias sociais capitalistas nas formulações teóricas já do próprio Marx, e não meramente o resultado de uma adulteração do legado marxiano. É bem verdade, de toda forma, que, enquanto o pensamento do próprio Marx apresentava um vigor e uma riqueza jamais negados por Castoriadis, o pensamento marxista prestou-se a se converter, no século XX, em uma nova ideologia a serviço da opressão de uma minoria sobre uma maioria.

Historicamente, portanto, o pensamento político-social castoriadiano deriva de uma crítica do marxismo (inicialmente, ou até o rompimento definitivo nos anos 60, enquanto *autocrítica*). Não, como se viu, pelo que o marxismo tem de revolucionário ou construtivamente subversivo (sua concepção da relação entre capital e trabalho como marcada pela exploração e por uma contradição essencial, sua oposição ao modo de produção capitalista, sua aposta na luta de classes), mas pelo que ele tem de conservador e reacionário. Algumas sementes da crítica autonomista foram lançadas desde o século passado por opositores do marxismo, como os anarquistas Bakunin e Kropotkin; todavia, por sua fraqueza teórica e por suas deficiências de concepção e organização, nenhuma das diferentes correntes anarquistas chegou a construir um edifício teórico-explicativo de visibilidade e poder de sedução comparáveis àquele construído por Marx, Engels e os teóricos marxistas subseqüentes. Ademais, os anarquistas comumente tiveram a abolição não somente da separação estrutural entre dirigentes e dirigidos, mas do poder em si, como um objetivo essencial, sendo que, como bem objetou Castoriadis, a idéia de uma sociedade sem poder é uma ficção incoerente (CASTORIADIS, 1983a:16).

No que diz respeito especificamente às suas idéias político-filosóficas, o ponto culminante da obra intelectual de Castoriadis foi sua seminal contribuição para a "refundação" da democracia: a (re)colocação e lúcida defesa do que ele chamava de o *projeto de autonomia*. Duas foram as suas fontes principais de inspiração nesse empreitada: de um lado, a herança da *pólis* grega clássica, principalmente de Atenas, no que concerne à democracia direta; de outro lado, a experiência do movimento operário, muito especialmente a experiência dos conselhos operários e o debate em torno da autogestão da produção pelos trabalhadores. No século XX, alguns autores e militantes, mesmo ainda prestando tributo ao legado de Marx e Engels, realizaram uma espécie de leitura libertária da experiência de lutas e do legado político-intelectual do movimento operário, bastante diferente do pensamento autoritário leninista, o qual se desdobraria em terror totalitário com Stalin e o "socialismo real"; são os chamados "marxistas de conselho", como Anton PANNEKOEK (1975), que não deixaram de exercer sua influência sobre Castoriadis. Somente com este, porém (ele próprio um ex-marxista), é que o pensamento autonomista adquiriria consistência, desvinculando-se do marxismo mas sem recair no anarquismo, ao mesmo tempo em que se desenvolvia como a crítica mais contundente disponível do modelo civilizatório capitalista.

No que toca à herança grega clássica, não pense o leitor que Castoriadis minimizava o fato de que à democracia antiga faltou o necessário componente universalista, ingrediente introduzido no Ocidente muitos séculos mais tarde; ele não subestimava a escravidão e o *status* social inferior das mulheres como sendo os calcanhares-de-aquiles da *pólis* democrática (CASTORIADIS, 1996a:192-3), mas não se cansou de argumentar que, em que pese tudo isso, aqueles que gozavam o *status* de cidadão usufruíam de uma liberdade *efetiva* infinitamente superior ao quadro de liberdades limitadas dos cidadãos das modernas "democracias". A Grécia clássica, enfim, assistiu não somente ao "co-nascimento" da Filosofia (ou seja, o questionamento lúcido e explícito da tradição) e da política (isto é, a deliberação explícita sobre, assim como o lúcido esforço de modificação das leis, normas e instituições), mas, sobre essa base mesma, igualmente ao nascimento da *democracia* e, mais amplamente, da *autonomia* (CASTORIADIS, 1986b; ver, ainda, 1986a e 1996a).

A idéia de autonomia (do grego *autonomía*, "dar-se a si próprio a sua própria lei") foi já apresentada ao leitor no Subcapítulo 2.1. da Parte I, ainda que muito sumariamente. Aquilo que lá foi exposto será, agora, retomado e complementado.

A idéia de autonomia engloba dois sentidos inter-relacionados: autonomia *coletiva*, ou o *consciente e explícito autogoverno de uma determinada coletividade*, o que depreende garantias político-institucionais, assim como uma possibilidade material efetiva, e autonomia *individual*, isto é, a capacidade de indivíduos particulares de realizarem escolhas em liberdade, com responsabilidade e com conhecimento de causa. A autonomia coletiva refere-se, assim, às instituições e às condições materiais (o que inclui o acesso a informação suficiente e confiável) que, em conjunto, devem garantir igualdade de chances de participação em processos decisórios relevantes no que toca aos negócios da coletividade. A autonomia individual depende, de sua parte, tanto de circunstâncias estritamente individuais e psicológicas quanto, também, de fatores políticos e materiais, em que os processos de socialização fazem emergir, constantemente, indivíduos lúcidos, dotados de auto-estima e infensos a tutelas políticas. É óbvio, portanto, que, mais que interdependentes, autonomia individual e coletiva são como que os dois lados de uma mesma moeda: diferentes, mas inseparáveis. O inverso da autonomia é a *heteronomia*: aqui, as leis (*latissimo sensu*: leis formais, normas sociais, códigos de conduta) que regem a vida de uma coletividade são impostas a alguns, via de regra a maioria, por outros, via de regra uma minoria, nos marcos de uma assimetria estrutural de poder, ou seja, de uma separação institucionalizada entre dirigentes e dirigidos.

Autonomia e heteronomia têm a ver, todavia, com algo mais que apenas o poder político explícito. Uma sociedade autônoma é uma sociedade que se "auto-institui" sobre os fundamentos da liberdade tanto em relação em relação à opressão política quanto, também, a constrangimentos de ordem metafísica (tabus, leis fundadas em dogmas religiosos etc.), contrangimentos esses que bloqueiam ou prejudicam a capacidade de julgamento lúcido e responsável dos indivíduos, como que retirando parcelas de responsabilidade pelo devir humano e pela condução da vida social das motivações e do agir dos homens e mulheres concretos e transferindo-as para uma esfera transcendente ("vontade de Deus", "karma", espíritos dos mortos, interferência de divindades) (CASTORIADIS, 1975; 1983a; 1986b; 1990b; 1997).

A sociedade autônoma visada pelo projeto castoriadiano não é, todavia, uma sociedade "perfeita", no estilo da "sociedade comunista" preconizada pelo marxismo ou das comunidades harmônicas e sem poder e conflitos idealizadas por muitos anarquistas. Uma sociedade basicamente autônoma significa, "apenas", uma sociedade na qual a separação institucionalizada entre dirigentes e dirigidos foi abolida, com isso dando-se a oportunidade de surgimento de uma esfera pública dotada de vitalidade e animada por cidadãos conscientes, responsáveis e participantes. A seguinte passagem ilustra muito bem o ponto de vista de Castoriadis, o qual, melhor que ninguém, entendia a história como um processo aberto de criação, em que a sociedade se reinventa constantemente, e do qual o conflito e o poder não estarão, nunca, ausentes:

> *[u]ma sociedade justa não é uma sociedade que adotou leis justas para sempre. Uma sociedade justa é uma sociedade onde a questão da justiça permanece constamente aberta*, ou seja, onde existe sempre a possibilidade socialmente efetiva de interrogação sobre a lei e sobre o fundamento da lei. Eis aí uma outra maneira de dizer que ela está constantemente no movimento de sua auto-instituição explícita. (CASTORIADIS, 1983a:33; grifo do próprio Castoriadis)

Para o autor deste livro, o princípio e parâmetro central para a avaliação de processos e estratégias de mudança sócio-espacial – o que inclui a promoção do desenvolvimento urbano por meio do planejamento e da gestão – é, precisamente, a autonomia (individual e coletiva), como o leitor pôde verificar já no Subcapítulo 2.1. da Parte I. Com o fito de tornar os resultados da reflexão filosófica de Castoriadis verdadeiramente aplicáveis, do ponto de vista das necessidades da pesquisa empírica e, também, da avaliação e formulação de políticas e estratégias, construiu-se, no Capítulo 2 da Parte I (retomando o que já havia sido dito em SOUZA [2000b]), sob a forma de parâmetros de desenvolvimento sócio-espacial, um arcabouço operacional onde a idéia de autonomia desempenha o papel de suporte principal do edifício. Esse esforço de conferir operacionalidade ao princípio da defesa da autonomia, fazendo dele o sustentáculo de um enfoque alternativo às correntes teóricas discutidas nos capítulos precedentes, terá prosseguimento no próximo subcapítulo.

10.2. O planejamento e a gestão das cidades à luz do princípio de defesa da autonomia individual e coletiva

Vale a pena, por razões didáticas, iniciar a exposição da abordagem autonomista do planejamento e da gestão urbanos respondendo à seguinte pergunta (na verdade, três em uma): *quem* planeja (ou gere) *o quê* e *como?*

Sobre a subquestão a propósito do agente do planejamento e da gestão, a resposta convencional, no âmbito da maioria das correntes teóricas, seria, simplesmente: o Estado. Visto ora como um juiz neutro, pairando acima dos interesses particulares (interpretação liberal), ora como uma instância de poder que, devido aos recursos materiais, institucionais e legais de que dispõe, é a única capaz de promover a justiça social, caso seja "ocupada" por forças políticas progressistas (interpretação não-liberal, tanto marxista quanto social-democrata), o Estado sempre é o centro das atenções nas correntes já examinadas. Mesmo nos casos em que a participação da sociedade civil é estimulada ("planejamento politizado" brasileiro, "planejamento colaborativo" anglo-saxão), o horizonte político-filosófico não rompe com o estatismo, com a crença de que o aparelho de Estado é algo fundamental e do que não se pode abdicar. Não é à toa, inclusive, que a própria abertura para com a participação popular é, se se verificar bem, modesta, mesmo nas correntes que pretendem defendê-la.

Uma abordagem autonomista tornada efetivamente operacional, para cuja elaboração o autor deste livro tem buscado contribuir, há, decerto, que encarar o desafio de conquista da autonomia não como uma questão de "tudo ou nada", mas sim como um processo histórico complexo. Ou seja: não há de confundir a mudança social com o momento dramático da "revolução" em sua acepção marxista e leninista, tudo o mais sendo irrelevante ou puro diversionismo, abrindo-se, em vez disso, para a possibilidade de valorização também de pequenos ganhos de autonomia. A autonomia, assim, será vista a partir da ótica dos diferentes *graus de autonomia* (e heteronomia) que, na prática, existem ou podem existir. Um tal enfoque pode e deve admitir a possibilidade de que, na atual situação, especialmente em um país semiperiférico como o Brasil, o aparelho de Estado pode, dependendo da conjuntura e da constelação de forças, protagonizar ações e implementar políticas públicas que conduzam a um aumento do grau de autonomia dos desprivilegiados (caso exemplar do orçamento participativo porto-alegrense, a ser visto com vagar no Capítulo 1 da Parte IV). Ao mesmo tempo, para não confundir o curto e o médio com o longo prazo, a conjuntura com a estrutura e a tática com a estratégia, esse enfoque, a ser fiel à radicalidade do olhar castoriadiano, deve manter a compreensão do Estado, encarnando uma separação estrutural entre dirigentes e dirigidos, como uma instituição que é e permanece, em última análise, heterônoma. Deve, também, admitir que, enquanto não forem ultrapassados os marcos do próprio modelo civilizatório capitalista, os ganhos de autonomia possíveis, ainda que não sejam sempre desprezíveis, serão, necessariamente, muito insuficientes.

Mesmo em uma sociedade heterônoma, não é, a partir de uma perspectiva autonomista, somente o Estado que planeja e gere, e a visão de "participação popular" deve ser radicalizada ao máximo, não se contentando com fórmulas domesticadas como "democracia participativa", que é um eufemismo recorrente no meio do "planejamento politizado" brasileiro, designando a democracia representativa temperada com alguns mecanismos de participação direta da população. Assim como certos agentes modeladores do espaço correspondentes a frações de classe e a grupos dominantes, como o grande capital industrial e imobiliário, elaboram suas geoestratégias de forma clara e, não raro, sofisticada, também a parcela majoritária da sociedade civil, que não pertence a nenhum grupo dirigente, precisa, sob um ângulo autonomista, qualificar-se e organizar-se para elaborar suas propostas e estratégias e lutar para pô-las em prática. Essa luta deverá combinar tanto pressões sobre o Estado (mesmo no caso de ser ocupado por forças progressistas) quanto ações diretas. Em uma sociedade basicamente autônoma, a própria idéia de um "Estado" seria um contra-senso, e tanto o processo legislativo quanto a administração dos negócios de interesse coletivo (incluindo-se, aí, o planejamento e a gestão das cidades), certamente obedeceriam a uma dinâmica muito diferente da atual, em que cidadãos conscientes e efetivamente livres decidiriam, com conhecimento de causa, os destinos de seus espaços de moradia, trabalho, circulação, lazer e consumo.

No que concerne à subquestão *o que é planejado (ou gerido)?*, o enfoque autonomista, como, de resto, qualquer abordagem socialmente crítica, deve propiciar clareza sobre o fato de que planejar e gerir uma cidade não é planejar ou gerir apenas ou sobretudo coisas (substrato espacial, mobiliário urbano etc.), mas sim planejar e gerir *relações sociais*. Em cada local específico, os agentes sociais que tiverem a iniciativa de elaborar estratégias de ação e intervenção, visando a um desenvolvimento sócio-espacial autêntico, precisam começar, assim, estabelecendo respostas para as seguintes três perguntas: *que problemas precisam ser superados? Com quem se pode contar para essa empreitada, e sob quais condições? Quais são os obstáculos e as dificuldades previsíveis?*

A *primeira indagação* convida a levar a sério a necessidade de se ter clareza quanto aos *fins* da ação ou intervenção proposta. Sob um ângulo autonomista, essa clareza tem de advir de um debate lúcido e democrático, e não da inspiração genial de algum *condottiero* político ou de algum intelectual pretensamente iluminado. Sendo em torno dos *fins* da ação ou intervenção, esse debate é de natureza essencialmente *política*, e não de natureza eminentemente técnica. A discussão técnica, visando à seleção dos *meios* mais eficientes e eficazes para se atingirem os fins sobre os quais a coletividade democraticamente deliberou, essa sim deverá contar com o aconselhamento de técnicos e pesquisadores. Não obstante, não se deve separar excessivamente a discussão dos fins da discussão dos meios. De uma parte, assim como a coletividade também deverá ter a última palavra sobre os meios a serem empregados (e a análise dos meios, embora corresponda a um momento posterior à definição dos fins, poderá, na prática, se dar parcialmente de modo concomitante à discussão sobre as metas, porquanto pode ajudar a tomada de decisões a esse respeito), de outra parte os técnicos e pesquisadores, atuando como consultores a serviço da coletividade, dotados de senso crítico mas sem se imaginar pairando acima dos demais cidadãos, poderão emitir opiniões igualmente sobre os fins, especialmente quando considerarem relevante alertar sobre o que julgam identificar como riscos embutidos em certas metas ou contradições entre diferentes objetivos. Os pesquisadores e técnicos conhecedores de instrumentos e técnicas de planejamento e gestão não podem, consoante o enfoque autonomista, reivindicar qualquer privilégio quanto ao poder de estabelecer as prioridades e definir as metas e os objetivos das intervenções. Não podem reivindicar sentir e pensar em nome da população, presumindo a racionalidade e a universalidade de suas próprias inclinações, de seus próprios gostos e suas próprias necessidades. Mas podem, isso sim, colaborar na orientação dos debates e no esclarecimento de diversas questões. Afinal, eles dedicaram grande parte do seu tempo ao estudo e à meditação sobre essas questões referentes às causas dos problemas urbanos e à dinâmica social das cidades e, se é razoável imaginar que uma coletividade de cidadãos conscientes pode, uma vez assessorada e esclarecida, decidir autonomamente sobre os assuntos cruciais do planejamento e da gestão de seus espaços, não é, por outro lado, razoável esperar que todos queiram ou possam dedicar o melhor de seu tempo a esse tipo de reflexão, em vez de ocupar-se mais intensamente com outras atividades. Sob um ângulo dialógico (expressão que, como já se explicou na nota 5, é tomada de empréstimo a Paulo Freire), a missão do intelectual/pesquisador/planejador é a de chamar a atenção daqueles que, para ele, são, ao mesmo tempo, objeto de conhecimento e sujeitos históricos cuja autonomia precisa ser respeitada e estimulada, para as contradições entre objetivos, os problemas e as margens de manobra que o seu treinamento técnico-científico lhe permitam vislumbrar. Esse treinamento, já se ressaltou na Apresentação deste livro, significa uma proficiência na capacidade para coletar, manusear e integrar dados volumosos e de natureza variada e para refletir combinando diversas escalas espaciais e temporais. Ele é de um valor inestimável, e seria obscurantismo (ou demagogia panfletária) diminuir a sua importância. Entretanto, o papel do intelectual e do cientista social, conquanto relevante, tem de ser, sob um ângulo político, também modesto; os fins têm de ser estabelecidos pelos próprios envolvidos (e também os meios precisam ser apreciados e aprovados por eles, ao menos em suas grandes linhas), não se admitindo um primado dos especialistas de espécie alguma. É certo que um planejamento crítico, enquanto pesquisa científica aplicada, deve, por um lado, manter-se vigilante diante do senso comum, sempre duvidando de certezas não-questionadas; ao mesmo tempo, um planejamento crítico não-arrogante não pode simplesmente ignorar os "saberes locais" e os "mundos da vida" (*Lebenswelten*), como se as aspirações e necessidades dos homens e mulheres concretos devessem ser definidas por outros que não eles mesmos. Como o autor já escreveu anteriormente (SOUZA, 2000b:87), a pedra angular do pensamento autonomista, no que se refere ao problema do "discurso competente", reside na convicção de que o *usuário* de um produto, e não o *expert* que o concebeu ou produziu, é o melhor e o mais legítimo juiz de suas qualidades. Sublinhe-se que, com isso, não se quer sugerir que esse juiz seja infalível, segundo a velha máxima *vox populi vox Dei*. O que se sustenta é o seu *direito* de correr o risco de falhar em liberdade.

Responder à *segunda pergunta* requer da parte do analista a capacidade de fazer uma lúcida *avaliação da constelação de forças*. Isso significa, concretamente: possuir a capacidade de identificar os interesses latentes ou manifestos dos diferentes grupos sociais envolvidos, grupos esses que são agentes modeladores do espaço urbano e podem corresponder a frações de classe ou a grupos definidos e organizados de acordo com outros critérios (locacionais, étnicos etc.); as divergências e convergências de posicionamento, as compatibilidades e incompatibilidades entre os objetivos e as agendas dos vários grupos, tudo isso deverá ser examinado. O propósito é verificar quais são as possibilidades de alianças e o caráter menos ou mais estável (ou seja, menos ou mais conjuntural) das coalizões e do suporte político esperado.

Por fim, a *terceira pergunta* exige da parte do analista habilidade para identificar corretamente as carências de ordem material e institucional (desde a disponibilidade de recursos financeiros, técnicos e midiático-comunicacionais até as competências e atribuições legais). Requer, igualmente, a capacidade de identificar os grupos dominantes que, previsivelmente, serão focos de resistência ativa ou passiva à implementação de políticas redistributivistas e à ampliação da democracia. Deve-se registrar, neste ponto, que, neste livro, da mesma forma como em um trabalho anterior (SOUZA, 2000b), o enfoque habermasiano acerca de um "agir comunicativo" e de uma ética do discurso foi valorizado positivamente, ainda que a corrente teórica anglo-saxônica do "planejamento comunicativo" tenha merecido uma objeção, devido às suas fraquezas. Não obstante, saudar o diálogo mesmo entre adversários, sobre a base de um "agir comunicativo", conforme defendido por Habermas, não quer dizer que se deva buscar, ingenuamente, costurar consensos artificiais a expensas de uma insuficiente explicitação das contradições existentes e de uma subestimação do grau de conflito entre os interesses em jogo, como ocorre com o "planejamento comunicativo/colaborativo". Conflitos e contradições não devem ser escamoteados, e sim superados, e consensos, em um sentido genuíno, só podem ser alcançados sobre os alicerces da livre participação de todos os envolvidos. Não se pode esperar o consentimento dos participantes "[a] não ser que todos os afetados possam aceitar *livremente* as conseqüências e os efeitos colaterais que a observância *geral* de uma norma controvertida deve ter para a satisfação do interesse de *cada indivíduo*" (HABERMAS, 1990:93). Identificar os grupos que, previsivelmente, serão focos de resistência à implementação de políticas redistributivistas e à ampliação da democracia é algo a ser complementado, portanto, por uma preparação para a resolução de conflitos em todos os níveis, inclusive considerando-se os recursos necessários para isolar ou abafar as resistências graças a um maciço suporte popular.

Aborde-se, agora, o seguinte ponto: em que medida o enfoque autonomista vai além do "planejamento politizado" brasileiro?

Uma abordagem tecnocrática típica preconiza o primado dos "especialistas", pretensamente neutros e imparciais, a eles cabendo tanto a elaboração da proposta de intervenção quanto do diagnóstico que, muitas vezes, antecede a elaboração da proposta (ainda que o diagnóstico seja, freqüentemente, superficial, e não considere a percepção e a vivência dos usuários dos espaços). Como já se viu, a proposta de intervenção é elaborada parcialmente com base no diagnóstico, mas é sobretudo condicionada por modelos normativos referentes à "*cidade ideal*" (sem contar, é evidente, as injunções políticas). Impermeável à participação popular ou, na melhor das hipóteses, reduzindo esta a uma participação despida de verdadeiro poder decisório (participação, por conseguinte, entre aspas), o tecnocratismo mostra-se presente de modo cristalino no Urbanismo modernista e no planejamento regulatório clássico em geral, mas não está ausente também de quase todas as outras correntes.

Mesmo correntes de esquerda, como o "planejamento politizado" brasileiro, não conseguiram desvencilhar-se por completo do tecnocratismo. Como isso se manifesta? Isso se revela na ênfase excessiva atribuída a tarefas técnico-intelectuais (discussões jurídicas e em torno de instrumentos de planejamento), em detrimento de análises sobre o enfraquecimento e a crise dos movimentos sociais, os atores políticos e as margens de manobra disponíveis; revela-se, como desdobramento disso, na comparativamente pequena atenção dedicada à reflexão em torno dos conselhos (sintomaticamente, muitos "novos planos diretores" dedicam pouquíssima atenção às instâncias de participação e sua regulamentação); e se revela, por fim, no menor interesse revelado pelos "planejadores politizados" em relação à experiência dos orçamentos participativos, em comparação com o interesse tradicionalmente demonstrado por instrumentos como o "solo criado" e outros (aliás, a maior parte da incipiente reflexão mais profunda sobre os orçamentos participativos *não* tem sido feita pelos mesmos autores que construíram a perspectiva do "planejamento politizado"). É aqui que a abordagem autonomista, na esteira de uma série de divergências e diferenças de base (filosóficas, ou metateóricas em sentido amplo), se afasta do *mainstream* do "planejamento politizado". Não se trata, note-se bem, de negar a importância da bandeira da reforma urbana; o que ocorre é que a abordagem autonomista procura, justamente, manter e desenvolver a chama de radicalidade contida nessa bandeira, potencial esse pouco explorado pelo "planejamento politizado" dos anos 90.

Devido ao seu cunho prático-político, as *propostas de intervenção*, mesmo tendo a sua formulação baseada em análises e diagnósticos que incorporam a dimensão (inter)subjetiva dos agentes sociais envolvidos, necessitam, de um ponto de vista autonomista, ter a sua implementação submetida a escrutínio popular, ocasião em que poderão ser calibradas e corrigidas. Em se tratando de diagnósticos e análises, o pesquisador, mesmo recusando o objetivismo e o cientificismo, tem o direito à última palavra sobre as idéias que são, afinal de contas, de sua responsabilidade pessoal; diversamente, no caso de propostas de intervenção, quem deve deter a última palavra são, sob um ângulo autonomista, os envolvidos, cabendo ao pesquisador o papel de um interlocutor que propõe e alerta (para contradições, riscos etc.), mas jamais o de um consultor que deseja impor ou sugere que se imponha.

Se a crítica operada pelo planejamento urbano alternativo no Brasil (e por diversas correntes no exterior: planejamento como *communicative enterprise* e, antes dele, o *advocacy planning*) contra o planejamento e a gestão urbanos convencionais já havia ressaltado a importância da participação popular, é sobre os alicerces do pensamento autonomista que essa exigência radicalmente democrática pode atingir sua plenitude. Em uma sociedade autônoma, com instituições autonomistas e indivíduos significativamente autônomos, o significado da participação dos indivíduos no processo de planejamento não é o de uma participação destes em processos decisórios comandados e coordenados pelo Estado como instância de poder separada. Neste caso, e a despeito de o grau de participação poder ser variável, a manifestação da vontade cidadã será sempre uma simples parte do processo decisório, e não todo o processo decisório. Isso sem contar o fato de que, em uma sociedade heterônoma, a influência do acesso extremamente desigual à informação e a enorme desigualdade econômica entre os indivíduos comprometem a igualdade de chances de participação. Diversamente, em uma sociedade autônoma os processos decisórios a respeito de tudo o que disser respeito à esfera pública terão nos cidadãos seu alfa e seu ômega. Eles não participarão truncadamente, mas plenamente, tomando seu destino, como coletividade, em suas próprias mãos, sem a tutela de uma instância superior.

No fundo, a grande diferença – a qual faz *toda* a diferença, devido às suas numerosas implicações – entre o planejamento autonomista e *todas* as correntes de planejamento anteriormente mencionadas é que, ao contrário delas, no planejamento autonomista não se trata de endossar uma instância de poder separada e acima dos cidadãos – o Estado –, em cuja presença e sob cuja batuta o planejamento sempre será realizado, em maior ou menor grau, de cima para baixo. Em uma sociedade autônoma, assim como a gestão urbana será um dos aspectos da *autogestão* da sociedade, o planejamento será um "*autoplanejamento*", radicalmente conduzido de forma democrática e descentralizada, além de flexível (em um sentido semelhante à da flexibilidade preconizada pelo planejamento estratégico situacional de Carlos Matus, só que exponencializada nos marcos de uma sociedade livre da heteronomia institucionalizada). Em uma tal sociedade, expressões simpáticas e um tanto agüadas como planejamento "de baixo para cima", a qual pressupõe que existe um "em cima", e "participação popular", a qual normalmente soa como uma certa condescendência de uma instância "superior" de poder (a qual se abre ou permite a participação), sequer fariam sentido. E, em última análise, mesmo o planejamento comunicativo/colaborativo, o planejamento rawlsiano e os "novos planos diretores" inspirados no ideário da reforma urbana não possuem um referencial político-filosófico inequivocamente comprometido com uma superação da heteronomia instituída. Eles permanecem no terreno ideologicamente movediço de uma *mitigação* maior ou menor das desigualdades, ao mesmo tempo em que se descarta ou evita uma perspectiva de *superação profunda* do modelo social vigente.

É preciso, porém, enfocar um ponto que, propositadamente, deixou de ser lembrado no Capítulo 2 da Parte I, quando o conceito de autonomia fez sua primeira aparição neste livro: a relação entre utopia e estratégia. Por um lado, o referencial político-filosófico da perspectiva autonomista diz respeito à autonomia como *horizonte*. Isto encerra uma metáfora que não é, de modo algum, gratuita. Ao falar-se em horizonte político-filosófico, deixa-se implícito que se está a falar de algo que é visualizado como meta, mas que não chegará a ser propriamente alcançado. O horizonte parece afastar-se de nós à medida que caminhamos em sua direção. Sob um ângulo não-teleológico, consoante a abordagem do desenvolvimento sócio-espacial, a autonomia plena é um ideal que atua como um farol, uma luz que ilumina o caminho (ou, antes, ilumina o terreno para se construir o caminho no transcurso da caminhada). O horizonte indica, assim, uma *direção*, não uma trajetória predeterminada e muito menos uma imagem congelada. Visões de mundo suscetíveis de caírem na armadilha do historicismo, ou já prisioneiras dele, operam com referenciais político-filosóficos que são entendidos como plenamente atingíveis em algum momento, seja em sua versão marxiana de um mítico "comunismo" como o estágio supremo da história da humanidade, seja em sua versão hegelo-liberal, à la Fukuyama, do capitalismo ocidental *cum* democracia representativa como o "fim da história". Diversamente, para o autor deste livro, trabalhar com um referencial político-filosófico passível de ser absolutizado, explícita ou veladamente, sob a forma de um "estágio final" ou *télos*, significa não compreender que, como insistiu Castoriadis em numerosas obras (ver, sobretudo, CASTORIADIS, 1975), a história é um processo radicalmente aberto à contingência, ao indeterminado, o qual não possui uma direção predeterminada e muito menos "completar-se-á" em algum momento sob a forma de um estágio final; enfim, que a história é *criação radical* (de significações imaginárias sociais), auto-instituição/reinvenção perpétua da sociedade.

O desenvolvimento sócio-espacial deve ser visto, assim, como um infindável processo de busca do justo e do melhor em matéria de instituições e relações sociais. Nenhuma instituição, nenhum regime, nenhuma relação social será jamais tão boa que não admita aperfeiçoamento. Ademais, nenhuma instituição, nenhum regime, nenhuma relação social será jamais tão sólida que não seja passível de implosão, conhecendo a sociedade, assim, "retrocessos" que exigirão o recomeçar em bases novas do esforço de busca pelas instituições justas. Recordem-se, mais uma vez, as lapidares palavras de Castoriadis:

> [*u*]*ma sociedade justa não é uma sociedade que adotou leis justas para sempre. Uma sociedade justa é uma sociedade onde a questão da justiça permanece constantemente aberta* (...). (CASTORIADIS, 1983a:33)

A *autonomia plena*, assim, restará sempre como um ideal constantemente renovável, caso venha a ser abraçado coletivamente; um ideal que, tomado em um absurdo sentido "absoluto", não se concretizará nunca, pois a história desconhece o absoluto e o estágio final, perfeito e irreversível. Como *horizonte*, portanto, a autonomia representa o que poder-se-ia chamar de um *princípio orientador*. Que sirvam de inspiração, a propósito, também as palavras do poeta gaúcho Mário Quintana:

Se as coisas são
inatingíveis
Ora... não é motivo para
    não querê-las
Que tristes os caminhos
Se não fora a presença
Distante das estrelas.

Com uma ponderação como a feita anteriormente o autor deste livro está longe de querer sugerir que não se pode conquistar uma sociedade *predominantemente* ou *basicamente autônoma* – e é nesse sentido que que se deve entender o forte apelo concreto, prático-político da mensagem castoriadiana: a autonomia como um *projeto* político construível. O próprio Castoriadis, contudo, não tematizou suficientemente a questão da *operacionalização* do projeto de autonomia, absorvido que estava com uma tarefa mais fundamental, qual seja, a da apresentação e defesa do projeto em si mesmo, em um plano político e filosófico geral. Faz-se mister, agora, dar continuidade a esse debate, cujos termos foram brilhantemente colocados por Castoriadis, em um outro plano – em um plano, por assim dizer, operacional. Isso exige, concomitantemente, que se esclareça que a conquista de autonomia individual e coletiva não é uma questão de "tudo ou nada"; entre a *pólis* grega, símbolo clássico de fortíssima autonomia (símbolo imperfeito, é bem verdade, uma vez que assentado sobre a existência da escravidão, que constitui a máxima heteronomia), e um regime totalitário, inúmeras são as possibilidades intermediárias. É necessário dar um passo adiante para desdobrar operacionalmente o projeto de autonomia, considerando a existência de diferentes *graus de autonomia*, consoante a relativização estabelecida pelo autor do presente livro em trabalhos anteriores (essa relativização, ocorrida no bojo e como decorrência de um esforço para tornar a idéia de autonomia mais operacional, foi ganhando corpo ao longo do tempo; cf. SOUZA, 1997a; 1998; 2000b). Assim como as oligarquias liberais das sociedades capitalistas ocidentais devem ser vistas como basicamente heterônomas, uma sociedade basicamente autônoma seria uma hipotética sociedade na qual as instituições garantissem, fundamentalmente, uma significativa autonomia individual para todos e, ao mesmo tempo, a autonomia da coletividade enquanto tal – o que não quer dizer que essa sociedade seria "perfeita" e que não pudesse superar a si própria constantemente. Mesmo uma sociedade basicamente autônoma continuaria a ter a plena autonomia como um horizonte político-filosófico a ser continuamente perseguido, já que a autonomia, enquanto princípio e valor, é tão inesgotável quanto a beleza ou a justiça.

A bem da verdade, o próprio Castoriadis emitiu, aqui e acolá, opiniões de sabor essencialista, no estilo "tudo ou nada" (por exemplo, quando ele, respondendo a uma pergunta de Edgar Morin, recusou-se a atuar como o que ele chamou de "consultor para o desenvolvimento com horror minimizado", argumentando que "pequenas doses disto e daquilo não podem triunfar sobre esse poder terrível da totalidade da sociedade, da sociedade como instituição global" [CASTORIADIS, 1986a:173]). No entanto, em outros tantos momentos ele soube valorizar, explicitamente, conquistas táticas ou mais modestas, como o orçamento participativo de Porto Alegre, por ele elogiado (cf. CASTORIADIS *et al.* [1992:129]). O fundamental parece ser, assim, o fato de que, como filósofo envolvido com uma tarefa de "desbravamento", Castoriadis dedicou muito menos atenção à tarefa de "colonização" do projeto de autonomia, ao menos sob o ponto de vista das necessidades de operacionalização. O que não quer dizer, evidentemente, que ela seja objetivamente secundária, no sentido de menos importante. Mesmo tendo pertencido a uma geração anterior, mais otimista, o intelectual que tão penetrantemente dissecou o "conformismo generalizado" contemporâneo provavelmente concordaria em que, hoje mais do que nunca, saber combinar avanços mais modestos com um horizonte radical é condição *sine qua non* para angariar intelocutores e, desse modo, lograr eficácia na ação.

Em termos formais, a *utopia experimental* de que falou Henri LEFEBVRE (1991:108), isto é, uma utopia testável e em incessante movimento de concretização e atualização, pode ser a mediação conceitual entre a idéia de *princípio orientador* anteriormente exposta e a idéia de *projeto político-social*. O horizonte político-filosófico, dessa forma, não será estéril pelo fato de, em si mesmo, jamais ser alcançado; pelo contrário, ele é imprescindível, pois é ele que fornece a direção que orienta a necessária renovação constante do projeto de edificação de uma sociedade cada vez mais autônoma. Essa atualização ou renovação do projeto é necessária pelo fato mesmo de que a história é um processo aberto, que demanda a cada vez novas soluções e impõe desafios novos ou renovados. A utopia experimental é, a um só tempo, projeto e princípio orientador, ou a fecundação incessante do primeiro pelo segundo.

A edificação dessa utopia experimental, evidentemente, poderá avançar mais ou menos lentamente, conhecer conquistas importantes e sofrer reveses. O que precisa ser esclarecido é que, não sendo um "tudo ou nada", avanços e retrocessos deverão ser avaliados pelo que representam em termos de ganho ou perda de autonomia em "sentido fraco" (referente a instituições específicas, à conquista ou perda de determinados direitos por parte da maioria da população etc.), sem que se perca de vista o horizonte que é a autonomia em "sentido forte" (correspondendo ao projeto de uma sociedade basicamente autônoma).[37] Mesmo institucionalidades restritas a uma "gestão compartilhada" ou co-gestão entre Estado e sociedade civil, como ocorre no caso dos orçamentos participativos, podem, portanto, ter uma grande relevância, desde que sejam realmente consistentes e plantem sementes do ponto de vista político-pedagógico. Voltar-se-á a este assunto no Capítulo 11 da Parte III.

---

[37] A distinção, de grande valor operacional, entre um "sentido forte" e um "sentido fraco" da idéia de autonomia, o autor já a expusera em SOUZA (1998:26), além de já se ter chamado a atenção em SOUZA (1997a:20) e SOUZA (1995a:109) para a necessidade de não se reduzir a conquista da autonomia a uma questão de "tudo ou nada".

11. E fora dos ambientes profissionais?...

Mudar a cidade, preocupação que dá título a este livro, jamais foi um privilégio exclusivo do Estado, nem pensar e orientar a mudança foram, jamais, monopólio exclusivo dos ambientes profissionais do planejamento e da gestão urbanos. Esses ambientes, que, tipicamente, são três – as *universidades*, onde os planejadores são formados e onde pesquisas e reflexões são realizadas, o próprio *aparelho de Estado* e os *escritórios privados de consultoria* –, têm, é lógico, tido sempre um papel de destaque, pois são eles que, na esmagadora maioria das vezes, municiam intelectualmente e contribuem para legitimar tecnicamente as intervenções protagonizadas pelo Poder Público. No entanto, não se deve esquecer ou subestimar o vetor representado pelas ações e reações da sociedade civil organizada, especialmente pelos pobres urbanos (e, na Europa e nos EUA, pelas diversas minorias); ou seja, aquilo que Leonie SANDERCOCK (1998) apelidou de o lado *noir* da história do planejamento. Essas ações e reações, ao mesmo tempo em que eram e são, muitas vezes, ações *contra* algum tipo de planejamento oficial, representavam um *contraplanejamento*, um *contraprojeto*, em que as pessoas tentam organizar suas vidas e seu espaço vivido de maneira diferente do que é preconizado pelos desígnios dos grupos e classes dominantes.

Ao mesmo tempo em que *resistem* a algo, os ativismos e movimentos sociais urbanos também *afirmam* alguma coisa. Buscar neles concepções estratégicas e de longo prazo, articuladoras de vários temas e aspectos, exige, porém, ler nas entrelinhas do processo histórico, pois, ao contrário dos ambientes profissionais, com sua notória prodigalidade na produção de textos diversos (planos, relatórios, leis, artigos, livros, teses...), o ambiente dos ativismos e movimentos sociais não costuma formalizar sua produção, produção essa que, além do mais, apresenta-se não costurada por simpósios, congressos, parcerias e pela circulação internacional do saber técnico, mas dispersa em uma miríade de experiências produtoras de "saber popular", "saber local". Essa ausência de formalização e essa dispersão têm vinculação com um problema dos mais sérios (focalizado agudamente por SANTOS [1981], se bem que com demasiado pessimismo, e, posteriormente, também pelo autor deste livro [SOUZA, 1988a]): a extrema dificuldade, por parte dos ativismos urbanos, para preservarem, a longo prazo, a *memória* das lutas, coisa que é imprescindível para que se possa aprender com as lições do passado e contrapor à versão da história oferecida pelos grupos dominantes uma versão alternativa.

A falta de entrosamento entre lutas específicas e a dificuldade para manter alguma memória dessas lutas é minorada no caso de se estar diante de verdadeiros movimentos sociais. Adotando uma distinção conceitual inspirada em Alain Touraine,[38] *movimentos sociais* são entendidos como possuindo horizontes largos, vale dizer, como estando orientados para uma transformação menos ou mais profunda da sociedade. Não são ações paroquiais, que se limitam a reivindicar benefícios para algum pequeno grupo de pressão específico atuando em escala microlocal (um tipo de demanda, portanto, que, ao menos aparentemente, pode ser satisfeita mediante paliativos locais e políticas públicas compensatórias). São, pelo contrário, ações articuladas em escalas geográficas mais amplas e, principalmente, com preocupações de mais largo alcance, e cujas demandas, ao remeterem a questões-chave no que se refere à problemática da justiça social, desafiam, direta ou indiretamente, aspectos importantes do *status quo* (demandas essas que reclamam, para serem satisfeitas, se não

[38] Vide, especialmente, TOURAINE (1973).

uma verdadeira revolução, ao menos reformas profundas, lastreadas em políticas públicas universalistas).[39] Na maioria das vezes, entretanto, não se tem diante de si movimentos sociais, mas sim meros ativismos sociais que não chegam a alcançar a forma de autêntico movimento, permanecendo presos a um paroquialismo reivindicatório, à luta por melhorias localizadas para atender a um grupo particular.[40] No cenário das lutas urbanas no Brasil, ao lado de uma pletora de pequenos movimentos e organizações (comissões, associações de moradores) reivindicatórios originados da necessidade de exigir melhoramentos e providências junto ao Poder Público em espaços como favelas e loteamentos irregulares, podem ser vislumbrados alguns momentos e algumas dinâmicas características da transcendên-

---

[39] Advirta-se que um movimento social não necessita ser definido por sua contestação direta da organização da produção (em outras palavras, ser, essencialmente, um movimento de *classe*, como o velho movimento operário), para ser profundo e para desafiar o *status quo*. Há várias formas de se desafiar a sociedade instituída – o imaginário, as relações de poder etc. –, e a esfera da produção é somente um dos campos possíveis onde esse desafio pode se concretizar. TOURAINE (1973) parece exagerar, em sua conceituação de movimento social, a importância do referencial *classe*, o que já havia sido notado e criticado por Castells em *The City and the Grassroots* (CASTELLS, 1983b), embora este autor, em sua fase althusseriana anterior (CASTELLS, 1983a), fosse ainda mais economicista que Touraine. É por isso, e também devido ao excesso de formalismo da perspectiva teórica de Touraine contida no *Production de la société*, que o autor deste livro, mesmo tendo buscado suporte nele, não tem propriamente acompanhado acriticamente as posições conceituais do sociólogo francês (ver SOUZA, 1988a; o tema foi retomado, mais tarde, em SOUZA [1993b] e, *en passant*, em SOUZA [2000a]).

[40] A categoria ativismo social, portanto, segundo o entendimento do autor, é mais ampla que a de movimento social: todo movimento é um ativismo, mas a recíproca não é verdadeira; um movimento é um tipo especial, "superior" de ativismo. Ativismos (e movimentos) sociais urbanos são modalidades específicas de ativismos (e movimentos) sociais, e os ativismos (e movimentos) de bairro correspondem a uma especificação ainda maior, enquanto uma modalidade de ativismo (e movimento) social urbano (ver SOUZA, 1988a; 1993b). A distinção terminológica expressa na diferenciação entre *ativismo* paroquial e *movimento* sempre pareceu relevante ao autor, que reputa como extenso e indistinto demais o uso que Carlos Nelson Ferreira dos SANTOS (1981) faz da expressão movimento social urbano. Apesar disso, não se deve cometer o equívoco de ver nessa distinção uma oposição absolutamente rígida: na verdade, o ativismo inteiramente paroquial e clientelista e o movimento mais contestatório (esse último sendo algo raro de se observar) são nada mais que os extremos de um *continuum*. Grande parte das situações reais situa-se entre esses dois extremos, ainda que, normalmente, bem mais perto do primeiro que do segundo.

cia do paroquialismo mais estreito rumo a uma concepção estratégica. Isso foi chamado, pelo autor, da passagem da luta *de bairro* para uma luta *a partir do bairro* (SOUZA, 1988a): momentos como, por exemplo, o da constituição das grandes federações de associações de moradores, como a FAMERJ (Federação das Associações de Moradores do Estado do Rio de Janeiro). A despeito de a maioria dessas organizações maiores se achar hoje muito enfraquecida e sem expressão, na esteira de uma crise iniciada já no final dos anos 80 (essa crise e suas causas foram discutidas em SOUZA [1993b] e SOUZA [2000a]), seu legado não pode ser inteiramente negligenciado.

O legado dos ativismos e movimentos sociais urbanos brasileiros é bastante variado. Retomando as análises contidas em trabalhos anteriores do autor (SOUZA, 1988a; 1993b; ver, sobretudo, 2000a), pode-se sintetizar esse legado da seguinte forma: *a conscientização e a conquista de direitos sociais* (entram, aqui, várias conquistas, menos ou mais palpáveis e duradouras, como melhorias materiais nas favelas, loteamentos irregulares e outros tipos de espaços segregados, o reconhecimento da legitimidade das associações de moradores e o ganho de auto-estima dos participantes nas lutas e organizações), *a politização das cidades* (ou seja, a admissão das especificidades das lutas urbanas, referentes, em termos imediatos, à esfera do consumo, ao mesmo tempo em que, pelo menos no caso dos movimentos sociais, não se perdem de vista as ligações entre a "questão urbana" e as problemáticas da exploração na esfera da produção e das assimetrias de poder) e *a criação de uma margem de manobra para a humanização do urbano* (na esteira de uma teia de organizações e do estabelecimento de práticas que buscam envolver o indivíduo com sua cidade não apenas na qualidade de cidadão reivindicando direitos, mas também enquanto citadino disposto a colaborar pessoal e diretamente, no quotidiano, para uma maior densidade da vida cultural de sua urbe, para a preservação da memória cristalizada no espaço representada pelo patrimônio histórico-arquitetônico, para a proteção do meio ambiente etc.).

Afora as contribuições materiais das lutas (melhorias em favelas e loteamentos irregulares), tangíveis e duradouras, outras contribuições, embora mais suscetíveis de recuos diante de conjunturas políticas e ideológicas desfavoráveis (como a atual, no Brasil e no mundo, apesar de existirem exceções locais importantes), devem, assim, ser igualmente sublinhadas. Vale a pena destacar alguns exemplos particularmente ilustrativos, verdadeiros pontos luminosos nessa história de lutas e resistência. Dentro do quadro da memória das lutas, uma das mais importantes realizações foi a resistência do movimento favelado às *remoções*, que deu margem à geração de uma estratégia alternativa de "*urbanização*". Aquilo que, no Brasil, se denomina de "urbanização" de favelas é, muitas vezes (ou seja, nos casos mais consistentes), mais abrangente e interessante que o *upgrading* dos anglo-saxões, por buscar articular regularização fundiária, implantação de infra-estrutura e geração de empregos, no âmbito de um planejamento com participação popular.[41] Esse entendimento, caro a todos aqueles que abraçam o ideário da reforma urbana, e que, portanto, foi incorporado pelos profissionais de corte mais crítico, deve muito, historicamente, à mobilização e à organização dos próprios moradores de favelas, sendo o Rio de Janeiro o principal exemplo, graças ao movimento de resistência favelado que, especialmente entre meados e fins da década de 60, articulou, sob o guarda-chuva institucional da FAFEG (Federação das Associações de Favelas do Estado da Guanabara), protestos e oposições a remoções em várias favelas cariocas. O movimento de resistência às remoções teve lances de heroísmo (vários líderes favelados foram, inclusive, presos, no contexto de um regime militar que, com o AI-5, em 1968, recrudes-

[41] Em uma comparação entre as experiências brasileira e sul-africana (pós-Apartheid), assim se expressou Marie HUCHZERMEYER (1999:8): "(...) in Brazil, *urbanização de favelas* encompasses more than the often narrowly technical and standardised interpretation of '*in situ* upgrading' in South Africa. In Brazil it entails land regularisation, the extension of infrastructure (both with minimal disruption to the existing urban fabric), and social integration through the provision of educational and health facilities and social programmes." Ressalve-se, apenas, que nem todas as experiências de urbanização de favelas são, de fato, assim completas; a mais conhecida no Brasil e no exterior atualmente, o programa Favela-Bairro do Rio de Janeiro, por exemplo, tem ido pouco além da implantação de infra-estrutura.

ceu em matéria de repressão), e seu lema "urbanização, sim; remoção, nunca!" (que chegou a virar título de uma tese de Doutorado na Alemanha: cf. PFEIFFER, 1987), de certo modo sobreviveu à própria decadência do ativismo favelado, já bastante visível em meados ou fins dos anos 80. Se, por um lado, os favelados contaram, aqui e ali, com o apoio não só da Igreja Católica, mas também de jovens e idealistas planejadores urbanos (como Carlos Nelson Ferreira dos Santos, que chegou a ser assessor urbanístico da FAFEG, e que, em importante livro do começo dos anos 80 [SANTOS, 1981], narrou e analisou a paradigmática experiência de Brás de Pina), equivalentes brasileiros dos *advocacy planners* norte-americanos, os favelados também tinham as suas próprias idéias e a sua criatividade. Muito claramente, as práticas e a inventividade dos pobres urbanos ajudava a "fazer a cabeça", inclusive sob o ângulo teórico, da primeira geração de planejadores brasileiros inconformados com o convencionalismo e rebeldes perante o autoritarismo.

Há, porém, um exemplo ainda mais forte. O próprio ideário da reforma urbana, apesar de ter contado, desde o início, com uma participação muito grande (talvez excessiva, como sugeriu Ana Amélia SILVA [1990]) das entidades de assessoria (como o Instituto dos Arquitetos do Brasil, dentre outras), logo, de profissionais de planejamento, e muito embora esteja hoje aprisionado dentro dos limites estreitos do *mainstream* do "planejamento politizado", foi formulado, nos anos 80, no bojo do diálogo entre técnicos e ativistas de bairros e favelas (especialmente de federações de associações). Ou seja: conquanto o *mainstream* do "planejamento politizado" não costume gastar papel e tinta com temas como ativismos e movimentos sociais urbanos (sua história, suas fraquezas, sua crise, seu devir...), a matriz intelectual da qual ele se orgulha de ser tributário, o ideário da reforma urbana, constituiu-se, na década de 80, não apenas em um ambiente acadêmico, mas foi fruto da interação entre intelectuais e técnicos, de um lado, e ativistas de base, de outro.

O *background* para a compreensão dessas contribuições da sociedade civil é, na verdade, múltiplo. Se, no caso, dos ambientes profissionais, será sempre necessário não perder de vista o pano de fundo representado pela evolução das idéias estéticas e científicas, juntamente com a evolução das diferentes profissões e disciplinas em seus aspectos intelectual e institucional (consulte-se, a respeito, HALL [1996] e FRIEDMANN [1987]), no caso dos ativismos e movimentos sociais é preciso levar em conta as influências das idéias e práticas políticas, principalmente de esquerda. Em comum, todos esses ambientes só podem ser convenientemente radiografados se são consideradas as questões do papel do Estado (conjuntura política e dinâmica institucional) e, mais amplamente, da economia ("estilo de desenvolvimento" e modo de regulação, que vão compor o quadro dentro do qual o Estado terá maior ou menor capacidade de intervenção). No que se refere ao caso brasileiro, as muitas causas da decadência do ativismo em bairros comuns e favelas foram elencadas e discutidas em SOUZA (1993b) e atualizadas em SOUZA (2000a). Quanto ao próprio MNRU, sua perda de importância esteve ligada, ao longo dos anos 90, à derrota estratégica sofrida na Constituinte (e minimizada pelos que viriam a constituir o *mainstream* do "planejamento politizado") e à fragmentação da frente de luta pela reforma urbana, tanto quanto ao enfraquecimento de sua base social na esteira da crise dos movimentos sociais urbanos. Impossível, também, deixar totalmente de lado a própria crise das esquerdas (implosão do marxismo e dificuldades para estabelecer e conferir visibilidade pública a alternativas ao marxismo), que é um dos fatores que influenciaram os descaminhos e as desventuras do "planejamento politizado".

Nada autoriza, apesar desses reveses da última década, imaginar que coisa alguma de relevante esteja sendo, atualmente, gestada ou praticada no seio da sociedade civil. A crise, insofismável e de conseqüências nefastas, é certo, é, contudo, a crise das organizações e dos formatos tradicionais do ativismo urbano – as associações de moradores. Hoje, continuam, mesmo nos marcos da crise das associações e federações de bairros e favelas, existindo experiências relevantes envolvendo a sociedade civil. Algumas, como os *orçamentos participativos*, começaram a ganhar corpo justamente no momento em que as associações definhavam e empalideciam. Os orçamentos participativos, e principalmente o de Porto Alegre (que é objeto de exame do

Subcapítulo 1.1. da Parte IV, razão pela qual o autor não se estenderá sobre o assunto aqui), embora tenham sido, por via de regra, iniciativas do próprio Estado (situação um pouco surpreendente para uma *insurgent planner* como SANDERCOCK [1999], forçando a um repensamento de velhos preconceitos), incorporam e valorizam, nos casos realmente consistentes, o "saber popular". Outras práticas, como a do Movimento dos Trabalhadores Sem Teto (MTST), derivadas da permanência e do agravamento das contradições sociais existentes em cidades de um país (semi)periférico como o Brasil, continuam a surgir. São, ainda, fracas; muitas não prosperarão, outras talvez prosperem, talvez até desemboquem, em meio a uma sinergia, em experiências ousadas. Quem sabe? Enfim, práticas continuam a se dar, às vezes *com* o Estado como interlocutor e parceiro, às vezes *contra* o Estado e, muito freqüentemente, *apesar* do Estado. E a hora final dos próprios ativismos de bairro talvez ainda não tenha soado; talvez ainda tenham um papel muito importante a desempenhar. Quem sabe?...

Ao final deste capítulo, cumpre, no mínimo, oferecer uma pequena desculpa ao leitor para a impossibilidade do autor em fornecer comentários sobre experiências de outros países. Para fazê-lo com propriedade seria necessário tê-las estudado detidamente, talvez até mesmo ter vivenciado e acompanhado algumas delas – coisa que, admita-se, há de ser um privilégio raríssimo. Embora a literatura sobre movimentos sociais urbanos em diversos países não seja pequena, mais limitadas são as referências que trazem pontes sólidas entre as práticas dos movimentos, sua produção endógena de estratégias de planejamento e gestão e, eventualmente, a influência dos movimentos sobre os próprios profissionais de planejamento. Ciente da temeridade que seria buscar generalizações a respeito de práticas tão permeáveis a particularidades e singularidades políticas e culturais em diversas escalas, o autor se resigna a encaminhar o leitor, assim, para duas obras coletivas, onde ele poderá encontrar vários exemplos interessantes, referentes a experiências não-brasileiras: as duas coletâneas organizadas por Leonie Sandercock, citadas, na bibliografia, a reboque dos textos introdutórios da organizadora (SANDERCOCK, 1998; 1999).

Por outro lado, mesmo sem poder preencher essa lacuna, não há nenhum grande risco de se cometerem impropriedades ao chamar-se a atenção do leitor para certas coisas que saltam aos olhos quando se examina a literatura sobre movimentos sociais urbanos e planejamento urbano em outros países, tendo em mente uma comparação com a realidade brasileira. Em que pese o definhamento de certas modalidades de organização a partir dos anos 80, a tradição de ativismos urbanos no Brasil, pelo menos em muitas grandes cidades, é altamente significativa. Também é altamente significativo o fato de que uma parcela não desprezível da *intelligentsia* ligada ao planejamento urbano, dentro e fora das universidades, tenha sabido redefinir criticamente as prioridades do planejamento e reciclar suas técnicas, criando um planejamento alternativo comprometido com o ideário da reforma urbana. Ao mesmo tempo, várias questões importantes têm estado pouco presentes, e às vezes quase que inteiramente ausentes dessa agenda simpática à mudança social. Causa espanto que questões étnicas, tão importantes em um país no qual o racismo se faz presente, ainda que de modo (às vezes) mais brando e sutil, não venham merecendo qualquer destaque na produção teórica a respeito da reforma urbana e suas formas de concretização. Também as questões de gênero, em um país onde o machismo, apesar de igualmente manifestar-se de maneira (às vezes) mais branda e sutil que em outros países, é uma realidade inquestionável, têm sido solenemente ignoradas pelos planejadores alternativos brasileiros. Em contraste com isso, a discussão a respeito das vinculações entre etnicidade e planejamento urbano são fortes nos EUA (sobretudo), enquanto que as questões de gênero têm recebido bastante atenção, já há décadas, por parte de estudiosas do urbano e planejadoras em diversos países europeus e nos EUA, dentro do amplo contexto dos *gender studies* e de vertentes disciplinares específicas como a *feminist geography* anglo-saxã e suas equivalentes em outros países (*feministische Geographie* alemã etc.). O reconhecimento de que há muitas formas graves de opressão para além da exploração de classe, e que o planejamento urbano, ao não se mostrar, por exemplo, "*gender sensitive*", contribui para criar espaços urbanos marcados por sexismo e hostis à emancipação das mulheres, é algo já bem estabelecido nos EUA e em vários países europeus (leia-se, a título de introdução a essa vasta literatura, LAWS [1994]), mas virtualmente inexistente no Brasil. Mesmo as abordagens críticas produzidas em nosso país têm apresentado um viés masculino/(pseudo-)branco. Isso, decerto, reflete a própria composição da *intelligentsia*, mas não há como não admitir que há uma baixíssima visibilidade pública dos próprios ativismos sociais ligados aos problemas vivenciados pelos afro-descendentes e, mais ainda, daqueles ligados à problemática do sexismo e da opressão da mulher. Portanto, não só o ambiente profissional do planejamento urbano, mas, diferentemente de outros países, também o ambiente dos ativismos sociais sempre esteve, no Brasil, excessivamente concentrado sobre uma única problemática, a da exploração de classe.

12. Uma tipologia das abordagens atuais do planejamento e da gestão urbanos: quadro sinótico

O que segue é uma síntese, sob a forma de uma tipologia, de tudo o que se viu no decorrer desta Parte II. Nem todos os tipos de planejamento mencionados anteriormente reaparecem aqui, pelo fato de que não estão presentes no debate e/ou na realidade contemporâneos, a despeito de sua importância histórica (caso do *advocacy planning*). As nove modalidades expostas a seguir são aquelas que foram contempladas com capítulos específicos.

Antes de passar à tipologia propriamente dita, cabe retomar os oito critérios selecionados, apresentados muito sucintamente no Capítulo 1 e empregados ao longo das discussões dos capítulos 2 a 10. Trata-se de variáveis cuja "mensuração" se dá, quando muito, em uma escala ordinal, e na maioria dos casos em uma simples escala nominal.

- A *idéia-força central* se refere ao objetivo mais essencial perseguido no âmbito da modalidade de planejamento considerada. A idéia-força central define, em larga medida, o espírito da abordagem, e, juntamente com a *atitude em face do mercado* e, sobretudo, o *horizonte político-filosófico*, esclarece sobre a visão de mundo associada à modalidade em questão.

- A *filiação estética* é, como se disse já na Introdução, uma variável relevante apenas no caso de modalidades de planejamento (a rigor, subtipos dentro dos tipos identificados) mais arquiteturais e mais envolvidas com questões de traçado e estilo, notadamente o

Urbanismo e o *urban design*. No caso de outras abordagens de planejamento e gestão, pouco ou nada voltadas para problemas estético-formais, a variável deixa de ser importante.

• No que diz respeito à variável *escopo*, viu-se que as correntes do Urbanismo e do *urban design* tendem a ser estritamente "físico-territoriais", enquanto que as demais tendem a ter uma natureza "social abrangente", isto é, não estritamente físico-territorial, em que a espacialidade é uma entre diversas dimensões, ainda que seja uma dimensão crucial.

• O *grau de interdisciplinaridade* admite ser tratado com a ajuda de uma escala de avaliação que varia entre o muito pequeno (caso das correntes urbanísticas identificadas essencialmente com a profissão de arquiteto) e o muito grande (caso de uma perspectiva como a autonomista, que aposta, no limite, na transdisciplinaridade ou, mesmo, na adisciplinaridade, sobre a base de uma crítica da divisão do trabalho acadêmico em vigor), passando pelo pequeno, o médio e o grande.

• A *permeabilidade em face da realidade*, vale dizer, o grau em que o normativo deriva de uma análise profunda e sistemática prévia da realidade empírica, foi tratada com a ajuda de uma escala de avaliação com três posições: abordagem apriorística, abordagem semi-apriorística e abordagem reconstrutivista. Alguém poderia achar tentador interpretar apriorismo e reconstrutivismo, weberianamente, como tipos ideais, por conseguinte construções altamente abstratas inexistentes, enquanto tais, na realidade de modo pleno. Decidiu-se, porém, neste trabalho, encará-los, pragmaticamente, como categorias dentro de uma escala de avaliação e introduzir a categoria intermediária semi-apriorismo. Tipos ou subtipos *essencialmente* apriorísticos foram, então, classificados como apriorísticos, enquanto tipos ou subtipos com perceptível orientação ou vocação reconstrutivista foram identificados com essa categoria; tipos ou subtipos que, em sã consciência, não admitem ser situados muito perto de nenhum dos dois extremos, foram, então, identificados com a categoria intermediária. Recuperando a explicação dada no Capítulo 4 da Parte I, os enfoques apriorísticos se caracterizam pelo fato de que neles a observação do real e a coleta de dados e informações servem meramente para contextualizar uma proposta de intervenção baseada em um modelo normativo da "boa forma urbana". No caso dos enfoques semi-apriorísticos, a observação do real, a coleta de dados, a obtenção de informações e a formulação de conjecturas sobre o porvir fundamentam um ajuste dos princípios e balizamentos normativos, os quais são relativamente permeáveis ao mundo real; sem embargo, as "pesquisas" em que se baseiam os enfoques semi-apriorísticos não preenchem os requisitos de uma investigação científica rigorosa. Em contraste com isso, no caso dos enfoques reconstrutivistas, a despeito da fundamentação teórica e dos balizamentos metateóricos que preexistem à análise empírica, estabelece-se uma dialética entre teoria e empiria.

• O *grau de abertura para com a participação popular* admite ser tratado com o auxílio da escala de avaliação da figura 3. Essa escala de avaliação foi inspirada na clássica "escada da participação popular" de Sherry ARNSTEIN (1969), com suas oito categorias, que vão da pura e simples *manipulação* (*manipulation*) dos indivíduos e grupos por parte do Estado ao *controle cidadão* (*citizen control*). Para Arnstein, apenas as três categorias que representam as partes mais altas da "escada", vale dizer, *parceria (partnership)*, *poder delegado* (*delegated power*) e *controle cidadão* (*citizen control*), constituiriam uma autêntica participação. As três categorias intermediárias (*apaziguamento* [*placation*], *consulta* [*consultation*] e *informação* [*informing*]) não passariam de expressões de dissimulação ou falsa participação (*tokenism*), enquanto que as duas categorias inferiores (*manipulação* e *terapia* [*therapy*]) nada mais seriam que manifestações explícitas de tecnocratismo. Não obstante, uma modificação da classificação de Arnstein tornou-se, aos olhos do autor, necessária, pois algumas das categorias propostas pela autora revelaram-se, por razões variadas, inadequadas. A categoria "terapia" refere-se a algo relativamente específico, a terapia de grupo no contexto do assistencialismo "comunitário", e pode ser incluída como uma variante da manipulação. A manipulação, por sua vez, não abarca, a rigor, situações mais duras, melhor classificáveis como sendo de coerção pura e simples. "Apaziguamento" é um termo um pouco vago, sendo que a descrição de seu conteúdo por Arnstein mostra que um termo como *cooptação* seria bem mais preciso, ajudando a distinguir melhor da "consulta". Por fim, "controle cidadão" é uma categoria um pouco nebulosa: ou ela se distingue muito pouco do "poder delegado", que claramente já expressa um significativo controle cidadão, ou ela se refere a uma situação de plena democracia direta em que o aparelho de Estado não tem mais lugar – razão pela qual o melhor seria usar o termo *autogestão*. A classificação alternativa proposta compreende, assim, as seguintes categorias:

1. *Coerção*: representa situações em que, freqüentemente, nem sequer as aparências são salvas, como as remoções de favelas (com posterior transferência dos moradores para conjuntos habitacionais periféricos), algo comum no Brasil urbano durante o regime militar, especialmente entre fins dos anos 60 e começo dos anos 70. Normalmente, situações de clara coerção serão encontradas em regimes de exceção (ditatoriais ou, mesmo, totalitários), nas quais a própria democracia representativa não existe ou deixou de existir.
2. *Manipulação*: corresponde a situações nas quais a população envolvida é induzida a aceitar uma intervenção, mediante, por exemplo, o uso maciço da propaganda ou de outros mecanismos. O Estado não tem a menor intenção de estabelecer um verdadeiro diálogo (sequer informando corretamente a população), e muito menos criar canais de participação; apenas busca restringir ao máximo o uso da força bruta, valendo-se de outros recursos para viabilizar uma dada intervenção. Políticas públicas compensatórias e intervenções pontuais, com o objetivo imediato de dar a impressão de que os governantes estão "fazendo a sua parte" e, via de regra, com o objetivo mediato de ganhar eleições, ilustram essa categoria.
3. *Informação*: neste caso, o Estado disponibiliza informações sobre as intervenções planejadas. Dependendo da fatores como cultura

política e grau de transparência do jogo político, as informações serão menos ou mais completas, menos ou mais "ideologizadas".

4. *Consulta*: aqui, o Estado não se limita a permitir o acesso a informações relevantes, sendo a própria população consultada. O processo de consulta pode ser, algumas vezes, bem organizado e ser útil para o balizamento da atividade planejadora. O problema é que não há qualquer garantia (ou mesmo um compromisso explícito e acordado) de que as opiniões da população serão, de fato, incorporadas. Na prática, mesmo em democracias representativas "maduras", como na Europa e nos EUA, argumentos técnicos são muitas vezes invocados, de maneira exagerada e tendenciosa, para justificar a não incorporação das sugestões da população.
5. *Cooptação*: a cooptação de uma coletividade pode se dar de várias formas. Em sentido mais específico, deseja-se fazer referência, aqui, à cooptação de indivíduos (líderes populares, pessoas-chave) ou dos segmentos mais ativos (ativistas), convidados para integrarem postos na administração ou para aderirem a um determinado "canal participativo" ou a uma determinada "instância participativa". Essa cooptação individual ou de um segmento da sociedade serve, menos ou mais intencionalmente, à cooptação de uma coletividade mais ampla. A população, por meio dos líderes selecionados e/ou dos canais "participativos" permanentes criados, é ouvida, mas, como no caso da consulta, a participação não é, a rigor, deliberativa. A diferença em relação à consulta é que, nesse caso, instâncias *permanentes* são criadas, não se limitando o Estado a promover pesquisas de opinião, audiências públicas ou similares. A institucionalização de canais e instâncias permanentes de participação pode parecer (e, de certo modo, é) um avanço em comparação com a mera consulta. No entanto, a partir do momento em que essa institucionalização ocorre sem que a instância participativa possua real poder decisório (o que pressupõe um mínimo de independência político-institucional e financeira), nessa situação se aninha um risco: o de domesticação e desmobilização ainda maiores da sociedade civil. Mesmo sem presumir, sempre, uma *intenção* por parte do governo em desmo-

bilizar (não se trata, afinal, de promover uma interpretação conspiratória do processo histórico), *na prática* a cooptação pode mostrar-se vantajosa para indivíduos ou mesmo grupos, mas para a coletividade, no longo prazo, ela tende a ser antes um problema que uma solução. Por isso, da mesma maneira que a informação e a consulta, a cooptação não passa de uma pseudoparticipação.

6. *Parceria*: a parceria corresponde ao primeiro grau de participação autêntica, isto é, não meramente consultiva ou cooptativa. Estado e sociedade civil organizada colaboram, em um ambiente de diálogo e razoável transparência, para a implementação de uma política pública ou viabilização de uma intervenção.
7. *Delegação de poder*: a delegação de poder vai mais além da parceria, pois aqui o Estado abdica de toda uma gama de atribuições, antes vistas como sua prerrogativa exclusiva, em favor da sociedade civil. Os elementos de democracia direta são evidentes, ainda que os marcos gerais continuem a ser os da democracia representativa. A parceria e a delegação de poder consistem em situações de *co-gestão* entre Estado e sociedade civil.
8. *Autogestão*: na prática, a delegação de poder é o nível mais elevado que se pode alcançar nos marcos do binômio capitalismo + democracia representativa. Ir além disso – ou seja, implementar políticas e intervenções de modo autogestionário, sem a presença de uma instância de poder pairando acima da sociedade (Estado), a qual decide quanto, quando e como o poder poderá ser transferido – pressupõe, a rigor, um macrocontexto social diferente: pressupõe uma sociedade basicamente autônoma. O que não elimina a possibilidade de experiências autogestionárias marginais terem lugar, menos ou mais efemeramente e com menor ou maior impacto político-pedagógico, por assim dizer, nas bordas do sistema heterônomo.

Somente as categorias superiores (6, 7 e, obviamente, 8) correspondem a marcos político-instituicionais em que se pode, efetivamente, ter a esperança de que as soluções de planejamento e gestão possam ser encontradas de modo fortemente democrático e sobre os alicerces do emprego da racionalidade e do agir comunicativos; já as duas categorias mais inferiores (1 e 2) representam a arrogância do "discurso competente" em sua forma pura. As situações representadas pelas categorias intermediárias diferem daquelas representadas pelas inferiores muito mais na forma que no conteúdo, pois a ilusão de participação e as concessões limitadas expressas pelas simples cooptação, consulta e informação são manifestações evidentes de uma sociedade heterônoma. Ademais, é preciso admitir que uma participação autêntica mais ousada, correspondente à autogestão, exige, em última análise, muito mais que uma transformação política na escala local; no sentido castoriadiano de autonomia, faz-se mister uma transformação social muito mais profunda, impossível de ser alcançada apenas dentro do raio de ação político, econômico e cultural de uma cidade. Isso, porém, não exclui a possibilidade de se alcançarem importantes ganhos de autonomia mesmo no interior de uma sociedade capitalista, desde que, a despeito das tensões daí decorrentes, elementos de democracia direta sejam consistentemente combinados com os mecanismos convencionais da democracia representativa.

• A *atitude em face do mercado* é um critério que compreende as seguintes categorias: aceitação sem restrições ("mercadofilia"); criticismo moderado acoplado a uma aspiração de controle, disciplinamento e "domesticação" do mercado de modo plenamente funcional ao capitalismo (o que é típico do planejamento regulatório e do Estado keynesiano em geral); forte criticismo tendo por base, na verdade, uma crítica do próprio capitalismo. Neste terceiro caso, três posições alternativas são possíveis: uma "aceitação tensa" da sociedade e da economia capitalistas, acoplada a um desejo de controle e disciplinamento do mercado e da propriedade com o fito de instituir maior justiça social; uma aceitação tática e pragmática da sociedade e da economia capitalistas, acoplada a uma meta não apenas de controle e disciplinamento do mercado e da propriedade, mas de superação do modelo social capitalista como condição *sine qua non* para a conquista de maior justiça social em um nível significativo; rejeição pura e simples de qualquer compromisso com o modelo social vigen-

Fig. 3

Da não-participação à participação autêntica: uma escala de avaliação

1 e **2**: situações de *não-participação*;
3, **4** e **5**: graus de *pseudoparticipação*;
6, **7** e **8**: graus de *participação autêntica*.

te e preocupação exclusiva com o desenho de uma organização sócio-espacial pós-revolucionária futura (esta última posição é desprovida de expressão atualmente).

• O *referencial político-filosófico* pode ir do ultraconservadorismo capitalista, em sua versão "neoliberal", à perspectiva de superação do modelo social capitalista, passando pelas visões de centro-esquerda *à la* social-democracia e "liberalismo de esquerda".

Pode-se passar, agora, à apresentação final da tipologia:

1) **"Planejamento físico-territorial" clássico**: a) *idéia-força central*: modernização da cidade (outras idéias-força, menos sintéticas mas também fundamentais, são a de ordem e a de racionalidade); b) *filiação estética*: no caso dos arquitetos-urbanistas, o modernismo foi o grande referencial ao longo da maior parte do século XX (em vários casos, sobretudo em se tratando de não-arquitetos, o problema estético era e é, contudo, secundário ou irrelevante); c) *escopo*: como o próprio rótulo indica, trata-se de um planejamento voltado exclusivamente para a organização espacial; d) *grau de interdisciplinaridade*: muito pequeno no caso do Urbanismo modernista e pequeno ou médio nas outras situações; e) *permeabilidade em face da realidade*: abordagem apriorística no caso do Urbanismo modernista e semi-apriorística nas demais situações; f) *grau de abertura para com a participação popular*: o máximo atingido são as formas de pseudoparticipação e, no caso do Urbanismo corbusiano, sequer isso era preconizado, não indo além da manipulação; g) *atitude em face do mercado*: criticismo moderado acoplado a uma aspiração de controle, disciplinamento e "domesticação" do mercado de modo plenamente funcional ao capitalismo (intervenção estatal pode implicar insatisfação conjuntural de indivíduos ou mesmo frações da classe dominante, mas é estruturalmente útil ao sistema e serve à reprodução do modelo civilizatório capitalista); h) *referencial político-filosófico*: na maioria dos casos, o planejamento

regulatório identificava-se com o *welfare state* keynesiano ou, mais geralmente, com um Estado forte e intervencionista, politicamente oscilando entre posições menos autoritárias (social-democracia) e mais autoritárias (caso de Le Corbusier).

2) **Planejamento sistêmico**: a) *idéia-força central*: modernização da cidade (no caso do "enfoque racional", por ser procedural, a idéia-força central é a de *racionalidade*, muito embora a modernização da cidade seja um pressuposto substantivo implícito e essencial); b) *filiação estética*: o problema estético é secundário ou irrelevante; c) *escopo*: não estritamente físico-territorial; d) *grau de interdisciplinaridade*: grande; e) *permeabilidade em face da realidade*: tendência ao reconstrutivismo e a superar o semi-apriorismo, embora por uma via positivista e não-dialética; f) *grau de abertura para com a participação popular*: pequena (a racionalidade com a qual se lida é exclusivamente a instrumental e a abordagem é tecnocrático-cientificista); g) *atitude em face do mercado*: tende a ser de um criticismo moderado, bem ao estilo do planejamento regulatório em geral; h) *referencial político-filosófico*: sendo uma variante do planejamento regulatório em geral, também aqui a identificação era com um Estado forte e intervencionista.

3) **Perspectivas "mercadófilas"**: a) *idéia-força central*: modernização da cidade (em algumas versões essa idéia-força se acha largamente desvinculada de uma preocupação mais universal com a qualidade de vida da população citadina, mesmo no plano discursivo, em contraste com o planejamento regulatório tradicional, uma vez que o *Leitmotiv* é o atendimento de demandas dos capitalistas e dos segmentos privilegiados em geral; em outras versões esse tipo de preocupação existe – restrita a um nível retórico, bem entendido –, conquanto as prioridades efetivamente elencadas, a vaguidão do discurso "social" e as articulações e alianças construídas denunciem que se trata de privilegiar o setor empresarial e suas necessidades, tornando a cidade *economicamente mais competitiva*); b) *filiação estética*: o problema estético tende a ser secundário e, em alguns casos, claramente desimportante,

embora haja uma tendência de predileção pelo pós-modernismo; c) *escopo*: não estritamente físico-territorial; d) *grau de interdisciplinaridade*: médio; e) *permeabilidade em face da realidade*: tende ao semi-apriorismo; f) *grau de abertura para com a participação popular*: pequena (a abertura é, no máximo, para com formas de pseudoparticipação); g) *atitude em face do mercado*: acriticismo; h) *referencial político-filosófico*: neoliberalismo.

4) ***New Urbanism***: a) *idéia-força central*: compatibilização do crescimento e da modernização da cidade com a preservação de valores "comunitários" e da "escala humana"; b) *filiação estética*: pós-modernismo; c) *escopo*: físico-territorial; d) *grau de interdisciplinaridade*: pequeno; e) *permeabilidade em face da realidade*: abordagem semi-apriorística; f) *grau de abertura para com a participação popular*: tendencialmente pequeno, restrito às modalidades de pseudoparticipação; g) *atitude em face do mercado*: criticismo muito moderado (posição intermediária entre o planejamento regulatório e as perspectivas mercadófilas); h) *referencial político-filosófico*: tendencialmente, "liberalismo de esquerda".

5) **Desenvolvimento urbano sustentável e planejamento ecológico**: a) *idéia-força central*: binômio *modernização com sustentabilidade ecológica* das cidades, em que o primeiro termo (*modernização*), embora menos enfatizado que o segundo (*sustentabilidade*), está presente – aliás, a "sustentabilidade" almejada não atrita com a aceitação tácita do modelo civilizatório capitalista como contexto geral; b) *filiação estética*: o problema estético tende a ser desimportante; c) *escopo*: não estritamente físico-territorial; d) *grau de interdisciplinaridade*: grande; e) *permeabilidade em face da realidade*: variável, indo de uma postura semi-apriorística a um enfoque mais propriamente científico; f) *grau de abertura para com a participação popular*: malgrado o freqüente compromisso retórico para com a "participação", não parece haver, normalmente, compromisso efetivo com algo que vá além da pseudoparticipação; g) *atitude em face do mercado*: criticismo moderado, similarmente ao estilo do planejamento

regulatório; h) *referencial político-filosófico*: "liberalismo de esquerda" ou social-democracia.

6) **Planejamento comunicativo/colaborativo**: a) *idéia-força central*: consenso entre grupos sociais distintos (essa idéia-força é nitidamente procedural, enquanto reina, a propósito de idéias-força substantivas, bastante ambigüidade, uma vez que nem a modernização capitalista é claramente questionada, nem é ela explicitamente abraçada); b) *filiação estética*: o problema estético tende a ser desimportante; c) *escopo*: não estritamente físico-territorial; d) *grau de interdisciplinaridade*: grande; e) *permeabilidade em face da realidade*: em princípio, grande, podendo ir além do semi-apriorismo, inclusive por romper com o objetivismo restritivo típico da razão instrumental; f) *grau de abertura para com a participação popular*: teoricamente, grande, mas a ambigüidade do discurso e a falta de um compromisso claro de questionamento do modelo social capitalista conduz a uma tendência de banalização ou esvaziamento da participação, potencialmente recaindo na mera pseudoparticipação; g) *atitude em face do mercado*: moderadamente crítica; h) *referencial político-filosófico*: ao que tudo indica, na prática, nada além da defesa do Estado de bem-estar nos marcos de um ideário social-democrata ou "liberal de esquerda".

7) **Planejamento rawlsiano**: a) *idéia-força central*: justiça social; b) *filiação estética*: o problema estético tende a ser desimportante; c) *escopo*: não estritamente físico-territorial; d) *grau de interdisciplinaridade*: grande; e) *permeabilidade em face da realidade*: potencialmente, grande; f) *grau de abertura para com a participação popular*: uma vez que a democracia direta não é muito valorizada no âmbito do modelo, a participação tenderá, provavelmente, a limitar-se a uma pseudoparticipação; g) *atitude em face do mercado*: há, aqui, boa margem para divergências, mas a expectativa não deve ser mais do que a de um criticismo moderado; h) *referencial político-filosófico*: idem no que refere à atitude em face do mercado mas, ao que tudo indica, de acordo com o que parece ser o referencial essencial do enfoque de Rawls, o

modelo buscado, na prática, seria uma espécie de Estado de bem-estar aprimorado, nos marcos econômicos do capitalismo e nos marcos políticos de uma variante social-democrática.

8) **Planejamento e gestão urbanos social-reformistas**: a) *idéia-força central*: justiça social; b) *filiação estética*: o problema estético tende a ser desimportante; c) *escopo*: não estritamente físico-territorial; d) *grau de interdisciplinaridade*: grande; e) *permeabilidade em face da realidade*: potencialmente, grande, capaz de ir além do semi-apriorismo; f) *grau de abertura para com a participação popular*: há uma certa ambigüidade a esse respeito, pois o compromisso com um questionamento da democracia representativa não é claro e pressente-se uma certa tolerância para com formas de simples pseudoparticipação; g) *atitude em face do mercado*: oscilando entre bastante crítica e moderadamente crítica; h) *referencial político-filosófico*: ao que parece, os adeptos do enfoque transitaram, desde a segunda metade dos anos 80, da defesa de alguma espécie de "socialismo democrático", eventualmente conquistável mediante eleições e não por uma via revolucionária, para uma forma de social-democracia mais ou menos "participativa", compatível com o modelo social capitalista.

9) **Planejamento e gestão urbanos autonomistas**: a) *Idéia-força central*: autonomia individual e coletiva; b) *filiação estética*: o problema estético não é propriamente secundário mas, consoante o princípio de autonomia, recusam-se receitas apriorísticas e aceita-se a variabilidade de soluções e preferências (locais, regionais etc.), deixando-se essa questão, como muitas outras, para a alçada decisória da própria coletividade organizada; c) *escopo*: não estritamente físico-territorial; d) *grau de interdisciplinaridade*: muito grande (a perspectiva é, na verdade, a de uma crítica do paradigma disciplinar); e) *permeabilidade em face da realidade*: abordagem radicalmente reconstrutivista; f) *grau de abertura para com a participação popular*: a legitimidade do planejamento e da gestão é atrelada à participação dos envolvidos nos marcos de uma igualdade efetiva de oportunidades de participação nos processos decisórios ("parceria", "delegação de poder" e

"autogestão", segundo a escala de avaliação proposta neste livro); g) *atitude em face do mercado*: fortemente crítica, nos marcos de uma crítica do modelo civilizatório capitalista em geral; h) *referencial político-filosófico*: sociedade autônoma (instituições garantidoras de igualdade de acesso a processos de tomada de decisão de interesse coletivo e estimuladoras de uma socialização capaz de produzir indivíduos emancipados, conscientes e responsáveis).

PARTE III:

Instrumentos e institucionalidades

1. Tipos de instrumentos e seu contexto político

Os instrumentos típicos do Urbanismo são, juntamente com o zoneamento de uso e ocupação do solo, os vários tipos de índices ou parâmetros que regulam a densidade e a forma da ocupação do espaço (gabarito, afastamentos, taxa de ocupação, índice de permeabilidade etc.). Tais instrumentos vinculam-se, muito fortemente, à dimensão "física" do planejamento urbano. No entanto, já se teve oportunidade de assinalar, com traço forte, no Subcapítulo 1.2. da Primeira Parte, que o Urbanismo é, tão-somente, uma entre várias modalidades de planejamento urbano, bastante ligada à Arquitetura como profissão. O planejamento urbano, conforme foi visto, é muito mais abrangente, sendo, por vocação, interdisciplinar. Ele não deve ter um escopo meramente de intervenções sobre o substrato espacial ou, para usar o linguajar corrente (mas não muito correto), um cunho puramente "físico-territorial". De um ponto de vista de ciência social, que é o deste livro, o instrumental do planejamento compreende, sim, os índices urbanísticos – os quais, em hipótese alguma, podem ser ignorados –, mas vai muito além disso, pois engloba também tributos (objeto de discussão freqüente no Direito Urbano, muitas vezes chamado, um pouco impropriamente, de Direito Urbanístico, e no Direito Tributário) e outros instrumentos. O próprio zoneamento, que, na qualidade de zoneamento de uso do solo, constitui o coração do Urbanismo em matéria de instrumentos, pode ir muito além disso, como se verá mais tarde, assumindo um caráter distinto do tradicional zoneamento de uso do solo.

Os instrumentos de que pode servir-se o planejador e o gestor urbanos são, portanto, de diversas naturezas (tributos, zoneamentos, parâmetros urbanísticos etc.). Eles admitem ser classificados, aproximadamente, em cinco grupos gerais, no que tange ao seu potencial de influenciar as atividades dos agentes modeladores do espaço urbano: *informativos*, *estimuladores*, *inibidores*, *coercitivos* e *outros*.

Os instrumentos *informativos* compreendem os sistemas e meios de divulgação de informações relevantes para um ou vários grupos de agentes modeladores. As informações podem dizer respeito, por exemplo, a locais cujas potencialidades para investimentos o Poder Público deseja tornar conhecidas, ou, para mencionar um exemplo bastante diferente, à importância de se separar o lixo doméstico (objetivando viabilizar a sua coleta seletiva e a sua posterior reciclagem).

Os instrumentos *estimuladores* vão desde os tradicionais incentivos fiscais e outras vantagens oferecidas a empreendedores privados, com o fito de atrair investimentos para um determinado espaço, até táticas como a troca de sacos de lixo por alimentos (no estilo do programa *Câmbio Verde*, de Curitiba), com a finalidade de integrar a população mais pobre a um esforço de superação do problema da coleta de resíduos sólidos em áreas de difícil acesso, como muitas favelas.

Inibidores são, como o nome indica, instrumentos mais fortes, cuja aplicação limita a margem de manobra dos agentes modeladores do espaço urbano. Exemplos são o parcelamento e a edificação compulsórios, o IPTU progressivo e a desapropriação – todos explicitamente previstos no Art. 182 da Constituição Federal, e que serviriam para inibir a especulação imobiliária. A restrição da oferta de moradias, com o objetivo de desestimular a migração campo-cidade (o que foi tentado, entre 1979 e 1983, em Brasília – aliás, sem êxito), é um outro exemplo de instrumento inibidor.

Coercitivos são instrumentos ainda mais fortes, que expressam uma proibição e estabelecem limites legais precisos para as atividades dos agentes modeladores. Os índices urbanísticos (coeficiente de superfície edificada, coeficiente de ocupação do solo, gabarito, recuos e afastamentos, dentre outros) ilustram perfeitamente este caso. Proibições e determinações relativas ao uso do solo e ao manejo ambiental, tais como as tipicamente contidas em zoneamentos e nos planos de manejo de parques nacionais, são também exemplos de instrumentos coercitivos.

Por fim, há instrumentos cuja *rationale* não é propriamente a de influenciar a ação de agentes modeladores do espaço urbano, tendo, na verdade, outros objetivos, como a auferição de recursos adicionais. É o caso da contribuição de melhoria, cuja aplicação não visa a informar, estimular, inibir ou coagir quem quer que seja, mas sim a captar a parte da valorização de um imóvel advinda como resultado de uma ação do Estado, como a realização de uma benfeitoria que vá além das obrigações corriqueiras da Prefeitura (vide detalhes no Subcapítulo 2.3., mais adiante).

Como se vê, cada grupo abrange instrumentos de natureza muito diversa no que concerne aos seus efeitos sociais mais amplos. Há instrumentos cujo caráter é eminentemente de promoção de justiça social, como o IPTU progressivo; e há outros que, diversamente, procuram beneficiar grupos específicos, como ocorre com os incentivos fiscais relativamente aos empresários (na realidade, trata-se de um instrumento cujo uso, cada vez mais freqüente, é de legitimidade não poucas vezes duvidosa do ponto de vista dos interesses objetivos da maioria da população). Por fim, há instrumentos de natureza essencialmente maleável, os quais, dependendo das circunstâncias de sua aplicação, poderão acarretar benefícios ou malefícios: é o que acontece com as regulações de uso do solo.

2. Parâmetros urbanísticos de ocupação do solo

Os parâmetros urbanísticos consistem em grandezas e índices (relações entre duas grandezas) que medem aspectos relevantes relativos à densidade e à paisagem urbana. Eles são, ao lado dos zoneamentos, as ferramentas de uso mais corriqueiro no planejamento urbano. É necessário frisar, de todo modo, que os parâmetros urbanísticos e os zoneamentos necessitam andar juntos, com os primeiros integrados no interior dos segundos, notadamente do zoneamento de densidade. Isso porque os valores permitidos a propósito de cada parâmetro não apenas poderão variar de município para município, dado que a legislação que regula a sua aplicação (legislação edilícia) é municipal, mas, também, deverão variar de zona para zona, no interior de uma determinada cidade.

Em contraste com outros intrumentos, como os zoneamentos, os quais, muitas vezes, carregam um indisfarçável conteúdo político-ideológico, ao promoverem segregação ou, pelo contrário, inclusão (vide Capítulo 4, mais abaixo), os parâmetros urbanísticos não possuem, em si mesmos, uma vocação progressista ou conservadora. Eles expressam, simplesmente, aspectos da densidade urbana e das formas espaciais. É certo que não se deve perder de vista que mesmo instrumentos de nítida vocação progressista podem ser distorcidos e trazer mais mal do que bem, se porventura forem regulamentados de maneira pouco inteligente, inadequada ou distorcida. De toda sorte, em tais casos pode-se falar de uma perversão do uso do instrumento, em desacordo com o seu espírito original, ou de pura e simples incompetência. Com os parâmetros urbanísticos se dá algo um pouco diferente. Mais fortemente do que ocorre com outros instrumentos, o uso que deles for feito, isto é, a maneira como, uma vez regulamentados, condicionarem a ocupação do solo, é que irá se mostrar benéfico – caso permita a manutenção de densidades e tipologias compatíveis com uma boa qualidade de vida – ou maléfico – o que ocorrerá se servir como respaldo para uma ocupação que conduza à saturação dos equipamentos urbanos, ao comprometimento da beleza cênica e a problemas ambientais. Sendo bastante singelos e de natureza puramente formal, os parâmetros urbanísticos são inteiramente plásticos, podendo servir às intencionalidades mais díspares.

Eis, a seguir, explicações sucintas sobre os principais parâmetros urbanísticos (as figuras 4 e 5 servem de explicação gráfica adicional). Uma vez que o enfoque do presente livro não privilegia o olhar arquitetônico, mas sim o da ciência social, não vê o autor razão para oferecer mais que uma concisa introdução ao tema.

• *Gabarito*: parâmetro urbanístico dos mais conhecidos, expressa, em pavimentos ou metros, a altura máxima permitida para as edificações em uma dada zona. Vários são os fatores que podem interferir na determinação do gabarito, da necessidade de preservação da harmonia da paisagem até a proximidade de aeroportos, passando pela largura da rua.

• *Afastamentos*: compreendem os recuos obrigatórios da edificação em relação às divisas do lote (*afastamentos laterais e de fundos*), em relação ao logradouro (*afastamento frontal*) e, eventualmente, entre edificações no mesmo lote. Os afastamentos obrigatórios são estabelecidos pela legislação edilícia vigente em cada município, e os valores poderão variar bastante no interior da cidade, além de, em algumas circunstâncias, também dependerem da altura das edificações. Os afastamentos são muito importantes, pois permitem condições mínimas aceitáveis em matéria de ventilação e iluminação, assim como privacidade.

• *Área construída (total) (ac)*: também denominada *área edificada (total)*, consiste na soma das áreas de todos os pavimentos de uma edificação.

• *Taxa de Ocupação* (*TO*): é a relação entre a área da projeção horizontal da edificação (ou edificações, caso haja mais de uma edificação no mesmo terreno) e a área total do lote ou da gleba. Exemplo: considerando um lote de 500 m^2, onde exista uma única edificação em que a área total ocupada por sua base seja de 100 m^2, a taxa de ocupação será de 0,2.

• *Coeficiente de Aproveitamento* (*CA*), também chamado de *Índice de Aproveitamento do Terreno* (*IAT*): aqui se trata da relação entre a área construída (total) (*ac*) e a área total do lote ou gleba (*at*). Portanto, *CA = ac:at.* Exemplo: considerando um lote de 1.000 m^2 e uma edificação cuja base mede 250 m^2 de área, ter-se-á um coeficiente de aproveitamento do terreno igual a 1 se a edificação em questão possuir quatro pavimentos, correspondendo a área total edificada a 1.000 m^2 . Ou seja, a soma das áreas de todos os pavimentos iguala a área total do terreno.

• *Taxa de Permeabilidade* (*TP*): consiste na relação entre a parte do terreno (lote ou gleba) que permite a infiltração da água (*sp*: superfície permeável) e a área total do mesmo. Portanto, *TP = sp:at.* Exemplo: considerando um lote de 1.000 m^2 e uma edificação cuja base mede 250 m^2 de área, e considerando, também, que, afora a área edificada correspondente ao próprio prédio, outros 600 m^2 acham-se impermeabilizados (área de estacionamento e outros usos), ter-se-á uma *TP* igual a 0,15. A *TP* é um índice muito importante sob o ângulo ambiental, uma vez que a impermeabilização excessiva dos terrenos de uma parte da cidade tende a contribuir para a formação de ilhas de calor, acarretando grande desconforto térmico.

• *Índice de Áreas Verdes* (*IAV*): é a relação entre a parcela do terreno (lote ou gleba) coberta por vegetação (*av*: área com vegetação) e a área total do mesmo. Assim, *IAV = av:at.* A exemplo da *TP*, também o *IAV* é um índice muito relevante sob o ângulo ambiental, uma vez que a maior quantidade de áreas verdes em uma dada parte da cidade tende a contribuir para um maior conforto térmico.

Fig. 4

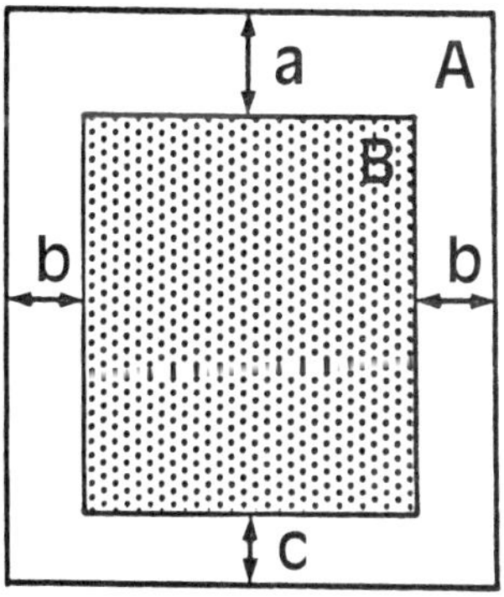

A Lote (área total do lote, *at*)

B Projeção horizontal da edificação

a Afastamento frontal

b Afastamentos laterais

c Afastamento de fundos

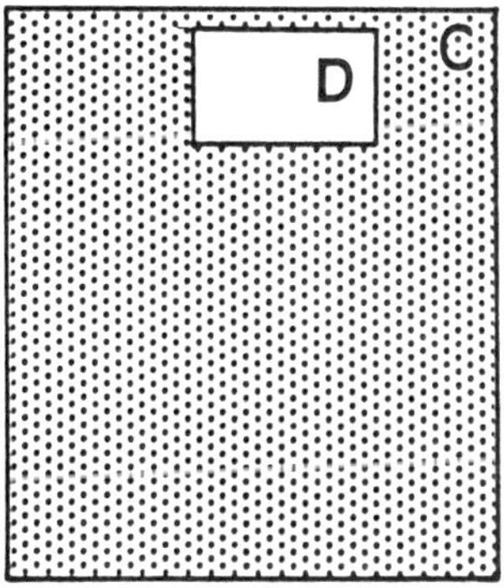

C Áreas do lote impermeabilizadas (edificação, área de estacionamento)

D Área permeável (p. ex., jardim); ao ser dividida pela área total do lote, obtém-se a Taxa de Permeabilidade, ou *TP*

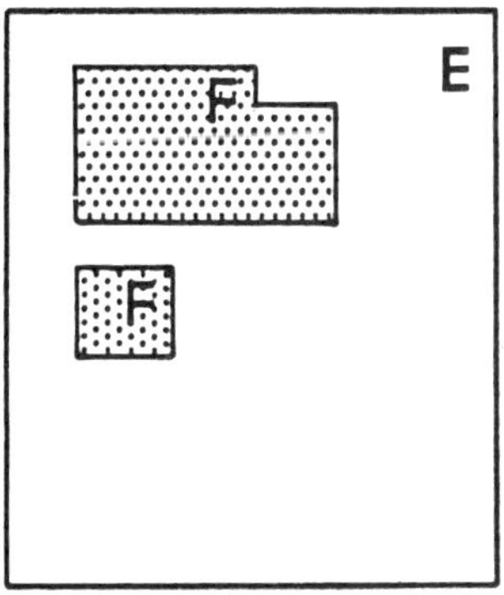

E Lote (área total do lote, *at*)

F Projeção horizontal das edificações; quando a sua soma é dividida pela área total do lote, obtém-se a Taxa de Ocupação, ou *TO*

Fig. 5

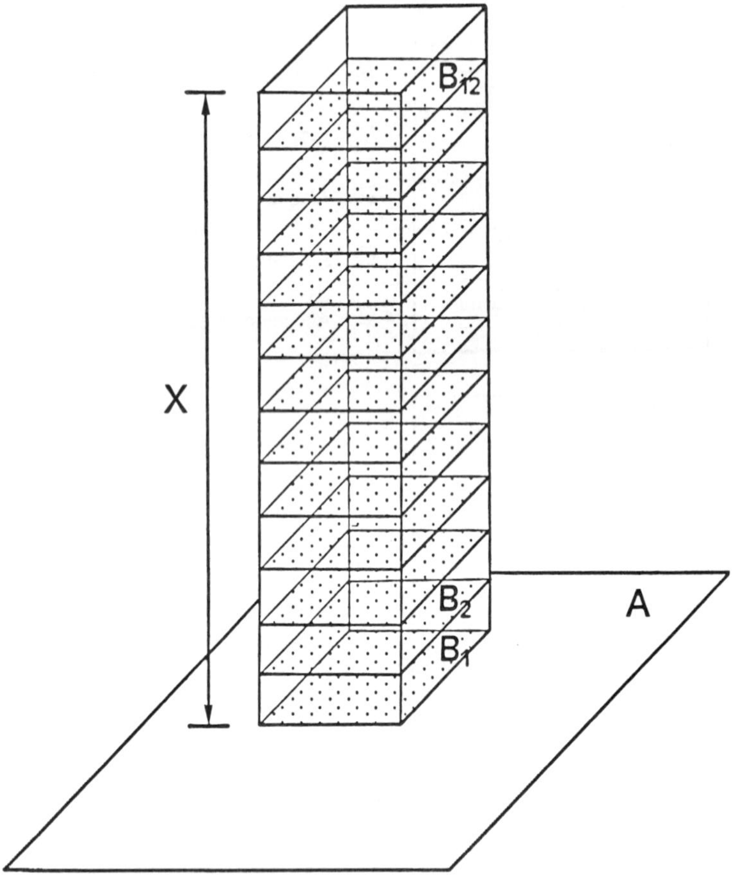

A Lote (área total do lote, *at*) B_1 Projeção horizontal da edificação

$B_1 + B_2 + \ldots B_{12}$ Área construída (total) (*ac*)

X Altura máxima permitida (gabarito)

• *Área bruta* e *área líquida*: a *área bruta* de uma zona ou de um assentamento (por exemplo, um loteamento) é a sua área total, inclusive os logradouros (ruas, praças) e os espaços institucionais. A *área líquida* de uma zona ou de um assentamento refere-se, via de regra, à área utilizada estritamente para fins residenciais, deduzindo-se, por conseguinte, os espaços ocupados por vias de circulação, praças e todo tipo de uso não-residencial.

• *Densidade bruta* e *densidade líquida*: a *densidade bruta* de uma zona ou de um assentamento expressa o número total de pessoas que residem na zona ou assentamento em questão, dividido pela área total do mesmo (incluindo-se os espaços ocupados por vias de circulação, praças e todo tipo de uso não-residencial). A densidade líquida expressa o número total de pessoas que residem na zona ou assentamento em questão, dividido pela área utilizada apenas para fins residenciais.

3. Tributos

Em planejamento e gestão urbanos, os tributos não interessam sob o ângulo estritamente fiscal, vale dizer, de seu potencial de arrecadação. Tão ou mais importante é, na verdade, a *extrafiscalidade* dos tributos, isto é, a sua capacidade de permitirem que outros objetivos que não somente o de arrecadação sejam perseguidos – seja o desestímulo de práticas que atentem contra o interesse coletivo (minimamente salvaguardado, na Constituição de 1988, por meio do princípio da "função social da propriedade"), seja a promoção de redistribuição indireta de renda, sejam a orientação e o disciplinamento da expansão urbana, seja, ainda, o incentivo a determinadas atividades.

3.1. IPTU progressivo no tempo

Poucos instrumentos são tão necessários à tarefa de promover o desenvolvimento urbano quanto o Imposto Predial e Territorial Urbano (IPTU) progressivo no tempo, notadamente nas cidades de países periféricos – ou semiperiféricos, como o Brasil. Ele é, como poucos, capaz de colaborar decisivamente para a tarefa de imprimir maior justiça social a cidades caracterizadas, simultaneamente, por fortíssimas disparidades sócio-espaciais e uma especulação imobiliária desenfreada. Ele é, enfim, graças às suas potencialidades de coibição da atividade especulativa em larga escala e de geração de recursos direcionáveis para a dotação de infra-estrutura e regularização fundiária de áreas residenciais segregadas, capaz, como poucos, de colaborar tanto para evitar a formação de vazios urbanos e o problema da "urbanização em saltos", quanto para superar ou, ao menos, minorar a *espoliação urbana* contundentemente apontada por Lúcio KOWARICK (1983, 2000), tão típica das cidades brasileiras (e de outros países do "Terceiro Mundo"). No entanto, trata-se de um instrumento sobre o qual se tem debatido e publicado bem menos do que caberia em virtude de sua importância.

A rigor, a progressividade do IPTU, ancorada constitucionalmente, não se restringe à progressividade no tempo. Se o artigo 182 é mais específico, fazendo referência explícita e exclusiva à progressividade no tempo com a finalidade de desestimular a não-utilização e a subutilização de terrenos, o artigo 156, no qual a progressividade se encontra igualmente estabelecida, é mais abrangente. Com efeito, em sua acepção mais lata, a progressividade do IPTU pode, simplesmente, referir-se a *alíquotas diferenciadas por zona*, opondo-se, desta forma, ao princípio (socialmente um bocado injusto) da *alíquota única*. Autores como GONÇALVES (1988) e AGUIAR (1996), por exemplo, atendo-se ao escopo extremamente abrangente preconizado para a progressividade do imposto, gastam muito mais espaço, em seus trabalhos, com a análise de sua aplicação diferenciada por zonas (o que, obviamente, diz respeito tanto a edificações já existentes quanto a terrenos não-aproveitados) do que com a discussão da progressividade temporal do tributo. O entendimento do autor deste livro, diferentemente, é o de que, sem prejuízo para a progressividade no sentido corrente, já bastante debatida (embora mais por juristas que por planejadores urbanos) e aceita, a despeito de continuar sendo objeto de contestação por parte dos interesses conservadores, merece a progressividade no tempo uma atenção especial. No que se refere às edificações já existentes, é certo que as diferenças de *status* entre imóveis e bairros sejam devidamente levadas em conta e regularmente atualizadas na Planta Genérica de Valores do município; assim, a progressividade no tempo vem, com efeito, complementar o preceito geral da progressividade do imposto. Claro está que, sob o ângulo temporal, a progressividade do IPTU concerne, especificamente, à finalidade de coibir a especulação imobiliária com terrenos desocupados ou subutilizados. É com a progressividade no tempo que, além de ficar reforçada a dimensão de extrafiscalidade do IPTU (ou seja, a sua natureza não restrita a uma mera função tributária e arrecadadora), no caso a sua função disciplinadora, respeita-se mais estreitamente o espírito de serventia ao objetivo constitucional de garantia da "função social da propriedade".

Em termos concretos, o que ocorre, uma vez tendo sido introduzida a progressividade do imposto, é que, após a notificação, pelo Estado, da obrigatoriedade de edificação ou parcelamento, e não tomando o proprietário, transcorrido um determinado prazo (por exemplo, um ano), qualquer providência, o valor lançado do IPTU virá a sofrer uma constante majoração anual, sob a forma de um crescente percentual de acréscimo. Um exemplo hipotético, a título de ilustração:

$$x_1 = y + (y.0,2)$$
$$x_2 = y + (y.0,4)$$
$$x_3 = y + (y.0,6)$$
$$\vdots$$
$$x_n = y + (y.z)$$

Onde:

$x_1, x_2, x_3, ... x_n$: valores do IPTU após a introdução da progressividade no tempo (x_1 corresponde ao valor no primeiro ano, x_2 ao valor no segundo ano, e assim por diante)
y : valor básico do IPTU do imóvel
z : percentual máximo de acréscimo estabelecido

No caso hipotético em tela, o proprietário teria de desembolsar adicionalmente, em um primeiro momento, o valor normal do imposto acrescido de 20%; no ano seguinte, aquele valor acrescido de 40%; e assim por diante. A cobrança do IPTU progressivo não há de prosseguir, é evidente, indefinidamente. Após um determinado prazo, a ser estipulado (prazo esse variável conforme o município, segundo o que estiver disposto no seu plano diretor), depois de lançada a cobrança do valor majorado mediante a aplicação da alíquota "z", que é a alíquota máxima a ser prevista, se acaso o proprietário insistir em não tomar qualquer providência, o poder público pode desapropriar o imóvel, na forma da lei. O plano diretor de Belém, de 1993, embora possua ambigüidades e defeitos técnicos, alguns dos quais servirão de ilustração para certas discussões no decorrer desta Parte III, possui, também, algumas virtudes, sendo uma delas a explicitação, já no próprio plano, dos critérios básicos de aplicação do IPTU progressivo. No que concerne aos percentuais de acréscimo, estabelece-se, no Art. 205, que, no primeiro ano subseqüente à notificação de parcelamento e edificação compulsórios, e diante da inércia do proprietário, o IPTU será majorado em 25%; no segundo ano, em 50%; no terceiro, em 75%; e, no quarto, em 100%. Do quinto ano em diante, permanecendo inerte o proprietário, fica o imóvel sujeito à desapropriação, em conformidade com o que prevê a Constituição Federal (PREFEITURA DE BELÉM, 1993:31).

O Estatuto da Cidade, que tramitou no Congresso entre 1990 e 2001 (!), sendo, finalmente, aprovado, após onze anos, em junho de 2001 (e tendo sido sancionado pelo Presidente da República em 10/07/2001), é, a esse respeito, assaz razoável, ao estabelecer que "o valor da alíquota a ser aplicado a cada ano será fixado na lei específica a que se refere o *caput* do art. 5º desta Lei e não excederá a duas vezes o valor referente ao ano anterior, respeitada a alíquota máxima de quinze por cento" (LEI Nº 10.257, de 10/07/2001, Art. 7º, § 1º). Ou seja: a alíquota progressiva não poderá exceder o dobro da aplicada no ano anterior, nem ultrapassar 15% do valor do imóvel, a fim de não caracterizar uma situação de confisco de propriedade. À luz disso, tanto o exemplo hipotético oferecido anteriormente quanto o plano diretor de Belém são conformes ao que consta no Estatuto da Cidade, se bem que, a propósito do *prazo* a ser concedido ao proprietário antes de estar o seu imóvel sujeito à desapropriação, o plano de Belém, que prevê esta já a partir do quinto ano, atrite com aquilo que dispõe o Estatuto, o qual reserva a desapropriação para somente a partir do sexto ano, no mínimo. Mesmo observadores moderados admitem que, da forma como está prevista no Estatuto, a implementação do IPTU progressivo no tempo não traz o risco de uma "expropriação a prazo" (CASTILHO, 2000: 14). Mesmo que assim fosse, não haveria por que supor que isso seria inteiramente ilegítimo: afinal, o que está em jogo é a punição a uma situação de nítido e insofismável cunho especulativo, ela sim, socialmente ilegítima. Importa registrar, ainda, que a aprovação do Estatuto da Cidade veio trazer a necessária cobertura jurídica para a aplicação da progressividade no tempo do IPTU. Batalhas jurídicas devem ser esperadas, a propósito desse e de vários outros itens do Estatuto; mas, sem dúvida, ficou mais difícil para o *lobby* dos proprietários privilegiados obter, junto à Justiça, a cassação do direito de uma Prefeitura lançar mão disso – a progressividade do imposto – que configura, como lembrou um abalizado comentarista, uma pura e simples obrigação constitucional (Américo Masset Lacombe, "Obrigação constitucional", *Folha de São Paulo*, 17/10/2001).

Seja como for, vários cuidados precisam ser tomados, a fim de não se incorrer em equívocos ou mesmo cometer injustiças a pretexto de se promover a justiça social. Antes de mais nada, é necessário que, se o instrumento deve se prestar adequadamente à coibição da especulação imobiliária, é condição *sine qua non* ter clareza do que isso significa. Em termos práticos, o que se faz necessário é estabelecer parâmetros inteligentes e definir valores apropriados para se caracterizarem as condições de ociosidade e subutilização a serem associadas à especulação. A primeira coisa a ser feita, a esse respeito, é definir o *tamanho mínimo* (metragem de superfície) a partir do qual um terreno, caso mantido desocupado, poderá ser alvo da aplicação da progressividade no tempo do tributo. É preciso considerar, também, que um terreno não precisa estar totalmente desocupado para se admitir que a "função social da propriedade", por mais vaga que seja esta expressão, não está sendo atendida. Caso a superfície realmente ocupada seja muito inferior à superfície total do terreno, isso pode corresponder a uma subutilização, a ser interpretada como fato gerador do tributo. Tanto a metragem mínima quanto, no caso da subutilização, as proporções (que devem ser variáveis conforme o tamanho da propriedade, segundo faixas de tamanho), podem ser diferentes conforme o município e suas particularidades. Caberá ao plano diretor estabelecer o conteúdo concreto desses parâmetros, após prévio estudo da realidade local.

Há, ainda, um outro tipo de cautela na aplicação do tributo que deve ser observado. A progressividade do IPTU no tempo é uma punição aplicada a um proprietário que deixa ociosa ou subutilizada uma propriedade fundiária muito grande em área onde tenham sido realizados investimentos públicos, isto é, onde pelo menos uma parte da infra-estrutura técnica e da infra-estrutura social[42] tenha sido instalada pelo Estado. A *rationale* do instrumento é, assim, a seguinte: se toda a coletividade (nesse caso, especificamente, os contribuintes) custeia a infra-estrutura, e não esquecendo também dos problemas da escassez de moradias e da geração de grandes vazios urbanos devido à atividade especulativa em larga escala (este último problema sendo co-responsável por uma exagerada expansão horizontal das cidades), seria mais que razoável exercer uma forte pressão sobre esses proprietários. O que dizer, porém, de uma situação em que não haja suficiente infra-estrutura já instalada, coisa que é típica dos espaços de periferia urbana no Brasil? Sob tais circunstâncias, adotar a progressividade no tempo do IPTU pareceria, talvez, punir indevidamente o proprietário, pois este poderia alegar que não seria conveniente ou razoável promover um loteamento em área desprovida de equipamentos. É lógico que esse tipo de argumento poderia não passar de uma bela desculpa esfarrapada, já que a esmagadora maioria dos loteamentos de baixo *status* é aberta sem qualquer infra-estrutura e em desconformidade com o que se encontra previsto na Lei Federal 6.766 de 1979 (conhecida como Lei Lehmann);[43] entretanto, para evitar fornecer aos grandes proprietários urbanos um *álibi*, o Estado deve, justamente, cumprir a sua parte: dotar de infra-estrutura, naquilo que lhe couber – isto é, sem abdicar de cobrar que os loteadores cumpram o que a lei deles exige! –, aquelas áreas que se destinem à expansão do tecido urbano.

O Código Tributário estabelece, em seu Art. 32, que a zona urbana, a ser definida em lei municipal, para efeito de lançamento do IPTU

---

[42] A chamada *infra-estrutura técnica* compreende as diversas redes de abastecimento (água, energia elétrica domiciliar), as redes de esgotamento (sanitário e pluvial), a iluminação pública e o calçamento da malha viária. A *infra-estrutura social* abrange equipamentos tais como hospitais, postos de saúde, escolas, creches etc.

[43] Daí serem tais loteamentos denominados de *irregulares*. Por não consistirem esses loteamentos em ocupações ou invasões, os moradores desses locais gozam de uma situação jurídica não muito desconfortável, pois possuem algum tipo de documento de propriedade da terra; não obstante, por serem irregulares, vale dizer, por ferirem as normas urbanísticas previstas em lei, tais loteamentos não deixam de ser, em certa medida, ilegais. Uma caracterização um pouco menos sumária dos loteamentos irregulares pode ser encontrada no Subcapítulo 4.2.

(comum), deverá, para ser instituída, englobar áreas que respeitem o requisito mínimo da existência de melhoramentos, construídos ou mantidos pelo Poder Público. Pelo menos dois dos seguintes melhoramentos têm de estar presentes: meio-fio ou calçamento, com canalização de águas pluviais; abastecimento de água; sistema de esgotos sanitários; rede de iluminação pública, com ou sem posteamento para distribuição domiciliar; escola primária ou posto de saúde a uma distância máxima de 3 (três) quilômetros do imóvel considerado (CÓDIGO TRIBUTÁRIO NACIONAL, 2001:42). Decerto, isso nem sempre é respeitado, mesmo que as exigências sejam, afinal de contas, bem modestas... Como se isso não bastasse, o § 2º do próprio Art. 32 do Código Tributário vem relativizar o alcance do parágrafo que o antecede, ao estipular que "a lei municipal pode considerar urbanas as áreas urbanizáveis, ou de expansão urbana, constantes de loteamentos aprovados pelos órgãos competentes, destinados à habitação, à indústria ou ao comércio, mesmo que localizados fora das zonas definidas nos termos do parágrafo anterior" (CÓDIGO TRIBUTÁRIO NACIONAL, 2001:43). Não se deseja pôr em dúvida a justeza dessa relativização, necessária diante da previsão de expansão urbana. Mas, por uma questão de coerência, diante da expectativa de direito a uma infra-estrutura mínima gerada pelo § 1º, a Prefeitura deveria abster-se, portanto, de aplicar o IPTU progressivo sobre aqueles vazios urbanos situados em áreas totalmente ou quase totalmente desprovidas de infra-estrutura técnica e social, a propósito daquele quinhão que é de responsabilidade do próprio Estado. Dado que o Art. 7º do Estatuto da Cidade, em seu § 3º, proíbe expressamente a concessão de isenções no tocante à aplicação da progressividade do IPTU, resta, como solução, somente lançar o próprio IPTU quando aquele mínimo previsto no Código Tributário Nacional estiver sendo rigorosamente cumprido. O lançamento legítimo do IPTU progressivo pressupõe o lançamento legítimo do IPTU em geral. Em área desprovida de infra-estrutura, inclusive daquela cuja construção cabe ao Estado, e sem loteamento aprovado, fica comprometida a legitimidade, e mesmo a legalidade, da cobrança do IPTU, e o que dirá da sua progressividade. Ao exigir o parcelamento da terra, o Poder Público deverá cumprir a sua parte, implementando infra-estrutura; ao proprietário caberá fazer a sua, apresentando um projeto de loteamento ou tomando quaisquer outras providências para retirar o terreno de sua ociosidade, de seu "pousio social". Se, uma vez dotada a área da infra-estrutura mínima necessária, o proprietário não tomar qualquer atitude, nesse caso surge, plenamente, o fato gerador da progressividade do imposto.[44]

3.2. Solo criado

"Solo criado" é, na verdade, o nome popular do instrumento conhecido como *concessão* ou *outorga onerosa do direito de construir*.

> Em sentido genérico, pode-se definir solo criado como sendo a criação de áreas adicionais de piso utilizável não apoiadas diretamente sobre o solo.
>
> É a criação de piso artificial.
>
> A idéia do solo criado pressupõe a adoção de um coeficiente único de aproveitamento do solo. É partindo-se dessa idéia que se pode chegar a uma concepção de solo criado *stricto sensu*, quando se terá que solo criado é o excesso de construção (piso utilizável) superior ao limite estabelecido em função do coeficiente único de aproveitamento. (LIRA, 1999:180)

Embora a Lei Federal de Desenvolvimento Urbano, o Estatuto da Cidade, não tenha tratado do solo criado juntamente com os outros tributos (cf. LEI 10.257, de 10/07/2001), preferindo abordá-lo sob a rubrica "Instrumentos jurídicos e políticos", não é razoável negar que ele constitui um instrumento tributário. Há uma polêmica, largamente de ordem jurídica, sobre se a outorga onerosa do direito de construir constituiria um tributo ou não. A posição do autor tem sido a de considerá-la como uma espécie de tributo, em que pese a sua grande importância extrafiscal. Há, contudo, os que preferem vê-la como um "ônus" ou uma "compensação", evitando o termo tributo,

---

[44] Eventualmente, em situações excepcionais, devido a empecilhos de ordem financeira da parte do proprietário para a promoção do aproveitamento da propriedade, poderia o próprio Estado encarregar-se dessa tarefa. Ver, sobre isso, o instrumento *urbanização consorciada*, no Subcapítulo 5.2. desta Parte III.

sobretudo por acharem que, por não estar o "solo criado" previsto, explicitamente, na Constituição Federal, sua qualificação como tributo poderia criar embaraços legais para a sua implementação. Aparentemente por esta razão não foi ele classificado, no Estatuto da Cidade, entre os "institutos tributários e financeiros". Existem, também, os que assumem posições intermediárias, mais complexas. O risco de se resvalar para uma discussão bizantina parece ser enorme... O que importa é que, considerando-se a relevância da aplicação do instrumento, concessões terminológicas, por razões de ordem tática, podem até fazer sentido, conjunturalmente, desde que não se criem tabus que interditem o debate conceitual e sacrifiquem o conteúdo no altar da forma.

Graficamente, a idéia de solo criado pode ser esclarecida com a ajuda da figura 5. Considere-se, por exemplo, que a área total do lote (*at*) representado na referida figura seja de 1.000 m^2 e que cada pavimento ocupe 250 m^2. Os outros pavimentos que se adicionam ao pavimento térreo já representam uma "criação de solo", pois equivalem a uma criação de área utilizável que não se situa ao rés-do-chão. A área, em metros quadrados, produto da soma dos quatro pavimentos mais baixos, incluindo o térreo, é idêntica à área total do terreno. Se se estabelecer como coeficiente de aproveitamento, para toda a cidade, o valor 1 (um) (poderia ser outro, e esse valor poderia variar no interior da cidade ou do município), isso significa que, já a partir do quinto pavimento, no presente exemplo hipotético, incidiria o tributo do solo criado. No caso do prédio esquematizado na figura 5, com doze pavimentos, o tributo incidiria sobre a área somada de oito pavimentos. Embora já se "crie solo" a partir do momento em que se cria área útil em pavimento superior ao térreo, a cobrança da concessão onerosa do direito de construir não poderia ser tão rígida a ponto de ter como fato gerador *toda e qualquer* "criação de solo". O coeficiente de aproveitamento 1 é bastante razoável, ainda que coeficientes menores possam ser aconselháveis, principalmente, na área rural de um município, como medida para auxiliar a conter a destruição, pela expansão urbana, de espaços agricultáveis.

O coeficiente de aproveitamento, como já se viu no Capítulo 2 desta Parte III, é o índice que relaciona a área construída, que é a área total edificada (incluindo-se a superfície referente aos andares não-térreos, onde, por assim dizer, "criou-se solo"), com a área do terreno, também chamada de superfície total do terreno. O solo criado é estabelecido, normalmente, tomando-se o coeficiente de aproveitamento 1 como *coeficiente de aproveitamento único* – ou seja, passa-se a aplicar a cobrança do tributo a partir do momento em que a superfície construída supera a área do terreno. Essa superação pode ser vista como o fato gerador do tributo, isto é, a condição que justifica ou reclama a sua aplicação.

A título de exemplificação, registre-se que o coeficiente de aproveitamento único previsto pelo projeto de lei do Plano Diretor de São Paulo foi de 1,0, excetuadas certas Zonas Especiais (DIÁRIO OFICIAL DO MUNICÍPIO DE SÃO PAULO, 1991:Art. 13); o Plano Diretor do Rio de Janeiro estabeleceu o coeficiente 1,0 como coeficiente de aproveitamento único para todo o município (CÂMARA MUNICIPAL DO RIO DE JANEIRO, 1992:Art. 23); já o Plano Diretor de Belém estabeleceu um coeficiente de aproveitamento básico de 1,4, excetuando-se, a exemplo do que havia sido previsto em São Paulo, os lotes contidos em determinadas zonas especiais, notadamente Zonas de Especial Interesse Social correspondentes a favelas e loteamentos (PREFEITURA DE BELÉM, 1993:28-9 [artigos 182 a 191]).

Agora que já se esclareceu qual é o fato gerador do tributo, pode-se indagar sobre a sua *rationale*. A importância social do solo criado reside em seu caráter de contraprestação à coletividade por parte dos beneficiários do processo de verticalização, relacionada tanto a edifícios comerciais quanto a prédios residenciais. Essa verticalização representa uma sobrecarga sobre a infra-estrutura técnica e social, eventualmente exigindo muitos investimentos públicos adicionais. É um truísmo ponderar que, em uma sociedade capitalista, não há muita margem de manobra para se questionar a propriedade privada do solo, e mesmo eventuais desapropriações por motivo de utilidade pública devem prever algum tipo de indenização aos proprietários. Nada impede, sem embargo, que o *direito de construir* possa ser regulado e mesmo vendido pelo Estado, o que pressupõe a separação entre direito de propriedade e direito de construção. A concessão onerosa do direito de construir constitui uma forma de tentar, via Estado, capturar para a coletividade uma parte da valorização imobiliária. Afinal, a infra-estrutura necessária aos empreendimentos relacionados com prédios comerciais ou residenciais de médio/alto e alto *status*, sobre os quais incidiria o tributo, é financiada pelo conjunto dos contribuintes; por que não exigir alguma contrapartida em nome da coletividade?

O primeiro impulso na direção do estabelecimento do solo criado como instrumento de planejamento foi dado em 1971, quando especialistas em planejamento urbano reunidos em Roma elaboraram um documento em que defendiam a separação entre o direito de propriedade e o direito de construção (cf. RIBEIRO e CARDOSO, 1992:37-8). A aplicação do instrumento propriamente dito só viria alguns anos mais tarde, com a legislação francesa de dezembro de 1975 sobre o *plafond legal de densité* (teto legal de densidade), parcialmente transcrita em LIRA (1999:111-2). Na Itália, a legislação de 1977 sobre o *regime di concessione*, em que o direito de construir é entendido como separado do direito de propriedade, podendo ser concedido onerosamente pelo Estado (vide transcrição da legislação italiana em LIRA, 1999:112-3), foi igualmente um marco importante. Também no Brasil, a discussão a respeito da concessão onerosa do direito de construir é um bocado antiga: já em 1974 a Prefeitura de São Bernardo do Campo (SP) havia dado um passo decisivo, a partir da organização de um seminário no qual o instrumento foi discutido; três anos mais tarde o Plano de Desenvolvimento Integrado desse município previa já o instrumento (cf. RIBEIRO e CARDOSO, 1992:38). Em 1976, seminários importantes foram realizados nas cidades de São Sebastião, São Paulo e Embu, daí resultando a chamada Carta do Embu, de 11 de dezembro de 1976, na qual o solo criado foi explicitamente defendido. Diante disso, e pelo que se pode perceber por textos como os de GRECCO Filho (1978) e SETÚBAL (1978), depreende-se que na segunda metade da década de 70 havia um verdadeiro debate em torno do instrumento, debate esse que não se circunscrevia aos setores progressistas. A despeito de tudo isso, a concessão onerosa do direito de construir raramente foi implementada pelas prefeituras brasileiras.

O solo criado, sem dúvida, tem vocação para ser um tributo de caráter progressivo. É de se notar que a equipe que elaborou o projeto de lei do Plano Diretor de São Paulo, durante a gestão da ex-prefeita Luiza Erundina, tomou o cuidado de estabelecer que o Estado poderia outorgar gratuitamente, para a iniciativa privada e outros agentes promotores, a autorização para a construção de habitações populares (denominadas "habitações de interesse social") com área superior àquela permitida pelo coeficiente de aproveitamento único, que, no caso de São Paulo, como já foi dito alguns parágrafos atrás, seria de 1,0, excetuadas as chamadas Zonas Especiais (cf. DIÁRIO OFICIAL DO MUNICÍPIO DE SÃO PAULO, 1991:Art. 13). Quanto às chamadas Zonas Especiais de Interesse Social, correspondendo a favelas ou loteamentos irregulares, o mesmo projeto de lei estabelecia, mais adiante, que nelas a outorga do direito de construção acima do coeficiente de aproveitamento único não seria onerosa, desde que se tratasse de edificação destinada a moradia popular (cf. DIÁRIO OFICIAL DO MUNICÍPIO DE SÃO PAULO, 1991:Art. 24).

Ainda no que concerne à operacionalização do instrumento, LIRA (1999:180) restringe demais a aplicação do mesmo, ao preconizar que a "(...) contraprestação a ser feita pelo beneficiário do solo criado deverá preferencialmente ser consubstanciada na cessão à comunidade de área proporcional ao excesso praticado (para criação de áreas verdes, implantação de equipamentos comunitários, praças, escolas, parques etc.), sendo que, apenas na impossibilidade dessa cessão, é que a dita contraprestação poderá significar uma compensação financeira vertida à municipalidade". Do ponto de vista do autor do presente livro, o solo criado traduz-se, pelo contrário, principalmente em uma contribuição financeira, e apenas excepcionalmente barganhas e transações outras deveriam ser cogitadas.

É chegado o momento, agora, de colocar uma questão crucial: *quem ganha* e *quem perde* com a implementação desse tributo? Esta é uma questão muito menos trivial do que a de saber quem ganha e quem perde, por exemplo, com o IPTU progressivo. Identificar, ao menos teoricamente, os ganhadores, não constitui problema: diretamente, o Estado e, indiretamente, os beneficiários dos investimentos estatais em áreas segregadas (favelas e loteamentos irregulares), investimentos esses para os quais os recursos arrecadados com o solo criado deveriam contribuir. Já identificar quem perde e em que proporção perde constitui assunto bem mais complicado.

Para SMOLKA (1991:33), adotando uma posição neo-ricardiana, não há dúvida de que os proprietários fundiários é que arcarão com o ônus derivado da introdução do tributo, conquanto ele conceda que o tributo em questão onerará os promotores imobiliários que forem, ao mesmo tempo, proprietários fundiários. De seu ponto de vista, está fora de cogitação que o tributo seja repassado para o consumidor final, ou seja, para o comprador do imóvel, e mesmo os temores dos incorporadores e construtores deveriam ser tomados, em princípio, como infundados. Essa parece uma posição por demais extremada, provavelmente decorrência de uma crença, de raiz ideológica, na "soberania do consumidor", cuja "liberdade de escolha" em meio à competição intercapitalista permitiria transferir o ônus integralmente para a outra ponta do processo, os proprietários de terras. RIBEIRO e CARDOSO (1992), de sua parte, ofereceram uma análise bem mais matizada, a exemplo do que também fez GRANELLE (1992) e, mais tarde, SERRA (1995). Considerando em conjunto as ponderações daqueles três primeiros autores, parece, na realidade, que o resultado dos efeitos do solo criado, no que toca à incidência do ônus, está na dependência do *grau de elasticidade da oferta de solo* assim como do *grau de elasticidade da demanda por solo.*

Se a *oferta de solo* for *inelástica*, então o ônus tenderá a recair inteiramente sobre o proprietário do terreno. Caso haja *elasticidade de oferta e de demanda*, o ônus se reparte entre o proprietário do terreno e o comprador. Por fim, se a *demanda por solo* for *inelástica*, então o ônus seria exclusivamente do comprador.

É de se prever que, na maioria dos casos, cada um dos três agentes arcará com uma parcela do ônus. A esse respeito, é necessário observar alguns fatores. A partir de um determinado limite, os potenciais compradores de imóveis, razoavelmente informados sobre os preços praticados no mercado, reagirão a tentativas de repasse por parte dos incorporadores do ônus representado pelo tributo, renunciando à compra ou escolhendo uma outra opção (outro imóvel ou outro bairro). Sabendo disso, e considerando o preço máximo do imóvel a ser construído, os incorporadores precisam tentar transferir a maior parte possível do ônus para os proprietários fundiários (RIBEIRO e CARDOSO, 1992:44). É lógico que, em submercados elitizados, e ainda mais em situações em que um determinado bairro se beneficia de amenidades naturais ou outras vantagens não reprodutíveis em outros locais, pode-se fazer face a uma clientela disposta a pagar um alto "excedente do consumidor", ou seja, disposta a internalizar uma parte do ônus para não abrir mão de uma localização privilegiada.

Também há, no entanto, limites para a internalização do ônus por parte dos proprietários fundiários, assim como por parte dos incorporadores, como mostram RIBEIRO e CARDOSO (1992:44-5). Tudo isso, porém, baseia-se no pressuposto de que proprietários fundiários, construtores e incorporadores imobiliários são agentes distintos; no caso de os incorporadores serem também os proprietários, a tensão, no que se refere à internalização do ônus causado pelo solo criado, transferir-se-á exclusivamente para a relação entre vendedor e comprador.

Por último, deve-se examinar com um pouco mais de detalhe os objetivos do instrumento. Quais as funções do solo criado? RIBEIRO e CARDOSO (1992:46) elencam as seguintes potencialidades regulatórias para o instrumento: "o descongestionamento das áreas centrais"; "a criação de espaços livres/institucionais e a preservação de áreas de interesse cultural, histórico e ambiental"; "a redução acentuada do preço da terra"; "a geração de recursos que, de forma compensatória, financiarão programas habitacionais e urbanização de áreas populares". Dando um passo adiante na direção de uma síntese, uma vez que a segunda potencialidade, a rigor, é bastante redundante com a primeira (pois a promoção da preservação e da criação de espaços livres dependerá, no caso, de se evitar um maior adensamento), três utilidades principais podem ser arroladas: *função de arrecadação*, *função desconcentradora* e *função de rebaixamento dos preços da terra*. No entanto, nem todos esses objetivos podem ser plenamente atingidos concomitantemente.

A *função de arrecadação* depende da dinâmica construtiva (mais especificamente, da dinâmica da verticalização) e do nível de renda. Isso significa que, em áreas onde residam, predominantemente, pessoas de baixo poder aquisitivo, como periferias e bairros populares, e em espaços que não sejam palcos de verticalização realmente digna de nota e onde a chance de que isso venha a ocorrer dentro de um intervalo de tempo razoável seja mínima, não faz sentido pretender aplicar o solo criado. Concretamente, isso significa que, para muitas parcelas do espaço intra-urbano, e mesmo para numerosos municípios vistos como um todo, o instrumento é praticamente desprovido de importância. SERRA (1995) chama a atenção, ademais, com base em simulações, que, embora a função de arrecadação, entendendo o instrumento como um complemento do IPTU, seja a mais importante, existem problemas operacionais cruciais a serem considerados, sem o que o pagamento do "solo criado" oneraria tanto os promotores imobiliários que redundaria na inviabilização de muitos empreendimentos, gerando uma retração do mercado.

A *função desconcentradora*, de sua parte, existirá apenas com algum sacrifício da função de arrecadação. Assim, ao desejar-se empregar o solo criado como instrumento inibidor de adensamento construtivo e verticalização, deve-se ter muita clareza quanto ao fato óbvio de que, quanto mais esse objetivo for atingido, menos se logrará auferir recursos com a aplicação do tributo, pela simples razão de que a arrecadação crescerá na razão direta da dinâmica construtiva.

Por fim, a *função de rebaixamento do preço da terra* não deve ser exagerada, embora seja, talvez, a mais importante de todas. Quanto mais lograr-se atingir esta função, maior será o risco de comprometimento da arrecadação de IPTU, a qual depende do valor da terra (SMOLKA, 1991:35, nota de rodapé). SERRA (1995), de sua parte, também focaliza a função de rebaixamento dos preços fundiários, sublinhando que, somente na hipótese (assumida tranqüilamente por Smolka, como se viu) em que o ônus recair inteiramente sobre os proprietários fundiários é que essa função será plenamente cumprida. Se houver repasse para o consumidor, na realidade, o efeito seria o contrário do pretendido, contribuindo o instrumento para a geração de espaços ainda mais elitizados.

Vê-se, assim, que a aplicação do tributo traz alguns riscos embutidos, além de apresentar limitações sérias, como a de tratar-se de um instrumento que só encontra seu fato gerador, em medida significativa, em certas porções dos espaços urbanos, quais sejam, naquelas onde já se verifica ou há boas chances de se verificar uma dinâmica de verticalização. Outra limitação reside na necessidade de se dispor de cadastros e plantas de valores atualizados. Ademais disso tudo, uma certa *retenção de terras* é, ao que tudo indica, inevitável em um primeiro momento, como sublinhou GRANELLE (1992) a partir da observação da experiência francesa. Esse problema, porém, bem pode ser minimizado se a concessão onerosa do direito de construir for aplicada concomitantemente com o IPTU progressivo.

3.3. Contribuição de melhoria

O *fato gerador* da contribuição de melhoria – isto é, o fenômeno que justifica a sua aplicação – é a *valorização imobiliária decorrente de obras públicas*. Todavia, uma vez que o provimento de infra-estrutura técnica e social básica a todos os cidadãos é um dever do Estado, não seria razoável, portanto, satisfazer-se com uma definição tão genérica, como se valorizações decorrentes de toda e qualquer obra pública devessem ser consideradas como suficientes para justificar a aplicação do tributo. Por conseguinte, a interpretação segundo a qual a abertura, o alargamento, a pavimentação, a iluminação, a arborização e mesmo os esgotos pluviais e outros melhoramentos básicos de praças e vias públicas constituiriam fatos geradores da aplicação do tributo, conforme está previsto no Decreto-Lei nº 195, de 24/02/1967 (cf. TOURINHO, 1988:173), constitui flagrante distorção do espírito progressista do tributo. A ser adotada uma tal interpretação, tratar-se-ia a contribuição de melhoria de um tributo tão criticável quanto as *impact fees* americanas, cuja regressividade tem sido objeto de exame e condenação (NICHOLAS, 1992).

É bem verdade que essa interpretação, tendencialmente acobertadora de uma flagrante *injustiça* social, tem constituído, historicamente, a regra, e não a exceção. Como se isso não bastasse, ela possui longas raízes. A contribuição de melhoria é um tributo antigo. Consagrado na Constituição de 1934 (BARRETO, 1969: 272; TOURINHO, 1988:143), seus antecedentes remontam ao Decreto 21.390, de 1932, que estabeleceu a "taxa especial de benefício" (TOURINHO, 1988:142). Também esteve previsto no Art. 81 do Código Tributário Nacional de 1966 (Lei nº 5.172, de 25/10/1966) e no Art. 19, inciso III da Constituição Federal de 1967 (cf. BARRETO, 1969: 272-273), além do já mencionado Decreto-Lei nº 195, de 24/02/1967. A visão predominante tem sido, sempre, aquela criticada. No entanto, um erro, ao ser sedimentado pelo tempo ou consagrado pelos costumes, não se converte, só por isso, em um acerto. Há que se interpretar de maneira mais sensata esse instrumento. Impõe-se e há que se lutar, concretamente, por uma nova regulamentação, distinta do ultrapassado Decreto-Lei nº 195, de 24/02/1967.

Sob o ângulo da promoção de justiça social, mediante redistribuição (ainda que indireta) de renda, o tipo de obra pública passível de ser enquadrada como fato gerador da aplicação da contribuição de melhoria corresponderia à instalação de infra-estrutura *não-elementar* e, sobretudo, a obras suntuárias e de embelezamento em bairros privilegiados. O *sujeito passivo* do tributo seria, portanto, o proprietário imobiliário, via de regra de médio ou alto poder aquisitivo, beneficiado direta e/ou indiretamente (aumento do valor de troca do imóvel) pelas obras realizadas nas adjacências de sua propriedade. O *beneficiário final*, contudo, deveriam ser os moradores de espaços segregados e mal dotados de infra-estrutura técnica e social elementar, como loteamentos irregulares e favelas, áreas estas que o Estado deveria eleger como alvos prioritários para novos investimentos. Destarte, uma administração municipal progressista não precisaria furtar-se a realizar investimentos em áreas de *status* elevado; por outro lado, sempre que se tratasse de uma obra relativamente supérflua, ou que não vise à satisfação de qualquer necessidade básica que, de outro modo, não seria adequadamente atendida, o Poder Público captaria a valorização gerada pela intervenção, obtendo mais recursos para melhoramentos em áreas carentes. Com isso, evitar-se-ia a acentuação de iniqüidades, por conta do privilegiamento de espaços já tradicionalmente privilegiadas pelo Estado, onde residem os grupos de maior poder aquisitivo e as classes dominantes.

Que sejam listados, agora, os tipos de obras que, a título exemplificativo, constam do texto do Decreto-Lei nº 195/67:

a) Abertura, alargamento, pavimentação, iluminação, arborização, esgotos pluviais e outros melhoramentos de praças e vias públicas.
b) Construção e ampliação de parques, campos de desportos, pontes, túneis e viadutos.
c) Construção ou ampliação de sistemas de trânsito rápido, inclusive todas as obras e edificações necessárias ao funcionamento do sistema.
d) Serviços e obras de abastecimento de água potável, esgotos, instalações de redes elétricas, telefônicas, transportes e comu-

nicações em geral ou de suprimento de gás, funiculares, ascensores e instalações de comunidade pública.

e) Proteção contra secas, inundações, erosão, ressacas e de saneamento e drenagem em geral, diques, cais, desobstrução de barras, portos e canais, retificação e regularização de cursos d'água e irrigação.

f) Construção de estradas de ferro e construção, pavimentação e melhoramento de estradas de rodagem.

g) Construção de aeródromos e aeroportos e seus acessos.

h) Aterros e realizações de embelezamento em geral, inclusive desapropriações em desenvolvimento de plano paisagístico. (*apud* TOURINHO, 1988:173)

A prevalecer uma interpretação segundo a qual a contribuição de melhoria tem uma vocação de tributo progressivo e ferramenta de promoção de justiça distributiva, então obras como aquelas mencionadas em *a*, *d* e *e* devem, de imediato, ser descartadas, pois visam, indiscutivelmente, à satisfação de necessidades básicas. Do ponto de vista da administração municipal, as intervenções previstas em *f* e *g* tampouco são de interesse (lembrando, todavia, que a contribuição de melhoria *não* é um tributo exclusivamente municipal). No que diz respeito à possibilidade de lançamento por parte do Estado local, e sob o ângulo privilegiado neste livro, somente os tipos de intervenção mencionados em *b* (ao menos parcialmente), *c* e, sobretudo, *h*, poderiam constituir-se em base do fato gerador do tributo. De todo modo, uma reformulação dessa listagem exemplificativa impõe-se, até mesmo para atualizá-la.

Adicionalmente, para que seja garantido o caráter progressivo do tributo, há que se prever a isenção no caso de imóveis de população de baixa renda, quando de alguma intervenção decorrer, também para eles, valorização. Ainda que o emprego do tributo, tal como aqui preconizado, venha a se dar em bairros não-segregados e mais privilegiados, onde obras de tipo não-básico venham a ser realizadas, não se pode descartar a presença, algumas vezes, de imóveis de baixa renda dentro da área de influência da valorização. Seria justo, portanto, dar um tratamento desigual a desiguais, isentando, total ou parcialmente, os proprietários desses imóveis do pagamento do tributo.

Diversamente do IPTU progressivo e do solo criado, a contribuição de melhoria não é um imposto. *Imposto* é uma quantia de dinheiro paga compulsoriamente, como o próprio nome sugere, sem a contrapartida imediata de um serviço prestado, embora a justificativa moral do recolhimento do imposto seja a de que o dinheiro arrecadado reverterá em benefício da coletividade – especialmente no caso de impostos de caráter progressivo, como o IPTU progressivo no tempo e o solo criado, que por isso mesmo bem se prestam à promoção de justiça social, por meio de uma redistribuição de riqueza. Os impostos diferem das *taxas*, que são pagas mediante a contraprestação de um serviço: por exemplo, taxa de água, de luz, de gás etc. Certamente a contribuição de melhoria não é uma taxa, pois não está associada à prestação de um serviço específico e divisível; todavia, tampouco é propriamente um imposto, uma vez que, ao contrário dos impostos, a contribuição de melhoria possui um fato gerador palpável. Destarte, o melhor é entender-se a contribuição de melhoria como um tributo de terceiro tipo, não enquadrável nas categorias imposto e taxa. Justamente essa foi a interpretação adotada no texto constitucional, como se pode ver pelo seu artigo 145:

> Art. 145 – A União, os Estados, o Distrito Federal e os Municípios poderão instituir os seguintes tributos:
> I – impostos;
> II – taxas, em razão do exercício do poder de polícia ou pela utilização, efetiva ou potencial, de serviços públicos específicos e divisíveis, prestados ao contribuinte ou postos à sua disposição;
> III – contribuição de melhoria, decorrente de obras públicas. (CONSTITUIÇÃO DA REPÚBLICA FEDERATIVA DO BRASIL, 1988)

Diferentemente de tributos como o solo criado e as *impact fees* americanas, no caso da contribuição de melhoria a obra que atua como fato gerador (solicitada ou não pelos moradores do local, pois pode tratar-se de obra que beneficia seu entorno mas atende a uma população também supralocal, moradora de outras partes da cidade) é de responsabilidade do Estado, e a cobrança do tributo incide diretamente sobre os proprietários dos imóveis beneficiados. No caso de *impact fees* e do solo criado, o fato gerador são obras de responsabilidade da iniciativa privada, sendo que o ônus da tributação incide indiretamente sobre os futuros proprietários (podendo, ainda, como se viu, ser repartido entre proprietários, incorporadores e proprietários fundiários).

Mesmo sendo um tributo antigo, a contribuição de melhoria é, porém, um tributo que quase nunca foi aplicado, a ponto de BIAVA, em seu artigo de 1978, tê-lo qualificado como "um tributo esquecido". Por quê?

A razão principal da não-implementação da cobrança da contribuição de melhoria pode ser buscada, indubitavelmente, na tensão entre as duas possíveis interpretações de sua natureza, cada uma delas trazendo seus próprios problemas: a interpretação ampliada é injusta, podendo ser incômoda politicamente, além de poder suscitar a acusação de *bitributação* por parte de munícipes que já pagam o IPTU e que podem alegar ter, com isso, o direito a saneamento básico e infra-estrutura técnica e social fundamental sem ônus adicional (uma outra acusação de bitributação, concernente, desta feita, ao Imposto de Renda, tem sido repudiada, como feito por TOURINHO [1988:187]). A interpretação esposada neste livro, por outro lado, ressalta o caráter progressista do tributo, o que desperta resistências entre os setores mais privilegiados da sociedade, dotados de forte capacidade de influência. Ademais, os problemas e dificuldades que envolvem o cálculo do tributo não devem ser subestimados, não obstante o fato de que tampouco devem ser exagerados, como tenderam alguns a fazer. A cobrança da contribuição de melhoria: 1) depreende cadastros e plantas genéricas de valores atualizados e confiáveis; 2) pressupõe a definição de critérios claros e operacionais para a determinação de áreas de influência para efeito de monitoramento de impactos positivos de intervenções públicas sobre o entorno das obras; 3) exige o uso de um procedimento correto de avaliação imobiliária; 4) demanda uma criterização razoável e aceitável do rateio da contribuição entre os sujeitos passivos, que considere, estritamente, um percentual da valorização incidente sobre cada imóvel beneficiado.

A determinação de áreas de influência é menos trivial do que parece. A área de influência do efeito de valorização imobiliária não tende a ser homogênea no que tange ao impacto positivo da intervenção do Estado. Na realidade, o efeito de valorização tende a diminuir à medida que nos afastamos do objeto geográfico de cuja presença decorre a valorização. Com efeito, será necessário estabelecer faixas ou subáreas, para as quais valerão índices diferenciados, os quais poderão ser acoplados à cobrança de IPTU durante um determinado período de tempo. Além disso, para que a cobrança realmente seja justa, um levantamento da situação do mercado imobiliário no local imediato da obra e em seu entorno, bem como um monitoramento das variações ao longo do tempo durante e após a intervenção, deverão ser realizados de modo rigoroso.

Não parece, por outro lado, serem muito razoáveis os temores e as ressalvas de LAGÔA (1982) a propósito do cálculo da contribuição de melhoria: em primeiro lugar, porque deve ser descartada a tola idéia de cobrança antecipada, a qual, sem dúvida (e aí há de concordar-se com Lagôa), corresponderia a um temerário "exercício de futurologia"; em segundo lugar, porque o problema não é tanto o caráter complicado dos cálculos envolvidos (assunto exagerado por Lagôa, assim como por outros autores), mas sim a indisponibilidade dos dados necessários, concernentes à valorização dos imóveis. Sobre esse segundo ponto, de toda maneira, é preciso admitir, concordando com TOURINHO (1988:163), que o Decreto-Lei n.º 195, de 24/02/1967, que rege a matéria, apresenta critérios complexos para o cálculo das alíquotas individuais, ao estabelecer que "[a] percentagem do custo real a ser cobrada mediante contribuição de melhoria será fixada tendo em vista a natureza da obra, os benefícios para os usuários, as atividades econômicas predominantes e o nível de desenvolvimento da região". A bem da verdade, o referido decreto complica desnecessariamente o assunto. Não há necessidade, por conseguinte, ao contrário do que sugeriu Paulo Rocha Lagôa, de se modificar a concepção do *fato gerador* do tributo, o qual deixaria de ser a valorização decorrente da obra pública para tornar-se a obra em si mesma. Isso equivaleria não só a uma deserção, mas também acarretaria um retrocesso conceitual e de princípio, atraindo uma vez mais o fantasma da acusação de bitributação aos olhos dos munícipes que já recolhem o IPTU. É por isso que, ao contrário de TOURINHO (1988:142), que vê na "taxa de calçamento" instituída no antigo Distrito Federal, em 1905 (pela qual metade do custo de pavimentação de uma rua era cobrado dos proprietários dos imóveis situados no logradouro em questão), uma espécie de antecedente remoto da contribuição de melhoria e a ela assemelhado, o autor do presente livro sugere que se veja entre esse tipo de taxa e a genuína contribuição de melhoria uma cesura fundamental, uma distinção básica. Importa, por outro lado – isso sim –, atualizar e simplificar a legislação.

Uma forma indireta e simples de se captarem recursos a partir da geração (real ou presumida) de acréscimo de valor imobiliário na esteira da realização de obras públicas consiste em instituir taxas específicas: taxa de pavimentação, por exemplo. Isso, como se pode facilmente ver, é prática que possui longas raízes, como a mencionada "taxa de calçamento" de 1905. A base cálculo, aqui, é o próprio custo da obra. Tal procedimento, nada incomum justamente em áreas mais pobres, como na maior parte das periferias urbanas, onde os administradores alegam ser essa a única forma de viabilizar as demandas dos moradores, é, porém, uma "contribuição de melhoria" apenas em sentido amplo. No fundo, não passa de uma técnica de financiamento de obras públicas – técnica essa, aliás, moralmente reprovável do ponto de vista do autor deste livro, pois todos os habitantes de uma cidade têm direito à infra-estrutura elementar. No Brasil, país onde, à semelhança de quase todos os outros países periféricos e semiperiféricos, pouco se pode falar de uma cultura de planejamento, é sempre possível, ainda por cima, deparar-se com confusões: é o que acontece com o plano diretor de Belém (Lei Municipal nº 7.603 de 13/01/1993), o qual, em seu Art. 225, prevê e enuncia (deixando a criação efetiva para legislação regulamentadora específica) a contribuição de melhoria, embora chamando-a, muito estranhamente, de "contribuição urbanística", a despeito de o nome contribuição de melhoria se achar plenamente consagrado. Logo em seguida, no Art. 226, o mesmo plano diretor prevê um instrumento de legitimidade e mesmo legalidade duvidosas, denominado de "taxa de urbanização", taxa essa que teria "como fato gerador o custo de atividades exercidas pelo Poder Público na efetiva ação de polícia e na prestação de serviços urbanos" (PREFEITURA DE BELÉM, 1993:33). O detalhamento desse nebuloso instrumento ficou, também, a cargo de legislação regulamentadora posterior.

É bem verdade que não se trata, sempre, necessariamente, da perversão de confundir contribuição de melhoria com taxa – perversão, inclusive, tecnicamente, uma vez que taxas se aplicam a serviços, não a obras. Há não poucos autores, justamente, que, para driblarem os problemas com o cálculo do tributo, preferem ater-se não à valorização, que passa a ser, no fundo, apenas presumida, mas ao próprio custo da obra. Ao que parece, é dessa prática que se aproximou Paulo Rocha Lagôa, com o objetivo de superar os problemas de avaliação vinculados à concepção de fato gerador do tributo como sendo a valorização imobiliária. Essa interpretação dá margem, contudo, a um problema muito mais sério do que as alegadas (e exageradas) dificuldades de lançamento do tributo, quando se toma a valorização como base para o cálculo: *como definir a área de influência e o* quantum *a ser pago por cada proprietário?* Não seria fácil eliminar uma boa dose de arbitrariedade dos critérios de rateio do custo da obra e, em que pese o critério da valorização objetiva do imóvel no mercado, exigir, para a sua aplicação, uma razoável capacidade gerencial para o monitoramento das situações de valor de mercado antes e depois da intervenção geradora de valorização, é esse último critério aquele que permite maior justiça inclusive no tratamento dos casos individuais. A única ressalva a ser feita é que o montante a ser auferido pelo Estado com o lançamento do tributo não poderá ser superior ao custo total da obra, custo esse que funcionaria, assim, como um balizamento adicional, e não como o critério fundamental.

Deve-se fazer notar que mecanismos semelhantes a uma contribuição de melhoria *lato sensu* (portanto, no sentido ora repudiado) existem em outros países. No Reino Unido, a *betterment tax* (cf. CULLINGWORTH, 1993: 211-212); nos EUA, as *impact fees* (cf. NICHOLAS, 1992); na Alemanha, o *Erschliessungsbeitrag*, cuja tradução livre seria "contribuição de urbanização" (cf. *Baugesetzbuch* [Código de Obras] em HORNUNG *et al.*, 2000:105-110). A despeito do fato de esses mecanismos serem, muitas vezes, implementados de um modo que lhes confere o caráter de tributos *regressivos*, claramente não-restritos a empreendimentos para a população de renda mais elevada e tendo a sua cobrança pautada estritamente no custo da infra-estrutura, e não na capacidade de pagamento dos beneficiários (vide, sobre as *impact fees*, crítica e proposta alternativa em NICHOLAS, 1992), é possível argumentar que, em outros países, isso não chega a constituir uma bitributação. No Brasil, contudo, onde o pagamento do IPTU já pressupõe o oferecimento de alguma infra-estrutura básica por parte do Estado, como foi visto ao final do Subcapítulo 3.1. (e em que pese o fato de que o segundo parágrafo do Art. 32 do Código Tributário Nacional relativiza o alcance do primeiro), somente uma contribuição de melhoria *stricto sensu* pode ter um caráter de tributo progressivo e, portanto, útil sob o ângulo da promoção de maior justiça social. Sugerir entender a nossa contribuição de melhoria à imagem e semelhança do *Erschliessungsbeitrag* alemão, como fez TOURINHO (1988:186-7), é, por conseguinte, posição que se assenta sobre uma comparação abusiva entre duas realidades sócio-espaciais muito diferentes, a brasileira e a alemã.

Muito embora a implementação desse "tributo esquecido", para relembrar as atualíssimas palavras de Biava em seu artigo de 1978, esbarre em diversos entraves, como resistências de ordem política (sublinhadas por GUEDES, 1996), em dificuldades organizacionais (GUEDES, 1996) e em dificuldades de cálculo (BIAVA, 1978; LAGÔA, 1982; GUEDES, 1996) – dificuldades essas que, em parte, foram criadas, desnecessariamente, pela própria legislação, e, em parte, têm sido exageradas por diversos autores –, os mesmos autores que recordam os problemas também costumam admitir que o tributo em questão "possui amplas características de justiça tributária" (GUEDES, 1996:31). Das duas uma, portanto: ou uma administração, por ser politicamente fraca (ou conservadora) e, eventualmente, também inepta, resigna-se e curva-se diante das dificuldades, ou – saída que exige competência e coragem – tenta-se, também aqui, combater o bom combate, pleiteando-se uma modificação da legislação.

4. Zoneamento

O zoneamento é considerado, normalmente, como o instrumento de planejamento urbano por excelência. Referindo-se aos EUA, HAAR (*apud* CULLINGWORTH, 1993:34) apontou-o como sendo, historicamente, o carro-chefe (a expressão original, *workhorse*, é ainda mais forte) do movimento de planejamento naquele país. Dentro da tradição estadunidense, na verdade, o zoneamento, de um simples instrumento de planejamento, acabou, indevidamente, transmutando-se muitas vezes em alfa e ômega da atividade de planejar, como se esta se resumisse ao ato de estabelecer uma divisão espacial para fins de separação e controle de usos da terra. Conforme CULLINGWORTH (1993:11),

> muito, senão a maior parte do planejamento do uso da terra nos Estados Unidos não é planejamento, mas sim zoneamento. O primeiro implica políticas abrangentes [*comprehensive*] para o uso, ocupação [*development*] e conservação do solo. Zoneamento – o qual bem pode ser um instrumento a serviço disso – é a divisão do espaço sob jurisdição de um governo local em zonas que serão objeto de diferentes regulações no que concerne ao uso da terra e à altura e ao tamanho permitidos para as construções.[45]

[45] *Comprehensive planning* tem sido comumente traduzido como "planejamento compreensivo", sem que se atente para a agressão que isso representa contra o vernáculo. Em português, o adjetivo *compreensivo* não admite ser tomado também como sinônimo de *abrangente*, como ocorre, sem problemas, na língua inglesa. Mais uma vez, portanto, está-se diante de uma transposição acrítica e de uma tradução literal, conduzindo a uma violência lingüística e estilística.

Enfim, nos EUA,

> o zoneamento foi concebido (...) como uma ferramenta de planejamento. Todavia, a parte geralmente se converte no todo (...). (CULLINGWORTH, 1993:12; 1997:65)

Seria pouco – e superficial –, embora não incorreto, considerar essa tradição americana como expressão de exageros e distorções. Isso porque, no fundo, essa "distorção" é perfeitamente explicável à luz da realidade sócio-histórica americana. Ademais, há uma vinculação entre o tipo quase que absolutamente dominante de modelo de zoneamento – de raiz funcionalista e de natureza excludente – e a importância excessiva atribuída ao instrumento no âmbito de processos e sistemas de planejamento conservadores, como ficará evidente ao longo da leitura do Subcapítulo 4.1., o qual apresentará o modelo dominante de zoneamento e comentará a sua natureza. O subcapítulo que lhe é subseqüente, 4.2., discutirá uma alternativa ao modelo conservador, que foi proposta no Brasil sob inspiração do ideário da reforma urbana. Que fique claro desde já, de toda maneira, que não há apenas um tipo de zoneamento: existem vários tipos, variando de acordo com a sua finalidade mas, também, de acordo com a sua índole, cada um deles constituindo um instrumento específico.

4.1. Zoneamentos de uso do solo, "funcionalismo" e segregação residencial

Após uma pré-história que começa nas últimas décadas do século XIX – por exemplo, a ordenação legal de 1867 em São Francisco, proibindo certos usos em determinadas partes da cidade (cf. CULLINGWORTH, 1997:57-58) –, o zoneamento faz seu aparecimento, de modo definitivo, nas primeiras décadas do século seguinte, tanto na Europa como nos Estados Unidos. A legislação de zoneamento de Nova Iorque de 1916, por exemplo, é considerada o primeiro código a instituir um zoneamento abrangente nos EUA (CULLINGWORTH,

1997:59), dentro dos princípios que dominariam o instrumento no século XX: excluir certos usos e, não raro (e de modo às vezes muito pouco disfarçado), também certos grupos sociais. Já em 1922, observava Theodora Kimball (*apud* CULLINGWORTH, 1993:27) que o zoneamento estava empolgando o país de forma avassaladora, "tomando-o de assalto" ("zoning has taken the country by storm").

Sobre o espírito que acompanha o zoneamento desde os seus primórdios, CULLINGWORTH (1993:32-33) não mede palavras ao comentar o *Standard State Zoning Enabling Act*, que pavimentou o terreno para a disseminação de códigos de zoneamento pelos EUA, e cuja primeira edição é de 1924:

> Esta lista de propósitos [Cullingworth refere-se aos objetivos explícitos do *Standard Act*, tais como "promover a saúde e o bem-estar geral", "prevenir o superadensamento" etc.] (...) omite aquele que é, de longe, o mais importante: a exclusão de pessoas ou usos indesejáveis, e por via de conseqüência a preservação do *status quo*. Esses objetivos de exclusão (*exclusionary*) raramente estão muito abaixo da superfície, mesmo quando não estão explícitos.

Algumas páginas mais adiante, CULLINGWORTH (1993:59) é ainda mais incisivo: "[z]oning began as a device for exclusion; and it has continued its exclusionary pathways ever since".

Mais marcado que a Europa por desigualdades sociais, em larga medida associadas à problemática da discriminação étnica, os EUA viram prosperar a utilização do zoneamento como um meio de exclusão social de maneira particularmente intensa. Pierre LAVEDAN (1959:207-208), autor tanto de uma *Histoire de l'urbanisme* em três volumes quanto de uma importante *Géographie des villes*, provê um exemplo didático, retirado da experiência norte-americana com zoneamento em uma fase em que ela ainda estava engatinhando, de exclusão social por meio da utilização do instrumento, após chamar a atenção para o fato de que aquilo que ele chama de "zoneamento racial" (*zoning racial*) bem pode ser nada mais que um "zoneamento funcional" (*zoning fonctionell*) propositadamente enviesado. Trata-se do caso de Modesto, uma cidadezinha situada a 150 quilômetros de São Francisco, que em fins do século XIX decidiu, a pretexto de minimizar os riscos de incêndio, restringir a localização de lavanderias a uma certa parte da cidade. Uma vez que os imigrantes chineses de Modesto (assim como de outras cidades da Costa Oeste estadunidense) haviam se especializado no negócio de lavanderias, segregar espacialmente estas últimas significava, automática e essencialmente, segregar também os primeiros.

Que não se imagine, porém, que o uso do zoneamento com objetivos de exclusão e segregação permaneceu estranho à realidade européia. Dieter HOFFMANN-AXTHELM (1996:241) endereçou, a partir desse ponto de vista, uma incisiva crítica à experiência alemã de planejamento, a começar pelo zoneamento de Frankfurt, de 1893.

Seja como for, seria insuficiente caracterizar o modelo tradicional de zoneamento de uso do solo como sendo simplesmente, ou necessariamente, "excludente". Embora a separação de usos e funções tenha estado, desde as suas origens, muitas vezes direta e intimamente associada ao caráter socialmente excludente do modelo, trata-se, essa separação, de um aspecto que, tecnicamente pelo menos, merece uma discussão específica. Afinal, como se argumentará mais adiante, a exclusão de alguns *usos do solo* não precisa ter conexão com uma visão de mundo conservadora e objetivos de segregação residencial, ou seja, de exclusão e separação de *grupos sociais*.

A idéia de que os diferentes usos da terra, sobretudo as diversas funções básicas do viver urbano – produzir, circular, morar e recrear-se –, deveriam ser objeto de uma seperação rígida, encontra o seu ponto culminante com a quarta edição dos Congressos Internacionais de Arquitetura Moderna (*Congrès Internacionaux d'Arquitecture Moderne* – CIAM IV), de 1933, do qual derivou a Carta de Atenas. Na realidade, o preceito da separação funcional foi entusiasticamente abraçado pelo Urbanismo modernista em geral, especialmente dominado pela figura gigantesca e polêmica de Le Corbusier (ver, particularmente, LE CORBUSIER, 1984). No entanto, a defesa da separação funcional, se se consolida no âmbito do Urbanismo modernista, já se havia feito presente bem antes. A *rationale* que a justificou foi, na Europa assim como nos EUA, inicialmente a questão da insalubridade dos espaços urbanos e do perigo de difusão de doenças (sobretudo epidemias), vocalizada no contexto de um discurso higienista. Também no Brasil o discurso higienista fez-se fortemente presente desde o final do século passado, sendo a Reforma Passos, no Rio de Janeiro, entre 1902 e 1906, seu ponto culminante. Na verdade, em uma época em que o planejamento urbano ainda era um saber mais de amadores que propriamente de especialistas,[46] e em um momento (últimas décadas do século passado e começo do século XX) em que o discurso higienista era tão poderoso, médicos influíam decisivamente em assuntos de ordenamento espacial, e foram eles, muitas vezes, os primeiros planejadores.

A defesa da separação de usos, sempre em nome da higiene e da ordem, recorria a imagens e metáforas simples mas de grande efeito persuasivo, como a da cidade apresentada como um "organismo doente", carente da regeneração a ser propiciada pela intervenção revitalizadora (e salvadora) do saber urbanístico, capaz de adaptar o espaço urbano à "era da máquina", retórica bastante martelada por Le Corbusier (vide, por exemplo, LE CORBUSIER, 1984). A imagem da casa bem ordenada tornou-se igualmente célebre: segundo esse argumento, a mesma lógica que preside a distinção e separação dos diferentes cômodos de uma casa de acordo com os seus usos (a cozinha para cozinhar, o banheiro para tomar banho e fazer as necessidades fisiológicas, o quarto de dormir para dormir...) deveria governar a organização do espaço da cidade, ou seja, da "grande casa". Aquilo que parece uma simples aplicação de bom senso (afinal, quem defen-

---

[46] Para evitar mal-entendidos: é claro que, consoante os princípios de democratização do planejamento e da gestão esposados pelo autor deste livro, o planejamento deve, sim, ser retirado da órbita exclusiva dos especialistas, devendo ser *politicamente* orientado pelos balizamentos oriundos do corpo de cidadãos (que serão, quase sempre, amadores). Sob um ângulo *técnico* (instrumentos, técnicas, métodos etc.), no entanto, o saber em torno do planejamento urbano deve, como já foi dito neste livro, ser objeto de estudo, pesquisa e reflexão específicos.

deria que as necessidades fisiológicas fossem feitas na sala de estar, ou que as refeições fossem feitas no banheiro?) assenta-se, na realidade, sobre uma *falácia lógica*, uma vez que se recorria a algo perfeitamente razoável em uma dada escala (a da habitação individual) para justificar intervenções em uma outra escala (a da cidade como um todo), como se entre as realidades correspondentes a essas duas escalas distintas não existisse qualquer diferença qualitativa, sendo a maior uma simples extensão da menor, por efeito de agregação ou ampliação. E, de fato, não é bem assim: a cidade não é uma "grande casa" ou coisa que o valha; o que se aplica a um conjunto de indivíduos unidos por laços familiares e compartilhando o mesmo espaço quotidiano imediato, espaço esse cujo ordenamento, mesmo sem excluir conflitos e divergências, impõe-se como necessidade e se viabiliza com base em princípios simples, não se aplica da mesma maneira a um cadinho de grupos e classes sociais, cujas necessidades são complexas e cujas relações são marcadas, por vezes, por contradições profundas.

O Urbanismo modernista perseguia a separação funcional como uma verdadeira obsessão, considerando-a a chave-mestra do "ordenamento" da cidade. (Aliás, perseguia, não: *persegue*, uma vez que algo dele continua vivo, a despeito de ele ter se transformado desde os anos 20 e 30 e de ele ter perdido prestígio nas últimas décadas. Conforme se assinalou no Capítulo 2 da Parte II, o que justamente ainda resiste como legado do Urbanismo modernista, e mais especificamente da Carta de Atenas, é o zoneamento funcionalista, ainda que já há algum tempo "suavizado".) Ademais, também na escala da construção individual os arquitetos modernistas privilegiavam a funcionalidade; a conhecida máxima "a forma segue a função" quer dizer exatamente isso: ao contrário de estilos arquitetônicos como o barroco, que primavam pelas formas rebuscadas, a arquitetura moderna representava um ideal de elegância pautado na depuração formal e na funcionalidade. Isso tudo justifica plenamente a adoção do adjetivo "funcionalista" para qualificar o modelo convencional de planejamento, conquanto não se deva esquecer que, apesar de normalmente tomado como sinônimo de modernismo, o funcionalismo na arquitetura possui raízes antiqüíssimas (vide GOLD, 1998:228). Finalmente, o fato de essa visão de planejamento ser notoriamente tecnocrática e ter horror a conflitos sociais, trabalhando com um ideal de progresso e harmonia sociais a serem alcançados graças às reestruturações espaciais (pensamento bem exemplificado por Le Corbusier), mostra que, também sob o ponto de vista sociológico, está-se diante de um pensamento funcionalista.[47] O caráter "funcionalista" do zoneamento convencional incorpora e acoberta a sua dimensão socialmente excludente e conservadora, a qual pode ser menos ou mais forte ou explícita.

A técnica convencional de zoneamento, portanto, gira em torno da separação de usos e densidades. Um exemplo simples de sua aplicação é o oferecido na figura 6, onde está retratada a área urbana de um município hipotético dividida em zonas distintas conforme o uso da terra permitido. Por razões didáticas, o modelo gráfico retratado na referida figura simplifica bastante o zoneamento de uso do solo, o qual pode chegar a ter um grande grau de detalhe, com subcategorias, previsão de "usos especiais" etc.. Dependendo da escala e do nível de pormenor, inclusive, objetos geográficos específicos (como hospitais, escolas e outros) podem vir a ser individualmente localizados e representados por meio de símbolos adequados.[48]

---

[47] Não se deseja sugerir que os urbanistas modernistas fossem bastante versados em Sociologia, mas tão-somente que, na prática, seu pensamento equivalia a uma versão grosseira de funcionalismo. Este tende a enfatizar a *harmonia*, encarando os conflitos sociais como simples tensões (ou mesmo "patologias"), e não como possíveis expressões de contradições objetivas fundamentais, pertencentes à essência das sociedades capitalistas modernas (contradição entre capital e trabalho e lutas de classe). Com isto, a própria natureza da teoria, que fez sua aparição nos anos 30 do século XX, aponta na direção da tomada de posições políticas conservadoras.

[48] A tradição alemã de planejamento urbano, caracterizada pelas pronunciadas coerência e integração do sistema de planejamento e pela grande (não raro excessiva) atenção dedicada aos pormenores, tem sua espinha dorsal representada pelos *planos de uso do solo* (*Flächennutzungspläne*) e pelos *planos de ocupação* ou *construção* (*Bebauungspläne*), sendo que ambos encerram zoneamentos de uso do solo de um tipo marcadamente funcionalista – o que, aliás, é largamente influenciado pelo espírito funcionalista da legislação federal que regula os aspectos mais gerais do uso do solo, o *Baunutzungsverordnung* [cf. HORNUNG *et al.*, 2000]). O zoneamento de um *Flächennutzungsplan* é mais geral e menos detalhado, enquanto que o de um *Bebauungsplan* é bastante pormenorizado, já que os próprios lotes individuais se acham identificados (sobre o planejamento urbano na Alemanha, algumas outras informações podem ser encontradas no ***box 4***, no Capítulo 12 da Parte III; para maiores detalhes, consulte-se, por exemplo, BRAAM [1999]).

Fig. 6

MODELO HIPOTÉTICO DE
ZONEAMENTO DE USO DO SOLO (FUNCIONALISTA)

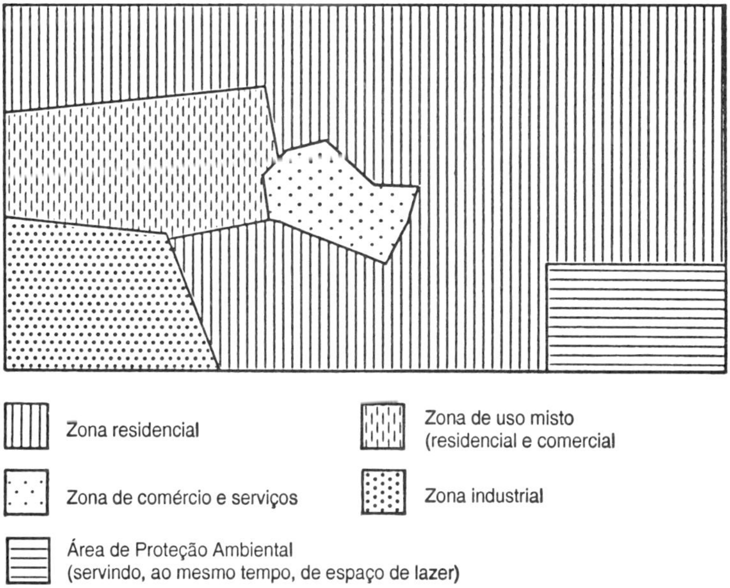

Para além da simples divisão espacial com base em usos da terra (residencial, industrial ou, mais especificamente ainda, residências unifamiliares, indústrias poluentes etc.) ou, também, de acordo com parâmetros urbanísticos (que regulam a volumetria e a densidade), várias técnicas foram sendo introduzidas com o fito de flexibilizar o zoneamento como instrumento de planejamento. Essas técnicas, convencionais sob o ângulo de sua filiação ao espírito funcionalista e excludente, representam, porém, inovações, sob alguns aspectos.

Nos Estados Unidos, diversos tipos de zoneamentos flexíveis ("*zoning with a difference*", como diz CULLINGWORTH [1993]) têm sido postos em prática, como o *conditional* ou *contract zoning*, além de idéias como a das *floating zones*, a dos *linkage programs*, bônus (*bonuses*) e outras.

O *conditional* ou *contract zoning* consiste no rezoneamento de uma propriedade sujeito a determinadas condições, as quais são, usualmente, negociadas entre o proprietário e o Estado com base em uma proposta apresentada pelo primeiro (CULLINGWORTH, 1993:51). Uma tal flexibilização é perigosa, não só por se prestar a abusos, mas por dar a impressão de que o Estado virou um "balcão de negócios". Como escreveu BASSET, já em 1940 (*apud* CULLINGWORTH, 1993:51): "contracts have no place in a zoning plan... Legislation is not and ought not be for sale".

Floating zones correspondem a usos já aprovados em um zoneamento (por exemplo, um grande empreendimento), mas ainda não mapeados ou localizados em caráter definitivo. Tais usos são considerados aceitáveis, mas nem sempre é possível prever exatamente a sua localização futura; assim, o tipo de uso é previsto, mesmo antes de surgir uma situação (um interesse específico) que justifique a definição de um local exato, a ser determinado, no caso americano, pelo corpo legislativo local. Nesse meio tempo, a zona fica como que "flutuando" (*floating*), aguardando sua fixação espacial definitiva.

Linkage programs e *bonuses*, ou, em termos mais gerais, *development agreements* representam a introdução de um elemento explícito de debate e barganha entre o Estado e os demais agentes modeladores, normalmente os promotores imobiliários (*developers*). Assim, em vez de exigirem, simplesmente, o cumprimento de regras e normas preexistentes, as autoridades locais podem sentar-se com os agentes modeladores do espaço interessados e conceder certas regalias ou concessões em troca de benefícios diversos, inclusive dinheiro extra para os cofres públicos. Na realidade, as autoridades podem até mesmo exercer um papel ativo, tentando incentivar os empresários a realizarem determinado empreendimento que possa ter utilidade pública, oferecendo-lhes, em contrapartida, um "bônus" (*bonus*) sob a forma, por exemplo, de um afrouxamento de certos elementos previstos no zoneamento de uso do solo. Cullingworth concede que o *planning by agreement* pode ser benéfico em diversas situações; entretanto, ressalta que "(...) where these schemes carry an incentive or bonus, there is a danger that a municipality's desire to obtain contributions from the developer might overwhelm the requirements of good planning in the area" (CULLINGWORTH, 1993:94); de fato, "(...) where there is an effective plan, bonusing can destroy it" (CULLINGWORTH, 1993:94). Ainda conforme Cullingworth,

> [d]evelopment agreements are often seen, from the local government viewpoint, simply as a convenient mechanism (similar to incentives and bonuses) which facilitate the private provision of infrastructure finance. On this approach, there can be anxiety that a local government may, in effect, "sell off" its police power. Questions of fairness also arise. (CULLINGWORTH, 1993:86)

Spot zoning, de sua parte, é uma expressão pejorativa. O *spot zoning* constitui uma emenda de uma lei de zoneamento com o objetivo de criar uma exceção, muitas vezes no contexto de um rezoneamento (*rezoning*) de uma área específica solicitado por um proprietário: "the unjustifiable singling out of a piece of property for preferencial treatment" (CULLINGWORTH, 1993:49). No fundo, o *spot zoning* nada mais é que uma forma particularmente afrontosa de tratamento excepcional de um ou alguns proprietários, em que as regras são "flexibilizadas" pontualmente sem que daí decorra o oferecimento de uma contrapartida válida sob o ângulo do interesse coletivo.

Como se vê, a maioria dessas modalidades de flexibilização carrega riscos consigo: risco de abusos, risco de corrupção, risco de desmoralização da lei aos olhos da população. Trata-se, pois, em geral, de uma flexibilização que não só não nega, mas pode até reforçar o caráter excludente e elitista do zoneamento convencional, tão bem exemplificado pela experiência dos EUA.

A esta altura, é preciso sublinhar algo que já se havia dito, a fim de se evitar qualquer equívoco lamentável: um zoneamento de uso do solo não precisa ter um conteúdo elitista ou excludente, nem precisa ser rígido quanto à separação dos usos. O adjetivo "funcionalista", aqui empregado, é nitidamente pejorativo, e se aplica a uma situação em que a separação entre os usos é rígida, no máximo havendo alguma pequena concessão sob a forma de uma permissão de "uso misto" (comercial e residencial, principalmente) para certas áreas. Todavia, essa separação excessiva pode ser evitada, sem que, por outro lado, seja o caso de oferecer privilégios ao capital privado, como ocorre com as técnicas anglo-saxônicas de "flexibilização" do zoneamento examinadas há pouco. Além disso, se o caráter elitista e excludente é típico da experiência dos EUA, na Europa Ocidental isso já não se mostra da mesma forma, indicando que o zoneamento de uso do solo não precisa (e nem deve) ser demonizado de maneira genérica. Seria irresponsabilidade sugerir que o controle de usos (e densidades: ou seja, apontando que áreas dentro do perímetro urbano são adensáveis e que áreas devem ter seu adensamento inibido, pelo fato de sua infra-estrutura já estar saturada ou em vias de saturação) deva ser visto, generalizadamente, como alguma coisa ruim ou inteiramente supérflua. Como se disse, nem todo zoneamento de uso do solo precisa ser funcionalista e conservador, e o zoneamento pode e deve ser, inclusive, completamente permeável à participação popular. É inegável, por exemplo, que indústrias poluentes, cujas emissões possam prejudicar a saúde humana e agredir o meio ambiente, precisam ter a sua localização criteriosamente estabelecida. Além disso, outros balizamentos, concernentes a recomendações e restrições quanto à localização e à combinação de certos usos (levando em conta tanto os fatores naturais quanto as características do espaço construído e a dinâmica social), podem ser muito úteis. O importante é que não se incorra no tecnocratismo, que se resguarde o instrumento de malversações elitistas e, também, que se evitem um detalhismo e uma rigidez excessivos, capazes, como bem mostrou Jane Jacobs em seu clássico *The Death and Life of Great American Cities* (JACOBS, 1994), de esterilizar o espaço urbano, cuja vitalidade deriva, em grande parte, exatamente da mistura de usos e atividades. Criticar as tradições funcionalista e conservadora, por conseguinte, nada tem a ver com uma recusa do instrumento do zoneamento de uso do solo (e do zoneamento de densidade) *em si*.

4.2. Questionando a tradição: a idéia de um "zoneamento includente" *ou zoneamento de prioridades*

Nas palavras de CULLINGWORTH (1993:63), "conquanto todo zoneamento seja, por definição, excludente, alguns são mais excludentes que outros". Será, no entanto, que todo zoneamento realmente precisa ser, acima de tudo, excludente, mesmo considerando-se os casos em que a exclusão de certos usos da terra não acarreta e não tem por trás de si a intenção de restringir o acesso de determinados grupos a certos espaços? Como aquilo que se escreveu pouco acima já indica e o presente subcapítulo pretende complementar, mesmo Cullingworth, um autor razoavelmente crítico para os padrões norte-americanos, incorreu em uma generalização abusiva, tendo sido vítima da cultura de planejamento (ou, mais amplamente, da cultura política) francamente hegemônica em seu país, de corte conservador.

Em decorrência dos exageros (rigidez) e abusos ou distorções (alavancamento da segregação) freqüentemente indissociáveis do zoneamento funcionalista, essa técnica convencional vem sendo alvo, há várias décadas, de severas críticas. Tais críticas provinham ou provêm tanto de autores identificados com uma linha que se poderia chamar de "humanista" – como JACOBS (1994), há pouco citada, que enfatizou o caráter cultural e socialmente esterilizante da rígida separação de usos, embora sem negar inteiramente a conveniência de algumas restrições, mais vinculadas à *intensidade* do uso que propriamente ao uso em si – quanto de autores de esquerda, os quais salientam o aspecto comumente elitista e segregatório do zoneamento funcionalista.

É lógico que, embora o autor deste livro concorde com as objeções trazidas pelos dois tipos de críticos do funcionalismo urbanístico, não quer ele passar a impressão de que o controle de usos e densidades seja inteiramente maléfico ou supérfluo. Sobre isso não é necessário insistir mais. Entretanto, sob um ângulo progressista, o que importa é verificar que a divisão espacial com base na separação entre diferentes usos da terra (residencial, industrial ou, mais especificamente ainda, residências unifamiliares, indústrias poluentes etc.) ou, também, de acordo com as intensidades dos diferentes usos e conforme parâmetros urbanísticos definidores da densidade urbana e da volumetria, não são as únicas formas de se praticar o zoneamento, ainda que o zoneamento de uso do solo e o zoneamento de densidade sejam interpretados de maneira flexível e inteligente e conduzidos dentro de um espírito infenso ao tecnocratismo.

Aquilo que se está a apelidar, neste livro, de um "zoneamento includente", e que poderia ser chamado, mais tecnicamente, de *zoneamento de prioridades*, assume o princípio que, entre setores da esquerda brasileira, tornou-se conhecido como "inversão de prioridades": ou seja, no que se refere aos investimentos públicos em infra-estrutura, o Estado, em vez de privilegiar os bairros já privilegiados, deveria pôr ênfase na satisfação das necessidades básicas dos mais pobres em matéria de equipamentos urbanos. Foi na virada dos anos 80 para os anos 90 que um zoneamento de tipo diferente, explícita e prioritariamente voltado para a promoção social em áreas pobres, fez a sua aparição, inspirado no ideário da reforma urbana. Mesmo sem ser utilizada a expressão "zoneamento de prioridades", ora sugerida, foi isso que propuseram RIBEIRO e CARDOSO (1990) e, de maneira ainda mais refinada, os autores da proposta de plano diretor para o município de São Paulo elaborada durante a gestão de Luiza Erundina (cf. DIÁRIO OFICIAL DO MUNICÍPIO DE SÃO PAULO, 1991). Antes disso, uma sugestão na direção de um zoneamento de prioridades, contida em um trabalho elaborado em fins dos anos 60 (sob responsabilidade da urbanista Adina MERA [1971]), sumariando os resultados de um estudo preliminar para o estabelecimento de um zoneamento para o antigo estado da Guanabara, tangenciou preocupação um pouco semelhante, e foi aí que o autor do presente livro foi buscar a própria expressão zoneamento de prioridades. Não se tratou, contudo, esse trabalho, propriamente de um precursor daquilo que viria a ser proposto sob a égide da reforma urbana: a lógica geral da contribuição de Mera era, ainda, marcadamente influenciada pelo funcionalismo, e a idéia de um zoneamento desse tipo não só não chegou a ser coerentemente desenvolvida como, também, se fez presente amalgamada com a abordagem convencional.

A preocupação central de um zoneamento de prioridades e "includente", em contraste com a técnica tradicional de zoneamento de uso do solo, não é a separação de funções e usos, mas sim *a identificação dos espaços residenciais dos pobres urbanos e a sua classificação de acordo com a natureza do assentamento (favela ou loteamento irregular) e, adicionalmente, conforme o grau de carência de infra-estrutura apresentado.* Convencionou-se chamar esses espaços de *Áreas de Especial Interesse Social* (AEIS) ou *Zonas Especiais de Interesse Social* (ZEIS). Tais espaços compreendem, principalmente, *favelas*, *loteamentos irregulares* e os *vazios urbanos*.

No caso de *favelas*, está se lidando com áreas de ocupação ilegal, que demandam regularização fundiária. Esta é, aliás, a sua característica mais importante, sob o ângulo conceitual, pois, embora outras características, tanto sócio-econômicas (pobreza) quanto morfológicas (precariedade das habitações, carência de infra-estrutura, malha viária "caótica" etc.) possam ser associadas a elas, nenhuma delas possui uma vocação tão nítida para funcionar como denominador comum de todas as favelas quanto o *status jurídico* (afinal, dependendo da cidade, na maioria das favelas as habitações, ainda que pobres, não são "barracos" ou habitações improvisadas, e sim casas de alvenaria; a carência de infra-estrutura, por seu turno, pode variar bastante de favela para favela, e a própria pobreza se apresenta, às vezes, de maneira muito heterogênea). Seja como for, as favelas são, tipicamente, áreas carentes – ainda que em grau variável – de infra-estrutura técnica e social, a começar pelo saneamento básico, demandando, portanto, aquilo que, no Brasil, é designado por *urbanização* (de favelas) e, em inglês, chama-se de *slum-upgrading* ou *community-upgrading*. Ao serem as favelas decretadas como ZEIS, deve-se articular isso com um tratamento urbanístico particularizado, que corresponda à especificidade jurídica e material das áreas de ocupação: concretamente, parâmetros urbanísticos e diversas exigências devem ser ajustados de maneira a facilitar, e não a dificultar a regularização fundiária, sem que se perca de vista o necessário para se garantir bem-estar aos moradores. Em sendo isso atendido, as ZEIS assomam, em si mesmas, como um poderoso instrumento de planejamento.

Os *loteamentos irregulares*, de sua parte, possuem um *status* jurídico distinto e bem mais estável que o das favelas, pois, diferentemente destas, não são ocupações. Seus moradores possuem algum tipo de documento de propriedade e, por via de conseqüência, uma maior segurança jurídica. Contudo, à luz da legislação urbanística vigente, que inclui a lei federal 6.766, de 19/12/1979, que cuida do parcelamento do solo urbano (também conhecida como Lei Lehmann, em alusão ao sobrenome do senador que atuou como seu relator), e, em nível local, os planos diretores municipais e os códigos de obras, são esses loteamentos considerados irregulares por não preencherem os requisitos mínimos previstos em lei. Uma das principais exigências referia-se à reserva de 35% da área do loteamento para equipamentos comunitários e praças. Mesmo essa exigência tendo sido revogada em 1999 (mediante a Lei 9.785, de 29/1/1999), outras exigências legais permanecem válidas. Os loteamentos irregulares demandam, por conseguinte, infra-estrutura, como condição fundamental para a regularização definitiva do assentamento. É necessário frisar, porém, que, no caso de muitos loteamentos irregulares, um projeto (projeto de loteamento) foi apresentado pelo loteador à Prefeitura e aprovado; o que ocorre é que o loteador não cumpriu o que estava ali previsto, no que tange aos equipamentos comunitários, às áreas livres etc.. Os assim chamados *loteamentos clandestinos* pertencem, por via de regra, à família dos loteamentos irregulares; diversamente dos demais, porém, esses nem sequer tiveram um projeto submetido à Prefeitura e por ela aprovado.

Por fim, os *vazios urbanos* são terras urbanas ociosas, normalmente mantidas desocupadas como reserva de valor. É sobre essas áreas que deve incidir o IPTU progressivo no tempo e, caso seja necessário lançar mão de uma medida extrema como é a desapropriação (prevista, assim como o IPTU progressivo no tempo, no Art. 182 da Constituição Federal e no Estatuto da Cidade), podem ser esses espaços aproveitados para projetos de construção de moradias populares.

O zoneamento de tipo alternativo ora apresentado completa-se por meio das *Zonas de Preservação Ambiental* (ZPAs), que devem, ao lado das Zonas de Especial Interesse Social, ser contempladas. Do ponto de vista do *status* jurídico, as ZPAs compreendem tipos diversos de unidades de preservação: algumas são municipais, outras, estaduais, e outras tantas podem ser, eventualmente, federais. Abrangem, portanto, um espectro bastante amplo de situações legais, indo das Áreas de Proteção Ambiental (APAs) aos parques nacionais. É essencial considerar conjuntamente as Zonas de Preservação Ambiental e as Zonas de Especial Interesse Social, a fim de que sejam evitadas situações de flagrante conflito entre objetivos e usos do solo (por exemplo, a regularização fundiária de um assentamento popular em área de preservação, como uma área de proteção de mananciais, ou que apresente elevado e comprovado risco ambiental). A figura 7 oferece um modelo gráfico de um zoneamento alternativo do tipo ora discutido.

4.3. Integração e complementariedade entre diferentes tipos de zoneamento

É conveniente, a essa altura, repetir: encarecer a importância do "zoneamento includente" não equivale a sugerir não se deva praticar, concomitantemente, um zoneamento de uso do solo, o qual, obviamente, não terá qualquer conteúdo antipopular. Controlar a localização de algumas atividades faz muito sentido, do ponto de vista da salvaguarda dos interesses coletivos; o exemplo mais evidente, já mencionado, são as indústrias poluentes, que precisam ter a sua localização no espaço da cidade regulada criteriosamente. Algumas dessas atividades devem ser controladas, adicionalmente, com a ajuda de relatórios de impacto ambiental. Seja como for, empreendimentos ou atividades que, pelo seu porte ou sua natureza, possam causar incômodo ou exijam cuidados especiais (poluição do ar, hídrica ou sonora, congestionamentos etc.) precisam ter a sua localização restringida. Recorde-se, aqui, uma vez mais, a contribuição seminal de JACOBS (1994): não apenas as páginas que dedicou ao elogio da diversidade (sobretudo o Capítulo 8, "The need for mixed primary uses"), mas igualmente as ressalvas e recomendações que fez a propósito da questão em torno da mescla de usos (ver o Capítulo 12, "Some myths about diversity") permanecem atuais.

Hoje em dia, diga-se de passagem, o próprio planejamento convencional relativiza, em nome da "sustentabilidade ambiental" (custos de energia reduzidos devido à necessidade de percorrer distâncias menores para satisfazer necessidades), bem como em nome das necessidades das pessoas dotadas de pouca mobilidade (como idosos), a separação funcional. Um exemplo, ilustrativo das tendências na Alemanha, é BRAAM (1999:66). Ainda a propósito do caso alemão, uma crítica avassaladora da separação funcional pode ser encontrada em HOFFMANN-AXTHELM (1996, Capítulo 18).

Um zoneamento de uso do solo que passe ao largo do funcionalismo terá, portanto, feição diferente daquele que se acha representado (obviamente, nunca é demais repetir, de modo simplificado) na figura 6; a preocupação será não a de separar os usos primários, mas sim a de identificar e regular a localização de usos intrinsecamente incômodos ou perigosos (tais como indústrias poluidoras), assim como estabelecer restrições quanto à localização de certos usos que, tomados em si mesmos, não são nem muito incômodos, nem perigosos, mas cuja localização, dependendo de sua intensidade ou de seu ritmo de operação, pode causar impactos expressivos sobre o tráfego (como grandes hospitais) ou, se não forem observados certos princípios, trazer inconvenientes para a vizinhança (como casas noturnas, postos de gasolina, certos estabelecimentos de comércio atacadista ou mesmo varejista, como lojas de discos e fitas). Adicionalmente, as próprias condições ambientais (direção predominante dos ventos, topografia, condições de drenagem) e as características de densidade do espaço construído já existente poderão, também, dar margem a restrições. Portanto, em vez de se terem como princípios gerais a restrição detalhista e a monotonia funcional, os princípios a serem observados serão, em um zoneamento de uso do solo alternativo ao espírito funcionalista, a *liberdade como regra* (e a restrição sendo prevista apenas onde for realmente necessária) e a *mistura de usos primários*.[49]

Tampouco se pode negligenciar que, além dos usos, as próprias *densidades* de ocupação merecem um certo grau de controle. Isso nada tem a ver, necessariamente, com seguir algum "padrão universal de densidade ideal" apriorístico, objeto, aliás, de fundada crítica por parte de ACIOLY Jr. e DAVIDSON (1999). Não se deve, isso sim, esquecer que mesmo um plano diretor progressista, como a proposta contida no projeto de lei para o plano de São Paulo, elaborada no começo dos anos 90, mencionada parágrafos atrás [cf. DIÁRIO OFICIAL DO MUNICÍPIO DE SÃO PAULO, 1991], não furtou-se a dar a devida atenção ao assunto, distinguindo entre *zonas adensáveis* (Art. 8º: "[z]ona adensável é aquela onde as condições do meio físico e a disponibilidade da infra-estrutura instalada permitem a intensificação do uso e ocupação do solo e na qual o coeficiente de aproveitamento único [previsto pelo referido projeto como sendo 1 para todo o perímetro urbano] não poderá ser ultrapassado, nos termos desta lei") e *zonas não-adensáveis* (Art. 15: "[z]ona não-adensável é aquela onde as condições do meio físico e a carência de infra-estrutura instalada restringem as possibilidades de ocupação e uso do solo, na qual o limite máximo de construção é coeficiente de aproveitamento único a que se refere o artigo 7º desta lei"). Adicionalmente, os espaços adensáveis foram classificados de acordo com o seu *estoque de área edificável* (em milhares de metros quadrados), que varia de acordo com a densidade (e o grau de utilização da infra-estrutura) já existente, devendo o seu "consumo" ser constantemente monitorado. Ao final de um certo tempo, após ser esse estoque utilizado, e se

[49] *Usos primários*, no sentido atribuído a esta expressão por Jane Jacobs, consistem em algo a um só tempo menos abstrato e um pouco diferente das grandes funções básicas do viver urbano (produzir, circular, morar e recrear-se), conquanto sejam desdobramentos delas. Para ela, os usos primários "are those which, in themselves, bring people to a specific place because they are anchorages. Offices and factories are primary uses. So are dwellings. Certain places of entertainment, education, and recreation are primary uses. To a degreee (that is, for an appreciable proportion of their users), so are many museums, libraries, and galleries, but not all." (JACOBS, 1994:173).

nenhum fato novo tiver ocorrido, uma zona adensável poderá ser declarada não-adensável.

Afora o que se mencionou no parágrafo acima, caberá ao zoneamento de densidade dispor sobre a variação, no interior da cidade, dos valores dos diferentes parâmetros urbanísticos concernentes ao regime volumétrico, ou seja, ao conjunto das especificações que regem a altura (gabarito) e os afastamentos (frontal, laterais e de fundos) da edificação e os limites da ocupação do terreno (taxas de ocupação, permeabilidade etc.). Cartograficamente, o zoneamento de densidade deverá requerer representação em um mapa à parte, para não tornar pesado o mapa que contiver as recomendações e restrições quanto aos usos e suas intensidades.

Portanto, resumindo, o que se está a apelidar, aqui, de "zoneamento includente" ou zoneamento de prioridades é tão-somente *uma* modalidade de zoneamento – uma modalidade essencial sob o ângulo da promoção da justiça social, é bem verdade, mas não a única modalidade útil ou necessária. No que diz respeito à promoção de uma melhor qualidade de vida para o maior número possível de citadinos (que é o outro componente fundamental de um desenvolvimento urbano autêntico), o zoneamento de prioridades terá de ser complementado por outros tipos de zoneamento, a saber, pelo de uso do solo e pelo de densidade.

As figuras 7, 8 e 9 contêm modelos gráficos, respectivamente, de um zoneamento de prioridades, de um zoneamento de uso do solo não-funcionalista e de um zoneamento de densidade. Todos são referidos apenas à área urbana do município hipotético que serve de base ao modelo; no entanto, é bom lembrar que a área de abrangência de certas propostas de intervenção ou documentos norteadores de estratégias (a começar pelo plano diretor, no caso brasileiro) é todo o município. Isso significa que os zoneamentos terão de incluir também a área rural, seja para identificar e delimitar espacialmente certas prioridades, como o estímulo à agricultura periurbana, seja para, como complemento a essa identificação de prioridades, fazer constar, no zoneamento de uso do solo e no zoneamento de densidade, algumas salvaguardas ou algumas recomendações (como o estabelecimento de um coeficiente de aproveitamento muito baixo para a área rural, medida essa exemplificada pelo supramencionado projeto de lei para o plano diretor de São Paulo [cf. DIÁRIO OFICIAL DO MUNICÍPIO DE SÃO PAULO, 1991]).

Outra coisa: tanto o zoneamento de prioridades quanto o zoneamento de uso do solo poderão e deverão, ainda que de maneira distinta em função de seus distintos propósitos, identificar áreas que demandem proteção ambiental ou atenção específica devido a riscos ambientais. Independentemente disso, mesmo o zoneamento de uso do solo pode, dependendo da complexidade da situação local, ficar sobrecarregado se se tentar lidar com a tarefa de operacionalizar um manejo ambiental adequado apenas com a sua ajuda. Isso quer dizer, por conseguinte, que um quarto tipo de zoneamento, o *zoneamento de proteção e manejo ambiental*, poderá se mostrar útil, como complemento e detalhamento de um aspecto específico do zoneamento de uso do solo.

Fig. 7

MODELO HIPOTÉTICO DE
ZONEAMENTO DE PRIORIDADES

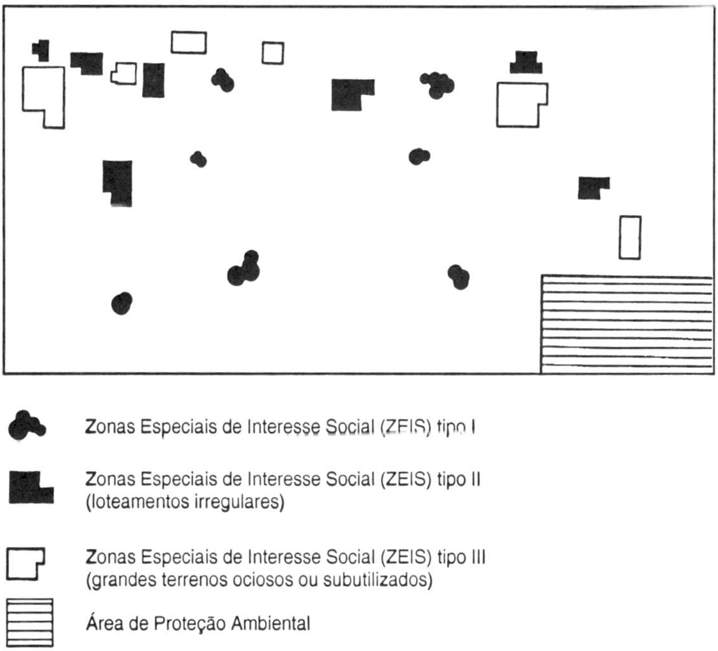

Fig. 8

MODELO HIPOTÉTICO DE

ZONEAMENTO DE USO DE SOLO (NÃO-FUNCIONALISTA)

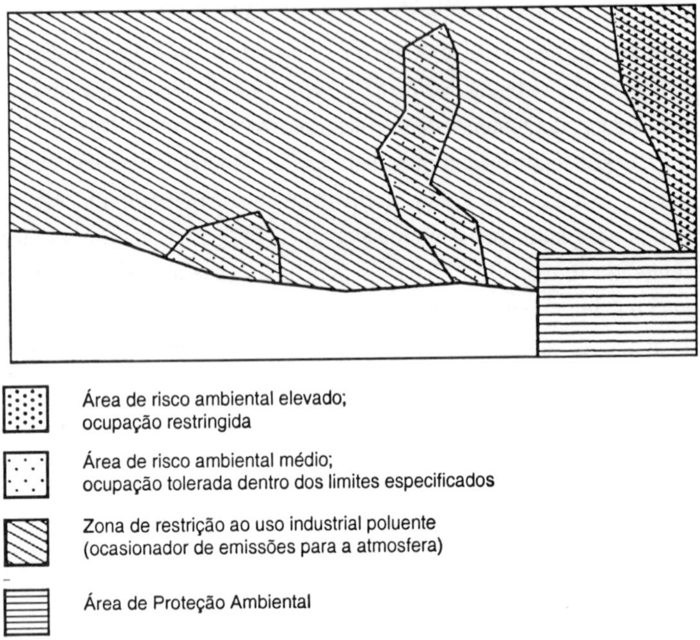

Muito embora os modelos hipotéticos das figuras 7, 8 e 9 representem, enquanto tais (ou seja, enquanto modelos), os três tipos de zoneamento de modo bastante simplificado, tendo uma função meramente didática, o fato é que, na escala geográfica da cidade ou do município como um todo, realmente haverá limites para o grau de pormenor que um zoneamento poderá encerrar. A escala geográfica chamada, no Capítulo 6 da Parte I, de *mesolocal*, está associada a representações onde a escala cartográfica não pode ser muito grande, a não ser no caso de cidades pequenas ou vilas. É conveniente que os três tipos de zoneamento – zoneamento de prioridades, zoneamento de uso do solo e zoneamento de densidade – sejam tratados em dois níveis diferentes: um, aproximativo, atinente a um esforço de dar conta da escala geográfica mesolocal (ou, ainda, macrolocal), recor-

Fig. 9

MODELO HIPOTÉTICO DE
ZONEAMENTO DE DENSIDADE

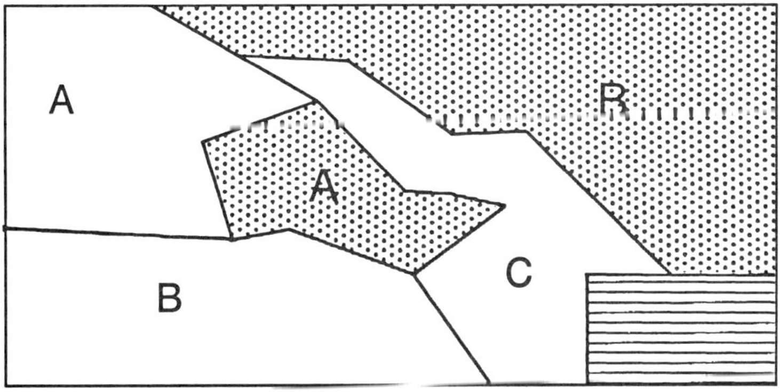

- [A] Zona não-adensável devido à saturação de infra-estrutura instalada e à elevada densidade existente
- [B] Zona não-adensável devido à aguda carência de infra-estrutura
- [ ] Zonas adensáveis — A, B, C: Subzonas adensáveis, diferenciadas conforme o estoque de área edificável
- [≡] Área de Proteção Ambiental (não-adensável por definição)

rendo-se, para a representação espacial do conjunto, a mapas em escala variando, normalmente, entre 1:20.000 e 1:200.000, conforme o tamanho da cidade ou do município; e outro, mais pormenorizado, onde o foco é a escala microlocal e as escalas cartográficas de representação geral oscilam entre 1:5.000 e 1:50.000. Essa situação é muito comum em outros países: no Reino Unido, manifesta-se na relação de complementariedade entre o *structure plan* (na escala do condado, e tendo índole genérica) e o *local development plan* (na escala do distrito, e sendo mais detalhado); é o *structure plan* (ou, no caso de áreas metropolitanas, a primeira parte do *Unitary Development Plan*, conhecida como *UDP Part I*) que garante a coerência e a integração dos diversos *local plans* (ou, no caso de áreas metropolitanas, que contextualiza a segunda parte do *Unitary Development*

Plan, conhecida como *UDP Part II*), além de exprimir a articulação do planejamento local com o planejamento nacional e regional. Na Alemanha, o argumento pode ser ilustrado com a integração entre os dois tipos básicos de plano, o *Flächennutzungsplan* (mais geral) e o *Bebauungsplan* (mais pormenorizado, no qual se identifica cada lote). No Brasil, a tradição carioca, com os chamados *Projetos de Estruturação Urbana* ou *PEUs*, apresenta uma solução que poderia ser aperfeiçoada e generalizada. O aperfeiçoamento, aliás, poderia começar pelo próprio nome: em vez de *projeto* de estruturação urbana, o mais indicado seria chamá-lo de *plano* de estruturação urbana (terminologia utilizada na figura 2), dado que ele não deve constituir um simples projeto urbanístico, mas sim um planejamento de detalhe, em escala microlocal, que detalha e aprofunda o plano diretor. O mesoplano (isto é, o plano diretor, referente à escala geográfica mesolocal), conteria, assim, zoneamentos mais genéricos e aproximativos, os quais seriam detalhados e desdobrados em cada microplano (isto é, em cada PEU, ou seja lá qual for o nome que venha a ter cada plano concernente ao nível de bairro ou setor geográfico). Note-se, quanto ao zoneamento de uso do solo, que, na escala do mesoplano, somente a identificação de áreas relativamente grandes destinadas a usos intrinsecamente incômodos ou perigosos, particularmente indústrias poluidoras, será factível, ao passo que o tratamento cartográfico e o detalhamento das restrições das atividades que, tomadas em si mesmas, não são nem muito incômodas, nem perigosas, mas cuja localização, dependendo de sua intensidade ou de seu ritmo de operação, poderá causar impactos negativos sobre a qualidade de vida dos moradores de seu entorno, exigem um microplano. Situações análogas com respeito ao zoneamento de densidade e ao zoneamento de prioridades podem ser muito facilmente imaginadas para justificar duas escalas distintas e integradas de planejamento local.

Afora a questão dos dois diferentes níveis de zoneamento (ou, mais amplamente, de plano local, onde os zoneamentos estarão contidos e do qual serão o coroamento), há, também, outra: a dos *estudos preparatórios*. Em que pese a exigência de uma análise criteriosa e rigorosa a anteceder qualquer proposta de intervenção que se intitule pesquisa científica aplicada não se vincular exclusivamente aos zoneamentos, é aí que a relevância do conhecimento da realidade se mostra mais evidente. Os estudos preparatórios são a base das recomendações e restrições contidas no zoneamento de uso do solo. Adicionalmente, informam, ainda, o zoneamento de prioridades e o zoneamento de densidade. Os estudos preparatórios darão origem a diversos mapas específicos, cujos conteúdos de informação serão, posteriormente, incorporados nos mapas de zoneamento. A *análise de potenciais*, na qual são ressaltados aspectos positivos, originará, assim, *mapas de potenciais* (por exemplo, mapa de potencial turístico); a *análise de sensibilidade*, que radiografa a vulnerabilidade (do meio ambiente, por exemplo), resultará em um *mapa de sensibilidade*; a *estimativa de risco*, considerando um ou mais riscos (por exemplo, riscos ambientais diversos, como de enchentes e desmoronamentos e deslizamentos), redundará em *mapas de riscos*, onde estes são localizados e classificados conforme o grau (baixíssimo, baixo, médio etc.); da *estimativa de impacto*, que tem por base o conhecimento da sensibilidade, dos potenciais e dos riscos, derivarão *mapas de impacto*; a *análise de conflitos de uso do solo*, preocupada em localizar e avaliar a incompatibilidade entre objetos geográficos ou usos (fontes poluentes e uso residencial, por exemplo), originará *mapas de conflitos de uso do solo*.

Para finalizar, as relações de integração e complementariedade entre os diversos zoneamentos podem ser sintetizadas como se segue: inicialmente, no âmbito da *análise* que deve preceder o planejamento, estudos preparatórios de potenciais, sensibilidade, riscos etc. deverão ser levados a efeito, originando mapas específicos que fundamentarão os diversos tipos de zoneamento. Em seguida, no contexto de um *planejamento mesolocal* (ou *macrolocal*), os conhecimentos ganhos com a análise serão postos a serviço da tarefa de promover um zoneamento do espaço, considerando os aspectos do uso do solo, das prioridades e da densidade. Por fim, o recorte correspondente à escala geográfica mesolocal será subdividido, segundo critérios que respeitem as identidades sócio-espaciais e as particularidades expressas nos bairros e nos setores geográficos, em recortes menores, cada um deles correspondendo a um espaço de nível microlocal e em relação aos quais o mesoplanejamento será detalhado e aprofundado (no nível do *planejamento microlocal*, a delimitação das áreas adensáveis e não-adensáveis ganha enorme precisão e o zoneamento de prioridades, longe de deter-se em uma identificação e classificação das ZEIS e ZPAs, pode incorporar sugestões de pormenor referentes a estímulos a empreendimentos dinamizadores/regeneradores em áreas degradadas, recomendações para a instalação de equipamentos de consumo coletivo específicos [hospitais, escolas etc.], e muitas outras coisas).

5. Outros instrumentos de planejamento

5.1. Operação urbana e urbanização consorciada

> Entende-se por operação urbana o conjunto integrado de intervenções e medidas a ser coordenado pelo Poder Público, com a participação de recursos da iniciativa privada. (DIÁRIO OFICIAL DO MUNICÍPIO DE SÃO PAULO, 1991: Art. 54, § 1.º)

> A urbanização consorciada será utilizada em empreendimentos conjuntos de iniciativa privada e dos poderes públicos federal, estadual e municipal, sob a coordenação deste último, visando à integração e à divisão de competências e recursos para a execução de projetos comuns. (CÂMARA MUNICIPAL DO RIO DE JANEIRO, 1992: Art. 30)

Os dois trechos acima – o primeiro, extraído do projeto de plano diretor de São Paulo, preparado no começo da década de 90, e o segundo, retirado do plano diretor do Rio de Janeiro, aprovado em 1992 – revelam, aparentemente, que se está, no fundo, falando do mesmo instrumento, ainda que usando nomes distintos. A bem da verdade, *operação urbana* e *urbanização consorciada*, juntamente com *consórcio imobiliário*, *reurbanização consorciada* e *operação interligada*, formam um conjunto de instrumentos que, por várias razões, tem dado margem a confusões. Tentar-se-á, neste subcapítulo e nos próximos deste Capítulo 5, colaborar para desfazer o cipoal terminológico e interpretativo que se foi gerando ao longo dos anos.

Tanto o texto do projeto de lei do plano diretor de São Paulo quanto o texto do plano diretor do Rio mostram-se vagos. Pelo que consta, e considerando o ambiente político-ideológico, houve diferenças de intencionalidade: o objetivo, no caso do projeto do plano de São Paulo, teria sido o de facilitar parcerias entre o Estado e a iniciativa privada com o fito de promover intervenções de interesse coletivo; no caso do Rio de Janeiro, onde o plano, mesmo contendo elementos do ideário da reforma urbana, não chegou a possuir uma consistência que espelhasse um compromisso suficientemente sólido e inequívoco nesse sentido, parece que a intencionalidade foi, também, mais frouxa. Infelizmente, a vaguidão e a relativa indefinição deram margem, até mesmo em São Paulo, ao predomínio e à cristalização de uma interpretação mercadófila do instrumento. Como constatou Adauto CARDOSO (1997:107), o referido instrumento tem sido empregado (ainda que a proposta de plano diretor tenha sido, em si mesma, rechaçada pela Câmara) e gerado efeitos perversos na capital paulista:

> Esse instrumento permite a "parceria" entre a iniciativa privada e o poder público para a realização de obras de infra-estrutura que permitam a renovação urbana em áreas "degradadas" ou a transformação de uso e a reurbanização. A participação da iniciativa privada, sob a forma de recursos para a realização de obras, tem como contrapartida a transformação dos parâmetros urbanísticos através da permissão para usos antes vedados ou do aumento de potencial construtivo. A maior operação realizada foi a "Faria Lima", que permitiu a expansão do centro de São Paulo. Outras operações importantes foram a "Anhangabaú" e a "Córrego Águas Espraiadas". A experiência mostra o quanto esse instrumento pode ser útil ao capital imobiliário, ao mesmo tempo que presta tão poucos serviços à população de baixa renda. No caso do Córrego Águas Espraiadas, operação proposta ainda na gestão Erundina, mas realizada – e modificada em seu espírito – na gestão Maluf, os efeitos foram extremamente perversos. Como existia uma área de ocupação de baixa renda, com extremo potencial de valorização, e como não foram desenvolvidas políticas específicas para manter os ocupantes no local, ela foi "liberada" através da ação dos empresários. A população

que ali residia foi, em grande parte, engrossar o processo de ocupação das áreas de mananciais.

Poderia ser diferente? A convicção do autor deste livro é que sim, dependendo de como for interpretado e regulamentado o instrumento, seja ele chamado de operação urbana ou de urbanização consorciada. Este poderia ser modelado com a intenção de servir ao propósito de que a Prefeitura assuma a coordenação técnica da implantação de infra-estrutura e da ocupação de uma dada área, enquanto o setor privado forneceria (no todo ou em parte) os recursos necessários para as obras. O objetivo seria *fazer com que o capital imobiliário arque, ao menos em parte, com os custos necessários para a preparação de um dado espaço visando à sua efetiva incorporação ou à sua recuperação.* Assume-se que os lucros decorrentes das transações imobiliárias compensarão, com vantagem, o desembolso do setor privado. Com isso, reservando a maior parte de seus limitados recursos para realizar benfeitorias em espaços segregados e carentes de infra-estrutura, como periferias e favelas, o Estado estaria protagonizando uma "inversão de prioridades" e contribuindo para uma redistribuição da riqueza socialmente produzida. Ademais, prever-se-ia, também, que a operação urbana deve incluir uma área para a construção de habitações populares, sempre que houver população de baixa renda residindo perto do espaço a ser incorporado ou "revitalizado" e que sofrerá valorização.

Encarado desta forma e regulamentado de modo a não permitir ou dificultar ao máximo desvios e distorções, o instrumento, sem dúvida, equivale a uma idéia inovadora.[50] Seu potencial de contribui-

---

[50] Inovadora, cumpre ressalvar, para o ambiente brasileiro, mas não exatamente muito original no cenário internacional. Um exemplo interessante é o *städtebaulicher Vertrag* alemão – literalmente, "contrato urbanístico" –, previsto no § 11 do *Baugesetzbuch* (Código de Obras) (HORNUNG *et al.*, 2000:26). O espírito de ambos os intrumentos é parecido, se bem que o "contrato urbanístico" tenha muito mais a ver com uma tentativa de desonerar o Poder Público que com uma preocupação redistributivista, como parece ter sido o caso com a operação urbana/urbanização consorciada. Similares aos *städtebauliche Verträge* e, provavelmente, fontes de inspiração original para eles, são os *development agreements* norte-americanos (ver, sobre eles, CULLINGWORTH [1993:84 e segs.]), os quais, ainda bem mais que seus equivalentes alemães, se acham embebidos em uma cultura de planejamento mercadófila.

ção para um genuíno desenvolvimento urbano, pautado por crescente justiça social, é irrecusável. Mantido e explorado o seu potencial progressista, a operação urbana ou urbanização consorciada será muito distinta de instrumentos que têm por característica uma enorme generosidade do Estado para com o capital privado (imobiliário ou outro), como a renúncia fiscal e toda a sorte de vantagens oferecidas para instalação de empresas em determinados espaços.[51] Com isso, quer-se dizer que, diferentemente do que sugere Adauto CARDOSO (1997:107), as operações urbanas não precisam ser vistas, necessariamente, como um "equívoco" da agenda da reforma urbana.

A operação urbana está prevista, sob o rótulo "operação urbana consorciada", na Seção X do Estatuto da Cidade, isto é, da lei federal que versa sobre o desenvolvimento urbano, aprovada pelo Congresso em 2001, após onze anos de tramitação (cf. LEI Nº 10.257, de 10/07/2001):

> Art. 32. Lei municipal específica, baseada no plano diretor, poderá delimitar área para aplicação de operações consorciadas.
>
> § 1º Considera-se operação urbana consorciada o conjunto de intervenções e medidas coordenadas pelo Poder Público municipal, com a participação dos proprietários, moradores, usuários permanentes e investidores privados, com o objetivo de alcançar em uma área transformações urbanísticas estruturais, melhorias sociais e a valorização ambiental.
>
> § 2º Poderão ser previstas nas operações urbanas consorciadas, entre outras medidas:

---

[51] Um exemplo internacional dos mais importantes desse tipo de "generosidade" é o programa de regeneração urbana na área das docas de Londres (*Docklands*), tido por BRINDLEY *et al.* (1989:21, 96-120) como um exemplo lapidar de *leverage planning*. Sobre Docklands, a seguinte avaliação de Colin DAVIES (*apud* BRINDLEY *et al.*, 1989:120) é particularmente incisiva: "Profoundly depressing to those who care about the future of European cities. If cities are about community, democracy, accessibility, public space, and the rich mixture of activities which creates a culture in which all can participate, then Docklands does not deserve to be called a city." Não deve restar dúvida alguma sobre o fato de que, uma vez pervertido o seu espírito, a operação urbana se assemelhará, na sua forma e em suas conseqüências, a qualquer "parceria público-privado" em estilo empresarialista.

I – a modificação de índices e características de parcelamento, uso e ocupação do solo e subsolo, bem como alterações das normas edilícias, considerando o impacto ambiental dela decorrente;

II – a regularização de construções, reformas ou ampliações executadas em desacordo com a legislação vigente.

Art. 33. Da lei específica que aprovar a operação urbana consorciada constará o plano de operação urbana consorciada, contendo, no mínimo:

I – definição da área a ser atingida;

II – programa básico de ocupação da área;

III – programa de atendimento econômico e social para a população diretamente afetada pela operação;

IV – finalidades da operação;

V – estudo prévio de impacto de vizinhança;

VI – contrapartida a ser exigida dos proprietários, usuários permanentes e investidores privados em função da utilização dos benefícios previstos nos incisos I e II do § 2º do art. 32 desta Lei;

VII – forma de controle da operação, obrigatoriamente compartilhado com representação da sociedade civil.

§ 1º Os recursos obtidos pelo Poder Público municipal na forma do inciso VI deste artigo serão aplicados exclusivamente na própria operação urbana consorciada.

§ 2º A partir da aprovação da lei específica de que trata o caput, são nulas as licenças e autorizações a cargo do Poder Público municipal expedidas em desacordo com o plano de operação urbana consorciada.

Art. 34. A lei específica que aprovar a operação urbana consorciada poderá prever a emissão pelo Município de quantidade determinada de certificados de potencial adicional de construção, que serão alienados em leilão ou utilizados diretamente no pagamento das obras necessárias à própria operação.

§ 1º Os certificados de potencial adicional de construção serão livremente negociados, mas conversíveis em direito de construir unicamente na área objeto da operação.

§ 2º Apresentado pedido de licença para construir, o certificado de potencial adicional será utilizado no pagamento da área de construção que supere os padrões estabelecidos pela legislação de uso e ocupação do solo, até o limite fixado pela lei específica que aprovar a operação urbana consorciada.

As operações urbanas, ou, para seguir a denominação adotada na Lei nº 10.257, as operações urbanas consorciadas, não precisam ser demonizadas, mas tampouco devem ser reverenciadas como incorruptíveis: podem ser entendidas como potencialmente benéficas, contanto que a sua regulamentação afaste o perigo de utilizações que sirvam tão-somente aos interesses empresariais. É uma pena que o Estatuto da Cidade não represente uma moldura legal mais bem definida, para facilitar o equacionamento plenamente apropriado desse problema. Apesar de isenta de contradições, e em que pese não ser exatamente ruim, a redação da Seção X não deixa de ser vaga, o que dá margem a alguma preocupação.

5.2. Consórcio imobiliário

Consórcio imobiliário é a forma de viabilização financeira de planos de urbanização, na qual o proprietário entrega ao Executivo municipal o seu imóvel e, após a realização de obras, recebe como pagamento imóvel devidamente urbanizado.

Parágrafo único. O imóvel a ser entregue ao proprietário será correspondente ao valor do seu imóvel antes das obras de urbanização realizadas com recursos públicos. (DIÁRIO OFICIAL DO MUNICÍPIO DE SÃO PAULO, 1991:Art. 56)

O consórcio imobiliário é um instrumento de cunho nitidamente progressista, previsto, assim como a operação urbana, no projeto de lei do Plano Diretor de São Paulo, o qual, embora tenha sido vetado pela Câmara Municipal, passou a ser considerado uma referência e uma fonte de inspiração para outras experiências em todo o Brasil. O objetivo precípuo do instrumento é o de viabilizar o aproveitamento de grandes terrenos (sobre os quais incidiriam a edificação ou o parcelamento compulsórios e o IPTU progressivo, além de estarem sujeitos a desapropriação), quando o proprietário não dispuser de recursos para proceder, ele mesmo, às intervenções necessárias para que seja garantido um mínimo de atendimento ao preceito constitucional da "função social da propriedade".

Como notou DANTAS (1997), após examinar e comparar vários planos diretores e leis orgânicas municipais, por trás de expressões parecidas como urbanização consorciada e consórcio imobiliário, tem havido uma tendência de distinguir dois instrumentos diferentes. O consórcio imobiliário, como se acabou de ver, é bem mais específico, ao passo que a urbanização consorciada (também chamada de operação urbana, ou operação urbana consorciada) admite dupla interpretação: tanto uma leitura mercadófila, conforme ao espírito empresarialista e capaz de agasalhar numerosos tipos de "parcerias público-privado", quanto uma leitura mais conforme ao ideário da reforma urbana, e que foi defendida no subcapítulo precedente. A diferença entre a urbanização consorciada e o consórcio imobiliário, dentro de uma interpretação não-empresarialista, residiria, em grande parte, na escala da intervenção: em ambos os casos há uma parceria, só que no primeiro o objeto é a dotação de infra-estrutura de toda uma área de expansão urbana, enquanto que no segundo caso o que está em jogo é o destino de um imóvel específico.

Infelizmente, como se pode notar a partir da análise de alguns planos diretores, "adaptações" de experiências ou de propostas de um local para outro vieram contribuir para um festival de incongruências, inclusive uma profusão de termos e expressões diferentes para designar a mesma coisa, sendo isso facilitado pela vaguidão de certos enunciados. Um exemplo é o fato de que o plano diretor de Belém

(PREFEITURA DE BELÉM, 1993), em seus artigos 178 a 181, prevê e detalha o uso do que chama de "operações urbanas", sendo, contudo, preconizadas três modalidades: uma primeira, "sem desapropriação", que é muito semelhante à operação urbana prevista no projeto de lei do plano de São Paulo, dentro de um espírito progressista que, inclusive, estabelece a finalidade do instrumento como sendo a viabilização da construção de moradias populares; uma segunda, "com desapropriação (reurbanização consorciada)", que lembra a pura e simples aplicação do instrumento da desapropriação conforme previsto no artigo 182 da Constituição Federal; e, por fim, uma terceira, "com posse pública temporária da área (requisição urbanística)", que, esta sim, é idêntica à urbanização consorciada tal como prevista no projeto de lei do plano diretor de São Paulo. Com isso, foram empregados, debaixo do mesmo guarda-chuva terminológico ("operações urbanas"), termos que, em planos diretores anteriores, se referiam a instrumentos específicos, além de serem os próprios termos usados de forma um tanto canhestra: em vez de urbanização consorciada, "reurbanização consorciada", sendo que, na verdade, o que se almeja é algo diferente do previsto no plano do Rio de Janeiro. Por tabela, restringiu-se o escopo do instrumento requisição urbanística.

Mesmo não sendo o planejamento urbano uma "ciência exata", e sim um campo compartilhado por arquitetos-urbanistas, cientistas sociais que o praticam enquanto pesquisa social aplicada, como geógrafos e sociólogos de formação, e mesmo outros profissionais, como juristas, esse tipo de situação deve ficar como alerta e lembrete para que se busque um pouco mais de rigor. Tendo se emaranhado, ele próprio, no passado, no cipoal dessa multiplicidade de termos pouco estabelecidos e conceitos ainda pouco demarcados, e verificando, como professor e consultor, o quanto essa ausência de uniformidade dificulta a comunicação, é que o autor deste livro, justamente, acha necessário salientar esse ponto. Por um lado, é lógico que seria bobagem pretender ter total controle sobre os (ab)usos terminológicos e conceituais, especialmente em um país tão vasto e tão heterogêneo quanto o Brasil. Por outro lado, faz-se mister meditar sobre os inconvenientes da falta de rigor e da proliferação de incongruências taxonômicas as mais disparatadas, coisa que pode ser, pelo menos, bastante mitigada com a ajuda de legislação de âmbito federal, a qual funcione como referência terminológica e conceitual geral. O Estatuto da Cidade, ao normatizar tanto as "operações urbanas consorciadas" (ainda que de modo um tanto ambíguo e vago) quanto os consórcios imobiliários, vem desempenhar, ao menos parcialmente, esse papel. O espírito do consórcio imobiliário, tal como previsto no Estatuto, é idêntico àquele contido no projeto de lei do Plano Diretor de São Paulo:

> Art. 46. O Poder Público municipal poderá facultar ao proprietário de área atingida pela obrigação de que trata o caput do art. 5º desta Lei, a requerimento deste, o estabelecimento de consórcio imobiliário como forma de viabilização financeira do aproveitamento do imóvel.
>
> § 1º Considera-se consórcio imobiliário a forma de viabilização de planos de urbanização ou edificação por meio da qual o proprietário transfere ao Poder Público municipal seu imóvel e, após a realização das obras, recebe, como pagamento, unidades imobiliárias devidamente urbanizadas ou edificadas.
>
> § º O valor das unidades imobiliárias a serem entregues ao proprietário será correspondente ao valor do imóvel antes da execução das obras, observado o disposto no § 2º do art. 8º desta Lei. (LEI Nº 10.257, de 10/07/2001)

O instrumento complementa, de maneira adequada, o que o Estatuto dispõe, regulamentando a Constituição, sobre o parcelamento, a edificação e a utilização compulsórios (Seção II da Lei nº 10.257), sobre o IPTU progressivo no tempo (Seção III) e sobre a desapropriação com pagamento em títulos (Seção IV).

5.3. Operação interligada

De acordo com o Plano Diretor do Rio de Janeiro (CÂMARA MUNICIPAL DO RIO DE JANEIRO, 1992:Art. 28), "constitui operação interligada a alteração pelo Poder Público (...) de determinados parâmetros urbanísticos", mediante o oferecimento de contrapartidas por parte dos empreendedores interessados. São exemplos de contrapartidas:

> I – Recursos para o Fundo Municipal de Desenvolvimento Urbano;
> II – Obras de infra-estrutura urbana;
> III – Terrenos e habitações destinados à população de baixa renda;
> IV – Recuperação do meio ambiente ou do patrimônio cultural. (CÂMARA MUNICIPAL DO RIO DE JANEIRO, 1992:Art. 29)

A finalidade da operação interligada seria a de proporcionar maior flexibilidade às regulações do uso do solo urbano, permitindo ao Estado fazer concessões à iniciativa privada, sempre que as concessões não lesem o interesse público e sempre mediante o oferecimento de contrapartidas que revertam em benefício da população da cidade. No entanto, esse instrumento, do qual as operações urbanas não devem ser, inadverditamente, consideradas um caso específico (uma vez que as operações interligadas não envolvem intervenções físicas conjuntas do Estado e do capital imobiliário, melhor traduzidas pela expressão urbanização consorciada, mas sim apenas uma flexibilização do zoneamento), é altamente polêmico. De acordo com a maneira como for regulamentado, pode constituir-se em peça legitimatória de favorecimentos abusivos de interesses capitalistas em detrimento da população. Esse tem sido, precisamente, o caso no Rio de Janeiro, onde os elementos mais avançados do plano diretor não foram nunca regulamentados, ao passo que a operação interligada, um tanto ambígua, vem sendo utilizada de modo nocivo ao interesse público, fato que tem aberto espaço para várias intervenções "flexibilizadoras" altamente objetáveis (ver GRUPO DE TRABALHO OPERAÇÕES INTERLIGADAS, 1997; CARDOSO *et al.*, 1999).

Por outro lado, em São Paulo o instrumento foi encarado, ao

menos em parte, de modo diverso. Instituído durante a segunda gestão de Jânio Quadros, nos anos 80, a intenção era possibilitar a remoção de favelados sem onerar os cofres da Prefeitura, uma vez que os proprietários interessados na alteração de parâmetros urbanísticos é que arcariam com os custos da construção de habitações de interesse social para abrigar os moradores de favelas particularmente incômodas para o capital imobiliário, devido à sua localização em áreas nobres da cidade. O objetivo do instrumento era, portanto, segregatório, além de permitir que o orçamento municipal, já comprometido com grandes obras viárias, não fosse sobrecarregado com o encargo de ter de providenciar a construção maciça de moradias populares (BONDUKI, 2000:57 e segs.). Não é à toa que a Lei 10.209/86, que instituiu as operações interligadas, foi apelidada de "Lei do Desfavelamento".

Apesar disso, o instrumento foi mantido e utilizado nas gestões posteriores, inclusive na administração petista de Luiza Erundina (CARDOSO, 1997:107; BONDUKI, 2000). Isso não chega a ser paradoxal, desde que não se perca de vista que o intrumento foi encarado de forma diversa durante a administração Erundina. Enquanto a finalidade do instrumento, durante a administração Quadros, era nitidamente segregatória, a isso aliando diversos pecados originais (por exemplo: o instrumento não foi discutido com a população; a lei apresentava uma redação ambígua, sugerindo que as operações interligadas teriam sua aplicação restrita a áreas de favelas a serem removidas; a lei não previa critérios para o cálculo do valor da contrapartida, em termos de quantidade de habitações populares [BONDUKI, 2000:59]), foi o seu aspecto positivo, ou seja, destinar recursos para a construção de habitações de interesse social, como contrapartida exigida do beneficiário de uma exceção a ser concedida, sem que o Estado tivesse de arcar com o ônus, que passou a ser enfatizado na administração Erundina. Esta buscou "transformar o instrumento num expediente de obtenção de recursos para implementar a política habitacional do município, retirando o caráter de desfavelamento presente na legislação em vigor, bem como introduzir uma série de restrições que reduziriam as possibilidades de alteração de zoneamento ao bel-prazer da administração, retirando-se a 'carta branca' que a Câmara 'dera' ao Executivo na Lei 10.209/86" (BONDUKI, 2000:63-4). Por isso é que BONDUKI (2000:61), falando da reciclagem do instrumento durante a administração Erundina, refere-se a isso nos seguintes termos (título de uma seção de seu trabalho): "de como se transformou um instrumento do mal num expediente para viabilizar uma nova política habitacional". Com isso, Bonduki desenvolve e aprofunda a interpretação de AMBROSIS (1989), que já se mostrara simpática às operações interligadas. De sua parte, Ermínia MARICATO (2000:177), mesmo procedendo à necessária reprovação da nada incomum utilização abusiva do instrumento, não o descarta completamente:

> A chamada operação interligada (possibilidade de comprar potencial construtivo para um imóvel, acima do regularmente previsto na lei do zoneamento) poderia constituir uma alternativa de exceção para casos bastante específicos, exigidos pela condição do sítio e da paisagem. Mas ela acabou sendo utilizada em São Paulo de modo tão freqüente que se tornou uma regra para burlar a lei do zoneamento.

Instrumentos similares, destinados a conferir flexibilidade às práticas de planejamento e gestão urbanos, têm sido propostos e implementados em diversos países do "Primeiro Mundo" – sendo seu espírito, à primeira vista, talvez elogiável, mas sendo sua prática de implementação, muitas vezes, merecedora de reprovação. As técnicas americanas de flexibilização incorporadas ao arsenal das técnicas de zoneamento funcionalista, abordadas no Subcapítulo 4.1., trazem consigo, como se viu, o perigo de abusos e, mesmo, corrupção. De fato, é o que ocorre com os *development agreements*, *linkages* e *bonuses* em geral. Na Grã-Bretanha, os *planning agreements* (e, nesse contexto, os *planning gains*), equivalentes aos *development agreements* e *bonuses* americanos, têm se disseminado bastante. Pode-se dizer que se está diante, no caso dos *planning agreements* (assim como do *bonusing* e dos *development agreements* e *linkages* norte-americanos), de instrumentos perigososamente ambivalentes, de natureza muitíssimo semelhante ora à nossa operação interligada (*bonusing*, parcialmente também o *planning agreement*), ora às operações urbanas, ao menos em uma interpretação empresarialista destas (*development agreement, linkage* e *planning agreement*). A experiência internacional com tais instrumentos recomenda, como se pode ver, cautela diante de fórmulas salvacionistas que prometem prosperidade generalizada, mas que tendem a ser mais vocacionadas para beneficiar os interesses dos potenciais investidores privados que qualquer outra coisa – ou, pelo menos, que admitem ser facilmente capturadas para funcionarem dessa maneira, se não se tomar muito cuidado. Denúncias de abusos já suscitaram, inclusive, a encomenda de uma avaliação, seguida de relatório, por parte do *Department of Environment* do Reino Unido (cf. BYRNE, 1992). Para muitos planejadores identificados com o clássico figurino do *regulative planning*, a idéia de uma "negociação" entre o Estado e os promotores imobiliários é, em si mesma, um risco e uma distorção. Nas palavras de ENNIS (1997:1937), ao apresentar a opinião de dois comentadores ingleses,

> [t]he introduction of bargaining into the planning process they believed would suborn planning practice. The trade-offs involved in bargaining meant that planners would be susceptible to inducements which developers might offer in order to purchase a planning permission.

Há, porém, divergências. O próprio ENNIS (1997) defende, em última análise, a negociação, na esteira de sua argumentação sobre a necessidade de os planejadores darem mais atenção à implementação dos planos. Autores há, também, que asseguram que os riscos de distorção têm sido superestimados (é o caso de BYRNE, 1992). Diante da crise do *regulative planning* e da ascensão das modalidades francamente mercadófilas de planejamento, a cautela e a crítica parecem ceder mais e mais terreno à apologia da parceria direta e explícita entre Estado e capital imobiliário.

Seja como for, nem toda flexibilização merece ser olhada com desconfiança. O instrumento denominado *Transfer of Development*

Rights/TDR (ver descrição em CULLINGWORTH, 1993:129), por seu turno, adequa-se perfeitamente bem a objetivos como a preservação de áreas agricultáveis, sendo um exemplo positivo de flexibilização. O próprio "contrato urbanístico" alemão, mencionado no Subcapítulo 5.1., não deixa de inscrever-se dentro dos marcos gerais de uma crescente importância das *public-private partnerships*, sem que isso, por si só, represente um grande risco de corrupção ou desmoralização do planejamento. Sobre isso deve-se ressaltar, contudo, que a "desregulamentação" do planejamento e a influência do capital imobiliário em matéria de obtenção de tratamento privilegiado por parte do Estado têm encontrado, na Alemanha, maiores resistências que nos EUA ou na Grã-Bretanha.

Enfim, trata-se, a operação interligada, de um instrumento controvertido e passível de ser utilizado para pavimentar o terreno para relações promíscuas e espúrias entre o Estado e a iniciativa privada, em detrimento da maioria da população. Se isso pode acontecer até mesmo na Grã-Bretanha, por que não haveria de ocorrer em um ambiente menos regrado e em uma sociedade mais heterônoma, como é o caso do Brasil? O município do Rio de Janeiro, onde o instrumento, previsto no plano diretor de 1992, foi regulamentado posteriormente (1994) de modo insatisfatório, é um bom exemplo de como as operações interligadas podem ser usadas de um modo indiscriminado que nada tem a ver com o espírito da reforma urbana. Operações interligadas têm sido aprovadas para alterar parâmetros urbanísticos em bairros e setores geográficos nobres (dois exemplos concretos, dentre os vários examinados pelo autor, são as operações aprovadas nos decretos 16.670 de 28/5/1998 [PREFEITURA DA CIDADE DO RIO DE JANEIRO, 1998:135-6]) e 16.719 de 4/6/1998 [PREFEITURA DA CIDADE DO RIO DE JANEIRO, 1998:174-5], respectivamente na Barra da Tijuca e no Leblon), sendo que as contrapartidas exigidas dos beneficiários (promotores imobiliários e outros), efetivadas sob a forma de doação de imóveis ou pagamento em dinheiro, não convencem quanto ao interesse da transação para a coletividade. Não seria esse tipo de flexibilização, desatrelada de fortes critérios restritivos, uma forma de *comercialização do direito*, dando continuidade à tradição, típica de uma sociedade extremamente heterônoma, de que as leis podem ser transgredidas ou mesmo mudadas de acordo com a conveniência de indivíduos e grupos, desde que se possa pagar por isso?

No entanto, talvez não seja necessário anatematizar o instrumento, como sugerem alguns críticos mais afoitos (por exemplo, GRUPO DE TRABALHO OPERAÇÕES INTERLIGADAS, 1997). Afinal, seus efeitos sobre o desenvolvimento urbano dependerão da forma como o mesmo for regulamentado. O que parece realmente essencial, mas que não tem sido suficientemente enfatizado, é que não basta que as operações interligadas – mas também a operação urbana e a urbanização consorciada – sejam adequadamente regulamentadas, de modo tão preciso e detalhado quanto possível, para que se evite o seu mau uso, vale dizer, uma utilização de espírito empresarialista e mesmo na base de negócios espúrios e lesivos ao interesse público. Uma vez que se trata de instrumentos de negociação, cuja conveniência deve ser decidida caso a caso, é imprescindível que seu emprego passe pelo crivo da participação popular direta, propiciando transparência e manifestação da vontade dos cidadãos. Isso, ao lado de outras coisas, demonstra a relevância do Conselho de Desenvolvimento Urbano (vide Subcapítulo 11.3. desta Parte III) e, melhor ainda, do Conselho de Desenvolvimento Urbano e Orçamento Participativo proposto neste livro, a integrar planejamento e gestão (ver Subcapítulo 11.4.). Que o debate prossiga.

5.4. Transferência do direito de construir

A *transferência do direito de construir*, também chamada de *transferência de potencial construtivo*, prevista em numerosos planos diretores (cf. DANTAS, 1997), é um instrumento que permite que o proprietário que, por razões específicas de força maior, impostas por zoneamento ou medidas de preservação do patrimônio histórico-arquitetônico, não possa vir a utilizar plenamente o coeficiente de aproveitamento, aliene ou transfira potencial construtivo a terceiros ou realize, ele mesmo, esse potencial construtivo em outro imóvel de sua propriedade. O caso típico é aquele que se refere a imóveis tombados, vindo o instrumento como uma espécie de compensação para o proprietário pela perda, no que se refere àquele imóvel, de um direito que, em princípio, lhe assiste, qual seja, o de realizar plenamente o potencial construtivo permitido de acordo com o coeficiente de aproveitamento previsto.

Ao buscar garantir uma situação de justiça e isonomia, sem que isso configure favorecimento indevido a qualquer proprietário, o instrumento pode contribuir para facilitar a implementação de medidas de caráter preservacionista, de nítido interesse coletivo. Conquanto seja um instrumento menos controvertido que as operações interligadas, a transferência do direito de construir precisa ser objeto de parametrização criteriosa, caso a caso. Não são muitos os municípios que estabelecem limites máximos para a transferência do potencial construtivo, embora isso pareça bastante recomendável. Uma das exceções é Belo Horizonte, onde definiu-se um teto de 20% como limite máximo de recepção para os imóveis que se encontrarem em área de transferência do potencial construtivo (cf. DANTAS, 1997:84).

Outro aspecto a ser considerado é que, à semelhança de outros instrumentos, e de maneira particularmente grave neste caso, a transferência de potencial construtivo não pode, em hipótese alguma, ser utilizada desacompanhada de diagnósticos e estimativas de impacto realizadas previamente. Sem qualquer prejuízo para a constatação de que o instrumento é bastante válido, forçoso é entender que, empregado indiscriminadamente e à revelia de um monitoramento da realidade calçado em diagnósticos e estimativas de impacto, a transferência de potencial construtivo pode levar à deterioração da qualidade de vida em bairros inteiros.

5.5. Compra do direito de construir

A compra do direito de construir (*purchase of development rights*, ou *PDR*) é um instrumento bastante utilizado nos Estados Unidos, com a finalidade de preservação da agricultura e de espaços livres. É, segundo DANIELS (1991), especialmente popular em franjas rurais-urbanas do nordeste do país. Consiste na compra, por parte do Estado, do direito de o proprietário da terra nela construir; com isso, objetiva-se "congelar", por um tempo mais ou menos longo, o emprego do espaço em questão com fins agrícolas ou como área verde. Embora tal instrumento pressuponha, na prática, uma separação entre o direito de propriedade e o direito de construção, ele não é diferente do "solo criado" apenas porque, no presente caso, o Estado é que *paga* ao proprietário do solo para que este não construa, em vez de, como acontece com o "solo criado", o Estado *vender* o direito de construção; ele também difere do "solo criado" porque, consoante a tradição norte-americana de considerar o respeito à propriedade privada como um valor supremo e restringir a margem de manobra do Estado, no caso da *purchase of development rights* não se impõe nada aos proprietários: a adesão (ou seja, a venda do direito de construção) é *voluntária*.

Se se levar em conta que a proteção de áreas de agricultura periurbana e áreas verdes no entorno das grandes cidades é uma prioridade, seja em benefício dos próprios moradores urbanos (enquanto consumidores dos alimentos relativos à olericultura e à fruticultura, típicas de espaços periurbanos, assim como na qualidade de demandantes de áreas verdes e de lazer), seja em benefício dos agricultores, a relevância de se desenharem e aplicarem instrumentos equivalentes à PDR não pode ser negada. No entanto, a PDR é um instrumento de pouca aplicabilidade em países com menos recursos, já que envolve um elevado custo para os cofres públicos. Além disso, como admite Daniels, mesmo nos EUA o seu caráter de instrumento de adesão voluntária dificulta a formação de um estoque apreciável de terras, capaz de compor uma massa crítica de espaço preservado (DANIELS, 1991:430). A esse respeito, a grande desvantagem brasileira reside na maior escassez de recursos financeiros por parte das nossas municipalidades; por outro lado, a margem de manobra para a aprovação e aplicação de mecanismos que priorizem os interesses coletivos mais amplos, em detrimento dos interesses de proprietários de meios de produção, não parece esbarrar em resistências culturais e jurídicas tão formidáveis quanto aquelas verificadas nos EUA. Uma adaptação brasileira do instrumento poderia prever, então, uma combinação de *imposição por razão de utilidade pública*, no contexto da decretação dos espaços a serem preservados como zonas de um tipo especial (onde o coeficiente de aproveitamento e o uso da terra seriam rigidamente limitados), com alguma *compensação financeira por parte do Estado*, sem o que os agricultores poderiam ser cruelmente prejudicados (ainda que essa compensação não fosse, por impossibilidade financeira, muito alta). O projeto de lei do plano diretor de São Paulo (DIÁRIO OFICIAL DO MUNICÍPIO DE SÃO PAULO, 1991) previu, em seus artigos 17 e 18, conforme já se havia dito *en passant* no Subcapítulo 4.2., como mecanismos de proteção das atividades agrícolas basicamente o seguinte: restrição do coeficiente de aproveitamento único (limitado em 0,1 para a zona rural) e seletividade dos investimentos públicos na zona rural (que seriam, fundamentalmente, aqueles visando ao incentivo das atividades agrárias). A compra do direito de construir, em sua versão brasileira, poderia ser um complemento desse tipo de desestímulo à urbanização/desruralização embutido no zoneamento de densidades. Além disso, no entanto, seria ainda necessário oferecer algum tipo de apoio suplementar aos agricultores periurbanos além da compensação financeira, sob a forma de auxílio técnico e acesso facilitado a crédito.

6. Instrumentos de regularização fundiária

Vários são os instrumentos de regularização fundiária. Em um país como o Brasil, onde a urbanização é indissociável de processos de favelização e periferização, soluções factíveis e efetivas para melhorar a qualidade de vida dos moradores de favelas e loteamentos irregulares precisam ser buscadas. Não se cogita, aqui, de simplesmente entender "remendos" e o reconhecimento jurídico de situações *de facto* como sucedâneos de soluções como a construção de moradias populares de boa qualidade em larga escala. É fato, admita-se, que, em função de fatores tanto locais quanto supralocais, como a sangria de recursos representada pelo pagamento do serviço da dívida externa, acaba sendo inviável, para um país como o Brasil, suprir adequadamente o déficit habitacional que aflige grande parte de sua população urbana. Em face disso, esquemas mais simples, como a *core housing* (casa-embrião, em que o Estado, em vez de oferecer a moradia pronta, só oferece a estrutura básica da habitação, com ou sem ônus) e o conhecido *sites and services* (isto é, o simples oferecimento, oneroso ou não, de lotes urbanizados), tornaram-se, nas últimas décadas, populares entre muitos estudiosos e consultores especializados em questões habitacionais. Esses esquemas, é forçoso reconhecer, situam-se muito aquém do que poderia ser considerado como uma solução razoável do problema habitacional, entendido em seu sentido mais amplo de precariedade tanto da provisão de moradia quanto de oferecimento de infra-estrutura técnica e social em escala microlocal. Seria injusto, irrealista e tolo, porém, ver a regularização fundiária e a urbanização de favelas, mesmo quando não estejam acopladas a um reassentamento e ao oferecimento de moradias acabadas, como paliativos irrelevantes. Regularizar fundiariamente e dotar de infra-estrutura favelas e loteamentos irregulares são coisas essenciais para resgatar a dignidade e a auto-estima dos pobres urbanos, desde que isso seja realizado de modo sério, transparente, participativo e tecnicamente correto.

A *usucapião*[52] é um instrumento importantíssimo de regularização fundiária. Também a usucapião, a exemplo do "solo criado", assenta-se sobre uma relativização ou um afrouxamento do direito de propriedade, em nome da defesa de interesses legítimos: se, no caso do "solo criado", o que ocorre é que o direito de construir passa a não ser mais uma decorrência natural e não sujeita a regras e limitações do direito de propriedade, na usucapião, à semelhança do IPTU progressivo, o que está em jogo é limitar o direito de *não* construir ou, mais amplamente, de deixar ociosa a terra. Entende-se que, diante da carência de moradias, típica de cidades de países periféricos e semiperiféricos, a manutenção de grande quantidade de terra urbanizada ou urbanizável em "pousio social", ou seja, em ociosidade, valorizando-se artificialmente na esteira da especulação imobiliária, é um atentado a direitos coletivos, expressos na exigência constitucional de que a propriedade cumpra uma "função social". Por mais vaga que seja esta fórmula, ela encerra uma tentativa de "domesticar" a propriedade privada, que é o máximo que se pode obter, evidentemente, nos marcos de uma ordem econômica que se assenta precisamente sobre a propriedade privada dos meios de produção. A usucapião pode ser empregada por iniciativa dos próprios interessados, mas o Poder Público poderá assessorá-los juridicamente, zelando para que o desfecho do processo não seja excessivamente demorado e desfavorável àqueles que, legitimamente, devem ter reconhecido o domínio sobre os terrenos que ocupam.

---

[52] Existem controvérsias sobre o gênero do substantivo *usucapião*. Como o *Dicionário da Língua Portuguesa Contemporânea*, da Academia das Ciências de Lisboa, e o dicionário *Aurélio* só o registram como sendo do gênero feminino, enquanto o dicionário *Houaiss* admite os dois gêneros, o autor preferiu seguir aquilo que parece ser a forma mais aceita segundo a norma culta.

Deixe-se, agora, falar a própria Constituição:

> Art. 183 – Aquele que possuir, como sua, área urbana de até duzentos e cinqüenta metros quadrados, por cinco anos, ininterruptamente e sem oposição, utilizando-a para sua moradia ou de sua família, adquirir-lhe-á o domínio, desde que não seja proprietário de outro imóvel urbano ou rural.
>
> § 1º – O título de domínio e a concessão de uso serão conferidos ao homem ou à mulher, ou a ambos, independente do estado civil.
>
> § 2º – Esse direito não será reconhecido ao mesmo possuidor por mais de uma vez.
>
> § 3º – Os imóveis públicos não serão adquiridos por usucapião.
>
> (CONSTITUIÇÃO DA REPÚBLICA FEDERATIVA DO BRASIL, 1988)

Como se vê, o texto constitucional estabelece que os imóveis públicos não serão adquiridos por usucapião. Essa é uma restrição que não estava presente na proposta defendida, na época da Constituinte, pelo Movimento Nacional pela Reforma Urbana. A versão do Estatuto da Cidade aprovada pelo Senado Federal em 18 de junho de 2001 não trazia nenhum avanço a esse propósito, mas, pelo menos, preservava a possibilidade de emprego de outro instrumento, a *concessão de direito real de uso*, para legalizar a posse de ocupantes de terrenos públicos. Com a aplicação da concessão de direito real de uso não chega a se dar a transferência da propriedade, muito embora os ocupantes recebam garantias e vejam a sua situação ser regularizada. Concessão de direito real de uso é um contrato celebrado entre o Poder Público e os ocupantes, contrato esse que, teoricamente, pode ser por tempo ilimitado ou limitado, embora renovável. O mais razoável é que o contrato seja por tempo ilimitado, extingüindo-se, entretanto, caso o concessionário venha a dar ao imóvel outra destinação que não a de moradia para si próprio e sua família, ou caso o concessionário venha a adquirir a propriedade (ou a concessão de uso) de outro imóvel. Os concessionários recebem uma garantia legal de permanência no local, podendo a concessão se dar a título oneroso ou não (cf. ALFONSIN *et al.* [1997:77-8]). Não obstante, é esperável que a concessão seja conferida gratuitamente. A garantia legal supramencionada é poderosa, mesmo sem implicar a propriedade do imóvel, pois o título concedido, seja por via administrativa ou, em caso de litígio, por sentença judicial, servirá para efeito de regularização no cartório de registro de imóveis.

Lamentavelmente, o veto presidencial a todos os seis artigos que compunham a Seção VI ("Da concessão de uso especial para fins de moradia") do Estatuto da Cidade (LEI Nº 10.257, de 10/07/2001), sob a alegação de que isso criaria uma abertura para a ocupação abusiva inclusive de áreas de uso comum, como praças ou vias de comunicação, criou um embaraço para a aplicação adequada do instituto da concessão de direito real de uso a terrenos públicos. A falta da introdução prévia de uma distinção clara entre bens de uso comum e bens dominiais serviu de pretexto para a adoção de uma restrição genérica e total (veto) por parte do Presidente Fernando Henrique Cardoso. Com a Medida Provisória nº 2.220, de 04/09/2001 (cuja constitucionalidade, aliás, foi posta em dúvida), a lacuna aberta pelo veto presidencial apenas muito precariamente foi preenchida, pois o benefício só é reconhecido àquele que, "*até 30 de junho de 2001*, possuiu como seu, por cinco anos, ininterruptamente e sem oposição, até duzentos e cinqüenta metros quadrados de imóvel público situado em área urbana, utilizando-o para sua moradia ou de sua família" (cf. MEDIDA PROVISÓRIA Nº 2.220, de 04/09/2001, Art. 1º, *caput*; grifo do autor). E esse está longe de ser o único ponto problemático: muitas favelas ocupam, justamente, áreas de uso comum do povo, nas quais não seria aplicada a concessão de direito real de uso; as populações dessas favelas poderiam, conforme o Art. 5.° da Medida Provisória, ser beneficiadas com a concessão em outro local. O problema é que se precisaria pensar em regras e critérios mais refinados, se se quiser que a restrição à ocupação de áreas de uso comum, restrição essa, em princípio, justificada pelo bom senso, não venha a servir de álibi para a remoção indiscriminada de favelas, o mesmo valendo para a remoção de população favelada ocupante de áreas consideradas de risco, prevista no Art. 4º. Nunca é demais lembrar que devem ser esgotadas todas as possibilidades de manter a população em sua localização original, para evitar transtornos de várias ordens para ela, como o afastamento dos locais de trabalho. E mais: com quais recursos se poderá contar para fazer face a numerosos e onerosos processos de busca de locais alternativos? Pelo visto, muita polêmica ainda haverá de ser travada antes de se alcançarem condições de satisfatória aplicação desse instrumento.

Registre-se, ainda, que o Estatuto da Cidade, em sua Seção V, ao prever a aplicação da usucapião *coletiva*, avança para além da Constituição Federal. A expectativa de muitos é a de que esse instrumento deverá facilitar bastante a agilização dos processos de regularização fundiária, pois permite a ultrapassagem do quadro pulverizado de audiências individuais. Mesmo assim, assinale-se, por dever de honestidade, que comentários têm surgido no sentido de que a usucapião coletiva não seria um instrumento de operacionalização tão fácil quanto se pensa. O mesmo, por analogia, haveria de aplicar-se à concessão de direito real de uso coletiva, possibilidade prevista na MEDIDA PROVISÓRIA Nº 2.220, de 04/09/2001, Art.º, *caput*). Que o futuro responda também a essa questão.

No caso de terras que não foram ocupadas, mas sim adquiridas onerosamente e de boa fé por população de baixa renda que foi lograda por um loteador, gerando-se, a partir daí, um loteamento irregular ou mesmo clandestino, a situação é diferente. O Poder Público precisará realizar as intervenções necessárias para, tanto quanto for possível, tornar os loteamentos até então irregulares conformes à Lei Federal 6.766/79, que rege a matéria do parcelamento do solo urbano.

Por fim, outros instrumentos de regularização fundiária podem ter uma função coadjuvante ou complementar em relação aos anteriores. Além da *delimitação das ZEIS* no zoneamento de prioridades, instrumentos como a *desapropriação*, a *requisição urbanística* (requisição de um imóvel de propriedade privada com o fito de atender a um interesse público, sendo de emprego mais específico que a desapropriação), o *direito de preempção* (prerrogativa reconhecida ao Estado, que passa a ter a preferência na aquisição de um imóvel urbano que venha, porventura, a ser alienado), o *direito de superfície* (transferência, gratuita ou onerosa, a terceiros, do potencial edificável do terreno, mantendo-se a propriedade do mesmo) e outros precisam ser levados em conta. Para maiores detalhes sobre os instrumentos de regularização fundiária e alguns estudos de caso (Diadema, Porto Alegre, Recife, Belo Horizonte, São Paulo e Rio de Janeiro), recomenda-se ao leitor que consulte ALFONSIN *et al.* (1997); outras coletâneas relevantes são aquelas organizadas por FERNANDES (1998) e SAULE Jr. (1999). O direito de superfície e o direito de preempção estão previstos, também, no Estatuto da Cidade (LEI Nº 10.257, de 10/07/2001, respectivamente seções VII e VIII). Em matéria de planos diretores, não muitos são aqueles que prevêem e abordam, pormenorizadamente, vários instrumentos simultaneamente. O plano diretor de Belém do Pará, em que pesem as inconsistências apontadas ao longo desta Parte III e ainda outras tantas, prevê um grande número de instrumentos: além da usucapião e da concessão de direito real de uso (detalhando o que se acha contido no Art. 183 da Constituição Federal), o direito de preempção, o direito de superfície, a requisição urbanística, as ZEIS e outros mais (PREFEITURA DE BELÉM, 1993).

7. Fundos de desenvolvimento urbano

Os fundos parecem, à primeira vista, importantíssimos, mas o seu amparo legal costuma suscitar dúvidas. A Constituição Federal, no seu artigo 167, inciso IV, veda vinculação de receita de impostos a órgão, fundo ou despesa, de acordo com o princípio orçamentário de não-afetação das receitas (CONSTITUIÇÃO DA REPÚBLICA FEDERATIVA DO BRASIL, 1998; ver, também, GIACOMONI, 1997:75-76). Ademais, qualquer fundo tem de ser aprovado pelo Legislativo (CONSTITUIÇÃO DA REPÚBLICA FEDERATIVA DO BRASIL; GIACOMONI, 1997.76). Seja como for, GIACOMONI (1997:129) mostra que existem, na prática, vinculações. Além disso, a Constituição do Estado do Rio de Janeiro – para mencionar um exemplo relevante de amparo legal – prevê, explicitamente, em seu Art. 230, a criação de "fundos destinados ao desenvolvimento urbano" (CONSTITUIÇÃO DO ESTADO DO RIO DE JANEIRO, 2000:92). Um exemplo de fundo especificamente voltado para o desenvolvimento urbano é o Fundo do PREZEIS (Plano de Regularização das Zonas de Especial Interesse Social), de Recife, ancorado na própria lei que criou o PREZEIS (ver, sobre o PREZEIS, o Capítulo 3 da Parte IV).

O que importa aqui, realmente, é salientar que qualquer problema legal poderá ser contornado se, ao contrário do que se chegou a propor no passado, não ficar explicitado que os recursos adicionais auferidos graças à implementação de instrumentos tributários como a concessão onerosa do direito de construir e a contribuição de melhoria, além do IPTU progressivo no tempo, irão, *exclusivamente*, para o fundo de desenvolvimento urbano. Isso obriga a uma reformulação da concepção não do *papel* do fundo, mas da sua *oficialização*.

O fundo de desenvolvimento urbano foi usualmente pensado, no âmbito do "planejamento politizado" social-reformista, como sendo constituído por recursos oriundos da aplicação de instrumentos tributários como o IPTU progressivo no tempo e o "solo criado", recursos esses que deveriam ser aplicados prioritária ou exclusivamente na urbanização e regularização fundiária de favelas e no saneamento básico e regularização fundiária de loteamentos irregulares. O fundo seria gerido por um *conselho de desenvolvimento urbano* (ou seja lá que nome venha a receber), no qual teriam assento tanto representantes diretos (mais propriamente falando, delegados) da sociedade civil, quanto representantes do próprio Estado (os quais podem ou não ter direito a voto; se tiverem, estar-se-á diante de uma *parceria*; se não tiverem, estar-se-á diante de uma *delegação de poder*). Esse conselho deveria ser visto, a rigor, como o aspecto mais importante, pois a sua existência simbolizaria e alavancaria a democratização do planejamento urbano, envolvendo tanto decisões sobre o detalhamento dos investimentos (critérios para o estabelecimento de prioridades) quanto a discussão e o monitoramento da aplicação dos diversos instrumentos de planejamento e de planos diversos (plano diretor e planos setoriais). (É curioso notar, à luz disso, que os conselhos receberam e têm recebido muito menos atenção do que mereceriam. Para acompanhar o prosseguimento dessa argumentação, remete-se o leitor ao Subcapítulo 11.3.)

Acabou-se de verificar, entretanto, que uma vinculação de receita tributária a despesas ou fundos específicos é vedada pela Constituição Federal, ainda que, como demonstra uma das constituições estaduais mais importantes, a do Rio de Janeiro, a criação de fundos de desenvolvimento urbano não fira a lei. Que fazer diante disso? Uma solução assaz simples e eficaz é implementar, sim, os instrumentos tributários mencionados, e criar, sim, um fundo de desenvolvimento urbano para dar suporte a políticas públicas orientadas para regularização fundiária e melhoria infra-estrutural em espaços residenciais segregados (dentre outros objetivos, a serem devidamente delimitados), sem, por outro lado, amarrar, no texto a ser submetido à aprovação do Legislativo municipal, os recursos do fundo a fontes específicas. Na prática, porém, é mais que certo que o fundo viria a ser alimentado com a ajuda substancial daqueles tributos.

8. *City-marketing* e outros instrumentos informativos

No Capítulo 1 mencionou-se um tipo de instrumento de planejamento, os instrumentos *informativos*, que até agora não foi abordado. Propositadamente, deixou-se para fazê-lo somente agora, seguindo um raciocínio que parece coerente: o objetivo desses instrumentos é, justamente, o de informar sobre aquilo que, com a ajuda dos demais instrumentos aqui examinados (dentre outros), pode ser ou tem sido alcançado.

A expressão *city-marketing* costuma soar, nos círculos politicamente não-conservadores, pejorativa. Existem, decerto, boas razões para isso, pois é fácil imaginar (e pode-se constatar) que, em não poucos casos, está-se diante de uma tentativa de construção de uma imagem "asséptica" e certinha da cidade em questão, com o fito de atrair investimentos e turistas (um caso que tem sido cada vez mais estudado, no Brasil, é o de Curitiba: vide SÁNCHEZ, 1997a; 1997b; 1999). Poder-se-ia dizer, assim, que, em várias situações, o problema que reside por trás do *marketing* urbano é o mesmo que reside em qualquer *propaganda enganosa*, em que as qualidades do produto a ser comercializado são exageradas e possíveis defeitos são escamoteados. A analogia com a propaganda enganosa (*versus* propaganda honesta) é, contudo, ela própria defeituosa e muito limitada. Uma cidade não é um simples produto ou uma mercadoria qualquer, que se possa descrever objetivamente por meio de suas propriedades; uma cidade é um complexo sócio-espacial onde várias leituras e interpretações coexistem, competindo entre si e refletindo interesses divergentes. Por conseguinte, sem querer sugerir que a dimensão ética seja irrelevante, é necessário considerar as coisas em um outro plano, o da *produção de ideologias*. Nesse plano, o *marketing* urbano "deformado" deve ser considerado como o resultado de uma tentativa de influenciar não apenas investidores e turistas em potencial, mas toda uma opinião pública, formando uma imagem de cidade conforme aos interesses e à visão de mundo dos grupos dominantes.

Se, por um lado, uma certa parcialidade estará sempre presente, já que se está diante de leituras diferentes competindo entre si (e, sempre que uma versão oficial pretender-se a única legítima, estar-se-á incorrendo em um discurso ideológico manipulador), nem sempre o *marketing* urbano precisará ser deformador ou manipulador. É perfeitamente pensável um *marketing* urbano persuasivo que não esconda, deliberada e absolutamente, mazelas, ou force demais certas interpretações. Sem ingenuidade, é preciso reconhecer que a ascensão do *city-marketing* se dá, no mundo inteiro, paralelamente ao enfraquecimento do planejamento regulatório clássico e ao aumento da importância das "parcerias público-privadas". A função de produção de *territorial ideologies* (rivalidades que expressam fetichismo espacial, do tipo "cidade A *versus* cidade B", slogans ufanistas etc.), com o fito de tornar a cidade mais atraente para o capital e para um público seleto de turistas e consumidores, tem sido bastante estudada, sobretudo na literatura anglo-saxã (um bom exemplo é SHORT [1999]). Entretanto, o *marketing* pode fazer referência às vantagens locais sem incorrer em fetichismo espacial algum, ou em xenofobia ou ufanismo exagerado. Aliás, até mesmo sob a ótica empresarial pura e simples, não tentar esconder todos os problemas pode causar melhor impressão e despertar maior confiança que a busca por construir uma imagem que, de tão perfeita, corre o sério risco de parecer falsa, artificial demais.

De um ponto de vista crítico, consoante a a abordagem adotada neste livro, o *marketing* urbano, como instrumento informativo, deverá servir para mostrar, com a maior fidelidade possível, os resultados alcançados na busca por um desenvolvimento sócio-espacial autêntico (presumivelmente, com o auxílio dos instrumentos anteriormente discutidos). Uma vez se realizando esse desenvolvimento, a atratividade da cidade para turistas e mesmo investidores poderá se ver bastante incrementada, sem que para isso seja necessário enfatizar (na propaganda ou nas intenções concretas) aspectos "cosméticos" – e, no que concerne aos investidores, sem que seja preciso oferecer incentivos generosíssimos, muitas vezes mais uma questão de prestígio para o administrador do que fruto de uma análise custo/benefício consciencioso. Um tal *marketing* servirá para mostrar os resultados de um trabalho sério e bem feito, o que poderá contribuir para um aumento da auto-estima da população local e um reforço da legitimidade da administração, sem que isso se traduza em estímulo à arrogância xenófoba ou em manipulação da população.

Afora o *city-marketing*, instrumentos informativos são também aqueles que objetivam informar a própria população a respeito de campanhas governamentais (como campanhas de conscientização, a exemplo daquelas sobre educação ambiental) e os que buscam mobilizar e informar os cidadãos para a participação em processos de planejamento e gestão. Freqüentemente, avança-se para um pouco além da simples informação, oferecendo-se uma oportunidade menor ou maior para que a população seja, também, ouvida. SIMONSEN e ROBBINS (2000), tomando os EUA como referência empírica e a propósito do tema do envolvimento dos cidadãos no processo orçamentário, apresentam esquemas como audiências públicas (*public hearings*) e *citizen forums* (convite, aberto ou por amostragem, para que cidadãos participem de sessões em que serão abordadas questões específicas de seu potencial interesse), que também podem ser e de fato são amplamente empregados no planejamento urbano. PEISER e NELSON (1997) discutem, especificamente, o uso de uma dessas técnicas – os *expert panels* – no planejamento. Pode-se levantar a ressalva, evidentemente, de que muitas, provavelmente a maioria das experiências de uso desses esquemas não é informativa apenas no que concerne à natureza da técnica em si, mas também no que se refere ao grau de abertura do Estado local para com a participação popular (chegando, na melhor das hipóteses, à consulta e à cooptação). Isto não deve conduzir, entretanto, a um repúdio às técnicas; mesmo uma conjuntura política mais favorável, permeável a genuínas parcerias e à delegação de poder, não pode prescindir do uso de instrumentos informativos.

9. E quanto ao uso mais eficiente dos instrumentos mais básicos e convencionais?...

9.1. Sobre a importância de cadastros técnicos municipais, plantas de valores e divisões de bairros

É preciso não perder de vista que, quanto maior for o incômodo potencialmente representado por um dado instrumento para os grupos e classes dominantes, tanto maior será a a tentativa desses grupos e classes de fazer com que as propostas não saiam do papel. Entre a proposta de instrumentos arrojados por parte de uma eventual prefeitura progressista e a efetiva implementação exitosa dos mesmos, tem-se uma verdadeira corrida de obstáculos: primeiro obstáculo, as dificuldades para a elaboração da própria proposta (plano) em um nível tecnicamente elevado quanto às exigências de coerência e rigor; segundo obstáculo, as dificuldades para a aprovação do plano pela Câmara de Vereadores; terceiro obstáculo, as dificuldades para a implementação do plano eventualmente aprovado (o que envolve, também, as dificuldades para a fiscalização estatal da observância das regras por parte dos agentes privados). Muitos tenderam a subestimar essas dificuldades, conforme o autor alertou em outras ocasiões (SOUZA, 1993a; 1998).

Sem querer fazer o inverso do que fizeram e fazem os autores que subestimam os obstáculos, ou seja, sem querer exagerar as dificuldades, é fundamental perceber que elas existem, e que o desfecho pode ser frustrante, sobretudo se os obstáculos e as resistências forem subestimados. Em São Paulo, por exemplo, o projeto de plano diretor foi recusado pela Câmara, de maneira que o excelente documento elaborado durante a gestão Luiza Erundina não passa, para nós, de uma importante referência teórica. Em Angra dos Reis a derrota não foi completa, mas concessões tiveram de ser feitas. Diante disso, e aceitando-se também a validade intrínseca do argumento, cabe indagar: sem desejar, de forma alguma, sugerir que os "novos" instrumentos sejam secundarizados, seria, por outro lado, sensato ignorar que alguns "velhos" instrumentos podem e precisam receber maior atenção?

É conveniente admitir, para começar, que, além da introdução da progressividade no tempo do IPTU, também o IPTU "normal" precisa, no caso de numerosíssimos municípios, ter a sua arrecadação otimizada. É comum o potencial de auferição de recursos próprios de muitos municípios se encontrar subexplorado, por conta não somente de corrupção, mas também de desleixo e incompetência. Deveria ser algo banal e corriqueiro, de tão elementar, mas de fato é raro que *cadastros técnicos* (que abrangem desde os simples cadastros fundiários ou imobiliários, que permitem uma visão da estrutura de propriedades, até plantas contendo dados sobre a infra-estrutura instalada e os serviços prestados) e *plantas genéricas de valores* (ou, simplesmente, *plantas de valores*, as quais contêm uma divisão da área urbana do município de acordo com o seu *status*, ao fixarem os valores básicos unitários, por metro quadrado, de terrenos e edificações, considerando a realidade do mercado imobiliário e os possíveis fatores de valorização), sejam regular e rigorosamente atualizados. Sem cadastros e plantas de valores atualizados, não apenas a arrecadação com o IPTU ("normal" e progressivo no tempo) há de se ver comprometida, mas a aplicação de vários outros instrumentos será, também, prejudicada, comprometendo objetivos mais ambiciosos em matéria de um planejamento e de uma gestão eficientes e progressistas. Exemplos de outros instrumentos cuja aplicação pode não passar de um sonho na ausência de cadastros e plantas de valores atualizados são o "solo criado" e a contribuição de melhoria. Na verdade, cadastros e plantas de valores são coisas tão básicas que, muito mais que impedir ou dificultar a implementação deste ou daquele instrumento específico, a sua ausência ou a sua desatualização dificultam, pura e simplesmente, qualquer planejamento sério e qualquer gestão minimamente eficiente.

Além dos cadastros técnicos e das plantas de valores, o planejamento e a gestão precisam, também, contar com uma outra ferramenta bastante básica: uma adequada *divisão da cidade em bairros.* Conquanto outras unidades espaciais possam, eventualmente, referenciar o planejamento e a gestão (é o caso das bacias de drenagem, relevantes no que se refere à definição de unidades de manejo ambiental e também para orientar certos aspectos concernentes à ocupação e à expansão urbana), deve se reconhecer que o bairro é a unidade de referência mais importante.

Um bairro é, como o autor argumentou em trabalhos anteriores (SOUZA, 1988a; 1989), uma realidade, ao mesmo tempo, objetiva e (inter)subjetiva. Um bairro não é socialmente produzido somente porque o seu substrato material (as ruas, as construções) representa natureza transformada pelo trabalho humano, mas porque cada bairro é, ao mesmo tempo e em última análise, um espaço dotado de significado, um espaço vivido e percebido; enfim, um "lugar", no sentido específico já exposto no Subcapítulo 2.1. da Parte I (vide nota de rodapé 14). Ao servirem de referenciais para a construção de identidades sócio-espaciais e sentimentos de pertencimento, além de referenciais de aglutinação da população no âmbito de movimentos sociais,[53] os bairros convertem-se em referenciais fundamentais tam-

---

[53] O uso da expressão *fator de aglutinação* para designar esse possível uso sociopolítico do referencial bairro foi proposto em SOUZA (2000a:159, nota 59). Anteriormente (em SOUZA, 1988a; 1989; 1993a) o termo empregado havia sido *catalisador*, mesmo sendo do conhecimento do autor que Carlos Nelson Ferreira dos Santos já havia empregado essa metáfora anteriormente, usando-a, porém, diferentemente. É, contudo, realmente preferível usar a palavra catalisador no sentido atribuído por C. N. F. dos Santos, em que um "catalisador" é um indivíduo ou instituição (enfim, um agente) que faz a intermediação entre o evento que mobiliza a ação coletiva e o processo de ação; "[o] catalisador é um agente que sabe das coisas e sabe como dizê-las em linguagem inteligível para os dois lados [ativistas e Estado]." (SANTOS, 1981:223) De fato, o autor do presente livro pensava no bairro como algo dotado de simbolismo, como um "lugar", onde sentimentos de pertencimento pudessem estimular reações ou dar corpo a elas – não só no caso de grupos privilegiados, mas mesmo no caso de grupos segregados e negativamente discriminados, como os moradores de favelas, onde o processo de formação de identidades sócio-espaciais, conquanto diferente, também ocorre. No entanto, a expressão fator de aglutinação ou, ainda melhor, *referencial de aglutinação*, é mais precisa e direta.

bém para o planejamento e a gestão das cidades, especialmente para um planejamento e uma gestão que, longe de não se preocuparem com os sentimentos e as valorações dos citadinos, desejam, pelo contrário, estar em plena sintonia com estes, nos marcos de um exercício democrático e transparente das tomadas de decisão sobre a cidade e seu futuro.

Nos trabalhos anteriormente mencionados (SOUZA, 1988a; 1989), o autor apresentou uma classificação do conteúdo sócio-espacial dos bairros abrangendo três categorias, em função das quais os bairros se distinguem uns dos outros: conteúdo *composicional*, ou as características objetivas que marcam a paisagem (classes e estratos de renda predominantes, estado e estilo das construções, usos do solo principais etc.); conteúdo *interacional*, ou o grau de coesão e as formas de relações sociais; conteúdo *simbólico*, ou a imagem associada ao bairro e os sentimentos de lugar de seus habitantes, que contribuem para reconhecê-lo como um bairro específico, distinto de outros. A divisão de uma cidade em bairros ("abairramento") precisa considerar esses três aspectos, e em particular o conteúdo simbólico, uma vez que a divisão proposta deve refletir o mais acuradamente possível, e não violentar, a divisão intersubjetiva gerada pelos próprios habitantes de uma cidade.

Exemplos do emprego da divisão em bairros são a identificação de *setores geográficos* relativamente homogêneos com base na agregação de vários bairros (em função, principalmente, das semelhanças de conteúdo composicional), setores esses que podem ser usados como referência para diferentes tipos de intervenção, atuando, assim, como *áreas de planejamento* distintas e específicas. Outra serventia essencial de uma divisão em bairros é a sua utilidade para fins de implementação de um orçamento participativo (divisão do município nas unidades espaciais que orientarão a organização e a mobilização da população), conforme se enfatizará de novo mais adiante, na seção 11.2.4.

Registre-se, agora, algo de suma importância. Conforme o autor já salientara no trabalho há pouco citado (SOUZA, 1989), é preciso afrontar o preconceito embutido no senso comum e cristalizado na noção quotidiana de bairro, segundo o qual bairros e favelas são coisas absolutamente distintas. Sob vários aspectos, as favelas, ou pelo menos as favelas grandes e consolidadas, não são menos, e sim "*mais* bairros" do que muitos bairros da cidade formal/legal, pois alimentam forte identidade sócio-espacial (pense-se, para começar, na Mangueira, no Rio de Janeiro, que já ensejou até expressões como "Nação Mangueirense"...). Também sob o ângulo do conteúdo interacional o grau de consistência das favelas é, costumeiramente, maior que o dos bairros "comuns", em que pese a presença dos traficantes de drogas enquanto um fator de fraturamento e tensionamento da realidade favelada (fator esse não focalizado pelo autor no referido trabalho de fins dos anos 80). Uma vez percebendo-se que as representações sociais no quotidiano nada têm de sagradas, servindo, muitas vezes, de abrigo para elementos de cunho racista e mesmo de fundo propriamente ideológico, faz-se mister pugnar por uma subversão conceitual e terminológica. Um bairro, neste livro, não precisa ser uma realidade espacial caracterizada por legalidade e formalidade da ocupação (a propósito: quem disse que a ilegalidade está inteiramente ausente dos espaços da elite, nas cidades brasileiras?...). Uma favela não precisa ser urbanizada e regularizada fundiariamente para, só então, ser "promovida" a bairro, como a maioria tende a pensar. A principal diferença entre bairros "comuns" e favelas é a (i)legalidade da ocupação, e o *status* jurídico é somente um dos aspectos de interesse para a compreensão das realidades sócio-espaciais. Por que favelas grandes e consolidadas, com forte conteúdo simbólico e nítidos referenciais de sentimentos de lugar, não poderiam ser vistas como bairros – bairros pobres informais/ilegais? Algumas dessas favelas são tão complexas que comportam, elas próprias, em meio a grandes densidades, seus próprios "sub-bairros", ou seja, subespaços particulares. Indo ainda mais longe: no caso das favelas menores, às vezes pouco consolidadas, talvez seja inapropriado falar delas como bairros; por que, então, não vê-las como sub-bairros informais/ilegais de bairros maiores, ainda que o restante dos conjuntos espaciais (bairros) que as contêm seja juridicamente distinto (porque não se trata de ocupações), normalmente também de conteúdo composicional muito distinto e contrastante? Radiografar nossos conceitos, deselitizando-os e limpando-os de sua crosta ideológica conservadora, é tarefa inarredável, aqui exemplificada, e um passo importante na direção de uma deselitização das práticas sócio-espaciais. Diante disso, não temer afrontar o senso comum é tão imperativo quanto evitar afrontá-lo apriorística, sistemática e arrogantemente.

9.2. Potencialidades do geoprocessamento e dos Sistemas Geográficos de Informação

O *geoprocessamento* pode ser de enorme utilidade como coadjuvante do esforço de otimização do emprego de cadastros, plantas de valores e divisões de bairros, assim como no que se refere ao lançamento otimizado e justo de tributos, pois a informatização permite grandes velocidade e precisão no armazenamento e na recuperação de dados cadastrais. Vale a pena, portanto, registrar algumas breves considerações em torno da relevância do geoprocessamento para o planejamento e a gestão das cidades, enfatizando exemplos de aplicação.

O geoprocessamento e os Sistemas Geográficos de Informação (SGIs) não são, propriamente, instrumentos de planejamento, no sentido que um tributo ou um zoneamento o são. Antes, o geoprocessamento e os SGIs consistem em um *suporte tecnológico* para o trabalho em planejamento urbano, com o qual estudos, avaliações de impactos, monitoramentos da evolução de fenômenos, simulações e a representação cartográfica de unidades de manejo podem ganhar em agilidade e precisão.

Por um lado, não se deve, jamais, exagerar a importância desse suporte tecnológico, como muitos parecem inclinados a fazê-lo, especialmente no que se refere ao ambiente da *pesquisa* (realização de diagnósticos, avaliação da eficácia de instrumentos etc.). Afinal de contas, a inteligência, a criatividade, o bom preparo técnico-científico e a experiência profissional são insubstituíveis, cabendo ao SGI, tão-somente, tornar mais velozes (*muito* mais velozes) e de execução mais precisa ou confiável *algumas* das tarefas que, na sua maior parte, bem podem continuar sendo feitas visual/manualmente, ainda que ao preço de uma menor eficiência. Algumas tarefas do técnico-pesquisador versado em planejamento urbano, na verdade, nem sequer têm ligação direta com o geoprocessamento: é o caso da reflexão conceitual e teórica ao redor de instrumentos, bem como da análise qualitativa de políticas públicas, dentre muitas outras atividades. Por outro lado, o ganho em precisão e velocidade é muitíssimo importante, o que fica patente no ambiente da *administração pública*, onde muitas tarefas rotineiras, de execução monótona e demandadoras de grande quantidade de tempo, podem ser enormemente beneficiadas com a informatização.

Alguns exemplos de aplicações são mencionados a seguir:

• ***Planta de valores e cadastros técnicos digitalizados***, propiciando melhor controle e muito maior facilidade de atualização. As mudanças, tanto no que concerne à infra-estrutura técnica e social, quanto no que respeita à valorização imobiliária (valores médios por metro quadrado por zona ou logradouro e, mesmo, o valor de mercado dos imóveis), podem ser muito mais facilmente acompanhadas com a ajuda de um Sistema Geográfico de Informação, desde que isso seja acoplado a rotinas inteligentes de inspeção em campo, de onde virá a maior parte dos dados que alimentarão o sistema. Uma aplicação mais correta e criteriosa do IPTU progressivo, e mesmo o lançamento mais justo do IPTU comum, assim como do "solo criado" e da contribuição de melhoria, pode ser facilitada com o geoprocessamento. Veja-se, em particular, que o famigerado problema da dificuldade de cálculo da contribuição de melhoria, o qual é, no fundo, um problema gerencial, e não tanto de cálculo, pode ser muito mais facilmente superado com o auxílio do geoprocessamento.

• ***Zoneamentos***, propiciando uma enorme facilidade de atualização. O geoprocessamento permite uma atualização e um monitoramento muito mais ágeis do que seria possível da forma convencional, facilitando tarefas e rotinas penosas como a determinação de situações de saturação infra-estrutural, acompanhamento de estoques de área edificável, transformações no uso do solo, na tipologia das edificações, na densidade demográfica e no valor dos imóveis. A identificação e a classificação de usos do solo, a discriminação de zonas adensáveis e não-adensáveis e a identificação e classificação de zonas especiais (dos tipos ZEIS e ZPA) são, em vista disso, tarefas que podem ser grandemente beneficiadas com o emprego do geoprocessamento.

• ***Levantamentos e análises da espacialidade da carência infra-estrutural e situação fundiária***. Quer estejam eles a serviço da determinação e classificação de ZEIS, para fins de urbanização de favelas e investimentos em loteamentos irregulares, quer se trate de inventários isolados, quer se trate, ainda, da radiografia do quadro de carências para servir de subsídio à aplicação dos critérios de alocação de recursos nos processos de orçamento participativo, tais levantamentos podem ser bastante facilitados pelo geoprocessamento: além da enorme facilidade de atualização dos dados e das análises, tem-se, ainda, a vantagem adicional que é a possibilidade de combinação de diferentes planos de informação (distintas modalidades de infra-estrutura técnica e social, situação fundiária etc.).

• ***Avaliações de risco ambiental (risco de desmoronamentos e deslizamentos, de enchentes) e sob o ângulo da segurança pública*** também podem ser facilitadas pelo geoprocessamento, devido à possibilidade de combinação ágil de diferentes planos de informação ("mapeamento associativo"), cruzando-se diferentes variáveis.

Deve ser ressaltado que, para finalidades básicas, uma informatização baseada em tecnologia de baixo custo pode, perfeitamente, suprir as necessidades da administração de um município de pequeno ou médio porte. Principalmente em um país semiperiférico como o Brasil, convém insistir sobre esse ponto. Além disso, a interface com o usuário deverá ser a mais amigável possível, para permitir que mesmo leigos tenham, em algumas circunstâncias, acesso ao ambiente de entrada e análise de dados e sejam capazes de compreender e acompanhar o que ali é feito. Dentro de uma perspectiva de compromisso com a democratização do planejamento e da gestão essa não é, deve-se convir, uma preocupação menor.

9.3. Obstáculos à implementação dos instrumentos

Na verdade, não apenas a implementação dos instrumentos mais claramente comprometidos ou compatíveis com o enfoque crítico preconizado neste livro, mas mesmo a otimização de coisas elementares como o emprego e a atualização de cadastros e o lançamento do IPTU "normal", esbarram em diversos obstáculos. Enquanto os obstáculos à participação popular nos processos de planejamento ou gestão, ou, para ser mais rigoroso, os obstáculos à ampliação da margem de manobra para o exercício da autonomia, serão examinados à parte no Subcapítulo 11.5., algumas das principais barreiras ou dificuldades que se interpõem entre a vontade de transformar o *status quo* e a mobilização dos meios necessários para fazê-lo com eficácia merecem ser vistas agora, como fecho deste capítulo.

Assim como seria tolice imaginar que mais planejamento e um melhor planejamento, por si sós, seriam *a* solução para os problemas urbanos, seria igualmente tolice negligenciar o debate técnico-científico argumentando, simplisticamente, que "o que falta é vontade política" e que as soluções já são conhecidas. Para evitar tanto uma subestimação quanto uma superestimação das possibilidades oferecidas pelo planejamento, particularmente pela abordagem e pelos instrumentos apresentados neste trabalho, faz-se necessário considerar diversos fatores limitantes, de ordem política, cultural, econômica, institucional e técnica (o autor já havia discutido o tema em SOUZA, 1993a). Sejam destacados, inicialmente, os fatores limitantes de ordem política, cultural, econômica e institucional:

• ***Imediatismo***. Sem dúvida, o imediatismo da maior parte das nossas elites não é um privilégio brasileiro; não é à toa que os anglo-saxões cunharam a expressão "*short-termism*", tendo em mente as suas próprias sociedades. Entretanto, a negligência do planejamento, no Brasil, além de causas culturais outras (como, possivelmente, a menor importância da "disciplina" como um valor social, ao mesmo tempo em que existe uma espécie de "culto da improvisação criativa"), é reforçada pela falta de visão e pelo comportamento de rapina das elites, o que é típico de países periféricos e semiperiféricos. Seguramente, a quantidade de problemas com que se defrontam as administrações municipais e a velocidade com que evoluem esses problemas, não poucas vezes em decorrência, em larga medida e em termos imediatos, de um crescimento urbano muito rápido, dificultam a atividade de planejamento. Independentemente de suas limitações, e sem querer sugerir que isso represente um modelo a ser inteiramente invejado, o fato é que o tipo de planejamento que se faz na Alemanha ou na Grã-Bretanha pressupõe o tipo de estabilidade geodemográfica e institucional característica desses países. E, mesmo assim, nada disso é desculpa para se resignar e declarar que um planejamento minimamente coerente é impossível em um país como o Brasil. A solução está em rejeitar o imediatismo ao mesmo tempo em que se adota um estilo de planejamento suficientemente flexível para dar conta de uma realidade tão dinâmica como a brasileira.

• Se a falta de visão e o imediatismo são obstáculos para o planejamento em geral, o ***conservadorismo das elites***, francamente hegemônico na maioria dos municípios brasileiros, é um fator de agravamento, notadamente no que se refere às possibilidades de um planejamento progressista, comprometido com uma "inversão de prioridades" e com objetivos de justiça social e eqüidade. Esse obstáculo se revela em vários momentos, o que pode tornar a aprovação de um plano diretor politicamente avançado uma verdadeira *via crucis*, pois, além de ser preciso contar com um Executivo local comprometido com esses princípios, é necessário que a Câmara Municipal seja, na sua maior parte, permeável ou simpática à proposta, uma vez que, se compete ao Executivo a responsabilidade de elaborar (ou mandar elaborar) o plano, cabe à Câmara apreciá-lo e votá-lo, podendo vetá-lo no todo ou em parte. A bem da verdade, "conservadorismo" até que soa, perante muitas situações, como um eufemismo. O que ocorre, freqüentemente, não é um mero conservadorismo de princípios, mas sim um conservadorismo corrupto ou, como se disse acima, um comportamento de rapina. O que dizer diante de práticas como a fixação e a delimitação, aparentemente arbitrária, legalmente amparada

(CÓDIGO TRIBUTÁRIO NACIONAL, 2001:43; Art. 32, § 2.º), mas de legitimidade questionável, de espaços urbanos ou áreas vistas como "urbanizáveis" por parte do Estado local, incluindo áreas não claramente urbanas e totalmente desprovidas de infra-estrutura, comumente chamadas de "áreas de expansão urbana", com a finalidade de arrecadar IPTU e viabilizar legalmente processos especulativos que redundarão em loteamentos irregulares? Ou como o estímulo a ocupações, à favelização portanto, por parte de certos administradores, por razões político-eleitorais? Não ser ingênuo diante da dimensão do desafio que se coloca não significa, por outro lado – insista-se –, que há razões suficientes para desanimar e resignar-se. Em meio aos muitos exemplos ruins há, também, aqueles bons, que mostram que o conservadorismo pode ser acuado e neutralizado. Entre vários outros, o do orçamento participativo de Porto Alegre, exposto e discutido no Subcapítulo 1.1. da Parte III, é particularmente edificante.

• A ***ausência de quadros técnicos suficientemente qualificados*** é outro estorvo freqüente. Isso não só reforça os obstáculos anteriormente citados mas, também, é co-responsável por uma prática muito comum e freqüentemente desastrosa: a elaboração de planos sob encomenda por escritórios privados, que os preparam dentro do espírito de "linha de montagem", que significa que um mesmo "receituário" metodológico é aplicado às mais diferentes realidades, sobre a base de diagnósticos superficiais e sem que tenha ocorrido um envolvimento da sociedade civil local.

• A ***ação dos* lobbies *e grupos de pressão de setores da elite local*** constitui um outro obstáculo. Não resta a menor dúvida de que esse obstáculo se acha presente em qualquer país capitalista, inclusive na Europa e (sobretudo) nos EUA. Entretanto, em um país como o Brasil, onde o nível de transparência e *accountability* da dinâmica decisória no interior do Estado é comparativamente pequeno, e onde o nível de corrupção é comparativamente grande, é lógico que a ação de *lobbies* – como os empresários do setor de transportes, os da construção civil etc. – mostrar-se-á especialmente danosa, tendente a reduzir o Estado a pouco mais que um "balcão" a serviço dos interesses dos grupos dominantes. Nessas circunstâncias, aliás, a própria expressão "políticas públicas" perde muito do seu sentido.

• A freqüente ***ausência de continuidade entre as administrações***, em que as propostas estudadas e, às vezes, de implementação até já iniciada por um prefeito, são abandonadas pelo sucessor, configura outro problema corriqueiro. Para isso concorrem muitos ou todos os problemas anteriormente mencionados, e é seguro que, sob essas circunstâncias, não é possível a implantação bem-sucedida de um sistema local de planejamento e, tampouco, o florescimento de uma "cultura de planejamento".

• As ***dificuldades econômico-financeiras com que se debate a maioria dos municípios brasileiros*** devem, igualmente, ser levadas em conta. Muitos municípios encontram-se endividados e, na sua maioria, o percentual do orçamento comprometido com a folha de pagamentos dos funcionários é excessivo. Acresce que, devido a problemas como cadastro desatualizado e corrupção, muitas vezes a arrecadação do IPTU não é o que poderia ser, o que significa um aproveitamento subotimizado da base tributária local. Com tudo isso, o montante de recursos disponível para novos investimentos – obras nos bairros pobres, informatização e modernização da administração etc. – acaba sendo, não raro, pequeno.

Os problemas arrolados acima não são problemas que exijam ou sejam passíveis de um equacionamento essencialmente técnico. Sua solução depende de iniciativas e processos que, em larga medida, escapam inteiramente à capacidade de controle dos planejadores profissionais – em parte escapam, até mesmo, da capacidade de controle dos próprios prefeitos. Isso não deve, porém, constituir motivo de frustração, até porque esses obstáculos, embora muitíssimo freqüentes, não são absolutos ou inexoráveis. É preciso que, à parte a sua contribuição propriamente política e como cidadãos, os planejadores ofereçam a sua contribuição mais imediata, sob a forma de encaminhamento da superação dos fatores limitantes de ordem técnica, de forma otimizada. Sejam considerados, portanto, agora, os fatores limitantes de ordem técnica:

• Primeiramente, é válido repisar o que já foi dito e que constitui a mensagem central deste capítulo: de nada ou muito pouco adianta pensar em instrumentos "alternativos", como o IPTU progressivo, o "solo criado" etc., se nem o básico foi construído. Em português claro: se ***nem ao menos existe um cadastro fundiário e uma planta de valores atualizados***. O cadastro de imóveis e a planta de valores são ferramentas fundamentais para o acompanhamento do que se passa no município, no que concerne à propriedade das terras e à valorização imobiliária. O IPTU, em sua forma simples e universal (isto é, não progressiva no tempo), o qual é um dos tributos municipais mais importantes, ao lado do ISS, depende, para o seu lançamento, dessas ferramentas.

• ***Os instrumentos apresentados neste livro devem ter a sua aplicação cercada de cuidado redobrado***, exatamente porque, naqueles casos em que são capazes de incomodar as elites urbanas, tenderão a ser objeto de ataques e polêmica. É óbvio que isso não é, em si, uma limitação dos instrumentos, e sim um obstáculo presente no contexto de sua aplicação. Todavia, como são, na sua maior parte, instrumentos que raramente foram aplicados e que nem sempre são de aplicação trivial, devem ser concebidos e postos em prática de modo criterioso. Algumas questões podem servir, a esse respeito, de ilustração e guia:
– *Que parâmetros devem ser considerados para a previsão e regulamentação do IPTU progressivo?* Isso exige uma reflexão cuidadosa, à luz da realidade de cada município, para que sejam definidos o tamanho mínimo de terreno e as demais condições que conformam o fato gerador do tributo (situação de especulação) e, também as alíquotas.
– *Será que a implantação do "solo criado" pode trazer efeitos colaterais indesejáveis?* Sim, é possível. Por exemplo, a retenção de ter-

ras por parte de proprietários fundiários temerosos de um rebaixamento do nível geral de preço do solo urbano (em decorrência da tentativa dos incorporadores de transferirem parte de seu ônus para os proprietários de terras, forçando a sua venda a preços mais baixos), além do desaquecimento da construção civil e do setor imobiliário em geral, o que ocasionaria desemprego entre a população pobre. Por isso é que, dos três tributos analisados, o "solo criado" é o mais controvertido. Não obstante, mesmo esses efeitos podem ser minimizados ou evitados, desde que a implementação do instrumento se faça de modo inteligente, em que o tributo possa revelar-se, inclusive, uma ferramenta adicional de disciplinamento do adensamento e da expansão urbana.

– *Que cuidados devem ser tomados a propósito da contribuição de melhoria?* Uma forma de desacreditar um tributo potencialmente tão importante e justo como a contribuição de melhoria é cometer equívocos no momento de se proceder ao rateio da contribuição, cujo montante deve acompanhar, de modo rigorosamente proporcional, a valorização do imóvel no mercado que tenha sido decorrente da obra pública. Aplicar o tributo com justiça e inteligência depreende uma capacidade de influenciar a área de influência do seu fato gerador e as variações de valorização no seu interior.

• A ***ausência de informatização do serviço de planejamento***, especialmente no que concerne ao geoprocessamento, pode dificultar, e muito, a realização de muitas tarefas monótonas e espinhosas, conforme já foi mencionado. A formação de uma cultura de planejamento deve ter como coadjuvante, no dia-a-dia do planejamento e da administração municipais, a modernização da base tecnológica que suporta o armazenamento e o tratamento dos dados vitais para a tomada de decisões.

10. Relacionamento entre os diversos instrumentos

Zoneamentos de uso do solo são, tipicamente, instrumentos coercitivos, permitindo alguns usos e proibindo outros. No entanto, até mesmo os zoneamentos de uso do solo funcionalistas podem sofrer a influência direta de instrumentos que os tornam apenas inibidores (como as operações interligadas: assim, o zoneamento, ao proibir certos usos mas, ao mesmo tempo, ao flexibilizar a aplicação das normas em certas áreas, passa a ter, ao frigir dos ovos, um caráter mais propriamente inibidor que coercitivo em relação a essas mesmas áreas) e, mesmo, estimuladores (*incentive zoning*, *bonuses* etc.). Zoneamentos de uso do solo não-funcionalistas, nos quais apenas excepcionalmente certos usos serão expressamente interditados para determinadas áreas, possuem, por definição, uma natureza mais flexível, mesclando, em si mesmos, um caráter coercitivo (usos expressa e fortemente restringidos de acordo com a localização), um caráter inibidor (usos ou intensidades tolerados dentro de uma certa margem, mas que devem ser gradualmente desestimulados) e um caráter estimulador (usos recomendados ou a serem estimulados). Também o zoneamento de uso do solo não-funcionalista interagirá com outros instrumentos, o mesmo se aplicando ao zoneamento de prioridades (que interagirá com instrumentos de regularização fundiária, dentre outros) e ao zoneamento de densidade (que interagirá, obviamente, com os parâmetros urbanísticos).

Os diversos instrumentos, sejam eles informativos, estimuladores, inibidores, coercitivos ou outros, devem estar em nítida consonância com o espírito de serventia do planejamento e da gestão urbanos aos objetivos finais de melhorar a qualidade de vida da população (especialmente dos grupos menos privilegiados e socioeconomicamente mais vulneráveis) e de promover maior justiça social, tudo isso sobre o fundamento de conquistas cada vez maiores de autonomia coletiva e individual. Para tanto, os objetivos mais imediatos dos instrumentos serão, sobretudo, os seguintes (cada instrumento prestando-se bem ao perseguimento de um ou vários objetivos): *inibir a especulação imobiliária*; *propiciar uma boa qualidade ambiental* (por meio da inibição do adensamento excessivo, da degradação do meio ambiente, da dilapidação do patrimônio histórico-arquitetônico etc.); *induzir ao rebaixamento geral do preço da terra*; *propiciar o aumento da arrecadação tributária*; *garantir uma alocação espacial de recursos mais justa.*

A mediação entre a função de aumento da arrecadação, bem representada pelo IPTU progressivo, a contribuição de melhoria e o solo criado, e as funções de garantia de uma justa alocação espacial de recursos e propiciamento de uma boa qualidade ambiental, representada especialmente pelo zoneamento, deve ficar a cargo dos *conselhos de desenvolvimento urbano*, responsáveis pela gestão dos *fundos de desenvolvimento urbano*. O assunto dos conselhos será detalhado nos subcapítulos 11.3. e 11.4. a seguir. Seja como for, algumas combinações haverão de ser impostas pelo bom-senso, podendo, ao menos em parte, ser antecipadas: é o caso, apenas para mencionar um exemplo, da necessidade de complementação de restrições impostas pelo zoneamento por outros instrumentos, como ocorre com a compra do direito de construir complementarmente a uma restrição acentuada do coeficiente de aproveitamento, sem o que poderia ser gerada, dependendo das circunstâncias, uma situação perversa para os proprietários que se dedicam a uma agricultura periurbana de tipo familiar.

11. Participação popular no planejamento e na gestão das cidades: limites e potencialidades de arcabouços institucionais sob um ângulo autonomista

11.1. Autonomia, democracia, participação

Sob um ângulo autonomista, os instrumentos de planejamento, por mais relevantes e criativos que sejam, só adquirem verdadeira importância ao terem a sua operacionalização (regulamentação) e a sua implementação influenciadas e monitoradas pelos cidadãos. Caso contrário, corre-se o risco de atribuir aos instrumentos, em si mesmos, a responsabilidade de instaurarem maior justiça social, independentemente das relações de poder e de quem esteja decidindo, na prática, sobre os *fins* do planejamento e da gestão da cidade. Isso seria incorrer em um "tecnocratismo de esquerda", conforme já apontado pelo autor em outro trabalho, ao comentar os descaminhos da reforma urbana no Brasil (SOUZA, 1998). Na Geografia Econômica distingue-se entre *recurso*, que carrega um potencial, e *riqueza*, que surge quando há condições econômicas, tecnológicas etc. para extrair e utilizar efetivamente os recursos. Pois bem: instrumentos e planos, mesmo quando respaldados em leis, são, em princípio, apenas recursos, que só se converterão em riquezas efetivas quando houver condições de implementação eficaz desses mesmos instrumentos e planos. Essas condições são de várias ordens – econômicas, políticas, culturais... –, mas um aspecto que parece decisivo, no sentido de viabilizar tanto a elaboração quanto a implementação de instrumentos e planos, em uma sociedade tão heterônoma quanto a brasileira, onde há leis que "pegam" e outras que não "pegam", é a pressão popular e a capacidade de a sociedade civil monitorar e fiscalizar o cumprimento das leis.

Ir além dos planos e das leis, criando e mantendo espaços de liberdade para decidir sobre a gestão e o planejamento urbanos não é, porém, coisa nada fácil. Refletir sobre as dificuldades associadas a isso, o que será feito no Subcapítulo 11.4., exige, antes, que se dê atenção ao contexto político-institucional geral onde se dará (ou não) a participação (voluntária) dos cidadãos. Assim, antes de focalizar exemplos específicos de institucionalidades (orçamentos participativos, no Subcapítulo 11.2., e conselhos de desenvolvimento urbano, no subcapítulo subseqüente), e sobretudo antes de uma panorâmica final sobre os desafios e obstáculos à participação voluntária, cabe comentar algumas coisas a respeito da *democracia.*

Hoje em dia, democracia tornou-se, para muitos, simplesmente sinônimo da "democracia" existente em todos os países auto-rotulados como "democráticos". No entanto, esse é apenas um tipo de sistema ou regime democrático – o *representativo.* O outro tipo fundamental é a chamada *democracia direta.*

Exemplos de exercício da democracia direta existiram vários na história, a maioria deles de natureza efêmera: os sovietes, conselhos de operários e soldados que floresceram por alguns anos no âmbito da Revolução Russa e que, com o crescimento do poder centralizador do Partido Bolchevique (ainda em vida de Lênin), foram sendo gradualmente esvaziados; a organização autogestionária instaurada, durante os anos da guerra civil, em algumas regiões espanholas, sob inspiração anarquista; os conselhos de fábrica instaurados, aqui e ali, particularmente na Europa, como parte das experiências de organização autônoma no seio do movimento operário. A mais paradigmática situação de democracia direta, e também a de mais longa duração, foi a de algumas cidades gregas da Antigüidade, muito particularmente a de Atenas, onde a democracia existiu de forma plena por cerca de dois séculos (de 510 a.C. a 322 a.C.).

Em Atenas, a cidade – a *pólis* – era constituída pelo povo em sentido restrito, ou seja, os cidadãos que podiam decidir – o *demos* – e mais os escravos e os estrangeiros (*metecos*). As mulheres tampouco gozavam de plena cidadania, tendo um *status* jurídico-político inferior ao dos homens. Apesar disso, para os cidadãos, ou seja, para o *demos* propriamente dito, a democracia direta funcionava de modo exemplar. Os cidadãos decidiam livremente sobre os fins da atividade política e da vida na *pólis*, deliberando sobre a paz e a guerra, sobre os acordos comerciais etc.. Não havia "políticos profissionais", uma vez que a atividade política, entendida como a discussão e deliberação em torno dos *fins*, era compreendida como direito e como ocupação de todos, e não como matéria para especialistas. A escolha dos *meios* mais adequados para a consecução de determinados fins, contudo, podia ser delegada a um *expert*: por exemplo, a condução eficaz da guerra era confiada a um comandante reconhecidamente talentoso e experiente. Para a maioria das atividades referentes à administração coletiva, todos os cidadãos eram estimulados a participar, sendo que a escolha se dava por sorteio entre os candidatos; somente para aquelas atividades e funções que, nitidamente, exigiam conhecimentos e experiência específicos (comando militar e administração financeira, dentre outras), dava-se a escolha por eleição, e não por sorteio. Em todos os casos, aqueles que exerciam alguma função tinham de prestar contas durante e após o término de seus mandatos, mandatos esses que podiam ter duração definida, nunca muito longa, ou referir-se apenas ao tempo necessário para a consecução da tarefa em questão. As decisões propriamente políticas e importantes eram tomadas pela assembléia dos cidadãos (chamada *ecclesia*), que se reunia regularmente e era formada por todos aqueles cidadãos atenienses que desejassem participar. Ou seja, a participação não era compulsória, e sim voluntária, mas era geralmente vista como muito importante. Havia, também, a necessidade de preparação da pauta de discussões das assembléias e outros aspectos práticos, a fim de tornar a assembléia efetiva e operacional, trabalho esse feito por uma espécie de enorme grupo executivo – a *boulê*, ou o "Conselho dos Quinhentos" –, constituído por quinhentos cidadãos escolhidos por sorteio, com mandato de um ano, e subdividido em algo semelhante a comissões (ver, sobre esses assuntos: FINLEY, 1988, 1991; BLEICKEN, 1995; MOSSÉ, 1995).

Nas cidades radicalmente democráticas da Grécia antiga, a esfera privada era o espaço das mulheres e dos escravos, ao qual se contrapunha a esfera pública em sentido estrito, isto é, a esfera da deliberação legislativa e da administração pública. A esfera privada concernia ao lar, simbolizado espacialmente pelo *oikos*, ou seja, pela casa, enquanto que a esfera pública estava fortemente associada a outros tipos de espaços específicos, que eram aqueles utilizados pelo Conselho dos Quinhentos e, sobretudo, pela *ecclesia*: em Atenas, a *ágora*, praça pública misto de mercado e local de reunião, chegou a abrigar a *ecclesia*, para a qual, entretanto, teve de ser criado um espaço específico (um anfiteatro esculpido em uma colina próxima) quando a *ágora* tornou-se pequena demais. À construção feita especialmente para acolher a *ecclesia*, e que não existia somente em Atenas, dava-se o nome de *ecclesiasterion*. CASTORIADIS (1996b) identifica, além das esferas privada e pública, uma esfera intermediária na Atenas democrática, por ele chamada de esfera privada/pública, simbolizada pelo espaço complexo que era a *ágora*, onde os cidadãos, além de poderem lá se reunir enquanto *ecclesia*, também estabeleciam contratos privados e discutiam informalmente.

É essencial notar que os cidadãos, mesmo quando atribuíam a outros – fosse um general, fosse um embaixador, fossem os membros da *boulê* – certas tarefas específicas, não alienavam seu poder decisório a respeito de coisas importantes em favor de outrem; no máximo, apenas delegavam incumbências, em que os delegados eram porta-vozes encarregados de executar aquilo que, no essencial, havia sido deliberado pela *ecclesia* em nome do *demos*, não estando, além disso, isentos de prestações de contas em várias ocasiões. Dentre outras características, essa é justamente uma das mais importantes da democracia direta: a *delegação*, que é sempre delegação executiva, não alienação relativamente ao poder de decidir. Ou seja, o mandato dos delegados deve ser sempre entendido como um mandato *imperativo*, isto é, um mandato para ser porta-voz de um grupo, não para decidir livremente em nome desse grupo. No caso da *pólis* democrática, a própria delegação era, ainda por cima, um instituto de uso muito restringido, pois o mais essencial era decidido pela *ecclesia*.

A democracia representativa, nutrida no plano teórico, pelas reflexões de um Locke, de um Montesquieu e de muitos outros até os dias de hoje, diversamente da democracia direta, assenta-se, como o próprio nome sugere, no princípio da *representação* legítima. A representação, diferentemente da delegação, significa alienar poder decisório em favor de outrem. Parte-se do pressuposto de que não é viável que todos tenham o direito de participar diretamente da tomada de decisões, advogando-se a legitimidade das decisões tomadas por aqueles que, uma vez livremente eleitos pelo coletivo mais amplo, teriam o direito de decidir em nome dos demais (não só sobre os meios, mas também sobre os fins). Na realidade, mais do que presumir a não-viabilidade da participação popular direta, os defensores do sistema representativo costumam ir mais longe, argumentando que essa participação não seria desejável, sob os ângulos da eficácia e da eficiência, uma vez que, no Executivo, os técnicos seriam os únicos capazes de deliberarem racionalmente e com isenção a respeito da administração, o mesmo valendo, no Legislativo, para os políticos profissionais encarregados de discutir e votar as leis.

Formas mistas de democracia direta e representativa não são uma novidade, mas foram raras na história da humanidade. O melhor exemplo é, talvez, a república de Veneza, que existiu do século XIV até fins do século XVIII. Atualmente, tentam-se corrigir distorções e problemas do sistema representativo mediante a injeção de uma dose de democracia direta; é o que ocorre com os orçamentos participativos no Brasil, discutidos mais adiante neste livro. O *contexto geral* permanece, porém, sendo o da democracia representativa.

Entre os problemas que, sob um ângulo político-filosófico, podem ser detectados nos pressupostos de respaldo da gestão não-participativa e da "democracia" representativa, destacam-se os seguintes, já arrolados em trabalho anterior do autor (SOUZA, 2000c: 43-44):

• A administração e o planejamento "racionais" fundamentam-se em uma racionalidade estreita, a racionalidade *instrumental*. Esta se esgota na otimização dos *meios*, admitindo uma presunção tácita quanto aos *fins*, como se os fins essenciais, a começar pela manutenção e pelo "aprimoramento" do *status quo*, fossem pontos pacíficos e óbvios. Por conseguinte, ela desemboca em uma banalização, um encobrimento ou uma mistificação dos referidos fins, os quais, por se referirem, essencialmente, à reprodução do próprio sistema, acabam por sancionar as desigualdades que ele acarreta.

• A "razão" invocada, a pretexto de ser universal e garantir julgamentos imparciais, abafa a alteridade, exclui e serve à opressão, por assumir como ideal um conjunto homogêneo de cidadãos, em que a "norma" implícita são os valores e comportamentos dominantes, o que nega ou diminui os valores de grupos oprimidos devido à sua etnia, ao seu gênero etc.. Por mais que se tente fazer crer que a democracia representativa é permeável ao "respeito à diferença", para isso bastando que as minorias se organizem enquanto grupos de pressão e promovam *lobbies*, a dificuldade das "democracias" ocidentais em lidarem com identidades coletivas que desafiem a representação padronizada e pasteurizada do "cidadão", à qual se associam preconceitos e preferências quanto à etnia, ao gênero e à sexualidade, tem sido bastante documentada (ver YOUNG, 1990; ver, também, VAN DYKE, 1996).

• O Estado não é "neutro" e nem pode sê-lo. O Estado é, antes, uma "condensação de uma relação de forças entre classes e frações de classe", para usar uma sugestiva expressão de Nicos POULANTZAS (1985:147). O Estado tende a produzir, como vetor resultante em termos de ações, intervenções conformes aos interesses dos grupos e classes dominantes, que dispõem de mais recursos e maior capacidade de influência. (É bem verdade que Poulantzas, malgrado seu enfoque rico e flexível do Estado capitalista, tendia, como marxista coerente que era, a subestimar o grau de comprometimento do que se pode chamar de a forma histórica "Estado" *em si* com a opressão ou, para usar um termo mais preciso, com a heteronomia. Isso o levava a minimizar a importância e a pertinência de uma crítica mais radical do Estado sob um ângulo autonomista e autogestionário, como aquela realizada por Cornelius Castoriadis e compartilhada pelo autor do presente livro.)

• Tanto à administração quanto ao parlamento faltam transparência, e ambos são deficitários em matéria de *accountability*, ou "prestação de contas ao público" (problema das decisões essenciais tomadas a portas fechadas). Além disso, a "representação" é, com o perdão da metáfora, como entregar um cheque em branco assinado para alguém que não se conhece muito bem, com a vaga promessa de que esse alguém sacará apenas um determinado valor da conta, e não mais. Ou, parafraseando um célebre dito de Rousseau acerca da liberdade dos ingleses, a representação equivale a uma liberdade fugaz, exercida um dia a cada quatro anos. Uma fugaz liberdade para passar um cheque em branco em favor desse ou daquele político profissional, e na ausência de mecanismos efetivos de controle (maior transparência, acesso a informações confiáveis, fácil revogabilidade dos mandatos). É isso que, ao lado dos outros problemas como instransparência e falta de *accountability*, justifica a visão fundamentalmente negativa de Castoriadis, para quem a "democracia" representativa é, no fundo, uma *oligarquia liberal* (CASTORIADIS, 1999).

• Além do que foi já mencionado, os "representantes do povo" representam de modo precário e distorcido, uma vez que os candidatos passam não só pelo crivo das urnas, mas de instâncias poderosas de pré-seleção (grupos econômicos, oligarquias políticas tradicionais), as quais investem na "feitura" de seus candidatos (construção da imagem, financiamento da campanha).

• Por fim, sendo intransparente e infensa a mecanismos verdadeiramente eficazes de controle por parte do corpo de cidadãos, a política estatal passa, naturalmente, a ser presa fácil da corrupção, o que só reforça aquilo que, nas ideologias e teorias elitistas, é, precisamente, uma espécie de virtude cívica do cidadão (caso contrário este "sobrecarregaria" o sistema político com suas demandas e seu desejo de participação): a apatia política, a pronta aquiescência em deixar a "política" para os "políticos".

Por outro lado, não seria honesto e nem sequer sensato silenciar acerca das objeções que têm sido sempre levantadas contra a democracia direta. Algumas dessas objeções expressam pouco mais que um juízo de valor elitista e antipático ao envolvimento dos "de baixo"; já outras, sem jamais deixarem de conter também um juízo de valor (o que é inevitável), são apresentadas sob a forma de ressalvas: não se desqualifica a democracia direta, mas argumenta-se que ela é inviável. A esmagadora maioria dos cientistas políticos e mesmo dos filósofos políticos devotados ao debate em torno da democracia é prisioneira do pensamento heterônomo, o que os faz exagerar enormemente os obstáculos à implementação da democracia direta, ou a incorrer em equívocos de fundo ideológico. Na realidade, a democracia direta só parece inexeqüível àqueles que resistem em aceitar a idéia de que uma alternativa deve ser seriamente considerada; uma vez estando a mente suficientemente aberta a esse tipo de consideração, uma visão muito mais equilibrada a respeito dos limites da democracia direta pode ser alcançada.

• Uma primeira objeção é aquela segundo a qual os indivíduos desejam, na verdade, ser liberados do fardo de terem de ocupar-se, eles mesmos, dos negócios coletivos (vide, para uma exposição bastante completa dessa posição, LUCAS, 1985:Cap. IV). Ou seja, abrir mão do direito de decidir em favor de políticos profissionais seria uma questão de comodidade. (Esse argumento é complementado por outro, que, como se disse acima, apresenta a relativa apatia política do cidadão ordinário como uma virtude cívica: se todos ou muitos desejassem participar diretamente da vida política o Estado ficaria "sobrecarregado" e o risco de decisões de má qualidade aumentaria.) Ora, o que se está a fazer, nesse caso, é confundir causa e efeito: a reprodução (ampliada, graças à instrumentalização da mídia) do desinteresse pela política, ou mesmo da ojeriza pela política, é, em si, um produto de uma sociedade heterônoma e de uma vida política marcada por intransparência e corrupção, tudo isso induzindo ao escapismo privatista e consumista, à alienação, ao "declínio do homem público" (para recordar a obra de SENNETT, 1995). Esse desinteresse e essa ojeriza não são inerentes à vida social, independentemente das circunstâncias históricas – basta ver o exemplo grego clássico! Ao que parece, esse primeiro tipo de objeção à democracia direta tem a vocação para, sub-repticiamente, justificar e reforçar a alienação estimulada por nosso modelo social heterônomo.

• Tradicionalíssimo argumento é o da incapacidade técnica (quando não também moral: "interesses particulares") da população comum em participar de decisões sobre assuntos de interesse coletivo. Aqui, também, confundem-se causa e efeito: Não se assume que o menor grau de informação da maioria da população é exatamente fruto de uma sociedade heterônoma, na qual se encontra cristalizado e sancionado um acesso brutalmente desigual a informações. Além disso, a incapacidade intelectual dos cidadãos comuns é tremendamente exagerada e distorcida: em primeiro lugar, evidências abundam a mostrar que os cidadãos comuns, mesmo pessoas pobres, não são necessariamente estúpidos, sendo, isso sim, comumente capazes de dialogar com os técnicos, desde que esses se disponham a um diálogo.[54] Além do mais, conquanto seja natural que não se deverá exigir dos

[54] É fascinante verificar como, mesmo submetidos a meios de comunicação imbecilizantes e a toda uma atmosfera alienante, precisamente os pobres urbanos, comumente mantêm um núcleo de bom senso que lhes permite, muitas vezes, deixar embaraçados não somente os políticos profissionais, mas os próprios técnicos, especialmente quando estes não conseguem oferecer mais que um saber livresco distante da vida e das reais necessidades dos homens e das mulheres comuns. O autor deste livro, durante trabalho de campo em Porto Alegre, em junho de 2000, para investigar a experiência local de orçamento participativo, colheu interessantes depoimentos ilustrativos dessa possibilidade, em que uma população pobre (ainda mais com a consciência política e com a auto-estima aumentadas na esteira do processo de participação) recusa-se a aceitar sem discussão e debate imposições trazidas por técnicos. Uma conselheira do orçamento participativo (e filiada ao Partido dos Trabalhadores), particularmente, relatou sua experiência de difícil diálogo com alguns técnicos da Prefeitura, onde porém, mais importante que essa dificuldade (ilustrativa de que, ape-

cidadãos comuns proficiência em todos os assuntos propriamente técnicos, essa é uma falsa questão, pois o que importa é que as pessoas sejam correta e honestamente informadas a respeito de alternativas, custos etc., de modo que possam decidir a respeito dos fins, dos objetivos. Os técnicos e cientistas são insubstituíveis *enquanto tais*, devendo atuar na qualidade de *consultores* ou *assessores* dos cidadãos, prestando esclarecimentos fidedignos imprescindíveis aos processos de tomada de decisão, conforme já defendido na Apresentação deste livro.

• Um empecilho invariavelmente lembrado refere-se à inviabilidade da democracia direta em coletividades de grandes dimensões. Essa é uma ressalva feita com olhar condescendente, em que aquele que argumenta concede que a democracia direta seria o ideal (ou, pelo menos, não seria ruim), mas só funcionaria em uma coletividade pequena, como uma cidade-Estado grega da Antigüidade. Esse tipo de objeção, tão freqüentemente usado como um tiro de misericórdia na democracia direta, é, na verdade, fragilíssimo, pois sonega importantes possibilidades: 1) a da *descentralização territorial*, mediante a qual é possível decompor (mas mantendo a articulação em diferentes níveis) grandes unidades político-territoriais, com grandes populações, em subunidades, tornando inteiramente factível o exercício da política "em escala humana" e com base em contatos diretos (assembléias); 2) a da utilização do artifício da *delegação*, a qual permite que, mesmo sem estar fisicamente presente, um grande número de indivíduos participe ativamente de um processo decisório, uma vez que, ao contrário do mandato do representante *stricto sensu*, o mandato de um delegado não é um "cheque em branco", e, também ao contrário do representante, um delegado não decide coisas importan-

---

sar da consolidação de uma administração municipal aberta à participação popular, a arrogância tecnocrática do "discurso competente" não desaparece tão rapidamente), é a constatação de que pessoas simples mas inteligentes são capazes de não se intimidar e de cobrar, lucidamente, explicações convincentes por parte dos detentores do saber técnico (ou científico) acerca do fundamento de certas restrições para ocupação ou regularização fundiária de certas áreas por razões de risco ambiental, a propósito do custo e da qualidade de certas obras etc..

tes sem consultar e sem prestar contas à sua base; 3) a do *emprego maciço dos recursos hoje tornados disponíveis pelas tecnologias de comunicação e informação*, viabilizando a participação de um grande número de pessoas em processos decisórios sem que seja necessário que elas estejam fisicamente presentes (vide, a propósito, LÉVY, 2000: Cap. XIII; vide, também, CASTORIADIS, 1978:248, o qual já vislumbrara muito claramente essa potencialidade). Com isso se percebe que a famosa "ditadura dos grandes números", pintada como uma adversária implacável das pretensões de uma radicalização da democracia, só resiste durante o tempo em que não se conceber que instituições e esquemas alternativos, em combinação com a utilização de recursos tecnológicos, podem minimizar ou mesmo eliminar as barreiras à incorporação ativa de uma grande quantidade de indivíduos aos processos de tomada de decisão. O fato de que as referidas tecnologias, hoje em dia, normalmente servem a objetivos opostos ao da emancipação, a objetivos alienantes portanto, nada tem a ver com uma impossibilidade física e muito menos com uma impossibilidade lógica de se reverter o quadro atual.

É certo que o exercício da democracia direta ou radical – mais amplamente, da autonomia coletiva – não se dará, no mundo contemporâneo, da mesma *forma* que na Atenas de Péricles; pensar diferentemente, aí sim, seria incorrer em delírio irresponsável. Note-se, a título de ilustração, que a participação estritamente direta de todos os interessados em um mesmo local de reunião, expressa pela *ecclesia*, não poderia se dar da mesma forma em uma grande cidade contemporânea, o que significa que o instituto da delegação teria de ser empregado em larga medida – o que não necessariamente fere a essência da democracia direta (guardando-se a distinção entre delegação e representação, e desde que a delegação seja estreitamente controlada pelos outorgantes da delegação, isto é, o corpo de cidadãos), e muito menos deve fazer-nos esquecer que a descentralização territorial, conjugada com o uso de tecnologias modernas de comunicação e informação, pode permitir muitas situações de participação estritamente direta e pessoal, sem a necessidade de delegados. No que respeita ao uso da tecnologia, particularmente, a desvantagem da não participação "presencial" no mesmo local de reunião é um pouco compensada pela vantagem de permitir uma manifestação de um enorme número de pessoas sem qualquer intermediário. Assim, recordando e parafraseando a velha fórmula de contraste "democracia dos antigos" (direta) *versus* "democracia dos modernos" (representativa, liberal), poder-se-ia dizer que a "democracia direta dos modernos" terá de ser, necessariamente, diferente, na *forma*, da "democracia direta dos antigos". Não obstante, a *essência* haverá de ser a mesma, com uma exceção: se faltava, à democracia ateniense, um componente *universalista*, devido à escravidão e ao *status* inferior das mulheres, esse ingrediente, legado pela história ocidental posterior, não poderá estar mais ausente dos projetos emancipatórios. Seja lá como for, o recurso a esquemas de descentralização no interior de grandes unidades político-territoriais, a esquemas de delegação e a tecnologias de comunicação e informação não corromperiam, mas sim atualizariam a possibilidade de exercício da democracia direta, viabilizando-a nas condições do mundo atual. Os obstáculos para que isso venha a se concretizar consistentemente são numerosos e poderosos, seria tolice negá-lo; só que eles não se encontram exatamente lá onde os analistas conservadores e elitistas afirmam identificá-los, vale dizer, em dificuldades ou impossibilidades de ordem material ou intelectual. A dificuldade básica é de ordem *política*.

Como se observou no Capítulo 10 da Parte II, em uma sociedade basicamente autônoma o significado da expressão "participação popular" não é o de uma participação dos indivíduos em processos decisórios comandados e coordenados pelo Estado como instância de poder separada, mas sim o de processos decisórios dos quais os indivíduos participarão plenamente, sem a tutela de uma instância superior. Em uma hipotética sociedade autônoma, autogestionária, a idéia de participação popular muda, porque mudam os próprios sentidos de "povo" e "participação". O povo não é mais aquilo que, se ideologicamente abrange todos os que vivem dentro de um território, especialmente os nacionais de um dado país, politicamente se contrapõe a uma elite dirigente: não havendo mais assimetrias estruturais de poder e instituições garantidoras dessas assimetrias, "povo" passará a significar a totalidade do corpo de cidadãos, sem a distinção entre "cidadãos de primeira classe" e cidadãos de "segunda" ou de "terceira". Quanto à participação, ela não será mais a participação do povo como um ator cuja presença é tolerada sob certas circunstâncias, mas que permanece, no essencial e/ou na maior parte do tempo, alienado em relação ao exercício do poder: a participação, em uma sociedade basicamente autônoma, torna-se virtualmente possível e desejável para todos, de acordo com seus interesses e suas aptidões, não havendo nenhum grupo que seja, estrutural e essencialmente, excluído do exercício do poder. A situação meramente hipotética desse quadro não o torna desprovido de utilidade, pois é ele que oferece o balizamento fundamental para se julgar a consistência menor ou maior dos esquemas participativos aplicados no interior das atuais sociedades heterônomas. O problema, como já se viu, é que essa é uma meta dificílima de se alcançar. Daí a importância, já sublinhada anteriormente neste livro e em trabalhos anteriores do autor (SOUZA, 1997a; 1998; 2000b; 2000d), de se valorizarem também as pequenas conquistas, desde que estas possuam um potencial político-pedagógico de pavimentação do caminho para experiências ulteriores mais arrojadas.

Indague-se, agora: *por que a participação é importante? Por que as teorias elitistas da democracia mereceriam reparos e reprovação?*

Deixando de lado a participação *compulsória* (como o direito e o dever de votar em eleições presidenciais, para prefeito, senador, governador, deputado e vereador, vigente no Brasil), e concentrando as atenções sobre a participação *voluntária*, que é aquela que realmente se correlaciona com processos de organização e luta pela conquista de novos direitos, podem ser oferecidas diversas respostas à pergunta *por que é importante participar?*.

Um argumento relevante a favor da participação é o seguinte: é bem verdade que ela não elimina os erros ou que é uma garantia de acerto (pois uma coletividade bem pode, livre e soberanamente, tomar uma decisão injusta ou equivocada); no entanto, uma ampla participação pode *contribuir para minimizar certas fontes de distor-*

ção. A idéia de que especialistas devem decidir em nome da maioria é uma falácia; na verdade, se poucos decidem e a maioria, ainda por cima, não tem chances de monitorar ou controlar adequadamente esses poucos, a probabilidade de *corrupção* ou de *erros de avaliação* (poucos tentando interpretar as necessidades da maioria à luz dos seus próprios valores e critérios, sem considerar as opiniões da maioria) é bem maior. E, onde há corrupção e erros de avaliação, há, também, *desperdício* de tempo e recursos, e mais ainda: comprometimento da credibilidade das instituições.

Outro argumento é o de que, ao participar de uma decisão, um cidadão se sente muito mais responsável pelo seu resultado – para o bem, caso a decisão se mostre acertada, e para o mal, caso a decisão se revele equivocada. Isso não é relevante apenas sob o ângulo do amadurecimento político da população; isso é importante também na medida em que, ao sentir-se mais responsável, a população irá cuidar mais e fiscalizar mais (por exemplo, evitando que o patrimônio público seja depredado).

Os dois argumentos anteriores são bastante "bem-comportados"; nada têm de subversivos, podendo ser defendidos até mesmo por aqueles que desejam um mero aprimoramento do *status quo*, e não a sua transformação radical. São, além do mais, argumentos que fazem apelo a considerações de ordem racional e têm de passar pelo crivo das demonstrações empíricas. Ambos deixam de lado algo que é, contudo, muito mais essencial: *a participação é um direito inalienável*. À luz desse postulado, abrir mão desse direito é colocar-se numa posição de *tutela*, como uma criança perante um adulto. Abrir mão do poder de decidir é aceitar ser *infantilizado*, portanto (SOUZA, 2000b). Enxergar as coisas desse modo equivale a abrir-se para a possibilidade de admitir não apenas "correções" e "aprimoramentos" da democracia representativa (por exemplo, nela inoculando alguns germes de democracia direta), mas de, ao menos no limite, admitir a idéia de que o próprio *status quo*, em última instância, é estruturalmente viciado. Esse tipo de argumento é, porém, de aceitação mais difícil, pois não se presta a demonstrações empíricas objetivas ou a uma defesa em termos basicamente racionais; ele reveste, isso sim, um juízo de valor, que, enquanto tal, será acatado ou recusado em meio a um debate filosófico, não científico. Sentir-se infantilizado e tolhido ou, contrariamente, aliviado do peso da participação, é um juízo que cada indivíduo fará de acordo com suas predisposições e idiossincrasias. Há, no entanto, algo de bastante real e objetivo, no sentido de supra-individual e metassubjetivo, e que deve ser salientado: a própria percepção da participação como um fardo é um valor destilado pela ideologia que estimula a apatia política e o desinteresse pelos assuntos coletivos. Muitas pessoas, por comodismo, e apesar de uma usual desconfiança em relação à chamada "classe política", podem achar ser mais fácil entregar o poder de decidir sobre assuntos que afetam a sua vida a políticos profissionais e especialistas, sem fazer idéia do quão funcional esse comportamento é para o sistema de dominação que, de um modo ou de outro, as prejudica ou pode prejudicá-las, ao tolher sua liberdade. Em vista disso, assume o autor, com convicção, que a participação não é um simples acessório, nem mesmo apenas uma ferramenta útil. Participar, no sentido essencial de *exercer a autonomia*, é a alma mesma de um planejamento e de uma gestão que queiram se credenciar para reivindicar seriamente o adjetivo *democrático(a)*.

A participação, assim, proporciona ou pode proporcionar melhores chances de um exercício mais pleno da cidadania, que equivale a uma maior e melhor integração na sociedade. O que está em jogo, aqui, é a superação de fatores limitantes dessa integração, como a pobreza e o preconceito. Ocorre, todavia, que a idéia de autonomia é, conforme o autor já sugeriu em livro anterior (SOUZA, 2000a:171-2), mais completa e poderosa que a de cidadania, por não se prender tão fortemente ao horizonte da integração. Parece pouco discutível que aumentar as chances de integração dos pobres, no sentido de construir as condições materiais e institucionais para um acesso menos desigual aos meios de satisfação de necessidades nos marcos da própria sociedade existente, é, ainda, um dos desafios mais importantes e básicos a serem vencidos em um país capitalista semiperiférico como o Brasil. Mais e melhor acesso a alimentação, vestuário e moradia, a informações e a instrução formal, a serviços de saúde etc., tudo isso visto como base para o aumento de auto-estima e das possibilidades de participar conscientemente da vida política do país, são requisitos elementares e indispensáveis para uma existência digna. As limitações da idéia de cidadania, tal como normalmente é interpretada, têm a ver, não obstante, com a admissão de que grupos cuja identidade social ou mesmo sócio-espacial é forte tenderão, legitimamente, a não se contentar com um projeto político-social cujo horizonte é a integração ao *status quo* ou a um padrão de comportamento qualquer infenso ao reconhecimento da diversidade étnica, de gênero etc. – integração essa que, por si só, ignora que, ao lado da garantia de direitos universais (concernentes à dignidade humana, ao acesso a meios de satisfação de necessidades básicas, ao direito de não ser discriminado negativamente, e por aí vai), as necessidades e percepções particulares e legítimas de grupos específicos precisam ser respeitados. Caso esse respeito não se dê ou se dê insuficientemente, fatores importantes da qualidade de vida dos membros desses grupos sociais serão vítimas de atrofia, o que contribuirá para formar um quadro marcado por sentimentos de opressão e injustiça, de um lado, e preconceitos, de outro.

A defesa da autonomia individual e coletiva fornece fundamentos sólidos para a defesa simultânea de mecanismos e instituições propiciadores de integração, o que constitui a vocação da idéia de cidadania, e de uma margem de manobra institucional para a proteção de identidades particulares legítimas. Se alcançar o respeito a certos valores gerais e lograr edificar instituições e conquistar condições propiciadoras de acesso universal a fatores de satisfação de necessidades já é um desafio imenso, fazer isto conviver com o respeito à alteridade[55] acrescenta mais algumas toneladas de dificulda-

---

55 Nem deveria ser preciso ressalvar: respeito à alteridade *desde que essa seja minimamente legítima*, é claro. Não há fórmula para definir e separar com exatidão matemática uma diferença legítima de outra ilegítima, de modo que esse assunto sempre se prestará a alguma controvérsia. É evidente, de toda sorte, que nem toda diferença é legítima; é ilegítimo, acima de tudo, exercer e expressar uma identidade que contenha valores que negam o direito de outros à sua própria liberdade e à sua dignidade: nazismo, anti-semitismo e racismo em geral, sexismo etc. são exemplos de referências identitárias ilegítimas, por esse critério.

des à empreitada. Seja lá como for, isso é imprescindível. E é aqui, diante da imensa tarefa de promover o diálogo entre diferentes para evitar o mais possível a violência e favorecer o mais possível um confronto racional de argumentos, que a importância de um agir comunicativo, no sentido de Habermas (vide Introdução e Capítulo 7 da Parte II), se mostra. Diversamente do que se passa com o "planejamento colaborativo", que em parte empobrece o pensamento habermasiano, saudar um agir comunicativo não equivale a abrir a porta para a escamoteação ou subestimação ingênuas ou ideológicas de contradições profundas, tentando costurar consensos artificiais entre oprimidos e opressores. Contradições não se "resolvem" como se resolve uma equação; contradições se *superam* (SOUZA, 2000b:88). O que importa é que o momento do diálogo seja expandido o mais possível, e que o autoritarismo, o qual costuma se aninhar mesmo nas relações entre companheiros de causa e de luta, seja coerentemente combatido e substituído por debates livres e confrontos abertos de posições e argumentos. E, uma vez que – como o próprio Habermas reconhece – não se pode alcançar um genuíno consenso sem que os participantes de um processo de discussão e deliberação participem livremente, o autor deste livro já havia sugerido, em trabalho anterior, que o contexto político-filosófico mais conseqüente para a insistência sobre a positividade e viabilidade de um agir e de uma racionalidade comunicativos é, justamente, o pensamento autonomista (SOUZA, 2000d:199). Em outras palavras, autonomia e agir comunicativo, a despeito das várias diferenças e divergências entre Castoriadis e Habermas (assunto do qual, obviamente, não é possível ocupar-se aqui), podem e merecem ser vistos como exigências compatíveis e complementares.

Por fim, para concluir este subcapítulo sobre autonomia, democracia e participação, deve-se chamar a atenção do leitor para as várias modalidades possíveis de participação. Uma parte essencial da matéria foi já abordada ao ser apresentada e comentada a escala de avaliação da figura 3, a qual modifica a "escada" de Sherry Arnstein a propósito dos diferentes graus ou níveis de participação (vide Capítulo 12 da Parte II). É isso que, claramente, também está em jogo quando se fala de "participação consultiva" (ou "opinativa") em contraposição a uma "participação deliberativa" (no primeiro caso, a participação – na verdade, um tipo tão fraco de participação que, a rigor, o que ocorre é uma mera ilusão de participação – restringe-se a ouvir os envolvidos ou atingidos; só no segundo caso é que estes tomam, de fato, decisões). Outros aspectos são também relevantes, como os que dizem respeito à *escala espacial* da participação (participação apenas no nível de um projeto ou de um assentamento ou participação no sistema político como um todo?) e à *profundidade* da participação (participação apenas na implementação de uma intervenção ou também da sua própria concepção?). Não é difícil perceber que este assunto está intimamente relacionado com o tema crucial dos *obstáculos à participação*, para o que remete-se o leitor para o Subcapítulo 11.5. a seguir, no qual esses obstáculos são sistematicamente examinados.

11.2. Orçamentos participativos

11.2.1. O orçamento público como um instrumento de gestão urbana

O orçamento público é um dos instrumentos mais importantes, assim como um dos mais corriqueiros de gestão da vida econômica das coletividades politicamente organizadas. Ao ordenar as despesas estatais com itens que vão da saúde pública aos gastos militares, claro está, todavia, que a importância social do orçamento é geral, indo muito além da dimensão meramente econômica ou contábil-financeira. No presente livro, sua importância está ligada ao fato de ser ele, na escala local, um instrumento de gestão urbana. (Esclareça-se, de passagem, que, conquanto a elaboração do orçamento público contenha uma dimensão de planejamento, a escala temporal a que se vincula o orçamento – um período de um ano, o qual pode ser visto como correspondendo, no máximo, a um médio prazo – e o fato de que a sua dinâmica concreta demanda freqüentes atualizações – sob a forma de créditos suplementares e remanejamentos – ao longo da execução orçamentária, permitem que o orçamento seja encarado, primordialmente, como um instrumento de gestão, mais do que de planejamento.)

O aparecimento do orçamento público se deu na Inglaterra, ainda no começo do século XIX (GIACOMONI, 1997:42, 59). A par de sua finalidade mais evidente, que é o disciplinamento das finanças públicas, os orçamentos, inicialmente, tinham uma outra função: facilitar o controle dos parlamentares sobre o governo. O orçamento era, no início, um instrumento jurídico sem maior complexidade. Por meio dele fixavam-se os meios para que o Estado pudesse desincumbir-se de suas tarefas, sendo que as despesas estatais, durante a fase pré-monopolista do capitalismo, eram comparativamente modestas, mas tendendo a ser encaradas, mesmo assim, como um "mal necessário" (GIACOMONI, 1997:60) Com o advento da fase monopolista do capitalismo e, logo em seguida, na virada para o século XX, com o início da construção do *welfare state* em diversos países centrais, tanto o peso econômico quanto o significado social das despesas públicas começaram a crescer rapidamente. O Estado passava a intervir mais diretamente na economia, além de tomar crescentemente para si o encargo de realizar investimentos e assumir responsabilidades diretas em áreas de imediato interesse público (como educação e saúde). Com isso, o orçamento foi se mostrando, gradualmente, como uma imprescindível ferramenta de administração, muito mais que como um instrumento de controle político do Legislativo sobre o Executivo.

Entre as décadas de 1930 e 1960, o orçamento público experimentou transformações técnicas e conceituais dignas de nota. Esse foi precisamente o momento de consolidação da "racionalização administrativa", em que o Estado, confrontado com demandas cada vez maiores e mais complexas, buscou lançar mão de uma "gestão científica" (*scientific management*) dos negócios públicos. Sob o ângulo político-filosófico, o enfoque burocrático-racionalista assenta-se, em última instância, sobre a premissa de que a máquina administrativa do Estado possui a seu serviço especialistas competentes, selecionados de acordo com critérios de mérito e probidade, sendo capazes de agir racionalmente e estando, portanto, aptos para deliberar imparcialmente, pensando no bem comum e em conformidade com os melhores critérios técnicos de julgamento e avaliação. Quando isso não ocorre, trata-se, segundo a visão conservadora, de uma mera "distorção", nunca de um problema inerente à lógica do sistema. Esse tipo de visão, diga-se de passagem, complementa e reforça a clássica justificativa da democracia representativa em contraposição à democracia direta: parte-se, aqui, da premissa de que tanto os políticos em cargos executivos quanto os parlamentares, uma vez que passaram pelo crivo da vontade popular, expressa livremente nas urnas, são capazes de se colocar acima de seus interesses particulares e estão, portanto, legitimamente aptos para decidirem, em nome de seus eleitores, aquilo que representa o melhor para eles (o "bem comum"). É bem verdade que, no seio da democracia representativa, podem ser verificados freqüentes atritos entre os "especialistas em política" (os políticos profissionais) e os técnicos, pois ambos costumar arrogar-se o privilégio de darem o norte na orientação dos temas de interesse público; os primeiros, por serem os "representantes do povo, ungidos pelas urnas"; os segundos, por pretendidamente encarnarem a Razão. Esses atritos nada são, contudo, se comparados àquilo que os dois grupos representam – o primado dos *experts* – e que os opõem à idéia de uma democracia radical, essencialmente direta, na qual a política, em si mesma, não é vista como assunto para *experts*, mas como assunto de todos e para todos, diversamente do saber propriamente técnico (ou científico).

O aparecimento do *orçamento-programa*, na década de 60 (mas com raízes que remontam aos anos 40), corresponde a um progresso extraordinário, nos marcos dos pressupostos do pensamento conservador. Enquanto que no orçamento tradicional o orçamento é dissociado do planejamento e da programação, sendo a *aquisição de meios* o objetivo da alocação dos recursos e sendo as decisões orçamentárias tomadas em função das necessidades das unidades organizacionais, no orçamento-programa o processo orçamentário desempenha o papel de um elo entre o planejamento e as funções executivas do Estado; a alocação de recursos passa a ter em vista, então, a *realização de metas* e as decisões orçamentárias levam em conta análises de diversas alternativas (uma exposição mais completa pode ser encontrada em GIACOMONI [1997:147 e *passim*). Na prática, contudo, o que muitas vezes há é uma mescla da técnica tradicional com a técnica de orçamento-programa.

Tanto a receita quanto a despesa podem ser divididas em *grandes agregados*. Os grandes agregados da receita pública, segundo a chamada classificação por categorias econômicas, são os seguintes:

1) **Receita corrente**. Ela é formada, principalmente, pelas receitas oriundas dos tributos (impostos e taxas), subdividindo-se em *receitas próprias* e *transferências*. No caso dos municípios, as *receitas próprias* são representadas pelo ISSQN (Imposto sobre Serviços de Qualquer Natureza), que normalmente é o imposto mais importante, pelo IPTU, pelo ITBI (Imposto sobre a Transmissão de Bens Imóveis *inter vivos*), pelas taxas (água, coleta de lixo etc.) e, ainda, por outras receitas. As *transferências*, no caso dos municípios, são aquelas relativas ao Fundo de Participação dos Municípios e do IRRF (da União para os municípios), bem como as transferências de parte dos tributos estaduais ICMS e IPVA recolhidos nos municípios (25% do valor arrecadado, distribuído proporcionalmente ao valor arrecadado e à população de cada município, no caso do ICMS, e 50% do valor arrecadado no território municipal, no caso do IPVA).
2) **Receita de capital**. É constituída pela receita advinda com a alienação de patrimônio (venda de imóveis) e operações de crédito.

Quanto aos grandes agregados da despesa pública, são eles os seguintes:

1) **Despesas correntes**. Compreendem tanto as *despesas de custeio* (pagamento de pessoal, aquisição de material de consumo) como as *transferências correntes* (transferências intragovernamentais, serviços de dívidas).
2) **Despesas de capital**. Compreendem os *investimentos*, as *inversões financeiras* e *as transferências de capital.*

11.2.2. Advento e significado dos orçamentos participativos

Não deve restar dúvida de que a introdução do orçamento-programa representou um avanço *técnico*. Por outro lado, sob o ângulo de uma concepção de desenvolvimento urbano estribada no pensamento autonomista e radicalmente priorizadora da justiça social e da qualidade de vida enquanto idéias-força, muito mais relevante que esse tipo de avanço técnico foi, porém, bem mais recentemente, a emergência do *orçamento participativo*, o qual, de todo modo, pode e deve fundamentar-se tecnicamente na idéia de orçamento-programa. O orçamento participativo pavimenta o terreno para que se rompa com os pressupostos de funcionamento da democracia representativa anteriormente mencionados, os quais não passam de pressupostos ideológicos ao encobrirem diversos problemas e atuarem como peças legitimatórias da arrogância tecnocrática e da separação estrutural entre dirigentes e dirigidos. O orçamento é encarado, nos marcos do pensamento e da prática conservadores, como algo puramente técnico, um instrumento de gestão econômica politicamente neutro, quando, na verdade, ele possui um imenso conteúdo político, uma vez que se trata de decidir sobre *fins*, e não apenas sobre a otimização dos *meios*: isto é, trata-se de gerir os recursos públicos que serão investidos (ou não) para satisfazer as necessidades da população.

O orçamento participativo busca repolitizar o orçamento, no contexto de um questionamento dos pressupostos ideológicos enunciados no subcapítulo anterior. Não no sentido original de controle do governo pelos parlamentares (sentido esse absorvido pela lógica despolitizadora do tecnocratismo), mas sim no sentido de um controle direto e efetivo da administração pela sociedade civil, ao mesmo tempo em que a população se beneficia político-pedagogicamente (maior consciência de direitos). Muito mais que os orçamentos convencionais, os orçamentos participativos devem ser entendidos não como um assunto "para economistas", mas como um objeto interdisciplinar (ou transdisciplinar), por envolver aspectos que vão de estratégias para facilitar e promover a participação do maior número de cidadãos a uma necessária preocupação com a dimensão espacial do processo orçamentário. Em última análise, ou sob o ângulo propriamente político, o orçamento participativo, naturalmente, é até muito mais que um objeto interdisciplinar, já que se trata não de assunto apenas para especialistas, mas de deliberação coletiva.

Não obstante o Brasil, como país semiperiférico que é, costumeiramente ser muito mais um país importador que exportador de idéias teóricas, tecnologias e técnicas, em matéria de orçamentos participativos o nosso país tem tido um papel de destaque e pioneirismo. Um dos fenômenos mais interessantes da vida política do país, desde o final dos anos 80, têm sido os orçamentos participativos municipais, a começar pelo de Porto Alegre (iniciado em 1989), o qual, de todos, parece ser o mais consolidado e, ao mesmo tempo, o mais arrojado. Atualmente, a experiência de Porto Alegre é internacionalmente conhecida, tendo servido de referência não só para experiências similares no próprio Brasil mas, também, no exterior (por exemplo, Montevidéu).

No entanto, a experiência brasileira com os orçamentos participativos, a rigor, não começou, como alguns imaginam, com Porto Alegre, mas sim no final da década de 70, ainda durante o regime militar, em Lages (SC). Ao lado de Pelotas (RS) e de vários experimentos que se seguiram, nos anos 80, como Vila Velha (ES), Boa Esperança (ES), Piracicaba (SP) e Diadema (SP), Lages constitui uma das várias experiências anteriores à de Porto Alegre. Todavia, as condições do contexto político do momento, bastante restritivas como é fácil de se imaginar, colaboraram para que essas experiências tivessem pouca visibilidade e, normalmente, vida curta; de certa forma, podem ser entendidas como fazendo parte de uma "pré-história" dos orçamentos participativos no Brasil. O orçamento participativo de Recife, de sua parte, tem raízes que remontam à década de 80 e, uma vez que foi ganhando consistência ao longo do tempo, a ele não se aplica a ressalva a propósito da "vida curta"; apesar disso, nunca chegou, devido ao contexto ingrato da política e das correlações de força locais, a adquirir muita importância, pelo menos até o ano de 2001 (ver, sobre Recife, o Capítulo 3 da parte III). Por isso é que se pode afirmar, sem medo de errar, que o grande marco histórco é o orçamento participativo da capital gaúcha, que tem servido, desde o começo da década passada, de fonte de inspiração para outras municipalidades no Brasil. Atualmente, estima-se que mais de cem cidades brasileiras venham tentando adotar esquemas auto-rotulados de orçamentos participativos; todavia, os níveis de seriedade e arrojo são muitíssimo variáveis.

Em que pese a relativa novidade do objeto, já foi publicado um número razoável de trabalhos sobre o assunto, assinados tanto por brasileiros quanto por estrangeiros. A maioria versa sobre Porto Alegre, mas experiências de outras cidades têm sido também focalizadas. Sobre Porto Alegre, os trabalhos mais relevantes são: ABERS (1997a, 1997b, 1998), BAIERLE (2000, 2001), FEDOZZI (1994, 1997), GENRO e SOUZA (1998), GONZÁLEZ (1997), MENEGAT (1995, 1998), MOURA (1997), NAVARRO (1996, 1997), SANTOS (1998; ver também, as interessantes considerações tecidas por Boaventura de Sousa Santos em texto posterior [SANTOS, 1999]), SCHIMIDT (1993), SILVA (1997) e UTZIG (s.d.). Sobre a experiência anterior de Vila Velha, consulte-se BOSSOIS (1987). Sobre Betim, ver AZEVEDO (1994); sobre Belo Horizonte, SOMARRIBA (2001); sobre o Distrito Federal, CARVALHO e MILLER (1998); sobre Natal, SOARES (1996); sobre Santo André, Ribeirão Pires e Mauá, CARVALHO e FELGUEIRAS (2000).

11.2.3. Em que consistem os orçamentos participativos?

Na sua essência, o orçamento participativo consiste em uma abertura do aparelho de Estado à possibilidade de a população (de um município ou mesmo de unidades territoriais administrativas supralocais) participar, diretamente, das decisões a respeito dos objetivos dos investimentos públicos. A população, organizada com base em bairros ou unidades espaciais que agregam vários bairros, debate e delibera, em assembléias, sobre as prioridades de investimento para cada local, cabendo ao Executivo, anualmente, informar a disponibilidade de recursos para investimentos e prestar contas sobre a execução orçamentária do ano anterior. Tomando por base o modelo organizacional de Porto Alegre, o qual, ainda que com adaptações, vem sendo adotado em outras cidades, a população elege seus delegados nas assembléias populares das unidades espaciais de referência, proporcionalmente ao número de eleitores atendendo cada assembléia; a esses delegados cabe organizar, posteriormente, discussões sobre prioridades de investimento em cada bairro. Mais tarde são eleitos, igualmente em assembléias, os conselheiros do orçamento participativo, os quais terão por incumbência acompanhar e participar, junto à Prefeitura, da elaboração da peça orçamentária. (Em Porto Alegre, assim como em outros municípios, foram introduzidas "plenárias temáticas", em que a mobilização da população e os processos de eleição de prioridades e escolha dos delegados e conselheiros se dão não em função do local de moradia, mas de temas específicos como saúde, educação, transporte, sendo a cidade considerada em seu conjunto. A justificativa para a introdução das "plenárias temáticas" paralelamente às plenárias de base territorial é a de que elas ajudariam a garantir que os problemas e os investimentos que interessam à cidade como um todo sejam contemplados, evitando-se uma excessiva pulverização dos investimentos.) A figura 10 retrata, graficamente, a idéia do orçamento participativo.

As etapas do orçamento participativo variam de município para município. Especialmente naqueles casos em que o processo é mais *consultivo* que propriamente *deliberativo* (razão pela qual, aliás, a participação não passa, aí, de uma *pseudoparticipação*), as etapas tendem a ser mais simplificadas. No caso de Porto Alegre, que é a experiência mais avançada, tem-se quatro etapas, resumíveis como se segue:

1) **1.ª etapa** (Primeira Rodada): exposições didáticas do governo em cada subunidade espacial, a fim de atrair e esclarecer novos participantes; perguntas e críticas dos participantes; falas dos representantes do Estado (prefeito, secretários); eleição de *delegados de apoio* (ou, simplesmente, para seguir a terminologia porto-alegrense, delegados), os quais darão suporte para organizar a discus-

Fig. 10

RECEITA MUNICIPAL

• IPTU • ISSQN • Taxas • Transferências (FPM, ICMS etc.)
• Outras receitas

↓

VERBA DISPONIVEL PARA INVESTIMENTOS

CONSELHO DO ORÇAMENTO PARTICIPATIVO

OBJETIVOS (I): DEMOCRATIZAR A GESTÃO DOS RECURSOS PÚBLICOS (TRANSPARÊNCIA, *ACCOUNTABILITY*, MINIMIZAÇÃO DE CHANCES DE CORRUPÇÃO)

↓

DESPESA PÚBLICA

• Prioridades de investimento definidas pela população

OBJETIVOS (II): ALOCAR RECURSOS EM CONFORMIDADE COM A VONTADE EXPRESSA DIRETAMENTE PELA POPULAÇÃO, CONTRIBUINDO DE MODO MAIS EFICAZ PARA SATISFAZER NECESSIDADES BÁSICAS DOS MAIS POBRES, EVITAR DESPERDÍCIO E MINORAR A SEGREGAÇÃO SÓCIO-ESPACIAL

são de problemas e prioridades de investimento em cada localidade ("bairros comuns", favelas, loteamentos) dentro da subunidade espacial (e, no caso de plenárias temáticas, discussões gerais).

2) **2.ª etapa** (rodadas intermediárias): governo presta informações técnicas; discussão e escolha das prioridades de investimentos em cada localidade.

3) **3.ª etapa** (Segunda Rodada): eleição dos *delegados-conselheiros* (ou, simplesmente, conselheiros), que comporão, ao lado de representantes do Estado (sem direito a voto), da federação de associações de moradores e do sindicato dos municipários, o *conselho do orçamento participativo*; entrega dos documentos com as prioridades de investimentos.
4) **4.ª etapa** (elaboração da peça orçamentária): elaboração da matriz orçamentária pelos técnicos do governo; posse dos novos conselheiros; conselheiros discutem e deliberam sobre a matriz orçamentária; peça orçamentária final é elaborada e enviada à Câmara de Vereadores para apreciação e votação.

O projeto da lei orçamentária deve ser enviado pelo Executivo à Câmara antes do início do exercício financeiro do ano seguinte. Como, no Brasil, ao contrário de outros países (como os Estados Unidos), o ano fiscal coincide com o ano civil, a peça orçamentária deve ser enviada à Câmara até o fim de agosto. O calendário do orçamento participativo, por conseguinte, precisa ser cuidadosamente adaptado a essa circunstância.

11.2.4. As críticas e seus (poucos) fundamentos

A despeito e, em parte, precisamente devido às suas potencialidades, os orçamentos participativos têm colecionado adversários. Estes tanto podem ser encontrados entre políticos profissionais filiados a partidos conservadores quanto entre *experts* (planejadores, especialistas em gestão pública etc.), todos muito refratários à idéia de abrir mão de algumas de suas prerrogativas, sejam elas estritamente políticas ou, como no caso dos *experts*, políticas e de prestígio intelectual e corporativo.

Em um artigo publicado no *Jornal do Brasil* em 11/06/1997, intitulado "O mito do orçamento participativo", o economista Fabio Giambiagi sintetizou várias das críticas que o campo conservador tem endereçado aos orçamentos participativos. Cinco foram os "pontos críticos" por ele destacados e que, no seu entendimento, comprometeriam a viabilidade ou mesmo a desejabilidade da participação popular direta na elaboração dos orçamentos públicos. Deixando de lado o quinto deles, o qual, por dizer respeito ao ceticismo de Giambiagi quanto à sensatez de se tentar extrapolar a experiência municipal para os planos estadual e federal, não interessa diretamente em um livro sobre gestão e planejamento urbanos, serão focalizados os quatro primeiros:

1) "*Representatividade dos interlocutores comunitários em comparação com o Poder Legislativo*". Giambiagi não nega inteiramente a existência de distorções nas instâncias representativas concretas (segundo ele admite, "[o]s problemas das Câmaras de Vereadores, das Assembléias Legislativas ou da Câmara dos Deputados são conhecidos"), mas enfatiza que "a representatividade dos indivíduos escolhidos pelo povo para ocupar essas casas é infinitamente maior do que a de qualquer outra pessoa que se apresente para discutir temas orçamentários com o Executivo". Para analistas convencionais como Giambiagi, o processo de seleção implícito na competição entre candidatos e na escolha livre do eleitor pelo voto qualifica os políticos profissionais superiormente em relação aos cidadãos comuns, esquecendo ou minimizando, dentre outras coisas, que o processo de competição é viciado por desigualdades no acesso a recursos.

2) "*Critério de decisão em caso de conflito*". Na opinião de Giambiagi, "(...) de duas, uma: ou a prática é levada ao extremo – e o governo é paralisado pelo assembleísmo –, ou o orçamento participativo serve apenas para o que é "perfumaria" – já que não trataria de nada muito relevante". Como se pode ver pelo caso de Porto Alegre (consulte-se, a respeito, sobretudo ABERS [1997a, 1997b, 1998], FEDOZZI [1994, 1997], NAVARRO [1996, 1997] e UTZIG [s.d.]), esse temor é relativamente infundado; para evitar o problema da "paralisação", porém, faz-se mister dispor de critérios claros e objetivos de repartição do bolo de recursos.

3) "*Abrangência dos recursos objeto do debate*". O economista minimiza a importância do orçamento participativo alegando que "[a]s despesas com pessoal, benefícios previdenciários, transferências constitucionais – no caso do governo federal e dos estados – e juros consomem, via de regra, 80, 90 e às vezes quase 100% das receitas governamentais", somente restando, para novos investimentos, um percentual normalmente inferior a 10% do orçamento total. Ora, se, por um lado, é verdade que não se deve exagerar a importância do percentual destinado a investimentos no conjunto do orçamento, nem subestimar as dificuldades para ser mexer em outras rubricas (as chamadas despesas rígidas, como despesas com pessoal, os recursos vinculados, os gastos em educação e saúde e o pagamento do serviço da dívida pública, embora o conteúdo delas possa e deva ser objeto de apreciação e discussão), por outro lado é um grave erro induzir o leitor a acreditar que o montante de recursos disponível para investimentos é sempre ou quase sempre inferior a 10% do orçamento total. Diversamente do que sugeriu o economista, o percentual destinado a investimentos não é sempre ou quase sempre inferior a 10%, ficando, muitas vezes, entre 10 e 15%, às vezes até mais.[56]

4) "*Inconsistência agregativa*". Aquilo que Giambiagi aponta como o problema ou risco da inconsistência agregativa refere-se à presunção de que "[h]á coisas nas quais o cidadão comum simplesmente não tem o que dizer ou tende a fazer uma escolha imprópria, pela falta de uma visão sistêmica e de longo prazo que o governo tem ou deveria ter". Ou seja: embora possivelmente capaz de decidir sobre a sua rua, o cidadão comum não teria competência alguma para participar de decisões a respeito do futuro da cidade. Para Giambiagi, "[é] uma ingenuidade achar que um conjunto de cidadãos sem qualquer compromisso com as conseqüências de suas escolhas e sem qualquer

[56] Apenas a título de exemplo: o total de investimento (obras, equipamentos e inversões financeiras) custeado pelas receitas próprias e de capital (empréstimos previstos) das administrações direta e indireta corresponde, segundo o plano de investimentos de Porto Alegre para 2000, a 15,12% do total da despesa (PREFEITURA DE PORTO ALEGRE, 2000a); em 1999 foram 21,05% (PREFEITURA DE PORTO ALEGRE, 2000b).

relação entre si vai tomar decisões de gasto que façam sentido no seu conjunto". É cristalino que o economista, no caso, desconsidera que postular ausência de compromisso com as conseqüências das escolhas coletivamente feitas equivale a equiparar a sociedade organizada a um conjunto de irresponsáveis. Aqui, claramente, o desejo prático de tutela e infantilização da maioria, embutido nos esquemas heterônomos, se confunde, inadvertidamente, com a presunção de que os indivíduos se comportarão, de fato, como crianças irresponsáveis, caso "entregues a si mesmos" (ou seja, caso *decidam livremente*). Quanto à "falta de visão sistêmica", e deixando de lado o fato de que a maioria dos representantes eleitos tampouco a possui (mas Giambiagi já se imunizara *a priori* contra essa crítica, ao conceder, por antecipação, que a realidade das instâncias representativas no Brasil é de sofrível qualidade), basta perguntar: *e se forem proporcionados mecanismos e oportunidades de conscientização e superação do paroquialismo intelectual dos participantes, como vem ocorrendo, ainda que com dificuldades, sobretudo em Porto Alegre?*

Afora esse tipo de crítica, vinculada às resistências do pensamento tecnocrático entre administradores e economistas, um outro tipo de objeção ao orçamento participativo tem a ver com a presunção de sua *ilegalidade* ou, mais especificamente, *inconstitucionalidade*. Um exemplo dessa posição encontra-se em um artigo publicado na *Gazeta Mercantil* de 18/01/2000 e assinado pelo consultor jurídico Marcos Juruena Villela Souto, intitulado "Planejamento e leis orçamentárias". Para o autor, o orçamento participativo, "[e]mbora saudável, ainda não tem previsão constitucional". A aparente condescendência ("saudável") não esconde a oposição frontal que é feita ao mecanismo, patente quando o consultor jurídico em questão sentencia que "[a] Lei Maior prevê que as leis orçamentárias são de iniciativa privativa do Chefe do Poder Executivo, não podendo tal autoridade se demitir do cumprimento da Constituição, nem atribuir a terceiros tarefa política indelegável". "Isso", prossegue ele no parágrafo subseqüente, "tornaria a previsão legal do 'orçamento participativo' de duvidosa constitucionalidade".

O debate sobre a legalidade dos orçamentos participativos é, na verdade, muito mais complexo e matizado do que faz supor o supracitado artigo da *Gazeta Mercantil*. Indubitavelmente, a responsabilidade legal pela elaboração e o posterior encaminhamento da peça orçamentária ao Legislativo municipal para discussão e votação é o Executivo, isto é, a Prefeitura. Sem embargo, nada impede que o prefeito, da mesma maneira que poderia contratar uma firma de consultoria para assessorar tecnicamente a confecção da peça orçamentária (da mesma forma, aliás, como é muitas vezes feito com planos diretores, os quais também são, *jurídico-formalmente*, uma responsabilidade da Prefeitura, que os envia à Câmara para apreciação e aprovação), resolva delegar poderes à sociedade civil para decidir sobre o conteúdo do orçamento. O que seria arriscado, isso sim, seria formalizar, enquanto lei, essa delegação de poderes, ainda que, por outro lado, a própria Constituição estabeleça, logo em seu Art. 1 § único, que "todo o poder emana do povo, que o exerce por meio de seus representantes eleitos *ou diretamente*" (grifo de M.L.S.). Não parecem justificadas, assim, dúvidas sobre a constitucionalidade dos orçamentos participativos, ainda mais se a existência do mecanismo, embora vagamente prevista em lei (como leis orgânicas municipais prevendo a participação popular nas decisões orçamentárias e no planejamento da cidade), não se encontrar explicitamente ancorada em um dispositivo legal específico. Essa é uma das razões, aliás, pelas quais, em Porto Alegre, apenas para citar um exemplo particularmente arrojado e, por isso, bastante incômodo para alguns, os adversários do mecanismo não conseguiram, até hoje, impedir a sua implementação. O Art. 4º do Estatuto da Cidade (LEI Nº 10.257, de 10/07/2001), ao prever, na alínea "f" de seu inciso III, a "gestão orçamentária participativa" como um instrumento de política urbana, e ao estabelecer que, "[n]o âmbito municipal, a gestão orçamentária participativa de que trata a alínea f do inciso III do art. 4º desta Lei incluirá a realização de debates, audiências e consultas públicas sobre as propostas do plano plurianual, da lei de diretrizes orçamentárias e do orçamento anual, como condição obrigatória para sua aprovação pela Câmara Municipal", veio trazer um irretorquível amparo legal ao mecanismo, ainda que se possa lamentar que a redação do Art. 44, vaga como é, seja talhada para acobertar práticas de pseudoparticipação ("participação" meramente consultiva). Deve-se notar, ainda, que o prefeito, pelo Art. 52 do Estatuto da Cidade, incorre em improbidade administrativa caso, dentre outras coisas, não tome providências para garantir a participação popular na gestão orçamentária. Adicionalmente, pode ser observado que a Lei de Responsabilidade Fiscal (LEI COMPLEMENTAR Nº 101, de 04/05/2000), em seu Art. 48, parágrafo único, ao discorrer sobre a almejada transparência do processo orçamentário, estabelece que "[a] transparência será assegurada também mediante incentivo à participação popular e realização de audiências públicas, durante os processos de elaboração e de discussão dos planos, lei de diretrizes orçamentárias e orçamentos". Uma formulação vaga, indubitavelmente, mas que nem por isso deixa de ser um trunfo, juntamente com aquilo que determina a Lei nº 10.257.

Deve ser lembrado, por fim, ainda a propósito da legalidade do mecanismo, que o debate acerca da conveniência da institucionalização dos orçamentos participativos, a ponto de serem ancorados em lei municipal, ocorre entre os próprios defensores do mecanismo, em que não poucos acreditam ser a auto-regulamentação no âmbito da sociedade civil (como já ocorre, e de maneira bastante madura, em Porto Alegre) preferível a uma regulamentação mediante lei específica. As reservas, no caso, não são de ordem meramente legal, mas também política: teme-se, e com razão, que ao amarrá-lo a um dispositivo legal específico, a Câmara Municipal não perderia a oportunidade de enfraquecê-lo e descaracterizá-lo, limitando a margem de manobra para a participação popular e reservando uma margem de manobra intocável para os próprios vereadores no que toca à alocação dos recursos. Mormente quando a composição da Câmara for hostil ao Executivo, isso é um risco mais que forte. Teme-se, ademais, que uma ancoragem legal acabaria por engessar o mecanismo, em contraste com a flexibilidade permitida pela auto-regulamentação por parte da sociedade civil, em que as regras podem ser aprimoradas a cada ano, como ocorre em Porto Alegre.

O *background* político-filosófico tanto de Giambiagi quanto de

Souto é, no fundo, um só: a defesa do sistema representativo e do princípio tecnocrático do primado dos *experts* (sejam técnicos, sejam políticos profissionais). Esse *background*, que é bastante evidente no texto de Giambiagi, não deixa de ser explícito também no artigo de Souto, ao afirmar que "[h]á (...), no sistema do Estado Democrático de Direito, uma estreita ligação entre a vontade popular manifestada pelo voto em um partido, planejamento econômico, leis orçamentárias e leis tributárias por meio das quais vão ser autorizadas as receitas para concretização das despesas, que devem atender ao interesse público". Não se devem, é certo, subestimar os problemas de implementação de um orçamento participativo consistente, problemas esses que serão enfocados mais adiante; tampouco se está, aqui, a reclamar do fato de que as análises de Giambiagi e Souto não são "isentas" e traem premissas político-filosóficas definidas, uma vez que isenção, no sentido de neutralidade axiológica é, nas ciências sociais, um mito. O problema com posições como as dos dois autores mencionados, sob o ângulo científico, é o seu simplismo, revelador de um estilo pouco afeito à consideração profunda e séria de argumentos divergentes. Para que aqueles que, imbuídos de convicções filosóficas de base (metateóricas) mais críticas, simpatizam com o mecanismo, não incorram em erro semelhante, faz-se mister jamais minimizar os obstáculos e as dificuldades de implementação. Os principais obstáculos serão abordados no Subcapítulo 11.4. desta Parte III, juntamente com os problemas de implementação dos conselhos de desenvolvimento urbano.

11.2.5. Aspectos gerais da implementação de um orçamento participativo

Não seria razoável pretender oferecer, aqui, algo como uma "receita" para a implementação de orçamentos participativos; devido às particularidades regionais e locais, em função das contingências e, sobretudo, coerente com o princípio de defesa da autonomia, não há de caber a um analista oferecer *a priori* um esquema de validade pretensamente universal. Cada coletividade terá, em certa medida, de "reinventar" ou "traduzir" os princípios gerais de um orçamento participativo de acordo com as suas necessidades e peculiaridades. Isso não impede, no entanto, que alguns alertas e recomendações sejam feitos, a título de balizamento muito geral. Não existe algo como um modelo único ou uma "receita infalível", até porque o sucesso de uma determinada experiência sempre está parcialmente ligado a fatores locais ou regionais muito próprios e intransferíveis. É essencial que, em cada local, se estude a solução (o formato institucional, os critérios etc.) que melhor se adequa às particularidades do município em questão. Experiências bem-sucedidas de outros municípios (como a de Porto Alegre) podem servir de fontes de inspiração, mas nunca como "modelos" a serem simplesmente copiados.

Duas questões são fundamentais, e é delas, principalmente, que se ocupará esta seção: como dividir o município espacialmente para fins de organização da participação popular? Como alocar os recursos, distribuindo-os entre as diversas partes do município segundo critérios claros e justos?

Sobre a divisão espacial do município merecem ser feitas as seguintes recomendações:

1) A divisão do município não deve se dar com base apenas em critérios técnicos "objetivos". Essa divisão deve levar em conta, com muita atenção, os quadros de referência quotidianos de orientação e organização da própria população; em outras palavras, ela deve levar em conta, em primeiro lugar, os *bairros*, como já se havia dito no Subcapítulo 10.1. desta Parte III. Uma divisão espacial para fins de implementação de um orçamento participativo, para ser reconhecida socialmente como legítima, não deve se restringir a considerar diferenças e semelhanças "objetivas", como a distribuição espacial da renda. É necessário, acima de tudo, incorporar as identidades sócio-espaciais (identidades de bairro) e as tradições da população local, ou seja, aquilo que é expresso pelos conteúdos *interacional* e *simbólico*. Dito de outra maneira: a divisão do município para fins de implemen-

tação do orçamento participativo não deve ser um produto artificial, saído diretamente da cabeça de um planejador para a prancheta de desenho ou um computador. É provável que, em cidades grandes e mesmo médias, quase nunca será viável adotar o bairro como unidade de agregação final de demandas e prioridades e extração de delegados do tipo "conselheiro", que irão compor o Conselho do Orçamento Participativo, devido ao grande número de bairros. No entanto, o raciocínio e a metodologia empregável para a escala do bairro também se aplica à escala geográfica imediatamente superior, que é aquela dos setores geográficos (amiúde chamados, impropriamente, de "regiões"), onde vários bairros se encontram agrupados. Toda essa argumentação, vale dizer, não se aplica apenas ao orçamento participativo, que é, principalmente, um mecanismo de gestão, mas também às tarefas e rotinas de um planejamento urbano que não deseje ser tecnocrático (ver a propósito, o Subcapítulo 11.4. a seguir). É lamentável que, no que diz respeito aos orçamentos participativos, a importância crucial da dimensão espacial não venha sendo adequadamente reconhecida, nem na literatura especializada, nem na prática das experiências (SOUZA, 2000c).

A figura 14 (ver Subcapítulo 11.4.) retrata, sob a forma de três modelos gráficos, situações hipotéticas, envolvendo a divisão do município em *Unidades Espaciais de Planejamento e Gestão* (UEPGs). Como o leitor verá, as UEPGs não devem servir de referência apenas para discussões orçamentárias, mas também de planejamento. O importante, desde agora, é reter que, no caso de uma grande cidade situada em um município com pouquíssima área rural, restrita a somente alguma agricultura periurbana residual, as unidades espaciais maiores, para fins de agregação final de demandas e prioridades, podem corresponder aos setores geográficos. (Naturalmente que bairros e até mesmo os sub-bairros permanecem como importantes unidades elementares de referência para o planejamento, a gestão e a participação; note-se, de passagem, que os bairros referem-se, aqui, tanto aos bairros "comuns" da cidade formal quanto às favelas, nos termos já expostos no Subcapítulo 10.1. – não levar isso em conta poderá redundar em um escamoteamento de situações de segregação.) Em cidades grandes ou médias situadas em municípios com expressiva área rural, tomar os setores geográficos como unidades espaciais de referência vale para a cidade (sede do município), enquanto é razoável pensar em tomar cada um dos outros distritos afora o distrito-sede como sendo, cada um deles, uma UEPG, incluindo-se em cada unidade espacial a área rural e a vila que é a sede do distrito. Por fim, em cidades pequenas, as unidades espaciais de referência são, na cidade, os bairros, e, no restante do município, os distritos.

2) Deve-se evitar tanto um número excessivo como um número muito pequeno de unidades espaciais. Além do mais, é preciso ter em mente que as unidades territoriais que forem criadas para os propósitos específicos de organização do processo de participação popular direta na elaboração do orçamento público influenciarão, de alguma maneira, a dinâmica desse processo: elas determinarão, por exemplo, que grupos deverão negociar entre si para apresentarem suas demandas em bloco, assim como elas definirão, também, as distâncias de deslocamento dos cidadãos para participarem de assembléias e outras reuniões. Portanto, não só o número de unidades espaciais deverá ser objeto de meditação criteriosa, como igualmente os limites dessas unidades. Se a divisão espacial for inadequada, realidades com grande afinidade entre si, não somente em matéria de conteúdo composicional, mas também de conteúdo interacional e simbólico, poderão ser separadas artificialmente, ou, no caso inverso, realidades sócio-espaciais com pouca afinidade poderão ser artificialmente agrupadas, gerando incompatibilidades e atritos. Além disso, tanto um número excessivo (pulverização) quanto um número demasiado pequeno (pouca diferenciação) de unidades espaciais de referência tende a acarretar vários problemas.

A questão dos critérios de alocação dos recursos não é menos delicada, pois da qualidade e justeza desses critérios dependerá, em larga medida, o grau de legitimidade do processo. Duas recomendações gerais podem ser oferecidas a esse respeito:

1) Os critérios precisam ser *claros* e, além disso, *pactuados*, ou seja, resultar de uma negociação entre as diferentes partes envolvidas.

2) Os critérios devem ser *variados* e *abrangentes*, de modo a tentar garantir que diversos aspectos sejam considerados (por exemplo, a carência de infra-estrutura em um dado local, o tamanho populacional etc.).

Sobre os critérios de alocação dos recursos, vale a pena, ainda, esclarecer alguns aspectos técnicos. Sem querer entrar em muitos detalhes e, assim, ferir o princípio de que a operacionalização poderá e deverá variar de município para município, em decorrência das peculiaridades locais e do fato mesmo de que coletividades diferentes poderão querer testar soluções diferentes, é válido, por razões didáticas, oferecer alguns comentários genéricos, a título de balizamento e ilustração.

Podem ser identificados diversos critérios, que podem vir a ser combinados de modo variável. A experiência brasileira recente, largamente influenciada por Porto Alegre, demonstra que três critérios são usuais: a *carência de infra-estrutura (técnica e social) na área (parte da cidade) considerada*; a *população total da área considerada*; e a *população vivendo em espaços residenciais carentes (apresentando carência máxima de infra-estrutura) no interior da área considerada*. O município de Porto Alegre chegou a experimentar outros critérios, que foram, posteriormente, abandonados: a *mobilização popular* (o que é algo de difícil aferição, estando muito sujeito a erros) e a *importância da área considerada para a organização da cidade* (o que daria e, de fato, deu margem a muita controvérsia). De outra parte, um quarto critério acrescenta-se, há alguns anos, aos outros três: as *prioridades da área considerada*, por meio do qual objetiva-se contemplar o anseio da população da unidade espacial em questão de ver as suas reivindicações mais importantes devidamente valorizadas durante a discussão sobre a alocação dos recursos municipais (PREFEITURA DE PORTO ALEGRE, 1997:30). A cada critério deve ser atribuído um *peso* específico (em Porto Alegre, a carência de infra-estrutura recebe peso 3, a população total da área considerada recebe peso 2, a população vivendo em espaços apresentando carência máxima de infra-estrutura no interior da área considerada recebe peso 1 e as prioridades da área considerada recebe peso 3). Em seguida, devem ser atribuídas *notas*, mediante a construção de uma escala para dividir cada critério em categorias específicas (para ilustrar, mais uma vez, com Porto Alegre: dentro do critério população total, a categoria "até 49.999 habitantes" recebe nota 1, a categoria "de 50.000 a 99.999 habitantes" recebe nota 2, a categoria "de 100.000 a 199.999 habitantes" recebe nota 3 e a categoria "acima de 200.000 habitantes" recebe nota 4). A ponderação de pesos e notas fornece um total de pontos por área, e o percentual desse total de pontos da área considerada em relação ao total de pontos de todas as áreas indicará o percentual que caberá à área em questão na hora de se verificar o quanto caberá a ela do montante total de recursos a serem investidos em, por exemplo, pavimentação de logradouros ou construção de postos de saúde. É, provavelmente, ocioso, mas mesmo assim conveniente chamar a atenção do leitor para o fato de que certas variações são impostas, de maneira evidente, por coisas bem simples, como o porte variável do município. Assim, as categorias referentes ao critério população total da área que são válidas para Porto Alegre seguramente serão inúteis em um município de porte muito menor.

Outro ponto a ser considerado é o *nível de consistência* do orçamento participativo. Experiências há que, por serem meramente consultivas, não merecem ser chamadas propriamente de orçamento participativo; outras, emboram envolvam efetiva participação na base de um poder deliberativo por parte da população, oferecem uma margem de manobra excessiva para que o Estado interfira na condução do processo (por exemplo, estabelecendo conselhos de orçamento participativos "paritários", nos quais o número de representantes do Estado é igual ao de delegados da sociedade civil, e nos quais todos têm direito a voto). Ademais, há experiências nas quais nem sequer a totalidade dos investimentos é discutida na esfera de deliberação direta da população; sob esse aspecto, o contraste entre o nível de consistência de Porto Alegre, onde a totalidade dos investimentos passa pela apreciação e deliberação do Conselho do Orçamento Participativo, e (por exemplo) Recife, onde somente um pequeno percentual dos investimentos foi, até 2001, objeto de deliberação por parte da população, é assaz ilustrativo (ver, a esse respeito, o Capítulo 3 da Parte IV).

11.3. Conselhos de desenvolvimento urbano

Os conselhos de desenvolvimento urbano, ao lado dos conselhos de orçamento participativo, são as instituições-símbolo de um esforço consistente de democratização da cidade. Enquanto os conselhos de orçamento participativo vinculam-se à gestão urbana (uma vez que o orçamento público, embora possua uma dimensão de planejamento, é, principalmente, um mecanismo de gestão), os conselhos de desenvolvimento urbano são instâncias participativas referentes ao planejamento da cidade: definição, confecção e acompanhamento da implementação de políticas públicas e interveções diversas, tais como planos diretores, políticas setoriais de transportes e meio ambiente, programas de urbanização de favelas etc.. A figura 11 contextualiza o papel do conselho de desenvolvimento urbano, articulando-o, dentro do espírito da reforma urbana, com o fundo de desenvolvimento urbano (assunto tratado no Capítulo 8) e com alguns dos instrumentos analisados anteriormente, particularmente instrumentos tributários com grande potencial extrafiscal (como o IPTU progressivo no tempo) e o zoneamento de prioridades.

Os conselhos de orçamento participativo deslancharam em vários municípios, na esteira da implementação bem-sucedida da participação popular na elaboração do orçamento, ao passo que os conselhos de desenvolvimento urbano não alcançaram a mesma visi-

Fig. 11

INSTRUMENTOS TRIBUTÁRIOS

• IPTU progressivo • "Solo criado" • Contribuição de melhoria

OBJETIVOS (I): (OBJETIVOS ASSOCIADOS À IMPORTÂNCIA FISCAL E EXTRAFISCAL DOS INSTRUMENTOS): AUMENTAR ARRECADAÇÃO, COIBIR A ESPECULAÇÃO IMOBILIÁRIA etc.

↓

FUNDO DE DESENVOLVIMENTO URBANO

CONSELHO DE DESENVOLVIMENTO URBANO

OBJETIVOS (II): DEMOCRATIZAR O PLANEJAMENTO URBANO

↓

GASTOS ESPECIFICADOS

• Urbanização e regularização fundiária de favelas

• Saneamento básico e regularização fundiária de loteamentos irregulares e clandestinos

OBJETIVOS (III): MINORAR A SEGREGAÇÃO SÓCIO-ESPACIAL

bilidade e nem sequer receberam a mesma atenção. De fato, o "planejamento politizado" social-reformista dedicou ao tema da participação popular muito menos atenção do que seria de se esperar; os orçamentos participativos, ao menos naqueles locais onde foram e têm sido praticados de maneira séria e consistente, quase nunca foram ou têm sido pensados, formatados e teorizados com a colaboração direta dos próprios "planejadores politizados", tradicionalmente muito mais interessados em instrumentos de planejamento – e, ao seguir uma "vida própria" à margem das discussões técnicas de ponta dos planejadores urbanos alternativos, o ambiente dos orçamentos participativos, se por um lado deixou de beneficiar-se com alguns debates, por outro mante-se razoavelmente a salvo do "tecnocratismo de esquerda" (SOUZA, 1998) que iria, pouco a pouco, contaminar os planejadores progressistas.

Sintomática dessa negligência é a presença tímida e fraca, mesmo nos planos diretores mais comprometidos com o ideário da reforma urbana, de uma preocupação em garantir um espaço importante e o mais autônomo possível de participação popular direta no processo de planejamento. O projeto de lei do plano de São Paulo (DIÁRIO OFICIAL DO MUNICÍPIO DE SÃO PAULO, 1991), ao elencar, em seu Art. 3º, as "exigências fundamentais de ordenação da cidade", menciona "a criação de um sistema de planejamento com distribuição de atribuições de forma a incorporar as especificidades locais no processo de gestão e revisão do plano e torná-lo participativo e democrático" (exigência XI), mas, apesar de os artigos 45 e 46 corporificarem um desejo de descentralização ao fortalecerem as subprefeituras e darem aos subprefeitos a competência para complementar as normas gerais de planejamento mediante "regulamentações locais", os artigos 63 a 69, que focalizam o sistema de planejamento e gestão, são omissos quanto ao estabelecimento de regras para a instalação e o funcionamento de uma instância participativa. Na verdade, o centro das atenções em todo o plano é o Estado, tanto o órgão central de planejamento quanto as subprefeituras previstas.

O plano diretor de Porto Alegre (DIÁRIO OFICIAL DE PORTO ALEGRE, 1999), mais tímido que o projeto de lei do plano diretor de São Paulo no que tange à formulação de instrumentos de combate à especulação e promoção de justiça social, é, curiosamente, menos omisso do que o mencionado projeto de plano diretor de São Paulo no que se refere à participação popular, pois dedica, além de uma vaga menção no Art. 24, três outros artigos (39, 40 e 41) inteiramente ao assunto. Ao frigir dos ovos, porém, a maneira como a participação é prevista é desapontadora, sendo isso revelador e ilustrativo das diferenças de estilo e dinâmica que podem ser encontradas no interior de uma mesma administração, incontestavelmente progressista (vide o Capítulo 1 da Parte IV sobre Porto Alegre). Esse plano diretor, tecnicamente bem elaborado, mas mais distante do ideário da reforma urbana do que seria de se esperar, foi preparado no mesmo município que tem visto consolidar-se o orçamento participativo mais arrojado do país. O "Conselho Municipal de Desenvolvimento Urbano Ambiental" (CMDUA), previsto no plano diretor de Porto Alegre, tem uma composição que trai um compromisso, no máximo, com uma certa *parceria* entre Estado e sociedade civil, e de jeito nenhum com uma *delegação de poder*, como ocorre com o orçamento participativo daquele município. O CMDUA é integrado por 25 pessoas, sendo oito do governo (municipal, estadual e federal), oito de entidades ligadas ao planejamento urbano (entidades *designadas* para integrá-lo: Instituto dos Arquitetos do Brasil, Sociedade de Engenharia, Sindicato das Indústrias da Construção Civil, Sindicato dos Trabalhadores da Construção Civil, Ordem dos Advogados do Brasil, CIDADE [ONG], Associação Brasileira dos Escritórios de Arquitetura e Sociedade de Economia) e oito representantes da "comunidade" (DIÁRIO OFICIAL DE PORTO ALEGRE, 1999:10; PREFEITURA DE PORTO ALEGRE, 2000b). Leve-se em conta, para comparar, que o Conselho do Orçamento Participativo (COP) de Porto Alegre é composto por 44 delegados da sociedade civil (dois conselheiros indicados pelas bases de cada uma das dezesseis unidades espaciais em que o município foi dividido, mais dois conselheiros indicados por cada uma das seis plenárias temáticas, mais um representante do sindicato dos municipários e um representante da federação municipal de associações de moradores [UAMPA]) contra apenas dois representantes do governo (estes últimos *sem direito a voto*); leve-se em conta, ainda, o peso excessivo das entidades técnico-profissionais; então, talvez o leitor concorde que o qualificativo "tecnocratismo de esquerda" (tecnocratismo de esquerda esse que certamente aparece mesclado, como sói ocorrer, com corporativismo profissional) cabe especialmente bem aqui, coisa que se dá em detrimento de um compromisso forte com a democratização do planejamento. Não é à toa que uma versão resumida e comentada do plano diretor (PREFEITURA DE PORTO ALEGRE, 2000a) encerra, no comentário ao referido Art. 24, uma referência explícita à palavra *consulta*. Esse comentário é vago e pouco convincente quanto ao grau de participação que se pretende "conceder", mas é decerto sintomático, justamente devido à sua ambigüidade, do descompromisso com uma ousadia similar à que tem presidido o orçamento participativo.

O plano diretor de Angra dos Reis (reproduzido, sob a forma de anexo, em GUIMARÃES [1997]), tão incensado na década de 90 como um primor de plano diretor comprometido com o ideário da reforma urbana, embora preveja a criação de um conselho (Conselho Municipal de Urbanismo e Meio Ambiente), e apesar de a composição desse conselho refletir menores concessões a corporativismos de setores profissionais e aos interesses dos setores empresariais do que no caso do plano diretor de Porto Alegre, é um pouco tímido a respeito da participação popular. O caráter do conselho é, na sua essência, *consultivo*, e mecanismos para dificultar ou impedir que os interesses da minoria da população sejam contrariados pelos interesses ligados aos empresários dos setores imobiliário e turístico deveriam ter sido previstos e incorporados. Em parte como resultado dessa fraqueza, o conselho tem sido, na prática, desrespeitado, como é mostrado no Capítulo 2 da Parte IV.

Outros planos diretores, menos identificados com o ideário da reforma urbana, mas tendo sofrido alguma influência sua no que concerne aos instrumentos e a alguns outros aspectos, costumam, como já seria de se esperar, negligenciar ou esvaziar o papel dos conselhos. O plano diretor do Rio de Janeiro, aprovado em 1992 (CÂMARA MUNICIPAL DO RIO DE JANEIRO, 1992), contenta-se em mencionar rapidamente, no seu Capítulo II ("Do sistema municipal de planejamento") um "Conselho Municipal de Política Urbana", deixando inteiramente para legislação ordinária adicional a definição de quaisquer normas de composição e funcionamento (o tal conselho, que veio a ser o COMPUR, embora instituído, foi bastante esvaziado pelas administrações subseqüentes à de Marcello Alencar – César Maia e Conde –, durante a qual o plano foi elaborado, chegando a ser extinto pelo prefeito Conde). O plano diretor de Niterói (RJ), aprovado também em 1992, prevê, no Capítulo I do Título V ("Do sistema e processo de planejamento"), um "Conselho Municipal de Urbanismo e Meio Ambiente", o qual, segundo consta do *caput* do Art. 104, "é o órgão *consultivo* e de *assessoria* ao Poder Executivo" (grifo de M.L.S.), sendo que o parágrafo único do mesmo Art. 104 ainda reza que o referido conselho "(...) será formado pelos órgãos municipais da administração direta, indireta e fundacional, responsáveis pelo planejamento, execução e controle das políticas setoriais, pelos órgãos municipais da administração descentralizada com atribuições de planejamento, execução e controle urbano a nível local, por representantes da Câmara Municipal e da sociedade civil organizada, na forma da lei" (cf. PREFEITURA MUNICIPAL DE NITERÓI, 1994). Outros exemplos de planos diretores poderiam ser fornecidos, mas seria enfadonho. Mesmo as poucas exceções são geralmente muito parciais: além dos casos de Porto Alegre e Angra dos Reis, poderia ser citado o plano diretor de Belém, aprovado em 1993 (PREFEITURA DE BELÉM, 1993), o qual, dando cumprimento a algo já disposto na Lei Orgânica daquele município, instituiu um "Conselho de Desenvolvimento Urbano e Meio Ambiente" (CONDUMA), o qual, se tem a virtude de lidar ao mesmo tempo com a gestão e o planejamento, é, por outro lado, apenas paritário, ou seja, a metade de seus quatorze membros consiste em representantes do Estado (cinco da Prefeitura e dois da Câmara) e a outra metade em pessoas da sociedade civil, com um peso excessivo de entidades previamente designadas.

Tudo isso é tristemente sintomático de um desvio ideológico. Quase sempre, aquilo que mereceria mais atenção e reflexão, vale dizer, a instância de poder que é símbolo e meio da participação direta da sociedade civil, é relegada a um segundo plano ou convertida em mero adorno. E, com ela, também a "participação".

11.4. A questão da articulação do planejamento e da gestão em um único conselho

Tente-se, agora, dar um passo adiante e reflita-se em torno da seguinte questão: o mais correto não seria, como o autor já sugeriu em um trabalho anterior (SOUZA, 2000b), que um único conselho articulasse planejamento e gestão? Mais do que uma atuação concertada de dois conselhos específicos (o que, diga-se de passagem, seria o mínimo esperável), parece que um único conselho seria uma solução mais sensata. Orçamento e planejamento precisam ser integrados, e essa integração, normalmente, ou não existe ou é deficiente, em se tratando tanto de planos diretores convencionais e orçamentos não-participativos quanto de planos diretores progressistas e orçamentos participativos. A relevância dessa integração está assentada sobre os seguintes fatos: por um lado, conforme faz notar GIACOMONI (1997:187), as propostas de intervenção e os investimentos previstos ou implícitos no plano diretor não podem estar desvinculados da realidade orçamentária do município; por outro lado, se o planejamento é dependente do orçamento, o inverso também é verdadeiro, sobretudo nos marcos de um planejamento inspirado no ideário da reforma urbana, pois a aplicação de instrumentos como o IPTU progressivo no tempo propicia aumento das receitas próprias municipais, fazendo aumentar, assim, a margem de manobra para novos investimentos.

Pondere-se, agora, o seguinte: até que ponto a existência de um fundo de desenvolvimento urbano continuaria sendo necessária em um município onde tivesse sido implementado um orçamento participativo consistente? O fundo foi pensado por "planejadores alternativos" que não dedicaram sua atenção aos orçamentos participativos (e, como já se viu, nem sequer dedicaram muita atenção aos próprios conselhos de desenvolvimento urbano); sob essas circunstâncias, onde se tentava garantir que ao menos uma parcela dos investimentos fosse destinada a intervenções como urbanização de favelas e regularização fundiária de assentamentos em situação de ilegalidade, fazia sentido algo como um fundo. No entanto, um orçamento participativo consistente e arrojado, em que a totalidade dos investimentos seja decidida no interior da esfera da participação direta da população, *transcende* a idéia de um simples fundo. Um conselho que fosse, ao mesmo tempo, de desenvolvimento urbano e orçamento participativo, encarregado tanto de discutir e acompanhar a aplicação de instrumentos e planos quanto de garantir que as prioridades de investimento decididas pelas bases serão respeitadas e implementadas, combinaria as virtudes de ambos os tipos de conselho, integrando a participação popular no planejamento e na gestão de modo a evitar a duplicação de esforços ou, o que é pior, atritos e contradições. Em um tal contexto, o fundo de desenvolvimento urbano daria lugar a algo muito mais abrangente: o controle popular sobre, pelo menos, a totalidade dos investimentos. A figura 12 retrata a situação decorrente da fusão dos dois tipos de conselho.

Cabe, ainda, esclarecer alguns aspectos, como a dinâmica participativa e o esquema de eleição de delegados, a composição do Conselho de Desenvolvimento Urbano e Orçamento Participativo (integrando planejamento e gestão), a relação entre delegados-conselheiros e base social e, por último, a dinâmica de submissão de propostas e tomadas de decisão no âmbito do Conselho. A proposta que se segue inspira-se, em larga medida, em um exemplo concreto: o orçamento participativo de Porto Alegre, já mencionado várias vezes nas páginas precedentes, mas discutido diretamente e com certo detalhe somente no Subcapítulo 1.1. da Parte IV. Sem embargo, o modelo normativo apresentado a seguir, com a ajuda de esquemas gráficos, incorpora algumas correções e complementações, além, evidentemente, de uma ampliação da experiência porto-alegrense, uma vez que, nesta, orçamento e planejamento urbanos acham-se entregues a conselhos distintos. Em que pese o fato de que diversas informações sobre o orçamento participativo de Porto Alegre já tenham sido fornecidas no Subcapítulo 11.2: desta Parte III, talvez seja conveniente que o leitor, antes de prosseguir com a leitura deste subcapítulo, vá primeiro travar contato com o conteúdo do referido Subcapítulo 1.1. da Parte IV, pois conhecer previamente a experiência de Porto Alegre, as suas muitas virtudes e os seus limites facilitará o entendimento da proposta de ampliação e aprimoramento aqui exposta.

Fig. 12

RECEITA MUNICIPAL

• IPTU • ISSQN • Taxas • Transferências (FPM, ICMs etc.)

• Receitas derivadas da aplicação de instrumentos tributários especiais com expressivo potencial extrafiscal (IPTU progressivo, "solo criado" e contribuição de melhoria)

OBJETIVOS (I): (OBJETIVOS ASSOCIADOS À IMPORTÂNCIA FISCAL E EXTRAFISCAL DOS INSTRUMENTOS): AUMENTAR ARRECADAÇÃO, COIBIR A ESPECULAÇÃO IMOBILIÁRIA etc,

• Outras receitas

↓

VERBA DISPONÍVEL PARA **INVESTIMENTOS**

CONSELHO DE DESENVOLVIMENTO URBANO E ORÇAMENTO PARTICIPATIVO

OBJETIVOS (II): DEMOCRATIZAR A GESTÃO DOS RECURSOS PÚBLICOS (TRANSPARÊNCIA, *ACCOUNTABILITY*, MINIMIZAÇÃO DE CHANCES DE CORRUPÇÃO) E O PLANEJAMENTO URBANO

↓

DESPESA PÚBLICA

• Prioridades de investimento definidas pela população

ALOCAR RECURSOS EM CONFORMIDADE COM A VONTADE EXPRESSA DIRETAMENTE PELA POPULAÇÃO, CONTRIBUINDO DE MODO MAIS EFICAZ PARA SATISFAZER NECESSIDADES BÁSICAS DOS MAIS POBRES, EVITAR DESPERDÍCIO E MINORAR A SEGREGAÇÃO SÓCIO-ESPACIAL

A figura 13 mostra um esquema relativo ao desenrolar dos debates públicos e à eleição dos delegados que atuarão ao nível do Conselho de Desenvolvimento Urbano e Orçamento Participativo (*delegados-conselheiros*). (**13**)**a** representa o que se poderia chamar, reproduzindo a terminologia porto-alegrense, de *primeira rodada*. Durante essa primeira rodada, no contexto do presente modelo ampliado, o orçamento público não deveria ser o único objeto das discussões; o prefeito e os planejadores profissionais não deveriam restringir-se a apresentar os recursos disponíveis, mas deveriam, também, introduzir problemas e desafios de planejamento urbano no debate. É lógico que as providências tomadas e os investimentos feitos no ano anterior têm muito a ver com planejamento; o que falta é uma contextualização mais adequada, além de discussões mais diretas e específicas sobre a normatização e aplicação de instrumentos de planejamento, sobre a relação entre plano diretor e investimentos etc.. Apesar disso, a elaboração do orçamento público deveria, seguramente, continuar a ser posta em primeiro plano, pois a sua capacidade de despertar o interesse dos cidadãos para a participação é quase insuperável. Funcionando também como chamariz, a discussão orçamentária colaborará para atrair os cidadãos também para outros tipos de debate, concernentes ao planejamento pelos quais eles, de outro modo, talvez não se interessassem. Em Porto Alegre caminham os dois tipos de discussão (orçamento e planejamento) paralelamente, mas a cargo de conselhos distintos, e sendo que o conselho responsável mais diretamente pelas questões de planejamento é muito menos ousado, sob um ângulo autonomista, que o do orçamento (vide Subcapítulo 1.2. da Parte IV). Registre-se, ainda, que a primeira rodada deve abarcar, também, a manifestação de opiniões de participantes e a eleição dos delegados simples, os quais têm por incumbência organizar, após a primeira rodada, as discussões sobre prioridades de investimento e assuntos de planejamento na escala do bairro (compreendendo bairros "comuns" e favelas) e constituirão os *fóruns de delegados*, de caráter permanente e com funções de acompanhamento e monitoramento.

Fig. 13

Dinâmica de participação popular direta no planejamento e na gestão urbanos: esquema geral

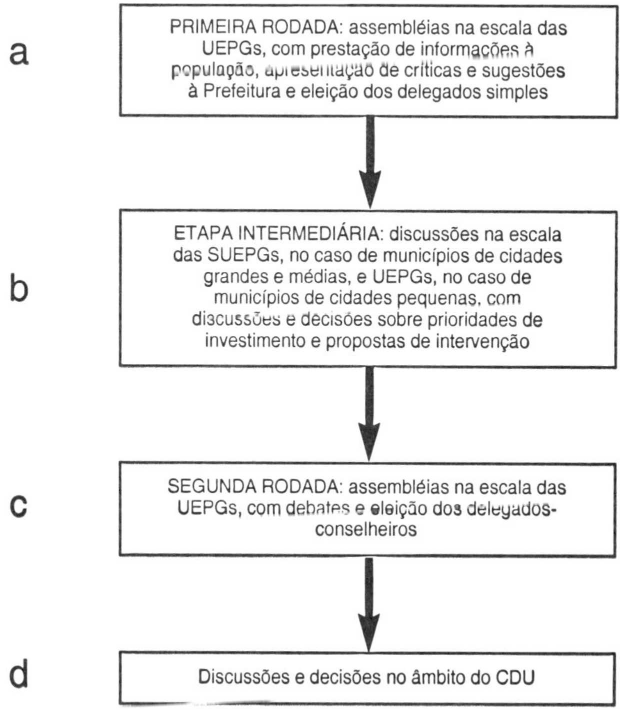

UEPGs: Unidades Espaciais de Planejamento e Gestão (via de regra correspondendo, em municípios de cidades pequenas, aos bairros e aos distritos, e, em municípios de cidades grandes e médias, aos setores geográficos e aos distritos)

SUEPGs: Subunidades Espaciais de Planejamento e Gestão (subdivisões das UEPGs em municípios de cidades grandes e médias, correspondendo aos bairros e a localidades específicas dentro dos distritos)

CDU: Conselho de Desenvolvimento Urbano

Faça-se uma pausa, para explicar a base espacial de organização do processo participativo. A moldura espacial, dentro da qual se dá a primeira rodada, pode e deve variar. No caso de municípios contendo grandes cidades, onde muito pouco resta de atividade econômica primária, não contendo esses municípios, o mais das vezes, a rigor, espaços rurais em sentido próprio, e sim apenas resíduos de agricultura periurbana (situação típica de municípios-núcleo de metrópoles, como Porto Alegre), as *Unidades Espaciais de Planejamento e Gestão* (UEPGs), em cuja escala se dão as assembléias da primeira rodada, devem corresponder aos setores geográficos (figura 14, situação [14]**a**), uma vez que os bairros são muito numerosos. Ressalve-se que a referência, aqui, é, especificamente, às UEPGs maiores, para fins de agregação final de demandas e prioridades e extração de delegados-conselheiros; como já se havia observado na seção 11.2.5. desta Parte III, os bairros, entendidos no sentido amplo grifado anteriormente, e até mesmo os sub-bairros, permanecem como importantes unidades elementares de referência para o planejamento, a gestão e a participação). Prosseguindo com a apresentação do modelo, em (**14**)**b** tem-se uma cidade grande ou média situada em um município com expressiva área rural; nesse caso, tomar os setores geográficos como UEPGs é algo que pode valer para a cidade, enquanto é razoável pensar em tomar cada um dos outros distritos (incluindo as vilas que lhes servem de sede) afora o primeiro distrito (espaço urbano principal) como sendo, cada um deles, uma UEPG. Por fim, em (**14**)**c** tem-se uma hipotética cidade pequena, onde as UEPGs são, na cidade, os bairros (e não mais os setores geográficos, os quais, em uma cidade pequena, podem ser, inclusive, de pouca expressão ou mesmo inexistentes), e, no que se refere ao resto do município, os distritos.

É importante salientar que a mesmíssima observação feita a propósito, especificamente, da territorialidade do processo orçamentário participativo, vale, obviamente, para o caso do presente modelo ampliado: identidades sócio-espaciais e tradições de organização sociopolítico-espacial da própria sociedade civil devem ser consideradas e respeitadas no momento de definição das UEPGs. Essa definição deve, aliás, ela própria ser participativa. Se as unidades espaciais de referência forem meros produtos da aplicação de critérios pretensamente objetivos (de critérios econômico-sociais até os limites de bacias de drenagem), definidos *top-down*, de cima para baixo, certamente elas serão, sob o ângulo das relações sociais, menos ou mais "artificiais". E, em sendo "artificiais", vários riscos se apresentarão: o risco de as pessoas não se identificarem com as fronteiras e limites propostos; o risco de tradições de organização territorial dos próprios ativismos sociais serem solenemente desprezadas; o risco de "lugares" e mesmo territórios densos de legitimidade serem seccionados, esquartejados, ou, ao contrário, serem agrupados para formarem unidades espaciais intersubjetivamente (isto é, do ponto de vista da população) heterogêneas; o risco de as unidades espaciais serem muito grandes, dificultando os deslocamentos a pé e exigindo, dos pobres, deslocamentos por transporte coletivo, onerando-os. Se o que se deseja é facilitar e estimular a participação popular, torna-se evidente que correr esses riscos é suicídio. A literatura internacional da Geografia Política mostra, por outro lado, que a manipulação de limites espaciais é uma forma usual de manipular resultados eleitorais (cf. p.ex. TAYLOR e JOHNSTON [1979]). Esse tipo de problema, que se dá no âmbito das territorializações geradas no decorrer do funcionamento da democracia representativa, evidentemente pode se dar, igualmente, em meio a tentativas de introduzir elementos de democracia direta. Tentar introduzir elementos de democracia direta e, simultaneamente, manipular a dinâmica sociopolítica seria, nem é preciso dizer, uma sórdida contradição. Por isso é que os bairros e os setores geográficos (que nada mais são que agregados de bairros), devidamente temperados, estes últimos, à luz das tradições de organização sociopolítico-espacial da própria sociedade civil (quando for o caso), são a base mais adequada para a definição das UEPGs.

Mas volte-se, agora, à figura 13. (**13**)**b** mostra o momento das discussões intermediárias na escala do bairro, e (**13**)**c** representa a segunda rodada, a qual se dá na mesma escala da primeira: grandes assembléias por setor geográfico. Uma questão interessante, a propósito dessas assembléias, é a seguinte: como acomodar um grande e

Fig. 14

Divisão do município em Unidades Espaciais de Planejamento e Gestão: três situações hipotéticas

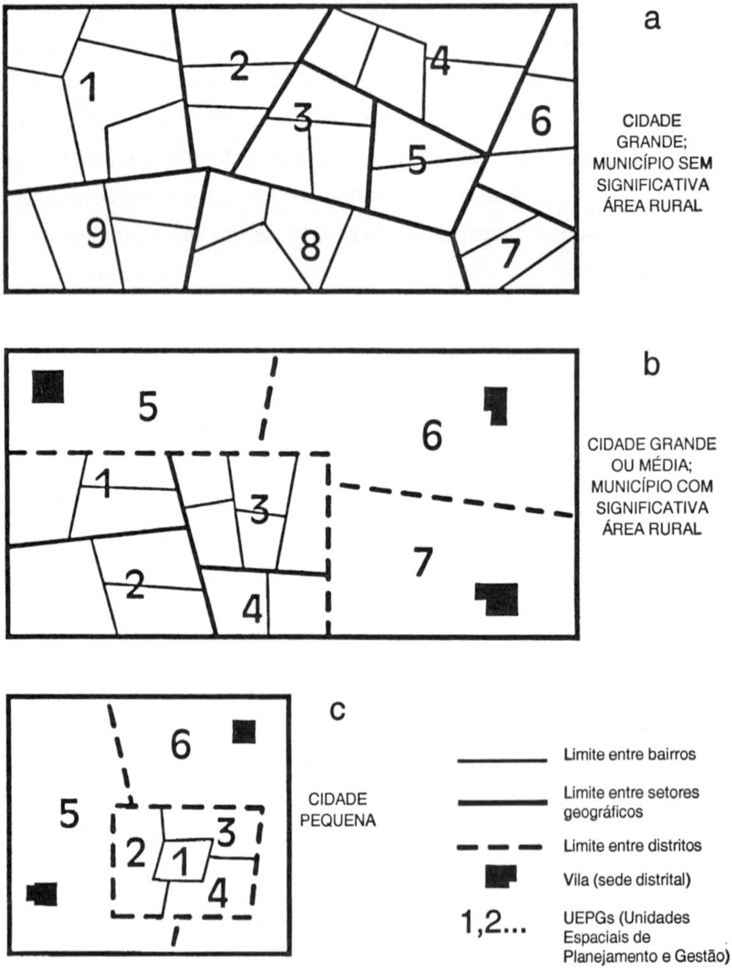

crescente número de participantes? Não haveria, assim, de fato, um limite físico a dar razão aos adversários da democracia direta?... Essa é uma questão que, mesmo no caso de Porto Alegre, ainda não se manifesta de maneira grave, mas que exigiria providências dignas de nota em uma situação de envolvimento ainda maior da população (e nem é preciso que se trate, propriamente, de uma sociedade basicamente autônoma). Argumentou-se, no Subcapítulo 11.1. desta Parte III, que a descentralização territorial é um dos caminhos para superar o famoso argumento do limite físico. Mesmo com a descentralização, porém, não bastaria, no limite, refuncionalizar os espaços; uma certa reestruturação do substrato espacial, construindo objetos geográficos *ad hoc* para fins de viabilização de uma participação ampla (como estádios, equivalentes modernos do *ecclesiasterion* dos gregos – vide, a propósito, o ***box 3***), mas podendo e devendo ser espaços multifuncionais (ou seja, podendo ser usados para outras atividades, notadamente lúdicas, de natureza artística e esportiva), seria necessária, substituindo o emprego de locais improvisados. Isso exigiria, evidentemente, investimentos significativos. A pergunta é: o quanto a coletividade estará disposta a investir para viabilizar uma democracia não-caricatural?

Box 3

Formas espaciais, poder e planejamento e gestão urbanos

Os vínculos entre espaço e poder, ou a dimensão espacial do poder, e a importância da consideração dessa dimensão no âmbito do planejamento e da gestão das cidades, é algo que possui uma importância central neste livro, e nem poderia deixar de ser: aqui, como em outros trabalhos representativos de abordagens não-tecnocráticas do planejamento, a natureza política do planejamento e da gestão é ressaltada, não escamoteada. Por outro lado, faz-se mister admitir que o pleno reconhecimento da complexidade e da relevância da dimensão espacial do poder tem usualmente escapado às teorias e às práticas alternativas (vide, sobre as práticas, exemplos concretos sobre a variável qualidade do tratamento dispensado à espacialidade no âmbito das experiências brasileiras com orçamentos participativos no Subcapítulo 1.1. da Parte IV); daí a necessidade de se destacar adequadamente essa relevância.

Várias são as facetas dessa importância: de forma direta, a análise do espaço social enquanto *território* (ou seja, do espaço definido por e partir de relações de poder) e das diversas *territorialidades* (isto é, dos vários tipos de organização e estrutura territorial) é, naturalmente, crucial, o que foi exemplificado com a discussão sobre os orçamentos participativos, na seção 11.2.5.; o mesmo exemplo poderia ser tomado para ilustrar a importância da consideração do espaço enquanto *lugar*, vale dizer, enquanto espaço vivido/percebido, espaço dotado de significado, onde a questão do poder comparece indiretamente, por ser um lugar um referencial simbólico e afetivo para um grupo social e, por essa razão, justificar desejos de manutenção de controle territorial. A questão das *escalas geográficas*, não somente como escalas analíticas, mas sobretudo como escalas de ação/intervenção, é outro aspecto que revela a necessidade de uma leitura política do espaço social no trato do planejamento e da gestão urbanos. Além disso tudo, os instrumentos anteriormente discutidos, dos tributos aos zoneamentos, ao representarem ferramentas para delimitar e restringir os direitos de alguns (como o direito de construir e o direito de manter ociosa uma propriedade), impondo-lhes certos deveres, justamente para que os direitos de outros tantos não sejam feridos e possam ser mais facilmente garantidos (o "direito à cidade" para todos: o direito de não ser segregado, o direito a uma moradia digna), apresentam-se como instrumentos de intervenção no espaço dotados de forte conteúdo político, ou seja, de interferir em relações de poder. A análise de todas essas manifestações dos vínculos entre espaço e poder no interior do planejamento e da gestão urbanos estaria, não obstante, muito incompleta se não fosse discutido o papel das próprias *formas espaciais* e do substrato espacial. Isso foi, por exemplo, mencionado acima no presente Subcapítulo 11.4., ao focalizar-se o problema da acomodação física dos participantes de assembléias. Vale a pena, no entanto, oferecer, complementarmente, alguns comentários sistematizadores.

As formas espaciais, representando a maneira como o substrato espacial (a materialidade do espaço) se acha modelado e organizado, espelham não somente cultura (gostos, hábitos, crenças, valores) e relações econômicas mas, igualmente, relações de poder. Ademais, o espaço não é apenas um reflexo ou um recipiente neutro, mas exerce, também, um condicionamento: uma vez produzidas dessa ou daquela forma, para atender a tal ou qual finalidade, as formas espaciais facilitarão certas atividades e dificultarão ou impedirão outras. Na verdade, mais do que facilitar ou dificultar, a influência exercida pelas formas espaciais pode ter a ver com o próprio condicionamento (*relativo*, isto é, mediado pelas relações sociais: não se pretende ser determinista, em sentido algum) de rotinas e comportamentos. Da escala da cidade como um todo (espacialidade do "público" e do "privado" e da relação entre ambos) até a escala de uma construção ou parte dela (por exemplo, uma sala de aula), o poder está inscrito nas formas espaciais. Kevin Lynch, ao discutir a dimensão do *controle*, uma das "dimensões de performance" discutidas por ele em seu excelente livro sobre a "boa forma urbana" (LYNCH, 1994), deu uma notável contribuição teórico-conceitual e metodológica. Geógrafos têm, de sua parte, se ocupado há muito tempo com a espacialidade do poder; infelizmente, porém, as contribuições relevantes para o estudo do papel das formas espaciais urbanas no condicionamento de relações de poder não têm sido tão freqüentes assim.

Tem havido um certo predomínio, entre os estudiosos da sociedade preocupados com os vínculos entre formas espaciais e poder, de uma tendência a explorar mais a serventia ou a funcionalidade daquelas para o exercício de um poder heterônomo do que o seu papel como facilitadoras do exercício da democracia em seu sentido mais autêntico, isto é, sua serventia a instituições que encarnem uma significativa autonomia coletiva. O filósofo Michel Foucault ofereceu vários estudos brilhantes a respeito do que se poderia chamar de heteronomia materializada nas formas espaciais (ver, por exemplo, FOUCAULT, 1986; ver, também, FOUCAULT, 1984). Uma das razões para essa concentração das análises (as quais, em termos relativos, nem têm sido assim tão numerosas, dada a usual negligência das ciências sociais para com o espaço, excetuando-se a própria Geografia) reside, certamente, no fato puro e simples de que instituições e sociedades heterônomas têm sido a regra ao longo da história da humanidade, ao passo que a autonomia tem sido a exceção. Todavia, se muros, baluartes, fossos, paliçadas e grades têm tido, historicamente, pouca vinculação com relações de poder autônomas (a não ser no sentido de autonomia externa, ou seja, de soberania em face do exterior, mas não considerando o plano interno à sociedade considerada), isso não significa que eles precisem ser vistos *sempre* como símbolos de (auto)segregação, exclusão ilegítima, defesa de privilégios e heteronomia, como o autor já fizera notar antes (SOUZA, 1997a:28-9): os muros e as outras defesas da Atenas radicalmente democrática da Antigüidade não estavam a serviço da opressão interna, mas da garantia da independência da *pólis* em face de possíveis ameaças externas. O *ecclesiasterion* dos gregos, construção pensada especificamente para acolher as assembléias de cidadãos, podendo estar abrigada na própria *ágora* (espaço mais indiferenciado, misto de mercado e local de encontro), como em Pesto ou Metaponto (vide ilustrações em STIERLIN, 1998:99), ou o anfiteatro Pnyx, em Atenas, preparado especialmente para abrigar a *ecclesia* quando a *ágora* começou a mostrar-se pequena demais, testemunham o uso e mesmo a modelagem *ad hoc* do substrato espacial para servir ao exercício do poder autônomo. A estrutura interna, as dimensões e a estética dos mais diferentes espaços, nas mais diversas escalas – locais de reunião e deliberação, do *ecclesiasterion* aos modernos parlamentos, passando pelo Palácio Ducal da República de Veneza, com o seu *Maggior Consiglio* (Grande Conselho); bulevares e outros elementos da malha viária; edifícios públicos dos mais diversos tipos; e mesmo as moradias –, revelam as relações de poder que os justificaram e construíram, menos ou mais heterônomas, menos ou mais autônomas. É digno de nota, por exemplo, que espaços modelados para abrigar debates e deliberações radicalmente democráticos tenham, via de regra, geometria circular, em forma de concha (como era, na maioria dos casos, o *ecclesiasterion*), ou semicircular (como o anfiteatro da Pnyx). A geometria circular é algo que, depois de milênios, mantém-se como símbolo de organização espacial democrática, sendo constantemente vivificada em reuniões as mais diversas. Outro aspecto interessante, além da geometria circular, é a posição do orador, menos ou mais elevada que a dos ouvintes: é sintomático que, nas estruturas em concha da democracia grega da Antigüidade, o orador, que era apenas um igual entre iguais na *ecclesia*, situava-se no centro do círculo (ou semicírculo) para ser ouvido, mas, por isso mesmo, em uma posição inferior. Isso contrasta vivamente com as diversas geometrias funcionais para uma relação fortemente hierárquica, em que o papel de comando cabe, estruturalmente, apenas a um indivíduo ou a uma minoria.

A segunda rodada dá prosseguimento e coroa as discussões por bairro. É ao final dos debates da segunda rodada que os delegados-conselheiros (ou, simplesmente, conselheiros) são eleitos. **(13)d**, por fim, representa o Conselho de Desenvolvimento Urbano e Orçamento Participativo já devidamente instalado e operando, debatendo e deliberando sobre assuntos orçamentários e de planejamento.

Um problema ainda pendente em Porto Alegre é o da qualificação dos delegados (simples e conselheiros). Como conseguir que os participantes possam informar-se adequadamente sobre os assuntos que são objeto de deliberação, para poderem decidir com conhecimento de causa, mesmo não tendo formação técnica especializada? Retornar-se-á a esse ponto, ainda que com brevidade, no Subcapítulo 1.1. da Parte IV. Deixe-se essa questão em suspenso, por enquanto.

Um outro problema, que em Porto Alegre igualmente não chegou a ser resolvido de modo plenamente satisfatório, deixa-se formular por meio da seguinte interrogação: como evitar que assuntos de interesse de toda a cidade, ou de grande parte dela, deixem de ser contemplados, ao se descentralizarem excessivamente o debate e as decisões? Dito de outra maneira: como evitar uma pulverização excessiva dos investimentos, impeditiva de investimentos que interessam não a um bairro ou a um setor geográfico, mas à cidade como um todo ("obras estruturantes")? A solução encontrada em Porto Alegre e copiada em vários outros locais, a qual tem a vantagem adicional de propiciar um atrativo maior para a classe média, foi a introdução, em 1994, das chamadas plenárias temáticas, que ocorrem paralelamente às plenárias "regionais". Isso, porém, introduz uma dicotomia entre o "espacial" e o "setorial", o que é insatisfatório; sintoma disso tem sido, em Porto Alegre, uma certa arbitrariedade na divisão de competências e poder entre os dois enfoques (vide Subcapítulo 1.1. da Parte IV). No fundo, não é a perspectiva "espacial" que é limitada, mas a abordagem corrente, que não dá conta do jogo de escalas adequadamente: assim como a escala das UEPGs representa uma certa centralização decisória (mas não burocratizante) em comparação com a escala dos bairros e favelas, sem que se abra mão dos referenciais territoriais, o mesmo deve ocorrer com a escala do município (mesolocal) em comparação com a escala das UEPGs (microlocal), sem a necessidade de criar instâncias "setoriais" paralelas. As obras estruturantes podem ser resguardadas de diversos modos, inclusive reservando-se um percentual (variável dentro de uma faixa) dos investimentos para esse tipo de obra; similarmente, não há razão alguma para se acreditar que um conselho cuja composição seja referenciada apenas territorialmente e espelhe a diversidade de identidades e interesses inscritos no espaço seja menos capaz de estimular e incorporar debates de amplitude municipal que um conselho que incorpore a dicotomia espacial *versus* setorial. *Tudo é uma questão de escala* – ou melhor, de como se irá operar o jogo de escalas, vistas aqui como escalas de ação/intervenção.

Adequadamente tratado, o problema da integração de ações referenciadas por recortes espaciais concernentes a distintas escalas pode evitar em larga medida o próprio "corporativismo territorial", já apontado em SOUZA (2000c:49) como um obstáculo para a eficácia dos orçamentos participativos em matéria de desenvolvimento sócio-espacial. De todo modo, a livre disputa de idéias e propostas como sendo a base da formação das instâncias participativas (fóruns de delegados e, sobretudo, do conselho), tal como ocorre com o Conselho do Orçamento Participativo de Porto Alegre, rechaçando-se a prática, de resto tão corriqueira, de criar "cadeiras cativas" nos diversos conselhos para determinadas entidades (entidades profissionais, empresariais etc.), há de ser uma forma de exorcizar o corporativismo em seu sentido clássico, "setorial", o qual serve para cristalizar posições de poder.

A figura 15 mostra os vínculos entre a base social e os delegados-conselheiros. A mesma lógica de relacionamento se aplica aos delegados simples, pois o que se deseja evidenciar é, em última instância, a lógica específica da delegação, em contraste com a da representação. A base social, ou seja, a coletividade como um todo (ou melhor, aquela parte que se interessar em participar da vida pública e exercer mais plenamente a cidadania), delega um mandato a um determinado número de pessoas, por razões práticas, sempre que não for viável ou conveniente que todos os interessados participem pes-

Fig. 15

Vínculos entre a base social e os delegados-conselheiros

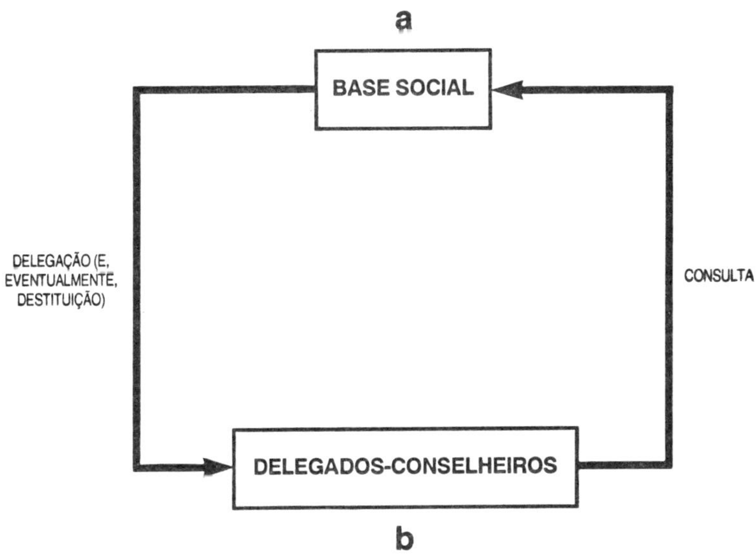

soalmente, com sua presença física, do processo decisório. A delegação não significa, porém, que a coletividade não participa diretamente das decisões; afinal, o princípio da delegação não significa que ela está *alienando poder decisório* em favor de outrem. O mandato do delegado é um *mandato imperativo*; o delegado é um porta-voz da base social, sem capacidade para decidir independentemente e em nome da coletividade (excetuando-se, é claro, coisas triviais e de rotina). Se perder a confiança daqueles que lhe outorgaram um mandato, o mesmo poderá ser retirado sem delongas. O delegado deve consultar e prestar contas à base regularmente.

A figura 16 mostra a dinâmica do Conselho de Desenvolvimento Urbano (CDU). Do CDU fazem parte os delegados-conselheiros, que

Fig. 16

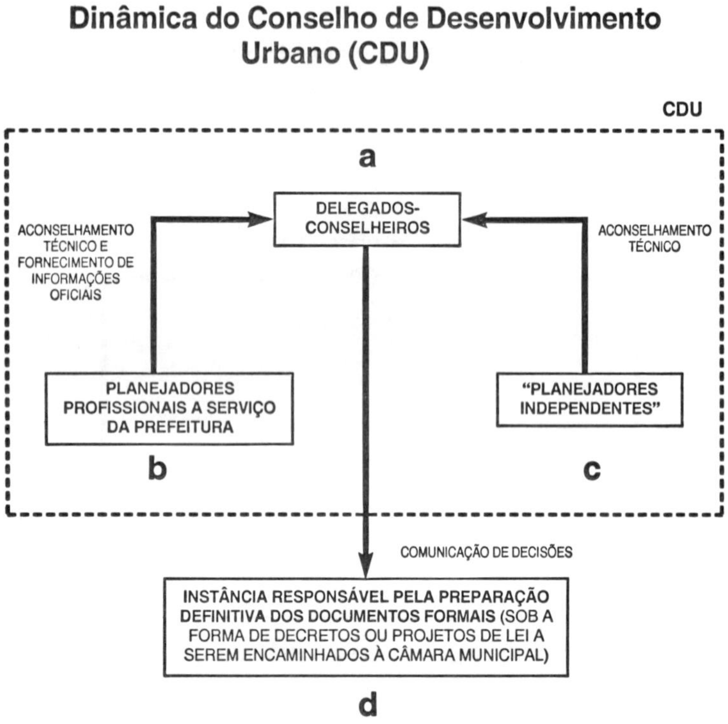

são aqueles que tomam as decisões (direito de voz e voto), mais os planejadores profissionais a serviço da Prefeitura, indicados pelo Executivo para *informar* e *orientar tecnicamente* os delegados-conselheiros (direito apenas de voz, portanto, não de voto). A esses planejadores, ligados funcionalmente ao Executivo municipal, devem se acrescentar outros (ou, pelo menos, um), chamado de "planejador (profissional) independente", escolhido pelos delegados-conselheiros (ou por uma instância participativa ainda mais abrangente), com a função de oferecer a estes informações e aconselhamentos alternativos relativamente àqueles oferecidos pelos técnicos da Prefeitura. O objetivo dessa medida, a qual será novamente mencionada no Subcapítulo 1.1. da Parte IV, como parte de um conjunto de ressalvas e sugestões a propósito da experiência de Porto Alegre, visa a evitar a indução do voto dos conselheiros por parte do Executivo. O produto dos trabalhos do CDU é, ao final do processo de apreciação de conjunto, decisão e consolidação de propostas protagonizado pelos conselheiros, enviado à instância técnica responsável pela preparação técnico-formal definitiva (trabalhos de mapeamento, adaptação de linguagem etc.) do documento (peça orçamentária, planos diversos) a ser enviado, posteriormente, à Câmara Municipal, sempre sob a supervisão e a fiscalização dos conselheiros.

As "células de planejamento" (*Planungszellen*), concebidas pelo alemão Peter Dienel no começo dos anos 70, podem ser uma valiosa ajuda. Uma "célula de planejamento" é formada, em geral, por vinte e cinco pessoas, escolhidas aleatoriamente entre os eleitores de uma localidade, que se reúnem (em geral, durante quatro dias), organizadas em cinco grupos de trabalho menores e com o acompanhamento técnico de planejadores (que fornecem informações e tiram dúvidas), para analisarem problemas e proporem soluções, as quais irão contar de um documento chamado de "parecer dos cidadãos" (*Bürgergutachten*) (cf. DIENEL, 1997). As "células de planejamento" não devem ser vistas como capazes de substituir esquemas mais amplos de participação popular, ao contrário do que sugeriu seu idealizador; são, isso sim, apenas um esquema consultivo, válido enquanto meio de informar melhor as sugestões dos planejadores profissionais, assim como um balizamento para os próprios delegados da sociedade civil. A figura 17 retrata a dinâmica de elaboração e submissão de propostas ao CDU, em que se pode ver o tipo de papel auxiliar reservado para as "células de planejamento" assim como para as pesquisas de opinião. As propostas partem, principalmente, da própria população, cujos porta-vozes são os conselheiros; secundariamente, é evidente que o Executivo poderá elaborar as suas próprias sugestões – seria ingenuidade presumir que o Estado iria abrir mão de apresentar as suas próprias propostas –, eventualmente informadas com a ajuda de "células de planejamento" e enquetes. Os "planejadores independentes" não possuem autonomia no que concerne à apresentação de propostas, pois sua função é a de assessoramento aos conselheiros. Por essa razão, seu papel não é destacado na figura 17.

Fig. 17

Dinâmica de elaboração e submissão de propostas ao Conselho de Desenvolvimento Urbano (CDU)

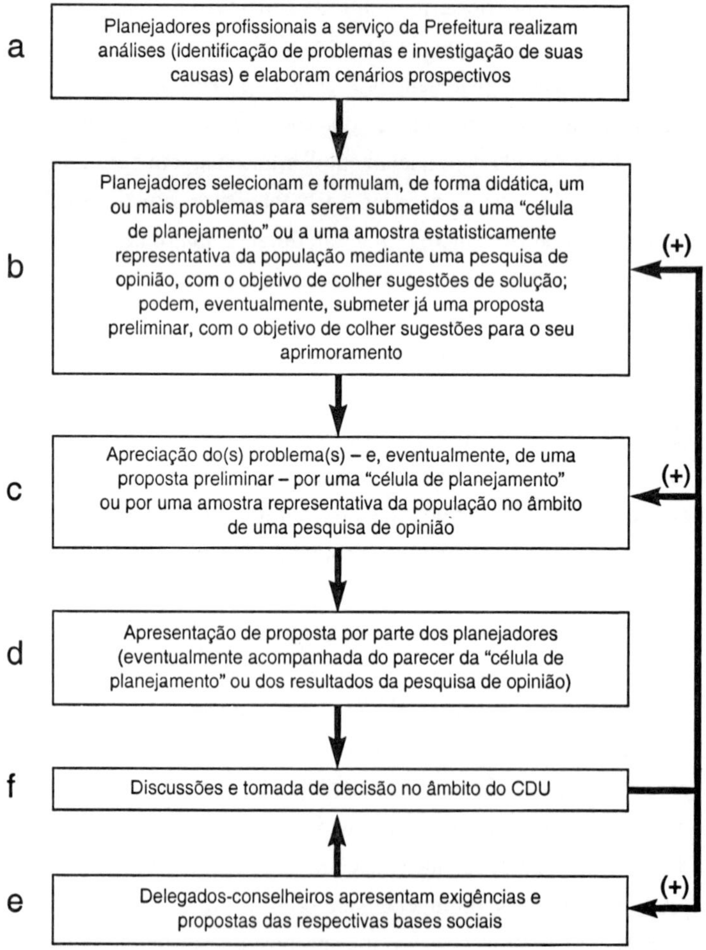

(+): Retroalimentação positiva → "memória do processo" (informações potencialmente úteis derivadas de discussões a respeito de problemas e experiências bem-sucedidas ou fracassadas).

Um tal modelo, que, após ampliá-lo e complementá-lo, busca tornar "generalizável" um esquema em grande parte inspirado na experiência porto-alegrense, representa uma possibilidade de considerável avanço. Que seja qualificado esse avanço, para evitar qualquer confusão: o modelo em tela consiste, com efeito, em um exemplo de planejamento e gestão urbanos orientados para a autonomia, embora ainda operando nos marcos de uma sociedade heterônoma. Mantém-se, aqui, a convicção manifestada pelo autor em trabalho anterior, dedicado a refletir sobre a natureza do planejamento e da gestão urbanos dentro de um enfoque autonomista (SOUZA, 2000b): seria de um teoricismo racionalista e estéril tentar imaginar, em detalhes, as instituições e os mecanismos de planejamento e gestão em uma sociedade basicamente autônoma. Além de estarmos ainda muito longe de uma tal sociedade, sendo a tarefa mais urgente e necessária o delineamento coerente dos próximos passos rumo a uma superação da heteronomia presente, resta a objeção fundamental de que a história, com as suas surpresas, não há de ser feita, principalmente sob o ângulo da conquista da autonomia, pela aplicação das idéias saídas da cabeça de algum intelectual pretensamente iluminado, mas sim como uma resultante de contingências, lutas, negociação e vontade coletiva. O que se pode, no máximo, é sugerir princípios e emitir alertas, que sirvam como balizamento e referência para os debates. Dentre as questões que merecem ser perseguidas no futuro, podem ser vislumbradas e destacadas as seguintes:

• Uma questão para o futuro, certamente, é a da modelagem institucional mais adequada, a fim de que sejam evitados, ao mesmo tempo, problemas como a sobrecarga de participação e a alienação de poder decisório a respeito de máterias importantes (não-rotineiras), o que implicará saber dosar adequadamente *delegação* e *participação direta de todos* (participação direta *stricto sensu*, em assembléias). Não se deve esquecer, também, o papel das tecnologias de comunicação e informação, as quais, aliás, não cessam de se desenvolver.

• Outra questão é a da combinação inteligente entre *sorteio* e *eleição* para a escolha entre os candidatos a exercerem determinada atividade ou ocuparem um determinado cargo. O sorteio, e não a eleição, era o mecanismo de seleção mais típico e usual da democracia direta na Antigüidade, sendo visto como uma maneira de evitar a emergência de personalismos e caciquismos. Essa forma de seleção praticamente não tem sido empregada nas experiências contemporâneas de introdução de elementos de democracia direta no contexto geral da democracia representativa, mas resgatar o método do sorteio, onde couber, parece algo bastante apropriado.

• Um desafio estimulante, diretamente atinente à dimensão espacial, é o de como conferir às instituições agilidade suficiente para que malhas territoriais, notadamente divisões espaciais para fins de gestão, possam ser alteradas com rapidez, acompanhando a dinâmica das relações sociais.

• Por fim, outra tarefa, muito ligada com a anterior, é a de como múltiplas identidades (algumas propriamente territoriais, outras não) serão compatibilizadas e articuladas de forma institucionalizada, de modo a evitar tanto a desarticulação de questões quanto a subsunção de algumas questões em face de outras, ou também a sobrecarga participativa.

Não cabe à teoria, mas sim à história responder como, em uma sociedade basicamente autônoma, em cada contexto sócio-histórico-geográfico particular, tais questões poderão ser enfrentadas. Não nos iludamos, porém: não é só o futuro remoto que pode reservar grandes desafios. Mesmo em se tratando de algo mais simples e que não vai além, pragmaticamente, de uma exploração de possibilidades no interior da própria ordem heterônoma, as fronteiras da aplicação bem-sucedida de uma proposta como a contida no modelo exposto anteriormente, ao menos no médio prazo, não devem ser subestimadas. De coisas mais epidérmicas, como a conjuntura política, a limites mais profundos, como a cultura política e as tradições de organização, muitos fatores colaborarão para que esquemas ousados como esse venham a ter a sua realização dificultada. Seria ingenuidade e ignorância da realidade imaginar que um modelo qualquer, apenas por ser consistente, pode vir a ser facilmente implementado em qualquer local, como se não existissem resistências e obstáculos e como se tudo fosse uma mera questão de ato volitivo ("vontade política", como se costuma dizer). Pensar que um tal esquema merece ser tornado tão conhecido quanto possível, tendo, assim, criada uma *possibilidade* de difusão, é uma coisa; outra, muito distinta, é supor que ele possa, sem problemas e no médio prazo, vir a se disseminar pelo país ou até pelo mundo afora, o que seria um delírio inconseqüente. Ao se falar de "generalização" do modelo, portanto, deve-se encarecer que isso é visto de forma modesta, ainda que reste a ambição (realista?) de ver as idéias se difundirem, estimulando debates e, tanto quanto possível, ensejando práticas. Decerto há um potencial de generalização, pois nada faz supor que uma experiência arrojada como a de Porto Alegre, certamente capaz de aprimorar-se ainda muito mais, é uma singularidade absoluta. A extensão em que esquemas assim ousados, propiciadores de um notável ganho de autonomia mesmo nos marcos de uma sociedade heterônoma, podem vir a se disseminar, não é, porém, assunto para ser decidido teórica e aprioristicamente; o processo político, de luta e negociação, no contexto de condições estruturais menos ou mais favoráveis ou adversas, é o único que poderá trazer uma resposta para isso.

Além dessas fronteiras de aplicação, é necessário não perder de vista, nunca, o seguinte: o presente modelo é normativo no sentido de propor um esquema organizativo, em vez de descrever e esquadrinhar aspectos de uma realidade já existente. Ele não é "normativo" no sentido autoritário de apresentar normas vistas como acabadas e definitivas, para serem impostas de cima para baixo; ele *sugere* normas organizacionais, as quais, seguramente, deverão ser discutidas e negociadas democraticamente em cada local, eventualmente passando por aclimatações conformes às peculiaridades locais, inclusive de natureza política. Um tal modelo não pretende ser, jamais, uma camisa-de-força, mas sim um conjunto de princípios organizacionais, capazes, assim se espera, de inspirar os esforços de cada coletividade local na tarefa de construção criativa de seu próprio caminho – ou seja, de sua auto-instituição lúcida e consciente. Não sendo mero fruto de uma meditação solitária, mas sim tendo sido grandemente inspirado, ele próprio, em uma realidade concreta, o orçamento participativo de Porto Alegre – não apenas em suas virtudes, encaradas como merecedoras e, dentro de limites a serem colocados pelos próprios quadros sócio-histórico-espaciais concretos, passíveis de alguma generalização, mas também em suas deficiências, muitas vezes percebidas e relatadas pelos próprios atores sociais envolvidos –, não há de padecer, esse modelo, pelo menos, de teoricismo. A idéia ora proposta, de um conselho que seja integrador, baseia-se na compreensão de que é necessário articular questões e esforços, mas sem tolher o desenvolvimento de uma multiplicidade de identidades legítimas e esforços de organização a partir de temas e preocupações específicos. Essas identidades e esses esforços de organização poderão (ou não) convergir para as discussões sobre orçamento e planejamento, entendidas de maneira bastante ampla, mas sem se subordinar inteiramente ou se anular perante as instâncias participativas mais abrangentes e formalizadas. Algo como uma tentativa de integrar esforços, visando a evitar a pulverização e a sobrecarga participativas, não deve conduzir a uma burocratização centralizadora, a qual acabaria por asfixiar a criatividade popular. Além do mais, tendo a "normatividade" e o caráter modelar da presente sugestão um espírito flexível e não autoritário, uma vez que a norma propriamente dita (a lei, o *nomos*, a instituição) será (re)construída coletivamente e o modelo será reinventado em cada local, o que se faz, agora, portanto, nada mais é que convidar a um debate coletivo.

11.5. Desafios e obstáculos à participação

Implementar processos participativos não é fácil. O administrador público e a força política que se dispuserem a contribuir para uma maior democratização do Estado, introduzindo mecanismos e instâncias de participação, esbarrarão em alguns obstáculos. Nenhum desses obstáculos é, no entanto, intransponível; em alguns locais eles (ou alguns deles) são mais fortes, em outros eles são mais fracos ou mais fáceis de serem vencidos. Uma análise realista da *constelação de forças* é uma das tarefas iniciais de um governo que pretende assumir um perfil de compromisso com a mudança social e implementar políticas públicas progressistas, conforme já havia sido sublinhado em SOUZA (2000b).

Os obstáculos para a participação foram sintetizados por ABERS (1997b) em três problemáticas: problemática da *implementação* (deficiências técnicas e organizacionais, boicotes externos, boicotes internos), problemática da *cooptação* e problemática da *desigualdade*. Os breves comentários que se seguem a respeito de cada uma são parcialmente inspirados na discussão travada por aquela autora e em parte, em reflexões e em material oriundo de trabalhos de campo do autor deste livro.

A *problemática da implementação* refere-se às diversas dificuldades que uma administração progressista tem de enfrentar para implementar suas políticas, especialmente aquelas participativas. Várias dificuldades têm sido observadas nas experiências brasileiras e internacionais de administração de esquerda: boicotes patronais (por exemplo, concessionárias de linhas de ônibus); escassez de recursos devido ao desperdício, à incompetência gerencial (por exemplo, em função de uma base tributária municipal subutilizada) e/ou à corrupção de administrações anteriores; conflitos ideológicos entre grupos específicos dentro da administração (por exemplo, tendências políticas diferentes) desembocando em paralisia ou comprometimento de algumas atividades; resistência corporativista e tecnocrática dos detentores do saber técnico (planejadores e outros) em aceitar colaborar com os esquemas de participação popular. Nenhum desses problemas é de fácil resolução. Para complicar ainda mais, a solução é, quase sempre, uma solução política, envolvendo muito mais negociação que mobilização de conhecimentos técnico-gerenciais (a exceção *parcial* é, obviamente, a necessidade de se superarem fatores de incompetência gerencial ou desperdício).

A *problemática da cooptação* diz respeito à deformação do esquema participativo a ponto de ele virar uma ferramenta de instrumentalização da sociedade civil por parte das forças políticas no poder de Estado, com a finalidade de eliminarem focos de oposição e crítica e constituírem redes informais de suporte para se perpetuarem no governo. É claro que, quando isso é feito deliberadamente, não se está diante de uma experiência de participação autêntica, mas sim de pseudoparticipação. Fenômenos de cooptação e diminuição da margem de manobra autônoma da sociedade civil podem, todavia, ocorrer mesmo quando o governo for muito mais consistente em suas intenções e em seus compromissos participativos; por isso, é fundamental que não se perca a vigilância em relação ao problema. Um compromisso autêntico com a participação é indissociável de um respeito à autonomia da sociedade civil. A tentação de exercer uma influência paternalística sobre o processo precisa ser evitada. Uma tal influência, não necessariamente impositiva mas, de todo modo, manipuladora, ocorre, por exemplo, quando técnicos progressistas apresentam óbices ou obstáculos "técnicos" para certas demandas da sociedade civil sem esclarecê-los devidamente – o que bem pode servir para viabilizar a aceitação da posição do próprio governo a respeito de um dado assunto.

A *problemática da desigualdade*, por último, não depende, para a sua superação, apenas do Estado, embora este possa contribuir para a sua minimização. Ela tem a ver com as dificuldades para a participação voluntária inerentes à condição de vida da população mais pobre, que em geral dispõe de muito menos recursos (tempo, dinheiro para se locomover, e, de certa maneira, também capacidade de articular suas demandas com fluência e desembaraço e autoconfiança) para participar que a população de classe média. O Estado, sabendo dessas dificuldades, pode colaborar, modelando os esquemas de participação de uma tal forma que custos de transporte onerem o menos possível (ou não onerem) os participantes, e adequando os momentos formais de encontro às possibilidades reais da população trabalhadora mais pobre. Além disso, mecanismos podem ser criados também para minorar eventuais dificuldades ligadas a diferenças quanto à capacidade de articular suas demandas com fluência e desembaraço e autoconfiança, o que pode ir do oferecimento de intérpretes para surdos-mudos, por exemplo, à criação de uma atmosfera descontraída, a fim de que os mais pobres não não se sintam intimidados.

Com tantos obstáculos, fica fácil perceber que a participação popular no planejamento e na gestão urbanos não é algo trivial. A retórica da participação é simpática mas, não raro, vazia e enganosa, exatamente quando se subestimam os vários obstáculos ou quando se tenta "vender gato por lebre". Já se examinou, no Capítulo 12 da Parte II, ao focalizar o grau de abertura para com a participação popular enquanto elemento fundamental de uma tipologia das abordagens do planejamento e da gestão urbanos, uma escala de avaliação que vai da não-participação à participação autêntica. Vale a pena, aqui, relembrar alguns aspectos. A classificaçao proposta possui oito categorias, que vão da pura e simples *coerção* dos indivíduos e grupos por parte do Estado à *autogestão*. As três categorias que representam as partes mais altas da "escada" (*parceria*, *delegação de poder* e *autogestão*) constituem uma autêntica participação, enquanto que as três categorias intermediárias (*cooptação*, *consulta* e *informação*) não passam de exemplos de *pseudoparticipação*. As duas categorias inferiores (*coerção* e *manipulação*) nada mais são que manifestações evidentes e sem retoques de heteronomia.

É bastante válido julgar o comportamento de determinados parâmetros de consistência das experiências de participação popular à luz dessa classificação. Para ilustrar: poderia ser um conselho de orçamento participativo ou de desenvolvimento urbano considerado como integrando uma experiência de autêntica participação se ele for meramente *consultivo*, em vez de *deliberativo*? Ou, no caso de uma experiência de orçamento participativo, se meramente uma pequena parte dos investimentos puder ser decidida pelos delegados da sociedade civil, reservando o Executivo (e, eventualmente, também o Legislativo) um significativo percentual de recursos cuja alocação obedecerá aos critérios usuais (ou seja, tecnocráticos e clientelísticos)? Mesmo no caso de um esquema efetivamente deliberativo, outras questões se colocam: o Estado terá uma representação sem direito a voto nos conselhos, apenas para prestar esclarecimentos e orientar (como ocorre com o Conselho do Orçamento Participativo em Porto Alegre), ou seus representantes terão direito de voto? Os conselhos serão uma instância de poder da sociedade civil ou serão paritários, isto é, com o Estado reservando para si metade dos assentos? E quanto à sociedade civil: como serão extraídos os delegados?

A participação, uma vez superados os diversos obstáculos, reforça o exercício da *cidadania*, ao expandir as chances de maior integração e minimização da exclusão dos desprivilegiados em relação ao acesso a fatores de satisfação de necessidades básicas. É necessário, por outro lado, ver que o horizonte político último ou potencial da participação não precisa restringir-se a uma melhor integração à sociedade atual (enquanto atores políticos, consumidores etc.). A participação, tendo como uma de suas justificativas aumentar o grau de liberdade dos indivíduos, pode servir, também, para a defesa dos interesses legítimos de grupos portadores de uma identidade cultural definida e passíveis, por isso, de serem vistos como portadores de direitos específicos, a começar pelo direito de manterem sua identidade. Ela pode, ademais, servir para questionar a legitimidade das próprias regras do jogo econômicas e políticas da sociedade atual. Por não ter seu horizonte tão controlado pelo ou vinculado ao *espírito de integração*, o qual, como se viu, precisa ser calibrado pelo *espírito de respeito às diferenças legítimas* (identidades específicas fundadas sobre a etnia, a cultura etc.) e pela consideração da possibilidade e conveniência de superação do *status quo*, a idéia de autonomia parece apresentar-se como mais poderosa que a de cidadania, repetindo o que o autor já dissera no começo deste capítulo.

Questões acerca dos obstáculos à participação devem dar ensejo, por mais de uma razão, a uma reflexão, por breve que seja, sobre a importância e possibilidade de um *agir comunicativo*. Apresentado e contraposto ao chamado *agir estratégico* (em sentido habermasiano) já na Introdução deste livro e, posteriormente, também no Capítulo 7 da Parte II, o agir comunicativo deve ser imensamente valorizado por todos aqueles que, ainda que sem subestimar a profundidade das contradições e o potencial de conflitos, inclusive violentos, que se encontra por trás de qualquer tentativa séria de se superarem tais contradições, não abrem mão de um compromisso prioritário com a não-violência e o diálogo como meios de resolução de conflitos. Habermas tem sido, algumas vezes, acusado de pintar um quadro excessivamente otimista (quiçá ingênuo) das possibilidades abertas pelo agir comunicativo. Não parece ao autor deste livro que as idéias de Habermas precisem, necessariamente, ser lidas dessa maneira, não obstante certos intérpretes, como os advogados de um "planejamento comunicativo/colaborativo", terem eliminado qualquer ambigüidade original em favor de uma leitura bem-comportada e com pouco ferrão crítico (recorde-se o que se escreveu no Capítulo 7 da Parte II; vide, também, o que o autor já dissera em SOUZA [2000b:71, nota 7; 2000d:192 3]). Como o autor já teve a oportunidade de sublinhar em textos anteriores (SOUZA, 2000b: SOUZA, 2000d:192, 199), a contribuição de Habermas e uma abordagem autonomista inspirada em Castoriadis podem e merecem ser combinadas, a despeito das várias incompatibilidades de fundo que separam esses dois autores. De uma parte, o contexto mais propício e razoável para se pensar o florescimento de um autêntico agir comunicativo é aquele no qual as condições de garantia da autonomia individual e coletiva são maximizadas; de outra parte, a insistência sobre a perspectiva de um agir comunicativo complementa a dimensão humanista da abordagem autonomista no que toca à questão crucial da estratégia de ação, servindo como uma contribuição adicional para a tarefa de, no que diz respeito à relação entre fins e meios, mantê-la afastada do maquiavelismo típico do marxismo-leninismo.

Para ilustrar, empiricamente, essa discussão, nada melhor, no Brasil atual, que o orçamento participativo de Porto Alegre: em que pesem problemas e barreiras, é um exemplo de agir comunicativo florescendo, aos poucos, em meio a uma gestão urbana sem "colaboracionismo" mistificador. Esse é, na verdade, um exemplo melhor que aqueles do Primeiro Mundo (que sejam do conhecimento do autor deste livro) em matéria de participação e agir comunicativo... Esse é um ponto que merece ser ressaltado, quando menos por soar curioso: em que pese predominar, no Brasil, a escassez de planejamento e, na presença deste, a ausência de participação popular, o orçamento participativo de Porto Alegre (objeto do Subcapítulo 1.1. da Parte IV) mostra que, às vezes, experiências muito ousadas e consistentes são encontráveis fora dos países centrais, sendo capazes, inclusive, de servir de exemplo também para estes. Isto fica claro ao se comparar o orçamento participativo de Porto Alegre com o esquema usual de *Bürgerbeteiligung* (participação popular) na Alemanha, tal como previsto no Código de Obras federal (*Baugesetzbuch*), ou com a prática de participação no contexto da elaboração dos *statutory local development plans* (ou, simplesmente, *local development plans* ou *local plans*) no Reino Unido, ou ainda com a maioria dos esquemas norte-americanos de envolvimento dos cidadãos no processo orçamentário.[57]

O orçamento participativo porto-alegrense é, diante de todos os dados e evidências de que o autor dispõe, superior, mais ousado que os esquemas e práticas supracitados. Até mesmo em comparação com o ultimamente muito badalado *community planning* britânico, em que os cidadãos não são meramente informados e oferecem sugestões, mas participam diretamente do planejamento de seus espaços sob a supervisão de planejadores profissionais, o orçamento participativo de Porto Alegre parece mais avançado. Mais avançado

---

[57] Tanto na Alemanha como no Reino Unido a participação, usualmente, se dá mediante a possibilidade de os cidadãos oferecerem críticas e sugestões aos documentos elaborados por planejadores profissionais, sendo estabelecido um cronograma com momentos bem definidos em que indivíduos e entidades da sociedade civil podem externar suas opiniões sobre a proposta de intervenção. No fundo, porém, a população está sendo apenas consultada, não tendo muito poder de decisão. Questionados pelo autor, durante entrevistas realizadas, respectivamente, em janeiro e em fevereiro de 2001 (no âmbito de uma pesquisa sobre a participação popular no planejamento urbano na Alemanha), sobre se o esquema de participação previsto no § 3 do *Baugesetzbuch* não seria muito limitado, deixando uma margem de manobra muito grande para os técnicos recusarem as sugestões da população, tanto o coordenador de projetos do Departamento de Revitalização Urbana (*Stadtsanierungsamt*) da cidade de Tübingen quanto o chefe do Departamento de Planejamento de Uso do Solo e Desenvolvimento Urbano (*Abteilung Flächennutzungsplanung und Stadtentwicklungsplanung*) de Stuttgart admitiram o problema. Sobre os mencionados esquemas norte-americanos de envolvimento dos cidadãos no processo orçamentário, um exame do livro de SIMONSEN e ROBBINS (2000) permite constatar que mesmo práticas consideradas de vanguarda costumam não ir além da mera consulta.

e, de um ponto de vista autonomista, com um maior potencial político-pedagógico: a margem de manobra decisória do Estado permanece, ao que tudo indica, muito grande no caso do *community planning* (bem como no caso de seus equivalentes em outros países, a exemplo do tipo "ampliado" de *Bürgerbeteiligung* praticado, com alguma repercussão supralocal, durante a "revitalização" de uma parte de Tübingen, cidade universitária ao sul da Alemanha), podendo-se dizer que a presença e o papel tutelar do aparelho de Estado e dos técnicos continuam significativos. O *community planning* e seus equivalentes corresponderiam, assim, ao grau de *parceria*, não ao de delegação de poder como o orçamento participativo de Porto Alegre, ao passo que a participação no âmbito da preparação de *local development plans* e do esquema usual de *Bürgerbeteiligung* não iria além da consulta, isto é, da pseudoparticipação.[58] A questão é que, enquanto o orçamento participativo de Porto Alegre ainda é uma brilhante *exceção* (não absoluta, é certo, mas mesmo outros esquemas de orçamento participativo já consolidados, como o de Belo Horizonte, não apresentam ousadia e consistência comparáveis), a *Bürgerbeteiligung* e a participação no âmbito dos *statutory local development plans* são uma regra, pertencendo ao quotidiano do planejamento urbano em seus respectivos países (o *community planning* e seus equivalentes, de sua parte, estão bem menos difundidos).

Sejam ditas, ainda, sobre a problemática da formatação institucional, algumas palavras sobre um tópico de suma importância: não haverá o risco de um número excessivo de conselhos (conselho de desenvolvimento urbano, conselho de orçamento participativo, conselhos setoriais diversos...) terminar por *sobrecarregar* a participação? Isso parece ser um risco bastante real. Por isso, é fundamental que o sistema de instituições e canais de participação encarne um equilíbrio entre, por um lado, a necessidade de não mutilar ou amordaçar identidades e questões legítimas e, por outro, a necessidade de

58 Ver, sobre o *community planning* britânico, GRANT (1994) e LLOYD e ILLSLEY (1999); sobre a *Bürgerbeteiligung* ampliada, modelarmente praticada em Tübingen nos anos 90, ver SCHMITZ e PÄTZ (2000).

não criar uma estrutura pesada e confusa, com canais e instâncias de participação que se superponham e, eventualmente, até atritem entre si, por não terem as suas competências claramente estabelecidas. É importante, em uma conjuntura que seja, pelo menos, de parceria entre Estado e sociedade civil, que ambos entrem em acordo sobre uma estrutura ágil e inteligente, capaz de propiciar uma verdadeira integração de questões, em vez de expressar corporativismos ou paroquialismos diversos.

Chegando, agora, ao final deste capítulo e desta Parte III, aborde-se, por último, mas não com menor ênfase – bem ao contrário! – a seguinte questão: *qual é a real relevância dos processos nos quais a população estará participando*, ainda que em caráter fortemente deliberativo e em um esquema de delegação de poder? Não se tocou, nas páginas precedentes, ao menos diretamente, no problema da *produção*, o qual, no entanto, é um dos problemas essenciais (embora não o único ou mais "determinante") para um projeto de transformação profunda da instituição da sociedade. Orçamentos participativos, por exemplo, a despeito de poderem possuir uma importância político-pedagógica que transcende a simples questão da inversão de prioridades e maior justiça social nos gastos públicos, dizem respeito, básica e imediatamente, à esfera do *consumo*. Assim, ou bem *mudar a cidade* é uma mera exigência de mais justiça distributiva e de melhor qualidade de vida nos locais de moradia, por meio de uma mudança nos padrões de investimentos públicos, de uma coibição da especulação imobiliária etc., mas sem fazer qualquer menção ao que se passa na esfera da produção, ou bem a exigência em tela é a de uma mudança da cidade *em seu conjunto*, o que depreende uma mudança da sociedade *em seu conjunto*, e não apenas de uma reforma menos ou mais profunda em uma de suas esferas. No primeiro caso, a exigência de mudança será, *em última análise*, e em que pesem certos ganhos dignos de nota, um tanto vazia: separa-se o indivíduo enquanto "morador" e "usuário de espaço" do mesmo indivíduo enquanto "trabalhador" e declara-se que ele será, agora, mais "cidadão", e poderá organizar-se em conselhos, na base de uma "co-gestão" Estado/sociedade civil, para decidir sobre gastos públicos e regular o uso do solo, ao mesmo tempo em que a exploração e a alienação (e a baixa remuneração) desse indivíduo enquanto elemento da força produtiva permanecem inquestionadas. Um belo esforço de mistificação seria esse, obviamente!

Não há sombra de dúvida de que há duas limitações cruciais para a incorporação de uma preocupação com a transformação das estruturas produtivas: em primeiro lugar, há que se considerar que, se mudanças relativas à esfera do consumo e alguns outros aspectos da vida coletiva podem ser, ao menos em parte, alcançados na escala local, na escala da cidade, o mesmo já não se passa com a mudança da e na esfera da produção. Se conselhos populares de planejamento urbano e de orçamento participativo fortementemente deliberativos podem ser introduzidos na esteira de iniciativas locais, conselhos de fábrica (e seus equivalentes na esfera da troca, comércio e serviços), caracterizando uma autogestão da produção, só podem ser criados, ao menos maciçamente (não interessam, aqui, experiências pontuais e exóticas de "autogestão" em algumas empresas), em meio a um processo de transformação profunda da sociedade, o que não pode se dar de maneira circunscrita à escala local. Mudanças dessa natureza exigem uma sinergia de esforços multi-escalares, associando a escala local a escalas supralocais.

Em segundo lugar, os mecanismos e as técnicas de planejamento e gestão urbanos, mesmo os relativamente avançados, potencialmente utilizáveis nos marcos das atuais sociedades heterônomas, incorporarão, quase sempre, e no essencial, essa mesma limitação: o "urbano" é restringido, basicamente, ao consumo coletivo, e o planejamento e a gestão deverão contribuir para a solução de problemas nessa órbita. Ultrapassar essa limitação não requer, propriamente, a transgressão de uma fronteira "epistemológica" apenas, como se estivéssemos diante de um problema teórico. *Não faz sentido* pretender que o estudioso versado em planejamento e gestão urbanos, vivendo e trabalhando na sociedade capitalista atual, e levado a engajar-se em prol de um desenvolvimento urbano mais autêntico, acrescente, à sua *expertise*, um conjunto de conhecimentos e técnicas a propósito da autogestão da produção e um conhecimento sólido e profundo, teórico e empírico, acerca da economia nacional e internacional. Não faz sentido, não porque o conhecimento da economia seja desnecessário para o planejador urbano, ou porque a ele baste pensar localmente, mas porque, nos marcos concretos em que ele via de regra opera, o tipo de contribuição que ele poderá dar não passará por recomendações sobre como reestruturar a economia nacional ou internacional. E, quanto às recomendações a respeito da autogestão da produção, é certo que isso não passa por um saber teórico apenas, mas por uma "razão prática", e que esse tipo de transformação, se e quando tiver lugar, será uma obra coletiva, perante a qual os "técnicos" não deterão qualquer primazia – e os técnicos que, nesse caso, mais poderão e deverão contribuir, com sugestões e recomendações técnicas, serão os engenheiros e especialistas em Economia, mais familiarizados com as questões técnicas da produção.

Para evitar mal-entendidos: não é o caso, em absoluto, de limitar o "urbano" ao consumo coletivo, de restringir o processo de "desenvolvimento urbano" a avanços nesse terreno e de postular que o estudioso de planejamento e gestão urbanos deva ser uma espécie de ignorante monoescalar restrito a preocupações "espaciais" locais e situadas na esfera do consumo. A cidade é uma realidade que engloba uma espacialidade e relações sociais particulares, cuja existência "física" está vinculada à escala local. Mas, se planejar e gerir a cidade depreende conhecer aquilo a respeito do que são propostas intervenções (análise precedendo a proposta de intervenção); se conhecer a cidade requer conhecer a dinâmica social que explica a cidade e da qual a cidade faz parte; se, enfim, conhecer a dinâmica social pressupõe integrar as dimensões econômica, política e cultural – então, é lógico que o estudioso versado em planejamento e gestão urbanos, se quiser ser algo mais que um "especialista" extremamente mutilado e bitolado, deverá ir muito além, em seus esforços de elucidação, da esfera do consumo, do espaço "físico" (substrato) e da escala local. O problema, no entanto, é que, na sociedade atual, e por força dos limites práticos impostos pela instituição da sociedade, a sua capacidade de propor coisas que sejam, a um só tempo, assimiláveis por essa instituição (ou seja, mais ou menos compatibilizáveis com a existência da propriedade privada dos meios de produção, de um aparelho de Estado etc.) e constituam reais ganhos de autonomia, é, quanto a isso não deve haver dúvida, bastante limitada.

Duas tarefas para o estudioso dos problemas e do planejamento e gestão urbanos, tarefas essas integradas uma à outra, podem, por conseguinte, ser vislumbradas, em decorrência de tudo isso. A primeira é a de desenvolver a sua *expertise* relativamente ao terreno dos avanços obtíveis na esfera do consumo coletivo (à qual a sua *expertise* é comumente associada), que são aqueles avanços que, dependendo da profundidade e das circunstâncias, são conquistáveis, mesmo a partir de iniciativas locais e sem ferir a essência imediata da sociedade instituída – ainda que, ao fazer isso, ele se esforce para contextualizar e articular tais avanços, materiais e institucionais, com uma estratégia político-pedagógica, única forma de evitar que ganhos de autonomia e vitórias táticas sejam absorvidos de modo a *reforçar* o próprio *status quo*. A segunda é procurar pensar a cidade e a sociedade enquanto *totalidade*, articulando várias escalas e integrando várias dimensões, mesmo que as recomendações que venham a emergir remetam a exigências que, de tão profundas e ambiciosas, refiram-se a longo ou longuíssimo prazo, como a necessidade de reorganizar a própria produção.

No fundo, no fundo, a mensagem, então, é dupla: ao mesmo tempo em que não se deve perder de vista que *mudar a cidade*, a rigor, exige muito mais que mudar *apenas* a (essa ou aquela) cidade, e muito mais que pensar em mudar *apenas* os padrões de consumo coletivo na cidade, o planejador crítico não deve deixar de reconhecer que, aqui e agora, os ganhos de autonomia advindos com tais tipos de mudança (vitórias táticas) podem ser nada negligenciáveis, e que ele pode, com o seu conhecimento, colaborar para o sucesso de tais mudanças mais limitadas e, também, para que elas tenham um sentido positivo mais duradouro, político-pedagogicamente. (Há, até, um aspecto curiosamente positivo nessa concentração um tanto forçada sobre a questão do consumo coletivo: ainda que a especificidade da cidade, enquanto realidade sócio-espacial, não se reduza ao terreno do consumo coletivo – diferentemente da insistência de certos marxistas estruturalistas nos anos 70 –, esse é um elemento decisivo da sua especificidade, e a cidade possui, *sim*, uma especificidade, a qual justifica uma atenção empírica e teórica particularizada – *embora não "autonomizada"* – e uma recusa em achar que "a cidade começa e termina na fábrica", como se a questão da produção e as institucionalidades alternativas pensadas a partir da esfera da produção, como conselhos operários, pudessem absorver todas as outras questões e todas as outras tarefas.) Não deixar de refletir sobre as exigências mais gerais, contudo, pressupõe uma disposição, da parte do estudioso, em não se deixar asfixiar ou seduzir pela conjuntura, pelo local, pelo tático, pelo curto e médio prazos. Mesmo que a sua colaboração imediata seja, por força da instituição mesma da sociedade atual, um tanto truncada, não deve ele abrir mão de pensar além desses limites, assim iluminando e contextualizando o seu próprio trabalho e dando-lhe um sentido mais *estratégico*. Afinal, em uma sociedade basicamente autônoma, que, na convicção do autor deste livro, é a meta de longo ou longuíssimo prazo a ser perseguida, o papel dos técnicos/pesquisadores não há de se ver mutilado pela conjugação de restrições práticas e divisão acadêmica do trabalho positivista como ocorre atualmente, devendo, diversamente, reposicionar-se também esse papel em bases novas.

12. Sobre meios e sistemas de planejamento e gestão: formas concretas de expressão, instituições e marcos legais das estratégias de desenvolvimento urbano

Ao final desta Parte III impõe-se o tratamento de três assuntos intimamente inter-relacionados, os quais foram já tangenciados numerosas vezes, mas ainda não foram focalizados especificamente em momento algum neste livro: como se expressam o planejamento e a gestão, isto é, de que meios se utilizam para expressar seus conteúdos e seus propósitos? Qual é o arcabouço institucional que suporta o planejamento e a gestão? Qual é o quadro legal no qual iniciativas e decisões de planejamento e gestão podem buscar respaldo e legitimação?

O autor enfatizará a realidade brasileira, pois é aquela com a qual ele próprio e seus leitores estão mais familiarizados, e também por ser aquela na qual seus leitores, por via de regra, buscarão inserção profissional e, eventualmente, exercerão engajamento político-social. A realidade brasileira não será, contudo, vista isoladamente: como vem ocorrendo ao longo do texto, comparações serão, também aqui, feitas. O ***box 4***, sobretudo, serve a esse propósito.

12.1. A realidade brasileira em uma perspectiva comparada

Examinar os meios concretos através dos quais o planejamento e a gestão se expressam é algo imprescindível, pois os instrumentos vistos nos capítulos precedentes desta Parte III, tomados isoladamente, somente constituem os elos isolados de uma corrente. Ou por outra: são as ferramentas, mas não a caixa de ferramentas completa. É claro que instrumentos podem ser objeto de parametrização e normatização em separado (um tributo, um zoneamento). A situação ideal, todavia, é que os instrumentos sejam previstos e, mais que isso, empregados de maneira concertada. É a visão de conjunto sobre a cidade e sua dinâmica que permitem aquilatar corretamente os possíveis impactos advindos com o uso desse ou daquele instrumento. Sem isso, bem como sem diagnósticos prévios aprofundados, mesmo instrumentos interessantes podem causar estragos. Pergunte-se, então: o que pode desempenhar o papel de "caixa de ferramentas" no presente caso?

A forma clássica e óbvia de meio de expressão do planejamento é o *plano*; tão óbvia, que dizer isso soa tautológico, redundante. Não se devem acalentar preconceitos contra a palavra plano, assim como já se viu que certos preconceitos contra o planejamento devem ser igualmente abandonados. Planos não precisam ser rígidos e excessivamente detalhados, ou formalistas, ou obcecados com projeções e prognósticos a respeito da "cidade ideal" mais que com o fornecimento de instrumentos adequados e realistas para a superação dos problemas da cidade *real*. Planos são documentos consolidadores de uma dada estratégia de desenvolvimento urbano e, como tais, serão aquilo que deles fizermos – nem mais, nem menos. Serão, enfim, um reflexo das prioridades, metas e relações de poder que nele encontrarão expressão concreta, em muitos casos até mesmo legal.

Planos, que são, normalmente (no presente sentido), documentos escritos, comumente contendo texto e mapas, além de, às vezes, diagramas e modelos gráficos, não são, de todo modo, os únicos meios de expressão concreta do planejamento. A realidade de outros países, onde a tradição de planejamento é muito mais densa que no Brasil, demonstra que muitas formas de informação do público, assim como de envolvimento deste no processo de planejamento, existem e devem ser utilizadas. Enfocando a realidade dos Estados Unidos, SIMONSEN e ROBBINS (2000) apresentam e discutem esquemas como *public hearings* (audiências públicas), *advisory committees* (grupos seletos de cidadãos, que fornecem indicações para os planejadores profissionais quanto às necessidades, modo de vida etc. de uma coletividade), *citizen surveys* (pesquisas de opinião), *citizen forums* (convite, aberto ou por amostragem, para que cidadãos participem de sessões onde serão tratados problemas locais específicos) e *citizen juries* (grupos de cidadãos, sendo estes selecionados aleatoriamente, para discutirem e oferecerem sugestões para solucionar um determinado problema). As "células de planejamento" de Peter Dienel, mencionadas no Subcapítulo 11.4., consistem em um procedimento semelhante (e, pelo que consta, anterior) aos *citizen juries* americanos. No Brasil, os orçamentos participativos – que são, porém, conforme já se disse, acima de tudo mecanismos de gestão – têm se valido de diferentes meios de concretização e divulgação: possuem seus regimentos internos e são realizados com a ajuda de diversos artifícios que objetivam ampliar e intensificar ou otimizar o envolvimento da população, como as "caravanas da cidadania" (popularizadas por Belo Horizonte, durante as quais delegados de diferentes bairros visitam as áreas uns dos outros, a fim de conhecerem melhor os problemas de outras partes da cidade e ampliarem seus horizontes de julgamento), o "orçamento participativo mirim" (introduzido em Barra Mansa/RJ, durante a administração da prefeita Inêz Pandeló, sendo ele uma forma de envolver as crianças e adolescentes na discussão da alocação dos recursos públicos, não só para que as suas necessidades específicas possam ser melhor contempladas mas, também, com o objetivo de sensibilizar e atrair os seus pais) e várias outras.

No que se refere, particularmente, aos planos e ao planejamento, o Brasil, conquanto possua uma muito menor tradição de planejamento que países como Reino Unido e Alemanha, não deixa de possuir alguma tradição, ainda que com uma "densidade" geograficamente muito heterogeneamente distribuída. Compare-se uma cidade como o Rio de Janeiro, para a qual já foram elaborados quatro planos diretores – sem contar o PIT-Metrô, ou Plano Integrado de Transportes, que foi quase um plano diretor – com a maioria dos outros municípios...

No Brasil, o tipo básico de plano é o chamado plano diretor de desenvolvimento urbano ou, simplesmente, plano diretor. Segundo a Constituição Federal, toda cidade com mais de vinte mil habitantes precisa possuir um. Reproduza-se o trecho do Art. 182 onde isso é mencionado:

> Art. 182 – A política de desenvolvimento urbano, executada pelo Poder Público Municipal, conforme diretrizes gerais fixadas em lei, tem por objetivo ordenar o pleno desenvolvimento das funções sociais da cidade e garantir o bem-estar de seus habitantes.
>
> § 1.º – O Plano Diretor, aprovado pela Câmara Municipal, obrigatório para cidades com mais de vinte mil habitantes, é o instrumento básico da política de desenvolvimento e de expansão urbana.
>
> § 2.º – A propriedade urbana cumpre sua função social quando atende às exigências fundamentais de ordenação da cidade expressa no Plano Diretor.

Vê-se, por aí, que a Constituição remeteu o essencial da política urbana para o nível local, conforme já havia sido comentado no Capítulo 9 da Parte II. Essa escassez de amarração legal do planejamento urbano em nível nacional, portanto mais genérico (parcialmente compensável pelo Estatuto da Cidade e pela Medida Provisória n.º 2.220, de 04/09/200, que regulamentam o magérrimo e vago Art. 182 e o Art. 183), não é a única fraqueza do texto constitucional. A referência a "cidades com mais de vinte mil habitantes" (ampliada, pelo Estatuto da Cidade, para incluir também, especialmente, as cidades integrantes de regiões metropolitanas e aglomerações urbanas, aquelas de interesse turístico e aquelas onde venham a se realizar empreendimentos de grande impacto ambiental) é insatisfatória e imprecisa. Uma vez que não serão somente as cidades (ou seja, as áreas urbanas principais que são as sedes dos municípios) que deverão ser objeto de planejamento, o que é exigido pelo bom senso (porquanto o contexto espacial local em que as cidades se inserem , isto é, também o espaço rural, precisa ser levado em conta, devido à necessidade de se protegerem a agricultura periurbana e áreas de mata e mananciais) e pela própria lei (LEI Nº 10.257, de 10/07/2001, Art. 40, § 2º: "[o] plano diretor deverá englobar o território do município como um todo"), a incompletude abre uma porta à confusão. Para se respeitar a literalidade do texto constitucional e do Estatuto da Cidade, apenas a sede municipal haverá de ser tomada como referência para a verificação da obrigatoriedade da elaboração do plano, à parte as outras situações previstas no Estatuto que ampliam o leque de cidades que devem receber um plano diretor. Assim sendo, deveria ter sido, no mínimo, explicitado no texto constitucional que, conquanto a referência de patamar demográfico seja apenas a cidade propriamente dita, a área de abrangência do plano é o município em seu conjunto. O Estatuto da Cidade resolve, embora de maneira canhestra, essa omissão. Um pormenor, sem dúvida; mas um pormenor sintomático da falta de traquejo a respeito de planejamento urbano, no nosso país.

O plano diretor precisa ser revisto e atualizado regularmente e com uma razoável freqüência, pois a realidade urbana, especialmente em um país como o Brasil, muda velozmente. A norma britânica é a de que deve ocorrer pelo menos uma revisão a cada cinco anos (DEPARTMENT OF THE ENVIRONMENT, 1992:29). No Brasil, consagrou-se o princípio de que os planos deveriam ser decenais, muito embora a Constituição de 1988 nada dispunha a respeito. O ideal seria que a revisão não fosse tão espaçada, mas se, por um lado, uma realidade tão dinâmica como o Brasil urbano pede revisões mais freqüentes, outras facetas da vida de um país semiperiférico, como é o nosso, se encarregam de tornar pouco realista um clamor por revisões quinqüenais ou coisa que o valha. Basta ver que a distância entre o princípio da decenalidade, que já é modesto, e a realidade da sua concretização, tem sido astronômica, porque não se dispunha, até recentemente, de mecanismos efetivos para forçar as autoridades a elaborarem os planos e revê-los. A Lei n.º 10.257, de 10/07/2001 (Estatuto da Cidade), modifica esse panorama, ao prever punição, por crime de improbidade administrativa, para os prefeitos que não promoverem a elaboração do plano e a sua revisão a, pelo menos, cada dez anos (cf. LEI N.º 10.257, de 10/07/2001: Art. 40, § 3.º; Art. 50; Art. 52, inciso VII).

A escala geográfica do plano diretor é a *mesolocal*. Dado que, como já se havia mencionado no Capítulo 6 da Parte I e se repetiu no Capítulo 4 desta Parte III, essa escala está associada a representações incompatíveis com uma escala cartográfica muito grande (excetuando-se vilas e municípios de cidades pequenas), o nível de detalhe possível é muito limitado. Para cidades de grande porte, principalmente, é imprescindível uma complementação, sob a forma de um planejamento em escala *microlocal*. Não apenas os zoneamentos de diversos tipos, mas também a parametrização de outros instrumentos encontrarão, nesses planos microlocais, a oportunidade de serem pormenorizados adequadamente. Retornando ao que se grifou no Capítulo 4, o nível do plano diretor seria aproximativo, enquanto o do plano microlocal seria de detalhe. No primeiro caso, recorrer-se-á, para a representação espacial do conjunto, a mapas cuja escala cartográfica variará, normalmente, entre 1:20.000 e 1:200.000, de acordo com o tamanho da cidade ou do município; no segundo caso, as escalas cartográficas de representação geral oscilarão entre 1:5.000 e 1:50.000. Como foi exposto no Capítulo 4, essa situação é comum em outros países: a relação de complementariedade entre o *structure plan* (genérico e contextualizador) e o *local development plan* (mais detalhado), no Reino Unido, assim como a relação entre o *Flächennutzungsplan* (plano de uso do solo – mais geral) e o *Bebauungsplan* (plano de ocupação/construção – mais pormenorizado), na Alemanha, são bons exemplos desse tipo de dobradinha. Conforme também já se salientou no Capítulo 4, a prática carioca, com os seus *Projetos* (ou, mais precisamente: *Planos*) *de Estruturação Urbana*, ou *PEUs*, cuja vocação é a de detalhar e aprofundar o plano diretor, respeitando peculiaridades microlocais, apresenta uma solução que poderia ser generalizada nas grandes e médias cidades brasileiras.[59] Não se trata, todavia, meramente de *detalhe*; como enfatizou LACOSTE (1988), e desde então muitos outros têm repisado, uma mudança significativa de escala implica uma mudança *qualitativa* da realidade que se pode observar e representar. Isso significa que um plano microlocal não será apenas mais detalhado, e um plano mesolocal mais genérico. No fundo, cada um conterá informações e permitirão a focalização de aspectos que só admitem ser visualizados e representados no interior de uma dada faixa escalar.

Além dos planos diretores (e PEUs), outros planos são (e devem ser), às vezes, elaborados: planos setoriais (de transportes, por exemplo), planos de urbanização de favelas, planos de arborização (*greening*) etc. Apesar disso, não há, no Brasil, um verdadeiro *sistema de planejamento*. Um *sistema* de planejamento é uma articulação institucional eficiente das tarefas e rotinas de planejamento entre os diversos níveis de governo. Os níveis supralocais preparam planos de contextualização regional (planejamento regional) e mesmo em escala nacional e/ou são responsáveis pela normatização mais genérica do próprio planejamento urbano, em um patamar onde o que interessa não são as peculiaridades locais (as quais só podem ser contempladas caso a caso, em planos meso e microlocais), mas sim as comunalidades e a necessidade de padronização de certos procedimentos e de determinadas interpretações. E isso está longe de existir no Brasil, diversamente de países como a Alemanha e a Inglaterra (vide ***box 4***). A ancoragem de normas gerais concernentes ao planejamento urbano nos níveis supralocais é muito fraca e frouxa e, sem uma amarração

[59] É bem verdade, ressalve-se, que a "prática carioca" aludida tem sido mais tímida do que se poderia supor. Das mais de cinco dezenas de PEUs previstas, que deveriam adaptar as normas do plano diretor às realidades microlocais, no momento em que estas linhas são escritas apenas onze estão em vigor e cinco se acham tramitando na Câmara Municipal. Além do mais, os PEUs têm sido, com freqüência, muito mais documentos de teor urbanístico que planos microlocais de escopo mais amplo. Seja lá como for, representam algo a ser mantido, expandido e difundido.

forte, a descontinuidade espacial (isto é, diferenças brutais de qualidade entre planos de distintos municípios) e temporal (ausência de continuidade entre os esforços de administrações diferentes) é e permanecerá enorme. Em decorrência, faz-se necessário ir muito além dos artigos 182 e 183 da Constituição Federal, no que diz respeito ao nível nacional; torna-se necessário ir além, inclusive, também do que prevê o Estatuto da Cidade. Quanto ao nível estadual, a miséria, normalmente, é ainda maior. Uma das exceções é a Constituição do Estado do Rio de Janeiro (CONSTITUIÇÃO DO ESTADO DO RIO DE JANEIRO, 2000), cujo Capítulo III ("Da Política Urbana"), com treze artigos, ao explicitar uma interpretação do que sejam as "funções sociais da cidade"[60] (embora permanecendo evasiva quanto à função social propriedade), ao enunciar instrumentos ausentes do Art. 182 da Constituição Federal (como fundos especiais destinados ao desenvolvimento urbano), conferir algum destaque à participação popular (Art. 231, § 4º; Art. 234, Inciso III) e exigir que também os municípios com população inferior a vinte mil habitantes possuam diretrizes gerais de ocupação de seu território, avança significativamente para além do texto da Constituição Federal. Observe-se, não obstante essa maior densidade, o clímax da confusão entre *cidade* e *município*: ao mesmo tempo em que estabelece, repetindo a Constituição, que o plano diretor é "obrigatório para as áreas urbanas de mais de vinte mil habitantes" (Art. 231, *caput*), a Constituição do Estado do Rio de Janeiro prevê que "[n]os municípios com população inferior a vinte mil habitantes serão obrigatoriamente estabelecidos, com a participação das entidades representativas, diretrizes gerais de ocupação do território que garantam, através de lei, as funções sociais da cidade e da propriedade" (Art. 231, § 5º), como se *área urbana* e *município* fossem sinônimos, o que gera uma deplorável incongruên-

[60] Art. 229, § 1º: "As funções sociais da cidade são compreendidas como o direito de todo o cidadão de acesso a moradia, transporte público, saneamento básico, energia elétrica, gás canalizado, abastecimento, iluminação pública, saúde, educação, cultura, lazer, água potável, coleta de lixo, drenagem das vias de circulação, contenção de encostas, segurança e preservação do patrimônio ambiental e cultural" (CONSTITUIÇÃO DO ESTADO DO RIO DE JANEIRO, 2000:91).

cia. O usual, seja como for, é a esqualidez quanto à ancoragem normativa do planejamento urbano nas escalas supralocais. Diante disso, a heterogeneidade, no que tange aos planejamentos locais, não poderia ser maior: vai desde a pura e simples ausência de planejamento efetuado pelas prefeituras até exemplos tecnicamente dignos de nota e elogio; vai desde a completa ausência de participação popular até esquemas ousados de participação. E, em matéria de articulação entre níveis de governo, o que há é muito pouco, quase nada.

Em nosso país o planejamento é, o mais das vezes, negligenciado e encarado como um luxo, algo supérfluo, e não como uma espécie de investimento no futuro. O crescimento rápido da grande maioria das cidades tem, sem dúvida, ao lado de muitos outros fatores de ordem social, contribuído para fazer do planejamento algo difícil; além do mais, para muitos municípios, os seus custos, por menores que possam ser (e não precisam ser sempre grandes), não parecem se justificar em comparação com as urgências típicas da gestão, da administração do *aqui e agora*, das prioridades de curto e, no máximo, médio prazo. As barreiras não devem, porém, obliterar a visão a ponto de acreditarmos que, realmente, o planejamento é um luxo. É fora de dúvida que um planejamento tão detalhado, cobrindo todo o território nacional no âmbito de um sistema que articula coerentemente os níveis nacional, regional e local, é algo possível a um país como a Alemanha (vide ***box 4***), mas impensável, pelo menos no momento, no Brasil. Além disso, diferenças no que se refere à mentalidade e à cultura (incluindo a cultura política) contribuirão para facilitar ou dificultar a constituição de uma "cultura de planejamento" nesse ou naquele país. Não obstante isso, é preciso insistir: avanços importantes e necessários não devem deixar de ser tentados, usando-se como álibi a magnitude dos desafios.

O "sistema" brasileiro de planejamento em uma perspectiva comparada

Para começo de conversa, não faz muito sentido falar de um "sistema" brasileiro de planejamento urbano, uma vez que: 1) a ancoragem legal da política urbana nos planos nacional (por enquanto, essencialmente, apenas os artigos 182 e 183 da Constituição Federal, o Estatuto da cidade e a Lei 6.766/79, que cuida do parcelamento do solo urbano) e estadual (constituições estaduais) é pequena; 2) muitos municípios sequer possuem um plano diretor e, mesmo quando possuem, as leis e diretrizes municipais relativas ao planejamento e à gestão urbanos (além do plano diretor, também partes da lei orgânica municipal e, ainda, leis e regulamentações específicas) variam enormemente entre um município e outro, tanto no espírito quanto na qualidade. Mesmo a aprovação, em junho de 2001, do Estatuto da Cidade (LEI Nº 10.257, de 10/07/2001), e a (re)criação, por meio dos artigos 10 a 14 da MEDIDA PROVISÓRIA Nº 2.220, de 04/09/200, do Conselho Nacional de Desenvolvimento Urbano (CNDU), não significam mais que possíveis passos na direção de um sistema de planejamento, cuja real concretização, a bem da verdade, parece hoje mais sabotada pelo quadro econômico-institucional geral do que nunca. Seja como for, o que importa é ter em mente que, no Brasil, o planejamento urbano é, em primeiríssimo lugar, uma incumbência municipal. No Brasil, ao contrário de outros países (como o Reino Unido), o nível de governo local dispõe de considerável autonomia, pelo que o nosso país é um exemplo de um regime de "prefeito forte". O Executivo elabora planos (ou contrata a sua elaboração ou, no caso de uma democratização da administração e do planejamento, delega poder decisório para a sociedade civil), os quais, no caso de se converterem em leis, terão, à semelhança do orçamento, de serem apreciados e aprovados pela Câmara de Vereadores.

No Reino Unido há um verdadeiro sistema nacional de planejamento urbano, onde os documentos mais importantes são os *structure plans* (contextualizadores, mas em escala local) e os *local development plans* (planos microlocais bastante detalhados). (Detalhes sobre o sistema britânico de planejamento urbano podem ser obtidos em DEPARTMENT OF THE ENVIRONMENT, 1992; ADAMS, 1994; NEWMAN e THORN-

LEY, 1997.) No entanto, o Reino Unido é uma entidade política centralizada, onde o Executivo local é fraco e onde o processo de planejamento local sofre interferências variadas da parte do poder central; em contraste com essa situação, o Brasil, a exemplo dos EUA, é uma república federativa, onde o poder local goza, como já se disse, de forte independência e liberdade de iniciativa ("autonomia municipal"). Aliás, tampouco se pode falar, no caso dos EUA, de um "sistema" de planejamento, conforme reconheceu CULLINGWORTH (1993:1). A diferença, em relação ao caso brasileiro, é que nos EUA, a despeito da fraqueza de articulação entre os vários níveis, há uma cultura de planejamento (*planning culture*) fortemente estabelecida, o que não ocorre no Brasil. Interessante é, também o caso alemão, pois, apesar de a Alemanha ser um país extremamente descentralizado, lá a descentralização (larga margem de manobra para os níveis subnacionais) convive bem com a articulação entre instâncias de poder atinentes a níveis escalares distintos.

Na Alemanha, o sistema de planejamento estende-se desde o nível nacional, com várias leis e iniciativas normatizadoras (Lei Federal de Ordenamento Espacial [*Bundesraumordnungsgesetz*], Programa Federal de Ordenamento Espacial [*Bundesraumordnungsprogramm*], Relatório Federal do Ordenamento Espacial [*Bundesraumordnungsbericht*], Código de Obras [*Baugesetzbuch*] e Lei de Uso do Solo [*Baunutzungsverordnung*]), passando pelas leis e iniciativas dos *Länder*, que correspondem aos estados dos EUA ou do Brasil (leis de planejamento estadual [*Landesplanungsgesetze*], programas de planejamento estadual [*Landesplanungsprogramme*], planos de ordenamento espacial estadual [*Landesplanungspläne*]), até chegar ao planejamento local (planos de uso do solo [*Flächennutzungspläne*], mais gerais, e planos de ocupação/construção [*Bebauungspläne*], mais detalhados – sem contar outros tipos de plano, não obrigatórios, como aqueles que detalham aspectos concernentes à proteção ambiental e à arborização: planos ecológico-paisagísticos [*Landschaftspläne*] e planos de áreas verdes [*Grünordnungspläne*]).

Para resumir, pode-se dizer que o planejamento é, no Reino Unido, bastante centralizado e bastante articulado quanto à integração entre os diversos níveis de governo, enquanto na Alemanha ele é bastante descentralizado, ainda que haja umas grande densidade de articulação entre os diversos níveis de governo. Nos EUA a situação é distinta: a descentralização é grande, como na Alemanha, mas a articulação está longe de ser tão completa como no caso alemão, a ponto de não ser rigoroso, como reconheceu Cullingworth, falar de um "sistema" de planejamento estadunidense. O Brasil representa uma quarta situação: a descentralização é altamente significativa, inclusive sob o ângulo financeiro (o que oferece aos municípios uma boa margem de manobra potencial para o planejamento e a gestão), mas não há um verdadeiro sistema de planejamento. Ademais, ao contrário dos EUA, não existe uma tradição de planejamento local firmemente estabelecida no Brasil – pelo menos não na grande maioria dos municípios. Por outro lado, é bom que se diga que a primazia esmagadora das considerações de proteção dos interesses da propriedade privada sobre os interesses coletivos, nos EUA – o que se acha enraizado tanto na cultura quanto no direito –, constituem um sério problema, o qual não se acha tão claramente posto no caso brasileiro, em que pesem todas as iniqüidades características do nosso país.

12.2. Recomendações gerais para o delineamento de estratégias de desenvolvimento urbano

Para concluir, podem ser feitas algumas recomendações gerais para o delineamento de estratégias de desenvolvimento urbano. Na verdade, muitas recomendações ou sugestões foram feitas em momentos anteriores neste livro, não somente quanto à implementação de instrumentos, mas também com o objetivo de se delinearem instituições adequadas. O que se segue resume-se a algumas sugestões e advertências que não chegaram a entrar em nenhuma das discussões precedentes, mas que são úteis. São sugestões de ordem eminentemente prática, mas não corporificam, ou pretendem corporificar, de forma alguma, uma "receita de bolo". Consoante o espírito autonomista, o que se pode oferecer é, tão-somente, um conjunto de alertas e balizamentos muito gerais, sendo que a expressão concreta (forma e conteúdo) das propostas de intervenção deverá contemplar as particularidades locais (e regionais e nacionais) e, além disso, ser fruto de um processo no qual a sociedade civil organizada precisa estar envolvida. Esforço semelhante fora já feito em SOUZA (2000b). Lá como aqui, vale a premissa de que não é razoável tentar antecipar as instituições de uma sociedade basicamente autônoma, por correr-se o risco de cometer um estéril exercício de futurologia utopista. Muito mais útil é buscar pensar os impasses da sociedade brasileira atual à luz de um pensamento autonomista, almejando, antes que descrever com detalhes (e racionalisticamente...) um ponto de chegada, fornecer elementos para a construção do caminho – sem ir, de todo modo, além de elementos, pois o caminho, como belamente disse o poeta, se constrói ao caminhar. É certo, de qualquer maneira, que algumas reflexões referentes à natureza da alternativa buscada são inevitáveis e necessárias.

Insistiu-se, no Capítulo 4 da Parte I, em que uma criteriosa e profunda análise da realidade necessariamente antecede, sob um ângulo científico, quaisquer propostas de intervenção. Ou seja: não basta um diagnóstico superficial, descritivo, quase que um mero amontoamento de dados de natureza diversa, para formar um quadro da realidade sobre a qual se deseja intervir. Tampouco, e muito menos, convém exigir que a realidade simplesmente seja modificada à luz de um modelo normativo fechado e acabado, a-histórico, no estilo da *ville radieuse* corbusiana. Além disso, porém, há outros pontos a serem considerados. A *constelação de forças* precisa ser cuidadosamente avaliada: quem são os agentes modeladores de espaço relevantes no local e no momento considerados, isto é, em um dado espaço-tempo? Quem são os agentes sociais portadores (real ou potencialmente) do projeto, quem são os possíveis parceiros, quais são as prováveis alianças, as prováveis linhas de tensão e os prováveis focos de resistência? O que é negociável, e o que não é? Afora isso, os recursos (financeiros, humanos, institucionais e legais) precisam ser verificados; as prioridades de curto, médio e longo prazos têm de ser estabelecidas; e uma certa clareza sobre o que é essencial e o que é acessório (sobre o que é e o que não é negociável) deve ser alcançada. Todos esses exames constituem uma extensão da análise, constituindo uma mediação estratégica entre esta e a proposta de intervenção em si. Há, no entanto, ainda um outro tipo de mediação, crucial em qualquer situação de planejamento: o *prognóstico*. No Subcapítulo

1.1. da Parte I teve já o autor a oportunidade de discutir esse tema, pelo que não há necessidade de repisá-lo aqui.

O puro e simples bom-senso sugere, além disso, que não se deve nem enrijecer em demasia, nem abrir as portas ao casuísmo. Em outras palavras: tanto documentos excessivamente detalhados, que procuram normatizar os mínimos pormenores (o que tende a refletir posturas racionalistas), quanto frouxidão normativa (que vai de mudanças de zoneamentos por decreto e congêneres, que lançam a lei e o planejamento no descrédito, até brechas em dispositivos legais vagos, que permitem a sua burla), devem ser evitados. As normas não podem ser rígidas na sua aplicação, podando excessivamente a autonomia individual, nem ser congeladas, de modo que não possam ser aprimoradas regularmente; entretanto, precisam ser minimamente estáveis e não se prestar a malversações. *Estabilidade com transparência* e *flexibilidade sem fisiologismo* são princípios essenciais.

Além disso, recomenda-se que os planos diretores sejam *auto-explicativos* e *auto-aplicáveis* quanto à parametrização dos instrumentos. Isso não exclui a necessidade de documentos de detalhamento, em escala microlocal (como os PEUs), no caso de os parâmetros que regem a aplicação de um instrumento requererem um grau de detalhe em sua orientação que vá além do possível nos marcos de um plano diretor, o qual tem de contemplar todo o município. Contudo, é conveniente evitar que o plano permaneça vago e dependente de regulamentação adicional, instrumento por instrumento, o que cria um cipoal de dispositivos legais capaz de irritar até mesmo especialistas em planejamento. E não só isso: um plano cujos instrumentos sejam nele enunciados de modo vago e dependam, para a sua efetiva criação e para a sua implementação, de regulamentação mediante legislação suplementar, terá, deixando de lado todos os demais fatores, mais probabilidade de não ser posto em prática que um outro que não dependa (ou dependa muito) dessa suplementação, pois o prefeito poderia, mesmo mandando elaborar o plano e enviando-o à Câmara – atendendo, destarte, ao que está disposto na Constituição e no Estatuto da cidade –, não promover a regulamentação dos instrumentos. Isso tornaria o plano, para todos os efeitos, letra morta (o caso do plano diretor de 1992 do Rio de Janeiro ilustra essa situação – vide o Capítulo 4 da Parte IV).

Box 5

Partes básicas constitutivas de um documento orientador de uma estratégia de desenvolvimento urbano

Seria contraditório e desprovido de sentido um esforço, agora, para oferecer uma espécie de "receita". A forma variará, decerto, com o conteúdo – com o tipo de documento e com o que dele se espera –, não cabendo, aqui ou em qualquer lugar, indicar, antecipadamente, como se deve redigir um plano diretor, um plano especial ou o que quer que seja. Talvez não seja inútil, contudo, apontar, mesmo sem ter a tola pretensão de esgotar o assunto, alguns *princípios estruturais* que deveriam reger a confecção de um documento que se proponha a ser inteligível e eficaz.

Qualquer documento deveria possuir uma *introdução* que comentasse a relevância do documento que o leitor tem diante de si, se possível com a ajuda de um diagnóstico poderoso dos problemas e desafios. Essa Introdução deveria, também, explicitar os princípios básicos que estão sendo perseguidos, e isso de forma objetiva e concisa, sem redundâncias ou formulações vagas, do tipo tão freqüente em certos planos diretores brasileiros que, em matéria de absorção do ideário da reforma urbana, pouco representam além de concessões retóricas. As *diretrizes*, subdivididas entre metas gerais e objetivos específicos (os anglo-saxônicos separam bem entre *aims* e *objectives*), podem estar encerradas na própria introdução ou em uma seção própria, logo a seguir. O que importa é notar que, à luz da concepção de plano amadurecida pelas experiências de planejamento alternativo brasileiras e de algum modo adotada neste livro, a exposição das diretrizes não corresponde a um mero exercício de *wishful thinking* tecnocrático, com a exposição de "ideais" simplesmente derivados de algum modelo normativo produzido em gabinete e impermeável à participação popular, mas a uma apresentação de metas e objetivos definidos democraticamente. A *base institucional*, que explicita o sistema de planejamento ou gestão que dá suporte às intervenções ou mecanismos propostos, e a *base instrumental*, ou seja, os instrumentos selecionados para, com sua ajuda, buscar realizar as metas e os objetivos, devem ser, igualmente, explicitados, sendo que os instrumentos não deverão ser apenas enunciados, mas criados, sempre com atenção aos princípios de auto-explicabilidade e auto-aplicabilidade, que devem nortear um planejamento não-burocratizante. No caso de mecanismos de gestão, como orçamentos participativos, a seção sobre os instrumentos pode corresponder, simplesmente, aos critérios de repartição de recursos, ao passo que a base institucional é representada pelo regimento interno do Conselho e por referências a legislações de suporte (como a Lei Orgânica Municipal).

A Associação Brasileira de Normas Técnicas (ABNT) bancou a elaboração de recomendações para a preparação de planos diretores, mas dentro de um espírito totalmente diverso do presente (cf. ABNT, 1992). Além de se propor a oferecer uma orientação detalhada, bem ao estilo de um receituário, o documento da ABNT, embora pareça ater-se ao espírito (vago) da Constituição de 1988, representa a continuidade do velho modelo de plano diretor, com sua obsessão pela "cidade ideal", sua pouca ênfase em instrumentos etc..

As propostas dos planejadores profissionais interagem, de diversas maneiras e em diversos momentos, com o saber popular e com a vontade deliberante da população. Em não sendo cientificista e objetivista a análise que precede a elaboração da proposta de intervenção, o pesquisador-planejador terá, durante o próprio exame da realidade existente, buscado levar em conta a dimensão (inter)subjetiva o mais honesta e profundamente possível, mediante uma base epistemológica, teórica e metodológica adequada e, tecnicamente, com a ajuda de inquéritos (questionários e, sobretudo, entrevistas). Além do mais, conforme o modelo normativo exposto e comentado no Subcapítulo 11.4. desta Parte III antecipou, o Estado, graças aos recursos de que dispõe, poderá mobilizar, em um momento posterior, os meios técnicos e financeiros necessários à realização de pesquisas de opinião e/ou "células de planejamento", com o fito de dar prosseguimento, em uma outra escala, ao esforço de "auscultamento" do saber popular que o pesquisador-planejador já terá, de maneira mais modesta, realizado durante a fase de coleta de dados preparatória à análise. O uso de *surveys* e "células de planejamento" é um recurso extremamente válido, e os seus resultados podem e devem, inclusive, ser postos à disposição também dos delegados da sociedade civil presentes em instâncias participativas e da população em geral, o que pode auxiliar bastante durante o processo de formação de juízos sobre determinado assunto. No entanto, não se avançaria além do nível de consulta, ou mesmo da cooptação, se fosse para aí permanecer. *Surveys* e "células de planejamento" não substituem a deliberação direta da população, presencialmente ou por meio de delegados; se *surveys* e "células de planejamento" são, para o planejador, simples balizamentos (que devem, todavia, ser levados em conta o mais seriamente possível), perante as instâncias deliberativas propriamente ditas (conselhos, ou o conselho unificado sugerido neste livro) o planejador deverá curvar-se. Seu direito de alertar para os perigos embutidos em uma decisão que ele considera ruim é legítimo e sua experiência pode torná-lo um elemento privilegiado não apenas para aconselhar quanto aos meios (sua função primordial), mas também para chamar a atenção para problemas e peculiaridades quanto aos fins (incompatibilidade entre recursos disponíveis e metas estabelecidas, incompatibilidades entre metas ou objetivos). Sem embargo, ele deverá compreender que as decisões finais, sendo políticas, por dizerem respeito aos destinos de uma coletividade, terão de ser respeitadas e acatadas enquanto tal – para o bem ou para o mal. Maior autonomia não significa, necessariamente, que erros não serão cometidos, ainda que certas fontes costumeiras de "equívocos" (desperdício, alocação ineficiente ou indesejada etc.) venham a ser minimizados; o que importa é que, se os caminhos heterônomos tampouco são imunes a equívocos, é, então, legítimo direito dos indivíduos *correr o risco de falhar em liberdade*, como o autor já sublinhara em SOUZA (2000a:339; 2000b:87).

O compromisso com a maior democratização possível do planejamento e da gestão urbanos significa desmitificá-los, tirando-os de seu pedestal e entendendo-os como temas em que um tipo de saber técnico-científico deve desempenhar um papel, sim, mas cuja natureza, em última análise, é política, por dizer respeito a intervenções que mexem significativamente com a vida das pessoas. Desse modo, de um lado, é preciso formar técnicos e pesquisadores envolvidos com planejamento dentro de uma mentalidade antitecnocrática, assim como é necessário aplicar métodos para envolver a sociedade civil e até mesmo qualificá-la para melhor poder participar. Se isso for feito consistentemente, é preciso avançar rumo a um pouco mais de autonomia, mesmo nos marcos de uma sociedade heterônoma.

A preocupação expressa no parágrafo precedente diz respeito a uma temática que o autor deste livro tem chamado de "pedagogia urbana". Essa expressão pode soar estranha, mas ela se refere a algo muito simples e, ao mesmo tempo, muito importante. A forma usual de comportamento dos técnicos e especialistas é aquela chamada de "tecnocrática". Ela se pauta na presunção de que os técnicos – planejadores urbanos, especialistas em administração pública etc. –, por terem estudado e aprendido técnicas e métodos "racionais" de planejamento e gestão, estão capacitados a indicarem tanto os fins da gestão dos assuntos públicos (ou seja, as metas que irão reger e orientar a vida de uma coletividade) quanto os meios para se alcançarem os fins estipulados. Os técnicos tendem a se achar superiores ao "homem comum das ruas" não somente devido ao seu conhecimento e à sua pretensão de absoluta objetividade, mas também em função de uma crença em sua própria "neutralidade": para muitos técnicos, eles são capazes, graças à sua visão de longo prazo, aos seus conhecimentos especializados etc., a se colocarem acima dos interesses de grupos específicos, agindo, diversamente, exclusivamente de acordo com o "bem comum" e com o "interesse público". Em uma sociedade heterônoma, na qual há uma assimetria estrutural no que toca à oportunidade de participar de processos decisórios que influenciam a vida coletiva, e na qual os diferentes grupos, devido às diferenças de renda, *status* e poder, têm capacidades muito distintas de influenciar os meios de comunicação (formadores de opinião) e o aparelho de Estado (que é o empregador dos especialistas em administração pública e da maioria esmagadora dos planejadores urbanos), essa neutralidade dos técnicos não passa, contudo, de mistificação ideológica e auto-engano.

No fundo, o compromisso dos planejadores profissionais, na maioria das vezes, acaba sendo o de selecionar os meios mais eficientes para garantir a permanência das regras do jogo do modo de produção capitalista, da democracia representativa e do próprio papel do aparelho de Estado na promoção do crescimento econômico e da modernização capitalista da cidade. Ou seja: na promoção do "desenvolvimento urbano" em sentido mais convencional e socialmente acrítico. Não que os técnicos não desejem, muitas vezes, perseguir metas como reduzir a pobreza e as desigualdades sociais; no entanto, a vinculação objetiva de seu empregador (o Estado) com interesses empresariais (capital imobiliário, industriais, concessionários de linhas de ônibus etc.) costuma restringir enormemente a sua margem de manobra. Além do mais, toda uma mentalidade profissional corporativista e freqüentemente conservadora, introjetada desde os tempos do curso de graduação na universidade, leva grande parte, não raro a maioria dos técnicos a identificar-se com o *status quo*, ao menos no essencial, embora defendendo "correções" aqui e ali ("correções" que, via de regra, acabam vindo em favor dos próprios interesses dominantes, pelo menos no longo prazo: por exemplo, programas habitacionais e obras de saneamento que, em última análise, contribuem para a reprodução da força de trabalho e, de certo modo, para a estabilização política, evitando convulsões sociais). No interior dessa mentalidade, a preocupação dos planejadores e gestores com seu próprio emprego e com suas próprias condições de trabalho os leva a produzir discursos legitimatórios da intervenção estatal que, o mais das vezes, mal chegam a arranhar a superfície dos verdadeiros problemas, o que dirá focalizar as suas causas profundas.

Sob essas condições, os planejadores profissionais, embora se vendo a si próprios como ideologicamente neutros, estarão, isso sim, muito próximos dos interesses dos grupos dirigentes. Por outro lado, se distanciam significativamente dos pobres urbanos, não apenas pelo seu papel objetivo, mas pela arrogância que, justamente perante os menos privilegiados, se manifesta. Assim como a visão de "bem comum" dos técnicos conservadores conterá um forte viés ideológico, fazendo-a coincidir, no essencial e na maioria das vezes, com os interesses das elites, a arrogância dos técnicos será dirigida, na prática, principalmente contra os moradores mais pobres e de menor escolaridade, e não contra os grandes empresários que, efetivamente, colocam em marcha as forças que modelam o espaço da cidade. Perante os empresários, muitas vezes, os planejadores são obrigados pelas circunstâncias a darem explicações, a tentarem estimular o interlocutor a fazer investimentos e, não raro, a cederem diante de pressões diversas (para o relaxamento de normas, realização de obras de infra-estrutura e outras coisas). Perante os moradores mais humildes, diversamente, os planejadores profissionais, muitas vezes, terão outra postura, achando que explicações são desnecessárias, já que os moradores "não entenderiam" e que estes, na verdade, devem se sentir gratos porque os técnicos estão "pensando o que é melhor para a cidade".

Não é preciso, todavia, que os planejadores profissionais sejam sempre assim – e, de fato, felizmente, nem sempre são. Para que seja diferente, contudo, não basta que existam planejadores e intelectuais progressistas, com uma mentalidade distinta e crítica; para evitar que um planejamento alternativo ao tecnocratismo e comprometido com uma visão crítica da sociedade não passe de um exercício acadêmico, são necessárias, contudo, condições *político-institucionais* favoráveis, como a possibilidade de forças políticas comprometidas com a justiça social e a democratização do espaço urbano ganharem o controle, via eleições, de administrações municipais.

Ainda que a margem de manobra permaneça limitada, pois o contexto social geral continua a ser heterônomo, uma conjuntura política local favorável permite vários avanços, cujo efeito cumulativo, no longo prazo, pode se revelar notável. O que não pode acontecer, uma vez alcançada a conquista, pela via eleitoral, de uma Prefeitura por parte de forças políticas orientadas para a mudança social, é o comportamento dos técnicos continuar sendo do tipo conservador, em que o planejador assume uma postura arrogante e se julga auto-suficiente. Um governo municipal progressista precisa se fazer acompanhar de um estilo de gestão genuinamente democrático, o que lhe dará muito maiores credibilidade e legitimidade e evitará que encarne uma contradição. Daí a idéia de que os especialistas em planejamento e gestão da cidade precisam entender a si próprios como educadores, como pedagogos: "pedagogos urbanos". No entanto, não como educadores autoritários, e sim como pedagogos libertários, no sentido, aqui capturado metaforicamente, da filosofia educacional de Paulo FREIRE (1986): o educador aprende com o educando e com ele *dialoga*, não se limitando a "adestrá-lo" ou, aproveitando a metáfora da "educação bancária" empregada por Paulo Freire, a "depositar" em sua mente conteúdos impostos sem discussão.

A "pedagogia urbana" aqui advogada encerra vários aspectos, dos quais três merecem ser destacados:

• **Socialização de informações, comunicação fácil e "tradução" de políticas públicas em linguagem acessível**. As questões da quantidade e da qualidade das *informações*, bem como da adequação dos canais de *comunicação*, são cruciais, pois somente estando adequadamente informados os cidadãos poderão decidir com conhecimento de causa, e somente decidindo com conhecimento de causa poderão decidir lucidamente, a salvo de manipulações e induções espúrias. Que não se pense, porém, que a tarefa de gerar dados e informações e disponibilizá-los deve ser vista como prerrogativa exclusiva do Estado: embora um dos desafios seja, durante todo o tempo em que vivermos em sociedades basicamente heterônomas, precisamente o de influir na conjuntura política e modificar a correlação de forças a ponto de tornar o aparelho de Estado menos opaco e mais permeável a uma participação direta da população no planejamento e na gestão, as organizações da sociedade civil não devem se fiar exclusivamente no Estado ou dele depender; elas devem procurar gerar seus próprios dados e informações, os quais lastrearão suas críticas e suas (contra)propostas.

Raciocínio similar se aplica à questão da publicização de políticas públicas de planejamento e gestão urbanos. Além de precisarem ser não apenas "levadas ao conhecimento" dos cidadãos comuns mas, isso sim, discutidas com ele, pois ele deverá ter a possibilidade de participar das decisões, elaborar propostas alternativas de intervenção é algo que poderá e deverá estar na agenda dos movimentos sociais e suas organizações. E, da mesma maneira como não se deve esperar que o Estado tome sempre a iniciativa de propor ações de planejamento e mecanismos de gestão, não devem as organizações da sociedade civil que porventura elaborem (esboços de) alternativas poupar esforços para submetê-las à mais ampla discussão possível. Para tudo isso, não se vai imaginar que, de uma hora para outra, todos os cidadãos (ou, pelo menos, todos aqueles interessados) irão se munir de conhecimentos técnicos de planejamento urbano e administração pública. O papel dos cidadãos com formação técnica, estejam a serviço do Estado ou de alguma organização da sociedade civil, continua muito importante, mas terá de se subordinar às diretrizes políticas mais gerais de um governo verdadeiramente aberto à participação popular direta ou, no caso das organizações da sociedade civil, à própria dinâmica da sociedade. Além de aconselhar tecnicamente, os planejadores devem, como parte de uma orientação de governo ou do simples bom senso que deve presidir as organizações da sociedade civil, "traduzir" as políticas públicas em linguagem acessível. Acessível, aqui, significa: objetiva, enxuta e despida de jargão. Mas, atenção: adotar uma linguagem simplificada não quer dizer que se vão sonegar informações cruciais para a formação de uma opinião crítica, o que, no caso do Estado, é sempre um risco. De sua parte, as organizações da sociedade civil tampouco devem ser, *a priori*, beatificadas: além dos usuais problemas de dependência em relação ao Estado no que se refere a financiamento, é necessário considerar que, em épocas de crise e fraqueza dos movimentos sociais, a atuação das organizações merece especial atenção, pois tanto poderão desempenhar o papel de estimuladoras e aglutinadoras em períodos de desmobilização e marasmo quanto configurar-se como instâncias artificiais e desvinculadas das práticas sociais. Trata-se, a respeito do Estado mas também um pouco no que concerne às organizações da própria sociedade civil, de (re)alimentar um debate crítico, não de fazer mera doutrinação ou induzir os cidadãos a referendarem posições ou decisões tomadas previamente de cima para baixo.

• **Formação de planejadores e gestores urbanos populares**. Um passo adiante e pode-se imaginar que, indo um pouco mais além de se levar informação de qualidade e em quantidade suficiente ao cidadão, habilitando-o para participar de decisões sobre a vida coletiva, a administração pode organizar *cursos de capacitação* periodicamente, cuja finalidade é a de permitir o aprofundamento da capacidade de questionamento político e técnico da parte dos cidadãos interessados. O ideal seria o de ajudar a fazer de "cada cidadão um planejador amador", dando aos cidadãos a chance de participarem não apenas de debates em um nível muito geral, mas também, ao conhecerem aspectos básicos dos instrumentos de planejamento e alguns outros assuntos, oferecendo-lhes a possibilidade concreta de poderem manter uma relação mais crítica e madura com os planejadores profissionais. Não se duvida de que, pelo menos no começo, poucos terão tempo e interesse para participarem de tais cursos. Já será um ganho extraordinário, todavia, se, sobre essa base, for possível capacitar, pelo menos, um número apreciável de líderes populares (por exemplo, delegados de orçamento participativo). Para isso, será necessário, evidentemente, que o formato e os horários dos cursos sejam compatíveis com a disponibilidade de tempo e as possibilidades do público-alvo.

Além dos cursos de capacitação, uma possibilidade adicional, no estilo *learning by doing*, é o emprego de "células de planejamento". Desenvolvidas, como já se disse, pelo alemão Peter Dienel no começo dos anos 70, "células de planejamento" foram já implementadas em numerosas cidades da Alemanha e de outros países. A experiência das "células de planejamento" tem mostrado que, desde que os problemas sejam formulados de modo inteligível e seja propiciado aos "planejadores leigos" o acesso a informações em quantidade suficiente e em linguagem compreensível, a esmagadora maioria dos participantes é capaz de entender problemas de planejamento e formular recomendações. Outras experiências, algumas até muito mais ousadas (como o orçamento participativo de Porto Alegre), têm demonstrado coisa semelhante. Embora de alcance aparentemente bastante restrito, pois se trata de um esquema de consulta e apoio aos planejadores profissionais, e não de uma instância deliberativa (o que, em função do pequeno número de envolvidos, seria absurdo) – não podendo, portanto, substituir esquemas mais amplos e "fortes" de participação popular –, as "células de planejamento" podem ser úteis não apenas para oferecerem recomendações e, assim, balizarem o trabalho dos planejadores profissionais, mas também como instância de desmitificação do planejamento e aproximação deste com o cidadão comum.

Por fim, além dessas iniciativas do próprio Estado, às vezes até em conjunto com organizações da sociedade civil, estas devem procurar implementar os seus próprios esquemas de capacitação, sob a forma do que, na velha linguagem da esquerda, denomina-se de *trabalho de base* (a expressão é aceita, pelo autor, sob a condição de ser purgada de uma conotação autoritária/hierárquica no estilo do binômio "cúpula"/"base", entendendo a base social não como uma simples "massa" que precisa ser "guiada" por uma "vanguarda" de tipo leninista). Pensa-se, aqui, no papel essencial dos núcleos organizados da sociedade civil para promover debates, reflexões e atividades práticas junto aos cidadãos menos engajados, animando os ativismos sociais e colaborando para ampliar o seu alcance e a sua eficácia, de modo a que possam converter-se em autênticos movimentos.

Em síntese, experiências desse tipo – cursos de capacitação, "células de planejamento" e "trabalho de base" –, se bem-sucedidas, terão duas utilidades: a mais óbvia e central é a preparação de mais e mais cidadãos capazes de participar, lucidamente, de processos decisórios; outra utilidade é a de propiciar mais uma oportunidade para os técnicos do Estado entrarem em contato com a população, especialmente a população mais pobre, em um contexto de diálogo autêntico e sem complexo de superioridade, ajudando a "humildificar" os planejadores profissionais e a desmitificar o planejamento e a gestão na cabeça do cidadão comum. No caso do "trabalho de base" promovido por organizações da própria sociedade civil, essa segunda utilidade também existe: basta substituir a figura do técnico a serviço do aparelho de Estado pela figura do intelectual ou pesquisador universitário, ou mesmo do estudante universitário, freqüentemente carentes de banhos periódicos de realidade e de contato regular com aqueles que, ao fim e ao cabo, são os eventuais protagonistas de processos de transformação social.

• **“Força-tarefa técnica” e rotinas de estimulação político-pedagógica**. Por fim, é interessante que o Estado, na esteira de um esforço de *descentralização* da gestão municipal, organize e mantenha técnicos responsáveis pelo monitoramento e acompanhamento de partes específicas da cidade. Esses técnicos comporiam, em cada bairro ou conjunto de bairros, um pequeno grupo, capaz de se desdobrar em uma “força-tarefa” para resolver ou ajudar a resolver problemas de interesse mais local e específico. Além disso, caberia a esses técnicos a realização ou a supervisão das inspeções de campo alimentadoras das atualizações das bases cadastrais do município. Permanentemente em contato com os líderes dos bairros e favelas, esses técnicos não deixariam, obviamente, de estar também em contato com os planejadores profissionais mais diretamente encarregados de estudar e acompanhar os problemas mais gerais da cidade. Na verdade, as diferentes instâncias (líderes de bairros e favelas, “planejadores de bairro” e outros planejadores profissionais) se realimentariam constantemente com informações. Além disso, os “planejadores de bairro” contribuiriam para organizar, em cada local, os cursos de capacitação mencionados acima, além de muitos outros eventos e atividades (de orçamentos participativos a discussões públicas sobre projetos de obras). Essa seria a sua colaboração para a implementação de *rotinas de estimulação político-pedagógica*.

12.3. Notas complementares exploratórias sobre o governo urbano e a sua territorialidade

Uma boa maneira de finalizar este capítulo sobre as formas concretas de expressão, as instituições e os marcos legais das estratégias de desenvolvimento urbano é dizer mais algumas palavras sobre a moldura político-institucional em que as políticas públicas, as estratégias e os planos são ou serão elaborados e o tipo de territorialidade que deverá dar suporte às políticas e aos mecanismos de gestão e planejamento. O tema havia merecido atenção anteriormente, ao focalizar-se a questão da participação (Capítulo 11.) e, em particular, a questão dos conselhos (subcapítulos 11.3. e 11.4.). É desejável, mesmo assim, complementar o que foi dito antes. Se, nos subcapítulos 12.1. e 12.2., as estratégias de desenvolvimento urbano mereceram atenção, é justo que, para finalizar este capítulo e a Parte III, seja a moldura político-institucional mais explicitamente vinculada à territorialidade da gestão e do planejamento.

No que toca à moldura político-institucional, é claro que a conversa, aqui, não poderia ser, simplesmente, sobre o governo urbano entendido em sua corriqueira associação com o aparelho de Estado (ainda que, evidentemente, não sejam a mesma coisa). Nem por isso deseja o autor restringir-se a falar de *governança* urbana, como gostariam os mais sintonizados com as modas vigentes, alegando que vive-se em uma quadra da história em que um grande número de típicas funções de governo foi transferido para instituições não-estatais ou para-estatais (as ONGs, freqüentemente dependentes do Estado para seu financiamento...). É de institucionalidades formalizadas para o exercício do poder em uma coletividade que se trata aqui, o que, sem dúvida, em uma sociedade heterônoma, terá de incluir o aparelho de Estado, a despeito de suas limitações estruturais de um ponto de vista autonomista. Ocorre que a preocupação, não sendo com uma mera espécie de "terceirização de funções de governo" travestida de descentralização democrática, e sim com a conquista de mais autonomia e a superação da heteronomia nas mais diversas escalas, leva a que não se possa contentar-se em expandir o vocabulário e os referenciais passando de "governo" para "governança". O "pode explícito" (*pouvoir explicite*) de que fala CASTORIADIS (1996b) refere-se às instituições da esfera pública em sentido forte, da administração dos negócios coletivos, da elaboração e da execução das leis – ao *governo*, portanto, em um sentido muito amplo –, e é dele de que aqui se ocupa o autor. Se o poder explícito, em uma sociedade heterônoma, terá, fundamentalmente, a ver com um aparelho de Estado separado do restante da sociedade – aparelho esse que caracteriza uma instância de poder, em última análise, sancionadora de uma opressão estrutural –, "preenchido" e animado por um governo em sentido restrito, isto é, em que apenas uma minoria "governa" efetivamente, ele não se reduz de modo algum a isso, bem podendo referir-se, em uma situação radicalmente diferente da nossa atual, à auto-organização/autogestão/*autonomia* da sociedade – vale dizer, ao *autogoverno* da coletividade.[61]

A democracia representativa tem sua maneira de lidar com a territorialidade do poder explícito, ou territorialidade governamental, a qual se apóia em um princípio algo "cartesiano" de lealdades monoidentitárias: embora fazendo parte de diversas entidades territoriais simultaneamente, por força das sobreposições derivadas da convivência de esferas de governo em, no mínimo, três escalas diferentes (local, [sub]regional [isto é, estadual, provincial] e nacional), cada indivíduo, no que se refere a cada escala, pertence a um território de cada vez, assim definindo-se a sua lealdade básica: é lá que ele ou ela vota, é lá que ele ou ela exerce a sua cidadania política formal. Essa territorialidade define-se por meio de territórios que tendem a se cristalizar ou mesmo petrificar, sendo a sua produção tão intransparente e distante do cidadão comum quanto o é o processo político nessas "oligarquias eletivas" em geral. O exemplo mais óbvio é o do território "nacional", que é, também, um "lugar"[62] eivado de simbolismo e ideologia; para muitos (juristas, cientistas políticos e, lamentavelmente, mesmo geógrafos) ainda hoje quase que sinônimo de território *tout*

---

[61] Se, para os anarquistas clássicos, governo sempre lembrou Estado (como, de resto, também para os liberais, ainda que com sentimentos opostos), isso decerto tem a ver com o fato de que os anarquistas pretenderam construir uma sociedade *sem poder algum*, o que, concordando com Castoriadis, não passa de uma ficção incoerente. Não é à toa que os anarquistas clássicos também costumavam reduzir conceitos tão amplos, como "lei" e "autoridade", à idéia de opressão, ou seja, à sua associação com o Estado no seio de uma sociedade heterônoma. No fundo, é perfeitamente possível entender o governo como o exercício do "poder explícito", o que, em uma sociedade basicamente autônoma, não se traduziria como o governo de uma minoria sobre uma maioria, mas como *autogoverno*, em que todos os cidadãos seriam, a um só tempo, governantes (partícipes da elaboração do *nomos*) e governados (submetidos ao *nomos* por eles mesmos elaborado).

[62] Ainda que um "lugar secundário", dado que não se "lugariza" a partir de uma vivência direta, em função da escala, diversamente dos "lugares primários" da escala local, passíveis de serem experienciados pessoal e intensamente.

court, ele é, freqüentemente, até mesmo *reificado*, "coisificado", ao ser confundido com o substrato espacial em si (o "solo pátrio").[63]

Os anarquistas clássicos, muito particularmente o geógrafo russo Piotr Kropotkin, tinham uma percepção diferente do que poderia ou deveria ser a organização sociopolítico-espacial espacial das coletividades. O princípio-chave era o da *descentralização*. Se, na economia, isso implicaria uma ênfase sobre menor interdependência e maior integração local e regional de atividades e capacidades (KROPOTKIN, 1904), ou um forte "desenvolvimento endógeno", para usar um linguajar mais recente, no terreno político isso redundaria na afirmação do *federalismo* (*lato sensu*, isto é, das associações livres, o que, por conseguinte, muito pouco tem a ver com o uso de termos como "federação" no âmbito de sociedades heterônomas e de seus aparelhos de Estado) como base de toda a organização territorial: "o verdadeiro progresso está na descentralização, tanto *territorial* quanto *funcional*, no desenvolvimento do espírito local e da iniciativa pessoal, e na federação livre do simples ao complexo, em vez da hierarquia atual, que vai do centro à periferia" (KROPOTKIN, 1987:21; grifo de Kropotkin). Atualizada, contemporaneamente, por Murray Bookchin (vide, por exemplo, BOOKCHIN [2001]), a idéia federalista foi retomada, também, pelo geógrafo Jacques LÉVY (1994), o qual, contudo, deixa de fazer menção às suas raízes e ao seu desenvolvimento pelo pensamento libertário clássico.

O princípio da livre associação passa uma idéia de fluidez, de maleabilidade, que é muito cara a um pensamento autonomista. A questão da autonomia, como o autor deste livro salientou em outros lugares (SOUZA, 1996a; 1997a; 2000b), reclama considerações de ordem explicitamente espacial para tornar-se verdadeiramente concreta: como podem diversas coletividades buscar sua máxima autonomia no plano interno (liberdade efetiva no seio da coletividade em questão), ao mesmo tempo sem sacrificar o intercâmbio cultural e econômico com o mundo exterior e sem submeter ou ser submetido

---

63 Ver, para essa e outras discussões em torno do conceito de território, SOUZA (1995a).

por outrem, isto é, respeitando e fazendo respeitar a autonomia no plano externo (a *eleuthería* dos gregos, ou liberdade/soberania, mas também a identidade cultural)? Como evitar que "corporativismos territoriais" venham a erodir a solidariedade e a perspectiva de interesses comuns, na esteira de uma competição de entidades territoriais ensimesmadas? A *territorialidade* do poder explícito é um componente fundamental da natureza deste, e não um "dado" empírico sem maior relevância.

Integrações verticais (entre escalas) e horizontais (entre entidades territoriais situadas na mesma escala) de relações de poder explícito devem ter lugar, nos marcos de uma sociedade autônoma, de modo substancialmente diverso do que se passa no interior do típico esquema representativo. Cumpre lembrar, mais uma vez, a profissão de fé não-teoricista: não cabe definir, aqui, a(s) possível(veis) forma(s) concreta(s) que uma territorialidade radicalmente alternativa assumiria. Não obstante, é certo que as identidades legítimas, expressas ora por *redes*, ora propriamente por *territórios* (contínuos), deverão ter ampla liberdade para se manifestar, sem cerceamentos de cima para baixo e sem cristalizações alienantes e autoritárias, do tipo territórios e fronteiras "santificados pela tradição" e garantidos por um poder heterônomo. Múltiplos territórios e múltiplas redes como definidores de identidades legítimas, em que as coletividades autogeridas podem, sem maiores empecilhos burocráticos, e apenas sobre o fundamento da verdadeira democracia, redefinir a malha territorial conforme o câmbio de situação e a mudança da realidade. Expressando uma maior *complexidade*, integração não será equivalente a submissão.

E, bem ao contrário do que se poderia pensar, o território não é uma "prisão", a contrastar com a "versatilidade" das redes. O território *protege*, a rede *articula*; isso nos arrosta com uma *dialética fechamento/abertura*, em que os dois pólos são imprescindíveis. O importante é que o fechamento seja apenas *relativo* ou, conforme lembra LÉVY (1994:388), que o território não "encerre" tudo o que "engloba", que as territorializações tenham em conta "os limites de seus limites". O território (o pólo do "fechamento" relativo) não deve ser uma referência petrificada, como sói acontecer com os mitificados territórios dos "Estados-nações", mas entendido como uma *dimensão da auto-instituição lúcida e consciente da sociedade*. E mais: para usar de um pleonasmo, territórios referenciam identidades territoriais, as quais, se são importantes (são, na verdade, poderosas, por serem holísticas e integradoras), não podem ser exclusivistas: e é aí que entram as múltiplas redes e, também, *territórios em rede* ou *territórios-rede*, definidos pela área de influência que exerce pela articulação de vários pontos ("nós" da rede),[64] sem eliminar outras configurações, identidades e lealdades intersticiais.

Iris YOUNG (1990), filósofa norte-americana que, com grande profundidade, tem contribuído para ampliar as fronteiras da discussão sobre a multidimensionalidade da opressão e a "política da diferença", adota, a propósito da questão territorial, uma posição muito fechada e rígida. Opondo-se ao "municipalismo libertário" à la Bookchin, que ela considera conduzir a uma excessiva atomização, Young pondera que o ideal, em vez de federações de governos locais, seriam governos territoriais mais extensos ("*large regional governments*"), garantindo-se, todavia, mecanismos para representar os interesses de *neighborhoods* e *towns* (YOUNG, 1990:248). Para ela, que toma, inadvertidamente, o termo autonomia (*autonomy*) não no sentido de Castoriadis, mas mais ou menos no sentido de "autarquia", ou de ensimesmamento territorial, o importante não é a autonomia, e sim o *empowerment* das várias coletividades (YOUNG, 1990:249). Sem dela discordar quanto ao potencial de atomização indesejável contido na proposta de Bookchin, parece, de todo modo, que tanto ela quanto este incorrem no equívoco de querer antecipar, teoricamente, algo que não lhes compete: os formatos institucionais concretos de um possível futuro basicamente não-heterônomo. Como balizamen-

---

[64] Ver, sobre a idéia de territórios em rede ou territórios-rede, SOUZA (1995b). HAESBAERT (1997:264) empregou, na mesma época, a expressão "território-rede" (assim como "território-suporte' e "território subordinado à rede") para exprimir um raciocínio distinto: o seu "território[subordinado à]-rede" é um patamar administrativo ou funcional submetido a interesses externos organizados em rede, ao passo que o "território-rede" ou "território em rede" de que fala o autor do presente livro corresponde à *área de influência*, essencialmente informal e de limites nebulosos, de um poder organizado em rede.

to, ou alerta, o que parece realmente importar, por enquanto, é grifar que não só autonomia (seja lá de que recorte territorial for, e em que escala geográfica for), no sentido castoriadiano, nada tem a ver com ensimesmamento ou atomização, mas também que, por definição, sendo as articulações políticas interescalares livres e complexas, seria contraditório definir, *a priori*, que tal ou qual escala seria "privilegiada" (local em detrimento do supralocal ou, inversamente, supralocal em detrimento do local). Cabe, igualmente, registrar que, bem dentro do espírito mais essencial do federalismo, se lealdades não são mutuamente excludentes de modo rígido (modelo que, simbolicamente, poder-se-ia chamar de "nacionalista"), até mesmo certos tipos de pertencimento territorial (territórios-rede e mesmo territórios contínuos) poderão ser, na mesma escala, concomitantes, com superposições complexas de diversas malhas, a expressar a coexistência de múltiplas identidades (territoriais ou "territorializantes"[65]). Múltiplas identidades, múltiplas integrações verticais e horizontais: eis, aí, um federalismo realmente complexo, que não se reduz a um culto localista romântico, nem privilegia essa ou aquela escala de organização. Ao dizer, no início deste subcapítulo, que a territorialidade estatal/"representativa" é um tanto "cartesiana", tentou-se dizer isso: ela implica um "claro e distinto" rígido, empobrecedor, fortemente excludente e autoritário.

Para terminar, é conveniente fazer notar que a construção de alternativas territoriais, como resultado da edificação de governos urbanos progressistas, não é algo para ser remetido apenas para um futuro distante, nem tem a ver, somente, com a autogestão ou com a democracia direta *stricto sensu*, ou seja, com uma sociedade basicamente autônoma. Ancorar ganhos de autonomia em territorialidades

---

65 Uma boa discussão do conceito de identidade territorial pode ser encontrada em HAESBAERT (1999). Vale registrar, de todo modo, que, se nem toda identidade é (diretamente) territorial, isso não significa que, mesmo naqueles casos de identidades "setorialmente definidas", a dimensão espacial não seja importante, inclusive do ponto de vista da organização – sendo, nesse sentido, pretexto para territorializações, para a definição de áreas de abrangência ou influência de organizações.

um tanto alternativas é condição *sine qua non* para a efetivação dos próprios ganhos de autonomia e a construção de novas institucionalidades que, na base da "co-gestão", da introdução de elementos de democracia direta, crie algumas novas possibilidades mesmo nos marcos restritos de uma sociedade heterônoma. Um orçamento participativo realmente consistente, como o de Porto Alegre, é uma nova e estimulante institucionalidade que, nitidamente, traz consigo uma nova territorialidade, condenada a conviver de maneira menos ou mais tensa com a territorialidade herdada do sistema representativo.

Além disso, várias outras questões, todas elas atuais, podem ser colocadas, como aquela das modalidades de cooperação intermunicipal, lembrada em SOUZA (2000b:93-4) e de evidente importância, sobretudo, no caso de áreas metropolitanas. A maneira como o tema das instituições metropolitanas foi encaminhado, no Brasil, espelhou as condições de cada época. Nos anos 70, quando as primeiras nove regiões metropolitanas foram instituídas (Porto Alegre, Curitiba, São Paulo, Rio de Janeiro, Belo Horizonte, Salvador, Recife, Fortaleza e Belém), o leque diversificado de estatutos legais que regeriam as entidades metropolitanas, variando de autarquias (Belo Horizonte e Fortaleza) a fundações (Recife, Rio de Janeiro e Porto Alegre), passando por empresas públicas (São Paulo, Salvador e Belém) e, no caso de Curitiba, uma coordenadoria, não deixava de revelar, no fundo, o contexto de autoritarismo vigente no país, uma vez que todo o processo foi coordenado e implementado de cima para baixo, pelo governo federal (ver, sobre isso, ARAÚJO Filho [1996:64]). Com o fim do regime militar, a Constituição de 1988 transferiu da União para os estados a responsabilidade pela criação de regiões metropolitanas (CONSTITUIÇÃO DA REPÚBLICA FEDERATIVA DO BRASIL, 1988:Art. 25, § 3º). Disso têm decorrido alguns efeitos colaterais indesejáveis, como a excessiva flexibilização e a falta de uniformidade quanto ao que se deva entender como "metrópole", ensejando a criação de várias regiões metropolitanas de duvidosa consistência técnica por razões de prestígio político; mas, acima de tudo, isso abre a possibilidade de um redesenho do quadro institucional, adotando-se modelos de articulação metropolitana descentralizantes. Tais modelos tanto podem ser de cooperação formal (consórcios municipais formalizados, contratos intergovernamentais com finalidades específicas), quanto de cooperação intermunicipal informal (associações voluntárias de municipalidades, em que cada membro pode desligar-se a qualquer momento). Há, no mundo, uma variedade muito grande de soluções (vide MELLO, 1996), devendo, cada sociedade e mesmo cada coletividade local, encontrar a saída mais adequada aos seus interesses e às suas peculiaridades. Infelizmente, porém, o comum é o tratamento do assunto ser, ele também, estadocêntrico, no sentido de que o que se enfatiza é apenas o tipo de associação e cooperação entre os governos municipais, sem articular isso com o problema da relação de cada governo mesolocal (municipal) e, também, das instituições de gestão e administração macrolocais (metropolitanas), com a sociedade civil. Não perder de vista que a questão da democratização da gestão e do planejamento metropolitanos é infinitamente mais profunda do que uma mera discussão acerca de formatos institucionais de cooperação intergovernamental no seio da atual sociedade heterônoma não implica, por outro lado, que discutir esse assunto não seja algo digno de atenção. Avanços podem e devem ser tentados também na escala macrolocal, sob a condição de não se adotar uma perspectiva estadocêntrica.

PARTE IV:

Extraindo lições de experiências concretas

A parte do livro que ora se inicia é dedicada a esquadrinhar experiências concretas, com o fito de examinar as razões de sucessos e fracassos (sempre qualificando e relativizando tanto os "sucessos" quanto os "fracassos" não somente porque podem ser meramente parciais mas, também, porque sua classificação enquanto tal não é inteiramente objetiva e independente da subjetividade do observador). Se as análises das partes anteriores foram concretizadas em uma linguagem bastante técnica/científica, a Parte IV será vazada em uma prosa às vezes um tanto impressionista, com um sabor que mescla o "relato etnográfico" e o balanço crítico; afinal, trata-se, também, de compartilhar histórias e vivências pessoais daqueles entrevistados pelo autor em diferentes ocasiões (ou que tiveram depoimentos colhidos por outros autores), e não apenas de registrar dados "frios" sobre a performance de cada cidade em matéria de planejamento e gestão.

As entrevistas não foram, via de regra, conduzidas sob a condição de anonimato. Todavia, embora nunca ninguém tenha se negado a permitir que o depoimento fosse gravado, no caso de delegados e líderes da sociedade civil em geral o autor preferiu não revelar a identidade dos entrevistados em determinados casos específicos, por entender que a publicização de certas críticas, feitas amiúde em caráter implicitamente confidencial, poderia acarretar-lhes prejuízos. Nesses casos, e somente nesses casos, omitiu-se a identidade do(a) entrevistado(a). No entanto, não havia porque respeitar qualquer regra de uniformidade; não apenas porque certos trechos de depoimento são tão bonitos que dá, realmente, vontade de homenagear aquele que o prestou, mas também porque os delegados de orçamento participativo, que formam a esmagadora maioria dos não-políticos, não-administradores e não-planejadores profissionais entrevistados, são, tanto quanto estes, figuras públicas, responsáveis por suas falas e porta-vozes de uma coletividade.

1. Porto Alegre: virtudes e contradições

O primeiro trabalho de campo do autor em Porto Alegre, em abril de 2000, foi um momento de prazerosa descoberta. Descoberta de uma cidade fervilhante, cada vez mais interessante: eventos culturais, políticos, político-culturais. A coisa mais empolgante de Porto Alegre, do ponto de vista político e político-pedagógico, é o seu orçamento participativo, atualmente bastante conhecido no plano internacional e inspirador de experiências similares em cidades de outros países. Até David Harvey, o mesmo luminar do marxismo urbano que, na Introdução deste livro, teve a sua exagerada "planofobia" criticada, abrandou, recentemente, sua recusa um tanto simplista do planejamento e das estratégias institucionais; isto, que já se podia notar em HARVEY (1999), ficou ainda mais claro mais tarde, ao travar contato com o orçamento participativo da capital gaúcha, como bem mostra o trecho abaixo, extraído de seu livro mais recente:

> The creation of mediating institutions is deeply fraught and frequently contested (as one might properly expect). The chief difficulty is to bring multiple militant particularisms (in the contemporary US this might mean the aspirations of radical ecologists, the chamber of commerce, ethnic or religious groups, feminists, developers, class organizations, bankers, and the like) into some kind of institutional relation to each other without ressort to arbitrary authority and power. The Porto Alegre experience (...) suggests that this sort of thing can be done. (HARVEY, 2000:244)

Mas não é só isso, e a ousadia do orçamento participativo porto-alegrense não se explica sem uma compreensão, mesmo que apenas aproximativa, das condições que permitiram que Porto Alegre fosse o palco desse e de outros processos e eventos – dos Congressos da Cidade (três já realizados), onde o destino da urbe é amplamente debatido, aos fóruns sociais mundiais (2001 e 2002). Para quem sai de uma cidade como o Rio de Janeiro, cuja vida cultural se despolitizou tanto e cuja vida política tanto se amesquinhou a partir dos anos 90, mergulhar na realidade porto-alegrense e entabular conversas com desde um motorista de táxi até funcionários da Prefeitura ligados ao orçamento participativo (funcionários cujo nível intelectual, diga-se de passagem, é comumente bastante alto), passando, é claro, pelos delegados e (delegados-)conselheiros do orçamento participativo, atua como um bálsamo restaurador.

Apesar disso, manter o espírito crítico sempre em alerta é não somente um dever de todo cientista desejoso de não se perder nos descaminhos da propaganda vulgar e não se deixar cegar pela simpatia política, mas também uma forma de poder contribuir para o aprimoramento ulterior da realidade. Não que se queira, apenas para ostentar credenciais de respeitabilidade científica, descobrir, a todo custo, aspectos reprováveis ou levantar ressalvas a propósito de uma realidade com a qual o autor assume identificar-se bastante. No entanto, um mínimo de distanciamento crítico-profissional revelará que nem tudo em Porto Alegre são passsos de gigante rumo a mais autonomia individual e coletiva. Como poderia ser diferente? Em se tratando de uma cidade de um país semiperiférico, de uma cidade situada em um contexto regional relativamente favorável sob os ângulos econômico e político-cultural, mas cujo contexto nacional, tão desigual e tão heterônomo, historicamente influenciado por processos internacionais condicionadores de desigualdade e heteronomia, seria de se esperar que a ousadia de Porto Alegre convivesse com coisas menos elogiáveis em um ambiente rico e contraditório. Esse outro lado (ou parte dele), nada brilhante, é objeto do Subcapítulo 1.2.

1.1. O orçamento participativo: um ponto luminoso

A grande vedete da gestão urbana crítica no Brasil é, sem a menor sombra de dúvida, o orçamento participativo implantado em Porto Alegre a partir da primeira administração do Partido dos Trabalhadores, em 1989. Não que não haja outras coisas interessantes e importantes acontecendo nessa cidade político-culturalmente tão densa hoje em dia que é Porto Alegre; indubitavelmente, há – pense-se, por exemplo, nos Congressos da Cidade. Não, também, que não haja experiências de gestão urbana participativa interessantes sendo conduzidas em outros locais; sim, elas existem, incluindo algumas experiências razoavelmente importantes de orçamento participativo, como aquela de Belo Horizonte. O fato, entretanto, é que Porto Alegre representa, de longe, a experiência mais ousada e mais consistente de orçamento participativo em andamento no Brasil.

Não importa que Porto Alegre não tenha sido o primeiro município brasileiro a introduzir algum tipo de participação popular direta na elaboração do orçamento público. Juntamente com várias outras, a experiência de Vila Velha (ES), entre 1983 e 1986, e a de Pelotas (RS), entre 1984 e 1986, foram anteriores, e aquela de Lages (SC), mais anterior ainda. Essa anterioridade, que tem alimentado pueris disputas em torno da originalidade do experimento porto-alegrense, não elimina a circunstância de ser o orçamento participativo da capital gaúcha aquele que, seja devido à constelação de forças que o sustentou, seja devido à conjuntura política mais favorável (não se deve esquecer que as experiências de Lages e Pelotas e, em parte, Vila Velha, se deram ainda nos marcos do regime militar inaugurado pelo golpe de 1964 e que se prolongou até 1985), foi em Porto Alegre que as condições objetivas para o florescimento do empreendimento se apresentaram realmente maduras. Uma vez dado o passo inicial para a construção da co-gestão entre Estado e sociedade civil organizada a propósito da elaboração da peça orçamentária, o avanço e o aprimoramento têm sido ininterruptos. Como resultado de algo conduzido com arrojo, competência e criatividade em um grau não muito comum na esquerda brasileira, o orçamento participativo de Porto

Alegre tornou-se uma referência não apenas para outras administrações progressistas dentro do país, mas até mesmo para administrações locais em outros países. Assim como a democracia, na antiga Grécia, irradiou-se a partir de Atenas e sob a influência de Atenas, o que há de mais avançado em matéria de orçamento participativo no Brasil tem recebido, por via de regra, a inspiração vinda da capital gaúcha. Fora do Brasil, a influência de Porto Alegre começou muito cedo, já no começo da década de 90, com a adoção, em Montevidéu, de um esquema baseado no orçamento participativo porto-alegrense; mais tarde, outras cidades, inclusive de países europeus, principalmente após o Fórum Social Mundial de 2001, "descobriram" o orçamento participativo: Jean-Blaise PICHERAL (2001) informa que, nas últimas eleições municipais francesas, vários foram os que incluíram o orçamento participativo em seu programa.

Uma divergência mais interessante, embora de pouca visibilidade, também envolve dúvidas acerca da paternidade do orçamento participativo porto-alegrense. Trata-se de saber se a iniciativa ou, pelo menos, se a idéia inicial partiu do Estado ou da sociedade civil. Enquanto a esmagadora maioria dos autores assume, implícita ou explicitamente, que o crédito pela implantação do mecanismo deve ser atribuído ao Partido dos Trabalhadores após conquistar o poder em Porto Alegre (apenas a título de exemplo, consulte-se FEDOZZI [1997]), MENEGAT (1995, 1998) sugere que os próprios movimentos sociais locais já teriam levantado a bandeira antes da vitória eleitoral do PT. Vale a pena examinar mais detidamente essa polêmica.

O autor realizou dois trabalhos de campo em Porto Alegre em 2000 (em abril e em junho), totalizando dezessete entrevistas formais abertas de longa duração (e ainda algumas outras do tipo informal com diretriz).[66] Foram aplicados três roteiros de entrevista (um espe-

66 As pesquisas em Porto Alegre foram parte integrante de um projeto intitulado *A "geograficidade" do orçamento participativo: "espacial"* versus *"setorial" em processos orçamentários municipais com participação popular*, apoiado financeiramente pelo Conselho Nacional de Desenvolvimento Científico e Tecnológico (CNPq) e cuja primeira fase estendeu-se de 2000 a 2002. Durante as estadias em Porto Alegre foram levantados dados estatísticos e bibliografia e feitas entrevistas formais abertas

cífico para políticos e administradores, outro para delegados e conselheiros "regionais", outro para delegados e conselheiros temáticos). A primeira pergunta do roteiro para políticos e administradores era, justamente, a seguinte: *Qual ou quais foram as fontes de inspiração da experiência de orçamento participativo neste município? [Movimentos sociais? Outras prefeituras? Em caso afirmativo: quais?]* As respostas a essa pergunta não foram uniformes, mas quase todos os entrevistados negaram que a UAMPA (União das Associações de Moradores de Porto Alegre) ou o ativismo de bairro em geral tivesse tido algum papel relevante. É o caso de Paulo Garcia, assessor na Coordenação de Relações com a Comunidade (CRC) e coordenador da "região" Centro e da plenária temática de Assistência Social e Saúde, entrevistado pelo autor em abril:

> Nós, assim, na UAMPA, ou dentro do movimento social, nós não tivemos essa ligação. Isso aqui é uma proposta do nosso programa de governo. O Alberto Pasqualini [teórico do trabalhismo] que foi o [inaudível], ele foi o inspirador disso. [*Ele tocou nesse assunto, o Pasqualini?*] Tocou, ele é que foi o cara que bolou isso. [*O orçamento participativo? Ele usou esse*

com o coordenador e três outros técnicos da Coordenação de Relações com a Comunidade (CRC) da Prefeitura, o coordenador do Gabinete de Planejamento (-GAPLAN), a coordenadora do Setor de Planos Regionais da Secretaria do Planejamento Municipal e sua equipe, um administrador regional, um vereador, sete conselheiros de diferentes "regiões" do orçamento participativo e dois delegados de plenárias temáticas; as entrevistas informais com diretriz foram realizadas com um outro conselheiro de plenária regional, um antigo militante do Partido dos Trabalhadores local, o ex-coordenador geral do GAPLAN e atual coordenador do orçamento participativo do estado do Rio Grande do Sul e técnicos da ONG Cidade. O referido projeto contemplou, além de Porto Alegre, também Belo Horizonte e Recife, onde igualmente foram feitos trabalhos de campo. Afora isso, o autor travou contato, no âmbito de um projeto apoiado pela Fundação de Apoio à Pesquisa do Estado do Rio de Janeiro (FAPERJ) e realizado em 2000, com as experiências de orçamento participativo de Barra Mansa e Rio das Ostras, no estado do Rio de Janeiro. Registre-se, ainda, que, apesar de não ter tido qualquer relação direta com qualquer projeto de pesquisa, o autor aproveitou a oportunidade de estar, em janeiro de 2000, em Vitória da Conquista (BA) para ministrar um curso sobre desenvolvimento sócio-espacial, para realizar uma entrevista com o prefeito daquele município e parte do seu secretariado sobre a experiência local de orçamento participativo.

nome?] Não, o nome não. A participação, assim... Só que isso nunca vingou. (...) e aí depois teve uma experiência em Pelotas, com um deputado, hoje é deputado estadual, Bernardo de Souza, também muito incipiente. (...) Então, isso fez parte do nosso programa de governo, na época, lá, em 1989, com o Olívio Dutra, e foi aí que a gente implementou o programa na cidade.[*A UAMPA não tinha, anteriormente, tocado nesse assunto?*] Não, não. O nosso movimento social, principalmente de associações de moradores, o movimento comunitário, é um movimento muito pobre intelectualmente, porque são pessoas semi-alfabetizadas, se não analfabetas; então, estava no momento desarticulado (...)

A resposta mais densa a essa pergunta foi oferecida por um outro técnico da Coordenação de Relações com a Comunidade, Luciano Brunet (coordenador-adjunto da CRC), igualmente entrevistado pelo autor e dois assistentes em abril. Foi a única resposta a admitir um certo pioneirismo da UAMPA, em que pese o caráter um pouco vago dessa contribuição, a julgar pelo relato do entrevistado. Vale a pena reproduzi-la quase integralmente, a despeito de ser um pouco longa:

> Como inspiração teórica... houve uma experiência em Lages, em 1978, na gestão Dirceu Carneiro, uma prefeitura do Movimento Democrático Brasileiro, que teria sido a primeira experiência de discutir o orçamento com a comunidade. Essa primeira, eu acho que é a experiência mais primordial, [inaudível] gente que buscava alternativas de gestão municipal não-convencional, de esquerda e tal, se inspiraram muito na experiência de Lages. Depois houve outras experiências de discussão do orçamento com a comunidade em outros lugares do país, que também serviram para alimentar essa [inaudível]. Na verdade, há um conjunto de textos, de discussões que se faziam nas ONGs da época, que eram, vamos dizer assim, as alimentadoras dessa teoria... IBASE, a FASE (...). A FASE também assessorava a UAMPA, e a UAMPA, então, a UAMPA colocava, na sua pauta de reivindicações, essa questão. Isso estava presente, mas assim

diluído, em diversos pontos. (...) Quando ganha o Partido dos Trabalhadores – a Frente Popular, e hegemonicamente o Partido dos Trabalhadores –, em 1989, ele ganha em um período em que essas idéias de auto-organização, de democratização estavam muito fortes, ganha assim a maioria ... A implantação do Partido dos Trabalhadores, aqui em Porto Alegre, era predominantemente sindical e [inaudível], ganha um voto de confiança, em função da tragédia de Volta Redonda, que incomoda todos, e o rechaço de não querer a política tradicional... Um certo rechaço da política tradicional, incorporada naqueles partidos de centro... Então, meio que 32% dos votos, para nossa sorte não havia dois turnos, vão para essa proposta; agora, esses 32% não estão localizados no movimento comunitário, nas bases do orçamento [participativo]; ao contrário, essas bases eram hegemonicamente, predominantemente, de corte... como é que chama aqui... populista. A base do antigo PTB, a base social do antigo PTB, e que hoje estaria no PDT. Também a direita tradicional, que governou a cidade durante muito tempo, e que tinha também nessas associações [de moradores] formas de clientelizar. Então, o movimento comunitário – isso é uma característica importante da história da construção do orçamento participativo aqui – ele não era, ele não tinha hegemonia no partido que ganhou a Prefeitura. Então, quando a gente ganha a Prefeitura, chega numa situação de problema financeiro brutal. Os dados – você já deve ter lido – 98% do orçamento no primeiro ano comprometidos com gastos de pessoal; uma dívida... de 12 a 15% do orçamento; e um movimento social, esse comunitário, cobrando: 'o que é que vocês vão fazer?' Aí, a ação, o que acontece, fruto desse, vamos dizer assim, da cultura radical dessa época, fruto do isolamento que estava sofrendo o governo nessa época e tal... é ir a campo, procurar discutir com as pessoas para ver o que estava acontecendo. Com base no plano diretor, que previa um conselho, a gente dividia a cidade em quatro ou cinco representações comunitárias, Norte, Sul, Leste... Não lembro agora para te dizer, mas eram cinco, assim bem aleatórias, né, elas tinham pouco a ver como a, como a sociedade se organizava. Mas, com base nisso, se divide a cidade nessas regiões e se vai a campo com uma proposta de mostrar o que está acontecendo com as contas, abrir as contas da Prefeitura, e ao mesmo tempo já com uma proposta de reformulação dos tributos da cidade. (...) Mas, o que é que se faz, quem é que vai na reunião? Vai justamente o movimento comunitário, esse acostumado a demandar infra-estrutura urbana para a Prefeitura. Chega e nos enxerga, enxerga os técnicos da Prefeitura, e passa a demandar por...'Bom, o que é que vocês vão fazer?' Nós dizíamos, ó, nós não temos dinheiro, nós temos uma proposta, aqui, para viabilizar os impostos, que seria modificar a taxa de lixo dessa forma, modificar a cobrança da taxa de água dessa outra forma... É basicamente a idéia, que está embutida aí, da progressividade... Empresas pagarem diferenciadamente de indivíduos e coisas do gênero, atualização da planta de valores, progressividade do IPTU... e há um debate muito grande na cidade inteira. Mas, o que é que eles respondem, nessas reuniões? Eles dizem: 'tudo bem, nós concordamos que falta dinheiro, que a Prefeitura está sucateada' – esqueci de dizer que em novembro, antes de a gente assumir, o governo anterior dá um aumento de 30% para o funcionalismo, então a situação era muito complicada; mas eles respondem assim: 'nós vamos apoiar vocês, mas em troca nós queremos discutir... Vocês vêm nos procurar agora que não tem dinheiro, então, em troca a gente quer discutir como é que vai gastar o dinheiro'.

O quadro que emerge do cotejo dos vários depoimentos e das fontes bibliográficas é complexo: certamente houve várias fontes de inspiração, todas contribuindo, umas mais fortemente ou diretamente, outras menos, para a experiência do orçamento participativo de Porto Alegre. O papel do ativismo de bairro local foi, seguramente, a um só tempo, importante e insuficiente para explicar a implementação bem-sucedida do mecanismo. É tão equivocado magnificar esse papel quanto pretender negá-lo. Apesar de o ativismo de bairro se achar demasiadamente gangrenado pelo clientelismo para ter grande poder de pressão sobre o Executivo, essa gangrena estava longe de ser total, e o Executivo também se achava enfraquecido devido à falta de recursos, o que deu margem ao "pacto" descrito por Luciano Brunet, em que Estado e ativistas acordaram a democratização do processo orçamentário. Ao que tudo indica, a contribuição do ativismo de bairro local, que tem na UAMPA a sua instância organizativa máxima, foi um pouco além de um clamor vago por maior controle democrático do orçamento público. Elizete Menegat oferece documentação empírica incontestável de que, no seio da UAMPA, esse clamor não só se manifestara de maneira já suficientemente nítida em meados da década de 80, mas se fez acompanhar de algumas propostas práticas, como aquela relativa à constituição de um Conselho Municipal de Orçamento, incorporando membros de outros conselhos municipais e da Associação dos Municipários de Porto Alegre (MENEGAT, 1995:108). Se, por um lado, Menegat revela uma contribuição que a maioria dos outros autores omite, deliberadamente ou por desconhecimento, por outro lado ela parece esquecer que o próprio ativismo de bairro porto-alegrense decerto não ignorava que, em Lages e na também gaúcha Pelotas, tentativas de democratização do processo orçamentário já haviam acontecido antes de a UAMPA abordar o tema, como em Pelotas, ou mesmo ser fundada (em 1983), como em Lages.

De um ponto de vista autonomista, é certamente mais simpático e confortável minimizar o papel do Estado. No entanto, não seria honesto distorcer os fatos para tornar a interpretação mais enxuta e palatável. Por mais que o clamor do ativismo de bairro local, em si mesmo de forma alguma negligenciável como marco das lutas populares, tenha influenciado no momento de a Prefeitura iniciar a implantação do orçamento participativo, parece indiscutível que não só a iniciativa da implementação foi, ao menos em parte, do próprio Estado, após a vitória do Partido dos Trabalhadores, mas também que a concepção detalhada do processo é indissociável dos esforços de técnicos e militantes a serviço da Prefeitura. Ainda que as "condições objetivas", em matéria de endividamento e fragilidade do Poder Público, tenham empurrado este para a adoção do mecanismo do orçamento participativo, também pertence ao rol das "condições objetivas" a permeabilidade à participação popular por parte das forças políticas que assumiram a Prefeitura em 1989 e a sua disposição concreta em delegar poder à sociedade civil, no que tange à elaboração do orçamento. Outras forças políticas, menos imbuídas desse tipo de convicção participacionista, certamente teriam reagido de outra maneira ao quadro – provavelmente, tentando adotar um esquema mais opinativo que deliberativo, longe de uma efetiva delegação de poder e mais propriamente caracterizável como cooptação. Ao que tudo indica, inegável é, de qualquer maneira, que a experiência em tela, ao frigir dos ovos, foi em grande parte concebida, ao menos em seus detalhes operacionais, pelo Estado, e não somente implementada por ele.

Parece paradoxal, mas não é: dependendo das circunstâncias, o fenômeno de genuínos e notáveis ganhos de autonomia terem a ver com iniciativas do Estado – uma instância de poder em última análise e estruturalmente heterônoma – é perfeitamente possível. Não só o marxista David Harvey mas, ainda mais significativo, Cornelius Castoriadis – que visitou Porto Alegre algumas vezes, a convite de intelectuais locais, e teve a oportunidade de conhecer a experiência do orçamento participativo em 1992 –, elogiou, conforme já se havia registrado no Capítulo 10 da Parte III, o orçamento participativo da capital gaúcha, admitindo que

> (...) pelo que pude ver de sua atividade durante uma noite aqui em Porto Alegre [Castoriadis refere-se a uma assembléia do orçamento participativo], parece-me que o PT está muito próximo dos princípios que expliquei [sobre o projeto de autonomia]. Acho, aliás, que essa experiência particular [do orçamento participativo] é extremamente significativa e importante, pois ela mostra que, mesmo quando uma iniciativa de participação provém de cima, pode suscitar uma verdadeira participação. (CASTORIADIS *et al.*, 1992:129)

É certo, por um lado, que esse fenômeno de o Estado, a despeito de sua natureza última servir para alavancar genuínos ganhos de autonomia, é coisa rara. Por outro lado, a partir do momento em que se supera uma concepção essencialista da mudança social radical, abraçando-se uma visão estratégica mais flexível em que é possível e necessário valorizar conquistas graduais e cumulativas, ainda que sem contentar-se jamais com pequenos ganhos tomados isoladamente e sem perder-se na mesquinharia da conjuntura, percebe-se que raridade não é sinônimo de impossibilidade. A realidade é muito mais rica que as nossas teorias, e é muito particularmente próprio da concepção castoriadiana da história a capacidade de deixar-se surpreender pelas surpresas que o processo de criação histórica reserva.

É certo, também, que Porto Alegre é uma exceção. Que não haja ilusões sobre isso. A disponibilização de 100% dos novos investimentos para serem objeto de discussão e deliberação no âmbito das instâncias participativas; o fato de a divisão espacial do município ter incorporado identidades sócio-espaciais e tradições de organização (cf. FEDOZZI, 1997:115-7; PREFEITURA DE PORTO ALEGRE, 1997:17-8); a evidente preocupação do Poder Público em não excluir nenhum grupo social e em estimular a presença do maior número possível nas assembléias (fornecendo suporte para mães com crianças, providenciando apresentações teatrais críticas e engajadas para cativar e entreter e, como o autor chegou a testemunhar durante uma assembléia da "região" Centro em abril de 2000, providenciando até mesmo tradução simultânea para surdos-mudos); tudo isso coloca Porto Alegre bem à frente das outras experiências de orçamento participativo que o autor deste livro chegou, com profundidade variável, a conhecer pessoalmente (vide nota 66), sem contar aquelas relatadas na literatura existente sobre o assunto e cuja consistência pode, com alguma segurança, ser avaliada sobre essa base de informação.

As razões para essa extraordinária dianteira de Porto Alegre são, com certeza, complexas, e não seria exagero dizer que a sua investigação está apenas no começo. Seria insuficiente e mesmo contraproducente querer apresentar uma simples lista de fatores, ainda que eles devam ser considerados: o fato de a conjuntura política local ser favorável não somente por o partido que controla a Prefeitura ser de esquerda (termo, hoje, que recobre coisas tão díspares), mas pelo fato de ser esse partido, costumeiramente, tão aberto a um genuíno diálogo com a sociedade civil e, mesmo, ao menos no caso de Porto Alegre, tão aberto à possibilidade da delegação de poder em assuntos capitais; o fato de se tratar de uma cidade inserida em uma região do Brasil comparativamente próspera e menos desigual, com uma população relativamente mais escolarizada que a maior parte do restante do país; e outros tantos fatores, de ordem econômica ou institucional. As questões mais profundas, porém, são outras: por que justamente ali, e não (tanto) em outros lugares, o partido que controla a Prefeitura se mostra tão aberto a práticas que fazem avançar o grau de autonomia da sociedade? E por que justamente ali, e não (tanto) em outros lugares, a resposta da sociedade civil tem sido tão madura e favorável? Experiências outras de orçamento participativo, implementadas pelo mesmo partido, em outras cidades e em outras regiões do Brasil, não apresentam, às vezes nem de longe, a mesma consistência. A variável "partido no poder", assim, é totalmente incapaz de ter poder explicativo isoladamente. E não só ela: a qualidade do corpo técnico, o grau de escolaridade da população e a saúde econômica das escalas local e regional são aspectos importantes de serem lembrados, mas que só fazem sentido dentro de um contexto. Esse contexto estará, sempre, descarnado, se se deixar de fora uma análise da *cultura*, em especial da *cultura política*, forjada ao longo de um processo de lutas e de construção de auto-imagens (reais e mitificadoras), de tradições políticas e de hábitos políticos. *Esse* tipo de análise é o mais difícil, por ser o seu objeto tão escorregadio e por ser o assunto tão delicado. E, apesar disso, tem de ser feito. O autor avançou, em trabalho anterior, uma tese, segundo a qual a herança escravista, desigualmente distribuída pelo território brasileiro, ajudaria a explicar diferenças entre culturas políticas regionais, assim contribuindo para entender por que a participação popular voluntária, mais especificamente o mecanismo de orçamento participativo, encontra, às vezes, um solo mais árido e, às vezes, um solo mais favorável (SOUZA, 2000:51). Isso não significa, no caso de Porto Alegre, postular que a escravidão, indutora de comportamentos subservientes entre os pobres, tenha estado ausente da realidade rio-grandense, nem tampouco sugerir que as relações entre os "gaúchos", no sentido mais restrito desse termo, e os grandes proprietários de terras do Rio Grande tenham sido muito mais democráticas que as relações entre colonos e coronéis do Nordeste brasileiro![67] Os vínculos entre os aspectos positivos e negativos do contexto político-cultural da experiência de Porto Alegre são, disso está o autor convencido, complexíssimos. Em uma realidade historicamente marcada por racismos (contra o negro e o índio), machismo e autoritarismo, floresce não só uma fascinante experiência institucional, mas todo um formidável ambiente de cultura de direitos e de conquista de novos direitos – e essa experiência e esse ambiente são alimentados por outros elementos da mesma realidade. Mais ainda: reagem, com surpreendente eficácia, contra significações imaginárias herdadas. As pesquisas do próprio autor se encontram, com relação a esse ponto, incompletas, e muito tempo ainda será necessário até que seja possível aventurar-se a sintetizar uma explanação mais sólida. Que a investigação prossiga, então, e que outros persigam a mesma questão, tornando mais provável a sua elucidação.

Uma palavra que foi utilizada no parágrafo precedente merece maiores comentários: *ambiente*, ambiente de cultura de direitos e de conquista de novos direitos. A experiência do orçamento participativo não é, como já se disse, a única coisa viva e interessante em Porto Alegre. A vivacidade dessa experiência está ligada, isso sim, ao dinamismo e à criatividade de um *ambiente político-cultural* que, sendo ele mesmo produto de muitas influências e muitos fatores, passa a condicionar, dialeticamente, a possibilidade crescente de avanços em matéria de consciência de direitos, de discussões críticas, de desenvolvimento sócio-espacial. A palavra ambiente, infelizmente reduzida em português, enquanto "meio ambiente", a algo puramente natu-

---

[67] A esse respeito, deve-se notar que, ao lado de uma historiografia tradicional e tradicionalista, escamoteadora de fatos como a importância do trabalho escravo (por exemplo, nas charqueadas), da assimetria das relações sociais e do racismo contra negros e "bugres" (índios), há toda uma literatura crítica que coloca em xeque uma auto-imagem construída sobre os fundamentos de exclusões reais e simbólicas. Um exemplo dessa literatura crítica é COSTA (1988).

ral, é a que melhor exprime a idéia que ora se tenta passar. O ambiente social de Porto Alegre, historicamente produzido, e enquanto, especificamente, ambiente político-cultural, é algo que "*envolve*", que influencia (positivamente) de modos às vezes imperceptíveis, e onde se criam e descontroem práticas, valores e significados.

O interessante é que, sob o ângulo puramente formal do tamanho urbano, uma cidade milionária como Porto Alegre (o município possuía cerca de 1,36 milhão de residentes em 2000 [IBGE, 2001]) parece ser um caso fadado a confirmar o ceticismo dos apologetas da democracia representativa. A realidade, contudo, é surpreendente. Além da já relatada consistência, o número de participantes do processo tem aumentado ano a ano, quase que incessantemente. Não são apenas os números absolutos que são expressivos, devido ao seu aumento quase ininterrupto (628 em 1990, 3.086 em 1991, 6.975 em 1992, 6.975 em 1993, 8.011 em 1994, 8.495 em 1995, 7.653 em 1996, 11.075 em 1997, 11.790 em 1998, 14.776 em 1999, 14.408 em 2000 e 16.612 em 2001[68]), também os números relativos impressionam: Sérgio Baierle, a propósito, estimou, em artigo de 1999, que, levando em conta não apenas as pessoas presentes às grandes assembléias, mas também aquelas que participam de reuniões intermediárias, cerca de 15% da população municipal participaram, em algum momento, do processo (BAIERLE, 2000:283). Há quem questione a legitimidade do orçamento participativo devido ao pequeno percentual de eleitores que, a cada ano, tomam parte nas assembléias, não sendo incomuns perguntas do tipo: "o que significam alguns milhares de indivíduos diante de uma população de mais de um milhão de habitantes?". Esse tipo de comparação, entretanto, é tendencioso e injusto. Tendo em mente os crescentes descrédito e desgaste da

[68] Os dados foram extraídos de CIDADE (2001); a fonte foi, para os dados de 2000, da própria ONG CIDADE, e para os outros anos a Coordenação de Relações com a Comunidade da Prefeitura de Porto Alegre. FEDOZZI (1997:133) oferece dados diferentes: 780 participantes em 1989, 976 em 1990, 3.694 em 1991, 7.610 em 1992, 10.735 em 1993, 11.247 em 1994, 14.267 em 1995. De 1989 a 1993 o número refere-se aos participantes na primeira e na segunda rodadas de assembléias "regionais"; a partir de 1994, incluem-se também os participantes nas assembléias temáticas. Os critérios adotados pela ONG CIDADE e pela Prefeitura parecem, contudo, melhores.

democracia representativa no Brasil (e não só no Brasil), quantos eleitores compareceriam às urnas para votarem em seus "representantes" se o ato de votar não fosse obrigatório, e sim facultativo? Se tivermos em mente que naqueles países "desenvolvidos" onde o voto é facultativo, como os Estados Unidos, a freqüência de comparecimento às urnas é comumente baixa, não é de se esperar que, em um país semiperiférico, como o Brasil, o quadro seria mais favorável.

Portanto, Porto Alegre ilustra concretamente aquilo que o autor já havia antecipado, teoricamente, no Subcapítulo 11.1. da Parte III: o argumento de que a democracia direta, ou mesmo a introdução um pouco mais ousada de elementos de democracia direta no contexto da democracia representativa, há de tropeçar, invariavelmente, no mundo de hoje, no obstáculo demográfico, é um argumento *falacioso*. Sobre o significado de Porto Alegre chamou a atenção, contundentemente, mais uma vez, Luciano Brunet, em sua entrevista concedida em abril de 2000, ao ser indagado sobre a relevância do orçamento participativo porto-alegrense:

> O mais importante é que ele introduz... uma possibilidade de nós questionarmos a forma como a democracia acontece no mundo. Nós vivemos uma crise da democracia no mundo ocidental, que é a crise de, de quatro em quatro anos, através do sufrágio universal, se delegar para representantes a tomada das decisões. Do meu ponto de vista, o orçamento participativo, ele traz a idéia de que não necessariamente a gente precisa fazer essa delegação para todos os aspectos da vida. Ao contrário. E que você pode constituir formas de democracia muito mais radicais e que aproximam muito mais, vamos dizer assim, a tomada de decisão da vontade da população. Agora, o interessante é que isso acontece numa cidade como Porto Alegre, que é uma cidade com um milhão e trezentos mil habitantes. Não é uma vila, onde você poderia juntar as pessoas numa praça etc. etc. Então, acho que a grande lição dele é meio que apresentá-lo como exemplo de que a democracia pode ser mais avançada do que essa [democracia representativa].

Notável é essa experiência, adicionalmente, se forem levadas em conta a natureza ainda tenra do processo (iniciado em 1989) e a falta de divulgação adequada por parte da grande imprensa. Isso tudo sem mencionar a apatia, o individualismo e o desinteresse pelo engajamento político-social, para o que a mídia costuma, na verdade, contribuir, como observou o já citado Paulo Garcia, assessor da CRC, na mesma entrevista ao autor concedida em abril de 2000, ao responder a uma pergunta sobre em que e como o orçamento participativo poderia ser aperfeiçoado:

> Olha, uma coisa que eu acho que poderia melhorar, principalmente no caso do orçamento participativo, é a participação das pessoas. Porque, no momento em que as pessoas têm as suas necessidades resolvidas, né, elas não vêm mais para o orçamento. Por várias questões; primeiro, por uma questão de comunidade: resolvi a minha questão, não venho mais. Outros dizem, não, então, eu estou saindo para deixar o lugar para alguém que precise mais. (...) [E a] dominação eletrônica, das mídias... As pessoas são alienadas. As pessoas saem do seu serviço, às dezoito horas chegam em casa, sentam na frente de uma televisão e... você passa na frente de uma tela de televisão. Como é que vai mudar o hábito que uma pessoa tem de receber uma informação deglutida, sem, crítica nenhuma, a fazê-la participar de um grupo, a discutir com um grupo?

A resposta de Paulo Garcia nos confronta com um problema que as estatísticas de freqüência às assembléias não contemplam: muitos não permanecem, a longo prazo, engajados, afastando-se após terem as suas demandas imediatas satisfeitas. Felizmente, essa não é uma tendência geral, e outros entrevistados salientaram isso. Embora a preocupação de Garcia seja inteiramente legítima, há, sim, um papel político-pedagógico sendo desempenhado pelo orçamento participativo de Porto Alegre, o qual não se deixa apropriar simplesmente pela lógica do individualismo. Um dos muitos depoimentos que ilustram isso é o de um conselheiro da "região" Noroeste, Rolf Naumann, um senhor de idade, comerciante sem passado de militância partidária ou mesmo associativa, entrevistado em abril de 2000 pelo autor e sua equipe, ao responder a uma pergunta sobre os efeitos do processo sobre o nível de consciência e os hábitos políticos da população:

> (...) Quanto à cidadania... eu só posso falar por mim. Eu sofri durante cinco anos uma transformação. Eu não me senti antes tão cidadão como hoje. Pode ser que baste que eu estava disposto a me sentir assim, porque tinha uma certa disposição. Cultura, né? Então, eu tenho assim uma... cultura de valores... cultura de vida. Desde que eu participo do orçamento me sinto mais cidadão. Interessante; é uma grande... satisfação. Me sinto muito bem. E é por isso que me disponho a investir no processo, nas reuniões... participar. Até porque eu acho que, pelo menos, é um exemplo que a gente dá.

Outro depoimento que vale a pena reproduzir é o de Nei Carvalho, conselheiro da "região" Humaitá/Navegantes/Ilhas, entrevistado pelo autor em junho de 2000:

> Eu não sei, eu acho que eu... passei a gostar dessas coisas, desse trabalho comunitário. Hoje eu gosto de fazer isso. Então, independente de ideologias e tal, eu acho que eu hoje continuaria participando, independente de eu ficar sem função. (...) O trabalho comunitário, eu encaro ele assim... para mim ele viciou. É uma coisa interessante. A gente entra e depois... começa a conhecer pessoas e a gostar desse trabalho, e a gente se envolve muito com isso.

Mesmo do ponto de vista dos defensores da democracia direta ou, ao menos, de uma certa participação popular direta, Porto Alegre surpreende. Expectativas geradas pela literatura teórica estrangeira, sobretudo anglo-saxã, acerca das condições da participação, são contrariadas. A vinculação assumida por SIMONSEN e ROBBINS (2000:13), detectada na experiência norte-americana, entre maior nível educacional e maior demanda por participação, não é exatamente (ou inteiramente) verdadeira no Brasil; em Porto Alegre, o desejo de participar é muito forte entre os pobres e menos instruídos, e a participação efetiva é maior entre os pobres que entre a classe média. Mais fundamentalmente, os obstáculos ligados à desigualdade, previstos, como salienta Rebecca ABERS (1997b), na literatura internacional, em que os mais pobres acabariam sendo menos ou mais excluídos de processos participativos, não têm se manifestado de modo significativo no orçamento participativo, como reconhece essa autora. O autor deste livro também teve a oportunidade de perceber isso quando de trabalhos de campo. A explicação básica é simples: enquanto nas cidades dos países centrais os pobres são minoria, nas cidades brasileiras, mesmo no "Sul Maravilha", eles formam a maioria da população (considerando pobres absolutos e relativos); enquanto a classe média, minoritária, tem as suas necessidades básicas em matéria de infra-estrutura no local de moradia já satisfeitas, os pobres urbanos, acostumados a se organizarem, nas favelas e periferias, para reivindicarem infra-estrutura e melhoramentos, costumam acabar participando proporcialmente até *mais*, e não menos que os setores privilegiados. É o que tem acontecido em Porto Alegre, mas também em outros municípios onde há um orçamento participativo, como Belo Horizonte.[69] Dependendo da escala e do tipo de intervenção que se tiver em mente, pode ocorrer, até mesmo, aquilo que o conselheiro Pedro Lima, da "região" Lomba do Pinheiro do orçamento participativo de Porto Alegre, chamou, em entrevista concedida ao autor em junho de 2000, de "solidariedade inconsciente às avessas": ao participarem do processo e conseguirem melhoramentos para os seus espaços, os pobres beneficiam, algumas vezes, os não-pobres que moram em áreas próximas, mas que não comparecem às reuniões. Portanto, em vez de usurpar qualquer instância participati-

---

69 Sobre Belo Horizonte, cuja experiência é um pouco mais recente que a de Porto Alegre e não se acha tão bem documentada, além de não ser tão arrojada, o autor reporta-se, a esse respeito, a um depoimento de Luis Henrique de Oliveira Cunha, ex-coordenador da Regional Leste e ex-integrante da coordenação (geral) do orçamento participativo, entrevistado pelo autor em março de 2001.

va, a classe média age muitas vezes, isso sim, como "carona" (*free-rider*), para usar a expressão consagrada pela teoria olsoniana da lógica da ação coletiva.

Porto Alegre foge, ademais, às formas mais usuais de classificação dos esquemas de participação popular, presentes na literatura internacional. As características que servem de referência à distinção entre participação do tipo *government-sponsored* e *grassroots sponsored* (SIMONSEN e ROBBINS, 2000:15) não se aplicam, em parte, ao caso do orçamento participativo de Porto Alegre; nem bem foi e tem sido o orçamento participativo algo puramente estatal, muito menos uma simples tutela do Estado sobre a sociedade, nem bem, e muito menos, se trata de algo conduzido apenas pela sociedade civil. Algumas características dos dois tipos (*government-sponsored* e *grassroots-sponsored*) se acham, em Porto Alegre, amalgamadas, talvez porque, justamente, embora se trate de um processo coordenado pelo Estado e cuja iniciativa foi, em larga medida, estatal, a margem de manobra para uma certa *auto-organização da sociedade civil* é muito grande, já que se constitui em um bom exemplo de delegação de poder. Além disso, como se viu, alguma influência da sociedade civil, especialmente do ativismo de bairro, estava presente desde as origens do processo. O orçamento participativo escapa, também, à classificação de formas de participação popular oferecida por Peter Dienel em seu clássico livro sobre as "células de planejamento" (DIENEL, 1997), onde, afora plebiscitos e os próprios movimentos sociais e sua eventual influência sobre a ação estatal, de um lado, e as instâncias eletivas de representação (Executivo e Legislativo) e os partidos, de outro, o autor alemão só conseguiu vislumbrar mecanismos participativos como comitês assessores, o auxílio externo de *advocacy planners* junto aos moradores e a sua própria idéia das "células de planejamento", sem contar com algo como o orçamento participativo de Porto Alegre – deliberativo, e não consultivo; nem puramente da sociedade civil, nem propriamente estatal ou puramente tutelado pelo Estado; capaz de incorporar grande número de participantes sem tornar-se econômica ou institucionalmente inviável.

O caráter fortemente deliberativo do orçamento participativo porto-alegrense decorre de várias coisas. Diretamente, a mais importante é a pouca interferência do Estado no processo, salvo no que se refere à coordenação organizacional e ao apoio logístico, o que vem a justificar a caracterização do mesmo como uma genuína delegação de poder. O Estado faz-se presente durante as assembléias da Primeira Rodada como coordenador principal; é o momento em que tentam-se atrair novos participantes e informar os presentes sobre a disponibilidade de recursos e o que foi realizado no ano anterior, com a presença do prefeito. O Estado volta a assumir esse papel de coordenação organizacional durante a Segunda Rodada, permanecendo, durante a fase intermediária de discussão e deliberação nos bairros, virtualmente ausente. Além disso, a Prefeitura faz-se presente, também, no Conselho do Orçamento Participativo, mas apenas na qualidade de orientadora técnica: o COP, como já foi visto anteriormente, compõe-se de 44 conselheiros titulares (e igual número de suplentes) escolhidos pela sociedade civil, sendo 2 indicados pelas bases de cada uma das dezesseis unidades espaciais em que o município foi dividido e dois indicados por cada uma das seis plenárias temáticas. A esses se acrescentam: um representante do sindicato dos municipários, um representante da federação municipal de associações de moradores (UAMPA) e dois representantes do governo, estes últimos sem direito a voto. O COP tem, efetivamente, a última palavra sobre a peça orçamentária a ser enviada pelo prefeito à Câmara, para apreciação e votação. Conquanto a lei orçamentária seja, conforme previsão constitucional, iniciativa do Poder Executivo, e conquanto seja prerrogativa exclusiva do prefeito o encaminhamento da proposta orçamentária à Câmara Municipal, o prefeito pode, na prática, restringir-se a encaminhar, formalmente, o que foi decidido pela instância participativa. É o que ocorre em Porto Alegre, onde, ainda por cima, uma maioria de dois terços dos conselheiros pode derrubar um veto do prefeito.

Ademais, a consistência participativa da experiência de Porto Alegre transparece muito claramente, também quando se leva em conta que todo o orçamento é apreciado pelo COP. Este decide sobre a integralidade dos investimentos, inclusive as grandes obras ("estruturantes"). Nisso, como também a propósito de outros indicadores de consistência, Porto Alegre difere nitidamente das demais experiências brasileiras conhecidas pelo autor deste livro. Alguns números, para ilustrar: em Porto Alegre, no ano de 1999, 100% dos investimentos, correspondendo a 21% da despesa total, estiveram sob o controle da instância participativa, sendo que o controle dessa instância sobre a totalidade dos investimentos vinha de antes, desde a implementação do mecanismo. Em Belo Horizonte, onde, sem justificativa sólida, o mecanismo foi desmembrado em "Orçamento Participativo Regional", equivalente às plenárias regionais de Porto Alegre, e "Orçamento Participativo da Habitação", uma espécie de plenária temática isolada e exclusiva do tema habitação, somente a partir de 1999, com a introdução de um terceiro vetor, o "Orçamento Participativo Cidade" (que complementa o "Orçamento Participativo Regional" e o "Orçamento Participativo da Habitação" e permite a discussão também das obras estruturantes), aparentemente, é que a totalidade dos investimentos passou a ser objeto de deliberação por parte da população. Todavia, é forçoso reconhecer que o quadro é um tanto nebuloso (no ano anterior, a fatia sob controle do "Orçamento Participativo Regional" e do "Orçamento Participativo da Habitação", juntos, havia sido orçada em um montante equivalente a 22% dos investimentos em obras e 2,6% da despesa total do município; em 1999, a fatia correspondente ao "Orçamento Participativo Regional" e ao "Orçamento Participativo da Habitação", juntos, foi orçada em um montante equivalente a 27% dos investimentos em obras e 4% da despesa total do município). Em Recife, finalmente, a situação tem sido ainda bem pior que em Belo Horizonte: o orçamento participativo controlou, em 1999, 19% dos investimentos, correspondendo a 2,7% da despesa total.[70] Tendências promissoras podem ser constatadas, também, no caso de Recife, a partir de 2001, em matéria de aprofun-

[70] Fontes dos dados: Porto Alegre: PREFEITURA DE PORTO ALEGRE, 2000c; Belo Horizonte: PREFEITURA DE BELO HORIZONTE, 1998 e 1999; Recife:, informações gentilmente prestadas pelo ex-técnico da ONG FASE-Nordeste, Demóstenes de Moraes.

damento do orçamento participativo. Apesar disso, como o Capítulo 3 a seguir evidenciará, não há, ainda, a possibilidade de se ter plena convicção de que a totalidade dos investimentos será, a médio prazo, alvo de deliberação por parte da instância participativa.

Last, but not least, a espacialidade do orçamento participativo de Porto Alegre também apresenta notáveis qualidades como indicador de consistência. A divisão do município em unidades espaciais para fins de implementação do mecanismo (chamadas, impropriamente, como aliás também em outras cidades, de "regiões") possui uma história que revela a incorporação de sentimentos de pertencimento (identidade sócio-espacial) e de certas tradições de organização do próprio ativismo de bairro local: inicialmente pensou-se em cinco unidades espaciais (em vez das quatro estipuladas pelo plano diretor então em vigor), mas, logo em seguida, verificou-se que isso não seria uma solução satisfatória. Foi empregada, então, uma divisão do município em quinze áreas, a qual, em 1990, com o desmembramento da "região" Restinga/Belém Novo/Lami em duas "regiões" (Extremo Sul e Restinga), evoluiu para o número atual de dezesseis.[71] Cada uma dessas dezesseis unidades forma um território que, sem dúvida, não é artificial, por não ser mero produto de gabinete, e sim fruto de negociação, ou melhor: a Prefeitura, essencialmente, incorporou as propostas da própria sociedade civil, conforme reconheceu MENEGAT (1995:148):

> [é] importante observar que, em nenhum momento, houve intervenção da Administração no sentido de impor a delimitação destas Regiões. Nas Regiões mais mobilizadas prevaleceram as configurações regionais que os movimentos sociais haviam produzido a partir da tradição das articulações social, política e cultural que desenvolviam. O mapa definitivo das Regiões do Orçamento que resultou em 1992 é um produto dos acordos estabelecidos entre a própria população e o Conselho.

---

[71] Duas áreas (Ilhas e Humaitá/Navegantes) foram fundidas em 1995, mas, como uma nova área (Noroeste) foi criada no mesmo ano, destacada da "região" Eixo da Baltazar (PREFEITURA DE PORTO ALEGRE, 1997:87), manteve-se o número de dezesseis unidades espaciais de gestão.

Como em outros aspectos, também a propósito desse indicador de consistência Porto Alegre difere de outras experiências que o autor teve oportunidade de conhecer e examinar. O caráter participativo da definição da própria malha territorial não é algo usual, o que parece revelar não somente uma usual pouca consistência em matéria de compromisso com a abertura para a participação direta da população na gestão da cidade mas, também, que, para muitos, o espaço é um dado sem maior importância: mesmo em outras administrações do Partido dos Trabalhadores, fortemente identificadas com a difusão do mecanismo orçamento participativo, o caráter pouco ou nada participativo das divisões espaciais adotadas é algo freqüente, e que o autor pôde constatar em municípios tão diferentes quanto Barra Mansa/RJ e Vitória da Conquista/BA, em visitas durante o ano de 2000. Em outras experiências examinadas pelo autor com base em trabalhos de campo, como Belo Horizonte e Recife, assim como no que concerne a experiências relatadas na literatura disponível, percebe-se que o processo de divisão espacial não tem sido tão "organicamente" participativo quanto em Porto Alegre, sem querer sugerir, todavia, que não haja diferenças importantes entre essas experiências (por exemplo, a consistência geral de Belo Horizonte tem sido, pelo menos até 2001, muito superior à de Recife). O problema da subestimação da importância da dimensão espacial na própria literatura especializada sobre orçamentos participativos (e não somente na formatação dos mecanismos) já havia sido detectado e salientado em SOUZA (2000c). Em SOUZA (2000e), de sua parte, reforçou-se o alerta acerca de uma certa ingenuidade quando não se percebe que a modelagem da dimensão espacial, notadamente a definição de territórios para fins organizativos, interfere na dinâmica sociopolítica (por exemplo, grupos e interesses podem ser fortalecidos ou enfraquecidos, na esteira do seccionamento ou fusão de áreas de abrangência), chamando-se a atenção para o fato de que uma das formas de se distingüir entre defensores autênticos do orçamento participativo e simples "oportunistas", que aderem ao mecanismo devido à popularidade (inclusive eleitoral) da proposta mas não têm real compromisso de abertura à participação, é observar o caráter participativo ou não e a qualidade da divisão espacial adotada.

Precisamente a consistência geral do orçamento participativo de Porto Alegre, especialmente os seus atrativos materiais e a possibilidade de os indivíduos se sentirem motivados a participar, é que faz da experiência porto-alegrense um sucesso. Entre seus efeitos positivos mais imediatos, de curto e médio prazos, contam-se: a redução das disparidades de dotação de infra-estrutura entre o núcleo urbano e a periferia, e entre os bairros formais e as favelas, com conseqüente redução dos níveis de segregação residencial e espoliação urbana[72]; o enfraquecimento do clientelismo, destacado por diversos autores (FEDOZZI, 1997; ABERS, 1997a, 1997b, 1998); a redução do desperdício de recursos com investimentos supérfluos. Um outro efeito mais ou menos imediato, apesar de uma certa resistência inicial por parte de setores do ativismo de bairro, é o fortalecimento das associações de moradores, as quais, se não são os canais exclusivos da organização, passam a ter, muito freqüentemente, o seu papel reforçado, por serem as organizações já disponíveis. É certo que, como observou Pedro Lima, conselheiro da "região" Lomba do Pinheiro em depoimento ao autor em junho de 2000, as associações, dependendo da orientação político-partidária de seus diretores, podem, vez por outra, se prestar a um papel de oposição ao processo; apesar disso, conforme admitiu o mesmo conselheiro, as associações funcionam, via de regra, como organizações de referência para a mobilização e que dão suporte para o orçamento participativo. Mais a longo prazo, os efeitos político-pedagógicos do processo não devem ser desprezados: o apronfundamento de uma consciência de direitos, o aumento da auto-estima e da autoconfiança por parte dos pobres.

A despeito de todo esse brilho e de todos os seus méritos, algo como um orçamento participativo como o de Porto Alegre, ousado e consistente, deve ser encarado como apenas um momento em meio a

[72] Alguns números expressivos: entre 1989 e 1996, o percentual da população do município com acesso à rede de esgotamento sanitário cresceu de 46% para 95% (UTZIG *apud* ABERS, 1997b: 159).

uma longa caminhada, durante a qual tentar-se-á conquistar uma espacialidade mais convivial e relações sociais mais justas – não só na escala da cidade, é claro, pois a escala local não se explica inteiramente por si mesma nem oferece, isoladamente, margem de manobra suficiente para mudanças mais ambiciosas. Indo mais além: mesmo considerando somente os próximos passos nessa caminhada, é certo que aperfeiçoamentos são possíveis e desejáveis. Quatro aperfeiçoamentos são sugeridos a seguir.

Um aprimoramento necessário é a introdução da figura do "planejador independente" junto ao Conselho, para permitir que os delegados-conselheiros tenham acesso a informações e balizamentos técnicos alternativos àqueles fornecidos pelos técnicos da própria Prefeitura. Isso é muito importante, pois, mesmo sem duvidar da lisura dos técnicos a serviço da Prefeitura, é evidente que, ainda que sem maquiavelismo, uma certa indução do voto dos conselheiros sempre poderá ter lugar. Contrabalançar o peso da orientação dos técnicos da Prefeitura seria o papel do "planejador independente", uma mistura de *advocacy planner* institucionalizado e *ombudsman*, indicado pela própria sociedade civil e pago pelo Estado. A figura de um "planejador independente" foi incluída no modelo apresentado no Subcapítulo 11.4. (vide figura 16 e comentários a respeito) justamente a partir de uma reflexão sobre a ausência desse tipo de personagem mesmo em um esquema tão avançado quanto o de Porto Alegre. A percepção crítica dessa ausência não surgiu, entretanto, apenas na cabeça do autor deste livro; uma visão semelhante, mais intuitiva, mas que vai à essência do problema, vem sendo gestada no interior da própria sociedade civil em Porto Alegre. Dois conselheiros (entrevistados pelo autor em junho de 2000) manifestaram-na e alertaram para os riscos de indução da opinião dos conselheiros, e um delegado, Raul Carrion (em depoimento igualmente colhido em junho de 2000) externou já ter pensado sobre a necessidade de uma equipe técnica autônoma, apesar de admitir que o assunto não vem sendo muito discutido e de considerar que o(s) profissional(is) em questão poderia(m) ser funcionário(s) da própria Prefeitura, desde que indicados pelo Conselho do Orçamento Participativo (coisa que não parece muito recomendável, haja vista a possibilidade de restrições à liberdade de crítica até mesmo por causa de conflitos íntimos derivados da situação de dupla lealdade).

Outra ressalva, já antecipada igualmente no Subcapítulo 11.4., é a de que as plenárias temáticas são, no fundo, supérfluas. Sua introdução em Porto Alegre, em 1994, objetivou facilitar a discussão de políticas de alocação de recursos para a cidade como um todo e realçar as obras estruturantes. Com isso, porém, instaurou-se uma certa dicotomia, até hoje não totalmente resolvida, que abre as portas a uma certa arbitrariedade na divisão de competências e poder entre as duas abordagens, a espacializada e a temática/setorial. Não que o orçamento participativo não venha funcionando bem, mesmo assim; o que ocorre, apenas, é que superar essa dicotomia pode contribuir para uma ainda maior transparência. Raul Carrion, historiador e delegado da plenária temática Organização da Cidade, mais claramente que qualquer outro, apontou para a existência de um problema a respeito, ao responder a uma pergunta sobre se as plenárias regionais e temáticas se integrariam harmonicamente:

> É, é meio, é meio... como é que a gente pode dizer... enrolado, sabe? Porque, na verdade, eu diria, o regional é o orçamento das demandas. E aí, o que é que caberia para as temáticas? Acho que deveriam ser as políticas públicas. Não seria tanto uma incidência orçamentária. Mas, como faz parte do orçamento, então, na verdade, algum tipo de investimento passa por lá. Se não passar por aqui, passa por aqui. Então, é um problema não resolvido. Porque, na sua concepção, é meio confuso, meio confuso, mesmo. A vantagem das temáticas, é que politizou um pouco mais, você vê, as políticas públicas; mas como, no fundo, tem que votar algumas demandas, então, se acavala. Do ponto de vista do desenvolvimento urbano, o que é que diz aí? Que verbas para as cooperativas habitacionais têm que ser por lá. (...) São coisas que como que se ajeitaram, eu diria, para que, quem sabe, se fosse só a discussão de políticas públicas, a população não afluísse. Então, tu tem que dar um ponto de interesse para o cara;

tem que disputar alguma verba. A discussão política, em si, não seria atraente o suficiente. (Entrevista concedida ao autor em junho de 2000.)

A razão indicada por Carrion é ponderável. Mas, seria imperativa? O modelo discutido no Subcapítulo 11.4. buscou trazer, aproximativamente, uma solução alternativa para esse problema.

Um terceiro aprimoramento refere-se a algo sugerido pelos conselheiros Fradique Vizeu e Nei Carvalho, da "região" Humaitá/Navegantes/Ilhas, em seus depoimentos concedidos ao autor em junho de 2000. Ambos enfatizaram bastante a falta de qualificação de certos conselheiros como um gargalo do processo, tendo chegado a propor, segundo eles, que um conselheiro, antes de ser titular, tivesse de passar um período como suplente e, antes de tornar-se conselheiro, fosse, obrigatoriamente, simples delegado. Tal sugestão parece bastante pertinente, merecendo ser complementada com outra: a realização sistemática de minicursos de capacitação para delegados simples e delegados-conselheiros. Essa lição foi, assim como as duas anteriores, incorporada, como o leitor decerto percebeu, no modelo apresentado no Subcapítulo 11.4. As sugestões apresentadas no Subcapítulo 12.2., quando se falou de "pedagogia urbana", vinculam-se, igualmente, a essa preocupação com a difusão de conhecimentos e a qualificação dos participantes como sendo pilares essenciais da participação autêntica e da autonomia.

Um quarto aperfeiçoamento deve vir sob a forma de um robustecimento dos mecanismos de *accountability* dos conselheiros em face de suas bases sociais. Não que o autor tenha, durante seus trabalhos de campo ou por meio da literatura disponível, constatado a existência de sérios problemas a respeito; pelo contrário, o que se pôde observar é que, no geral, a situação em Porto Alegre é, também a esse respeito, razoavelmente satisfatória. Mesmo assim, foram ouvidas, aqui e ali, alusões ao fato de que um ou outro conselheiro não repassaria informações regular ou adequadamente. Esse é um problema que, por mais circunscrito e episódico que seja, deve preocupar. Uma *accountability* fraca solapa a lógica do mandato imperativo, e faz com que a figura do delegado se mimetize com a figura do vereador – uma espécie de "vereadorzinho microlocal". Talvez seja o caso, então, de se fortalecerem ainda mais as possibilidades de controle do mandato dos delegados, aumentando ainda mais a transparência do processo.

O orçamento participativo de Porto Alegre, em que pesem essas e, possivelmente, outras imperfeições, é, na sua essência, uma conquista muito significativa. Modesta à luz do projeto de edificação de uma sociedade basicamente autônoma, a experiência porto-alegrense, considerada contra o pano de fundo de uma sociedade tão heterônoma quanto a brasileira, ou mesmo contra o pano de fundo das sociedades dos países do "Primeiro Mundo", afigura-se um ganho de autonomia extraordinário. Por mais que o controle direto da população sobre os gastos públicos se restrinja aos investimentos, pois a maior parte das despesas é de um tipo rígido, seja por imposição legal ("verbas carimbadas", com destinação predeterminada por esfera de governo superior), seja por sua própria natureza (margem de manobra menor para decisões a respeito da folha de pagamentos), isso não quer dizer que o avanço, notadamente em uma situação como a de Porto Alegre, não seja muito digno de nota.

O autor deixou claro, no Subcapítulo 11.4., que o modelo ali exposto é normativo por *sugerir* uma norma enquanto balizamento geral, não por encarnar uma norma a ser imposta e disseminada sem adaptações. As falhas de Porto Alegre têm, em parte, a ver com o fato de que se está diante de uma experiência viva, vivíssima, que se autoaprimora a cada ano (modificações do regulamento interno do orçamento participativo) e na qual há espaço para a descentralização na busca das soluções. Para acertar, ao criar o novo, será inevitável errar primeiro. A maioria dos "erros" de Porto Alegre, assim vistos, constitui imperfeições ao menos parcialmente (bem, diversos problemas têm a ver com obstáculos que transcendem a escala local...) superáveis no bojo do próprio processo, graças ao *acerto* fundamental: o espírito profundamente democrático e criativo que preside a organização e a evolução do processo participativo. Não é à toa que, além do próprio Castoriadis, cujo elogio ao orçamento participativo de

Porto Alegre foi reproduzido anteriormente neste capítulo, David Harvey, definitivamente, se rendeu aos encantos cívico-radicais da capital gaúcha, como demonstra o trecho a seguir, também extraído de seu livro *Spaces of Hope*, e que complementa o trecho citado no início deste capítulo:

> (...) And in cities like Porto Alegre where the Workers Party has held political control for several years, some highly innovative means have been found to enhance popular empowerment and democratic forms of governance (...). Translated into a situation like that of Baltimore, these experiments could be very helpful indeed. We have much to learn from them. (HARVEY, 2000:187)

Um último ponto, de qualquer maneira, preocupa. Ele não tem a ver, propriamente, com "imperfeições" do orçamento participativo de Porto Alegre, mas com o risco de não se enxergar corretamente uma de suas limitações básicas, discerníveis mesmo quando se considera o que é possível de ser tentado ainda nos marcos do *status quo* heterônomo. Esse ponto foi referido pelo já mencionado Raul Carrion, em sua entrevista de junho de 2000:

> Às vezes, o que é uma coisa boa, pode ser uma camisa-de-força para o movimento social. Porque o movimento social não luta mais, ele somente demanda dentro de uma estrutura institucional.

Toda a entrevista de Raul Carrion deixou claro para o autor que essa observação, aqui pinçada, forçosamente, de um depoimento longo e muito completo, nada tinha a ver com uma desqualificação injusta e obscurantista do orçamento participativo. Aliás, mesmo nesse comentário, a expressão "uma coisa boa" não deixa dúvida quanto ao apreço do entrevistado pelo objeto de nossa conversa. De mais a mais, seria necessário indagar se há, de fato, um "movimento social", e se aquilo que havia, quando se iniciou a experiência do orçamento participativo, era um "movimento social", em vez de um simples ativismo de bairro, em grande parte clientelista. Porém, mesmo que se admita que, longe de asfixiar algum "movimento social", o orçamento participativo porto-alegrense tem, no longo prazo, até mesmo valorizado as associações de moradores (que não deixam de ser referências organizativas) e criado novas oportunidades político-pedagógicas, como reconheceu o próprio entrevistado em vários trechos de seu depoimento, a questão que permanece é a seguinte: como evitar o excessivo centramento das atenções, das expectativas e da mobilização em uma única modalidade de participação? Por mais rico que seja o orçamento participativo, principalmente em Porto Alegre, faz-se mister admitir que ele não consegue, não deve e não pode englobar "tudo". Nem mesmo uma institucionalidade que integrasse melhor gestão e planejamento deveria ser "totalizante", pois ela seria, inevitavelmente, *a priori* excludente de manifestações criativas e legítimas de lutas por direitos que não "coubessem", pelo menos em/no princípio, em alguma gavetinha preestabelecida. E mais: a co-gestão Estado/sociedade civil é promissora, mas também pode ser perigosamente sedutora, ao sugerir que a sociedade civil deve deixar-se domesticar mais facilmente, de vez que o interlocutor estatal, agora, é sensível e aberto. A cooptação é sempre um risco, mesmo não fazendo parte dos planos ou da intenção consciente dos agentes que ocupam postos no Estado. A prova de fogo da real abertura democrática por parte de uma administração parece ser, assim, a sua disposição em evitar ocupar todos os espaços e institucionalizar todas as formas de participação. Difícil, mas não impossível.

1.2. Um contraste desapontador: o ambiente do planejamento urbano *stricto sensu*

Lamentavelmente, nem tudo é luz em Porto Alegre. O plano diretor já havia sido criticado no Subcapítulo 11.3. da Parte III, devido à frouxa e decepcionante amarração que lá tem a participação popular. Retome-se e complemente-se, brevemente, o que lá se disse a esse respeito.

O Art. 24 é o primeiro do plano a mencionar, *en passant*, a participação popular, no inciso II de seu parágrafo único:

> (...)
>
> Parágrafo único. A estratégia do Sistema de Planejamento efetivar-se-á através:
>
> (...)
>
> II – de canais de participação como os Conselhos Municipais, Entidades Profissionais, Sindicais e Empresariais, funcionalmente vinculadas ao desenvolvimento urbano da cidade, as Associações de Moradores e as Regiões de Gestão do Planejamento.
>
> (...)
>
> (DIÁRIO OFICIAL DE PORTO ALEGRE, 1999:6)

Coube aos artigos 39 a 41 detalhar as condições dessa participação. O Art. 39 lista as atribuições do Conselho Municipal de Desenvolvimento Urbano Ambiental (CMDUA):

> Art. 39. O órgão de integração do SMGP [Sistema Municipal de Gestão do Planejamento] é o Conselho Municipal de Desenvolvimento Urbano Ambiental – CMDUA –, que tem por finalidade formular políticas, planos, programas e projetos de desenvolvimento urbano, ao qual compete:
>
> I – zelar pela aplicação da legislação municipal relativa ao planejamento e desenvolvimento urbano ambiental, propor e opinar sobre a atualização, complementação, ajustes e alterações no PDDUA;
>
> II – promover, através de seus representantes, debates sobre os planos e projetos que incidam nas Regiões de Gestão do Planejamento;
>
> III – propor, discutir e deliberar sobre os planos e projetos relativos ao desenvolvimento urbano ambiental;

IV – receber e encaminhar para discussão matérias oriundas de setores da sociedade que sejam de interesse coletivo;

V – propor ao SMGp a elaboração de estudos sobre questões que entender relevantes;

VI – instalar comissões para assessoramento técnico compostas por integrandes do CMDUA, podendo-se valer de órgãos componentes do SMGP, bem como de colaboradores externos;

VII – zelar pela integração de políticas setoriais que tenham relação com o desenvolvimento urbano ambiental do município;

VIII – propor a programação de investimentos com vistas a assessorar a implantação de políticas de desenvolvimento urbano ambiental para o Município;

IX – aprovar Projetos Especiais de Empreendimentos de Impacto Urbano, bem como indicar alterações que entender necessárias;

X – aprovar os estoques construtivos do Solo Criado;

XI – propor critérios e parâmetros para avaliação de Projetos Especiais Pontuais;

XII – aprovar a metodologia para definição do valor do Solo Criado;

XIII – aprovar os valores semestrais do Solo Criado;

XIV – aprovar os planos de aplicação dos recursos do Solo Criado destinados para o desenvolvimento urbano, prioritariamente à política habitacional.

(DIÁRIO OFICIAL DE PORTO ALEGRE, 1999:9)

Note-se que a palavra *deliberar* só aparece uma vez, recaindo a ênfase sobre termos como *propor* (cinco aparições), *opinar*, *promover*, *discutir*... É bem verdade que o caráter deliberativo não está completamente ausente do conselho, pois a ele cabe aprovar uma série de coisas. No entanto, esse cunho deliberativo acha-se diluído em meio a alusões que lhe emprestam um caráter consultivo em várias situações. A *composição* do conselho, objeto do Art. 40, completa o desapontamento, ao conceder assento (com direito de voz e voto, pelo que se depreende) a um grande número de representantes do próprio Estado, de grupos profissionais específicos (ciosos de seus privilégios de detentores do saber técnico) e de setores empresariais. A lógica é, muito diversamente daquela que preside a composição do Conselho do Orçamento Participativo, ao qual se chega por meio de um processo de disputa, debate e negociação em que não há "cadeiras cativas", uma lógica eivada de corporativismo:

> Art. 40. O CMDUA compõe-se de 25 (vinte e cinco) membros titulares e seus suplentes, designados pelo Prefeito, com renovação bienal e a seguinte composição:
>
> I – 08 (oito) representantes de entidades Governamentais que tratem de matéria afim, assim distribuídos:
>
> a) 01 (um) representante do nível federal;
>
> b) 01 (um) representante do nível estadual;
>
> c) 06 (seis) representantes do nível municipal;
>
> II – 08 (oito) representantes de entidades não-governamentais, constituídas por entidades de classe e afins ao planejamento urbano, entidades empresariais, preferencialmente da área da construção civil, e entidades ambientais e instituições científicas: IAB, SERGS, SINDUSCON, Sindicato dos Trabalhadores da Construção Civil, OAB/RS, CIDADE, AREA e Sociedade de Economia;
>
> III – 08 (oito) representantes das Regiões de Gestão do Planejamento;
>
> IV – o titular do órgão responsável pelo gerenciamento do SMGP, na qualidade de Presidente do Conselho Municipal de Desenvolvimento Urbano Ambiental.
>
> § 1º As representações das entidades não-governamentais, constantes do inciso II deste artigo, deverão ser alteradas em três fóruns específicos a serem realizados por ocasião das Conferências Municipais do Plano Diretor, previstas no inciso VI do art. 36, observadas as seguintes proporções:
>
> I – 04 (quatro) representantes de entidades de classe e afins ao planejamento urbano;
>
> II – 02 (dois) representantes de entidades empresariais, preferencialmente da área da construção civil;

> III – 02 (dois) representantes de entidades ambientais e instituições científicas.
>
> § 2º O Regimento Interno de funcionamento dos fóruns será estabelecido em conjunto pelos representantes de cada fórum.
>
> § 3º A escolha dos representantes das Regiões de Gestão do Planejamento ocorrerá nas respectivas regiões, através de convocação de plenárias da comunidade.
>
> § 4º O funcionamento do CMDUA será disciplinado por decreto do Poder Executivo.
>
> (DIÁRIO OFICIAL DE PORTO ALEGRE, 1999:9-10)

Com isso, a composição do conselho é aquela que, tranqüilamente, poderia constar de um plano elaborado por uma Prefeitura conservadora, mas com um mínimo de tino demagógico. Isso tudo é, como o autor já frisou em capítulo anterior, ilustrativo das diferenças de estilo e dinâmica que podem ser encontradas no interior de uma mesma administração – ainda que não se perca de vista o fato de que, tendo que ser submetido à Câmara, um plano diretor, invariavelmente, fica muito mais submetido ao risco de injunções e compromissos enfraquecedores que um mecanismo de orçamento participativo que se auto-regulamenta. Tecnicamente bem elaborado, apesar de algumas fraquezas, mas mais distante do ideário da reforma urbana do que seria de se esperar e no qual a participação popular se acha tão frouxa e deficientemente prevista, é difícil de acreditar que esse plano, quanto ao tema da participação, tenha sido preparado no mesmo município que tem visto consolidar-se o orçamento participativo mais avançado do país – em que pese ser necessário considerar, como já foi dito no Subcapítulo 11.3. da Parte III, que um plano diretor, ao ter de ser submetido à aprovação da Câmara Municipal, fica exposto ao risco de vetos e de pressões para a adoção de soluções de compromisso. Ao que tudo indica, isso ocorreu em Porto Alegre, onde transcorreu um período de tempo de nada menos que seis anos entre a elaboração da proposta inicial e a aprovação do plano pela Câmara, tendo sido o projeto retirado da Câmara pelo Executivo uma vez para retificação. Todavia, isso está longe de explicar tudo. Uma visita do autor e dois membros de sua equipe à Secretaria do Planejamento Municipal, que é o ambiente técnico responsável pelo plano diretor, em abril de 2000, durante a qual foram colhidos depoimentos de diversos técnicos e da própria coordenadora do Setor de Planos Regionais da referida secretaria, foi reveladora: não se percebeu, da parte do corpo técnico, nenhum compromisso forte com o ideário da reforma urbana, e mesmo o conhecimento de certos instrumentos mostrou-se precário. Não é de se estranhar, em vista disso, que, em uma versão resumida e comentada do plano (PREFEITURA DE PORTO ALEGRE, 2000a), a necessidade de participação popular seja explicada de forma canhestra, evidenciando uma visão que tende a privilegiar a consulta em detrimento de algo mais ousado:

> "Para poder consultar os cidadãos sobre as questões importantes da cidade é necessário garantir a participação popular. Assim, a cidade está dividida em oito Regiões de Gestão do Planejamento, cada uma agrupando vários bairros [cada uma delas compreende duas "regiões" do orçamento participativo – M.L.S.]. Nelas serão elaborados, em conjunto com o município, os chamados "Planos de Ação Regional". Para tanto, os cidadãos terão esclarecimentos e acesso a todas as informações que necessitarem sobre sua região e cidade." (PREFEITURA DE PORTO ALEGRE, 2000a:8).

O Conselho Municipal de Desenvolvimento Urbano Ambiental, enfim, da maneira como foi instituído e aprovado, trai um compromisso, conforme já se disse antes, no máximo, com uma certa parceria entre Estado e sociedade civil, e não com uma verdadeira delegação de poder, como ocorre com o orçamento participativo do mesmo município. Na prática, o esquema corre o risco de reduzir-se, no essencial, a uma instância consultiva. Integrado por 25 pessoas, sendo oito dos três níveis de governo, oito de entidades ligadas ao planejamento urbano e *designadas* para integrá-lo e oito representantes da "comunidade", o CMDUA contrasta vivamente com o Conselho do Orçamento Participativo (COP). Este, como se viu, é composto por

46 delegados da sociedade civil (dois conselheiros indicados pelas bases de cada uma das dezesseis unidades espaciais em que o município foi dividido, mais dois conselheiros indicados por cada uma das seis plenárias temáticas, mais um representante do sindicato dos municipários e um representante da federação municipal de associações de moradores [UAMPA]) contra apenas dois representantes do governo (estes últimos *sem direito a voto*).

Mas, isso não é tudo. Também sob o ângulo da concepção geral e dos instrumentos de planejamento o plano revela-se excessivamente tímido e convencional. Isso apesar de os *princípios* do plano, consignados em seu Art. 1º, sugerirem um compromisso com valores importantes sob o ângulo social:

> Art. 1º A promoção do desenvolvimento no Município de Porto Alegre tem como princípio o cumprimento das funções sociais da cidade e da propriedade urbana, nos termos da Lei Orgânica, garantindo:
>
> I – a gestão democrática, participativa e descentralizada;
>
> II – a promoção da qualidade de vida e do ambiente, reduzindo as desigualdades e a exclusão social;
>
> (...)
>
> VII – o fortalecimento da regulação pública sobre o solo urbano mediante a utilização de instrumentos redistributivos da renda urbana e da terra e controle sobre o uso e a ocupação da cidade.
>
> (...)
>
> (DIÁRIO OFICIAL DE PORTO ALEGRE, 1999:1)

O problema é que o *desdobramento prático* desses princípios, mediante instrumentos enunciados clara e acertadamente e auto-aplicáveis, é irrisório. O plano pouco abrange quanto aos "novos instrumentos". O solo criado está presente (Art. 53), mas de modo vago. A transferência de potencial construtivo aparece mais detalhada (artigos 51 e 52), mas, em si mesma, ela não constitui nenhum avanço extraordinário. O Capítulo IV, sobre a tributação, encerra apenas um artigo de três linhas, que remete qualquer esforço de concretização para legislação regulamentadora suplementar; nenhuma tentativa séria, portanto, de implementar o mais rapidamente possível o IPTU progressivo no tempo ou a contribuição de melhoria. Curiosamente, embora o plano silencie quanto à contribuição de melhoria, o Art. 22, no seu Inciso III, destaca que "a redistribuição da renda urbana e do solo na cidade, recuperando para a coletividade a valorização decorrente da ação do Poder Público", deve ser perseguida para viabilizar a política habitacional de interesse social.

O plano não peca, todavia, somente por suas omissões, mas, também, pelos seus excessos. Fala-se em "miscigenação" de usos, mas a lógica do plano ainda revela comprometimento com o passado: detalhamento de zonas e subzonas, chegando ao ponto de tentar listar, exaustivamente, atividades comerciais e de serviço geradoras de "interferência ambiental", quando isso, a rigor, poderá variar conforme a situação concreta, pois não se trata apenas do uso, mas da intensidade do uso – como já ensinava, há quatro décadas, Jane Jacobs. Com isso, do ponto de vista do zoneamento de uso do solo, o plano é um híbrido: tenta não ser por demais rígido, mas desce a detalhes desnecessários, quando bastaria, em grande parte, estabelecer as condições de aprovação de empreendimentos pontuais e as condições de licenciamento ambiental. Ainda sobre detalhes desnecessários, registre-se que o Capítulo II da Parte III, que enfoca os dispositivos de controle das edificações, não precisaria e nem deveria estar contido no plano, pois trata de matéria afeita à legislação edilícia, que possui a sua especificidade.

E, já que se falou em empreendimentos pontuais, aborde-se uma outra fraqueza: a formulação do Capítulo V da Parte II, dedicado aos "projetos especiais". Com uma redação prolixa e porosa, os "projetos especiais", divididos em "empreendimentos pontuais" e "empreendimentos de impacto urbano", parecem indicar uma presença insidiosa do espírito das operações interligadas, e, ainda por cima, no pior estilo, embora essa expressão não seja utilizada ("operação concertada" é o nome empregado, tendo, pelo menos em parte, o mesmo sentido). Não se fala de contrapartidas, nem se delimita bem a natureza da flexibilização a ser permitida; não obstante, o que está em questão são os critérios para a aprovação de empreendimentos, freqüentemente (mas nem sempre, em contraste com as operações interligadas) por solicitação da iniciativa privada, o que implicará, amiúde, na concessão de exceções em matéria de parâmetros urbanísticos e zoneamento. Tudo se passa, aparentemente, como se solicitações de flexibilização dos zoneamentos pudessem ser aprovadas, desde que respeitados alguns critérios técnicos. Também é grave que, apesar da existência de um Conselho Municipal de Desenvolvimento Urbano Ambiental, o § 2º do Art. 58 menciona que a aprovação dos "projetos especiais de empreendimento pontual" é incumbência do "Poder Executivo Municipal, mediante prévia apreciação das Comissões Técnicas competentes". Apenas os "projetos especiais de impacto urbano" (como se os pontuais não trouxessem quaisquer impactos...) serão submetidos à apreciação popular (cf. Art. 61, § 6º e Art. 62, § 2º).

Não seria justo insinuar que o plano diretor de Porto Alegre não possui méritos. O Art. 20, por exemplo, traz algo importante: a tentativa de fomentar a agricultura periurbana. O Capítulo II da Parte I, sobre a mobilidade urbana, é bem feito, aparentando, aliás, uma certa influência do sistema de transportes curitibano. Tais aspectos positivos, contudo, bem poderiam estar em um plano bancado por um Executivo de perfil politicamente bem diferente daquele de Porto Alegre...

O plano é, por conseguinte, eclético, revelando influências díspares ao longo de sua feitura. É verboso e rebarbativo, sem que isso o torne mais rigoroso: pelo contrário. À luz do ideário da reforma urbana, cujos resgate e contextualização crítica são caros a uma perspectiva como a adotada no presente livro, o plano de Porto Alegre recua em relação ao projeto do plano de São Paulo, elaborado muito antes.

Volte-se, agora, à questão do Conselho Municipal de Desenvolvimento Urbano Ambiental. Deve ser salientado o perigo latente de atritos entre as duas instâncias mais importantes e abrangentes em matéria de conselhos participativos, o COP e o CMDUA. Esse perigo, decorrente da multiplicação e da desintegração da instâncias participativas *já* ocorre, no que tange ao relacionamento entre o COP e outros conselhos, como exemplifica o seguinte depoimento do delegado do orçamento participativo Raul Carrion:

> Hoje, eu diria assim, precisa haver uma reformatação. Hoje, para tu ter uma idéia, tu participa na região, tu participa na [plenária] temática, depois tu tem... eu vou pegar a área de saúde: tu vai discutir saúde e demanda lá na região. Depois, discute saúde e demanda na [plenária] temática da saúde. Depois se realiza a Conferência da Saúde, que é uma espécie de congresso da saúde da cidade. E depois tu ainda tem o Conselho de Saúde do Município. E depois tu ainda tem o Conselho Municipal de Saúde, que é do SUS, entendeu? Então, hoje, a mesma discussão roda em quatro, cinco, seis fóruns. E aí, como é que participa em todos? Não consegue.

Por conseguinte, é de se esperar que atritos entre o COP e o CMDUA também surjam. Perdeu-se uma oportunidade, infelizmente, de integrar planejamento e gestão de modo convincente em um único conselho. O quanto a integração entre planejamento e gestão é necessária, inclusive para ampliar o alcance e a eficácia do próprio orçamento participativo, foi ilustrado por um depoimento do já mencionado conselheiro Pedro Lima: ele próprio residente em um loteamento irregular, ressaltou, perante o autor, que, como a regularização fundiária precede o recebimento de determinados benefícios, loteamentos irregulares acabam sofrendo restrições quanto à sua possibilidade de obter certos itens de demanda. Diante disso, parece desnecessário oferecer mais exemplos para mostrar que um divórcio entre planejamento e gestão pode redundar em frustração e até mesmo em situações de um absurdo kafkiano. E é ocioso ressaltar que essa integração, que não deve ser apenas técnico-formal, mas também político-institucional, pode ser viabilizada otimizadamente com a existência de um único conselho.

2. Angra dos Reis: uma vitória parcial e alguns alertas

O município de Angra dos Reis possui uma localização privilegiada, no litoral sul do estado do Rio de Janeiro. Encostas florestadas, praias, manguezais e numerosas ilhas compõem um belo cenário, infelizmente submetido a intensa degradação. Esse município, no qual em 2000 residiam, de acordo com o IBGE (2001) cerca de 119 mil pessoas (eram cerca de 85 mil em 1991 [IBGE, 1991]), protagonizou, bem no começo da década de 90, algo que passou para a história do planejamento urbano no Brasil como um caso bem-sucedido de aplicação do ideário da reforma urbana. Relatada quase que de forma épica por GUIMARÃES (1997), em livro prefaciado por Márcio Moreira Alves e apresentado por Ermínia Maricato (o que dá boa noção da importância atribuída à experiência pela *intelligentsia* crítica envolvida com os estudos urbanos), a elaboração do plano diretor do município, na pena de seus protagonistas (como o próprio Gonçalo Guimarães, que foi o secretário de planejamento do município), apareceu sempre como uma vitória das forças progressistas locais e seus aliados externos contra as forças retrógradas, simbolizadas e representadas pela Câmara Municipal. Essa experiência foi costumeiramente apresentada não só de forma maniqueísta mas, também, sem que fossem feitas ressalvas ao alcance da vitória conquistada, corporificada pelo plano diretor de 1991:

> Até hoje o Plano Diretor de Angra dos Reis é uma referência nacional. Ainda hoje a prefeitura recebe cartas solicitando cópias e informações sobre o Plano e é parabenizada por todo o

processo de discussão da cidade e do poder local. (GUIMARÃES, 1997:145)

Um olhar um pouco mais distanciado, porém, revela algumas imperfeições nesse quadro aparentemente irretocável. Após relatar o momento em que, no dia 21 de março de 1991, o então prefeito Neirobis Nagae entregou, em cerimônia solene, o projeto de lei do plano diretor ao presidente da Câmara de Vereadores, Gonçalo Guimarães descreve as resistências ao plano por parte de grupos empresariais e outros, o que culminou com a rejeição do plano pela Câmara em 2 de abril, rejeição essa confirmada, em nova votação, dois dias depois (GUIMARÃES, 1997:104 e segs.). A alegação dos vereadores para embasar essa rejeição, a saber, a exigüidade do período de apenas dez dias úteis entre a entrega do plano à Câmara e o prazo estabelecido pela Constituição do Estado do Rio de Janeiro para a promulgação da nova lei, foi desqualificada por Gonçalo como uma espécie de desculpa, a encobrir uma postura conservadora. Um calvário foi, a seguir, descrito pelo referido autor, em cujo transcurso a Prefeitura teve de negociar com a Câmara algumas modificações (mas, segundo Gonçalo, preservando avanços essenciais presentes no plano original), com o objetivo de vê-lo aprovado. Beneficiando-se de uma emenda à Constituição Estadual que prorrogava o prazo para os municípios promulgarem as respectivas leis de plano diretor, a Prefeitura conseguiu ganhar tempo. Enquanto isso, a Câmara instituía um Grupo de Trabalho, composto por entidades empresariais, ecológicas, sindicatos e outras, para apreciar a matéria. Na esteira de negociações e compromissos a lei do plano diretor foi, finalmente, aprovada por unanimidade, em segunda votação, em fins de 1991.

Não se pretende, nem de longe, questionar, aqui, a interpretação segundo a qual poderosos interesses, que iriam se ver feridos pelo plano original (sobretudo o capital imobiliário, em função, dentre outras exigências, de deixarem um acesso à praia a cada cem metros, quando da construção de condomínios à beira-mar), terem se mobilizado contra o plano; muito menos se questiona o conteúdo antipopular desses interesses e tampouco o perfil predominantemente conservador da Câmara, simpático a eles. Gonçalo Guimarães apresenta provas irrefutáveis disso, e é sintomático que, em depoimento colhido pela pesquisadora Adriana Cavaco,[73] um técnico do IBAM que acompanhou o processo tenha reconhecido o fato:

> Angra fez direitinho o plano diretor, com fóruns com participação dos diversos distritos. O processo foi amplo e democrático. A Prefeitura correu para terminar o plano em menos de um ano, porque estava na Constituição do Estado do Rio que os planos tinham que ser aprovados até um ano depois das leis orgânicas. Pediram um parecer ao IBAM, que respondeu claramente que não se preocupassem com o prazo porque o estado não pode impor prazos de competência municipal. O plano ficou arquivado na Câmara por um ano. A Câmara não queria aprovar o plano do PT, queria um outro plano. O IBAM foi chamado para fazer um seminário de avaliação do plano. A análise do representante do IBAM mostrou que aquele era um bom plano diretor, que havia tido a participação popular necessária, entretanto tinha falhado por a Câmara não ter participado. Todos os vereadores eram contra o plano diretor, somente uma vereadora era do mesmo partido do Prefeito. (Depoimento de Victor Zular Zveibil)

O que se questiona, com base em uma leitura atenta do próprio livro de Gonçalo Guimarães e em depoimentos colhidos por Adriana Cavaco, é que a postura dos "mocinhos" dessa história, pintada, como já se disse, de forma maniqueísta, tenha sido realmente impecável.

Há evidências de que faltou habilidade política e, quem sabe, abundou sentimento de auto-suficiência por parte das forças progres-

[73] O autor teve acesso às entrevistas gravadas por Adriana Cavaco, sua ex-orientanda, que gentilmente cedeu cópias das mesmas. Os depoimentos foram colhidos para servirem de subsídio para a sua pesquisa de dissertação de Mestrado (CAVACO, 1998).

sistas em torno do Partido dos Trabalhadores. Teria sido o envio de um "pacote pronto" para a Câmara pouco antes do encerramento do prazo legal uma estratégia da Prefeitura para criar uma situação de fato, não dando muito tempo ou ensejo para os vereadores criarem dificuldades à aprovação da proposta do Executivo. Uma estratégia deliberada e refletida, portanto? Se foi, fracassou. E, se foi, teria sido a estratégia mais adequada? Não teria sido possível neutralizar a influência das forças mais conservadoras sobre a Câmara e na Câmara na base de *alguma* negociação prévia, preservando os princípios inegociáveis? Teria sido a exigüidade do tempo deixado pela Prefeitura à Câmara para apreciar e votar a matéria – exigüidade essa que causou, decerto, irritação e o sentimento de se querer forçar uma situação – algo realmente inevitável? Não há uma linha de autocrítica no livro de Gonçalo Guimarães, o que é estranho. Além das críticas endereçadas às forças conservadoras, as únicas outras feitas pelo autor dirigem-se a uma parcela, segundo ele hegemônica, do próprio Partido dos Trabalhadores em Angra dos Reis, a qual é caracterizada como retrógrada e termina por conseguir fazer o sucessor do prefeito Neirobis Nagae. Sem querer exagerar na comparação, uma das razões do escasso apoio parlamentar à administração da então prefeita petista Luiza Erundina, em São Paulo (1989-1992), foi a reticência do partido em negociar – e, quando se dispôs a fazê-lo, já era tarde demais, como concluiu COUTO (1995) em seu balanço da administração de Erundina. Também em São Paulo conflitos no interior do partido contribuíram para debilitar a administração. E também em São Paulo, aliás, o projeto de lei do plano diretor foi, mais ou menos na mesma época do de Angra, recusado pela Câmara. Uma pena, pois se tratava de documento tecnicamente muito bem elaborado e bastante arrojado (mais que o de Angra dos Reis, diga-se de passagem).

Curiosamente, após doze anos à frente da Prefeitura, o PT foi apeado do poder em Angra dos Reis, sem conseguir evitar que os demais partidos se unissem, em bloco, contra ele. Segundo o jornal *O Globo* de 19/9/2000,

> [u]ma coligação de 12 partidos ameaça a permanência do PT no poder em Angra dos Reis. O ex-prefeito Neirobis Nagae, candidato pelo PT, enfrenta a Frente Muda Angra, que apóia a candidatura do empresário Fernando Jordão (PDT). A principal desvantagem dos petistas é o tempo na televisão: enquanto os 12 partidos deram o total de 26 minutos no horário eleitoral gratuito a Jordão, o PT conta com quatro minutos.
>
> – São 12 contra um. A ofensiva deles acaba tendo efeito. O PT leva desvantagem nisso – reconhece o prefeito de Angra, José Marcos Castilho (PT), que tenta eleger Neirobis Nagae seu sucessor.
>
> (...)
>
> O primeiro mandato do PT em Angra foi em 1989, com Nagae. Na eleição seguinte, o prefeito eleito foi o hoje deputado federal Luiz Sérgio, que foi sucedido pelo atual prefeito. José Marcos conta que a criação do partido no município está ligada à participação da Igreja Católica. (...)
>
> – O PT de Angra foi criado em Bracuí, em um engenho, por trabalhadores ligados à Pastoral da Terra. O partido nasceu para resolver problemas com a distribuição da terra – disse Castilho.
>
> – Se o PT ganhar esta eleição em Angra, não perde mais – disse o candidato pelo PSB a prefeito de Parati Valdecir Machado.

Eis mais uma situação que daria margem à elaboração de um quadro épico e, ao mesmo tempo, auto-complacente: o heróico combate de um contra todos, não conseguindo, ao final, triunfar sobre a sanha das forças reacionárias. Pode-se, no entanto, deixar no ar uma pergunta: será que não teria sido possível a um partido já há três administrações à frente da Prefeitura neutralizar e entrar em acordo, sem grandes custos políticos, com ao menos alguns dos partidos que terminaram por fazer-lhe oposição em uma frente ampla? Pelo menos a *dúvida* sobre se houve habilidade política suficiente parece, mais uma vez, saudável e recomendável.

Que se voltem as atenções, agora, para o próprio plano diretor Até que ponto representou ele um marco na história do planejamento alternativo no Brasil, como sugere Gonçalo Guimarães? Um exame detido do plano suscita uma impressão diferente e convida a uma modéstia um pouco maior.

O plano diretor de Angra dos Reis (Lei Municipal nº 162/LO de 12/12/91) é um documento tecnicamente bem elaborado e conforme ao ideário da reforma urbana. Seus princípios são fortes e límpidos quanto à tentativa de salvaguarda das funções sociais da cidade e da propriedade e à inversão de prioridades, isto é, o atendimento preferencial aos segmentos pobres e segregados. O que ele estabelece em matéria de diretrizes para o saneamento básico (inclusive criando, no Art. 23º, parágrafo único, uma Companhia Municipal de Saneamento), abastecimento de água, drenagem, esgotamento sanitário, coleta e destinação final de resíduos sólidos e para o sistema viário e de transporte é coerente e pormenorizado. Não obstante, poucos foram os instrumentos, dentre os discutidos em meio aos debates da segunda metade da década de 80 a respeito da reforma urbana, que foram adotados. Apenas o parcelamento e a edificação compulsórios, o IPTU progressivo no tempo e a desapropriação, previstos na própria Constituição Federal (Art. 182), além da contribuição de melhoria (igualmente prevista na própria Constituição) e do zoneamento de tipo alternativo, são incorporados, passando-se ao largo da concessão onerosa do direito de construir (solo criado), da operação urbana e da urbanização consorciada. Essa negligência foi uma marca do processo de elaboração do plano diretor desde os seus primórdios, como testemunha o texto de GUIMARÃES e ABICALIL (1990), onde a proposta do Executivo, ainda em fase de preparação, havia sido sumariamente apresentada. Estranha essa negligência, tendo-se em mente que a própria Carta de Angra, documento de princípios aprovado ao final do "Seminário Intermunicipal Plano Diretor e Gestão Democrática" (realizado em Angra dos Reis em agosto de 1990 e contando com representantes de várias prefeituras), destaca, no seu final, esses novos instrumentos.[74] Na realidade, também a forma

[74] No entanto, em entrevista concedida a Adriana Cavaco em março de 1998, Gonçalo Guimarães, referindo-se genericamente aos chamados novos instrumentos

como os instrumentos adotados estão presentes no plano é, em boa medida, desapontadora, pois é vaga, demandando (sobretudo no caso da contribuição de melhoria, meramente enunciada) regulamentação adicional.

Começa-se a ver, com isso, que o plano diretor de Angra teve suas aparentemente incontestes virtudes magnificadas por Gonçalo Guimarães. Sob o ângulo dos instrumentos, o contemporâneo projeto de lei do plano diretor de São Paulo foi muito além. As principais qualidades do plano de Angra dos Reis, afora aquelas já arroladas no parágrafo precedente, são as seguintes: além de um tratamento bastante detalhado conferido ao parcelamento do solo urbano (loteamentos e desmembramentos), complementando a Lei Federal 6.766/79, bem como aos condomínios, a instituição de uma instância participativa (conselho) e uma certa pormenorização de sua natureza e de sua dinâmica (artigos 219 a 225). A preocupação com a preservação ambiental também é digna de nota, sendo que tanto a preocupação com o parcelamento quanto aquela com a proteção ambiental têm muito a ver com a realidade sócio-espacial e natural do município. Justamente esses aspectos foram salientados pelo prefeito na época da elaboração e aprovação do plano, Neirobis Nagae, vários anos depois:

> Foi importante nós termos feito isso naquela época. Porque, se nós não tivéssemos feito isso naquela época, hoje qual seria o cenário? A maioria dos nossos mangues estaria aterrada, com certeza, e isso trazendo como conseqüência, para a vida marinha ... conseqüências enormes: diminuiria com certeza a pesca na cidade. Então, a qualidade [de vida no município] melhorou

---

(não especificamente à sua ausência do plano de Angra), minimizou a sua importância: "(...) solo criado, operação interligada, para mim... eu não acredito nessas coisas". Sua explicação sobre a razão de "não acreditar nessas coisas" – essencialmente, a de que há outros instrumentos mais simples e mais importantes, como o IPTU progressivo no tempo –, não é convincente, pois não é suficiente para justificar a pura e simples negligência para com os instrumentos. Ainda que concordando inteiramente com o seu repúdio, manifestado na mesma entrevista, às importações acríticas de idéias e planos, sua indisfarçável irritação com a popularidade da experiência de São Paulo levou-o, ao que tudo indica, a adotar um enfoque simplista.

nesse sentido, entendeu? Não tem nada a ver com emprego, com renda; mas no sentido da ocupação do solo, melhorou, sim; nós conseguimos deter esse avanço do lado rico [Neirobis Nagae refere-se, aqui, aos condomínios à beira-mar]; alguns problemas do lado pobre, como eu falei antes, a subida do morro, parou, em alguns lugares nós conseguimos segurar a invasão. (...) Teria sido pior se não tivéssemos esse plano.[75]

Em resumo, pode-se dizer que se trata de um bom plano, indiscutivelmente progressista (mesmo em sua versão definitiva, negociada), mas tímido justamente no que tange a um dos aspectos mais importantes de um planejamento urbano promotor de justiça social: a incorporação ampla e detalhada de instrumentos tributários com grande alcance extrafiscal e de outros instrumentos de planejamento de cunho progressista e isonômico.

Uma lição da experiência de Angra dos Reis é, diante de tudo isso, por conseguinte, a de que, por mais que a sociedade civil se ache mobilizada para dar respaldo ao Executivo no momento da confecção de uma política pública ou da elaboração de um plano – e, em seu depoimento à geógrafa Adriana Cavaco, o ex-prefeito Neirobis Nagae deixou claro que a participação não havia sido tão expressiva assim, conquanto esse tema seja objeto de controvérsia –, a arrogância e o excesso de autoconfiança por parte das forças comprometidas com a mudança social devem ser evitados. Outra lição é a de que não basta que a população se mobilize até o momento de aprovação de uma lei; ela precisa continuar fiscalizando o cumprimento da lei e animando, com a sua participação, o processo de planejamento, para que ele não se desvirtue e faça do texto da lei pouco mais que letra morta. Que isso, ao menos em parte, ocorreu posteriormente em Angra dos Reis, ainda que o mesmo partido (PT) tenha permanecido à frente da Prefeitura até 2000, extrai-se do depoimento de um influente líder associativo igualmente entrevistado pela geógrafa

[75] Depoimento oral à pesquisadora Adriana Cavaco em maio de 1998 (uma cópia da fita gravada foi, gentilmente, cedida ao autor).

Adriana Cavaco (neste caso, o autor prefere omitir o nome do entrevistado), em que ele relatou ter o Conselho Municipal de Urbanismo e Meio Ambiente dado o seu beneplácito para intervenções contrárias ao plano diretor:

> Tem coisas absurdas sendo aprovadas, só porque o Conselho aprovou. E não adianta a população ser a maioria, se ela não está instrumentalizada. É uma sacanagem, vamos falar isso bem claro, você colocar lá, no Conselho de Urbanismo, tal data, para discutir determinado projeto importante, para construir não sei o que lá, por tantos milhões de dólares, mas não mandam uma pauta para ninguém do movimento [inaudível] para encarar técnicos da Prefeitura, aquele bando da Prefeitura que ficou meses estudando aquilo lá, como é que vai, como é que vai dizer que aquilo está errado? Não tem como, é impossível. Então, esse Conselho hoje está lá para legitimar; as pessoas que estão aí não participam de nada, pessoas que fazem a vontade do prefeito, e acabou. Hoje o Conselho não é um Conselho que proponha isso que você [inaudível], de o Conselho ser um instrumento de mobilização, de discussão da eficácia da lei do plano diretor; não é isso, nitidamente não é. (...) Eles estão propondo contra o plano; eu te mostro a cidade em um montão de lugar, amanhã, ou qualquer hora; tá errado, é contra o plano – mas o Conselho aprovou. E aí o prefeito: "ah, o Conselho aprovou...".

E esse não foi o único depoimento colhido por Adriana Cavaco onde foram feitas críticas ao Conselho Municipal de Urbanismo e Meio Ambiente. Eis mais alguns eloqüentes trechos:

> O Conselho não tem a representação necessária. A preocupação é discutir os grandes projetos. Não tem mais o poder de mobilização, não tem retorno. (Depoimento de agente da Pastoral da Terra)

> As atribuições do Conselho não estão sendo seguidas – implementação do plano [diretor] e garantia da participação popular. (Depoimento de um ex-vereador do PSB)

> O Conselho funcionou bem quatro a cinco anos; de um ano para cá houve um esvaziamento. O movimento está desmobilizado em relação ao início do processo. A Prefeitura, também, atuou de forma diferente e, num primeiro momento, houve todo um apoio para a mobilização. Hoje, no governo, há poucas pessoas que produzem política; é mais técnico. (Depoimento de um técnico da Prefeitura)

Depoimentos como esses podem ser bem complementados por um outro, prestado a Adriana Cavaco por um líder popular, depoimento esse revelador, em um plano mais geral, de alguns problemas vivenciados em Angra dos Reis:

> As administrações seguintes do PT não tiveram continuidade, houve um retrocesso. As pessoas que vieram assessorar foram eliminadas porque tinham um projeto muito progressista.

Um progressismo provavelmente um pouco inábil, entrando em atrito com setores do próprio partido tendentes a um certo tecnocratismo, a uma postura politicamente emasculada, e que acabou por impor-se. Ingredientes desfavoráveis para a construção de uma alternativa que seja, a um só tempo, arrojada e viável.

Talvez a principal lição de Angra dos Reis, sem esquecer as demais, seja a seguinte: não é porque se vive em um país onde há leis que "pegam" e leis que "não pegam" que se vai subestimar a positividade da existência de boas leis. Afinal, sem elas a população nem sequer teria um respaldo jurídico para fazer valer direitos. Por outro lado, leis, quaisquer que sejam, são, para usar novamente a metáfora de Geografia Econômica empregada mais atrás neste livro, meros *recursos*; para serem efetivamente *riquezas*, é preciso que haja constante pressão de baixo para cima pelo seu emprego e fiscalização para coibir deturpações. Em um país como o Brasil, onde a elite resiste a abrir mão mesmo de uma pequena parte de seus privilégios e onde certos hábitos e tradições antes convidam ao descumprimento que ao cumprimento das leis, a pressão da sociedade civil não é luxo ou assunto distante do planejamento e da gestão, mas condição mesma da implementação conseqüente de instrumentos e mecanismos de planejamento e gestão progressistas.

3. Recife: criatividade e frustrações

Diferentemente de Porto Alegre e Angra dos Reis, Recife foi já objeto de detida análise pelo autor em seu livro anterior (SOUZA, 2000a), como decorrência de um razoável acúmulo de experiência de pesquisa com problemas urbanos da capital pernambucana. Graças a novos trabalhos de campo, motivados pelas investigações do autor sobre orçamentos participativos, e ao acompanhamento das transformações recentes no quadro político-institucional recifense, na esteira da vitória do Partido dos Trabalhadores nas eleições municipais de 2000, vale a pena, aqui, retomar Recife como "laboratório", procurando extrair alguns ensinamentos de sua trajetória.

De acordo com os resultados preliminares do censo demográfico, a capital de Pernambuco possuía cerca de 1,42 milhão de habitantes em 2000 (IBGE, 2001). Desse quase um milhão e meio de habitantes, um percentual altíssimo reside em favelas: de acordo com dados oficiais, 46,4% dos domicílios recifenses se achavam, em 1991, em favelas, correspondendo, em números absolutos, a mais de 142 mil domicílios localizados em 224 favelas (IBGE, 1993:1/42). Como tem sido enfrentado esse quadro de iniqüidades?

Politicamente, as conjunturas têm variado relativamente pouco em Recife nas últimas décadas. Há quase duas décadas que a conjuntura política local oscila entre o franco conservadorismo, como o da administração de Roberto Magalhães, entre 1997 e 2000, e o populismo, sobretudo o de Jarbas Vasconcelos (um populismo de centro-esquerda durante a sua primeira administração, de 1986 a 1988, e mais propriamente de centro durante a sua segunda administração, de

1993 a 1996). Político-institucionalmente, portanto, o contexto não tem sido muito favorável, e as ambigüidades constatáveis refletem, e muito, essa situação (ver, por exemplo, o artigo de Virgínia Pontual sobre a "comédia" – o termo é dela – em torno da aprovação do novo plano diretor do município [PONTUAL, 1994]). Os próprios quadros técnicos de planejamento são problemáticos, como esclareceu Jan Bitoun, em depoimento ao autor parcialmente reproduzido e comentado em SOUZA (2000a:310). Jan Bitoun, geógrafo francês radicado em Recife há muitos anos, analisou, de forma contundente, o corporativismo e o tecnocratismo comuns entre os técnicos locais ligados à área de planejamento (coisa que, diga-se de passagem, está longe de ser um privilégio exclusivo dos planejadores recifenses!), expressos pelo "discurso-freio" (para usar a expressão empregada por Bitoun) do "falta vontade política": isso, segundo ele, é usado como álibi, sendo "o grande discurso dos técnicos para não inserir a dimensão política nos seus trabalhos técnicos".

Mais do que a conjuntura e os corporativismos, porém, é preciso mergulhar na cultura, para o que o depoimento de Jan Bitoun foi, também aqui, de grande importância. Para ele, a elite local é, ao mesmo tempo, nostálgica de um passado mitificado (o "sentimento de perda", por ele mencionado: a cidade, com seu passado holandês e tudo o mais, já foi maravilhosa, mas foi estragada pelos migrantes vindos do interior [cf. SOUZA, 2000a:308]) e envergonhada da própria população da cidade ("[a] elite imagina uma outra cidade, totalmente diferente do que é a cidade hoje; ela imagina um outro povo" [*apud* SOUZA, 2000a:310]).

A impressão que o autor teve foi, diante de tudo isso, e após "sentir" a cidade, conversando, seja de modo inteiramente informal (fora de um contexto de entrevista, às vezes durante um simples bate-papo descontraído, portanto nem mesmo em meio a uma "entrevista informal com diretriz"), seja no âmbito de entrevistas formais abertas ou informais com diretriz, com numerosas pessoas (pesquisadores, professores universitários, policiais, planejadores, líderes de favelas, técnicos de ONGs), a de que Recife padecia de um certo derrotismo generalizado, talvez um pouco semelhante ao do Rio de Janeiro. Um derrotismo mal disfarçado, lá, por programas oficiais com nomes do tipo "Recife alto astral", assim como é mal disfarçado, no Rio, por iniciativas como o "movimento" Viva Rio. Essa impressão, baseada em experiências de campo ocorridas na segunda metade da década de 90 e reveladas ao leitor em SOUZA (2000a), manteve-se, no essencial, após mais uma breve estadia para trabalho de campo em julho de 2001, ocasião em que o interesse da pesquisa era, especificamente, o orçamento participativo da capital pernambucana, mas quando foi possível, também, colher dados e informações mais variados, inclusive informações adicionais sobre aspectos positivos do planejamento urbano local, como o PREZEIS. No entanto, fatos novos surgiram recentemente, como decorrência da mudança de conjuntura política, e seria tão errado subestimar quanto superestimar o seu possível alcance.

Independentemente de juízo de valor, a vitória (apertadíssima) de uma coligação de partidos de esquerda, encabeçada pelo Partido dos Trabalhadores, nas eleições de 2000, representou um fato novo e de grande importância na capital pernambucana. Pela primeira vez em muitos anos, a constelação política alterou-se significativamente, e aquilo que mesmo a muitos militantes e simpatizantes pareceu, durante bastante tempo, improvável – a vitória do petista João Paulo sobre Roberto Magalhães –, acabou ocorrendo. Uma coisa é certa, porém: a intensidade maior ou menor da mudança social não depende somente do partido ou dos partidos que controlam o Executivo municipal, mas também da força de inércia maior ou menor de uma série de problemas e das características menos ou mais favoráveis de todo um contexto político-cultural, econômico, sociopolítico e institucional.

Vale a pena, a esse respeito, deter-se um pouco sobre a experiência do PREZEIS, para depois examinar-se o orçamento participativo recifense.

Em 1983 foram definidas, ancoradas na Lei de Uso e Ocupação do Solo da Cidade do Recife, as Zonas Especiais de Interesse Social (ZEIS) recifenses. Anos depois, em 1987, o Plano de Regularização das Zonas Especiais de Interesse Social (PREZEIS) viria conferir real sentido à criação das ZEIS, ao normatizar e proporcionar ferramentas para facilitar a regularização fundiária das ocupações elevadas ao *status* de ZEIS. Recife não foi, é bem verdade, a primeira cidade brasileira a demarcar ZEIS; entretanto, o PREZEIS, pelo que consta, foi, de algum modo, pioneiro, pela sua abrangência e por sua complexidade (ARAÚJO *et al.*, 1999:13-4). Assim, apesar de não ter sido criado e mantido durante conjunturas políticas propriamente progressistas, o PREZEIS parece ser uma insofismável conquista social, de enormes amplitude e alcance. Certo? Não exatamente. Ou melhor: em termos.

Das 66 ZEIS de Recife, apenas duas tiveram, segundo Demóstenes de Moraes, Diretor de Integração Urbanística da Prefeitura de Recife (em depoimento oral ao autor em julho de 2001), a sua urbanização completada com recursos próprios (oriundos do fundo especial chamado de "Fundo PREZEIS"). Isso mostra bem a pouca importância que, na prática, as administrações passadas deram ao PREZEIS, o que se revela, também, nas ínfimas dotações destinadas à urbanização e à regularização. Mas não é só isso. Embora os resultados efetivos, ou melhor, a esqualidez dos resultados efetivos não seja pouca coisa, também preocupa um outro aspecto, devido à sua força de inércia: a cristalização de mentalidades e comportamentos corporativos em torno do PREZEIS. Os três representantes dos moradores que integram o Fórum do PREZEIS (do qual fazem parte, também, representantes do Estado e de ONGs), entrevistados (incluindo a sua coordenadora-geral) pelo autor em julho de 2001, entendem como "conquistas" algumas coisas que, passíveis ou não de serem entendidas como "privilégios" (interpretação, por exemplo, do atual secretário de Orçamento Participativo e Gestão Cidadã, João da Costa, igualmente entrevistado pelo autor em julho de 2001), constituem, de toda maneira, fortes indícios de cooptação. Não é apenas o fato de que o PREZEIS dispõe de sala anexa a um dos prédios da URB (Empresa de Urbanização do Recife), e que os coordenadores tenham reivindicado telefones celulares e outros itens, que motiva essa leitura; é o próprio fato, percebido pelo autor a partir de diversos outros elementos, de que os líderes vinculados ao Fórum do PREZEIS se comportam, não raro, como extensões do Poder Público, e reproduzem, mediante o corporativismo e o clientelismo, certas mazelas bem conhecidas da política no Brasil. Não parece ser à toa, assim, que surgem atritos entre o PREZEIS e, por exemplo, o MTST (Movimento dos Trabalhadores Sem-Teto). O PREZEIS é, basicamente, um canal de participação burocratizado, corporativista e domesticado. O seu papel de catalisador de energias de organização popular, se foi importante no passado, hoje não tem mais essa força.

Isso não quer dizer, evidentemente, que o PREZEIS, em si, tenha deixado inteiramente de ser importante. Na verdade, como bem ressaltou Demóstenes de Moraes em seu depoimento, a experiência de discussão de planejamento, envolvendo diferentes segmentos da sociedade civil e mais o Estado, não deve ter sua relevância subestimada. O que ocorre é que a dinâmica do PREZEIS precisa, urgentemente, de uma *renovação*. Como reconheceu o próprio Diretor de Integração Urbanística, justamente o *orçamento participativo* está trazendo um desafio bem estimulante para o PREZEIS. Em que sentido?

O modelo de orçamento participativo que vem sendo adotado em Recife desde 2001 buscou inspirar-se fortemente na experiência de Porto Alegre. A intenção, assim, é ousar: uma participação realmente deliberativa, e não simplesmente consultiva; um percentual significativo do total das despesas, e não um percentual pequeno ou mesmo ínfimo, como ocorria antes (e como ocorre em vários locais); um Conselho do Orçamento Participativo (COP) semelhante ao seu equivalente porto-alegrense, no sentido de que os representantes do Estado, indicados pelo prefeito, só têm direito a voz, e não a voto.[76] Não somente devido ao fato de que o PREZEIS lida com recursos especificamente destinados às ZEIS, enquanto que o orçamento participativo abrange, evidentemente, todo tipo de investimento e em

[76] Conforme a versão do Regimento Interno do Conselho do Orçamento Participativo obtida pelo autor quando de seu trabalho de campo de julho de 2001, a composição prevista pela Prefeitura é a seguinte: dois conselheiros titulares (e dois suplentes) eleitos em cada uma das dezoito "regiões" da cidade; um conselheiro titular (e um suplente) eleito em cada uma das sete plenárias temáticas; um conselheiro titular (e um suplente) por cada conselho setorial; dois conselheiros titulares (e dois suplentes) do Fórum do PREZEIS; três representantes do Executivo Municipal (e três suplentes).

todo o município, mas também por conta da dinâmica mais aberta do orçamento participativo, os ativistas ligados ao PREZEIS têm revelado preocupação com a possibilidade de o orçamento participativo esmagar ou "engolir" o PREZEIS. Atritos entre eles e o secretário de Orçamento Participativo e Gestão Cidadã, João da Costa, foram, muito veladamente, relatados por este em entrevista ao autor em julho de 2001, e, muito menos discretamente, pelos três coordenadores do Fórum do PREZEIS que, logo após a entrevista com o secretário, o autor teve oportunidade de ouvir. Também, pudera: sejam "privilégios", como entende o secretário, sejam "conquistas", como preferem interpretar os coordenadores do Fórum do PREZEIS, certos benefícios e certas solicitações, como os mencionados em parágrafo anterior, mais combinam com uma situação de forte institucionalização, e mesmo burocratização, que com uma dinâmica de movimento social fortemente autônomo. É certo que um orçamento participativo, sendo um caso de "co-gestão" Estado/sociedade civil, não corresponde, exatamente, a um movimento social. Entretanto, a sua dinâmica, a julgar pelo que se vê em Porto Alegre, e mais ainda pelo que esse tipo de experiência promete, é bastante capaz de conviver com movimentos sociais pujantes e criativos, e é capaz, até mesmo, de estimular o ativismo, ao incentivar a sociedade civil a participar dentro de um esquema que, nas situações mais autênticas, pode chegar à delegação de poder.

Os temores da coordenação do Fórum do PREZEIS não são infundados – e, a rigor, pode-se, pelo menos, conjecturar que aquilo que eles temem (uma deglutição do PREZEIS pelo orçamento participativo) pode, para a maior parte da população, ser vantajoso, e não algo ruim. Importa ressaltar, porém, que o inverso também é possível: os ativistas do PREZEIS "colonizarem" o orçamento participativo, apropriando-se desse espaço ao elegerem a maior parte dos delegados regionais e temáticos (os três coordenadores do Fórum do PREZEIS eram, na época da entrevista, delegados temáticos) e, posteriormente, grande parte dos conselheiros. Pelo que o autor verificou em campo, assistindo a reuniões de fóruns de delegados regionais para a eleição de coordenadores dos fóruns e de conselheiros, e pelo que foi dito explicitamente e sem subterfúgios pelos coordenadores do Fórum do PREZEIS, foi elaborada uma estratégia para que o grupo de ativistas ligado ao PREZEIS dê o tom do orçamento participativo. Atritos e tensões devem ser, assim, esperados.

Comente-se, agora, brevemente, a evolução do orçamento participativo.

As origens do orçamento participativo remontam aos anos 80, quando Jarbas Vasconcelos, durante a sua primeira administração, lançou o programa *Prefeitura nos Bairros*. Muito embora o Prefeitura nos Bairros fosse, essencialmente, consultivo, dentro de um esquema de "clientelismo ampliado", e muito embora o rótulo "orçamento participativo" só tenha sido oficializado nos anos 90, como complemento ao nome principal do programa, o próprio secretário de Orçamento Participativo e Gestão Cidadã da administração petista de João Paulo deu a entender, no depoimento concedido ao autor em julho de 2001, que o Prefeitura nos Bairros, já desde o começo, representou um ancestral do atual orçamento participativo. O problema, sem dúvida, é a inconsistência que caracterizou o orçamento participativo recifense durante todo o tempo, e não só durante a sua "pré-história"; como disse o técnico da FASE Adelmo Araújo, entrevistado pelo autor em novembro de 1997, o orçamento participativo de Recife, naquela ocasião, era um "orçamento de pobre". Com percentuais pequeníssimos das despesas (e mesmo, especificamente, dos investimentos) colocados à disposição da esfera de participação popular, a percepção do referido técnico da FASE, segundo a qual "[a]s grandes obras da cidade não passam, obviamente, por esse espaço", só podia ser correta. Para ilustrar com alguns números: o orçamento participativo de Recife envolveu cerca de 1% do orçamento total e 10% dos investimentos naquele ano (1997), conforme o mencionado técnico. Em 1999, segundo informações prestadas ao autor em novembro desse ano pelo ex-técnico da FASE Nordeste e atual Diretor de Integração Urbanística da Prefeitura, Demóstenes de Moraes, R$115 milhões, ou 14% do orçamento total (R$ 793 milhões), estiveram disponíveis para investimentos. Destes, apenas R$ 22 milhões (isto é, 19% dos investimentos e 2,7% do orçamento total) foram disponibilizados para a esfera decisória do orçamento participativo. Qualquer semelhança com Porto Alegre, portanto, é pouco mais que mera coincidência.

A nova conjuntura política está trazendo, no entanto, mudanças significativas. O próprio secretário de Orçamento Participativo e Gestão Cidadã garantiu ao autor que é firme propósito da Prefeitura disponibilizar 100% dos investimentos para a esfera de deliberação popular direta, a exemplo do que ocorre em Porto Alegre. Por outro lado, Niedja Queiroz, responsável pela Diretoria de Articulação com a Sociedade (algo equivalente à Coordenação de Relações com a Comunidade [CRC], de Porto Alegre, e que é subordinada à secretaria dirigida por João da Costa), relatou ao autor, também em julho de 2001, algo um pouco diferente: segundo ela, mais ou menos 80% seriam disponibilizados para decisão no âmbito do orçamento participativo, enquanto cerca de 20% seriam decididos pela Prefeitura, para que obras de interesse do prefeito (ela se referia à previsão para o ano seguinte, 2002) pudessem ser realizadas. Durante um segundo depoimento, prestado ao autor em novembro de 2001, Niedja Queiroz esclareceu o que tinha parecido, à primeira vista, ser uma falta de sintonia entre informações de sua primeira entrevista e a do secretário: a Prefeitura decidiu que 75% dos investimentos serão distribuídos conforme as demandas das "regiões", enquanto que os 25% restantes destinar-se-iam a obras estruturantes. Essas obras estruturantes corresponderiam a "compromissos de campanha" do prefeito. A despeito de a entrevistada encarecer o fato de que o prefeito teria, mesmo assim, que defender essas obras nas plenárias temáticas, não resta dúvida de que se está diante de uma determinação tomada de cima para baixo, inclusive com um percentual de recursos para obras "de interesse do prefeito" definido *a priori*. Apesar disso, o fato é que, ao que tudo indica, o orçamento participativo deixará de ser pouco mais que mera retórica, como era o caso até 2000, para passar a ter um alcance muito significativo.

No que concerne à *dimensão espacial*, infelizmente, o quadro ainda não é muito animador. A divisão municipal que serve de base à organização do processo de participação no orçamento remonta aos anos 80. A cidade foi dividida, em 1986, em doze "Regiões Político-Administrativas" (RPAs), para implementar o programa Prefeitura nos Bairros, e, dois anos depois, o município foi dividido em 94 bairros, cujos agregados formavam as doze RPAs. Em 1993, durante a segunda administração de Jarbas Vasconcelos, a retomada do programa Prefeitura nos Bairros ensejou, para que se pudesse melhor ajustar o calendário de reuniões, a redução do número de RPAs para apenas seis. As seis RPAs são nomeadas, cada uma delas, por um número e uma coordenada geográfica (exs.: 1: Centro; 2: Norte; 3: Noroeste); os bairros são designados por nomes, assim como as "localidades", espaços menores que os bairros e que costumam ter, cada uma, sua associação de moradores. Por fim, em 1995, cada uma das "regiões" foi subdividida em três "microrregiões", para facilitar a implementação do orçamento participativo (BITOUN, 2000:49-50). As "microrregiões" são tratadas, atualmente, como as verdadeiras unidades espaciais básicas da organização do processo de participação popular na elaboração do orçamento, de modo que se tem, *de facto*, dezoito "regiões". Essas unidades espaciais, contudo, foram, essencialmente, um produto de gabinete, e não uma malha territorial pactuada. Tanto os coordenadores do Fórum do PREZEIS, quanto as duas coordenadoras regionais entrevistadas pelo autor (a coordenadora da RPA 2 e a coordenadora da RPA 3), bem como um delegado da "microrregião" 1.1., um articulado ativista – todos entrevistados pelo autor em julho de 2001 –, demonstraram insatisfação com essa malha territorial: seja porque uma ou outra "região" é muito grande (o que dificulta os deslocamentos para participar das assembléias), seja porque os limites não são sempre bem aceitos pela população. Mesmo os bairros são, pelo que consta, um tanto artificiais, nem sempre coincidindo com os *lugares* (em sentido forte) percebidos e vividos pela população em seu quotidiano.

O orçamento participativo é, ao que parece, o carro-chefe da administração petista do Recife. Com um *status* de secretaria, sua centralidade é afirmada por todos, inclusive por Tânia Bacelar de Araújo, à frente da Secretaria de Planejamento, entrevistada pelo autor em julho de 2001. Isso é uma condição necessária, mas está longe, muito longe de ser condição suficiente para que o orçamento participativo do Recife deslanche e alcance a consistência do de

Porto Alegre. Alguns problemas devem ser destacados. O PT recifense, pelo que o autor pôde constatar em campo, apresenta enormes tensionamentos internos por conta da disputa entre as várias tendências, disputas essas que parecem tender a se resolver de modo menos tranqüilo e pactuado como tem ocorrido em Porto Alegre. Outro gargalo é de natureza mais institucional, mas também tem relação com o anterior: uma das lições de Porto Alegre refere-se à importância de uma reforma administrativa logo no começo da gestão, com o objetivo de ajustar melhor a máquina às novas diretrizes de governo e, também, com o fito de se ganhar racionalidade administrativa. Não há muitos indícios, por enquanto, de que Recife venha a experimentar processo semelhante. Mais amplamente, parece faltar a Recife, em grande parte, o *ambiente político-cultural* que se observa em Porto Alegre, o qual envolve e agasalha as ousadas iniciativas observadas na capital gaúcha. Por outro lado, Recife possui alguns trunfos importantes, como a condição de abrigar quadros técnicos com sólida formação e mente aberta, especialmente no Mestrado em Desenvolvimento Urbano da Universidade Federal de Pernambuco (ou oriundos desse ambiente), que é um centro de formação pós-graduada e pesquisa de boa qualidade, verdadeira referência em todo o Nordeste, além de algumas ONGs importantes. O próprio PREZEIS, por mais limitado que tenha sido o seu papel até agora, é um espaço de articulação digno de nota e com bastante tradição; talvez, quem sabe, em vez de ser apenas "engolido" pelo orçamento participativo ou de (pior ainda) "colonizar" este último, poderia o PREZEIS polinizar o próprio orçamento participativo com elementos importantes de sua experiência. Uma articulação inteligente entre o PREZEIS e o orçamento participativo seria, em Recife, o verdadeiro núcleo de uma integração entre planejamento e gestão. É provável, contudo, que o oxigênio representado pela presença de alguns novos profissionais e o fortalecimento de certas alianças com setores populares seja insuficiente para, no médio prazo, neutralizar os corporativismos, os vícios herdados do passado e a força de inércia de certos interesses cristalizados. Se houver um empenho forte e coerente, será possível, talvez, pelo menos, mudar bastante os *comportamentos*, ainda que as *menta-*

lidades só sejam passíveis de alteração mais a longo prazo. A própria força do PREZEIS se explica, deveras, mais por um acúmulo de esforços ao longo de uma década e meia de pressão da sociedade civil que por um papel consistentemente progressista do Estado e dos planejadores profissionais. Quanto ao orçamento participativo, a nova conjuntura inaugurada em 2001 poderá, como já se frisou, propiciar avanços consideráveis nessa área. Só o tempo dirá o quanto será possível avançar – e os avanços não virão, com certeza, apenas em decorrência de um desejo da máquina estatal ou de parte dela, mas como resultado de uma complexa correlação de forças.

4. Rio de Janeiro: o desafio da fragmentação do tecido sociopolítico-espacial e as seqüelas do empresarialismo

A exemplo de Recife, o Rio de Janeiro foi objeto de tratamento intenso no último livro do autor. Na verdade, o Rio de Janeiro vem sendo, não apenas por comodidade (dado o autor morar e trabalhar nessa cidade), mas por sua complexidade e riqueza de problemas, um "laboratório" privilegiado desde a década de 80. Somente a ocupação mais detida com os orçamentos participativos, no âmbito de projetos de pesquisa, veio retirar grande parte desse privilégio. E, a despeito disso, o Rio continua sendo um referencial empírico importante. Assim como no caso de Recife, este capítulo tentará atualizar e complementar as análises contidas em SOUZA (2000a), com o suporte de outros trabalhos do autor do presente livro e de outros autores. Quanto aos trabalhos de campo, os últimos sistemáticos se deram por conta de investigações sobre os impactos sócio-espaciais do tráfico de drogas, e terminaram em fins de 1996. Não os houve novos desde então, no sentido de incursões formais e *ad hoc* a campo para a realização de inquéritos. A intensa e engajada vivência do Rio de Janeiro, contudo, permite a realização de observações e o acesso a dados em profusão, bastando experimentar isso de forma direcionadamente atenta (com "olhos de pesquisador") e organizar o material de modo sistemático e coerente para se ter um nada desprezível alicerce para reflexões.

Com uma população de cerca de 5,85 milhão de habitantes em 2000 (IBGE, 2001) e município-núcleo da segunda maior metrópole brasileira, o Rio de Janeiro constitui, ao lado de São Paulo, um dos exemplos paradigmáticos do que o autor vem, há vários anos, chamando de *fragmentação do tecido sociopolítico-espacial da cidade* (vide, SOUZA, 1995b, 1995c, 1996b, 1997c e, sobretudo, 2000a). O município, cujo crescimento demográfico despencara nas últimas décadas, voltou, recentemente, a dar sinais surpreendentes de pujança demográfica: a confiar nos resultados preliminares do Censo Demográfico 2000 do IBGE, entre 1996 e 2000 a taxa de crescimento médio anual foi de 1,32%, contra apenas 0,26% entre 1991 e 1996 (1960/1970: 2,70%; 1970/1980: 1,82%; 1980/1991: 0,67). É lógico que esse é, apenas, um dado ainda inseguro e passível de ser corrigido. Seja como for, muito dificilmente isso sinalizaria uma reversão duradoura da tendência de queda, em grande parte provocada pelo acúmulo de fatores de deseconomias de aglomeração e conseqüente perda de atratividade da cidade para firmas e migrantes.

Sob inspiração, em muitos casos, do belo livro do jornalista Zuenir Ventura sobre o Rio de Janeiro, *Cidade partida* (VENTURA, 1994), vários autores têm, nos últimos anos, usado expressões parecidas ou próximas, como *dualização* (CARDOSO e RIBEIRO [1996], referindo-se ao Rio), *cidade de muros* (CALDEIRA [2000], referindo-se a São Paulo), *cidade em pedaços* (SPOSATI [2001], também referindo-se a São Paulo), *cidade dividida* (FANTIN [2000], referindo-se a Florianópolis), e por aí vai. A própria expressão *fragmentação* tornou-se popular em época recente, sendo entendida, porém, muitas vezes, como uma espécie de contraponto não diretamente espacializado da globalização: enquanto a globalização engendraria e expressaria uma certa uniformização planetária de gostos e uma certa pasteurização cultural para além de seus aspectos estritamente econômicos, paralelamente teria lugar, dialeticamente, uma "fragmentação", refletindo o crescimento de desigualdades econômicas e sociais. O que o autor tem chamado de fragmentação do tecido sociopolítico-espacial da cidade não se confunde inteiramente, porém, com aquilo que é designado por qualquer uma dessas expressões, em que pesem alguns recobrimentos importantes.

Enquanto a "dualização" de L. C. Q. Ribeiro e A. L. Cardoso se refere a um simples prosseguimento do processo de segregação residencial no Rio, a "cidade em pedaços" de Aldaíza Sposati faz alusão, sobretudo, aos absurdos da não-integração entre os muitos recortes espaciais de referência e bases cartográficas utilizados pelos vários órgãos da administração pública paulistana, e a "cidade dividida" de Márcia Fantin nada mais expressa que as tensões derivadas do rápido crescimento de Florianópolis na esteira da chegada de muitos "estrangeiros" (gaúchos, paulistas, cariocas, paranaenses e, claro, argentinos) estranhos à cultura e às tradições açorianas locais, a fragmentação do tecido sociopolítico-espacial da cidade refere-se a algo bem distinto. O que está em foco, sob esse rótulo, é um processo em que, de uma parte, espaços segregados, notadamente favelas, passam a ser objeto de territorialização por parte de quadrilhas e "organizações" de traficantes de drogas, e, de outra parte, cada vez mais como reação escapista à crescente sensação de insegurança em seus bairros tradicionais, elites e parte da classe média se auto-segregam, buscando refúgio nas cidadelas fortificadas que são os condomínios exclusivos. Esse fenômeno, observável, de modo cabal, no Rio de Janeiro e em São Paulo, e de forma embrionária ou menos sofisticada também em outras cidades (cf. SOUZA, 2000a), está relacionado, sem dúvida, com uma maior complexidade dos padrões de segregação: a segregação induzida (ou seja, aquela atinente aos espaços residenciais dos pobres) agrava-se, por conta da redobrada estigmatização na esteira da associação simplista entre favelas e tráfico de drogas, e a auto-segregação expande-se e floresce. E, apesar disso, essa fragmentação é *mais* que uma segregação tornada mais complexa: ela representa o comprometimento da própria idéia de cidade como uma unidade na diversidade, pois, para além da segregação e das disparidades sócio-espaciais, o controle territorial das favelas por parte dos traficantes de varejo redunda em desafiadores muros invisíveis que criam ou agravam vários tipos de interdição. Não são apenas os tradicionais muros invisíveis da estigmatização e do preconceito, associados às diferenças de classe e também ao racismo, historicamente mal disfarçados pelos discursos ideológicos que sugeriam harmonia racial entre os brasileiros; são fraturas *(socio)políticas* corporificadas no espaço, que surgem à medida que grupos criminosos desafiam o Estado e criam enclaves territoriais. A essas fraturas vêm juntar-se outras, as da auto-segregação, as quais, por serem legais (apesar da presença, às vezes, de ilegalidades, como o "fechamento" e a "privatização" de logradouros públicos!), não deixam de ser preocupantes, por seu sentido escapista e reacionário. Mesmo usando a expressão *fragmentação* em um sentido diretamente espacial, Milton Santos preferiu entender, por isso, um processo derivado da pouquíssima mobilidade espacial dos pobres que residem na periferia de uma cidade como São Paulo, o que a levaria a tornar-se um "conjunto de guetos" e, no limite, conduzindo a uma "desintegração" (SANTOS, 1990:89-90). E Teresa Caldeira, em seu *Cidade de muros*, apesar de ter focalizado de modo excelente a auto-segregação[77] (analisando, como contraponto, áreas pobres na periferia), não tematizou o ingrediente principal do que o autor denomina fragmentação do tecido sociopolítico-espacial, que é a multiplicação de enclaves territoriais controlados por traficantes de drogas.

A fragmentação do tecido sociopolítico-espacial da cidade não é um fenômeno exclusivamente brasileiro. Paralelos podem ser encontrados entre aquilo que o autor deste livro vem investigando no Brasil e a radiografia que MARCUSE (1997) faz das cidades norte-americanas, com seus guetos, seus enclaves e suas "cidadelas". Também HARVEY (2000:pp. 148 e segs.), apenas para ilustrar com mais outro autor, pinta, rapidamente, um quadro do que pode ser entendido como um equivalente norte-americano da fragmentação do tecido sociopolítico-espacial do Rio de Janeiro ou de São Paulo. Isso tudo

[77] O reconhecimento dessa excelência convive com pequenas discordâncias, como quando Teresa Caldeira enfatiza que os condomínios exclusivos brasileiros, diversamente das *gated communities* norte-americanas, nunca são chamados de comunidades; "[n]a verdade, os moradores brasileiros parecem desprezar bastante essa idéia de comunidade" (CALDEIRA, 2000:262). Enquanto isso, no caso americano ela admite, apoiando-se na bibliografia existente, que, embora os moradores das *gated communities* tenham pouco interesse em se envolver com uma sociabilidade local e com atividades coletivas, "a referência à comunidade é tanto um recurso retórico para vender condomínios fechados quanto um critério ideológico para avaliar a vida dentro dos muros" (CALDEIRA, 2000:277). Ora, esse tipo de contradição também costuma se manifestar no caso brasileiro, como o autor mostrou em livro anterior, exemplificando com material de propaganda sobre os condomínios de Alphaville, na Região Metropolitana de São Paulo (SOUZA, 2000: 206, nota 65).

para não mencionar o fato de que Hans-Magnus ENZENSBERGER (1993:18-9), em seu admirável ensaio *Guerra civil*, já fizera notar, em cores fortes, que aquilo que ele chamou de "guerra civil molecular" é observável não somente em cidades de países subdesenvolvidos, mas também em cidades do "Primeiro Mundo": "não apenas em Lima e Johannesburgo, em Bombaim e no Rio, mas também em Paris e Berlim, e Detroit e Birmingham, em Milão e Hamburgo". E a despeito disso, deseja o autor manter, repetindo o que já sustentara em SOUZA (2000a:219), que a fragmentação do tecido sociopolítico-espacial em cidades como Rio de Janeiro e São Paulo reveste-se de uma muito maior gravidade do que aquela concernente a processos semelhantes em países capitalistas centrais, e mesmo no que se refere ao que pode ser observado nas cidades do país mais violento e marcado por tensões e desigualdades dentre todos eles, os Estados Unidos. Isso porque, conforme o autor já argumentara em SOUZA (2000a:219), nos países centrais as instituições do aparelho de Estado não somente apresentam uma muito maior capacidade de evitar que a pobreza e a desigualdade (bem como muitos de seus reflexos espaciais, como a segregação residencial) se manifestem de forma aguda e explosiva, devido ao papel profilático do *welfare state*, como também demonstram uma maior capacidade de, uma vez instalados os problemas, enfrentá-los com eficiência e eficácia. Mesmo sem ignorar os enormes problemas sobretudo das grandes cidades norte-americanas, e mesmo sem esquecer que a globalização conduz a uma certa convergência em escala planetária não apenas de modas e padrões de consumo, mas igualmente em matéria de problemas urbanos, parece, diante das fragilidades típicas de um país (semi)periférico, que a fragmentação experimentada por Rio e São Paulo é particularmente intensa.

Muito embora Castoriadis tenha, no que se refere à negligência para com a dimensão espacial da sociedade, incorrido no mesmo erro que a tradição marxista por ele combatida, a valorização analítica dessa dimensão na justa medida é, quer o autor crer, muito cara a uma abordagem autonomista. O fenômeno da fragmentação do tecido sociopolítico-espacial ilustra muito bem isso: uma cidade fragmentada, como o Rio de Janeiro, onde civilidade e cidadania se deterioram a olhos vistos e onde se (sobre)vive nos limites da sociabilidade, reproduz ampliadamente a atomização, o individualismo, a massificação, o racismo, o conservadorismo... enfim, reproduz ampliadamente as condições da heteronomia, pois os mínimos fundamentos de uma vida pública e da democracia vão sendo minados, no quotidiano, pelo medo, pela insegurança e pela desconfiança de cada um em relação aos demais, pelas restrições concretas e pelos estigmas reforçados pela formação de enclaves territoriais controlados por criminosos, pela socialização consumista e socialmente irresponsável dos jovens nas "bolhas de proteção" dos condomínios exclusivos.

Como imaginar a adoção de mecanismos de planejamento e gestão participativos em um município, como o Rio de Janeiro, onde grande parte de sua população pobre vive sob o despotismo dos traficantes de drogas de varejo, o qual implica restrições objetivas à participação popular autêntica ("toque de recolher", controle e intimidação das associações de moradores...), sem contar as conseqüências social-psicológicas do convívio quase diário com a violência ("lei do silêncio", cinismo etc.)? E quanto à auto-segregação, a um só tempo fruto e estimuladora de saídas escapistas por parte das elites e da classe média, coisa que é o oposto de um compromisso com a cidade? Na verdade, o planejamento e a gestão, até mesmo quando conduzidos dentro de um estilo fortemente heterônomo, isto é, não-participativo, se vêem perturbados pela fragmentação do tecido sociopolítico-espacial. Nas favelas territorializadas por traficantes de drogas, há muito que as intervenções estatais, das mais simples até aquelas mais complexas, no âmbito do Programa Favela-Bairro de urbanização, têm de contar com a anuência dos criminosos para serem viabilizadas, sendo, às vezes, até mesmo negociadas. O jornal *O Globo* de 3/9/1999 trouxe, em artigo de quase uma página inteira (sob o título "Bandido libera obra em favela. Equipe da Prefeitura fica sob a mira de armas em área do Favela-Bairro"), um caso altamente ilustrativo dessa problemática: um "soldado" havia ordenado a paralisação das obras na favela Vila Sapê (em Jacarepaguá), posteriormente liberadas pelo "gerente" local do tráfico de tóxicos. E esse é, apenas, um caso entre muitos, alguns dos quais chegaram ao conhecimento do autor por meio de relatos colhidos por ele e sua equipe *in loco* junto a moradores de favelas.

Diante disso, é particularmente lastimável que, ainda por cima, o Rio de Janeiro tenha, nos anos 90, sofrido com administrações que encarnaram de forma brutal um estilo empresarialista. Brutal porque, diferentemente do que se passa na Europa e mesmo nos EUA, onde o grau de intransparência (e, em grande parte devido a isso, também de corrupção) é menor, em um país semiperiférico as conseqüências do empresarialismo – aumento de disparidades espaciais e de fenômenos de exclusão, promiscuidade e conteúdo antipopular das "parcerias público-privado" – tendem a se apresentar muito mais cruamente. O desleixo para com a adoção de uma coerente visão de longo prazo em favor de um *city marketing* que dá a ilusão de costurar amplos consensos (vide o "Plano Estratégico da Cidade do Rio de Janeiro" [PREFEITURA DA CIDADE DO RIO DE JANEIRO *et al.*, 1996a e 1996b], já mencionado no ***box 2***), a substituição de um planejamento consistente por uma coleção de projetos urbanísticos de duvidosíssima utilidade social, tudo isso encontrou, no Rio de Janeiro, um exemplo formidável com as administrações dos prefeitos César Maia (1993-1996) e Luiz Paulo Conde (1997-2000). O primeiro ignorou solenemente o plano diretor, aprovado em 1992, e que, com exceção das operações interligadas, nem sequer chegou a ter seus instrumentos regulamentados. Seu sucessor, que havia sido seu secretário de planejamento, deu continuidade à linha de deixar de lado o plano diretor, chegando ao ponto de, em 1997, desativar o Conselho Municipal de Política Urbana (COMPUR).

Como produto de tudo isso, o festival de operações interligadas e outras medidas casuísticas e/ou oportunistas (como a "Lei dos Apart-Hotéis", LC 41/99 – a qual permitia a construção de prédios adensados, com apartamentos mínimos, mas com somente uma vaga de garagem para cada dois apartamentos, e cuja vigência foi suspensa, em 1999, por decisão judicial –, alterações de zoneamento etc.), favorecedoras do capital imobiliário, contribuiu para desmoralizar ainda mais o planejamento, geralmente associado, pelo senso comum, a algo tão necessário quanto inviável no Brasil, país onde, proverbialmente, há leis que "pegam" e outras que "não pegam". Tampouco a qualidade duvidosa de muitas intervenções de remodelação no âmbito do programa Rio Cidade serviu para tornar a cidade mais bonita. Quanto ao programa Favela-Bairro, à primeira vista um oásis de política pública compensatória em meio ao deserto de desinteresse social estimulado pelo empresarialismo, tampouco se tem mostrado muito consistente: se, por um lado, a dotação de infra-estrutura tem sido feita a contento, às vezes até de modo tecnicamente muito bom, por outro a regularização fundiária tem avançado a passos de tartaruga e a promessa de geração de emprego tem sido, basicamente, folclórica.

No momento em que estas linhas são escritas, um processo de revisão do plano diretor atualmente em vigor, de 1992 (CÂMARA MUNICIPAL DO RIO DE JANEIRO, 1992), está em curso, por exigência legal. A proposta enviada pelo Executivo à Câmara Municipal, em setembro de 2001, contém diversos pontos de retrocesso em relação ao plano vigente, como o esvaziamento da importância do Fundo de Desenvolvimento Urbano, com a supressão do atual Art. 22 (artigo esse que possui redação abrangente, referindo-se, como ações que deveriam ser beneficiadas pelo Fundo, "à implantação dos objetivos, programas e projetos relativos à habitação e infra-estrutura de saneamento básico nas Áreas de Especial Interesse Social, previstos nesta Lei Complementar"), e o desprestigiamento dos PEUs, mediante a substituição, no Art. 11 da proposta, da redação constante do plano atual, onde se lê que "o detalhamento das normas de parcelamento da terra e de uso e ocupação do solo *será* feito em Projeto de Estruturação Urbana – PEU, instituído por lei", por uma outra redação, bastante permissiva: "o detalhamento das normas de parcelamento da terra e de uso e ocupação do solo *poderá ser* feito em Projeto de Estruturação Urbana – PEU, instituído por lei" (grifo de M.L.S.). O desfecho desse processo de revisão ainda é incerto, mas, considerando que o prefeito dispõe de maioria na Câmara, não deve haver a expectativa de que um excelente plano venha a ser aprovado, com a Câmara modificando, para muito melhor, a proposta do Executivo. De mais a mais, um bom plano não adiantaria de muita coisa, por si só, a não ser que fosse auto-aplicável, isto é, pouco ou nada dependente de legislação regulamentadora suplementar. Se assim não for, a chance de que o prefeito, simplesmente, não venha a regulamentar a maioria dos instrumentos, é grande. Recorde-se, aliás, que foi exatamente isso que o atual prefeito, Cesar Maia, fez com relação ao plano vigente, durante a sua primeira passagem à frente da Prefeitura do Rio, como já tinha sido mencionado alguns parágrafos atrás.

Quais são as reações construtivas perante o quadro pintado nos parágrafos anteriores? Em SOUZA (2000a), e antes disso em SOUZA (1993a), o autor já se debruçara sobre a crise do ativismo de bairro, comum a todo o Brasil e muito fortemente sentida no Rio de Janeiro, cidade onde florescera, entre os anos 70 e 80, um dos mais fortes movimentos sociais urbanos do país. As reações construtivas, atualmente, são modestas. Modestíssimas. Há reações, mas são frágeis e dispersas, limitadas em sua eficácia e de pouca visibilidade pública. As associações de moradores dos "bairros comuns" e suas entidades agregativas não passam de uma simples sombra do que uma vez foram; as associações de favelas sofrem com o problema do tráfico, o que contribui para enfraquecer ainda mais as suas entidades agregativas. Siglas que outrora impunham algum respeito, como FAFERJ (Federação das Associações de Favelas do Estado do Rio de Janeiro) e, sobretudo, FAMERJ (Federação das Associações de Moradores do Estado do Rio de Janeiro), são, agora, quase que meras lembranças do passado, e suas dissidências ou rivais mais recentes, FAF-Rio (Federação de Associações de Favelas do Rio de Janeiro) e FAM-Rio (Federação de Associações de Moradores da Cidade do Rio de Janeiro), ainda são pouco conhecidas. Resistências e criatividade cultural florescem aqui e ali, particular ou significativamente entre os pobres (*hip hop*, teatro amador etc.), o que representa um potencial ao mesmo tempo grande e imprensado entre a heteronomia das instituições formais e a heteronomia do crime "organizado"; alguns fóruns populares, que funcionam como *pools* de entidades (como o Fórum Popular do Orçamento e o Fórum Popular de Acompanhamento do Plano Diretor), e ONGs têm atuação limitada; outras ações, como a tão comentada ocupação temporária (ou, como preferiu a mídia, preconceituosamente, "invasão") da praça de alimentação do *shopping center* Rio Sul por cerca de 130 sem-teto, estudantes e *punks*, ligados ao MTST (Movimento dos Trabalhadores Sem Teto), em 4 de agosto de 2000, revelando imaginação e capacidade de realizar um ato de grande poder simbólico sem fazer uso de qualquer violência, mostram-se, o mais das vezes, efêmeras, e logo caem no esquecimento.

A realidade social é surpreendente, e uma cidade que, tradicionalmente, esbanja criatividade popular, como o Rio de Janeiro, sempre pode guardar boas surpresas para os que lhe vaticinam um inarredável futuro de mediocridade. Sem embargo, as perspectivas atuais são, reconheça-se, nada brilhantes, sob quase todos os aspectos. Uma das coisas mais sérias, tematizada pelo autor em livro anterior (SOUZA, 2000a), é o derrotismo e a baixa auto-estima que se alastram no Rio de Janeiro, tão contrastantes com um certo entusiasmo e um certo orgulho cívico que se expandem em Porto Alegre (ou, de maneira diferente, com o orgulho dos curitibanos, examinado no Capítulo 5 desta Parte IV e também na obra supramencionada).

Há mais de vinte anos Vinícius de Moraes e Toquinho já haviam captado a nostalgia carioca do brilho perdido da "Cidade Maravilhosa" na bela canção "Carta ao Tom":

> Rua Nascimento Silva, 107
> Você ensinando pra Elizeth
> As canções de "Canção do Amor Demais"
>
> Lembra que tempo feliz, ai, que saudade...
> Ipanema era só felicidade
> Era como se o amor doesse em paz
>
> Nossa famosa garota nem sabia
> A que ponto a cidade turvaria
> Este Rio de amor que se perdeu

Mesmo a tristeza da gente era mais bela
E além disso se via da janela
Um cantinho de céu e o Redentor

É, meu amigo, só resta uma certeza
É preciso acabar com essa tristeza
É melhor inventar de novo o amor...

Anos depois, a paródia "Carta do Tom", da autoria de Tom Jobim, Chico Buarque e Toquinho, espelhava a deterioração do quadro geral:

Rua Nascimento Silva, 107
Eu saio correndo do pivete
Tentando alcançar o elevador

Minha janela não passa de um quadrado
A gente só vê Sérgio Dourado
Onde antes se via o Redentor

É, meu amigo, só resta uma certeza
É preciso acabar com a natureza
É melhor lotear o nosso amor...

Ao lado (e, em parte, como decorrência, direta ou indireta) da fragmentação do tecido sociopolítico-espacial e daquilo que lhe é associado, esse pessimismo militante constitui-se em formidável obstáculo para a superação de problemas e ganhos de autonomia. Reverter esse quadro não é impossível, mas exige, por exemplo, que as energias criativas, comumente canalizadas de forma exclusivamente hedonista e lúdica, sejam mais sistematicamente direcionadas para a solução de problemas e a satisfação de outras necessidades básicas além do lazer e da festa. Isso depreende, a médio prazo, tanto um Estado quanto núcleos organizativos no interior da sociedade civil capazes de impulsionar e catalisar esse tipo de processo, mediante políticas públicas e estratégias de desenvolvimento urbano aptas, a longo prazo, a enfraquecer significativamente as forças e os fatores diretamente responsáveis pela fragmentação. É preciso, por outro lado, evitar a ingenuidade ou o bitolamento monoescalar: os fatores da fragmentação, sobretudo aqueles que, por serem indiretos, não deixam, por isso, de ser poderosos, remetem a processos que operam em escalas supralocais e que, por isso, não podem ser enfrentados com eficácia nos marcos da escala local. Exemplo evidente é o da segurança pública, em que a escala diretamente mais importante é a sub-regional, pois trata-se de competência estadual. Entretanto, como esse exemplo bem mostra, mesmo a adoção consistente de políticas de segurança inovadoras e tão promissoras, como as que Luiz Eduardo Soares e sua equipe tentaram e começaram a implantar no Rio de Janeiro (vide SOARES, 2001), não elimina o fato de que, em escala nacional e internacional, desafios essenciais precisam ser enfrentados. A eficácia plena depende, por conseguinte, de ações multiescalares concertadas, o que, evidentemente, é algo extremamente difícil de se alcançar. Que essa dificuldade, todavia, não sirva de álibi para a omissão e a inação: mesmo na escala local há muito que se pode fazer para minorar os problemas e desenvolver ações de cunho político-pedagógico, dentro do que se chamou, ao final da Parte III, de "pedagogia urbana".

A grande lição do Rio de Janeiro *atual* é a de que deve-se tentar tudo para não deixar que a fragmentação do tecido sociopolítico-espacial se instale de modo tão nítido, pois, uma vez isso ocorrendo, a adoção de estratégias de desenvolvimento urbano torna-se muito mais difícil e o risco de a "entropia social" retroalimentar-se é enorme. Por outro lado, a grande lição do Rio de Janeiro *futuro* bem poderia ser a de que uma colossal criatividade popular, devidamente redirecionada para a solução pragmática de problemas e temperada por uma maior consciência crítica construtiva, pode formar uma plataforma extraordinária para grandes conquistas em matéria de maior autonomia...

5. Curitiba: como ser economicamente moderno, "ecologicamente correto" e socialmente conservador ao mesmo tempo

Também Curitiba, a exemplo do Rio e de Recife, não é uma estranha ao autor. Foi-lhe dedicada bastante atenção em SOUZA (2000a), incorporando-se dados variados (inclusive obtidos em campo) e os resultados de análises, sendo essa investigação conduzida em meados da década de 90. Os trabalhos de campo realizados em Curitiba, é bem verdade, foram, em princípio, bastante específicos, uma vez que estiveram vinculados a um projeto de pesquisa sobre os impactos sócio-espaciais do tráfico de drogas nas cidades brasileiras. Apesar disso, a riqueza de certos depoimentos então colhidos, sem falar nos dados secundários então obtidos e no alcance mais geral das observações feitas em campo, abre a possibilidade de uma reflexão mais ampla, oportunidade essa que já havia sido aproveitada pelo autor naquele seu livro anterior. Para escrever este capítulo, o autor não realizou novas visitas à cidade. No entanto, não deixou de acompanhar, pela imprensa e pela literatura especializada, a trajetória mais recente da capital paranaense. É válido, assim, retomar também o caso de Curitiba, reexaminando certos pontos e buscando, quiçá, uma síntese um pouco diferente da alcançada no livro anterior. O fato de o autor não ter realizado novos trabalhos de campo de detalhe nos últimos anos não impede que se tente, neste capítulo, tirar algumas lições dos erros e acertos de um estilo de gestão e planejamento que tem revelado notável durabilidade ao longo das últimas décadas.

Apresentando cerca de 1,6 milhão de habitantes em 2000 (IBGE, 2001), Curitiba foi, na verdade, um município-núcleo de metrópole que, em comparação com os demais núcleos de regiões metropolitanas (considerando as regiões metropolitanas "tradicionais", ou seja, aquelas instituídas na década de 70), apresentou uma das maiores taxas médias anuais de crescimento demográfico entre 1996 e 2000: 1,82, calculada com base nos dados da Contagem da População de 1996 e do Censo Demográfico de 2000 do IBGE. Isso está, com toda a certeza, ligado ao grande poder de sedução e atração exercido pela capital paranaense sobre migrantes, o que, por sua vez, tem a ver com a imagem positiva da cidade que é passada para o país inteiro e o exterior ("Capital de Primeiro Mundo" e "Capital Ecológica" são alguns dos rótulos explorados, há décadas, pelo *city marketing* oficial de Curitiba). É bem verdade que a taxa média geométrica anual de incremento da população residente de Curitiba foi superada, no mesmo período de 1996 a 2000, pela de Salvador, que foi de 2,50, pela de Fortaleza, que foi de 2,13, e pela de Belém, que foi de 2,84; todavia, a dinâmica geodemográfica desses três municípios não autoriza propriamente nenhuma comparação com a imagem de sucesso da capital paranaense. Seria Curitiba, realmente, tão diferente das outras grandes cidades brasileiras, conforme se tenta fazer crer? E qual é e vem sendo o papel do planejamento e da gestão estatais na promoção do desenvolvimento urbano?

Não se pretende, de maneira nenhuma, oferecer, aqui, um balanço "definitivo" de Curitiba: nem isso faz sentido em si, nem, e muito menos, teria o autor, em função de seu limitado envolvimento de pesquisa com a cidade, inclusive em função de sua modesta experiência de campo, condições de arvorar-se em profundíssimo conhecedor da realidade curitibana. Não obstante, o sucesso da atividade do moleiro não depende apenas da qualidade e da quantidade de trigo, mas também da qualidade do próprio moinho. Com os elementos de que se dispõe, parece válido retomar o esforço anterior do autor (SOUZA, 2000a) em evitar tanto uma abordagem acrítica, "chapa branca" (a grande maioria dos trabalhos, por sinal), quanto uma crítica tacanha, despida de sutileza ou senso de relativização.

Examinar Curitiba é indissociável de um esforço de elucidação que envolve: a) a definição de *critérios* válidos (o resultado variará de acordo com os critérios adotados); b) uma *contextualização esca-*

lar e histórica, pois é preciso identificar, naquilo que Curitiba tem de positivo e de negativo, o que é mais diretamente atinente à escala local e a atos de vontade, e o que se deve a contingências e a processos inespecíficos daquele local, referentes a escalas supralocais. Quanto aos critérios, o resultado será um se se adotar uma perspectiva de desenvolvimento urbano puramente enquanto desenvolvimento econômico na e da cidade (ainda que temperado com toques de preocupação ecológica, "sustentabilista"), e outro se se esposar a perspectiva de um desenvolvimento sócio-espacial tendo a autonomia como princípio central e parâmetro subordinador. Quanto ao contexto, o autor já se manifestou expressamente sobre esse ponto em SOUZA (2000a). Vale a pena, agora, retomar as ponderações lá feitas. Mas, antes disso, que seja feito um balanço crítico da gestão e do planejamento urbanos naquele município.

O sucesso de Curitiba surpreende, principalmente, pela comparação com a maior parte das outras grandes cidades brasileiras e do "Terceiro Mundo", e é, de fato, em parte, altamente significativo em si mesmo, como reconhecem até muitos adversários (mesmo Jorge SAMEK [1996], político e estudioso dos problemas da cidade ligado ao Partido dos Trabalhadores, não deixa de reconhecer as qualidades do internacionalmente incensado sistema de transportes da cidade). O "*mito*" e a *ideologia* começam, porém, quando: a) os aspectos negativos são escamoteados ou minimizados e os positivos são, de sua parte, magnificados; b) as razões dos sucessos são simplificadas e distorcidas, amplificando-se a responsabilidade de alguns protagonistas na cena local e, ao mesmo tempo (um pouco contraditoriamente), sugerindo extrair daí uma "receita de gestão eficiente e eficaz", exportável para outros locais, esquecendo-se a densidade e as implicações das trajetórias históricas locais e regionais.

Curitiba é uma cidade com valores conservadores (e com grande potencial de exclusão do Outro, do "diferente"), mas, ao contrário de Porto Alegre, onde valores conservadores (sexismo, racismo) não estão de modo algum ausentes, mas têm no próprio estilo das políticas públicas e da gestão governamental um adversário, em Curitiba o *status quo* não tem gerado anticorpos contra isso; pelo contrário, ele tem se ajustado (muito inteligentemente) a esse ambiente político-cultural conservador, até mesmo contribuindo para reproduzi-lo. A contribuição da ação estatal para a reprodução desse conservadorismo um pouco xenófobo não se dá, apenas, mediante esforços cívico-pedagógicos como as cartilhas denominadas "Lições Curitibanas", lidas nas escolas, onde sentimentos ufanistas acerca de Curitiba são incutidos nas crianças; o próprio estilo de planejamento e gestão urbanos, com sua ênfase excessiva e proposital em obras de forte impacto simbólico, colabora decisivamente. Ao mesmo tempo, a *passividade* política dos habitantes da cidade, grandemente estimulada por um estilo tecnocrático que coopta associações de moradores e desqualifica, explicitamente, formas genuínas de participação popular direta (o então candidato a prefeito, Cássio Taniguchi, teria chamado o orçamento participativo, durante um debate transmitido pela TV em 1996, de uma "grande bobagem" [SAMEK, 1996]), é impressionante. Fernanda Sánchez resume o problema:

> O discurso oficial que acompanha as novas políticas destaca, com ênfase, a vontade de envolver os cidadãos nos projetos de renovação urbana. De fato, criaram, para a maioria da população, um sentimento de orgulho e de pertencimento à cidade, mas esse sentimento gera, mais do que uma participação ativa, uma participação contemplativa da nova cidade. Com efeito, pensamos que a assistência ao espetáculo cria uma ilusão de participação. O chamado patriotismo de cidade é o objetivo dessa engenharia do consenso que, entretanto, produz nos cidadãos, como conseqüência política, um sentimento ufanista e autocentrado, que dificulta a emergência de pontos de vista não consensuados. (SÁNCHEZ, 1999:14; ver, também, da mesma autora, SÁNCHEZ, 1997a; 1997b)

A série "Curitiba Século XXI", trazida em suplemento especial do jornal *Gazeta do Povo* entre 29 de março e 19 de abril de 2001 (quatro edições), foi o resultado de uma pesquisa que confirmou muito do que já se sentia ou sabia a respeito do que pensa o curitibano e como ele vê a sua cidade. O conservadorismo político e cultural fica evidente não só em certos números (71% dos entrevistados são contra as ocupações do MST e 80% são contra o aborto ["O que nós pensamos?", suplemento especial da *Gazeta do Povo*, 12/04/2001]), mas também nos depoimentos que ilustram as estatísticas. O próprio jornal resume bem: "os curitibanos assumem o título de povo tradicional: pelo menos é assim que 80% das pessoas definem a população de Curitiba. (...) Na prática, verifica-se que a revolução sexual e os movimentos feministas não conquistaram espaço suficiente na capital paranaense. Alguns hábitos podem ter mudado, mas os valores da população sofreram poucas alterações" (*Gazeta do Povo*, 12/04/2001, suplemento especial "O que pensamos?", p. 11). Ao lado disso, diversos números retratam o "patriotismo de cidade": 90% dos entrevistados consideraram que Curitiba é uma cidade ecológica; 77% que Curitiba é a "Cidade Sorriso"; 90% que, em comparação com outras cidades brasileiras, Curitiba é excelente para se viver (*Gazeta do Povo*, 19/04/2001, suplemento especial "Hoje e Amanhã", pp. 8 e 9). Seria essa predominância tão clara de uma visão positiva fruto apenas da tacanhez e da manipulação ideológica? Certamente que não. A resposta mais adequada, como sempre, é avessa a explicações simplistas.

A percepção de 85% dos entrevistados de que o transporte coletivo "funciona muito bem" em Curitiba (*Gazeta do Povo*, 19/04/2001, suplemento especial "Hoje e Amanhã", p. 8) não é, com toda a certeza, fundada em uma simples miragem, o que é admitido até por críticos do *status quo* local. O mesmo poderia ser dito acerca de vários programas e políticas públicas inteligentes e criativos em diversas áreas, da coleta seletiva e reciclagem de lixo até certas soluções adotadas para a urbanização de favelas. A questão não é essa. O problema, ou o mito, como já se disse anteriormente, começa quando os aspectos negativos são escamoteados e os positivos são magnificados, e as razões dos sucessos são distorcidas, exagerando-se a responsabilidade dos atos volitivos dos próprios governantes. Curitiba possui uma enorme quantidade de favelas, conquanto a esmagadora maioria se localize nas bordas do município, em sua periferia.

Algumas favelas mais centrais foram objeto de urbanização, no âmbito do interessante – mas, até hoje, restrito a um pequeno número de favelas – programa das "Vilas de Ofício", onde a geração de emprego é associada a um programa de moradia popular e regularização fundiária; outras, entretanto, foram removidas em épocas passadas, o que redundou em uma "periferização" da pobreza e uma "limpeza socioeconômica" das áreas mais centrais. Como se vê, uma consideração adequada da realidade atual exige levar em conta diversas escalas, espaciais assim como temporais.

Por falar em escalas, é bom não esquecer que uma coisa é o município de Curitiba, outra coisa é a metrópole (ou, formalmente, a região metropolitana). O contraste entre o município de Curitiba e o seu entorno imediato é muito grande. Além disso, as escalas sub-regional (Paraná) e regional (macrorregião Sul) não podem ser ignoradas, pois se vinculam a diversos aspectos positivos que, historicamente, tiveram impactos benéficos ou criaram potencialidades que se foram, ainda que de maneira limitada e comportando várias ressalvas, inteligentemente aproveitadas pelas administrações municipais nas últimas décadas, não foram, propriamente, *geradas* por elas (sobre isso o autor já havia discorrido em SOUZA [2000a]).

Ainda sobre escalas, deve-se registrar algo a propósito da percepção da cidade pela população. Números como os da pesquisa divulgada pelo jornal *Gazeta do Povo* escondem alguns problemas que não escaparam à atenção do autor, quando lá esteve diversas vezes, visitando favelas (Vila Pinto – rebatizada pela Prefeitura de Vila das Torres, após ser objeto de urbanização – e Vila Parolim) e conversando com diversas pessoas de classe média – de funcionários da Prefeitura a uma freira que desenvolve atividades sociais junto à população da Vila Pinto/Vila das Torres – sobre as favelas locais. O autor ficou com a nítida impressão de que é mais difícil ser favelado em Curitiba, especialmente se se é "de cor" (evita-se, por lá, o termo *negro*, que em outros locais é o símbolo de afirmação de uma identidade). No Rio de Janeiro, com toda a hipocrisia, com toda a ambigüidade típica das relações entre "morro" e "asfalto", ser favelado não é, apenas, estar por baixo e sentir-se lixo; expressões como "Nação

Mangueirense" para referir-se à Mangueira mostram que o favelado carioca, inclusive ou sobretudo o afro-descendente, sabe, muitas vezes, que a estigmatização e a segregação que sofre convivem com a admissão, da parte do "asfalto", de que muito da cultura popular apreciada e incorporada pela classe média (pseudo-)branca veio do "morro" ou a ele está inextricavelmente ligado: o samba, o chorinho, as escolas de samba. No Rio de Janeiro, a favela tem enorme visibilidade, para o bem (cultura popular) e para o mal (tráfico de drogas de varejo, cuja superexposição contrasta com o quase silêncio em torno dos verdadeiros grandes traficantes, que não residem em favelas). Em Curitiba, diversamente, a favela sofre com a exploração e a violência, sim, mas também, de maneira particularmente intensa, com um outro tipo de opressão tematizado pela filósofa feminista Iris YOUNG (1990), já citada em outras partes deste livro: o *imperialismo cultural*. A identidade favelada, em Curitiba, parece ser muito mais esmagada e acuada que no Rio de Janeiro. Se, no Rio, a convivência dessa identidade oprimida é com uma identidade opressora ambivalente, ao mesmo tempo orgulhosa e envergonhada da "morenice" ou da "mulatice" da cultura e da cara de sua cidade, em Curitiba a convivência é com uma identidade opressora que passa pela afirmação um tanto mítica de uma ancestralidade diversificada (luso-brasileiros e, principalmente, italianos, poloneses e alemães), mas basicamente homogênea em sua "europeidade". Que espaço se reserva, no imaginário local, a uma identidade afro-descendente?... A alta auto-estima coletiva que se nota nas pesquisas, assim, precisa ser muito bem qualificada e relativizada à luz da dureza da segregação sócio-espacial na capital paranaense.

A lição de Curitiba não é, seguramente, a de que, nessa cidade, o *city marketing* vazio é tudo e os aspectos positivos são, simplesmente, "fabricados", como alguns críticos reducionistas ou afoitos sugerem ou induzem a pensar. A grande lição é de que, mesmo diante de uma sinergia favorável, fruto de acidentes históricos e capacidade administrativa, a heteronomia impede a ultrapassagem de um determinado limiar, enquanto o contexto, se é benéfico para algumas coisas (saúde econômica do estado do Paraná, prosperidade do "Sul Maravilha" etc.), em outros aspectos (problemas nacionais) se encarrega de estabelecer uma pressão que desemboca em pobreza, favelização. A ausência de uma perspectiva orientada para a ultrapassagem da heteronomia e seus fundamentos e a cristalização de um enfoque assumidamente tecnocrático podem até deixar espaço para uma administração eficiente e, quiçá, comparativamente proba (se bem que denúncias de improbidade administrativa tem sido feitas contra o prefeito Cássio Taniguchi), mas não enfrentará os problemas sócio-espaciais mais apropriadamente, seja por escondê-los mais do que superá-los, seja por não priorizá-los adequadamente, seja, ainda, por não contribuir para o amadurecimento político da população (cidadania tutelada). A satisfação da população com muitas coisas mostra, por um lado, que nem tudo tem sido só *city marketing*; por outro lado, a insatisfação da população com muitas outras, revelada nas eleições de 2000 (em que o prefeito Taniguchi por pouco não foi reeleito), demonstra tensões que vão se acumulando ao longo do caminho, e que nem mesmo a eficácia ideológica do "patriotismo de cidade" logra dissolver totalmente.

Conclusão: o que o planejamento e a gestão das cidades *não devem* e o que eles *não podem* ser – e o que eles *poderiam* e *deveriam* ser

Como, pois, *mudar a cidade*?

"A questão é técnica", insistem alguns; "a questão é política", sustentam outros. A primeira resposta, tão ao gosto do "discurso competente" dos planejadores profissionais, é, essencialmente, falsa; a segunda, que é, no essencial, verdadeira, peca por subestimar a dimensão técnica (no sentido amplo do grego *techne*: a "habilidade no fazer") ou, ainda melhor, técnico-científica, que deveria fazer parte da orientação de propostas de intervenção. O planejamento e a gestão devem ser vistos como *práxis*; como tal, devem ser *práticas* lúcida e explicitamente auto-assumidas enquanto políticas, mas, de algum modo, *teoricamente fundamentadas*.[78] Mudar a cidade é uma tarefa coletiva. Esta frase, em qualquer circunstância uma obviedade, adquire maior conteúdo de verdade sob um ângulo autonomista, de vez que não se tratará, então, de impor soluções de cima para baixo, mas de construí-las democraticamente. O papel do indivíduo versado em técnicas e teoria de planejamento e gestão assume, visto sob essa luz, contornos quer o tornam, de um certo modo, simultaneamente

[78] É óbvio que reclamar uma fundamentação teórica não significa, neste livro, postular uma primazia da teoria sobre a prática, em sentido racionalista. Concorda-se inteiramente com CASTORIADIS (1975:102) em que, sobretudo no campo do estudo da sociedade, não há teoria "rigorosa" e "completa", mas apenas esforços muito incompletos de elucidação do mundo. Concorda-se, ainda, em que o fazer teórico é somente um segmento do fazer social. E, não obstante isso, o planejamento e a gestão devem ser, o mais possível, bem informados e balizados por esforços pretéritos de reflexão crítica sobre a própria prática, ou seja, por conhecimentos de tipo teórico.

modesto e importante: modesto, porque o processo de mudança depende não de sua vontade, mas de uma *práxis* coletiva da qual ele pode, no máximo, ser parte ativa; e importante, pois seu conhecimento traz balizamentos extremamente úteis ao processo de tomada de decisão sobre os meios e, em parte, até mesmo sobre os fins.

O planejamento e a gestão urbanos foram, ao longo deste livro, encarados como meios para se alcançar um maior desenvolvimento urbano, isto é, um maior desenvolvimento sócio-espacial na cidade. Não que o desenvolvimento urbano possa, ao menos dentro de uma perspectiva mais ambiciosa, ser plenamente alcançado somente com apoio da margem de manobra disponível na escala local; apenas considera-se que essa escala, mais imediatamente perceptível como ligada ao desenvolvimento sócio-espacial na cidade (mesmo em meio a uma avassaladora globalização, que afeta e condiciona padrões em todas as cidades do mundo), precisa ter as suas potencialidades bem exploradas. É certo, de todo modo, que *mudar a cidade*, a partir de um certo patamar de ambição, não depende só de forças e trunfos inscritos na escala local, seja lá onde for. Repudiar uma ideologia localista ingênua, no estilo "pensar globalmente, agir localmente" (ou, ainda pior: pensar e agir localmente), é apenas uma das tentações a serem evitadas para que o planejamento e a gestão urbanos sirvam como meios efetivos de promoção do desenvolvimento urbano – aqui entendido como um processo de mudança social positiva no meio urbano, contemplando tanto as relações sociais quanto a espacialidade, visando a ganhos crescentes de autonomia individual e coletiva e em que se constata uma *melhoria da qualidade de vida* e um *aumento da justiça social*, nos termos já discutidos no Capítulo 2 da Parte I –, sem servirem, por outro lado, para tapar os nossos olhos quanto à necessidade de ações em escalas supralocais. Algumas dessas tentações são atuais, ou mesmo atualíssimas; quanto a outras, são tradicionais companheiras de viagem ao longo da história do planejamento. Que sejam, agora, brevemente (re)examinadas, retomando e sintetizando análises feitas ao longo deste livro.

• • • • •

É de se perguntar, antes de mais nada: qual é a margem de manobra que resta para se *mudar a cidade* no sentido de um desenvolvimento urbano autêntico? Até que ponto é possível resistir às tentações e enfrentar com sucesso os desafios sintetizados, agora há pouco, no primeiro segmento desta Conclusão?

Para começar, seria imperdoável escrever um livro sobre planejamento e gestão urbanos e não focalizar o desafio representado por fenômenos decisivos que emergem e operam em escalas supralocais: regional, nacional e, cada vez mais, internacional. Aquele mais em evidência é, sem dúvida, a *globalização.*

É comum ouvir e ler que a globalização econômico-financeira traz consigo um encolhimento da margem de manobra para intervenções estatais assim como para ações da sociedade civil que não sejam conformes ou que se oponham à lógica e aos interesses do mercado. Em decorrência disso, a margem de manobra para uma política urbana crítica (ou para uma política urbana simplesmente) ter-se-ia igualmente atrofiado. Esse encolhimento é, lamentavelmente, uma realidade; entretanto, é preciso evitar exageros. É preciso resistir à mentalidade capitulacionista, tão típica dessa era de "conformismo generalizado", para lembrar a penetrante análise de CASTORIADIS (1990a).

É certo, por exemplo, que, olhando panoramicamente, cada vez mais tentativas de planejamento coerente e de longo prazo sucumbem perante projetos urbanísticos de gosto e utilidade duvidosos; a capacidade de investimentos e regulatória do Estado diminui, no mesmo passo em que "parcerias público-privado" ganham crescente destaque e tudo se passa como se o que interessa ao capital interessasse, necessariamente, ao conjunto da população (triste a época em que é possível sussurrar ou mesmo avançar explicitamente tal tese, impunemente...). Ao ajustar as lentes e prestar atenção nos detalhes, porém, a impressão muda um pouco: rebeldias têm surgido, aqui e ali, às vezes com brilho e eficácia surpreendentes. Não se deve exagerar, em decorrência, com a tese da "cidade do pensamento único", ainda que essa tese faça alusão a uma tendência real e preocupante. Há, sim, nichos importantes de criatividade e resistência! As experiências de orçamento participativo mais consistentes, sobretudo aquela de Porto Alegre, por mais que possam ser vistas como nada mais que o começo de uma longa, longa caminhada, e não como um *non plus ultra* em matéria de avanço democrático (conforme, aliás, o autor deste livro já grifara em trabalhos anteriores: SOUZA, 1998; 2000d), fornecem uma comprovação empírica pouco retorquível de que a criatividade e a resistência não sucumbiram ao conformismo. De uma forma distinta e atendo-se a outra escala, também os protestos antiglobalização, de Seattle a Praga, de Londres a Gênova, dão semelhante testemunho. O presente livro não é e não pretende ser uma peça de ficção científica. Duvidar de que avanços são possíveis não é uma postura apenas reacionária, por convidar ao imobilismo e levar à paralisia, mas ignorante, por teimar em não enxergar os avanços que, aqui e acolá, se têm concretizado no Brasil. Os perigos são reais e não podem ser subestimados; nem por isso, contudo, se deve simplificar demais, adotando a estética do pessimismo e deixando que os nossos "filtros locais" turvem a nossa visão quanto à diversidade de experiências que tem por palco o Brasil urbano da atualidade.

E, já que se tocou no assunto dos orçamentos participativos, representativos de uma espécie de "co-gestão" entre Estado e sociedade civil, esclareça-se: não há contradição em um pensamento autonomista lamentar o enfraquecimento da ação estatal, *desde que essa lamentação seja muito bem contextualizada*, e saudar uma iniciativa como um orçamento participativo cuja implementação depende do Estado. Assim como Castoriadis, em sua denúncia simultânea da injustiça sob o capitalismo e sob o "socialismo real", não se furtou a admitir que o totalitarismo era ainda muito menos tolerável que o tipo de oligarquia liberal apelidado de democracia representativa, assim arriscando-se à crítica míope ou hipócrita de todos aqueles que, de algum modo, não conseguiram desvencilhar a crítica do capitalismo de uma dependência ideológica perante os elementos autoritários da tradição marxista e mesmo o stalinismo – assim também, de modo análogo, o autor deste livro, mesmo repudiando o modelo de sociedade heterônoma que produz o planejamento regulatório clássico e a pudibundez dos planejadores tradicionais, não tem receio de afirmar que a implosão do Estado desenvolvimentista em países da semiperiferia capitalista e o enfraquecimento do Estado de bem-estar nos países capitalistas centrais implica perdas para os trabalhadores e os mais pobres. O empresarialismo e todo o seu contexto econômico-político significam uma ameaça a direitos e conquistas sociais obtidos ao longo de décadas de luta pelo *direito à cidade*. O Estado pode, em alguns momentos, ser uma agência promotora de certos avanços, como um orçamento participativo consistente como o de Porto Alegre – fato reconhecido, aliás, pelo próprio Castoriadis, ao admitir, tendo diante de si a experiência do orçamento participativo porto-alegrense, que "mesmo quando uma iniciativa de participação provém de cima, pode suscitar uma verdadeira participação" (cf. CASTORIADIS *et al.*, 1992:129). E, apesar disso, o momento atual é rico e instrutivo: justamente agora, quando as contradições se mostram mais agudas, parece, em meio ao "conformismo generalizado" apontado por Castoriadis, particularmente difícil enxergar os protagonistas de transformações a um só tempo radicais, originais, construtivas e duradouras; mas, justamente agora, quando as contradições se mostram mais agudas, torna-se mais fácil perceber a natureza de certas forças e questões em jogo, à medida que algumas hipocrisias e alguns véus ideológicos são, sem cerimônia, aposentados, e à medida, também, que, ainda que efêmeras e (ainda) um tanto quixotescas, manifestações de descontentamento com o *status quo* globalizante, realizadas por uma miríade de sujeitos e identidades (anarquistas, marxistas, sindicalistas, ecologistas...) em cidades do "Primeiro" como do "Terceiro Mundo", põem à prova a tolerância das "democracias" ocidentais.

Mais do que apenas disputar a "hegemonia" (em sentido gramsciano), o pensamento crítico precisa reinventar sua linguagem e explorar novos símbolos e significados, incorporando e reciclando os antigos. Foi isto que se tentou neste livro, e é isto que o autor vem tentando há vários anos. É necessário continuar tentando não perder de vista ou não subestimar os desafios e as tarefas. Além da globalização e de fenômenos associados, limites e restrições são parcialmente relacionados com várias outras coisas.

O fato de que muitas decisões e soluções repousam sobre os ombros da sociedade civil (embora a dinâmica da sociedade civil possa ser positivamente influenciada ou catalisada pelo Estado sob circunstâncias especiais) obriga os planejadores críticos a abdicarem do hábito usual de superenfatizar discussões sobre *instrumentos* em detrimento do debate em torno dos (possíveis ou potenciais) *protagonistas*, seus valores e sua dinâmica. Por outro lado, isso não constitui qualquer perda ou concessão: a sociedade civil (ONGs etc.) pode ser essencial como complemento para a ação estatal, além de poder (e dever) ser pensada e valorizada *independentemente* do Estado e, mesmo, *contra* o Estado. Caso contrário, o risco de reproduzir o estadocentrismo e o racionalismo tecnocrático, ainda que mitigados e envolvidos por uma roupagem alternativa ("tecnocratismo de esquerda": SOUZA, 1998), é total. Lidar com a dinâmica social, em vez de circunscrever-se a uma discussão técnica sobre instrumentos, está longe de ser, meramente, um desafio analítico, ainda que também o seja; o desafio é, igualmente, prático-político, e reside no fato de que a cultura (valores, cultura política) e a psicologia social dificilmente podem ser influenciadas por ações planejadas, a não ser, quiçá, no longo prazo. De toda maneira, certamente não serão influenciadas de modo "controlável" e monitorável: não se concebe, aqui, um tratamento *à la* "engenharia social"! Não obstante, é mais fácil mudar comportamentos (por exemplo, combatendo os corporativismos antiparticipativos e arrogantes dos corpos técnicos), apostando, de toda maneira, em mudanças de longo prazo também das subjetividades.

Por falar em *protagonistas*, que sejam feitas as perguntas-chave para um livro que, tendo por substrato político-filosófico o projeto de autonomia, intitula-se *Mudar a cidade*: quem pode ou deve mudar a cidade? Quem são os protagonistas?

Para o marxismo, a resposta sempre foi: o proletariado. No entanto, concorda-se, no presente livro, inteiramente com a recusa de Castoriadis quanto a um sujeito privilegiado da história. Em um artigo anterior (SOUZA, 2000b), a resposta à questão *quem planeja (ou gere) a cidade, e como?* já havia ensejado uma clara ênfase na diversidade de identidades e no papel positivo de uma pluralidade de ativismos e movimentos sociais. Isso já havia sido, aliás, tematizado ainda muito mais cedo pelo autor, ao discorrer sobre a contribuição do ativismo de bairro (SOUZA, 1988). *Não há protagonista privilegiado*. É agoniante, concede-se, ver que muitos protagonistas potenciais estão imersos em conformismo. Mas... nem sempre, e nem em todo lugar! Para falar a verdade, muita coisa não tem a ver com parcerias Estado/sociedade civil (inclusive no que se refere a ONGs – aliás, freqüentemente tão dependentes de verba e apoio estatais...) ou iniciativas formalizadas. Resistências, ainda que mais táticas que estratégicas – às vezes mais "culturais" que "políticas" (*hip hop*, *rap* de periferia), às vezes mais "políticas" que "culturais" (MTST "ocupando", demonstrativamente, a praça de alimentação de um grande *shopping center* da Zona Sul do Rio de Janeiro) – florescem em muitos lugares, nutrindo-se das contradições da própria realidade; refuncionalizações e reestruturações espaciais ocorrem também quotidianamente. Essa vitalidade e esse potencial servem de lembrete, sob um ângulo autonomista, de que a verdadeira preocupação do planejador crítico é com a autonomia dos sujeitos, e não, em si e de *per se*, com a ação estatal mais eficaz e eficiente. À medida, e somente à medida, que o Estado puder ser um veículo para determinados avanços, encarnando uma correlação de forças orientada para a mudança social, poderá ser ele visto como uma instância promotora de ganhos de autonomia (a despeito da contradição estrutural aí embutida), e, por conseguinte, poderá a ação estatal ser valorada positivamente pelos planejadores críticos. Mesmo nesse caso, porém, não é o Estado que deve ser o centro das atenções, e não é do Estado que devem ser esperadas, em ultimíssima análise, as soluções e respostas mais importantes.

Uma perspectiva estritamente marxista-leninista dificilmente poderia valorizar a idéia de que "planejamento (urbano)" e "planejamento (urbano) realizado pelo Estado" não são sinônimos, ou deixar de pensar que a segunda expressão é pleonástica. A perspectiva marxista, sobretudo em sua versão leninista é estadocêntrica (sejam deixados de lado os "marxismos de academia" mais heterodoxos que, de tão heterodoxos, justificam a dúvida sobre sua fidelidade ao legado de Marx). A tradição de planificação centralizada no "socialismo real" é, sem dúvida, um reflexo disso, ainda que não seja o caso de culpar Marx pelo totalitarismo e pela ineficiência burocrática do planejamento hipercentralizado na ex-URSS e em seus satélites. Embora grande parte dos "marxistas urbanos" ocidentais tenha, aparentemente, esquecido a vinculação íntima entre planejamento e "socialismo", sua condenação generalizante do planejamento, chegando a gerar anticorpos contra a própria palavra, não era menos reveladora de um estadocentrismo tipicamente marxista: visto como algo conduzido pelo Estado, e sendo o Estado capitalista visto como um instrumento a serviço das classes dominantes, a conseqüência lógica seria anatematizar o planejamento. Em todo caso, o que está por trás do projeto histórico "socialista" é a substituição de uma heteronomia por outra. Ou, como dizia uma antiga anedota da Europa Oriental: o "socialismo" substituiu a exploração do homem pelo homem pelo seu contrário... Ao abraçar uma perspectiva autonomista, cumpre descentralizar radicalmente a própria idéia de planejamento e gestão urbanos, o que vale não apenas para uma sociedade basicamente autônoma, mas para orientar o caminhar nessa direção em meio a uma sociedade heterônoma: não apenas o Estado deve planejar e gerir, se bem que, em nossa sociedade, ele tenha a prerrogativa de criar, sancionar e aplicar as leis formais, de realizar intervenções no espaço "público", de regular as atividades dos agentes privados e de "garantir a lei e a ordem". Grupos da sociedade devem buscar qualificar-se e organizar-se para planejar e gerir seus espaços (seus destinos), às vezes com o Estado (pressionando-o e conquistando parcerias autênticas e delegação de poder), às vezes à revelia do Estado e, muitas vezes, contra o Estado, resistindo. Uma coisa é ter consciência dos limites das iniciativas de grupos da sociedade civil enquanto agentes modeladores do espaço urbano, devido à pouca visibilidade de muitas ações, devido aos efeitos freqüentemente não-duradouros de suas ações e, sobretudo, devido à dificuldade para mobilizar recursos (não só econômicos, mas também políticos) para criar contraprojetos e implementá-los, superando adversidades; outra coisa, muito diferente, é ignorar tais esforços ou pretender menosprezá-los, como faz a tradição estadocêntrica em "teoria do planejamento", seja tipicamente conservadora ou não.

Em suma: sejam realizados pelo Estado (como é mais usual), ainda que em um esquema de co-gestão com a sociedade civil, sejam realizados diretamente por esta, à revelia do Estado ou mesmo em oposição a ele, planejamento e gestão urbanos são, potencialmente, esquemas e ferramentas de promoção de mudança social positiva (desenvolvimento sócio-espacial, desenvolvimento urbano); contudo, não são panacéias! O desenvolvimento depende de vários fatores, e apenas alguns destes podem ser transformados ou influenciados controlada e monitoravelmente por meio de ações planejadas. A sociedade não é, afinal, uma máquina, e o desenvolvimento sócio-espacial não é uma questão de "engenharia social".

A escala local não pode tudo, mas pode muito, dependendo das circunstâncias. Pode, até, servir de trampolim e apoio para ações em escalas mais abrangentes (vide Porto Alegre: do orçamento participativo ao Fórum Social Mundial!). Sem embargo, se não se quiser contentar-se com alguns ganhos de autonomia descolados de um horizonte iluminador mais ambicioso (autonomia em sentido forte, sociedade basicamente autônoma), é preciso considerar que mesmo um orçamento participativo ousado como o de Porto Alegre, ou até mesmo institucionalidades ainda mais avançadas, mas situadas no interior de uma sociedade heterônoma, são insuficientes para conseguirem reverter ou anular processos que reproduzem a heteronomia e operam em escalas supralocais. Se não se tiver clara consciência quanto à limitação inerente a qualquer tentativa de impulsionar mudanças a partir do nível local e com base apenas na política urbana, incorrer-se-á em um reformismo desfibrado, ante-sala de frustrações e, certamente, expressão da plena assimilação da institucionalidade em tela (orçamento participativo ou outra) pelo *status quo*. Institucionalidades alternativas consistentemente participativas e promotoras de significativos ganhos de autonomia têm de ser pensadas como ferramentas político-pedagógicas (além de, como já se disse, poderem servir de trampolim e apoio para ações em escalas mais abrangentes), e não apenas como ferramentas de promoção de avanços materiais nos marcos da ordem heterônoma (redução dos níveis de segregação residencial etc.). Os avanços materiais têm de ser articulados com uma crítica das limitações da "democracia" representativa e do capitalismo, fazendo uso de um enfoque multiescalar (limitações essas que, justamente, impedem que aqueles avanços possam ser tão completos quanto seria desejável, especialmente em um país [semi]periférico[79]). A questão das transformações na *esfera da produção*, por exemplo, para a qual se chamou a atenção ao fim do Capítulo 11. da Parte III, não pode ser, jamais, simplesmente esquecida, sob pena de se amesquinhar extraordinariamente o alcance do clamor para se *mudar a cidade*, ainda que os esforços se concentrem, pragmaticamente, em outro terreno. Ou seja: as forças políticas que assumirem o controle do Estado que lhes permitirá alavancar certos avanços institucionais deverão, ao mesmo tempo, resistir à tentação de frear os avanços futuros, buscando, consciente mas prudentemente, criar condições (político-culturais, acima de tudo) para a superação da ordem heterônoma na qual, contraditoriamente, se acham inseridas. Isso é um desafio formidável, e os exemplos históricos de fracasso, que redundaram em oportunismo (social-democracia, eurocomunismo), não são poucos. Não há, entretanto, qualquer prova empírica de que é impossível vencer esse desafio.

O planejamento e a gestão urbanos, por tudo isso e em face de tudo isso, são, no sentido mais profundo possível, *políticos*, ou um conhecimento técnico científico mobilizado para alterar constelações de poder. De um ponto de vista autonomista, seu fim ou, de toda

[79] Com isso não se quer dizer que o problema reside apenas na condição de fazer parte da (semi)periferia capitalista. Lembre-se de que: 1) mesmo nos países centrais há pobreza e iniqüidades (EUA, para começar!), ainda que em um patamar muito diferente daquele dos países (semi)periféricos – e que a pobreza e as disparidades têm, inclusive, voltado a aumentar nas últimas décadas, 2) a prosperidade dos países centrais e a sua capacidade redistributiva interna é, para além de tributária de fatores históricos com particularidades intranacionais (movimento operário importante e com enorme capacidade de pressão, aspectos culturais etc.), em grande parte decorrente da dinâmica da formação do sistema mundial capitalista, com o aparecimento do "subdesenvolvimento" sendo indissociável da geração do "desenvolvimento" no centro do sistema, como, com precisão e sutileza variáveis, mostraram numerosos autores ligados a diferentes matrizes como as teorias do imperialismo, a "teoria da dependência" e a perspectiva sistêmica wallersteiniana.

maneira, seu resultado não será apenas *o político* (o poder explícito) mas, isso sim, promover *a política* (o questionamento explícito da instituição da sociedade), ou seja, a autonomia, recuperando a discussão travada por CASTORIADIS (1990b), de sua parte resgatando contribuições anteriores. O planejamento e a gestão urbanos, assim como quaisquer ações e intervenções (políticas públicas, mobilizações, estratégias e táticas de resistência etc.) visando ao desenvolvimento, são, de um ponto de vista autonomista, portanto, saberes políticos por excelência, a despeito e sem prejuízo de sua dimensão técnico-científica (uma analogia com a "arte da guerra", em seu entendimento clausewitziano, não seria, aliás, descabida). E o próprio desenvolvimento aqui pensado, como se viu especificamente no Capítulo 2 da Parte I, e como o autor vem insistindo há anos (SOUZA, 1996a; 1997a; 1997b; 1998; 2000a; 2000b; 2000d), não é um "desenvolvimento econômico", prisioneiro da ideologia economicista, etnocêntrica e teleológica do "desenvolvimento" capitalista: enquanto desenvolvimento *sócio-espacial*, a *mudança para melhor* almejada é indissociável, no seu cerne, das questões políticas da *justiça* e da *liberdade*, às quais objetivos como "crescimento do produto" e "progresso técnico" devem estar, na melhor das hipóteses, subordinados, e perante as quais tais objetivos comportam, na melhor das hipóteses, um valor instrumental, jamais intrínseco. Não é por acaso que toda a contribuição do autor sobre o assunto estriba-se na reflexão sobre o projeto de autonomia e sobre as condições de superação da heteronomia. A reflexão teórica que o autor vem, a propósito, realizando há vários anos, repudia qualquer tentativa de se definir completamente, em gabinete, ou "interpretando" as necessidades dos homens e mulheres concretos, o *conteúdo* do desenvolvimento sócio-espacial (como ocorre com o desenvolvimento econômico e outras interpretações menos ou mais alternativas em comparação com ele); o enfoque, descontando a necessária discussão substantiva em torno de princípios e parâmetros gerais, a qual se contenta, apesar disso, com um nível bastante abstrato, é, no que toca ao nível mais concreto, *procedural* (esse é o sentido da expressão "macroteoria aberta", usada pelo autor alhures), e não uma proposta para rechear a idéia de desenvolvimento com esse ou aquele conteúdo estabelecido por pretensos detentores de um "discurso competente" a respeito. Proporcionar esse "recheio" é entendido como uma responsabilidade e um direito dos próprios atores sociais, em cada contexto cultural específico.

Agora, algumas palavras sobre o Brasil, mais especificamente.

O Brasil, em particular – e é para o público brasileiro que este livro, pragmaticamente, se destina –, coloca desafios imensos. Para começar, o fardo da herança escravocrata é um problema crucial.

A escravidão produziu uma tradição de aceitação de enormes assimetrias, opondo, de um lado, uma tendência à subserviência e à excessiva tolerância por parte dos pobres (que são, em grande parte afro-descendentes) e, de outro, o mandonismo hiperarrogante dos "neo-sinhozinhos" e das "neo-sinhazinhas" (pseudo)brancos das elites urbanas da maior parte do Brasil, acostumados a serem servidos e a verem a servidão e o servilismo como fenômenos naturais. As seqüelas da escravidão não se circunscrevem, portanto, ao nível material, isto é, à reprodução da pobreza dos descendentes de escravos que, uma vez libertos, sem uma preparação inteligente e minimamente humana, foram atirados a uma liberdade na pobreza mais abjeta, sem moradia, sem instrução, sem trabalho qualificado; as seqüelas são, também, social-psicológicas. É bem verdade que essas seqüelas apresentam uma intensidade variável conforme a região do país: a macrorregião Sul é, em parte, uma exceção, devido à influência ora de estruturas agrárias menos concentradas e ao menor peso da tradição escravocrata (apesar de ela não ter estado ausente, e a despeito de as relações entre patrões e empregados no contexto do latifúndio pecuarista da Campanha Gaúcha não serem muito menos desiguais que as relações típicas do colonato e do coronelismo, enfim, das estruturas patriarcais e latifundiárias que marcaram não só o Nordeste, mas a formação social brasileira em geral).

Com uma "classe trabalhadora" muito heterogênea, cujo núcleo industrial surge tardiamente e se mantém geograficamente muito concentrado, pouco se desenvolveu algo que se possa chamar de um verdadeiro movimento operário em escala nacional, capaz de realizar não só conquistas materiais comparativamente grandes em face das elites dominantes (em comparação com o caso europeu) mas, mais do que isso, capaz de conquistar uma mudança de mentalidade por parte das elites. Daí a arrogância dos "neo-sinhozinhos" e das "neo-sinhazinhas", cuja relação de identidade cultural com o próprio país é complexa e não raro contraditória, amiúde dificultada pela vergonha que, de algum modo, sentem de uma parte da população de seu próprio país, evidenciando um racismo muito mal camuflado pela apropriação de elementos culturais afro-brasileiros (a maior parte da música popular) e de ídolos negros (como muitos jogadores de futebol). Quando o que está em jogo são as possibilidades de participação popular e de conquista de cidades mais justas, essas cicatrizes da nossa história não podem ser esquecidas. Certamente, uma cidade como Recife, em contraposição, por exemplo, a Curitiba ou Porto Alegre, tem e terá maiores dificuldades para alcançar uma integração construtiva. Quanto a Curitiba e Porto Alegre, as situações são, por outro lado, suficientemente diferentes para impedir qualquer generalização fácil: se, em Curitiba, o que há é um ambiente conservador e xenófobo que, longe de ser enfrentado pelo "Grupo de Lerner", tem sido até mesmo reforçado, em Porto Alegre vê-se um embate entre tendências racistas e machistas seculares, de um lado, e uma pequena "revolução cultural" em curso, a qual tem feito da capital gaúcha não só um centro importante de política e cultura críticas, mas tem posto essa cidade, também, na agenda internacional (Fórum Social Mundial, dentre outros eventos).

Os problemas brasileiros são grandes, enormes, mas se apresentam geograficamente diferenciados no imenso território – o que não deixa de ser, também isso, um problema, por comumente sabotar generalizações analíticas e propositivas. Até mesmo a escala estritamente local apresenta particularidades, como bem evidencia o caso de Porto Alegre, com sua tradição de lutas favorecida pela posição de capital do estado e, desde o século XIX, de centro organizador e integrador da economia gaúcha. Essa diversidade estonteante não deve ser fator de desânimo, mas de estímulo à busca de soluções suficientemente endógenas, rejeitando-se a tentação (típica de qualquer tecnocratismo, inclusive "de esquerda"...) de entender o sucesso de certas experiências como derivado apenas da correta aplicação de alguma receita institucional, e não como decorrente de uma complexa sinergia de fatores – visão essa que é a ante-sala da fatal subestimação dos perigos e das dificuldades em se transportar de um local para outro as tais "receitas de sucesso".

•••••

Um último comentário, antes de se despedir do leitor, a propósito do papel dos planejadores, complementando o que se disse no começo desta Conclusão e em outras partes do texto. Considerando a envergadura do desafio em torno do qual aqui se refletiu – *mudar a cidade* –, o papel dos intelectuais, pesquisadores e técnicos versados ou interessados em teoria e técnicas de planejamento e gestão urbanos, que é para quem este livro se destina principalmente (incluindo-se, também, os estudantes), é modesto, pois a tarefa de transformar a realidade sócio-espacial, sendo essencialmente política, só pode ser, para ser autêntica e legítima, sob um ângulo autonomista, uma tarefa assumida material e intelectualmente por uma coletividade e conduzida democraticamente, e não inspirada por intelectuais tecnocráticos e imposta pelo Estado. O papel dos intelectuais, pesquisadores e técnicos está longe de ser, contudo, em si mesmo, irrelevante. Em uma sociedade em que o conhecimento é apropriado apenas por uma minoria, e é aplicado por uma minoria ainda mais reduzida para reproduzir o *status quo* heterônomo, o técnico/cientista pode ter a ilusão de ter poder, só que, se "saber é poder", o técnico não tem poder *enquanto* técnico/cientista, mas, como bem observou Castoriadis em um de seus textos mais antigos, enquanto "político" e "organizador", o que faz com que o capitalismo seja, no essencial, burocrático, e não "tecnocrático" (CASTORIADIS, 1983b:103). Não é nos marcos de uma democracia menos caricatural, especialmente em uma hipotética sociedade basicamente autônoma, que o técnico é desprestigiado, ao contrário do que ele poderia pensar e temer; é na sociedade *atual* que ele é, constantemente, desprestigiado, ao não ter muitas de suas recomendações levadas a sério e nem sequer ouvidas, e ao não ter muita chance, no interior de ambientes pesadamente *burocráticos*, como o da maioria das administrações municipais, de desenvolver as suas aptidões e colocar a sua inventividade a serviço da busca de soluções criativas para os problemas urbanos.

O conhecimento dos estudiosos dos problemas, do planejamento e da gestão urbanos é, sim, de grande responsabilidade, como o era o dos generais e dos indivíduos versados em finanças na Atenas radicalmente democrática da Antigüidade (o que fazia, inclusive, com que os indivíduos que iriam desempenhar tais funções fossem eleitos, e não sorteados, como era o caso em se tratando da maioria das outras funções, mais simples ou menos delicadas). Dotados de formação específica e conhecimentos importantes, acumulados ao longo de anos de estudo e experiência, os profissionais ligados ao planejamento e à gestão, sejam pesquisadores, sejam funcionários a serviço de administrações públicas, sejam, ainda, indivíduos ligados a organizações da sociedade civil (no caso de sociedades heterônomas, nas quais faz sentido falar de "sociedade civil" em contraposição a um aparelho de Estado), devem orientar quanto aos meios e, eventualmente, também dizer palavras de aconselhamento ou advertência quanto a problemas relativos aos fins. Em uma sociedade autônoma – ou mesmo no interior de institucionalidades fortemente promotoras de autonomia, ainda que nos marcos de uma sociedade heterônoma –, tais profissionais têm de *prestar contas* e *submeter-se a um controle amplo* por parte da coletividade, que é quem define as metas gerais e a quem cabe a última palavra também sobre os meios a serem adotados (excetuando-se, é lógico, situações de rotina). As decisões realmente importantes, ou seja, que não se refiram a meras rotinas administrativas, hão de pertencer à coletividade como corpo político soberano, perante a qual os profissionais de planejamento, por maior que seja sua capacidade de persuasão, comparecem, em princípio, não como gurus, mas como cidadãos em meio a outros cidadãos. Uma atuação assim discreta e comedida não suprime, antes realça a grandeza da sua contribuição para um projeto político-social que vise a um genuíno desenvolvimento sócio-espacial em diferentes escalas, das cidades ao contexto mais geral do qual estas fazem parte.

Bibliografia

ABERS, Rebecca (1997a): Inventando a democracia: distribuição de recursos públicos através da participação popular em Porto Alegre, RS. *In*: *Anais do 7.° Encontro Nacional da ANPUR*, v. 3.

——— 1997b): *Inventing Local Democracy: Neighborhood Organizing and Participatory Policy-Making in Porto Alegre, Brazil*. Los Angeles (tese de Doutorado submetida à University of California).

——— (1998): Do clientelismo à cooperação: governos locais, políticas participativas e organização da sociedade civil em Porto Alegre. *Cadernos IPPUR*, v. XII, n.° 1, janeiro/julho, pp. 47-78.

ABNT (Associação Brasileira de Normas Técnicas) (1992): *Normas para a elaboração de Plano Diretor*. Rio de Janeiro: ABNT.

ACIOLY Jr., Claudio e DAVIDSON, Forbes (1999): *Densidade urbana*. Um instrumento de planejamento e gestão urbana. Rio de Janeiro: MAUAD.

ADAMS, David (1994): *Urban Planning and the Development Process*. Londres: UCL Press.

AGUIAR, Joaquim Castro (1996): *Direito da cidade*. Rio de Janeiro: Renovar.

ALFONSIN, Betânia de Moraes (org.) (1997): *Direito à moradia: instrumentos e experiências de regularização fundiária nas cidades brasileiras*. Rio de Janeiro: FASE–GTZ–IPPUR/UFRJ.

ALTHUSSER, Louis (1987 [1976]): *Aparelhos ideológicos de Estado*. Rio de Janeiro: Graal.

AMBROSIS, Clementina de (1989): Operações interligadas: a experiência da Prefeitura de São Paulo. *Revista de Administração Municipal*, 36(191), pp. 26-34.

ANSUR (Associação Nacional do Solo Urbano) (2000): *Resoluções do VII*

Encontro do FNRU [texto disponível na Internet em 16/10/2000: http://www.pratica.com.br/ansur/FNRU.HTM].

ARAÚJO, Adelmo (1994): O PREZEIS enquanto instrumento de regulação urbanística. *Proposta*, ano 22, n.° 62, setembro, pp. 60-62.

ARAÚJO, Adelmo *et al.* (1997): *Uma política habitacional inovadora de urbanização no Recife – 10 anos do PREZEIS*. Recife: FASE/ETAPAS/Centro Josué de Castro.

ARAÚJO Filho, Valdemar Ferreira de (1996): Antecedentes político-institucionais da questão metropolitana no Brasil. *In*: CARDOSO, Elizabeth Dezouzart e ZVEIBIL, Victor Zular (orgs.): *Gestão metropolitana: experiências e novas perspectivas*. Rio de Janeiro: IBAM.

ARNSTEIN, Sherry R. (1969): A ladder of citizen participation. *Journal of the American Institute of Planners*, v. 35, julho, pp. 216-24.

AZEVEDO, Sérgio de (1994): Orçamento participativo e gestão popular: reflexões preliminares sobre a experiência de Betim. *Proposta*, ano 22, n.° 62, setembro, pp. 44-48.

BAIERLE, Sérgio (2000): Democracia radical e cidadania: a "economia moral" dos sujeitos. *In*: SILVA, Luiz Heron da (org.): *Século XXI: qual conhecimento? Qual currículo?* Petrópolis: Vozes, 2 ed.

———— (2001): *Experiência do orçamento participativo: um oásis no deserto neoliberal?* [texto disponível na Internet em 25/06/2001: http://www.portoweb.com.br/ong/cidade/texto3.htm]. Fonte original: jornal *De Olho no Orçamento*, n.° 6, abril de 1998 (Porto Alegre).

BARONI, Margaret (1992): Amibigüidades e deficiências do conceito de desenvolvimento sustentável. *Revista de Administração de Empresas*, 32(2). São Paulo, pp. 14-24.

BARRETO, João Luiz de Moraes (1969): Teoria e prática da contribuição de melhoria. *Revista de Administração Municipal*, n.° 94, pp. 272-299.

BENEVOLO, Leonardo (1994 [1963]): *As origens da Urbanística moderna*. Lisboa: Presença, 3. ed..

BENTES, Dulce (1997): Aplicação de novos instrumentos urbanísticos no município de Natal. *Pólis*, n.° 29, pp. 73-84.

BERMAN, Marshall (1983): *All That is Solid Melts into Air: The Experience of Modernity*. Londres e Nova Iorque: Verso e Penguin.

BIAVA, Adriano Henrique Rebelo (1978): Contribuição de melhoria, um tributo esquecido. *Revista de Administração Municipal*, 25(148), pp. 6-19.

BITOUN, Jan (2000): Territórios do diálogo: palavras da cidade e desafios da gestão participativa no Recife (Brasil). *Revista de Geografia*, 16 (2), pp. 41-54.

BLEICKEN, Jochen (1995 [1986]): *Die athenische Demokratie*. Paderborn e outros lugares: Schöning, 4 ed.

BONDUKI, Nabil (2000): As operações interligadas como instrumentos de captação de recursos para a habitação social (1987/92). *In*: *Habitar São Paulo: reflexões sobre a gestão urbana*. São Paulo: Estação Liberdade.

BOOKCHIN, Murray (2001 [1991]): Libertarian Municipalism: An Overview [texto disponível na Internet em: http://dwardmac.pitzer.edu/ Anarchist Archives/bookchin/gp/perspectives24.html e extraído de *Green Perspectives*, Nr. 24, outubro de 1991].

BOSSOIS, Irene L. (1987): A formulação democrática do orçamento municipal – a experiência de Vila Velha, ES, no período de 1983/1986. *Revista de Administração Municipal*, v. 34, julho/setembro, pp. 6-11.

BRAAM, Werner (1999 [1987]): *Stadtplanung: Aufgabenbereiche – Planungsmethodik – Rechtsgrundlagen*. Düsseldorf: Werner Verlag, 3 ed.

BRAGA, Roberto (2000): O Estatuto da Cidade. *In*: BRAGA, Roberto e CARVALHO, Pompeu Figueiredo de (orgs.): *Estatuto da Cidade: política urbana e cidadania*. Rio Claro: Laboratório de Planejamento Municipal.

BRENDLE, Klaus (1997 [1989]): Städtischer Lebensraum. *In*: Städtebauliches Institut der Universität Stuttgart (org.): *Einführung Städtebau*. Stuttgart: Städtebau-Institut der Universität Stuttgart (= Arbeitsbericht 48).

BRINDLEY, Tim *et al.* (1989): *Remaking Planning*. The Politics of Urban Change in the Thatcher Years. Londres e outros lugares: Unwin Hyman.

BUNGE, Mario (1989): *La investigación científica*. Barcelona: Ariel, 2. ed..

BYRNE, Stephen (1992): The Use of Planning Agreements. *The Planner*, v. 78, n.º 17, pp. 23-24.

CALDEIRA, Teresa Pires do Rio (2000): *Cidade de muros*. Crime, segregação e cidadania em São Paulo. São Paulo: Editora 34 e EDUSP.

CÂMARA MUNICIPAL DO RIO DE JANEIRO (1992): *Plano Diretor Decenal da Cidade do Rio de Janeiro*. Câmara Municipal: Rio de Janeiro.

CAMPBELL, Scott e FAINSTEIN, Susan (1998 [1996]): Introduction: The Structure and Debates of Planning Theory. In. CAMPBELL, Scott e FAINSTEIN, Susan (orgs.): *Readings in Planning Theory*. Malden (MA) e Oxford: Blackwell.

CARDOSO, Adauto Lucio (1997): Reforma Urbana e planos diretores: avaliação da experiência recente. *Cadernos IPPUR*, vol. XI, números 1 e 2, pp. 79-111.

CARDOSO, Adauto Lúcio *et al.*(1999): Flexibilização da legislação urbanística no Rio de Janeiro: uma avaliação das operações interligadas. *In*: *Anais do VIII Encontro Nacional da ANPUR* [CD-ROM].

CARDOSO, Adauto Lúcio e RIBEIRO, Luiz Cesar de Queiroz (1996): *Dualização e reestruturação urbana: o caso do Rio de Janeiro*. Rio de Janeiro: IPPUR/UFRJ e FASE.

CARVALHO, Alice Kalyvas e MILLER, Laurie Jeanette (1998): Orçamento participativo: a experiência do Distrito Federal. *Proposta*, n.º 78, pp. 56-61.

CARVALHO, Maria do Carmo A. A. e FELGUEIRAS, Débora (2000): Orçamento Participativo no ABC (Mauá/Ribeirão Pires/Santo André). *Pólis*, n.º 34.

CASTELLS, Manuel (1983a [1972]): *A questão urbana*. Rio de Janeiro: Paz e Terra.

———— (1983b): *The City and the Grassroots: A Cross-Cultural Theory of Urban Social Movements*. Berkeley: University of California Press.

CASTILHO, José Roberto Fernandes (2000): Algumas observações sobre o Estatuto da Cidade. *In*: BRAGA, Roberto e CARVALHO, Pompeu Figueiredo de (orgs.): *Estatuto da Cidade: política urbana e cidadania*. Rio Claro: Laboratório de Planejamento Municipal.

CASTORIADIS, Cornelius (1975): *L'institution imaginaire de la société*. Paris: Seuil (edição brasileira: Rio de Janeiro, editora Paz e Terra, 1982).

———— (1978): Technique. *In*: *Les carrefours du labyrinthe*. Paris: Seuil (edição brasileira: Rio de Janeiro, editora Paz e Terra, 1987).

———— (1983a [1979]): Introdução: socialismo e sociedade autônoma. *In*: *Socialismo ou barbárie*. O conteúdo do socialismo. São Paulo: Brasiliense.

———— (1983b [1957]): Sobre o conteúdo do socialismo, II. In: *Socialismo ou barbárie*. O conteúdo do socialismo. São Paulo: Brasiliense.

———— (1986a): Réflexions sur le "développement" et la "rationalité". *In*: *Domaines de l'homme* – Les carrefours du labyrinthe II. Paris: Seuil (edição brasileira: Rio de Janeiro, editora Paz e Terra, 1987).

———— (1986b): La *polis* grecque et la création de la démocratie. *In*: *Domaines de l'homme* – Les carrefours du labyrinthe II. Paris: Seuil (edição brasileira: Rio de Janeiro, editora Paz e Terra, 1987).

———(1986c): Nature et valeur de l'égalité. *In*: *Domaines de l'homme* – Les carrefours du labyrinthe II. Paris: Seuil (edição brasileira: Rio de Janeiro, editora Paz e Terra, 1987).

———(1990a): L'époque du conformisme généralisé. *In*: *Le monde morcelé* – Les carrefours du labyrinthe III. Paris: Seuil (edição brasileira: Rio de Janeiro, editora Paz e Terra, 1992).

———(1990b): Pouvoir, politique, autonomie. *In*: *Le monde morcelé* – Les carrefours du labyrinthe III. Paris: Seuil (edição brasileira: Rio de Janeiro, editora Paz e Terra, 1992).

———(1996a): Imaginaire politique grec et moderne. *In*: *La montée de l'insignifiance* – Les carrefours du labyrinthe IV. Paris: Seuil.

———(1996b): La démocratie comme procédure et comme régime. *In*: *La montée de l'insignifiance* – Les carrefours du labyrinthe IV. Paris: Seuil.

———(1997): Fait et à faire. *In*: *Fait e à faire* – Les carrefours du labyrinthe V. Paris: Seuil (edição brasileira: Rio de Janeiro, editora DP & A, 1999).

———(1999): Quelle démocratie? *In*: *Figures du pensable* – Les carrefours du labyrinthe VI. Paris: Seuil.

CASTORIADIS, Cornelius *et al.* (1992): *A criação histórica*. Porto Alegre: Artes e Ofícios.

CAVACO, Adriana de Sá Barcelos (1998): *Limitações e perspectivas da viabilização da reforma urbana no Brasil através dos "novos planos diretores": reflexões com base nos casos do Rio de Janeiro e de Angra dos Reis* (dissertação de Mestrado submetida ao Programa de Pós-Graduação em Geografia da UFRJ).

CAVALLIERI, P. Fernando e BEZERRA, Márcia (1992): O solo criado e o Plano Diretor do Rio de Janeiro. In: RIBEIRO, Luiz Cesar de Queirós e LAGO, Luciana Corrêa do (orgs.): *Acumulação urbana e a cidade*. (= Anais do 1.∞ Workshop de Incorporação Imobiliária, out. 1991). Rio de Janeiro: IPPUR/UFRJ

CAVAROZZI, Marcello (1992): Beyond Transitions to Democracy in Latin America. *Journal of Latin American Studies*, 24(3). Cambridge e outros lugares, pp. 665-684.

CHAUÍ, Marilena (1982): O discurso competente. *In*: *Cultura e democracia*. O discurso competente e outras falas. São Paulo: Editora Moderna, 3 ed..

CHOAY, Françoise (1979 [1965]): *O Urbanismo*. São Paulo: Perspectiva.

———(1985 [1980]): *A regra e o modelo*. São Paulo: Perspectiva.

CIDADE (2001): *Orçamento participativo* [texto disponível na Internet em 25/06/2001: http://www.portoweb.com.br/ong/cidade/op.htm].

CÓDIGO TRIBUTÁRIO NACIONAL (2001): São Paulo: Saraiva, 30 ed.

COELHO, Franklin Dias (1990): Plano diretor como instrumento de luta da reforma urbana. *In*: GRAZIA, Grazia de (org.): *Plano diretor: instrumento de reforma urbana*. Rio de Janeiro: FASE.

———(1993): Reforma urbana e territorialidade. *In*: *Anais do 3.º Simposio Nacional de Geografia Urbana*. Rio de Janeiro: UFRJ e IBGE.

COMISSÃO MUNDIAL SOBRE MEIO AMBIENTE E DESENVOLVIMENTO (1988): *Nosso futuro comum*. Rio de Janeiro: Editora da Fundação Getúlio Vargas.

COMPANS, Rose (1997): A emergência de um novo modelo de gestão urbana no Rio de Janeiro: planejamento estratégico e "urbanismo de resultados". *In*: *Anais do 7.° Encontro Nacional da ANPUR*, v. 3.

CONGRESS OF NEW URBANISM (1999a): *New Urbanism Basics* [texto disponível na Internet em 12/10/1999: http://www.cnu.org].

CONGRESS OF NEW URBANISM (1999b): *Charter of the New Urbanism* [texto disponível na Internet em 12/10/1999: http://www.cnu.org].

CONGRESS OF NEW URBANISM (1999c): *CNU and its Current Initiatives* [texto disponível na Internet em 12/10/1999: http://www.cnu.org].

CONSTITUIÇÃO DA REPÚBLICA FEDERATIVA DO BRASIL (1988). Rio de Janeiro: Gráfica Auriverde

CONSTITUIÇÃO DO ESTADO DO RIO DE JANEIRO (2000 [1991]). [Atualizada até a Emenda 13/2000]. Rio de Janeiro: Editora Espaço Jurídico.

COPI, Irving (1981 [1953]): *Introdução à Lógica*. Rio de Janeiro: Mestre Jou.

COSTA, Rogério Haesbaert da (1988): *RS: latifúndio e identidade regional*. Porto Alegre: Mercado Aberto.

COUTO, Cláudio Gonçalves (1995): *O desafio de ser governo: o PT na prefeitura de São Paulo (1989-1992)*. Rio de Janeiro: Paz e Terra.

CULLINGWORTH, J. Barry (1993): *The Political Culture of Planning*. American Land Use Planning in Comparative Perspective. Nova Iorque e Londres: Routledge.

———(1997): *Planning in the USA*. Policies, Issues and Processes. Nova Iorque e Londres: Routledge.

DANIELS, Thomas (1991): The Purchase of Development Rights. Preserving Agricultural Land and Open Space. *Journal of the American Planning Association*, 57(4), pp. 421-431.

DANTAS, Ana Claudia de Miranda (1997): *Planejamento urbano nos anos 90: negociações entre as esferas pública e privada* (dissertação de Mestrado submetida ao IPPUR da UFRJ).

DAVIDOFF, Paul (1973 [1965]): Advocacy and Pluralism in Planning. In: FALUDI, Andreas (org.): *A Reader in Planning Theory*. Oxford e outros lugares: Pergamon Press.

DAVIES, H. W. E. (1998): Continuity and Change: The Evolution of the British Planning System, 1947-97. *Town Planning Review*, 69(2), pp. 135-152.

DEL RIO, Vicente (1997 [1990]): *Introdução ao Desenho Urbano no processo de planejamento*. São Paulo: Pini.

DEPARTMENT OF THE ENVIRONMENT (1992): *Development Plans*. A Good Practice Guide. Londres: HMSO.

DIÁRIO OFICIAL DO MUNICÍPIO DE SÃO PAULO (1991): Projeto de Lei do Plano Diretor do Município de São Paulo. *Diário Oficial do Município de São Paulo (suplemento)*, ano 36, n.º 50, 16/3/1991.

DIÁRIO OFICIAL DE PORTO ALEGRE (1999): Plano Diretor de Desenvolvimento Urbano Ambiental de Porto Alegre (Lei Complementar n.º 434). *Diário Oficial do Município de Porto Alegre*, ano V, n.º 1.187, 24/12/1999.

DIENEL, Peter (1997): *Die Planungszelle*. Eine Alternative zur Establishment-Demokratie. Opladen: Westdeutscher Verlag, 4 ed..

DOYAL, Len e GOUGH, Ian (1994 [1991]): *Teoría de las necesidades humanas*. Barcelona e Madri: ICARIA e FUHEM.

DOXIADIS ASSOCIATES (1965): *Guanabara: A Plan for Urban Development*. Rio de Janeiro: CEDUG.

DRAKAKIS-SMITH, David (1996): Third World Cities: Sustainable Urban Development II – Population, Labour and Poverty. *Urban Studies*, 33(4-5), pp. 673-701.

———(1997): Third World Cities: Sustainable Urban Development III – Basic Needs and Human Rights. *Urban Studies*, 34(5-6), pp. 797-823.

DUFFY, Katherine e HUTCHINSON, Jo (1997): Urban Policy and the Turn to Community. *Town Planning Review*, 68(3), pp. 347-362.

ENNIS, Frank (1997): Infrastructure Provision, the Negotiating Process and the Planner's Role. *Urban Studies*, v. 34, n.º 12, pp. 1935-1954.

ENZENSBERGER, Hans-Magnus (1993): *Aussichten auf den Bürgerkrieg*. Frankfurt: Suhrkamp.

FANTIN, Márcia (2000): *Cidade dividida*. Dilemas e disputas simbólicas em Florianópolis. Florianópolis: Cidade Futura.

FEAGIN, Joe R. (1990): Are Planners Collective Capitalists? The Cases of Aberdeen and Houston. *International Journal of Urban and Regional Research*, 14(2), pp. 249-273.

FEDOZZI, Luciano (1994): Poder local e governabilidade: o caso de Porto Alegre. *Proposta*, ano 22, n.° 62, setembro, pp. 23-29.

———(1997): *Orçamento participativo: reflexões sobre a experiência de Porto Alegre*. Porto Alegre. Tomo Editorial

FERNANDES, Edésio (1998) (org.): *Direito Urbanístico*. Belo Horizonte: Del Rey.

FERRARI, Célson (1979): *Curso de planejamento municipal integrado*. São Paulo: Pioneira, 2 ed..

FERRAZ, Sérgio (1974): Formas de intervenção na propriedade privada. O domínio do Estado e seu poder de propulsão. As limitações administrativas e a desapropriação. *In*: MELLO, Diogo Lordello *et al.*: *O município e o direito urbano*. Rio de Janeiro:IBAM.

FINGER, Mathias (1995): Politics of the UNCED Process. *In*: SACHS, Wolfgang (org.): *Global Ecology*. New Arena of Political Conflict. Londres e New Jersey: Zed Books.

FINLEY, Moses (1988 [1973]): *Democracia antiga e moderna*. Rio de Janeiro: Graal.

———(1991 [1963]): *The Ancient Greeks*. Nova Iorque: Penguin.

FIGUEIREDO, Rubens e LAMOUNIER, Bolívar (1997): *As cidades que dão certo*. Experiências inovadoras na administração pública brasileira. Brasília: MH Comunicação, 3. ed..

FOUCAULT, Michel (1984): Sobre a Geografia. *In*: *Microfísica do poder*. Rio de Janeiro: Graal, 4 ed.

——— (1986): *Vigiar e punir*. História da violência nas prisões. Petrópolis: Vozes, 4 ed.

FREIRE, Paulo (1986 [1970]): *Pedagogia do oprimido*. Rio de Janeiro: Paz e Terra.

FRIEDMANN, John (1987): *Planning in the Public Domain: From Knowlege to Action*. Princeton e New Jersey: Princeton University Press.

———(1992): Planificación para el siglo XXI: el desafío del posmodernismo. *EURE*, vol. XVIII, n.º 55, pp. 79-89.

GANS, Herbert (1965 [1962]): *The Urban Villagers*. Group and Class in the Life of Italian-Americans. Nova Iorque: The Free Press.

GEDDES, Patrick (1994 [1915]): *Cidades em evolução*. São Paulo: Papirus.

GENRO, Tarso e SOUZA, Ubiratan de (1998): *Orçamento participativo*. A experiência de Porto Alegre. São Paulo: Editora Fundação Perseu Abramo.

GHIRARDO, Diane (1996): *Architecture after Modernism*. Londres: Thames and Hudson.

GIACOMONI, James (1997): *Orçamento público*. São Paulo: Atlas (7. ed., revista e atualizada).

GOLD, John R. (1998): Creating the Charter of Athens. CIAM and the functional city, 1933-43. *Town Planning Review*, 69(3), pp. 225-247.

GONÇALVES, Marcos Flávio dos Reis (1988): O imposto predial e territorial urbano e a progressividade. *Revista de Administração Municipal*, 35(189), pp. 6-14.

GONDIM, Linda M. (1989): Modelos alternativos de planejamento e gestão urbana: tendências, possibilidades e limitações. *Revista de Administração Municipal*, 36(191), pp. 6-15.

———(1990): Entra em cena a participação popular. *In*: GONDIM, Linda M. (org.): *Plano diretor e o município: novos tempos, novas práticas*. Rio de Janeiro: IBAM (= *Textos de Administração Municipal*, n.° 7).

GONZÁLEZ, R. S. (1997): Política municipal, participação popular e legitimação: uma análise do papel político do orçamento participativo em Porto Alegre. *In*: *Anais do 7.° Encontro Nacional da ANPUR*, v. 3.

GOTTDIENER, Mark (1993 [1985]): *A produção social do espaço urbano*. São Paulo: EDUSP.

GRANELLE, Jean-Jacques (1992 [?]): A experiência francesa do teto legal de densidade. *In*: PREFEITURA DO RIO DE JANEIRO/SECRETARIA DE URBANISMO E MEIO AMBIENTE (org.): *Solo criado: seu impacto na dinâmica urbana e os desafios para a sua operacionalização*. Rio de Janeiro: mimeo.

GRANT, Jill (1994): On Some Public Uses of Planning "Theory". Rhetoric and Expertise in Community Planning Disputes. *Town Planning Review*, 65 (11), pp. 59-76.

GRECCO Filho, Vicente (1978): Reformulação da política tributária. *In*: EMPLASA (org.): *A tributação e o drama dos municípios*. EMPLASA: São Paulo.

GRUPO DE TRABALHO OPERAÇÕES INTERLIGADAS (1997): Operações interligadas no Rio de Janeiro. *Pólis*, n.º 29, pp. 57-71.

GUEDES, José Rildo de Medeiros (1996): O município e a contribuição de melhoria. *Revista de Administração Municipal*, v. 43, n.º 219, pp. 22-31.

GUIMARÃES, Gonçalo (1997): *Uma cidade para todos*. O plano diretor do município de Angra dos Reis. Rio de Janeiro: Forense.

GUIMARÃES, Gonçalo e ABICALIL, Marcos Thadeu (1990): Plano diretor do município de Angra dos Reis: análise da Constituição e proposta para o município. *In*: GRAZIA, Grazia de (org.): *Plano diretor: instrumento de reforma urbana*. Rio de Janeiro: FASE.

HABERMAS, Jürgen (1981): *Theorie des kommunikativen Handelns*. Frankfurt am Main: Suhrkamp (2 vols.).

——— (1990): Discourse Ethics: Notes on Philosophical Justification. *In*: *Moral Consciousness and Communicative Action*. Cambridge (MA): MIT Press.

HAESBAERT, Rogério (1997): *Des-territorialização e identidade*. A rede "gaúcha" no Nordeste. Niterói: EDUFF.

——— (1999): Identidades territoriais. *In*: ROSENDAHL, Zeny e CORRÊA, Roberto Lobato (orgs.): *Manifestações da cultura no espaço*. Rio de Janeiro: EdUERJ.

HALL, Peter (1996): *Cities of Tomorrow*. Londres: Blackwell (edição atualizada).

HARVEY, David (1980 [1973]): *A justiça social e a cidade*. São Paulo: HUCITEC.

——— (1985): On Planning the Ideology of Planning. *In*: *The Urbanization of Capital*. Studies in the History and Theory of Capitalist Urbanization. Baltimore: The Johns Hopkins University Press.

——— (1989): From Managerialism to Entrepreneurialism: The Transformation in Urban Governance in Late Capitalism. *Geografiska Annaler*, 71B, pp. 3-17.

——— (1996): *Justice, Nature and the Geography of Difference*. Cambridge e Oxford: Blackwell.

——— (1999): Frontiers of Insurgent Planning. *Plurimondi*, n.º 2 (número organizado por Leonie Sandercock; tema: *Insurgent Planning Practices*), pp. 269-286.

——— (2000): *Spaces of Hope*. Berkeley e Los Angeles: University of California Press.

HASTINGS, Annette (1999): Analysing Power Relations in Partnerships: Is There a Role for Discourse Analysis? *Urban Studies*, 36 (1), pp. 91-106.

HAUGHTON, Graham (1997): Developing Sustainable Urban Development Models. *Cities*, 14(4), pp. 189-195.

HEALEY, Patsy (1995): Discourses of Integration: Making Frameworks for Democratic Urban Planning. In: Healey, Patsy *et al.* (orgs.): *Managing*

Cities. The New Urban Context. Chichester e outros lugares: John Wiley & Sons.

——— (1996 [1992]): Planning Through Debate: The Communicative Turn in Planning Theory. In Campbell, S. and Fainstein, S. (orgs.): *Readings in Planning Theory*. Cambridge (MA) e Oxford (UK): Blackwell.

——— (1997): *Collaborative Planning*. Shaping Places in Fragmented Societies. Houndmills e Londres: Macmillan.

——— (1998): Collaborative Planning in a Stakeholder Society. *Town Planning Review*, 69(1), pp. 1-21.

HELD, David (1996): *Models of Democracy*. Stanford: Stanford University Press (2. ed., atualizada).

HELLER, Agnes (1998 [1987]): *Além da justiça*. Rio de Janeiro: Civilização Brasileira.

HEREDA, Jorge *et al.* (1997): O impacto das AEIs no mercado imobiliário de Diadema. *Pólis*, n.° 29, pp. 11-41.

HOFFMANN-AXTHELM, Dieter (1996): *Anleitung zum Stadtumbau*. Frankfurt e Nova York: Campus.

HOLSTON, James (1993 [1989]): *A cidade modernista*. Uma crítica de Brasília e sua utopia. São Paulo: Companhia das Letras.

HORNUNG, Volker *et al.* (2000): *Baugesetzbuch/Landesbauordnung für Baden-Württemberg*. Stuttgart e outros lugares: Kohlhammer, 7 ed.

HUCHZERMEYER, Marie (1999): *The Exploration of Appropriate Informal Settlement Intervention in South Africa: Contributions from a Comparison with Brazil*. Cidade do Cabo (tese de Doutorado submetida ao Departamento de Sociologia da University of Cape Town).

IBGE (1991a): *Características gerais da população e instrução. Resultados da amostra número 14 – Pernambuco*. Rio de Janeiro: IBGE.

——— (1991b): *Características gerais da população e instrução. Resultados da amostra número 20 – Rio de Janeiro*. Rio de Janeiro: IBGE..

——— (1991c): *Características gerais da população e instrução. Resultados da amostra número 22 – Paraná*. Rio de Janeiro: IBGE.

——— (1991d): *Características gerais da população e instrução. Resultados da amostra número 24 – Rio Grande do Sul*. Rio de Janeiro: IBGE.

——— (1993): *Anuário estatístico do Brasil 1993*. Rio de Janeiro: IBGE.

——— (2001): *Contagem da população de 1996 e Censo Demográfico*

2000 – resultados preliminares. Rio de Janeiro: IBGE.

IMRIE, Rob e RACO, Mike (1999): How New Is the New Local Governance? Lessons from the United Kingdom. *Transactions of the Institute of British Geographers* (New Series), n.º 24, pp. 45-63.

INNES, Judith (1995): Planning Theory's Emerging Paradigm: Communicative Action and Interactive Practice. *Journal of Planning Education and Research*, v.14(3), pp. 183-190.

JACINTHO, Jussara Maria Moreno (2000): *A participação popular e o processo orçamentário*. São Paulo: Editora de Direito.

JACOBS, Jane (1994 [1961]): *The Death and Life of Great American Cities*. The Failure of Town Planning. Londres: Penguin Books.

JAPIASSU, Hilton (1976): *Interdisciplinaridade e patologia do saber*. Rio de Janeiro: Imago.

———— (1981): *O mito da neutralidade científica*. Rio de Janeiro: Imago, 2. ed..

KAUFMAN, Jerome L. e JACOBS, Harvey M. (1998 [1996]): A Public Planning Perspective on Strategic Planning. *In*. CAMPBELL, Scott e FAINSTEIN, Susan (orgs.): *Readings in Planning Theory*. Malden (MA) e Oxford: Blackwell.

KORDA, Martin (1999): Grundlagen und Verfahren. *In*: KORDA, Martin (org.): *Städtebau*. Stuttgart e Leipzig: B. G. Teubner, 4 ed. [O livro traz, na capa, a indicação "MÜLLER/KORDA", reverenciando Wolfgang Müller, autor do manual original que deu origem à coletânea.]

KOWARICK, Lúcio (1983 [1979]): *A espoliação urbana*. Rio de Janeiro e São Paulo: Paz e Terra, 2. ed.

———— (2000). *Escritos urbanos*. São Paulo: Editora 34.

KROPOTKIN, Piotr (1904): *Landwirtschaft, Industrie und Handwerk*. Berlim: Verlag von S. Calvary.

———— (1987 [1905]): Anarquismo. *In*: *Kropotkin: textos escolhidos* (seleção de Maurício Tragtemberg). Porto Alegre: L&PM.

LACAZE, Jean-Paul (1993 [1990]): *Os métodos do Urbanismo*. São Paulo: Papirus.

LACOSTE, Yves (1988 [1985; 1 ed. francesa: 1976]): *A Geografia – Isso serve, em primeiro lugar, para fazer a guerra*. São Paulo: Papirus.

LAGÔA, Paulo F. Rocha (1982): Uma nova contribuição de melhoria para o Brasil. *Revista de Administração Municipal*, n.º 162, pp.72-83.

LAVEDAN, Pierre (1959 [1936]): *Géographie des villes*. Paris: Gallimard (nova edição).

LAWS, Glenda (1994): Oppression, Knowledge and the Built Environment. *Political Geography*, 13(1), pp. 7-32.

LE CORBUSIER (1984 [1946]): *Planejamento urbano*. São Paulo: Perspectiva, 3. ed..

———(1992 [1925]): *Urbanismo*. São Paulo: Martins Fontes.

———(1993 [1941]): *A Carta de Atenas*. São Paulo: HUCITEC.

———(1998 [1923]): *Por uma arquitetura*. São Paulo: Perspectiva, 5. ed..

LEFEBVRE, Henri (1991 [1968]): *O direito à cidade*. São Paulo: Moraes.

———(1978 [1972]): *La pensée marxiste el la ville*. Paris: Casterman.

———(1981 [1974]): *La production de l'espace*. Paris: Anthropos.

——— (1983 [1970): *La revolución urbana*. Madrid: Alianza Editorial, 4. ed..

LEI N.º 6.766, de 19/12/1979. Rio de Janeiro: Gráfica Auriverde (alterada pela lei 9.785, de 29/01/1999).

LEI N.º 10.257, de 10/07/2001 (Estatuto da Cidade). *Diário Oficial da União*, Seção I (Atos do Poder Legislativo). Edição n.º 133 de 11/07/2001.

LEI COMPLEMENTAR N.º 101, de 04/05/2000 (Lei de Responsabilidade Fiscal). São Paulo: Saraiva, 2 ed.

LÊNIN, Vladimir (1981 [1920]): *Esquerdismo, doença infantil do comunismo*. São Paulo: Global, 5. ed..

———(1986 [1902]): *Que fazer?* São Paulo: HUCITEC.

LÉVY, Jacques (1994): *L'espace légitime*. Sur la dimension géographique de la fonction politique. Paris: Presse de la Fondation Nationale des Sciences Politiques.

LÉVY, Pierre (2000 [1997]): *Cibercultura*. São Paulo: Editora 34, 2 ed.

LIMA, Maria de Lourdes Costa Alves de (1989): Plano diretor: pretexto e oportunidade. *Revista de Administração Municipal*, 36(191), pp. 16-24.

LIRA, Ricardo Pereira (1997): *Elementos de Direito Urbanístico*. Rio de Janeiro: Renovar.

LLOYD, Greg e ILLSLEY, Barbara (1999): Community Planning – a New Way Forward for Scotland? *Town & Country Planning*, v. 68, n.º 1, pp. 28-29.

LOCK, David (1992): Milton Keynes at Twenty-five. *The Planner*, v. 78, n.º 2, pp. 6-7.

LUCAS, Randolph (1985 [1975]): *Democracia e participação*. Brasília: Editora Universidade de Brasília.

LYNCH, Kevin (1980 [1960]): *A imagem da cidade*. São Paulo: Martins Fontes.

———(1994 [1981]): *Good City Form*. Cambridge (MA): The MIT Press.

MABIN, Alan e SMIT, Dan (1997): Reconstructing South Africa's Cities? The Making of Urban Planning 1900-2000. *Planning Perspectives*, 12, pp. 193-223.

MACHADO, Lia Osório (1995): Sociedade urbana, inovação tecnológica e a nova geopolítica. In: EGLER, Claudio *et al.*: *Cadernos LAGET*, n.º 5, pp. 20-30.

MADERTHANER, Rainer (1995): Soziale Faktoren urbaner Lebensqualität. *In*: KEUL, Alexander (org.): *Wohlbefinden in der Stadt*. Umwelt– und gesundheitspsychologische Perspektiven. Weinheim: Beltz.

MARCUSE, Peter (1997): The Enclave, the Citadel and the Guetto: What's Changed in the Post-Fordist U.S. Cities. *Urban Affairs Review*, vol. 33., n.º 2, pp. 228-264.

MARICATO, Ermínia (2000): As idéias fora do lugar e o lugar fora das idéias. Planejamento urbano no Brasil. *In*: ARANTES, Otília *et al.*: *A cidade do pensamento único*. Petrópolis: Vozes.

MATUS, Carlos (1996): *Política, planejamento e governo*. Brasília: IPEA, 2 v., 2. ed..

MAUSBACH, Hans (1981 [?]): *Urbanismo contemporâneo*. Lisboa: Presença, 3. ed..

MAYER, Margit (2000 [1994]): Post-Fordist City Politics. *In*: LEGATES, Richard T. e STOUT, Frederic (orgs.): *The City Reader*. Londres e Nova Iorque: Routledge.

McCONNEL, Sean (1995): Rawlsian Planning Theory. *In*: Hendler, S. (org.): *Planning Ethics*. A Reader in Planning Theory, Practice and Education. New Brunswick e New Jersey: Center for Urban Policy Research.

MEDIDA PROVISÓRIA N.º 2.220, de 04/09/200. *Diário Oficial da União*, Seção 1 (Atos do Poder Executivo). Edição n.º 171 de 05/09/2001.

MELLO, Diogo Lordello de (1996): A experiência internacional em gestão metropolitana. *In*: CARDOSO, Elizabeth Dezouzart e ZVEIBIL, Victor Zular (orgs.): *Gestão metropolitana: experiências e novas perspectivas*. Rio de Janeiro: IBAM.

MENEGAT, Elizete (1995): *"Coragem de mudar": fios condutores da participação popular na gestão urbana em Porto Alegre* (dissertação de Mestrado submetida ao IPPUR da UFRJ).

———(1998): Movimentos sociais e inovações na democratização da gestão urbana em Porto Alegre. *Proposta*, n.º 78, pp. 48-54.

MERA, Adina (1971): Pesquisa para o zoneamento da Guanabara. *Revista de Administração Municipal*, n.º 104, pp. 71-102.

MOREIRA Neto, Diogo de Figueiredo (1974): A concessão de uso no Urbanismo. Concessão de uso como geradora de direito real público. *In*: MELLO, Diogo Lordello *et al.*: *O município e o direito urbano*. Rio de Janeiro: IBAM.

MORCILLO, Pedro Pablo (1971): Idéias para uma reforma urbana. *Revista de Administração Municipal*, 107, pp. 23-38.

MOSSÉ, Claude (1995): *Politique et socété en Grèce ancienne*. Le "modèle athénien". Paris: Flammarion.

MOURA, G. L. de (1997): Planejamento estratégico e planejamento participativo na gestão municipal: o caso do município de Porto Alegre – gestão 1989-93. *Revista de Administração Pública*, 31(4), pp. 23-41.

MÜLLER-IBOLD, Klaus (1996): *Einführung in die Stadtplanung*. Band 2: Leitgedanken, Systeme und Strukturen. Stuttgart e outros lugares: Kohlhammer.

——— (1997): *Einführung in die Stadtplanung*. Band 3: Methoden, Instrumente und Vollzug. Stuttgart e outros lugares: Kohlhammer.

[NÃO ASSINADO] (1991): Planta de Valores: base da receita. *Dirigente Municipal*, v. XXII, n.º 1, pp. 7-9.

NAVARRO, Zander (1996): *"Participatory Budgeting" – The Case of Porto Alegre (Brazil)*. [Artigo apresentado no *Regional Workshop: Decentralization in Latin America – Innovations and Policy Implications*. Caracas, 23 e 24 de maio].

NEWMAN, Peter e THORNLEY, Andrew (1997): *Urban Planning in London in the 1990s: Fragmentation, Centralisation & World City Marketing*. Londres: London School of Economics (= *Research Papers in Environmental and Spatial Analysis* n.º 40).

NICHOLAS, James C. (1992): On the Progression of Impact Fees. *Journal of the American Planning Association*, 58(4), pp. 517-524.

PANNEKOEK, Anton (1975 [1936]): Conselhos operários. *In*: PANNEKOEK, Anton *et al.*: *Conselhos operários*. Coimbra: Centelha.

PEISER, Richard e NELSON, Arthur C. (1997): Using Master Planning Expert Panels to Achieve Planning Objectives. *Journal of the American Planning Association*, 63(4), pp. 439-453.

PFEIFFER, Peter (1987): *Urbanização, sim; remoção, nunca!* Politische, sozio-ökonomische und urbanistische Aspekte der Favelas und ihre soziale Organisation in Rio de Janeiro: Entwicklung-Tendenzen-Perspektiven. Berlim (tese de Doutorado).

PIAGET, Jean (1972 [1970]): Allgemeinprobleme interdisziplinärer Forschung und ihre gemeinsamen Mechanismen. *In*: *Erkenntnistheorie der Wissenschaften vom Menschen*. Ullstein: Frankfurt e outros lugares.

PICHERAL, Jean-Blaise (2001): The participatory budget of Porto Alegre, or How the South can benefit the North and the South. *Villes en Développement*, n.º 52 (June), p. 4.

PLATER-ZYBERK, Elizabeth (1999): *The Charter for the New Urbanism*. [texto disponível na Internet em 12/10/1999: http://www.onu.org]

PONTUAL, Virgínia (1994): O último capítulo de uma comédia: a aprovação do plano diretor do Recife. *In*: RIBEIRO, Luiz César de Queiroz e SANTOS Júnior, Orlando dos (orgs.): *Globalização, fragmentação e reforma urbana*. O futuro das cidades brasileiras na crise. Rio de Janeiro: Civilização Brasileira.

POULANTZAS, Nicos (1985 [1978]): *O Estado, o poder, o socialismo*. Rio de Janeiro: Graal.

PREFEITURA DA CIDADE DO RIO DE JANEIRO (1998): *Legislação do Município do Rio de Janeiro*, v. 24, n.º 2, abr./jun..

PREFEITURA DA CIDADE DO RIO DE JANEIRO *et al.*(1996a): *Plano estratégico da cidade do Rio de Janeiro*. Rio de Janeiro: Imprensa da Cidade.

PREFEITURA DA CIDADE DO RIO DE JANEIRO *et al.*(1996b): *Relatório da cidade 2*. Rio de Janeiro: Imprensa da Cidade.

PREFEITURA DE BELÉM (1993): *Plano Diretor Urbano do Município de Belém*. Belém: Prefeitura Municipal.

PREFEITURA DE BELO HORIZONTE (1998): *Programa de orçamento – 1998*. Belo Horizonte.

PREFEITURA DE BELO HORIZONTE (1999): *Programa de orçamento – 1999*. Belo Horizonte.

PREFEITURA MUNICIPAL DE NITERÓI (1994): *Plano Diretor de Niterói* [aprovado em 1992]. Secretaria de Urbanismo e Meio Ambiente: Niterói.

PREFEITURA DE PORTO ALEGRE (1997): *Orçamento participativo – Porto Alegre*. Você é quem faz uma cidade de verdade. Porto Alegre: Unidade Editorial, 2 ed.

——— (2000a): *Plano Diretor de Desenvolvimento Urbano Ambiental/PDDUA (Lei Comentada)*. Coordenação de Comunicação Social: Porto Alegre.

——— (2000b): *Conselho do Plano Diretor Faz Parte da História da Cidade*. Prefeitura de Porto Alegre: Porto Alegre.

———— (2000c): *O orçamento participativo de 1999* [texto disponível na Internet em 18/04/2000: http://www.portoalegre.rs.gov.br/op2000/abertura.htm].

PREFEITURA DO MUNICÍPIO DE SÃO PAULO (1991): *Plano Diretor de São Paulo ao alcance de todos*. São Paulo.

QUAINI, Massimo (1979 [1974]): *Marxismo e Geografia*. Rio de Janeiro: Paz e Terra.

RAPOPORT, Amos (1978 [1977]): *Aspectos humanos de la forma urbana*. Hacia una confrontación de las Ciencias Sociales com el diseño de la forma urbana. Barcelona: Gustavo Gili.

RAWLS, John (1972 [1971]): *A Theory of Justice*. Oxford: Clarendon Press.

READE, E. (1985): An Analysis of the Use of the Concept of Rationality in the Literature of Planning. In: BREHENY, M. e HOOPER, A. (org.): *Rationality in Planning*. Londres: Pion.

REES, William E. (1992): Understanding Sustainable Development. *In*: HAMM, Bernd *et al.* (orgs): *Sustainable Development and the Future of Cities*. Trier: Universität Trier (Zentrum für europäische Studien).

REIS, Heraldo da Costa (1991): Fundos especiais: nova forma de gestão dos recursos públicos. *Revista de Administração Municipal*, v. 38, n.º 201, pp. 51-59.

RELPH, Edward (1976): *Place and Placelessness*. Londres: Pion.

RIBEIRO, Ana Clara Torres (1990): A reforma e o plano: algumas indicações gerais. *In*: GRAZIA, Grazia de (org.): *Plano diretor: instrumento de reforma urbana*. Rio de Janeiro: FASE.

RIBEIRO, Luiz Cesar de Queiroz (1995): A (in)governabilidade da cidade? Avanços e desafios da reforma urbana. *In*: VALLADARES, Licia e COELHO, Magda Prates (orgs.): *Governabilidade e pobreza no Brasil*. Rio de Janeiro: Civilização Brasileira.

RIBEIRO, Luiz Cesar de Queiroz e CARDOSO, Adauto Lúcio (1990): Plano diretor e gestão democrática da cidade. *In*: GRAZIA, Grazia de (org.): *Plano diretor: instrumento de reforma urbana*. Rio de Janeiro: FASE.

———— (1992): O solo criado como instrumento da reforma urbana. *Revista de Administração Municipal*, v. 39, n.º 203, pp. 36-47.

RITTER, Ernst-Hasso e SCHOLICH, Dietmar (1999): Raumordnung, Landes- und Regionalplanung. Ausgewählte Ergebnisse der Forschungstätigkeit der Akademie für Raumforschung und Landesplanung. *Raumforschung und Raumordnung*, Heft 2/3, 57. Jahrgang, pp. 155-167.

ROLNIK, Raquel (1994): Planejamento urbano nos anos 90: novas perspectivas para velhos temas. *In*: RIBEIRO, Luiz César de Queiroz e SANTOS Júnior, Orlando Alves dos (orgs.): *Globalização, fragmentação e reforma urbana*. O futuro das cidades brasileiras na crise. Rio de Janeiro: Civilização Brasileira.

ROSELAND, Mark (1997): Dimensions of the eco-city. *Cities*, 14(4), pp. 197-202.

SACK, Robert David (1986): *Human Territoriality — Its Theory and History*. Cambridge: Cambridge University Press.

SAMEK, Jorge (1996): *A Curitiba do Terceiro Milênio*. Curitiba: Palavra.

SÁNCHEZ, Fernanda (1997a): *Cidade espetáculo*. Política, planejamento e city marketing. Curitiba: Palavra.

———— (1997b): Reorganização do espaço metropolitano e marketing territorial: o caso da Grande Curitiba. In: *Anais do 7º Encontro Nacional da ANPUR*, vol. 1. Recife.

———— (1999): Cidade, *polís*, política: novos cenários de futuro. *In*: MORAES Neto, José (org.): *Curitiba de verdade*. Curitiba: Fundação Pedroso Horta (= Cadernos de Gestão Pública, vol. 1).

SANDERCOCK, Leonie (1998): Introduction: Framing Insurgent Historiographies on Planning. *In*: SANDERCOCK, Leonie (org.): *Making the Invisible Visible*. A Multicultural History of Planning. Berkeley e Los Angeles: University of California Press.

———— (1999): Introduction. From Insurgent Planning Practices to Radical Planning Discourses. *In*: SANDERCOCK, Leonie (org.): *Insurgent Planning Practices*. Número temático da revista *Plurimondi. An International Forum for Research and Debate on Human Settlements*, I (2), julho-dezembro, pp. 37-46.

SANTOS, Boaventura de Sousa (1998): Participatorhy Budgeting in Porto Alegre: Toward a Redistributive Democracy. *Politics & Society*, 26 (4), pp. 461-510.

———— (1999): Reinventar a democracia; entre o pré-contratualismo e o pós-contratualismo. *In*: OLIVEIRA, Francisco de e PAOLI, Maria Célia (orgs.): *Os sentidos da democracia*. Políticas do dissenso e hegemonia global. Petrópolis: Vozes.

SANTOS, Carlos Nelson Ferreira dos (1981): *Movimentos urbanos no Rio de Janeiro*. Rio de Janeiro: Zahar.

SANTOS Jr., Orlando Alves dos (1996): *Reforma urbana*. Por um novo modelo de planejamento e gestão das cidades. Rio de Janeiro: FASE/IPPUR.

SAULE Jr., Nelson (1999) (org.): *Direito à cidade*. Trilhas legais para o direito às cidades sustentáveis. São Paulo: PÓLIS/Max Limonad.

SATTERTHWAITE, David (1997): Sustainable Cities or Cities that Contribute to Sustainable Development? *Urban Studies*, 34(10), pp. 1667-1691.

SCHIMIDT, Davi Luiz (1993): *A "desidiotização" da cidadania*. Dissertação de Mestrado em Educação pela UFRGS, Porto Alegre.

SCHMITZ, Andreas e PÄTZ, Andreas (2000): Lebendige Städte bauen. Bürgerbeteiligung im Rahmen der Gestaltung des öffentlichen Raumes – Ansatz, Ergebnisse und Evaluation des Prozesses. *RaumPlanung*, n.º 89, pp. 67-71.

SCHWARTZ, Peter (1995 [1991]): *A arte da previsão*. Planejando o futuro em um mundo de incertezas. São Paulo: Página Aberta.

SEN, Amartya (1997 [1992]): *Inequality Reexamined*. Nova Iorque: Russel Sage Foundation, Oxford: Clarendon Press.

SENNETT, Richard (1995 [1974]): *O declínio do homem público*. As tiranias da intimidade. São Paulo: Companhia das Letras.

SERRA, Rodrigo Valente (1995): O índice único de aproveitamento do terreno (igual a um) como parâmetro do solo criado: impropriedades para o caso brasileiro. In: *Anais do VI Encontro Nacional da ANPUR*. Brasília

SETÚBAL, Olavo Egydio (1978): Aspectos de melhoria da receita federal. *In*: EMPLASA (org.): *A tributação e o drama dos municípios*. EMPLASA: São Paulo.

SHORT, John Rennie (1999): Urban Imagineers: Boosterism and the Representation of Cities. In: JONAS, Andrew E. G. e WILSON, David (orgs.): *The Urban Groth Machine: Critical Perspectives, Two Decades Later*. Albany: State University of New York Press.

SILBERSCHNEIDER, Wieland (2000): Algumas anotações sobre a construção do Orçamento Participativo Cidade em BH: o desafio de se priorizar todo o orçamento público. *Planejar BH*, ano 2, n.º 6, pp. 6-9.

SILVA, Ana Amélia da (1990): A luta pelos direitos urbanos: novas representações de cidade e cidadania. *Espaço & Debates*, n.º 30, ano X, pp. 28-41.

——— *et al.* (1994): [Preparação do n.º 15 da revista *Pólis*, dedicada ao tema:] *Urbanização de favelas: duas experiências em construção*. São Paulo.

SILVA, Daise Nepomuceno da (1997): *A ação comunicativa no processo do orçamento participativo em Porto Alegre – Região Centro* (dissertação de Mestrado, Serviço Social, Porto Alegre).

SILVA, Golbery do Couto e (1955): *Planejamento estratégico*. Rio de Janeiro: Companhia Editora Americana.

SIMONSEN, William e ROBBINS, Mark D. (2000): *Citizen Participation in Ressource Allocation*. Boulder: Westview.

SOARES, Luiz Eduardo (2001): *Meu casaco de general*. Quinhentos dias no *front* da segurança pública do Rio de Janeiro. São Paulo: Companhia das Letras.

SMOLKA, Martim (1991): Solo criado: nota para a fundamentação das questões em debate. *Revista de Administração Municipal*, v. 38, n.º 201, pp. 30-38.

SOMARRIBA, Maria das Mercês (2001): Orçamento participativo: descentralização e democratização do poder local. *In*: FERNANDES, Edésio (org.): *Direito Urbanístico e política urbana no Brasil*. Belo Horizonte: Del Rey.

SOMEKH, Nadia (1992): Plano Diretor de São Paulo: uma aplicação das propostas de solo criado. *In*: RIBEIRO, Luiz Cesar de Queirós e LAGO, Luciana Corrêa do (orgs.): *Acumulação urbana e a cidade*. (= Anais do 1.º Workshop de Incorporação Imobiliária, out. 1991). Rio de Janeiro: IPPUR/UFRJ

SOUZA, Marcelo Lopes de (1988a): *O que pode o ativismo de bairro?* Reflexão sobre as limitações e potencialidades do ativismo de bairro à luz de um pensamento autonomista (dissertação de Mestrado submetida ao Programa de Pós-Graduação em Geografia da UFRJ).

———(1988b): "Espaciologia": uma objeção (Crítica aos prestigiamentos pseudo-críticos do espaço social). *Terra Livre*, n.º 10, pp. 21-45.

——— (1989): O bairro contemporâneo: ensaio de abordagem política. *Revista Brasileira de Geografia*, 51(2), pp. 139-172.

———(1993a): *Armut, sozialräumliche Segregation und sozialer Konflikt in der Metropolitanregion von Rio de Janeiro*. Ein Beitrag zur Analyse der "Stadtfrage" in Brasilien. Tübingen: Selbstverlag des Geographischen Instituts.

——— (1993b): Reflexão sobre as limitações e potencialidades de uma reforma urbana no Brasil atual. *Actas Latinoamericanas de Varsovia*, tomo 15, pp. 207-228.

———(1995a): O território. Sobre espaço e poder, autonomia e desenvolvimento. *In*: CASTRO, Iná *et al.* (orgs.): *Geografia: conceitos e temas*. Rio de Janeiro: Bertrand Brasil.

———(1995b): O narcotráfico no Rio de Janeiro, sua territorialidade e a dialética entre "ordem" e "desordem". *Cadernos de Geociências*, n.º 13, IBGE, pp. 161-171.

———(1995c): Die fragmentierte Metropole. Der Drogenhandel und seine Territorialität in Rio de Janeiro. *Geographische Zeitschrift*, vol. 83, números 3/4, pp. 238-249.

———(1996a): A teorização sobre o desenvolvimento em uma época de fadiga teórica, ou: sobre a necessidade de uma "teoria aberta" do desenvolvimento sócio-espacial. *Território*, n.º 1, pp. 5-22.

———(1996b): As drogas e a "questão urbana" no Brasil. A dinâmica sócio-espacial nas cidades brasileiras sob a influência do tráfico de tóxicos. *In*: CASTRO, Iná *et al.* (orgs.): *Brasil: questões atuais da reorganização do território*. Rio de Janeiro: Bertrand Brasil.

———(1997a): Algumas notas sobre a importância do espaço para o desenvolvimento social. *Território*, n.º 3, pp. 13-35.

———(1997b): A expulsão do paraíso. O "paradigma da complexidade" e o desenvolvimento sócio-espacial. *In* CASTRO, Iná E. *et al.* (orgs.): *Explorações geográficas*. Rio de Janeiro: Bertrand Brasil.

———(1997c): Exclusão social, fragmentação do tecido sociopolítico-espacial da cidade e "ingovernabilidade urbana". Ensaio a propósito do desafio de um "desenvolvimento sustentável" nas cidades brasileiras. *In*: SILVA, José Borzacchiello *et al.* (orgs.): *A cidade e o urbano – Temas para debates*. Fortaleza: Edições UFC.

———(1998): *Desenvolvimento urbano*: a problemática renovação de um "conceito"-problema. *Território*, n.º 5, pp. 5-29.

———(2000a): *O desafio metropolitano*. Um estudo sobre a problemática sócio-espacial nas metrópoles brasileiras. Rio de Janeiro: Bertrand Brasil.

———(2000b): O planejamento e a gestão das cidades em uma perspectiva autonomista. *Território*, n.º 8, pp. 67-99.

———(2000c): Os orçamentos participativos e sua espacialidade: uma agenda de pesquisa. *Terra Livre*, n.º 15, pp. 39-58.

———(2000d): Urban Development on the Basis of Autonomy: a Politico-philosophical and Ethical Framework for Urban Planning and Management. *Ethics, Place and Environment*, vol. 3, n.º 2, pp. 187-201.

———(2000e): Para o que serve o orçamento participativo? Disparidade de expectativas e disputa ideológica em torno de uma proposta em ascensão. *Cadernos IPPUR/UFRJ*, ano XIV, n.º 2, ago./dez. 2000 [publicado em 2001], pp. 123-42.

SPOSATI, Aldaíza (2001): *Cidade em pedaços*. São Paulo: Brasiliense.

STIENS, Gerhard (1998): Prognosen und Szenarien in der räumlichen Planung. In: RITTER, Ernst-Hasso e WOLF, Klaus (orgs.): *Methoden und Instrumente räumlicher Planung*. Hannover: Akademie für Raumforschung und Landesplanung (ARL).

STIERLIN, Henri (1998): *A Grécia: de Micenas ao Pártenon*. Colônia e outros lugares: Taschen (= Arquitectura Universal da Taschen).

STONE, Clarence (1993): Urban Regimes and the Capacity to Govern: A Political Economy Approach. *Journal of Urban Affairs*, 15(1), pp. 1-28.

STRÄTER, Detlev (1988): Szenarien als Instrument der Vorausschau in der räumlichen Planung. In: *Regionalprognosen – Methoden und ihre Anwendung*. Hannover: Akademie Für Raumforschung und Landesplanung (Forschungs- und Sitzungsberichte 175).

STREN, Richard E. *et al.* (orgs.) (1992): *Sustainable Cities*. Urbanization and the Environment in International Perspective. Boulder e outros lugares: Westview Press.

TAYLOR, Nigel (1998): *Urban Planning Theory Since 1945*. Londres e outros lugares: SAGE.

TAYLOR, Peter e JOHNSTON, Ron (1979): *Geography of Elections*. Harmondsworth e outros lugares: Penguin.

TOURAINE, Alain (1973): *Production de la société*. Paris: Seuil.

TOURINHO, Arx (1988): Contribuição de melhoria. In: MARTINS *et al.*: *Tributos municipais (ISS, IPTU e contribuição de melhoria)*. Rio de Janeiro: Forense.

TUAN, Yi-Fu (1983 [1977]): *Espaço & lugar*. A perspectiva da experiência. São Paulo: DIFEL.

ULTRAMARI, Clóvis *et al.* (1994): Transformações recentes no espaço metropolitano de Curitiba. *In*: ULTRAMARI, Clóvis e MOURA, Rosa (orgs.): *Metrópole – Grande Curitiba: teoria e prática*. Curitiba: IPARDES.

UTZIG, José Eduardo (s.d.): *Orçamento participativo de Porto Alegre: uma discussão à luz do princípio da legitimidade democrática e do critério de performance governamental*. Porto Alegre: mimeo.

VAINER, Carlos (2000): Pátria, empresa e mercadoria. Notas sobre a estratégia discursiva do Planejamento Estratégico Urbano. *In*: ARANTES, Otília *et al.*: *A cidade do pensamento único*. Petrópolis: Vozes.

Van DYKE, Vernon (1996): The Individual, the State, and Ethnic

Communities in Political Theory. In: KYMLICKA, Will (org.): *The Rights of Minority Cultures.* New York: Oxford University Press.

WHITE, Rodney R. (1994): *Urban Environmental Management.* Environmental Change and Urban Design. Chichester e outros lugares: John Wiley & Sons.

WILDERODE, Daniel Julien Van (1997): Operações interligadas: engessando a perna de pau. *Pólis*, n.º 29, pp. 43-55.

YOUNG, Iris Marion (1990): *Justice and the Politics of Difference.* Princeton (NJ): Princeton University Press.

ZVEIBIL, Victor (1990): Novos planos diretores: limites e caminhos. *In* GONDIM, Linda M. (org.): *Plano diretor e o município: novos tempos, novas práticas.* Rio de Janeiro: IBAM (= *Textos de Administração Municipal*, n.º 7).

Impresso no Brasil pelo
Sistema Cameron da Divisão Gráfica da
DISTRIBUIDORA RECORD DE SERVIÇOS DE IMPRENSA S.A.
Rua Argentina 171 – Rio de Janeiro, RJ – 20921-380 – Tel.: 2585-2000